文書提出命令の
理論と実務

〔第2版〕

山本和彦・須藤典明・片山英二・伊藤　尚　編

発行　民事法研究会

第2版はしがき

　本書は、平成22年8月の刊行以来、幸いにも多くの読者に恵まれてきた。ただ、本書刊行後5年余を経て、文書提出命令をめぐる判例実務の動きには大きなものがある。最高裁判所の判例だけでも、日本弁護士連合会の綱紀委員会議事録に関する最決平成23・10・11、全国消費実態調査の調査票に関する最決平成25・4・19、国立大学法人の所持する文書に関する最決平成25・12・19、県議会議員の政務調査費の支出に係る証拠書類等に関する最決平成26・10・29など重要なものがあるし、下級審の裁判例にも、医療事故調査報告書の提出義務に関する東京高決平成23・5・17など多くの注目を集めた裁判例が出来している。これらの裁判例により、新たな判例準則が日夜更新されているといって過言ではない。また、立法との関係でも、日本弁護士連合会や研究者グループなどから文書提出命令制度の改革が提言されている（後者については、三木浩一＝山本和彦編『民事訴訟法の改正課題』（ジュリスト増刊、2012年）参照）。そのような提案が直ちに実現する状況にはないものの、この制度に対する大きな関心を示すものであろう。

　そこで、以上のような新たな判例実務や学界の動向を取り入れるため、本書の版を改め、新たな形で世に送り出すことにしたものである。これにより、本書が目的としている、文書提出命令制度の正確かつ網羅的な理解に資するという点がよりよく達成でき、研究者、法曹実務家、企業実務家等すべての方々にとって、本書が有用な書籍であり続けることができることを期待したい。

　改訂にあたっても、旧版同様、それぞれの分野に最も精通した執筆者に、引き続き充実した論稿をお寄せいただくことができた。お忙しい本務の中で、労多い改訂作業をお引き受けいただき、心より感謝を申し上げたい。また、第2版の刊行にあたっても、民事法研究会の安倍雄一氏に引き続きお世話になった。心より御礼を申し上げたい。

　　平成28年4月

第2版はしがき

編者　山本　和彦
同　　須藤　典明
同　　片山　英二
同　　伊藤　　尚

はしがき

　1995年（平成8年）の民事訴訟法改正に基づく現行民事訴訟法の中で、最も議論が多い分野の1つが文書提出命令である。旧法下では、文書提出義務は一定の事情が存する場合に限って認められる限定義務であったが（旧民訴312条）、現行法は、一定の事情がない限り、提出義務を認める一般義務の構成とされた（民訴220条4号）。そこで、一般義務が除外される除外事由の存否をめぐって多くの争いが生じ、多数の最高裁判所の決定を含む判例が出されるに至った。現在の文書提出命令制度は相当程度判例主導となっており、その状況を把握するには、判例法理を含む実務運用を理解することが必須であるが、その全体像を正確に理解することは極めて困難な状況にある。

　他方で、文書提出命令制度の状況を正確に理解することは、当然のことながら、裁判実務において必要不可欠である。証拠の偏在が生じやすい現代社会における民事訴訟では、文書提出命令の成否が訴訟の帰趨を決することも決して稀ではない。裁判官にとっても弁護士にとっても、文書提出命令の可否を正確に理解しておくことは、具体的な事件の処理において重要な意義をもつ。また、問題は裁判実務に限られない。企業や官庁が文書を所持し、訴訟手続の中でその文書の提出が求められることが増加していくとすれば、企業等の日常的な業務の中で、裁判となった場合にその文書の提出が認められるかどうかを常に念頭において文書管理等にあたる必要があることになる。そのような意味で、文書提出命令制度の正確な理解は、法曹界にとどまらず、企業や官庁の世界においても必須の知見になりつつある。

　以上のような文書提出命令制度の理解の困難性と重要性に鑑み、その全体像を正確に、かつ網羅的に理解できるような書籍が今望まれているが、本書はまさにそのような内容をめざして企画されたものである。すなわち、本書は、第1編において、総論として、文書提出命令の判例準則、理論的意義、審理における意義およびその実務を概観する。これによって、判例・学説・実務の多角的な側面から、文書提出命令の全体像を浮き彫りにしたものであ

はしがき

る。続いて、第2編においては、文書の所持者からみた文書提出命令という切り口で、金融機関の文書、一般企業の文書および公的機関の文書を取り上げている。所持者サイドとして、どのような点に配慮して、文書管理等を行い、文書提出命令に対応すればよいかを示したものである。さらに、第3編においては、訴訟類型からみた文書提出命令という切り口で、知的財産訴訟、医療訴訟、労働訴訟、交通事故訴訟および租税訴訟を取り上げている。文書提出命令が問題となりやすい典型的な訴訟類型における文書提出命令の運用等の状況が容易に把握できるようにしたものである。最後に、資料編として、関連判例の一覧を掲げて便宜に供している。以上のように、さまざまな観点から文書提出命令制度の現状の全体像を示そうとした本書は、研究者、法曹実務家、企業実務家等すべての方々に有用な書籍となり得ているのではないかと自負するものである。多くの方々の手に取っていただくことができれば幸甚である。

本書の最大の「売り」は、何といっても、その執筆陣である。多くは、多忙な本務をもっておられる裁判官・弁護士の方々であるが、それぞれの分野に最も精通した適任の執筆者であり、編者の期待をも上回るような熱意のこもった、充実したご論稿を寄せていただくことができた。あらためてそのご労苦に厚く感謝を申し上げたい。本書に対する積極的な評価は挙げてこれらの執筆者の方々に帰すべきものである。最後に、本書の企画から刊行に至るまでの長い道のりを、時に厳しく時に優しく見守り支えていただいた民事法研究会の安倍雄一氏に心からの御礼を申し上げる。

平成22年7月

編者　山本和彦
同　　須藤典明
同　　片山英二
同　　伊藤　尚

第1編　総論

第1章　文書提出命令の判例準則 ……… 2

I　はじめに …… 2
II　一般提出義務（4号）と限定提出義務（1号〜3号）の関係 …… 3
　1　判例の概要 …… 3
　2　判例準則の整理 …… 5
III　公務秘密文書（4号ロ）の判例準則 …… 6
　1　判例の概要 …… 7
　2　判例準則の整理 …… 10
　　(1)　公務秘密性要件 …… 10
　　(2)　公共利益侵害・公務遂行阻害性要件 …… 11
IV　秘密文書（4号ハ）の判例準則 …… 13
　1　プロフェッション文書（法197条1項2号に相当する場合） …… 13
　2　職業・技術秘密文書（法197条1項3号に相当する場合） …… 16
　　(1)　一般準則 …… 16
　　(2)　証拠価値等の比較衡量──「保護に値する秘密」── …… 17
　　(3)　第三者の秘密──守秘義務と「職業の秘密」── …… 19
V　自己利用文書（4号ニ）の判例準則 …… 21

目 次

 1　基本的準則 …………………………………………………………21
 2　内部文書性 ………………………………………………………23
  (1)　判例の概要 ……………………………………………………23
  (2)　判例準則の整理 ………………………………………………27
 3　不利益性 ……………………………………………………………28
  (1)　判例の概要 ……………………………………………………28
  (2)　判例準則の整理 ………………………………………………31
 4　特段の事情 ………………………………………………………33
  (1)　判例の概要 ……………………………………………………33
  (2)　判例準則の整理 ………………………………………………35

VI　刑事関係文書（4号ホ・3号）の判例準則 ……………36
 1　基本的準則 …………………………………………………………36
 2　具体的適用 …………………………………………………………38
  (1)　判例の概要 ……………………………………………………38
  (2)　判例準則の整理 ………………………………………………40

VII　文書提出命令手続の判例準則 ……………………………41
 1　文書の特定 …………………………………………………………42
 2　公務文書に関する監督官庁の意見 ……………………………42
 3　イン・カメラ審理 …………………………………………………44
 4　一部提出命令 ………………………………………………………45
 5　即時抗告 ……………………………………………………………45
  (1)　即時抗告権者 …………………………………………………45
  (2)　即時抗告の理由 ………………………………………………46
  (3)　口頭弁論終結後の即時抗告 …………………………………46

第2章　文書提出命令の理論的意義 …… 48

- I　はじめに ……………………………………………… 48
- II　立法上の文書提出義務の変遷 ………………………… 49
- III　ディスカヴァリと当事者対抗主義 …………………… 53
  - 1　主張の規律の変容とディスカヴァリ ……………… 53
  - 2　ディスカヴァリの制限 ……………………………… 58
  - 3　ディスカヴァリの理念 ……………………………… 60
- IV　文書提出義務と手続保障 ……………………………… 62
  - 1　証拠・情報開示の意義 ……………………………… 62
  - 2　固有の手続的地位としての情報へのアクセス …… 64
  - 3　文書提出命令と民事訴訟上の諸原則 ……………… 66
  - 4　証拠・情報開示制度の拡大 ………………………… 68

第3章　文書提出命令の審理における意義 …… 70

- I　文書提出命令の発令要件とその審査 ………………… 70
  - 1　文書提出義務を審査する手続──現行法の規定 …… 70
    - (1)　主張・立証責任 …………………………………… 70
    - (2)　公務秘密文書に関する監督官庁の意見聴取等 …… 71
    - (3)　イン・カメラ手続 ………………………………… 71
    - (4)　小　括 ……………………………………………… 71
  - 2　証拠調べの必要性を審査する手続──現行法の規定 …… 72
    - (1)　主張・立証責任 …………………………………… 72
    - (2)　文書特定手続 ……………………………………… 73

(3)　小　括 ··· 74
II　文書提出義務の審理手続 ··· 74
　1　判例理論の概観――文書の種類ごとの類型判断から個別
　　　的実質判断への傾斜 ··· 74
　　(1)　最新裁判例――銀行が作成する自己査定文書を対象とする
　　　　　4号ハ、ニの審理 ·· 74
　　(2)　4号ハ、職業秘密文書の審理 ·· 75
　　(3)　4号ニ、自己利用文書の審理 ·· 76
　　(4)　小　括 ··· 77
　2　イン・カメラ手続の検討 ··· 77
　　(1)　イン・カメラ手続への注目と批判 ··· 77
　　(2)　心証形成の危険 ··· 78
　　(3)　当事者の手続保障 ··· 80
III　証拠調べの必要性の審理手続 ··· 84
　1　証拠調べの必要性の位置づけ ··· 84
　　(1)　文書提出義務との峻別 ··· 84
　　(2)　必要性の重視――即時抗告の可能性 ······································· 84
　　(3)　解釈・運用指針 ··· 85
　2　必要性をめぐる審理の具体例――本案審理との連動性 ··· 88
　3　訴外第三者を文書提出命令の相手方とする場合 ··· 90

第4章　文書提出命令の実務 ······················ 92

I　はじめに ··· 92
II　実務で文書提出命令が問題となるケース ··· 93
　1　貸金返還請求訴訟 ··· 93
　　(1)　個人間の金銭消費貸借 ··· 93
　　(2)　貸し渋り等の抗弁 ··· 94

2	不当利得返還請求訴訟	95
3	請負訴訟	96
(1)	建築関係	96
(2)	コンピュータ・ソフトの請負	97
4	会社関係訴訟	99
(1)	金融・生命保険・信販会社関係	99
(2)	先物取引、証券取引、株取引関係	100
(3)	その他	100
5	労働関係訴訟	101
(1)	賃金関係訴訟	101
(2)	解雇、不当労働行為関係訴訟	102
(3)	労働災害関係訴訟	103
6	行政訴訟	104
(1)	国に対する租税関係訴訟	104
(2)	国に対する一般の取消訴訟など	104
(3)	地方自治体に対する行政訴訟	105
7	医療訴訟	106
8	公害・薬害訴訟	107
9	交通・航空・船舶の事故に関する訴訟	108
(1)	交通事故訴訟	108
(2)	航空事故訴訟	109
(3)	船舶事故訴訟	110
10	国家賠償訴訟（上記以外のもの）	111
(1)	学校事故	111
(2)	自衛隊事故	111
(3)	刑事事件関連訴訟	112
11	離婚・相続関係訴訟	113

目次

  (1) 離婚訴訟 ……………………………………………113
  (2) 相続関係訴訟 ………………………………………114
 12 その他 …………………………………………………115
  (1) 知的財産権訴訟 ……………………………………115
  (2) 名誉毀損・信用毀損等 ……………………………116
  (3) 製造物責任関係 ……………………………………116
  (4) 賃料増額・減額関係 ………………………………116
  (5) 特定調停、家事審判 ………………………………117

Ⅲ　審理手続上の問題点 …………………………………118
 1 申立て …………………………………………………118
  (1) 一般的要件 …………………………………………118
  (2) 文書送付嘱託との関係 ……………………………119
 2 対象文書の特定 ………………………………………120
  (1) 問題の所在 …………………………………………120
  (2) 文書の特定のための手続 …………………………121
 3 文書の所持者 …………………………………………124
  (1) 「所持者」の意味 …………………………………124
  (2) 国や公共団体の場合 ………………………………127
 4 証明すべき事実 ………………………………………131
  (1) 「証明すべき事実」の意味 ………………………131
  (2) 過払金返還請求訴訟の場合 ………………………131
 5 対象文書の存否 ………………………………………133
  (1) 発令の前提としての文書の存在 …………………133
  (2) 文書の存否に関する立証責任 ……………………133
  (3) 使用妨害目的での廃棄等 …………………………139
 6 イン・カメラ手続 ……………………………………139
  (1) イン・カメラの意味と手続の必要性 ……………139
  (2) イン・カメラ手続の実施要件 ……………………141

(3)　イン・カメラ手続が実施された例 …………………………142
　7　一部提出命令と提出方法 ……………………………………144
　(1)　一部の提出命令 ………………………………………………144
　(2)　提出期限 ………………………………………………………146
　(3)　提出の具体的方法 ……………………………………………147
　8　文書提出命令に対する不服申立て …………………………149
　(1)　即時抗告の可否 ………………………………………………149
　(2)　文書提出命令の申立てが却下された場合 …………………150
　(3)　文書提出命令の申立てが認容された場合 …………………150
　(4)　不服申立ての時期 ……………………………………………152
　(5)　抗告審での留意点 ……………………………………………152
　9　不提出に対する措置 …………………………………………152
　(1)　強制執行の可否 ………………………………………………153
　(2)　当事者に対する真実擬制の可否 ……………………………153
　(3)　第三者に対する過料 …………………………………………157
Ⅳ　おわりに ……………………………………………………………158

第2編　所持者からみた文書提出命令

第1章　金融機関の文書 …………160

Ⅰ　貸出稟議書 …………………………………………………………160
　1　はじめに ………………………………………………………160
　(1)　貸出稟議書 ……………………………………………………160
　(2)　貸出稟議書に関する文書提出命令の申立て ………………161

目 次

　(3) 貸出稟議書の特徴 ……………………………………………………161
　2　下級審判例と学説 ……………………………………………………161
　　(1) 法律関係文書、自己利用文書概念と貸出稟議書 ………………161
　　(2) 否定判例 ………………………………………………………………162
　　(3) 肯定判例 ………………………………………………………………163
　　(4) 学　説 …………………………………………………………………164
　3　最高裁決定 ………………………………………………………………165
　　(1) 貸出稟議書の自己利用文書該当性 …………………………………165
　　(2) 自己利用文書該当性の要件 …………………………………………167
　　(3) 法律関係文書該当性 …………………………………………………168
　4　特段の事情 ………………………………………………………………169
　　(1) 特段の事情の概念 ……………………………………………………169
　　(2) 特段の事情を認めた判決 ……………………………………………171
　　(3) 実務に与える影響 ……………………………………………………172
　　(4) 文書の所持者が変わった場合の「自己利用文書」該当性の
　　　　判断 ……………………………………………………………………174
Ⅱ　社内通達文書 ……………………………………………………………175
　1　社内通達文書 ……………………………………………………………175
　2　判　例 ……………………………………………………………………176
　　(1) 事　案 …………………………………………………………………176
　　(2) 決定の検討対象とした文書 …………………………………………177
　　(3) 最高裁決定 ……………………………………………………………177
　　(4) 本決定の検討 …………………………………………………………179
Ⅲ　取引明細表 ………………………………………………………………181
　1　はじめに …………………………………………………………………181
　2　職業の秘密 ………………………………………………………………182
　　(1) 職業の秘密への該当性 ………………………………………………182
　　(2) 非開示許容の要件 ……………………………………………………182

3　金融機関と顧客との取引履歴 ……………………………184
　　　(1)　取引履歴の提出義務 ……………………………………184
　　　(2)　金融機関の守秘義務の性格 …………………………186
　　　(3)　上記決定の射程距離 …………………………………186
　　　(4)　金融機関の義務と責任 ………………………………189
Ⅳ　自己査定資料（に含まれる顧客の財務情報が記載された資料、顧客の財務状況等についての分析・評価等が記載された資料等） ………………………………191
　　1　はじめに ………………………………………………………191
　　2　自己査定資料とは …………………………………………192
　　　(1)　自己査定 ………………………………………………192
　　　(2)　自己査定資料 …………………………………………193
　　3　自己査定資料の自己利用文書該当性 …………………195
　　　(1)　第1審決定（東京地決平成18・8・18金法1826号51頁） ………195
　　　(2)　抗告審決定（東京高決平成19・1・10金法1826号49頁） ………196
　　　(3)　許可抗告審決定（最決平成19・11・30民集61巻8号3186頁［92］） ………………………………………………197
　　　(4)　自己利用文書該当性に関する検討 ………………197
　　4　自己査定資料の職業の秘密に関する文書への該当性 …………201
　　　(1)　第2次抗告審決定（東京高決平成20・4・2民集62巻10号2537頁） ………………………………………………201
　　　(2)　第2次許可抗告審決定（最決平成20・11・25民集62巻10号2507頁［96］） ……………………………………203
　　　(3)　自己査定資料と職業の秘密 …………………………206
Ⅴ　その他の文書 …………………………………………………213
　　1　金融機関の法人税申告書、勘定科目内訳書の各控え ………213
　　　(1)　事案（東京高決平成18・3・29金商1241号2頁［80］） ………213

目 次

　　(2) 法人税申告書および勘定科目内訳書の各控えの自己利用文書
　　　　該当性 ··214
　　(3) 法人税申告書および勘定科目内訳書の各控えの職業の秘密に
　　　　関する文書への該当性 ··215
　2 貸出先債務者ごとの貸倒引当金繰入額を記入した一覧表、
　　　特定の債務者に対する債権についての自己査定ワーク
　　　シート、破綻懸念先または実質破綻先債務者についての
　　　無税化計画 ··216
　　(1) 事案（東京高決平成18・3・29金商1241号2頁［80］） ············216
　　(2) 自己利用文書該当性 ··216
　　(3) 職業の秘密に関する文書への該当性 ······························218
　3 貸出先債務者との間の契約書 ··219
　4 一時差異等解消計画を作成して、繰延税金資産を計上す
　　　るための基礎となる資料であって、課税所得の見込みの
　　　基礎となる将来の業績予測とその基礎となる過去の業績
　　　に関する文書、一時差異等解消計画を作成するための基
　　　礎資料であって将来減算一時差異が解消される時点を予
　　　測する目的で作成された文書 ···220
　　(1) 事案（宇都宮地決平成18・7・4金法1784号41頁［83］） ·········220
　　(2) 一時差異等解消計画を作成して、繰延税金資産を計上するた
　　　　めの基礎となる資料であって、課税所得の見込みの基礎とな
　　　　る将来の業績予測とその基礎となる過去の業績に関する文書
　　　　··221
　　(3) 一時差異等解消計画を作成するための基礎資料であって将来
　　　　減算一時差異が解消される時点を予測する目的で作成された
　　　　文書 ··222
　5 顧客との折衝経緯等を記した文書 ····································223
　　(1) 銀行の従業員が顧客との連絡経緯などを記した営業日誌等 ······223

(2) 銀行と顧客との取引に際して行われたやりとりの主体・
　　　日時・場所・内容等が記載された文書 ……………………………224
　6　銀行と他の金融機関との間に締結された契約書 ……………225

第2章　一般企業の文書 ……………227

I　はじめに …………………………………………………………227
II　根拠規定別の検討 …………………………………………………229
1　個別提出義務と一般提出義務 ……………………………………229
2　引用文書（1号文書） ……………………………………………230
　(1) 引用文書が文書提出命令の対象となる理由 ……………………230
　(2) 提出義務を負う範囲 ………………………………………………231
　(3) 「電子メール」の留意点 …………………………………………232
3　引渡し・閲覧文書（2号文書） …………………………………233
4　利益文書、法律関係文書（3号文書） …………………………234
5　一般提出義務（4号文書） ………………………………………235
　(1) はじめに ……………………………………………………………235
　(2) 技術・職業上の秘密に関する事項が記載された文書 …………236
　(3) 自己利用文書 ………………………………………………………241
III　類型別検討 …………………………………………………………245
1　事業に関する文書 …………………………………………………246
　(1) 証券会社の注文伝票・取引日記帳 ………………………………246
　(2) 商品取引会社の外務員の作成する業務日誌 ……………………247
　(3) 介護給付費等の請求控え（サービス種類別利用チェック
　　　リスト） ……………………………………………………………249
　(4) 稟議書 ………………………………………………………………250
　(5) 社内通達文書 ………………………………………………………252
　(6) 各種マニュアル等 …………………………………………………253

目 次

- (7) 取引先の信用等の調査報告書 …………………………………256
- (8) クレーム報告書 …………………………………………………259
- (9) 各種データを記録した文書 ……………………………………260
- (10) 機器の回路図および信号流れ図 ………………………………262
- (11) 監査調書 …………………………………………………………263
- (12) 取締役会議事録等 ………………………………………………265
- (13) 債権譲渡契約書 …………………………………………………267
- 2 各種調査報告書 ………………………………………………………267
  - (1) 交通事故調査報告書 ……………………………………………268
  - (2) 大学病院における医療事故報告書 ……………………………269
  - (3) 信用調査会社の調査報告書 ……………………………………273
  - (4) 保険管理人の依頼による弁護士らの調査報告書 ……………273
  - (5) 弁護士会の綱紀委員会の議事録のうち「重要な発言の要旨」に当たる部分 …………………………………………………274
  - (6) 監督官庁に提出する業務改善報告書作成のための調査結果をまとめた文書等 …………………………………………………276
- 3 公的機関への提出文書 ………………………………………………276
  - (1) 税務申告関係書類 ………………………………………………276
  - (2) 行政機関への提出文書 …………………………………………278
  - (3) 行政機関から交付を受けた文書 ………………………………281
- 4 労働関係文書 …………………………………………………………282
  - (1) 賃金台帳・労働者名簿 …………………………………………282
  - (2) 人事考課についての能力評価に関するマニュアル …………286
  - (3) タイムカード ……………………………………………………288
  - (4) タクシー運転日報 ………………………………………………289
  - (5) 麻雀荘の売上伝票 ………………………………………………289

第3章 公的機関の文書 ……290

- I　はじめに……290
- II　旧法下（および改正前法下）における公的機関の文書についての文書提出命令とその問題点 ……291
  - 1　概　況……291
  - 2　旧法下における利益文書の解釈……292
  - 3　旧法下における法律関係文書の解釈……293
  - 4　旧法下における状況の評価……295
- III　現行法における文書提出義務の一般義務化……295
- IV　法220条1号ないし3号と4号との関係……297
- V　法220条4号の定める除外事由……299
- VI　公的機関の文書の文書提出命令申立てにおける手続……302
  - 1　監督官庁の意見の聴取……302
    - (1)　「公務員の職務上の秘密に関する文書」と「公務員の職務上の秘密」の意義……302
    - (2)　「公務員の職務上の秘密」該当性の判断権者……303
    - (3)　法223条4項……304
    - (4)　法224条5項……304
  - 2　イン・カメラ審理……305
- VII　文書提出命令申立ての相手方……305
  - 1　法219条、220条における文書の「所持者」……306
  - 2　公的機関の文書における文書の「所持者」……306
  - 3　国が被告となる国家賠償請求訴訟における文書の「所持者」……308
  - 4　行政処分の取消し等を求める抗告訴訟における文書の

「所持者」……………………………………………………………309
　　5　国が訴訟の当事者でない場合 ……………………………………310
Ⅷ　文書の存在についての立証責任と立証の内容 ………………311
　　1　文書の存在についての立証責任 …………………………………311
　　2　立証の内容についての問題点と判例等 …………………………312
　　3　立証の内容についての検討 ………………………………………315
Ⅸ　改正後法下における判例の動向①──漁業補償交渉
　　を行う際の補償額算定調書 ……………………………………316
　　1　最決平成16・2・20判時1862号154頁［55］ …………………316
　　2　検　討 ………………………………………………………………318
Ⅹ　改正後法下における判例の動向②──災害調査復命書 …320
　　1　最決平成17・10・14民集59巻8号2265頁［74］以前の災
　　　　害調査復命書等に関する下級審の判断 …………………………320
　　（1）神戸地決平成14・6・6労判832号24頁［42］ ………………320
　　（2）大阪高決平成14・12・18判例集未登載 ………………………320
　　（3）広島地決平成17・7・25労判901号14頁［72］ ………………321
　　2　最決平成17・10・14民集59巻8号2265頁［74］ ………………322
　　（1）事案の概要 …………………………………………………………322
　　（2）原々決定の判断 ……………………………………………………322
　　（3）原決定の判断 ………………………………………………………323
　　（4）本決定 ………………………………………………………………324
　　（5）検　討 ………………………………………………………………325
Ⅺ　改正後法下における判例の動向③──外交関係文書 ……328
　　1　最決平成17・7・22民集59巻6号1888頁［71］ ………………328
　　（1）事案の概要 …………………………………………………………328
　　（2）原決定（東京高決平成17・3・16民集59巻6号1912頁）の
　　　　判断 …………………………………………………………………329

(3) 本決定の判断 ……………………………………………329
　　(4) 差戻審（東京高決平成18・3・30判タ1254号312頁[81]）の
　　　　判断 ……………………………………………………331
　2　検　討 ……………………………………………………331
XII　改正後法下における判例の動向④──刑事事件関
　　係書類等 ……………………………………………………334
　1　最決平成16・5・25民集58巻5号1135頁[59] ……………334
　　(1) 事案の概要 ……………………………………………334
　　(2) 原々決定（静岡地決平成15・6・3民集58巻5号1167頁
　　　　以下）……………………………………………………335
　　(3) 原決定（東京高決平成15・8・15民集58巻5号1173頁[50]
　　　　以下）……………………………………………………335
　　(4) 本決定 …………………………………………………336
　　(5) 検　討 …………………………………………………336
　2　最決平成17・7・22民集59巻6号1837頁[70] ……………339
　　(1) 事案の概要 ……………………………………………339
　　(2) 原々決定（東京地決平成16・4・27民集59巻6号1871頁
　　　　以下）……………………………………………………340
　　(3) 原決定（東京高決平成16・12・22民集59巻6号1878頁以下）
　　　　……………………………………………………………341
　　(4) 本決定 …………………………………………………341
　　(5) 検　討 …………………………………………………342
　3　最決平成19・12・12民集61巻9号3400頁[94] ……………344
　　(1) 事案の概要 ……………………………………………344
　　(2) 原々決定（東京地決平成18・3・24民集61巻9号3444頁
　　　　以下）……………………………………………………344
　　(3) 原決定（東京高決平成19・3・30民集61巻9号3454頁以下）
　　　　……………………………………………………………345

目　次

　　(4) 本決定 ……………………………………………………………… 345
　　(5) 検　討 ……………………………………………………………… 347
XIII　おわりに ……………………………………………………………… 348

第3編　訴訟類型からみた文書提出命令

第1章　知的財産訴訟 …………………………………………… 350

I　はじめに ………………………………………………………………… 350
　1　知的財産権侵害訴訟における文書提出命令 ……………………… 350
　2　プロパテントの流れと特許法（知的財産法）改正 ……………… 351
II　特許法（知的財産権法）改正の経過 ……………………………… 352
　1　平成11年改正前の特許法105条 …………………………………… 352
　2　平成11年改正（特許法等の一部を改正する法律） ……………… 353
　3　平成16年改正（裁判所法等の一部を改正する法律） …………… 354
　4　今後の課題 …………………………………………………………… 356
III　文書提出命令（特許法105条1項） ……………………………… 357
　1　概　要 ………………………………………………………………… 357
　2　法220条との関係 …………………………………………………… 357
　　(1) 法220条の特則 …………………………………………………… 357
　　(2) 現行法施行による特許法105条1項の意義の変化 …………… 358
　3　文書提出命令の申立て ……………………………………………… 359
　　(1) 名宛人 ……………………………………………………………… 359
　　(2) 必要性 ……………………………………………………………… 359
　　(3) 文書提出命令の申立手続 ………………………………………… 360

(4) 仮処分手続と文書提出命令の申立て ……………………362
　4 文書の提出を拒む「正当な理由」……………………………363
　5 文書不提出の効果 ……………………………………………365

Ⅳ　イン・カメラ手続（特許法105条1項・2項）と秘密保持命令（特許法105条の4） ……………365
　1 イン・カメラ手続とは ………………………………………365
　2 イン・カメラ手続における秘密保持命令 …………………366
　　(1) イン・カメラ手続における秘密保持命令 ………………366
　　(2) イン・カメラ手続における審理の実際 …………………367
　3 秘密保持命令の申立手続 ……………………………………368
　　(1) 名宛人 ………………………………………………………368
　　(2) 秘密保持命令の申立て ……………………………………368
　4 秘密保持命令の効果・その違反と刑事罰 …………………371

第2章　医療訴訟 ……372

Ⅰ　はじめに──診療情報をめぐる現状 …………………372
　1 構造的な情報格差と医療機関の説明義務 …………………372
　2 訴訟提起前の診療記録の入手方法 …………………………373
　3 被告側からの診療記録の提出 ………………………………374
Ⅱ　医療訴訟において提出義務が問題となる文書等 ……375
Ⅲ　診療記録 …………………………………………………376
　1 診療録の作成・保管の目的 …………………………………376
　2 医療訴訟における提出方法 …………………………………377
　3 診療記録に対する文書提出命令 ……………………………378
　　(1) 文書提出義務 ………………………………………………378
　　(2) 診療記録の提出義務 ………………………………………378
　　(3) 電子カルテについての留意点 ……………………………386

目 次

Ⅳ 診療記録以外の文書 ……………………………………388
1 救急救命士が作成した救急活動記録票……………388
(1) 救急活動記録票 ………………………………388
(2) 文書提出命令の申立てを認容した事例 ……………388
(3) 公務秘密文書性の要件と公務遂行支障性の要件 ………389
2 医療事故調査報告書 ……………………………390
(1) 東京高裁平成15年決定 ………………………392
(2) 広島高裁岡山支部平成16年決定 …………………394
(3) 東京高裁平成23年決定 ………………………395
(4) 学説からの批判等 ……………………………399
(5) 検　討 ………………………………………400
(6) 補論──医療法による医療事故調査制度 …………402
3 捜査機関が所持する死体検案書写し等 ………………404
(1) 文書提出命令の申立てが認容された事例 …………404
(2) 医療訴訟との関連 ……………………………405
4 捜査機関から鑑定嘱託を受けた鑑定人が所持する司法解剖の鑑定書の控え文書 ……………………………407
5 その他の文書 ……………………………………409
Ⅴ まとめ ……………………………………………409

第3章　労働訴訟 ……………………………………411

Ⅰ 労働事件における主張・立証のあり方 ………………413
1 職場内部に関する客観的事実の理解 …………………413
2 客観的立証責任と立証の負担 …………………………414
3 立証の負担の帰属に関する考え方 ……………………416
Ⅱ 文書の存在、所持に関する審理 ………………………416

1　文書の存在と所持に関する審理のプロセス ……………………416
　2　文書の滅失 ……………………………………………………417
　3　法律上、作成、保存が義務づけられている文書の取扱い ……418
　4　保全期間経過後の文書 …………………………………………418
　5　本件事例における検討 …………………………………………419
Ⅲ　証拠調べの必要性 ……………………………………………………420
　1　「証拠調べの必要性」の要件 …………………………………420
　2　本件事例における証拠調べの必要性 …………………………422
　3　即時抗告の可否 …………………………………………………423
Ⅳ　文書提出義務の有無 …………………………………………………424
　1　「法律関係文書」（法220条3号後段）への該当性 …………424
　2　法220条4号の文書提出義務の一般義務化 …………………425
　3　法220条4号ハ（職務上知り得た事実で黙秘の義務が免除
　　　されていないものが記載されている文書）への該当性 ………426
　4　法220条4号ニ（専ら文書の所持者の利用に供するための
　　　文書）への該当性 ………………………………………………426
　　(1)　「専ら文書の所持者の利用に供するための文書」とは …………426
　　(2)　本件事例における「専ら文書の所持者の利用に供するための
　　　　文書」該当性 …………………………………………………428
Ⅴ　文書の一部の文書提出命令と発令後の事務処理 ……………………431
Ⅵ　労働災害事件における文書提出義務 …………………………………433
　1　災害調査復命書の文書提出義務性 ……………………………433
　2　石綿関連疾患に関する労災民事訴訟における関係文書 ……434

第4章　交通事故訴訟 ……………………………………………………435

Ⅰ　はじめに ………………………………………………………………435

目 次

- II 交通事故訴訟の動向および最近の主な論点 ……………………436
  - 1 交通事故訴訟の動向 …………………………………………436
    - (1) 新受件数の変遷 …………………………………………436
    - (2) 訴訟内容の複雑化 ………………………………………437
    - (3) 東京地裁民事第27部の構成と法・経済環境の変化 ……439
  - 2 交通事故訴訟における主な争点 ……………………………439
- III 事故態様の審理 ………………………………………………441
  - 1 事故態様の把握の必要性 ……………………………………441
  - 2 刑事事件の記録の審理における活用の状況 ………………442
  - 3 刑事事件の記録と文書提出命令 ……………………………444
- IV 被告の帰責原因の審理 ………………………………………446
  - 1 民法715条の「使用者」 ……………………………………446
    - (1) 「ある事業のために他人を使用する」の意義 …………446
    - (2) 文書提出命令との関係 …………………………………448
  - 2 自動車損害賠償保障法3条本文のいわゆる運行供用者 ……449
    - (1) 運行供用者とは …………………………………………449
    - (2) 運行供用者の主張・立証責任の所在と文書提出命令との関係 …450
- V 損害に関する審理 ……………………………………………452
  - 1 傷害または後遺障害の内容や程度等の認定・評価 ………452
  - 2 逸失利益等の算定の基礎となる収入の認定・評価 ………452
  - 3 慰謝料の増額事由としての交渉経過等の把握 ……………454
  - 4 損益相殺的調整の処理 ………………………………………455
- VI 最後に ……………………………………………………………456

第5章 租税訴訟 …………………………………………457

- I はじめに …………………………………………………………457

Ⅱ 文書の所持者 …………………………………………………458
Ⅲ 対象文書の特定 ………………………………………………460
Ⅳ 具体的な事例の検討 …………………………………………460
　1　推計課税において同業者率等を算出するために用いられた調査結果等に関する証拠 ……………………………461
　　(1)　引用文書該当性 …………………………………………461
　　(2)　4号と職務上の秘密該当性 ……………………………462
　2　税務調査の現場におけるやりとりをまとめた「調査経過書」…465
　3　上級庁から下級庁宛てに発出された通達・内規 …………466
　4　国税不服審判所に対する参考人の答申を記述した文書 ……468
　5　国税犯則手続において収集・作成された文書 ……………469
Ⅴ 釈明処分の特例 ………………………………………………470

資料編　関連判例一覧

- 文書提出命令関連判例一覧 …………………………………474

- 事項索引 ………………………………………………………618
- 判例索引 ………………………………………………………629
- 編者略歴 ………………………………………………………638
- 執筆者一覧 ……………………………………………………642

凡　例

凡　例

〈法令等略語表〉

（現行）法	民事訴訟法（平成8年法律第109号） 本法律制定にかかわる改正を平成8年改正という。
旧法	大正15年法律第61号改正後の民事訴訟法（明治23年法律第29号）
民訴規則	民事訴訟規則
特調	特定債務等の調整の促進のための特定調停に関する法律
特許	特許法
FRCP	連邦民事訴訟規則

本文において条数が掲げられていない場合は、民事訴訟法220条を意味する。

〈判例集・判例評釈書誌略語表〉

民(刑)集	最高裁判所民(刑)事判例集
高民集	高等裁判所民事判例集
下民集	下級裁判所民事裁判例集
行裁集	行政事件裁判例集
家月	家庭裁判月報
裁時	裁判所時報
裁判集民	最高裁判所裁判集民事
労民	労働関係民事裁判例集
訟月	訟務月報
税資	税務訴訟資料
金商	金融・商事判例
判時	判例時報
判評	判例評論
判タ	判例タイムズ
労判	労働判例
労経速	労働経済判例速報
最判解民	最高裁判所判例解説・民事篇

主判解	主要民事判例解説
重判解	重要判例解説（ジュリスト臨時増刊）
リマークス	私法判例リマークス
裁判所ウェブサイト	裁判所ウェブサイト裁判例情報

<定期刊行物略語表>

金法	金融法務事情
銀法	銀行法務21
ジュリ	ジュリスト
資料版商事	資料版商事法務
曹時	法曹時報
ひろば	法律のひろば
法協	法学協会雑誌
法教	法学教室
法研	法学研究
法時	法律時報
法セミ	法学セミナー
民商	民商法雑誌
民訴	民事訴訟雑誌

　本文判例の［　］の数字は、資料編（文書提出命令関連判例一覧）掲載の判例番号を指す。

第1編 総論

第1章

文書提出命令の判例準則

I　はじめに

　現行法が施行されて後15年を超えたが、この間、文書提出命令に関する規律は、判例による法形成が最も進んだ分野であるといって過言ではない。その意味で、この点のルールのあり方を正確に理解するためには、判例準則の理解は今や不可欠なものとなっているといえる。そこで、本章では、判例準則の内容を客観的に分析し、それをできるだけ正確に理解することを目的としたい。

　文書提出命令の分野において、このように判例による法形成が進んだ要因としては、いくつかの点が指摘できるように思われる。第1に、文書提出義務をめぐる立法時の混乱として、経済界との妥協や公務文書をめぐる国会修正等の経緯があり、細かな準則ベースで立法段階の議論の詰めが必ずしも十分なものではなかった点があるように思われる。第2に、文書提出命令の重要性が指摘できる。証拠の偏在等の現象が普遍化したことによって、証拠収集の方法として文書提出命令制度に大きな期待がかかっており、それが最高裁判所まで争いが続き、判例が形成される原因となっている。第3に、制度的には、現行法による許可抗告制度（法337条）の創設がある。これによって、旧法下でも争いがあったにもかかわらず判例準則が欠缺していた状況が一挙に補充されつつあると評価できよう。

　本章では、文書提出義務に関する判例準則を中心に、文書提出命令手続に

関する判例準則も概観する。基本的には、前述のように、判例準則について、なるべく主観的評価を排除し客観的に叙述することを目的とする（ただ、将来の判例の予測や立法の必要などについても若干の意見を述べ、その過程等で判例準則に対する主観的評価を示す部分はあるが、それも最小限のものとするようにしたい）。まず、文書提出義務について、一般提出義務（法220条4号）と1号から3号までの義務（限定提出義務とよぶ）との関係を検討する（II参照）。その後、一般提出義務に関する除外事由を中心に、公務秘密文書（4号ロ）の判例準則（III参照）、職業秘密文書（4号ハ）の判例準則（IV参照）、自己利用文書（4号ニ）の判例準則（V参照）、刑事関係文書（4号ホ・3号）の判例準則（VI参照）につき順次みた後、最後に文書提出命令手続に関する判例準則を概観する（VII参照）。なお、本稿の性質上、学説については基本的に引用せず、また取り上げる判例も基本的に最高裁判所（以下、本書において「最高裁」という）のものに限定する。[1]

II 一般提出義務（4号）と限定提出義務（1号〜3号）の関係

1 判例の概要

以下では、現行法の下での文書提出義務に係る中心的な論点となる一般提出義務の除外事由に関する検討に入る前に、一般提出義務（法220条4号）と旧法時代から存した限定提出義務（同条1号〜3号）の関係について簡単にみておきたい。

この点についての判例としてまず、内部文書性との関係で法律関係文書該

---

[1] 判例を包括的に整理分析した既存の文献として、中島弘雅「文書提出義務の一般義務化と除外文書」（福永有利先生古稀記念・企業紛争と民事手続法理論）409頁以下、山本和彦「文書提出義務をめぐる最近の判例について」曹時58巻8号1頁以下、杉山悦子「文書提出命令に関する判例理論の展開と展望」ジュリ1317号93頁以下、伊藤眞「文書提出義務をめぐる判例法理の形成と展開」判タ1277号13頁以下など参照。

当性を判断した、最決平成11・11・12民集53巻8号1787頁［25］がある。現行法下で最初に文書提出義務に関する一般的な判断を示した判例であるが、法220条3号後段（法律関係文書）に基づく当事者の主張に対し、「本件文書が、『専ら文書の所持者の利用に供するための文書』に当たると解される以上、民訴法220条3号後段の文書に該当しないことはいうまでもない」とする。これは、220条3号の文書と旧法312条3号の文書との関係について、両者を同一の概念とする考え方や前者が後者よりも狭くなるとする考え方などがあるところ、いずれにしても、4号ニの自己利用文書に該当する限り、法律関係文書に当たる余地はない点に異論はないと解されるため、いずれの見解によるかを明確にせず、このような判断をしたものと解される。

そして、このような趣旨をより明確にしたものとして、最決平成12・3・10判時1711号55頁［29］がある。この決定は「民訴法220条3号後段の文書には、文書の所持者が専ら自己使用のために作成した内部文書（以下「内部文書」という。）は含まれないと解するのが相当である」とし、文部省（当時）内部における使用のために作成され、作成につき法令上の根拠はなく、記載内容の公表も予定されていない文書（教科書用図書検定調査審議会の作成した文書）につき、「以上のような文書の記載内容、性質、作成目的等に照らせば」「専ら文部省内部において使用されることを目的として作成された内部文書というべきである」とする。これは、基本的に旧法下の法律関係文書に関する内部文書の例外を前提として、そのような理解が現行法下でも生きていることを明らかにしたものといえる。そして、このような「内部文書」は、法220条4号ニの「自己利用文書」（その要件に係る判例準則については、後述Ⅴ1参照）と比較して、「内部文書性」要件は基本的に同一であり、「不利益性」要件を必要としない結果、より広い例外を構成することになっている。その結果、4号ニ該当性が認められれば、それによって当然に法律

2　同旨の判例として、最決平成11・11・26金商1081号54頁［26］、最決平成12・12・14民集54巻9号2709頁［32］、最決平成23・10・11判時2136号9頁［120］などがある。

3　小野憲一「判解」最判解民〔平成11年〕796頁参照。

II 一般提出義務（4号）と限定提出義務（1号～3号）の関係

関係文書性が否定されることになろう。前掲最決平成11・11・12の「言うまでもない」という文言は、そのような趣旨を示していたものとみられる。

次に、文書の秘密性との関係で法律関係文書該当性を判断したものとして、最決平成16・2・20判時1862号154頁 [55] がある。対象文書は、県が漁業協同組合との漁業補償交渉に臨む際の手持ち資料として作成した補償額算定調書中の文書提出命令申立人に係る補償見積額が記載された部分であるが、後述のように（III 1 参照）、法220条4号ロの公務秘密文書に該当する旨を明らかにした後、「本件文書が、上記のとおり、公務員の職務上の秘密に関する文書であって、その提出により公務の遂行に著しい支障を生ずるおそれがあるものに当たると解される以上、民訴法191条、197条1項1号の各規定の趣旨に照らし、Yは、本件文書の提出を拒むことができるものというべきであるから、民訴法220条3号に基づく本件申立ても、その理由がないことは明らかである」とする。この点についても、旧法下の解釈においては、いわゆる3号文書について証言拒絶権の規定を類推適用して提出義務を否定する見解が一般的であったところ、新法下でもそのような解釈が妥当することを明らかにしたものといえよう。

2　判例準則の整理

以上のような判例群から、現段階で明らかな判例準則は以下のようなものとなろう。

まず、3号後段の法律関係文書については、4号ニに該当する場合には当然に内部文書として提出義務が否定され、また4号ロに該当する場合も証言拒絶権の規定の趣旨に照らして提出義務が否定される。そして、その趣旨からすればおそらくは、4号イおよびハの場合（自己負罪・名誉侵害を理由とする除外事由および職業秘密等を理由とする除外事由）にも同旨が妥当するものと予想される。したがって、法律関係文書は、刑事関係文書（4号ホ）の場合を除き、4号とは別個の独立の意義は失ったものと解されよう（なお、3号の「法律関係文書」の具体的意義に関する判例準則については、さらにそれが

実際に問題となる刑事関係文書との関係で言及する（Ⅵ参照））。

次に、3号前段の利益関係文書については、4号ロに該当する場合は証言拒絶権の規定の趣旨に照らして提出義務が否定される。そして、その趣旨からすればおそらくは、4号イおよびハの場合にも同旨が妥当するものと予想される。他方、4号ニの場合については、明確な準則は形成されていない（従来の判例はいずれも法律関係文書の概念から内部文書の例外を導出しており、利益文書に同旨が妥当するとは限らない）。したがって、利益文書であれば自己利用文書であってもなお提出義務が肯定される余地がないわけではない。ただ、旧法下では利益文書についても内部文書の例外を認める見解や裁判例が有力であったこと[4]を考えると、法律関係文書と同様の解釈がされる可能性も十分にあるように思われる。

最後に、1号文書（引用文書）および2号文書（引渡し・閲覧請求権文書）については、公刊された最高裁の判例はないようである。これらの文書提出義務の原因はかなり特殊なものであり、たとえば、営業秘密に該当する文書であっても契約上申立人が閲覧請求権を有するような場合には文書提出義務を認めることに問題は少ないようにも思われる[5]。そうだとすると、このような場合は、4号の一般義務とは別個に、なお独自の存在意義を有するものと解される余地はあろう[6]。

Ⅲ　公務秘密文書（4号ロ）の判例準則

具体的な一般義務の除外事由として、まず公務秘密文書の場合（4号ロ）を検討する。この規定は、周知のように、現行法制定時には存在せず、その

---

[4] 兼子一ほか『新版条解民事訴訟法』1056頁、大阪高決平成4・6・11判タ807号250頁［5］など。
[5] また、引用文書については、引用行為によって所持者が秘密の利益や内部文書性を放棄したものと解する余地も十分にあろう。
[6] 立法論としては、3号を削除しながら、1号および2号を維持すべきとする見解として、日本弁護士連合会「文書提出命令及び当事者照会制度改正に関する民事訴訟法改正要綱中間試案」第1の2参照。

後、平成13年の法改正により、行政情報公開制度との整合性にも配慮して新たに導入されたものである。規律の内容は、対象文書が、①「公務員の職務上の秘密に関する」ものであり（公務秘密性要件）、かつ、②「その提出により公共の利益を害し、又は公務の遂行に著しい支障を生ずるおそれがあるもの」であること（公共利益侵害・公務遂行阻害性要件）を要件に、文書提出義務から除外するものである。

1 判例の概要

この除外事由に関する最初の判例として、最決平成16・2・20判時1862号154頁［55］がある。これは、前述のように（Ⅱ1参照）、県が漁業補償交渉の際の手持ち資料として作成した補償額算定調書中の一部分に関するものであるが、事例的な判断を示した。まず本件文書の性格、特に「交渉の対象となる上記の総額を積算する過程における種々のデータを基に算出された本件許可漁業に係る数値（補償見積額）が記載されたものである」ことから、公務秘密性要件を認定する。そして、「本件文書が提出され、その内容が明らかになった場合には、県が、各組合員に対する補償額の決定、配分についてはA漁協の自主的な判断にゆだねることを前提とし、そのために、上記の交渉の際にも明らかにされなかった上記の総額を算出する過程の数値（個別の補償見積額）の一部が開示されることにより、本件漁業補償協定に係る上記

---

7 改正の経緯については、深山卓也ほか「民事訴訟法の一部を改正する法律の概要」ジュリ1209号102頁、1210号173頁参照。
8 なお、ここでいう「公務員」にどのような者が含まれるかが問題となり得る。最決平成25・12・19民集67巻9号1938頁［145］は、国立大学法人の役職員がこれに含まれるかが論点となった事案において、「国立大学法人の役員及び職員の地位等に関する国立大学法人法の規定に照らすと、民訴法220条4号ロにいう『公務員』には上記役員及び職員も含まれると解するのが相当である」と判示する。この規定は、証言拒絶権の規律（法191条）等と同様、公務の民主的・効率的遂行のため公務員の守秘義務を保護する目的を有することに鑑みると、みなし公務員等であっても、特定独立行政法人の役職員（独立行政法人通則法51条）や日本銀行の役職員（日本銀行法30条）など、その従事する職務の公共性が強く、刑罰等によって守秘義務が担保されているような場合は、その適用を認めてよい（秋山幹男ほか『コンメンタール民事訴訟法Ⅳ』396頁など参照）。

の前提が崩れ、A漁協による各組合員に対する補償額の決定、配分に著しい支障を生ずるおそれがあり、A漁協との間の信頼関係が失われることとなり、今後、県が他の漁業協同組合との間で、本件と同様の漁業補償交渉を円滑に進める際の著しい支障ともなり得ることが明らかである」ことから、公務遂行阻害性要件をも肯定し、提出義務を否定した。本決定は、各要件に関する一般論を慎重に避けながら、事例的な判断をしたものである。

　次に、各要件についてより一般的な判示をする判例として、最決平成17・10・14民集59巻8号2265頁［74］がある。事案は、労働基準監督署において作成された労災事故に関する災害調査復命書の提出義務に関するものである。本決定はまず公務秘密性要件について、「『公務員の職務上の秘密』とは、公務員が職務上知り得た非公知の事項であって、実質的にもそれを秘密として保護するに値すると認められるものをいう」とする。そこでは、守秘義務に関する公務員法違反の刑事事件の判例が引用され（最決昭和52・12・19刑集31巻7号1053頁、最決昭和53・5・31刑集32巻3号457頁）、いわゆる実質秘の考え方が闡明される。そして、そのような公務秘密には、「公務員の所掌事務に属する秘密だけでなく、公務員が職務を遂行する上で知ることができた私人の秘密であって、それが本案事件において公にされることにより、私人との信頼関係が損なわれ、公務の公正かつ円滑な運営に支障を来すこととなるものも含まれる」とする。そして、具体的な当てはめとして、本件で問題となる情報を、①調査担当者の知ることのできた本件事業場の安全管理体制・労災事故の発生状況等対象会社の私的な情報と、②再発防止策等についての調査担当者の意見・署長判決など行政の意思形成過程に関する情報とに分け、②は「公務員の所掌事務に属する秘密」として当然に公務秘密性が認められ、①は、公務員が職務を遂行するうえで知ることができた私人の秘密であるが、それが公にされると私人との信頼関係が損なわれ、公務の公正かつ円滑な運営に支障を来すため、やはり公務秘密性が肯定される。

　他方、公務遂行阻害性要件については、まず一般論として、「『その提出により公共の利益を害し、又は公務の遂行に著しい支障を生ずるおそれがあ

III 公務秘密文書（4号ロ）の判例準則

る』とは、単に文書の性格から公共の利益を害し、又は公務の遂行に著しい支障を生ずる抽象的なおそれがあることが認められるだけでは足りず、その文書の記載内容からみてそのおそれの存在することが具体的に認められることが必要である」と判示した。そして、具体的な当てはめとして、やはり上記①および②の情報に分け、②については、その提出により「行政の自由な意思決定過程が阻害され、公務の遂行に著しい支障を生ずるおそれが具体的に存在することが明らかである」とする。①については、対象会社の労働者等から聴取した内容がそのまま記載されているわけではないこと、調査担当者には調査について強制的な権限が付与されていることなどから、その提出によって関係者の信頼を著しく害したり、以後関係者の協力を得ることが著しく困難になったりするとはいえないとして、公務遂行阻害性を否定した。

　以上のように、本決定は、現段階での4号ロに関するリーディング・ケースということができ、各要件に関する一般論とその当てはめを詳細に論じており、そこから判例準則を抽出することができるものといえよう。

　以上のような判例準則を受けた具体的判断として、最決平成25・4・19判時2194号13頁［140］がある。事案は、全国消費実態調査の調査票情報を記録した準文書の提出義務に関するものである。本決定は、一般的な判示を避けながら、文書自体の性質や被調査者等の特定可能性等の点を総合的に考慮して、結論として、4号ロの除外事由の要件である公務遂行阻害性を肯定する。

　すなわち、①文書自体の性質として、統計調査については「正確な統計を得るために被調査者から真実に合致した正確な内容の報告を得る必要がある」ため「様々な角度から調査票情報の保護を図っていること」、全国消費実態調査は「公的統計の中核をなすものとして特に重要性が高い統計として位置づけられており、その基礎となる報告の内容の真実性及び正確性が担保されることが特に強く求められるもの」であること、このような調査はその性質上、「立入検査等や罰金刑の制裁によってその報告の内容を裏付ける客観的な資料を強制的に徴収することは現実には極めて困難であるといわざ

を得ないから、その報告の内容の真実性及び正確性を担保するためには、被調査者の任意の協力による真実に合致した正確な報告が行われることが極めて重要で」あることを指摘し、また、②特定可能性については、「個人及びその家族の消費生活や経済状態等の委細にわたる極めて詳細かつ具体的な情報」を記載した本件準文書が訴訟に提出されると、「例えば被調査者との関係等を通じてこれらの情報の一部を知る者などの第三者において被調査者を特定してこれらの情報全体の委細を知るに至る可能性があることを否定することはでき」ないことを指摘し、それらを総合すると、「個人の情報が保護されることを前提として任意に調査に協力した被調査者の信頼を著しく損ない、ひいては、被調査者の任意の協力を通じて統計の真実性及び正確性を担保することが著しく困難となることは避け難いものというべきであって、これにより、基幹統計調査としての全国消費実態調査に係る統計業務の遂行に著しい支障をもたらす具体的なおそれがある」ものとする。

　本決定は、公務遂行阻害性要件について、その具体的なおそれの存在を求める前掲最決平成17・10・14を受けて、その文書の具体的性質やそれによって公務に生じ得る具体的な影響の可能性を極めて詳細に認定したものであり、前記一般準則に基づく4号ロの今後の判断手法の方向性を示したものと評価することができよう。

2　判例準則の整理

(1)　公務秘密性要件

　まず、公務秘密性要件に該当するには、①公務員が職務上知り得た秘密であること、②非公知の事項であること、③実質的にもそれを秘密として保護するに値すると認められるものであることを満たす必要がある。特に③の要件が重要であり、判例はいわゆる「実質秘」の考え方を採用しているものということができよう。

　そして、上記の要件との関係で、判例は2種類の公務秘密を観念する。すなわち、ⓐ公務員の所掌事務に属する秘密である。これは②・③の要件を満

たせば、当然に公務秘密として扱われることになる。これに対し、ⓑ公務員が職務を遂行するうえで知ることができた私人の秘密もやはり公務秘密として扱われうるが、それは「それが本案事件において公にされることにより、私人との信頼関係が損なわれ、公務の公正かつ円滑な運営に支障を来すこととなる」場合に限られる。これは、ⓑのような場面に即して実質秘（③の要件）の判断要素を明らかにしたものと考えられる。これは実質的には、下記(2)の公務遂行阻害性要件と重なり合うものであるが、公務の運営に対する支障が著しいものでなくてもこれに含まれる点でなお差異がある（文書提出命令との関係では、結局「著しい支障」が認定されない限り、提出義務は認められるので、独立に検討する意義に乏しいが（一種の前さばき的な機能をもつにとどまる）、証言拒絶権との関係では、このような支障が認められない限り、それは「職業の秘密」とはいえず、法191条1項の監督官庁の承認の対象とはならないことになる点で大きな実質的意義を有するものと解されよう）。

(2) 公共利益侵害・公務遂行阻害性要件

次に、公共利益侵害・公務遂行阻害性要件であるが、これについては、文書の性格から抽象的なおそれが認められるだけでは足らず、文書の記載内容から具体的なおそれが認められなければならないとされる。つまり、①判断材料として、文書の一般的性格ではなく具体的な記載内容により、②判断対象として、これらの「おそれ」につき抽象的なものでは足らず具体的なものが認められる必要があるとするものである。これによって、前掲最決平成25・4・19判時2194号13頁［140］が示すように、判断の材料・対象双方の具体性が求められることとなり、実務的にはイン・カメラ審理がされる機会が増大するのではないかと考えられる。

また、その具体的な判断について、上記(1)のⓐの文書とⓑの文書に分けて考えられる。ⓐについては、行政の自由な意思形成が阻害されることを理由

---

9 松並重雄「判解」最判解民〔平成17年〕711頁。
10 イン・カメラ審理を経た後、判例準則に従った判断をした下級審裁判例として、横浜地決平成19・9・21判タ1278号306頁［91］参照。

に、当然に公務遂行阻害性要件の充足を認める。これは、民間における自己利用文書（4号ニ）の判断に類似した枠組みの類型的判断である。[11] 他方、ⓑについては、関係者との信頼の阻害やその協力の取得の阻害を具体的にあげ、私人の特定がされていないことや強制調査権が認められていることなどが判断要素とされている。[12] 本件で示されたような事由が他の場面でどのように考慮されるか、他にどのような事由が考慮要素とされるかなど判例準則の詳細は、今後の事例の積み重ねの中でさらに明らかにされていくものと考えられよう。

なお、以上のような意味での公務遂行阻害性が認められる場合であっても、問題となっている訴訟の重要性や訴訟手続における当該証拠の必要性等を勘案して、そのような利益が保護に値するものとはいいがたいと考える余地があるかどうかが問題となる。職業秘密文書等における比較衡量説（Ⅳ2⑵参照）を公務秘密の場合にも採用できるかという問題である。公務遂行等の利益は、私的な秘密の利益とは異なり、いかなる場合にも保護すべきという考え方はありうるが、[13] 公的利益といえども、具体的な場面で訴訟における真実発見の利益が上回ることはあり得、（その範囲は私的利益の場合よりも狭いかもしれないが）このような比較衡量により提出義務を肯定する余地を認めるべきであろう。[14]

---

11 ただ、記載内容に基づく具体的な阻害が求められる点に注意を要するところ、前記決定の判断手法には疑問もあり得、具体的にどのような外部からの攻撃等に公務員がさらされるおそれがあり、それが公務遂行に具体的にどのように影響するかをより詳細に検討すべきであったようにも思われる（山本和彦「判批（最決平成17・10・14）」民商134巻3号449頁以下参照）。

12 前掲最決平成25・4・19が示すように、対象文書の性質やそこに記載された情報によっては、強制調査権の有無は決定的な意味をもち得ない場合はあろう。対象者の任意の協力が不可欠な公務（たとえば、税務関係の公務もこれに該当する可能性があろう）においては、強制調査権の存在は、公務遂行阻害性要件の否定材料とはいえない場合がある。また、特定可能性についても、やはり文書の性質等によっては、極めて小さな可能性であっても、特定に係る不安が少しでも対象者に生じれば、公務遂行阻害性要件を満たす余地はあろう（前記決定における特定可能性は、現実には極めて小さなものであった可能性が高い）。いずれにしても、個別事案に応じた判断が不可欠になる。

13 松本博之＝上野泰男『民事訴訟法〔第7版〕』486頁は、比較衡量の余地はないとされる。

IV 秘密文書（4号ハ）の判例準則

　法220条4号ハは、証言拒絶権に関する条項（法197条1項2号・3号）を引用しながら、職業関係の秘密（私人の秘密）に関する事実が記載されている文書の提出除外を定めるものである。具体的には、①医師、弁護士、宗教等特定の職にある者またはそれらの職にあった者が職務上知り得た事実で黙秘すべきもの、かつ、黙秘の義務が免除されていないものが記載されている文書、および、②技術または職業の秘密に関する事項で黙秘の義務が免除されていないものが記載されている文書である。以下では、①と②に分けて判例準則の現状を確認する。

1　プロフェッション秘密文書（法197条1項2号に相当する場合）

　まず、法197条1項2号に相当する場合については、最決平成16・11・26民集58巻8号2393頁［64］がある。これは、破綻保険会社の保険管理人によって設置された弁護士・公認会計士等を委員とする調査委員会が作成した調査報告書の提出義務に関する事案であるが、「民訴法197条1項2号所定の『黙秘すべきもの』とは、一般に知られていない事実のうち、弁護士等に事務を行うこと等を依頼した本人が、これを秘匿することについて、単に主観的利益だけではなく、客観的にみて保護に値するような利益を有するものをいう」とする。

　本号の要件は、①弁護士など法197条1項2号列挙の職業に該当すること、

14　秋山ほか・前掲書（注8）399頁、伊藤眞『民事訴訟法〔第4版補訂版〕』424頁など参照。また、前掲最決平成25・4・19における田原睦夫裁判官の補足意見でも、「今日の学説の有力説及び多数の高裁決定例は、民訴法220条4号ロ（中略）は、当該文書の性質上同号の要件に該当することが明らかでない限り、取調べの必要性と公務の遂行に支障を生ずるおそれの程度とを相関的に検討したうえで判断すべきものとしている」とし、「私は上記有力説の見解が正当であると思料する」とされている。

②その者が職務上知り得た事実が記載されていること、③当該事実が黙秘すべきものであること、④当該事実について黙秘の義務が免除されていないことである。なお、これは弁護士等または依頼者等が所持している文書に限らず、文書に記載されている事項が以上の要件を満たせば、本号の除外事由の対象となるものである。所持者が誰であれ、医師・弁護士等のプロフェッションを信頼して秘密を開示した依頼者等の利益を保護する必要があるからである。

　上記①については、本決定は、原審同様、公認会計士が同号の主体となり得ることを前提にしているものと解される。公認会計士法27条により守秘義務の定めがあることが根拠とされているとみられ、ほかにも法令上そのような義務が認められている資格で、本号に列挙されているものと比肩されうる職種（司法書士、介護福祉士等）にも同旨が妥当するものと解されよう。

　次に、②については、職業遂行上知り得た私人の秘密である。本件では、調査委員会の委員として知り得た事実が「職務上知り得た」といえるかが問題となるが、弁護士等が単なる有識者ではなく弁護士等の専門的知見を活用して調査等を行うことが期待されていることから、これに該当すると解されたものとみられる。政府の審議会の委員等などの場合にその境界が微妙な事例はあり得ようが、弁護士等の専門性が期待されているかどうかがメルクマールとなろう。なお、本号の保護法益は私人（依頼者）の秘密および弁護士等の職務の一般的な遂行にあるとみられるので、公務秘密の同旨の要件のように、私人との信頼関係が損なわれ、職務の公正かつ円滑な遂行に支障を来すことは求められないものと解されよう。

　次に、③については、本決定により、本人等の主観的利益では足りず、客観的にみて保護に値する利益が必要であるとされた。本件は、具体的には、

15　法務省民事局参事官室『一問一答新民事訴訟法』249頁。医療法人が所持者である場合も、医師の秘密に関する事項が記載されていれば、医療法人は当該文書の提出義務を除外される。
16　中村也寸志「判解」最判解民〔平成16年〕763頁。
17　中村・前掲判解（注16）763頁。

IV 秘密文書（4号ハ）の判例準則

本件文書が法令上の根拠に基づく調査結果を記載した文書であること、経営責任とは無関係なプライバシー等が記載されるものではないこと、調査委員会は公益のために職務を行うものであること、調査委員会に加わった弁護士等は公益のための調査に加わったにすぎないことなどから、「本件文書に記載されている事実は、客観的にみてこれを秘匿することについて保護に値するような利益を有するものとはいえず、同号所定の『黙秘すべきもの』には当たらない」とした。証言拒絶権に関する従来の通説的見解を採用したものである。本件はかなり特殊な文書に関するものであり、一般に依頼者の私的[19]利益に基づき作成された文書については、原則として③の要件を満たすことになるものとみられる（例外としては、依頼者から違法な行為の依頼を受けたような場合にそれに関する文書などがあろうか）。

　なお、後述のように、4号ハ後段の文書については、単なる職業の秘密を記載した文書は提出義務を免れず、それが「保護に値する秘密」でなければならず（2(2)参照）、さらに守秘義務が問題となる場合は、秘密対象者が文書提出義務を負うかどうかを基準として判断するという枠組みが採用されているが（2(3)参照）、このような判断枠組みが4号ハ前段にも適用されるかが問題となる。この点の判例の考え方は現段階では明らかではない。ただ、職業の秘密の場合に当該守秘義務は「個々の顧客との関係において認められるにすぎない」点を判例が強調しているところからすれば、各職業の存立の基盤とされる前段の守秘義務の場合には同旨が妥当しないとの示唆が読み取れなくもない。しかし、ここで実質的に除外の根拠とされているのが、顧客[20]の利益のための守秘義務であることを前提に、実質的な利益の帰属主体であ

18　新堂幸司ほか編『注釈民事訴訟法(6)』316頁〔坂田宏〕、菊井維大＝村松俊夫『全訂民事訴訟法2』501頁など。
19　特に、その開示を認めないと、弁護士等を委員に加えることにより容易に開示を免れるという不当な帰結になりかねない。中村・前掲判解（注16）765頁。
20　このような秘密については絶対的な優越性を認めるべきであるとし、「仮に利益衡量に服するとしても、当該訴訟が高度の公益性にかかるなど、絶対的優越性を覆す程度の事情が認められなければならない」とされるのは、伊藤・前掲論文（注1）17頁参照。

る顧客に開示義務が認められる以上、所持者に開示が強制されてもやむを得ないとする価値判断であるとすれば、前段の場合にも同旨が妥当する余地があろう。今後の判例の展開が注目されるところである。[21]

最後に、④について、本号は、依頼者等である本人の保護を目的とした除外事由であるので、当該本人が黙秘の義務を免除している場合には、提出義務を認めて差し支えない。本件の原審決定は、本人が公表した事実またはそれを基礎づける事実については黙秘の義務が免除されたものと解しているが、本決定はその点について判断していない。[22]

2　職業・技術秘密文書（法197条1項3号に相当する場合）

(1)　一般準則

次に、法197条1項3号に相当する場合については、最決平成12・3・10民集54巻3号1073頁［30］がある。これは、電話装置の機器の回路図および信号流れ図の提出義務に関する事案であるが、「『技術又は職業の秘密』とは、その事項が公開されると、当該技術の有する社会的価値が下落しこれによる活動が困難になるもの又は当該職業に深刻な影響を与え以後その遂行が困難になるものをいう」とする。

本号の要件は、①技術または職業の秘密に関する事項であって、②黙秘の義務が免除されていないものが記載されている文書である。このうち、②については、前段の場合と同旨が妥当する（1④参照）。①について、本決定は、旧法下の通説・下級審裁判例に従い、単なる主観的秘密では足りず、より実質的な損害が認められるようなもののみを保護しようとしたものといえる。[23]なお、そのような形で、実質的な技術・職業の秘密性（開示による所持

21　むしろ、前述のように、前段の保護利益は端的に顧客の利益、すなわちプロフェッションに対する信頼の保護にあるとされるのが一般であろう。

22　調査官解説は、黙秘義務の免除は具体的事実を特定してされるべきであり、本人が公表した事実については免除に当たるが、それを基礎づける事実についてまで免除したということはできないとされる（中村・前掲判解（注16）764頁）。事実認定にかかわる部分も大きいが、今後の判例準則の定立が期待されよう。

者の不利益等）を個々的に判断するとすれば、審理過程において秘密が漏洩する事態を防止する必要性は大きく、イン・カメラ審理によるべき場面が増えるものと考えられる。

　一般的判例準則の具体的な適用事例として、最決平成20・11・25民集62巻10号2507頁［96］は、銀行の取引先に対する分析評価情報に関して、「一般に、金融機関が顧客の財務状況、業務状況等について分析、評価した情報は、これが開示されれば当該顧客が重大な不利益を被り、当該顧客の金融機関に対する信頼が損なわれるなど金融機関の業務に深刻な影響を与え、以後その遂行が困難になるものといえるから、金融機関の職業の秘密に当たる」とする。ただ、本件の具体的事案は、当該顧客が倒産状態にあってその情報が開示されても取引先の受ける不利益は小さく金融機関の業務に対する影響も軽微なものとされていることからすれば、実質的な秘密の重要性の判断に入らず一般論から職業秘密性を肯定する判旨にはやや違和感を否めないが、金融機関における秘密保護の重要性を重視したものであろうか（ただ、秘密保護の要請が定型的に重要なプロフェッションの情報においても、保護に値する実質性が要求されること（1参照）には注意を要しよう）。

(2)　**証拠価値等の比較衡量――「保護に値する秘密」――**

　以上が法197条1項3号の秘密性に関する一般準則であるが、判例は、このような意味での「技術又は職業の秘密」に該当すれば直ちに除外事由になると解するのではなく、さらに法文にはない要件である「保護に値する秘密」であることを要求している。

　この点を文書提出義務との関係で最初に示唆したものとして、最決平成19・8・23判タ1252号163頁［89］がある。これは、介護サービス事業に係るサービス種類別利用チェックリストの提出義務に関する事件であるが、「本件対象文書は本案訴訟において取調べの必要性の高い証拠であると解される一方、本件対象文書に係る上記96名の顧客はいずれもXにおいて介護

23　これが実質的には、不正競争防止法上の営業秘密と重なり合うことにつき、長沢幸男「判解」最判解民〔平成12年〕302頁。

サービスの利用者として現に認識されている者であり、本件対象文書を提出させた場合にYの業務に与える影響はさほど大きなものとはいえないと解されること等を考えると」、本件文書は法197条1項3号所定の職業の秘密に関する事項が記載されているものであって法220条4号ハに該当するとのYの主張は採用できないとしたものである。この決定は必ずしも明確な形で準則を示すものではないが、具体的な判断において秘密の保護の必要性と証拠の取調べの必要性を比較衡量しており、そのような衡量が認められることを前提にしている。その意味で、証言拒絶権との関係で証拠価値等との比較衡量を容認する判断を示した判例（最決平成18・10・3民集60巻8号2647頁［84］）を踏襲したものと評価できるが、当該判決との関係は明瞭にされていない。

　この点をさらに明確にした判例として、前掲最決平成20・11・25がある。これは一般論として、「文書提出命令の対象文書に職業の秘密に当たる情報が記載されていても、所持者が民訴法220条4号ハ、197条1項3号に基づき文書の提出を拒絶することができるのは、対象文書に記載された職業の秘密が保護に値する秘密に当たる場合に限られ、当該情報が保護に値する秘密であるかどうかは、その情報の内容、性質、その情報が開示されることにより所持者に与える不利益の内容、程度等と、当該民事事件の内容、性質、当該民事事件の証拠として当該文書を必要とする程度等の諸事情を比較衡量して決すべきものである」として、前掲最決平成18・10・3を引用する。これにより、文書提出命令における職業の秘密の判断においても、「保護に値する秘密」のみが保護対象とされ、その判断に際しては事件の内容や証拠価値等が比較衡量の対象とされることが明確にされた。そして、本件の具体的判断では、顧客の財務状況に対する調査結果は金融機関にとって一般に職業の秘密に当たるが、本件の具体的事情の下では、顧客が既に倒産に陥っており、開示による影響は軽微であるのに対し、本案訴訟は軽微な事件とはいえず、証拠価値は高いとして提出義務を認めたものである。これにより、前記の判

24　前掲最決平成12・3・10の調査官解説である長沢・前掲判解（注23）309頁は、同決定は利益衡量論の採否については「何も判断を示していない」としていた。

例準則は確立したものといえるが、今後は、秘密の要保護性が高いが証拠としての価値も極めて大きいような、究極の選択ともいえる場合に裁判所がいずれの要素を重視して判断することになるのか、具体的な当てはめのあり方が注目されよう。

(3) 第三者の秘密——守秘義務と「職業の秘密」——

以上のような2段階審査が、職業秘密文書に係る判例準則の現状であるが、さらに、当該文書に記載されている秘密が第三者の秘密であるような場合に、どのような判断枠組みによるかが問題となる。つまり、ここで保護の対象とされるのは基本的には所持者の秘密に関するものであるが、所持者が顧客との間で守秘義務を負うことによってそれが職業の秘密に当たると主張するような場合に、どのように判断すべきかが問題となる（そこに別途、所持者の独自の秘密＝ノウハウ等が認められる場合には、その点の判断は上記(1)および(2)の準則に従って別に行われることになる）。

この点に関する準則を最初に示したのは、最決平成19・12・11民集61巻9号3364頁［93］である。これは、訴訟当事者である顧客の取引履歴が記載された金融機関の取引明細書の提出が求められた事件であるが、「金融機関は、顧客との取引内容に関する情報や顧客との取引に関して得た顧客の信用にかかわる情報などの顧客情報につき、商慣習上又は契約上、当該顧客との関係において守秘義務を負い、その顧客情報をみだりに外部に漏らすことは許されない。しかしながら、金融機関が有する上記守秘義務は、上記の根拠に基づき個々の顧客との関係において認められるにすぎないものであるから、<u>金融機関が民事訴訟において訴訟外の第三者として開示を求められた顧客情報について</u>、当該顧客自身が当該民事訴訟の当事者として開示義務を負う場合には、当該顧客は上記顧客情報につき金融機関の守秘義務により保護されるべき正当な利益を有さず、金融機関は、訴訟手続において上記顧客情報を開示しても守秘義務には違反しないというべきである。そうすると、金融機関は、訴訟手続上、顧客に対し守秘義務を負うことを理由として上記顧客情報の開示を拒否することはできず、同情報は、金融機関がこれにつき職業の秘

密として保護に値する独自の利益を有する場合は別として、民訴法197条1項3号にいう職業の秘密として保護されない」とする（下線筆者、以下同じ）。これにより、顧客＝訴訟当事者、金融機関＝訴外第三者の場合に、顧客が開示義務を負う情報については、金融機関が当該情報を開示しても守秘義務に反せず、職業の秘密に当たらないとされた。その根拠は、そのような場合には守秘義務により保護される正当な利益が顧客にないことにある。これにより、守秘義務に基づく職業の秘密が問題となる場合には、秘密保持者よりも秘密情報の主体の利益が重視される点が明確になった[25]。

　前記決定による準則が、金融機関＝訴訟当事者、顧客＝訴外第三者という前記事件とは逆のパターンのケースにも妥当するかはなお残された問題であったが、この点が一般的準則であることを確認したのが、前掲最決平成20・11・25である。それによれば、「金融機関は、顧客との取引内容に関する情報や顧客との取引に関して得た顧客の信用にかかわる情報などの顧客情報について、商慣習上又は契約上の守秘義務を負うものであるが、上記守秘義務は、上記の根拠に基づき個々の顧客との関係において認められるにすぎないものであるから、金融機関が民事訴訟の当事者として開示を求められた顧客情報について、当該顧客が上記民事訴訟の受訴裁判所から同情報の開示を求められればこれを開示すべき義務を負う場合には、当該顧客は同情報につき金融機関の守秘義務により保護されるべき正当な利益を有さず、金融機関は、訴訟手続において同情報を開示しても守秘義務には違反しないと解するのが相当である」としたものである。これによって、前掲最決平成19・12・11によって確立された法理は普遍的な射程を有するものであることが示された（厳密には、顧客＝訴外第三者、金融機関＝訴外第三者の場合にも妥当するかは未確定であるが、本決定のロジックからは当然に適用されることになろう）。

---

[25] このような点を立法論として主張していた見解として、山本和彦「民事裁判における情報の開示・保護　各論②書証を中心に」民訴54号115頁以下参照。

V 自己利用文書（4号ニ）の判例準則

法220条4号ニは、「専ら文書の所持者の利用に供するための文書」を提出義務から除外する（カッコ書において、「国又は地方公共団体が所持する文書にあっては、公務員が組織的に用いるものを除く」ものとする。これは、このような文書は本来情報公開法による開示の対象となる文書であり、自己利用文書性を根拠に開示の拒絶を認めることは相当でないとされたことによる）。[26] 証言拒絶権などでは規定されていない文書提出義務に独自の除外事由であり、立法段階および立法後の判例・学説において最も華々しく議論が展開された分野である。現在においては、後述のように、判例準則は安定化しつつあるが、なお具体的な当てはめの段階では問題が多く、立法論的な批判も跡を絶たないところである。[27]

1 基本的準則

前述のように、この除外事由をめぐっては、現行法が施行された直後から中心的な論争テーマとされた（その際には、主に後述の金融機関の貸出稟議書

---

[26] これについて、最決平成25・12・19民集67巻9号1938頁［145］は、「国立大学法人は、民事訴訟法220条4号ニの『国又は地方公共団体』に準ずるものと解され、国立大学法人が所持し、その役員又は職員が組織的に用いる文書についての文書提出命令の申立てには、民事訴訟法220条4号ニ括弧書部分が類推適用されると解するのが相当」とした。そこでは、国立大学法人の運営等に対する国の関与、役職員が罰則に関して公務員とみなされることのほか、「独立行政法人等の保有する情報の公開に関する法律」が適用される点を重視しているが、本文記載の趣旨からして、妥当な判断と評価することができよう。

[27] この除外事由については、平成16年改正の際にも当否の検討がされた（小野瀬厚＝原司『一問一答平成16年改正民事訴訟法・非訟事件手続法・民事執行法』41頁参照）。そこでは、①最も議論のあった金融機関の貸出稟議書については、後述のように、判例準則が確立され、今後はそのうちの「特段の事情」の有無に関する事例が蓄積されていくと考えられること、②自己利用文書の範囲は、個人が作成する文書を含め、広範なものであり、これを改める場合には、どのような影響が生じるのかについて慎重な検討を要することといった事情を考慮し、具体的な運用をなお見守りつつ、必要に応じて検討を行うことが相当であると考えられたことから、改正は見送られたものである。

の提出義務をめぐって議論が展開された)。そのような中で、現行法施行後2年も経たない時期に、この点について一般的な準則を打ち立てた決定(そして文書提出命令に関する最初の最高裁決定)が、最決平成11・11・12民集53巻8号1787頁[25]である。これは、銀行の貸出稟議書の提出義務が問題とされた事案であるが、一般論として、「ある文書が、その作成目的、記載内容、これを現在の所持者が所持するに至るまでの経緯、その他の事情から判断して、専ら内部の者の利用に供する目的で作成され、外部の者に開示することが予定されていない文書であって、開示されると個人のプライバシーが侵害されたり個人ないし団体の自由な意思形成が阻害されたりするなど、開示によって所持者の側に看過し難い不利益が生ずるおそれがあると認められる場合には、特段の事情がない限り、当該文書は」自己利用文書に当たるとしたものである。

　これによって、自己利用文書該当性の判断枠組みが判例上確立された。すなわち、自己利用文書性の要件は、①内部文書性(内部利用目的・外部非開示性)、②不利益性(看過しがたい不利益)、③特段の事情の不存在ということになる。まず、①は、法220条4号ニの文言からも素直に導かれるところであるが、本決定は、作成目的という主観的要素だけではなく、記載内容や所持の経緯など客観的な事情をも勘案して判断すべきものとしている点は注目されよう。また、②の要件は、条文の文言からは全く想定できないような要件であり、一種の法創造に近い作用をこの点で判例が果たしたものと評価できよう。文書提出義務の一般義務化の趣旨により適合的なものとして、この除外事由の限定解釈を説く学説の影響を受けたものとみられる。[28] またこの要件を加えることによって、裁判所が開示の範囲について評価的な判断をすることを可能にしたものといえる。最後に、③は、以上の一般要件を満たした場合にも、なお個別の事情によって義務を否定できる余地を残したものである。以下では、各要件ごとにその後の判例準則の展開を概観する。

28　小野・前掲判解(注3)783頁。

2 内部文書性

(1) 判例の概要

まず、内部文書性の要件であるが、この点について、判例準則を定立した前記最決平成11・11・12民集53巻8号1787頁［25］は、「銀行の貸出稟議書は、銀行内部において、融資案件についての意思形成を円滑、適切に行うために作成される文書であって、法令によってその作成が義務付けられたものでもな」いとし、したがって、「貸出稟議書は、専ら銀行内部の利用に供する目的で作成され、外部に開示することが予定されていない文書であって、(中略) 特段の事情がない限り、『専ら文書の所持者の利用に供するための文書』に当たると解すべきである」とした。これによれば、当該文書が内部意思形成の手段となる文書であることと法令上作成が義務づけられていないことから、内部文書性が基礎づけられているようにみえる。なお、この段階では、貸出稟議書も銀行法上の検査の対象となるので内部文書に該当しないという主張に対しては、担当官の守秘義務を根拠にそれを排斥する見方もあったが、後述のような判例準則の展開は、そのような根拠は妥当せず、むしろ稟議書がそのような検査の資料としての利用が予定されているかどうかという作成目的等の観点から内部文書性の有無を基礎づけていくことになろう（後述最決平成19・11・30およびその評価を参照）。[29]

次いで、内部文書性を否定した事案として、最決平成16・11・26民集58巻8号2393頁［64］がある。これは、保険管理人によって設置された弁護士・公認会計士を委員とする調査委員会が作成した調査報告書に関する事案であるが、「本件文書は、本件調査委員会が上記調査の結果を記載して保険管理人に提出したものであり、法令上の根拠を有する命令に基づく調査の結果を記載した文書であって、専らYの内部で利用するために作成されたものではない」とし、また保険管理人および本件調査委員会は保険契約者等の保護と

---

29 小野・前掲判解（注3）794頁。

いう公益のために調査を行うものということができるので、(後述のように、不利益性要件の不存在も認め、結果として)「本件文書は、民訴法220条4号ニ所定の『専ら文書の所持者の利用に供するための文書』には当たらない」とした。まず、本件は、文書の作成に法令上の根拠がある場合は原則として内部文書に当たらないとの理解を前提に、文書の作成自体が法令上義務づけられていなくても、法令上の根拠を有する命令に基づき作成された文書には同旨が妥当することを示したものといえよう[30]。また、調査の公益性に関する叙述の意義は必ずしも明確ではないが、公益性の存在は内部文書性を否定する方向に作用する要因ということはできようか。

次に、内部文書性を肯定した事案として、最決平成17・11・10民集59巻9号2503頁[76]がある。これは、地方議会の議員が政務調査費によって行った調査研究に係る報告書等に関する事案であるが、「本件各文書は、本件要綱に基づいて作成され、各会派に提出された調査研究報告書及びその添付書類であるというのであるから、専ら、所持者であるYら各自の内部の者の利用に供する目的で作成され、外部の者に開示することが予定されていない文書であると認められる」とした。ここで根拠とされている条例・要綱の趣旨は、政務調査費の交付を受けた会派が議長に提出すべき文書は収支状況報告書・執行状況報告書であり、調査研究報告書はあくまで会派内部にとどめて利用すべき文書とされ、それが証拠書類等の資料とされるとしても、例外的に議長に対してのみ提示されるにすぎない点があげられている。これも、後の判例準則の展開を考慮すれば、(守秘義務を負う)議長に対して提示される点を強調するのは相当ではなく、証拠資料等とされることの例外性、すなわちそれが直接の作成目的ではない点が重視されているものと考えられよう。

同様の文書の提出義務が問題とされた最決平成22・4・12判時2078号3頁も、文書の保管が求められているのは、「政務調査費の適正な使用についての各会派の自律を促すとともに、各会派の代表者らが議長等による事情聴取

---

[30] ただし、その逆、すなわち法令上の根拠がなければそれだけで当然に内部文書性が認められるわけではないことにつき、中村・前掲判解(注16)760頁。

V　自己利用文書（4号ニ）の判例準則

に対し確実な証拠に基づいてその説明責任を果たすことができるようにその基礎資料を整えておくことを求めたものであり、議長等の会派外部の者による調査等の際にこれらの書類を提出させることを予定したものではない」として、内部文書性を認めている（同判決における須藤正彦裁判官の反対意見がこのような文書は「議長の使途調査に組織的に対応し提示して説明するための資料とすることをも目的として作成された文書である」として、内部文書性を否定しているように、やはり上記のような直接の作成目的の有無に関する評価が判断を分けているものと解されよう）。

　他方、同様の文書について、内部文書性を否定したものとして、最決平成26・10・29判時2247号3頁［154］がある。これは、1万円を超える支出に係る領収書の写し等の提出が求められる条例の場合に、1万円以下の支出に係る領収書の写し等の提出義務が問題とされた事案であるが、このような規律の趣旨は、領収書の写し等の作成・管理等に係る議員や議長等の事務負担の軽減にあり、「調査研究活動の自由の保護を優先させたものではな」いとし、これらの領収書の写し等も「議長において本件条例に基づく調査を行う際に必要に応じて支出の金額の多寡にかかわらず直接確認することが予定されているものと解すべきである」として、内部文書性を否定した。条例の趣旨を踏まえ、前掲最決平成17・11・10および最決平成22・4・12の射程を限定したものと評価できよう。[31]

　さらに、内部文書性を認めた決定として、最決平成18・2・17民集60巻2号496頁［79］がある（結論的には、後述のように、不利益性要件を認めず提出義務を認めているので、この部分は厳密には傍論である）。これは、銀行の本部から各営業店長等に宛てて発出されたいわゆる社内通達文書に関する事案であるが、本件文書の「内容は、変額一時払終身保険に対する融資案件を推進するとの一般的な業務遂行上の指針を示し、あるいは、客観的な業務結果報

31　前述のように、開示の相手方が議長であるかどうかは、内部文書性の判断においては重要ではないことを明らかにした点も重要である。この点は、開示の相手方が守秘義務を負う監督官庁であることを問題にしなかった後掲最決平成19・11・30と通底するものとみられる。

告を記載したものであり、(中略)その作成目的は、上記の業務遂行上の指針等をYの各営業店長等に周知伝達することにあることが明らかである。このような文書の作成目的や記載内容等からすると、本件各文書は、基本的にはYの内部の者の利用に供する目的で作成されたものということができる」とする。社内通達文書ということからすれば、内部文書性が認められることは当然ということになろうか(ただ、この点は傍論として簡単に論じられているにすぎず、先例的価値は大きくないであろう)。

さらに、最決平成23・10・11判時2136号9頁［120］も、内部文書性を認める。事案は、弁護士会の綱紀委員会の議事録のうち「重要な発言の要旨」に当たる部分の提出義務が問題となったものである。本決定は、弁護士法は綱紀委員会の議事録の作成・保存を義務づける規定をおいておらず、弁護士会の内部規則においても議事録は非公開とされていることに鑑み、その内部文書性が認められたものである。弁護士会の公的な性格に鑑みても、上記のような規律を踏まえれば、その結論に異論は少ないであろう。

他方、内部文書性を否定した判例として、最決平成19・8・23判タ1252号163頁［89］がある。これは、介護サービス事業に関する「サービス種類別利用チェックリスト」とよばれる文書に関する事案であるが、「本件リストは、相手方が指定居宅サービス事業者として介護給付費等を審査支払機関に請求するために必要な情報をコンピューターに入力することに伴って、自動的に作成されるものであり、その内容も、介護給付費等の請求のために審査支払機関に伝送される情報から利用者の生年月日、性別等の個人情報を除いたものにすぎず、審査支払機関に伝送された情報とは別の新たな情報が付加されているものではなく、介護給付費等の請求のために審査支払機関に伝送した情報の請求者側の控えというべき性質のものにほかならない。そうすると、本件リストに記載された内容は第三者への開示が予定されていたものということができ」るとした。本決定の重要な点は第1に、内部文書性を判断する基準は、物理的な存在としての文書ではなく文書の記載内容たる情報自体である点を明らかにしたことである。換言すれば、当該文書自体の外部へ

の開示を予定していなくても、そこに記載されている情報の外部開示が予定されていれば、それは内部文書にはならないということである。第2に、開示の相手方が守秘義務を負う第三者であっても、開示により内部文書性を失うことを示唆している点である。

上記第2点をより明確に示すものとして、最決平成19・11・30民集61巻8号3186頁［92］がある。これは、銀行が法令により義務づけられた資産査定の前提として債務者区分を行うために作成・保全している資料に関する事案であるが、「Yは、法令により資産査定が義務付けられているところ、本件文書は、Yが、融資先であるAについて、前記検査マニュアルに沿って、同社に対して有する債権の資産査定を行う前提となる債務者区分を行うために作成し、事後的検証に備える目的もあって保存した資料であり、このことからすると、本件文書は、前記資産査定のために必要な資料であり、監督官庁による資産査定に関する前記検査において、資産査定の正確性を裏付ける資料として必要とされているものであるから、Y自身による利用にとどまらず、Y以外の者による利用が予定されているものということができる。そうすると、本件文書は、専ら内部の者の利用に供する目的で作成され、外部の者に開示することが予定されていない文書であるということはでき」ないとする。本決定は、本件文書の作成自体は法令上の義務ではないとしても、資産査定という義務を果たす前提として作成されたという点を重視し、監督官庁による使用が予定されている点を決定的なものとして判断している。そして、監督官庁は当然に守秘義務を負っているが、その点は内部文書性の判断に影響するものではないとされる。[32]

(2) 判例準則の整理

以上のような内部文書性に関する判例準則を整理すると、以下のようになると解される。

①内部文書かどうかを判断する基準は、物理的な文書自体ではなく、その

---

[32] 中村さとみ「判解」ジュリ1365号129頁。

文書の中身である情報とされる。文書自体に外部開示の予定がなくても、記載情報を開示すべき場合には内部文書性は否定される。これは、物理的文書それ自体ではなくその記載内容を証拠資料とする書証の本質に整合的な理解といえよう。

②法令上の作成義務がある場合およびそれに準じる場合には原則として内部文書性は否定される。このような場合には、客観的にみて内部のみで利用が完結されることが想定されていない（そうであればあえて法律で作成義務を定める必要はないはずである）からである。他方、法令上の作成義務がない場合でも、それだけで内部文書性が肯定されるわけではなく、肯定の判断に傾く一要素となるにとどまる。

③文書作成目的の公益性は、内部文書性を否定するファクターとして機能する。「公益的性格」が認められれば、それは純粋に内部利用目的とは考えにくくなるからである。

④内部利用を目的としている文書については、それがたまたま外部調査等の資料となることがあるとしても、それが直接の作成目的になっていなければ、内部文書性が肯定されるが、外部での利用が作成目的に含まれていれば、主観的に内部利用を目的としていても、内部文書性は否定される。この点は実際にはかなり微妙な判断となり得るが、貸出稟議書の場合と資産査定資料の場合とを分けるメルクマールとされたと解されるものであり、今後事例の積み重ねにより基準が明確化されていくことが期待される。

⑤開示の対象者が守秘義務を負っていても、それは内部文書性の否定には影響しない。その者が守秘義務を負っていても（その結果、それ以上に文書が開示されないとしても）、純粋の内部利用ではなく外部に開示される点に変わりはないからである。

3　不利益性

(1)　判例の概要

次に、不利益性の要件であるが、この点について、やはり判例準則を定立

した前記最決平成11・11・12民集53巻8号1787頁［25］は、「銀行の貸出稟議書は、銀行内部において、（中略）融資の是非の審査に当たって作成されるという文書の性質上、忌たんのない評価や意見も記載されることが予定されているものである。したがって、貸出稟議書は、（中略）開示されると銀行内部における自由な意見の表明に支障を来し銀行の自由な意思形成が阻害されるおそれがある」とする。ここでは、不利益性の具体的な内容として、法人内部の自由な意見表明の阻害、それによる自由な意思形成の阻害が問題とされている。また、「文書の性質」を重視し、具体的な対象文書の記載内容に論及しないところから、文書の種類に応じた類型的な判断を基本とする判例の姿勢が示されている。[33]

同様に、自由な意思形成の阻害を問題とするものとして、前掲最決平成23・10・11判時2136号9頁［120］がある。本決定は、弁護士会の綱紀委員会の議事録のうち「重要な発言の要旨」に当たる部分について、「これが開示されると、綱紀委員会における自由な意見の表明に支障を来し、その自由な意思形成が阻害されるおそれがあることは明らかである」として、不利益性を認める。弁護士会のような公的な団体における綱紀委員会という公的な場での意見表明についても、その自由な意思の形成を類型的に尊重するものと評価できよう。

ただ、文書の種類によっては類型的判断が困難となり、個別具体的な判断に近づく場合がある。その例として、最決平成12・3・10民集54巻3号1073頁［30］がある。これは、前述のように、電話装置の機器の回路図等に関する事案であるが、「原決定は、本件文書が外部の者に見せることを全く予定せずに作成されたものであることから直ちにこれが民訴法220条4号ハ（筆者注：現行4号ニ）所定の文書に当たると判断しており、その具体的内容に照らし、開示によって所持者の側に看過し難い不利益が生じるおそれがあるかどうかについて具体的に判断していない」として、法令の解釈適用の誤り

---

[33] 小野・前掲判解（注3）783頁。

を認めて破棄差戻しの決定をしたものである。これは、不利益性要件が独自の要件である旨を初めて明示した意義があるとともに、本件のような個別性の強い文書については、イン・カメラ審理を含めて個別的な判断を要することを示唆したものといえる。

次に、個別の当てはめとして不利益性を否定したものとして、前述の最決平成16・11・26民集58巻8号2393頁［64］がある。これは、「本件文書は、調査の目的からみて、Ｙの旧役員等の経営責任とは無関係な個人のプライバシー等に関する事項が記載されるものではない」としている。この決定により、（所持者に限らない）個人のプライバシーが含まれている文書には、不利益性要件が認められる場合がありうることが示唆されている。

他方、逆に個別の当てはめとして不利益性を肯定したものとして、前述の最決平成17・11・10民集59巻9号2503頁［76］がある。これは、「本件各文書が開示された場合には、所持者であるＹら及びそれに所属する議員の調査研究が執行機関、他の会派等の干渉等によって阻害されるおそれがあるものというべきである。加えて、前記のとおり、本件各文書には調査研究に協力するなどした第三者の氏名、意見等が記載されている蓋然性があるというのであるから、これが開示されると、調査研究への協力が得られにくくなって以後の調査研究に支障が生ずるばかりか、その第三者のプライバシーが侵害されるなどのおそれもあるものというべきである。そうすると、本件各文書の開示によってＹら各自の側に看過し難い不利益が生ずるおそれがある」とした。ここでは、不利益性の内容として、調査研究の目的の阻害と第三者のプライバシーの侵害のおそれがあげられている（同旨として、前掲最決平成22・4・12判時2078号3頁）。[34]

さらに、法人内部の文書について不利益性を否定したものとして、最決平

---

[34] なお、いわゆる訴訟等準備文書（ワークプロダクト）についても、訴訟を予定して調査等を行った結果として作成された文書の開示が当該調査等の目的を阻害する場合には、ここでいう不利益性が認められる余地があろう。ワークプロダクト法理については、伊藤眞「自己利用文書としての訴訟等準備書面と文書提出義務」（佐々木吉男先生追悼論集・民事紛争の解決と手続）415頁以下、高橋宏志『重点講義民事訴訟法(下)〔第2版補訂版〕』177頁以下など参照。

成18・2・17民集60巻2号496頁［79］がある。これは、前述のように、いわゆる社内通達文書に関する事案であるが、「本件各文書は、Yの業務の執行に関する意思決定の内容等をその各営業店長等に周知伝達するために作成され、法人内部で組織的に用いられる社内通達文書であって、Yの内部の意思が形成される過程で作成される文書ではなく、その開示により直ちにYの自由な意思形成が阻害される性質のものではない。さらに、本件各文書は、個人のプライバシーに関する情報やYの営業秘密に関する事項が記載されているものでもない。そうすると、本件各文書が開示されることにより個人のプライバシーが侵害されたりYの自由な意思形成が阻害されたりするなど、開示によってYに看過し難い不利益が生ずるおそれがあるということはできない」とする。この決定は、不利益性要件について、ある程度「中間まとめ」的な性格を有する判例ではないかとみられる。そこでは、意思形成過程で利用される文書ではなく、法人内部で組織的に用いられる文書であることが強調され、個人のプライバシー・営業秘密に関する事項が記載されるものでもないことが指摘されている。そこから、原則的には、不利益性を帰結する利益としては、法人内部の自由な意思形成の利益、個人のプライバシーの利益、営業秘密に関する利益に収斂されつつある様がみてとれよう。また、判断方法としては、類型的判断がやはり前提とされながら、営業秘密の記載などがあると想定される場合にそれが看過しがたい不利益をもたらすかは、個別的な判断となり得、場合によってはイン・カメラ審理を前提とすることになろう[35]。

(2) **判例準則の整理**

以上のような判例準則を整理すると、不利益性要件については、以下のようなことがいえると思われる。まず、不利益性の実質的な中身であるが、その中核的なものは、法人内部の自由な意思形成の阻害、個人のプライバシーの侵害、営業秘密の侵害ということになるとみられる。そのほか、文書の個

---

35 土谷裕子「判解」ジュリ1341号154頁。

別的特性に応じて、調査関係の文書などでは、当該文書の開示によって爾後の調査の目的達成が阻害されることなども不利益性として考慮される。法人関係の文書については、特に自由な意思形成の利益が重要な争点となりうる。前掲最決平成11・11・12と最決平成18・2・17の結論の相違が示すように、意思形成前に作成される文書と意思形成後に作成される文書とで、ある程度結論が分かれているように見受けられるが、この点については今後の判例の蓄積が期待されよう。また、プライバシーについては、公務秘密文書や後述の刑事関係文書などでも提出拒絶の一要素とされるものであるが、統一的な判断枠組みの形成のため、立法論としては独立の除外事由として再構成されるべきものであろう。[37]

　また、不利益性の判断方法としては、文書の種類に応じた類型的な判断が基本とされている。すなわち、原則として、個々の文書の具体的な中身を問題にせず、当該類型の文書が一般的に有する性向を前提に判断するという態度である。その結果、文書の個別的記載内容は問題とならないので、原則としてイン・カメラ審理は必要がないことになる。ただ、例外的な取扱いも認められ、そのような類型的判断が困難と考えられる場合には、個々の記載内容を問題にすることはでき、その場合にはイン・カメラ審理もあり得るものとされている。ただ、そのような類型的判断を原則とすることの当否には疑問もあり得よう。判例準則も微妙にシフトしつつあるようにも思われ、たとえば前掲最決平成18・2・17は営業秘密の判断については個別的な審理を肯定するようにも見受けられ、そうだとすれば、法人の自由な意思形成の利益のみを定型的に判断する合理性には疑いもありうる。この点については、特に今後の判例準則の展開に注目する必要があろう。

36　個人的には、銀行のような民間の機関であればまだしも、前掲最決平成23・10・11の弁護士会のような公的な性格の強い団体においてもなお、意思形成の自由を切り札的に重視する判例の態度には若干の疑問も有している。少なくとも、綱紀委員会のような公的な場での発言については、それが公表されることを前提としても、委員が忌憚のない評価や意見を述べることは一般に期待されてよいのではなかろうか。

37　山本・前掲論文（注25）114頁参照。

4 特段の事情

(1) 判例の概要

　以上のような内部文書性および不利益性の要件を満たす場合においても、特段の事情がある場合には、なお文書提出義務が肯定される。そこで、この特段の事情がいかなる内容を含むものかが問題となる。

　この点について判例準則を定立した前記最決平成11・11・12民集53巻8号1787頁［25］は、特段の事情の内容について特に例示等を付さず、また具体的な当てはめにおいても単に「本件において特段の事情の存在はうかがわれない」とするのみであった。このような判例について、学説においては「特段の事情」が何を意味するのかについて注目が集まったが、そこでは、①例外的な事例に備えて一種の決まり文句ないし安全弁をおいたもの、②証拠としての重要性等各訴訟の個々的な事情を勘案する手がかりを残したもの、③株主代表訴訟など訴訟類型の差異を勘案する手がかりを残したもの等の解釈の可能性が示されていた。[38]

　このうち、③の解釈可能性を否定したものとして、最決平成12・12・14民集54巻9号2709頁［32］がある。これは、信用金庫の会員代表訴訟において信用金庫の所持する貸出稟議書の提出義務に関する事案で、「特段の事情とは、文書提出命令の申立人がその対象である貸出稟議書の利用関係において所持者である信用金庫と同一視することができる立場に立つ場合をいう」として、「会員代表訴訟を提起した会員は、信用金庫が所持する文書の利用関係において信用金庫と同一視することができる立場に立つものではない。そうすると、会員代表訴訟において会員から信用金庫の所持する稟議書につき文書提出命令の申立てがされたからといって、特段の事情があるということはできない」とした（なお、本決定には、特段の事情を肯定する町田顯裁判官の反対意見がある）。これは、株主代表訴訟であること自体は特段の事情を基礎

---

[38] 山本和彦「銀行の貸出稟議書に対する文書提出命令」NBL679号10頁、小野・前掲判解（注3）784頁。

づけるものではないことを明らかにしたものである（また、証拠としての重要性を検討する原決定の判断を採用していないところからは、②の解釈可能性にも否定的な態度を示唆しているように見受けられる）。本決定において、申立人が所持者と同一視できる立場に立たないとして特段の事情を否定しているところからすれば、特段の事情は、内部文書性・不利益性の要件を例外的に阻害する事情としてとらえられ、本件では内部文書性を例外的に阻害する事情として、申立人と所持者の実質的同一性が問題となり得る点に鑑み、上記のような判断を示したものとも解される[39]。

さらに、同様の立場から、初めて特段の事情を肯定した判例として、最決平成13・12・7民集55巻7号1411頁［40］がある。これは、経営破綻した信用組合から営業を譲り受けて当該信用組合の貸出債権に係る貸出稟議書を所持するに至った整理回収機構（X）に対してその提出が求められた事案で、①本件文書の所持者XはA預金保険機構から委託を受けて破綻金融機関からの資産の買取り等を主な業務とすること、②XはA信用組合の経営破綻による営業譲渡により本件文書を所持するに至ったこと、③A信用組合は清算中で将来においても貸付業務等を行うことはないこと、④Xは法律の規定により債権回収にあたるもので、文書提出により自由な意見の表明に支障を来し自由な意思形成が阻害されるおそれはないことから、「特段の事情があることを肯定すべきである」としたものである（そして、現に営業活動を行っている金融機関が経営破綻後の文書開示の可能性を危惧して自由な意思形成が阻害されるおそれがあるといった影響は、上記結論を左右するに足りるほどのものとは考えられないとも判示する）。この決定は、特段の事情が事案の特殊性の中で、例外的に自己利用文書性を否定する機能を果たすことを示している。具体的には、文書所持者の特殊性、文書作成者の現状の特殊性、所持者交替事由の特殊性などが勘案され、結果として、不利益性を否定する趣旨の特段の事情が例外的に認められたものと解されよう。

---

[39] 福井章代「判解」最判解民〔平成12年〕931頁。

以上のように、特段の事情という例外要件において「開けられた穴はさほど大きいものではない[40]」ことが明らかにされてきたように思われる（その後の判例、たとえば最決平成17・11・10民集59巻9号2503頁［76］も内部文書性・不利益性の要件を肯定した後、「前記の特段の事情のうかがわれない本件各文書は」自己利用文書に当たるとして簡単に特段の事情を否定するにとどまる）。

(2) 判例準則の整理

以上のような判例から判例準則を整理すると、前掲最決平成11・11・12の際に学説が予測したもの（(1)参照）のうち、定型的な訴訟類型の差異や各訴訟における証拠の重要性等個々的事情を考慮する手がかりとする考え方は、判例の採用するところではないと思われる。結局、文書の類型的性質から内部文書性要件および不利益性要件に該当する場合であっても、個々的事件においてそれらを阻害する特別の事情がある場合に、提出義務を例外的に肯定する要件とされていると解される。たとえば、内部文書性要件との関係では申立人を文書所持者と同一視できるような例外的事情がある場合や、不利益性要件との関係では文書を開示しても例外的に法人の意思形成の自由やプライバシーを害さない事由がある場合において、特段の事情によって提出義務が認められる場面を肯定するわけである。その意味で、各要件の判断においては類型的判断手法が前提となるため、具体的な事情の下で、各要件に関連して例外を認める判断枠組みとなっているものとみられる[41]。ただし、各要件を見直すとしても、それはあくまで特別の例外的事態に対応するものである（その意味で、「開けられた穴はさほど大きいものではない」）ということになろう（ただ、前掲最決平成13・12・7のような事案に加えて、なおどのような場合に例外が認められるか、今後の事例の積み重ねが待たれるところである）。しかし、より根本的には、前述のように、各要件の類型的判断という枠組みは（貸出稟議書はともかく他の文書類型では）徐々に後退しているようにも見受けられる。そして、要件判断に際して文書の具体的な中身に立ち入る度合いが

---

40 小野・前掲判解（注3）784頁。
41 杉原則彦「判解」最判解民〔平成13年〕808頁注(11)参照。

強まっていけば、特段の事情判断との役割分担が不明確なものにならざるを得ず、今後もこのような判断枠組みを維持できるか、また維持すべきかには疑問もあろう。

VI 刑事関係文書（4号ホ・3号）の判例準則

「刑事事件に係る訴訟に関する書類若しくは少年の保護事件の記録又はこれらの事件において押収されている文書」（法220条4号ホ。以下、「刑事関係文書」という）については、文書提出の一般義務が包括的な形で除外されている。これは平成13年改正によって導入された除外事由であり、そのような規律には立法論的に強い批判もあるところであるが、それはここではふれない。[42] 判例は、このような文書については、訴訟書類の公開を例外的にのみ許容する刑事訴訟法47条の趣旨を踏まえながら、3号の法律関係文書の枠内で提出義務を検討しているので、以下ではその判例準則を抽出する（その意味で、判例は、4号の除外事由のうち一定のものは3号等にも類推されると解しているが（II参照）、4号ホについては、3号に類推されないことを当然の前提にしていると考えられる）。

1 基本的準則

この問題に関する基本的準則を確立した判例として、最決平成16・5・25民集58巻5号1135頁［59］がある。これは、共犯者の供述調書に関する事案で、まず刑事訴訟法47条の趣旨として「同条ただし書の規定による『訴訟に

---

[42] この点は、平成16年改正の際にも議論がされたが、結局、新たな措置は講じないものとされた（小野瀬＝原・前掲書（注27）40頁以下参照）。その理由としては、平成13年改正時に指摘された点に加えて、刑事訴訟等の制度で開示が求められた場合には実際上その大部分が認められていること、今後さらに開示の範囲を運用上拡充することが具体的に検討されていることなどが考慮されたものである。ただ、このような措置で十分かについてはなお異論もあり得、立法論的には、正面からこの除外事由を削除すべきとする意見も有力である（日本弁護士連合会・前掲（注6）第1の4参照）。

VI 刑事関係文書（4号ホ・3号）の判例準則

関する書類』を公にすることを相当と認めることができるか否かの判断は、当該『訴訟に関する書類』を公にする目的、必要性の有無、程度、公にすることによる被告人、被疑者及び関係人の名誉、プライバシーの侵害等の上記の弊害発生のおそれの有無等諸般の事情を総合的に考慮してされるべきものであり、当該『訴訟に関する書類』を保管する者の合理的な裁量にゆだねられている」とする。そして、「民事訴訟の当事者が、民訴法220条3項後段の規定に基づき、刑訴法47条所定の『訴訟に関する書類』に該当する文書の提出を求める場合においても、当該文書の保管者の上記裁量的判断は尊重されるべきであるが、当該文書が法律関係文書に該当する場合であって、その保管者が提出を拒否したことが、民事訴訟における当該文書を取り調べる必要性の有無、程度、当該文書が開示されることによる上記の弊害発生のおそれの有無等の諸般の事情に照らし、その裁量権の範囲を逸脱し、又は濫用するものであると認められるときは、裁判所は、当該文書の提出を命ずることができる」と判示した。

これによって、刑事関係文書については、所持者の裁量権を前提としながら、民事訴訟における証拠の必要性と文書が開示されることによる弊害（「それが公にされることにより、被告人、被疑者及び関係人の名誉、プライバシーが侵害されたり、公序良俗が害されることになったり、又は捜査、刑事裁判が不当な影響を受けたりするなどの弊害」）を比較衡量し、一定の場合には文書所持者の裁量権の範囲の逸脱や裁量権の濫用が認められ、そのような場合には文書提出義務を肯定する余地があることを明らかにしたものである。

刑事関係文書の開示について、その所持者の裁量権を認めることの背景には、①刑事訴訟法47条は完結した開示のルールを定めており、同条の開示の判断につき不服申立ては認められていないこと、②開示の相当性の判断については、判示のようなさまざまな要素を考慮する必要があること、③文書の記載を閲読できない民事裁判所が個々の事情を適切に判断することには限界があることなどの事情があるとされる。ただ、それでもなお裁量権の逸脱・濫用による提出義務の可能性を認めたことは、①保管者の判断が明らかに不

当である場合にも提出を否定することは相当でないこと、②公務秘密性についても裁判所が判断できるとの枠組みからすれば、このような点を裁判所が判断できることは不当でないことなどによるものと解されよう。[44]

2 具体的適用

(1) 判例の概要

そこで、以上のような一般準則の具体的な適用として、どのような場合に、文書所持者の裁量権の範囲の逸脱ないし濫用が認められるか、が重要な問題となってくる。

この点について、上記準則を定立した最決平成16・5・25民集58巻5号1135頁［59］は、捜査段階における共犯者らの供述調書について、以下のように判断して、裁量権の逸脱・濫用を否定した。すなわち、要証事項は公判提出証拠等で立証することもでき、本件証拠の取調べが必要不可欠なものとはいえないこと、各文書の開示によって本件共犯者らや第三者の名誉・プライバシーが侵害されるおそれがないとはいえないことから、文書の提出を拒否した検察官の判断は裁量権の範囲を逸脱し、またはこれを濫用したものであるということはできないとしたものである。このように、本決定は、①証拠調べの必要性が小さいことと、②第三者の名誉・プライバシーの侵害のおそれが否定できないことを重視したものといえよう。[45]

次に、本件準則の下で初めて文書提出義務を肯定したものとして、最決平成17・7・22民集59巻6号1837頁［70］がある。これは、捜索差押許可状および捜索差押令状請求書に関する事案である。この決定はまず法律関係文書性について、「本件各許可状は、これによってXらが有する『住居、書類及び所持品について、侵入、捜索及び押収を受けることのない権利』(憲法35

---

43 加藤正男「判解」最判解民〔平成16年〕355頁以下。
44 加藤・前掲判解（注43）356頁以下。
45 なお、本件申立ての主たる理由が刑事再審事件において有利な証拠を得ることにあったという特殊事情も、実際には重視された可能性がある。加藤・前掲判解（注43）358頁。

VI 刑事関係文書（4号ホ・3号）の判例準則

条1項）を制約して、Y所属の警察官にXらの住居等を捜索し、その所有物を差し押さえる権限を付与し、Xらにこれを受忍させるというYとXらとの間の法律関係を生じさせる文書であり、また、本件各請求書は、本件各許可状の発付を求めるために法律上作成を要することとされている文書である（刑訴法218条3項、刑訴規則155条1項）から、いずれも法律関係文書に該当する」とする。そして、刑事訴訟法47条との関係では、許可状・請求書ともに、主張の立証のために不可欠な証拠とはいえないが、取調べの必要性が認められることを前提に、まず許可状については、Xら以外の者の名誉・プライバシーを侵害する記載はうかがわれず、Xら側にすでに開示されており今後の捜査、公判に悪影響が生じるとは考えがたいことから、その提出義務を肯定する。他方、請求書については、一般に捜査の秘密に関する事項や被疑者、被害者等のプライバシーに属する事項が含まれていることが少なくないこと、本件被疑事件は捜査継続中で組織的な犯行として捜査に困難を伴う特質に鑑みると、未公表の犯行態様等捜査の秘密にかかわる事項や被害者等のプライバシーに属する事項が記載されている蓋然性が高いことから、証拠として取り調べる必要性を考慮しても、開示による弊害が大きいとして、提出義務を否定した。

さらに、この点に関する判断をしたものとして、最決平成19・12・12民集61巻9号3400頁［94］がある。これは、被疑者の勾留請求の資料とされた告訴状および被害者の供述調書に関する事案である。この決定はまず法律関係文書性について、「本件勾留状は、これによって相手方の身体の自由を制約して、同相手方にこれを受忍させるという国と同相手方との間の法律関係を生じさせる文書であり、また、本件勾留請求に係る勾留請求書は、本件勾留状の発付を求めるために、刑訴規則147条により、作成を要することとされている文書であるから、いずれも国と同相手方との間の法律関係文書に該当するものというべきである」とし、「本件各文書は、本件勾留請求に当たって、刑訴規則148条1項3号所定の資料として、検察官が裁判官に提供したものであるから、本件各文書もまた国と相手方X_2との間の法律関係文書に

該当する」と判断した。そして、刑事訴訟法47条との関係では、本件証拠の取調べの必要について、「本件勾留請求に当たって、検察官が相手方には罪を犯したことを疑うに足りる相当な理由があると判断するに際し、最も基本的な資料となった本件各文書については、取調べの必要性がある」とし、他方開示による弊害について、名誉・プライバシーの侵害のおそれや捜査・公判の悪影響については、被害者が被疑事実に関して民事訴訟を提起しておりその中でプライバシーが明らかになることを容認していたこと、同様の事実関係が記載された検察官の陳述書がすでに提出されていること、被疑事件については不起訴処分がされていることなど「諸般の事情に照らすと、本件各文書の提出を拒否した国の判断は、裁量権の範囲を逸脱し、又はこれを濫用するもの」であると判断して提出義務を認めた。

(2) 判例準則の整理

以上から、この点についての判例準則を整理してみると、まず法律関係文書性については、判例は、一般的な「捜査法律関係」といったものを前提とするのではなく、個別的な検討をしているように見受けられる。そして、①国（文書所持者）と申立人との間に法律関係を発生させる裁判所の裁判について、②法律上作成・提出を要することとされている文書であるかどうかが決め手とされている。ただ、前掲最決平成19・12・12を前提にすれば、その文書の範囲は必ずしも特定されている必要はない（疎明のための文書として現に提出されていれば、法律関係文書性を肯定する余地がある）とされている。以上からすれば、強制捜査の令状・請求書・疎明資料については基本的に法律関係文書性が肯定されることになる。ただ、それを超えた判例の射程についてはなお明らかではなく、任意捜査にとどまっている場合に特定の者に関して作成された記録等や犯罪被害者が申立人になるような場合になお法律関係文書と認められるかは、今後の判例の展開を注視する必要がある。[46]

---

[46] この点に関する私見につき、山本和彦「判批（最決平成19・12・12）」法研81巻11号128頁以下参照。

次に、刑事訴訟法47条との関係での裁量権の範囲逸脱・濫用の問題については、文書を開示することの弊害等に関する文書所持者の裁量を尊重しながら、証拠としての取調べの必要等の観点から、当該裁量を裁判所がチェックするという判断枠組みが定着したといえよう。このような枠組みは、文書所持者（検察等）が捜査・公判の支障等について専門的知見を有し、裁判所は基本的にイン・カメラ審理ができない状況で判断せざるを得ない一方、裁判所は証拠の必要性につき専門的知見を有することに鑑みれば、一般に相当なものと評価できよう。そして、具体的な判断要素としては、証拠としての取調べの必要性、第三者の名誉・プライバシー侵害のおそれ、当該事件の捜査・公判の支障、同種事件の捜査・公判の支障（犯罪予防等）に整理されてきているものといえよう。この点の判断には個別性が要求され、判例の積み重ねによる基準の明確化が特に望まれる分野であるが、これまでの判断を前提にすれば、強制捜査の令状については肯定されるものの、それ以外のものは個別の事情に相当踏み込んだ判断がされるべきことになろう。ただ、イン・カメラ審理なしにはそのような踏み込んだ判断には限界もあるように思われ、今後は立法論を検討する必要もあろう。

VII　文書提出命令手続の判例準則

　以上が中核的な問題である文書提出義務に関する判例準則の検討であるが、最後に、文書提出命令手続に関する判例準則について簡単に検討しておく。この分野については、現行法制定後、比較的早期の段階に判例準則が打ち出され、その後ほぼ安定的に推移している部分が大きいと評することができよう。[49]

47　絹川泰毅「判解」ジュリ1369号100頁。
48　山本・前掲判批（注46）132頁以下。

1 文書の特定

まず、文書の特定の問題について、最決平成13・2・22判時1742号89頁[36]がある。本件は、会社に対する会計監査・中間監査に際して作成される監査調書に関する事案であるが、「特定の会計監査に関する監査調書との記載をもって提出を求める文書の表示及び趣旨の記載に欠けるところはなく、個々の文書の表示及び趣旨が明示されていないとしても、文書提出命令の申立ての対象文書の特定として不足するところはない」と判示した。本件は、監査調書については、財務諸表等の監査証明に関する省令6条の規定によって、当該監査等に係る記録・資料が整備され備えておくべきものとされているところから、個々の文書の表示・趣旨が明示されていなくても、文書の特定を認めたものであり、法令上文書範囲が明確になる場合に関する判断といえる。その意味で、一般的にカテゴリーによる特定を認めたものとはいいがたいが、方向性としては特定の緩和に向けた判断とみることはできよう。いずれにせよ、文書特定のための申出に関する法222条の解釈（この点に関する判例はいまだ存しない）とも関連して、今後の判例の展開が注目されよう。

2 公務文書に関する監督官庁の意見

次に、平成13年改正によって、公務秘密文書に関する規定（法220条4号ロ）とともに導入されたものとして、公務文書に関する監督官庁の意見聴取の手続（法223条3項）および高度秘密文書に関する相当性審査の制度（同条

---

49 最近の例として、文書提出命令の相手方を文書所持者ではなく、本案訴訟の相手方とした原決定の誤りを是正した、最決平成23・10・11判時2136号9頁[120]がある。基本的な問題であるが、なおケアレスミスの可能性が否定できないことを示唆しており、裁判所においては注意を要しよう。なお、同決定は、審尋の対象となっていない第三者も、文書提出命令手続を通じて同手続の相手方になっていると解したものとみられるが（同旨の見解として、秋山ほか・前掲書（注8）473頁など参照）、相当な判断といえよう。

50 三木浩一「文書提出命令の申立て及び審理手続」（竹下守夫ほか編・講座新民事訴訟法Ⅱ）72頁以下参照。

4項)がある。このような制度につき最高裁が最初に判断を示したものとして、最決平成17・7・22民集59巻6号1888頁［71］がある。これは、法務省が外務省を通じて外国(パキスタン)公機関に照会を行った際に外務省に交付した依頼文書の控え並びに外務省が外国公機関に交付した照会文書の控えおよび同機関が同省に交付した回答文書に関する事案であるが、まず前者(依頼文書)については、調査の方法・条件、調査に係る背景事情等「に関する重要な情報が記載されており、その中にはパキスタン政府に知らせていない事項も含まれ」、「本件依頼文書の提出によりパキスタンとの間に外交上の問題が生ずることなどから他国との信頼関係が損なわれ、今後の難民に関する調査活動等の遂行に著しい支障を生ずるおそれがあるものと認める余地がある」とし、後者(照会文書・回答文書)については、公開されないことを前提とする記載があり、その内容によっては、本件照会文書・回答文書の提出により他国との信頼関係が損なわれ、わが国の情報収集活動等の遂行に著しい支障を生ずるおそれがあると認める余地があるとして、「本件各文書については、Ｙらの主張する記載の存否及び内容、本件照会文書及び本件回答文書については、加えて、これらが口上書の形式によるものであるとすればＹらの主張する慣例の有無等について審理した上で、これらが提出された場合に我が国と他国との信頼関係に与える影響等について検討しなければ、民訴法223条4項1号に掲げるおそれがあることを理由として同法220条4号ロ所定の文書に該当する旨の監督官庁の意見に相当の理由があると認めるに足りない場合に当たるか否かについて判断することはできない」として、提出を命じた原決定を取り消し、原審に差し戻した(なお、差戻審である東京高決平成18・3・30判タ1254号312頁［81］は、本件依頼文書については「実質秘として保護しなければならないような記載を含むものではなく、その提出によりパキスタン政府を始めとする他国との信頼関係が損なわれ、今後の難民に関する調査活動等の公務の遂行や外交上著しい支障が生ずるものとは認めることができない」として提出を命じる一方、本件照会文書・回答文書については「いずれも公開しないことを前提として他国に宛てて作成された外交文書であるから、これら

の文書を他方当事者であるパキスタン政府の了解を得ることなく提出して公開することは、同国を始めとする他国との信頼関係を損なうおそれがあり、その結果、わが国の外交上の信頼を失墜することにもつながりかねないから、公務の遂行に著しい支障を生ずるおそれがある」として提出義務を否定した）。

　本決定は、いわゆる高度秘密に関する文書提出命令の審理の方法について判断をしたものであるが、原審における法223条3項による監督官庁の意見の理由が十分に具体的でない場合であっても、抗告審における説明に基づき、同条4項の相当性の判断がされるべき点を明らかにしたものといえる。ただ、滝井繁男裁判官の補足意見に示されているように、監督官庁としては本来原審において文書の内容に即して具体的な理由を述べるべきであり、監督官庁の意見表明の運用に警鐘を鳴らしたものと評価することができよう。なお、同補足意見は、理由の相当性の判断につきイン・カメラ審理の利用を示唆するところ、差戻審では実際にイン・カメラ審理が行われたようであり、法223条4項との関係でもイン・カメラ審理が活用しうることが明らかになっているといえよう。

3　イン・カメラ審理

　さらに、平成8年改正法で全く新たに導入されたものとして、イン・カメラ審理がある（法223条6項）。これについて、初めて判断した決定として、最決平成20・11・25民集62巻10号2507頁［96］がある。これは、原審がイン・カメラ審理をして、職業秘密性を否定したことに対して、職業の秘密と認められると主張して許可抗告がされた事案であるが、この「手続は、事実認定のための審理の一環として行われるもので、法律審で行うべきものではないから、原審の認定が一件記録に照らして明らかに不合理であるといえるような特段の事情がない限り、原審の認定を法律審である許可抗告審において争うことはできない」とした。①イン・カメラ審理は法律審（許可抗告審）

51　森英明「判解」最判解民〔平成17年〕547頁。

で行うことはできないこと、②イン・カメラ審理に基づく認定は、法律審では、特段の事情のない限り、争えないことが判例準則として示された。②については、今後どのような場合に「特段の事情」が認められるかが問題となろう（そのような判断を可能にするため、運用としては、いわゆるヴォーン・インデックスなどイン・カメラ審理前の攻撃防御活動の充実が期待されよう）。

4 一部提出命令

また、やはり現行法で明文化された文書の一部提出命令の手続（法223条1項後段）との関係では、最決平成13・2・22判時1742号89頁［36］がある。これは、「1通の文書の記載中に提出の義務があると認めることができない部分があるときは、特段の事情のない限り、当該部分を除いて提出を命ずることができると解するのが相当である。そうすると、原審が、本件監査調書として整理された記録又は資料のうち、A株式会社の貸付先の一部の氏名、会社名、住所、職業、電話番号及びファックス番号部分を除いて提出を命じたことは正当として是認することができる」とした。この点については、同一の媒体・項目の中に要件を満たさない部分が混在しているような場合（たとえば、会計帳簿における取引先の名称、賃金台帳における個人名等）については議論があったが[52]、本決定によって、そのような場合も、特段の事情のない限り、文書中の氏名・会社名、住所、職業、電話番号等を除いて提出命令を発することが認められた。その結果、提出義務を満たさない部分を具体的に特定し、その部分を墨塗り（マスキング）等によって見えない形にして提出することを所持者に命じることができることに現在では異論はない。

5 即時抗告

(1) 即時抗告権者

即時抗告についてはまず、抗告権者に関して、最決平成12・12・14民集54

---

52 竹下守夫ほか編『研究会新民事訴訟法』294頁以下参照。

巻9号2743頁［33］がある。これは、「文書提出命令の申立てについての決定に対しては、文書の提出を命じられた所持者及び申立てを却下された申立人以外の者は、抗告の利益を有せず、本案事件の当事者であっても、即時抗告をすることができない」とするが、判断の理由は述べられていない。旧法下では、相手方当事者にも即時抗告権を認めるべきであるとする肯定説が有力であったものの、文書提出命令は書証申出の一方法であり、相手方当事者は自己に不利となる文書を証拠調べの対象から排除する正当な利益を有しておらず、当事者が文書の記載について有する利害関係（自己のプライバシーや秘密等の記載に関する利害関係）も他の訴訟外の第三者と同様の事実上のものにすぎないと解されることなどから、現行法下では、この判例を支持する見解が増えている。[53]

(2) 即時抗告の理由

次に、証拠調べの必要性を欠くことを理由とした文書提出命令申立ての却下決定に対する即時抗告の可否について、最決平成12・3・10民集54巻3号1073頁［30］は、「証拠調べの必要性を欠くことを理由として文書提出命令の申立てを却下する決定に対しては、右必要性があることを理由として独立に不服の申立てをすることはできない」として、否定した。旧法下では、肯定説と否定説があったが、裁判例の多くは、文書提出命令の申立ても書証申出の一方法であり、証拠調べの必要性の有無の判断は受訴裁判所の専権であることを理由に、否定説を採用していたところ、現行法の下で否定説による判例準則が明確にされ、学説も一般にこれを支持している。証拠調べの必要性の判断は本案の審理に関与していない抗告審にとっては困難であり、また文書提出命令による書証以外の証拠調べの方法との均衡を考慮すれば、相当な判断といえよう。[54]

(3) 口頭弁論終結後の即時抗告

最後に、文書提出命令申立却下決定に対する口頭弁論終結後の即時抗告の

---

53 福井・前掲判解（注39）944頁以下。

可否につき、最決平成13・4・26判時1750号101頁[37]は、「受訴裁判所が、文書提出命令の申立てを却下する決定をした上で、即時抗告前に口頭弁論を終結した場合には、もはや申立てに係る文書につき当該審級において証拠調べをする余地がないから、上記却下決定に対し口頭弁論終結後にされた即時抗告は不適法であると解するのが相当である。この場合において、文書提出命令申立て却下決定は終局判決前の裁判として控訴裁判所の判断を受けるのであり（民訴法283条本文）、当事者は控訴審においてその当否を争うことができる」とした。旧法下では否定説が有力であったところ、本決定はそれを採用したもので、これを支持する見解が多い。文書提出義務の不存在を理由とする却下決定については、仮に即時抗告が認容されれば当該審級でその文書が証拠として提出される余地があるとして批判する見解もあるが、[55] 弁論終結後においては、もはや申立てに係る文書を書証として提出する余地はないと解される一方（この場合に一般的に弁論再開義務まで認めることは困難であろう）、その点の当否については控訴裁判所の判断を受けうることからすれば、判例のような理解もやむを得ないものであろう（ただし、文書提出命令の申立てが口頭弁論終結から一定程度前にされている場合において、文書提出義務の不存在を理由に申立てを却下するようなときは、できるだけ早く決定をして当事者の抗告権を尊重すべきであろう）。

（山本和彦）

---

54 証拠調べの必要性についての判断は、本案事件が現に係属する受訴裁判所でなければ適切に行うことが困難である場合が多いので、1審で文書提出義務なしとの理由で却下し、抗告審で提出義務ありとして原決定を取り消すときは、必要性の判断のため原則として1審に差し戻すべきであるが、原審ですでに必要性ありと判断していると認められる場合や必要性については当事者間に争いのない場合などは、自判を否定することは相当でない。実際、最高裁の判断でも、1審却下・原審提出命令自判をそのまま維持している例がある（最決平成19・12・12民集61巻9号3400頁[94]参照）。

55 三木浩一「判批（最決平成13・4・26）」リマークス25号122頁。

第 2 章

文書提出命令の理論的意義

I はじめに

　文書提出義務の範囲は、平成8年の法改正による一般義務化（法220条4号柱書）により大きく変化し、その後平成13年改正により、公務文書についても、固有の除外事由（法220条4号ロ・ホ）を設けつつ一般義務化が図られ、提出義務の範囲が拡大された。また、文書特定の手続（法222条）やイン・カメラ審理（法223条6項）の導入により申立要件が緩和され、秘密に関する審理方式も新設された。総じて、文書提出命令の判断基準・手続は、列挙主義の旧法下と比べて「思想が変わった」と評される[1]。もっとも、このような変更は、民事訴訟原則自体の変更を直截にもたらしたわけではない。平成8年改正以前においても、一定の場合には当事者・第三者の文書提出義務は制裁付きで認められており、当事者が自己に不利益な証拠を取調べ対象としないという自由は、すでに制限されていたからである（この点は、一般義務が認められている人証と同じである）。

　もっとも、一般義務化により、文書提出命令の申立てをする前に（あるいは申立て後裁判所の判断前に）相手方が当該文書を任意に提出することが増えたとの実務家からの指摘もあり、また申立事件についても、任意提出を理由に取り下げる例、証拠調べの必要性を欠くために却下される例も多いとい

1　たとえば、高橋宏志ほか「〈座談会〉民事訴訟法改正10年、そして新たな時代へ」ジュリ1317号6頁、26頁〔高橋宏志発言〕。

う。公務文書、職務・技術秘密文書および自己使用文書（法220条4号ロ・ハ・ニ・ホ）など解釈の分かれる例外事由がある場合を除き、任意に提出する実務が浸透してきたといえよう。

　他方で、文書提出命令の理論的根拠を何に見出すかについては、なお議論の余地があり、理論的には、証明のみならず、主張や事案解明との関係にも配意する必要があると考えられる。文書は争点整理のための重要な役割を担う（法170条2項）ほか、適時提出主義の下で具体的な主張を早期に準備するためにも必要であることから、文書提出義務を介した情報・証拠収集の機能をも視野に入れて理論的根拠を検討すべきといえよう。

　本章では、文書提出義務の立法上の変遷をおおまかに追った後、ディスカヴァリの規律（連邦民事訴訟規則）の改正を重ねるアメリカ法を簡単に紹介し、日本法への示唆を探る。

II　立法上の文書提出義務の変遷

　日本法は、文書提出義務についてもドイツ法を範型として明治23年法から平成8年改正前まで列挙主義をとっており、この間、構造的には大きな変更を加えてこなかった。もっとも、テヒョー草案・改正案は、相手方および第

2　髙橋ほか・前掲座談会（注1）29頁〔髙橋宏志発言〕、30頁〔福田剛久発言〕等参照。かつて証拠保全手続を利用してカルテの提出を求めていた医療訴訟においても、任意提出が一般化しているといわれる。

3　ドイツ法においては、1864年に統一法制定委員会に提出されたハノーヴァー草案の原案では当事者および第三者が文書について一般的な提出義務を負うとされていたが、成案の段階では、実体法上の提出義務がある場合に限定されるに至った。その理由について、竹下守夫＝野村秀敏「民事訴訟における文書提出命令（2・完）」判評206号2頁（判時804号116頁）以下は、①文書所持者の私的所有権絶対の思想、②ドイツ各地での訴訟実務は多く限定的な文書提出義務の下で行われており、法統一化に際して特に義務拡大の要を認めず、逆に提出義務の広いプロイセンで弊害が報告されていたことを指摘する。ただし、ハノーヴァー草案を実質的に引き継いだと考えられる1877年法の文書提出義務について、立法理由書は、上記①に加えて、③被申立人の文書探知の負担、④提出義務のない部分の提出を除外することの困難を掲げていたようであり（竹下＝野村・前掲論文4頁）、いずれも①に比べると技術的な理由のようにみえる。

三者の所持する文書につき一般的な提出義務を規定し、所持者とされた者が当該文書を所持しているか否か、所持していたが使用妨害目的で毀滅せしめたか否かについては、当事者尋問、証人尋問の方法で取り調べることを予定していた。また、文書不提出の場合の制裁も用意されていた。[4]

　しかし実際の立法においては、1877年ドイツ法の翻訳的継受がなされ、下記のように数条にわたり列挙的に文書提出義務を規定することとなった（原文は片仮名）。大正15年改正ではこれらの条文を312条としてまとめたが、提出義務の内容については大きな変更を加えず、民法上の引渡・提出請求権が認められる文書、いわゆる共通文書および引用文書について、相手方および第三者に提出義務を認めるにとどめた。なお共通文書については、ドイツ法は民法810条に規定をおき、これを経由して手続法上の提出義務を定めることとしたが、日本法は変わらず手続法（旧法312条3号）で利益文書・法律文書として規定した。[5]

　336条　相手方は左の場合に於て証書を提出する義務あり
　　　　第一　挙証者が民法の規定に従ひ訴訟外に於ても証書の引渡又は其提出
　　　　　　を求むることを得るとき
　　　　第二　証書が其趣に因り挙証者及ひ相手方に共通なるとき
　337条　相手方は其手に存する証書にして其訴訟に於て挙証の為め引用したる
　　　　ものを提出する義務あり準備書面中にのみ引用したるときと雖も亦同し
　343条　第三者は挙証者の相手方に於けると同一なる理由に因り証書を提出す

---

[4] 松本博之＝徳田和幸編著『日本立法資料全集191』80頁、182頁、460頁。なお、明治23年法は弁護士強制を前提とするドイツ法をそのまま継受したので、日本ではそれまで職権性が強かった証拠調べについても、代理人制度が極めて脆弱であったにもかかわらず当事者の申出によらせることとなり、濫用的な申出が多く、訴訟が輻輳・遅延したとされる（園尾隆司「民事訴訟改革の軌跡」判タ1286号38頁以下）。

[5] 詳細につき、上野泰男「文書提出義務に関する判例について(1)」法学論集（関西大学）47巻5号801頁、本間義信「文書提出義務」（吉川大二郎博士追悼論集・手続法の理論と実践(下)）91頁、203頁以下も参照。利益文書・法律文書の概念は、日本法に固有の議論として、実体法上の文書の処分権によって直接基礎づけられない、手続法上の提出義務を構築していく手がかりを提供したと考えられる（竹下＝野村・前掲論文(注3)参照）。

> る義務あり然れとも強て証書を提出せしむることは訴を以てのみ之を為すことを得

　他の改正点としては、次の点があげられる。第 1 に、第三者に対する提出の強制には従前は訴えを要していたが、迅速な決定手続で申し立てることができるようになり、また、不提出に対する制裁も実効化された[6]。第 2 に、明治23年法では提出義務の対象は「証書」であったが、これを「書証」に改め、契約紛争以外の紛争にも適用を拡大するとともに、引用文書における引用の場も、準備書面等に限定されていたものをその趣旨に鑑みて非限定化した[7]。ただし、これらの改正の趣旨は、当事者の手続上の地位の強化とは断定できない。昭和23年改正前の旧法は（実務上の例は少なかったようであるが）補充的職権証拠調べの規定をおいており、証拠収集に関する政策的判断として、裁判所の一般的権限と当事者の訴訟法上の権限の両方を同時に強化することが選択されたようである。

　このように、日本法上は長く列挙主義が続き、戦後アメリカ法が影響を及ぼすようになってからも、ディスカヴァリの弊害が強調されたこともあり、文書提出義務の一般義務化に対しては強い反対論があった。結局、平成 8 年改正まで、ドイツ法のように実定実体法上の提出義務の拡大により対応することも、アメリカ法のように関連証拠の収集を広く可能とする手続法的決断もなかったことになる。そして、このような法制の下では、文書による証明可能性を考慮して争点を絞り込むという争点整理の方法をとらないことを前

---

[6] 「第三者、即ち当事者以外の者に対しまして、文書の提出命令をすると言ふことは今日に於てもありますのでありますが、それを一層適切な方法に致したのであります、それは現行の規則に依りますると言ふと、命ぜられた第三者が其命に応ぜなかった時には、矢張り訴を以てそれを強制すると言ふ外には途は無いのでありますが、今度は訴を以て特に強制することにせずして、此過料の制裁を以てそれを実行すると言ふことに致したのであります、それは318条に『第三者か文書提出の命に従はさるときは裁判所は決定を以て 5 百円以下の過料に処す』と言ふことに相成って居ります」（原文旧仮名遣い。松本博之ほか編著『日本立法資料全集13』530頁（資料648）〔池田寅次郎〕）。

[7] 新堂幸司ほか編『注釈民事訴訟法(7)』61頁以下〔廣尾勝彰〕。

提とするため、五月雨式の人証調べを通じて少しずつ事案を解明するという運用にも一種の合理性があったと考えられる。情報収集手段の乏しい弁護士には、争点整理といっても、依頼人からの（網羅的でなく、また反対証拠と対照して精査していないという意味で片面的な）情報を手がかりに半ば手探りで主張の交換をするほかなく[8]、また、事案の情報が乏しい裁判所としても突っ込んだ釈明をしたり争点を固定化することはできなかったからである。もっとも、事実認定に関していえば、人証を中心として心証形成することが常態化していたので、書証の増大自体には必ずしも決定的なメリットを感じていなかったかもしれない[9]。いずれにせよ、旧法下では解釈による提出義務の拡大や文書特定要件の緩和の努力は積み重ねられてきたが、一般義務化とは質的にも径庭があったといえよう。

平成8年改正前においても、裁判所が実体的真実の発見・認定に力を注いできたのは確かであるが、他方で、訴訟運営論において真実発見を強調すると、職権探知主義のイメージが必要以上に強くなり、弁護士（会）の反発を招くおそれがあった。しかし、その後の裁判所と弁護士会の実務改善の動きの中で、主張の充実ための情報収集方法としての文書提出命令の必要性にも目が向けられるようになる。弁護士としては、不利益な情報を早々に提出することはできないとしても、少なくとも自分では知っておかなければ主張の整理において大恥をかく可能性があり[10]、証拠調べはもちろんであるが、提訴前および訴訟初期の準備（依頼人との準備を含む）を質量ともに充実させる必要が強く意識されるに至った。

このような状況を前提として、平成8年改正では、証拠偏在事例における証拠収集方法の拡大としてのみならず、争点整理の充実のためのツールとし

---

8 髙橋宏志ほか「〈座談会〉新民事訴訟法の10年——その原点を振り返って」判タ1286号12頁〔井垣敏生発言〕、20頁〔小山稔発言〕。

9 髙橋宏志「証拠調べ立法論素描」（同・新民事訴訟法論考）134頁、146頁注3は、証拠収集の拡大は弁護士には直接利益をもたらすが裁判官には争点整理について間接的な利益をもたらすにとどまると指摘する。

10 田原睦夫「文書提出義務の範囲と不提出の効果」ジュリ1098号64頁。

ても文書提出命令の必要性が議論された。訴状等における早期の情報開示と実効的な争点・証拠整理、集中証拠調べによる的確な事実認定という現行システムの前提となるべき「当事者（実質的には弁護士）の情報収集」段階の改善である。もちろん実務上は他の情報収集方法、たとえば文書送付嘱託の申立て（法226条）や弁護士会照介（弁護士法23条の２）などと比較して文書提出命令の利用が最適かを検討すれば足りるが、立法による文書提出義務の一般化は、当事者の情報・証拠収集権限の質的・量的拡大について理論的な意味をもつといえよう。

　もっとも、ここで、そのような権限の拡大がなぜ許されるかという問題が生ずる。そこで、アメリカ法がディスカヴァリの制度につき、証明責任を負わない者の情報提供義務と当事者対抗主義の関係をどのように理解してきたのかを参照すべく、次項でその概略を振り返る。

III　ディスカヴァリと当事者対抗主義

　アメリカ法は、1938年の連邦民事訴訟規則（FRCP）制定と同時にディスカヴァリを採用した。制定前、連邦裁判所は州民事訴訟法を適用していたが、新たに採用されたディスカヴァリは、諸州で用いられていた証拠・情報収集の方法を集めて１つのパッケージにしたものであり、したがって州レベルでも経験のない制度であった。

1　主張の規律の変容とディスカヴァリ

　連邦民事訴訟規則制定時は必ずしも意図されていなかったようであるが、ディスカヴァリとプリーディングの規律の緩和が並行したことにより、民事司法と社会的正義が密接に結びつくようになったと指摘されている。[11]すなわち、アメリカ民事訴訟法は伝統的にコモンローとエクイティの二重構造をとっていたが、ディスカヴァリの導入時期にはその統合化が進められていた。コモンローに対する批判の１つは、プリーディングの規律が厳格であ

り、詳細かつ正確な主張がなされなければ実体権の実現が拒絶される結果となっていた点にあった。そこで、手続法の統合においては、実体法上予定された権利・救済を制約・断片化することのないような手続法が目指され、結果として、より包括的な手続原則たるエクイティが凌駕することとなった（「手続法の、正義の女主人から侍女への変容」）。実際、揺籃期のディスカヴァリは、裁判所のより広い裁量による救済が許されるエクイティを前提とした制度であった。エクイティ事件では、当事者が手持ちの証拠方法を隠すことは、相手方のみならず裁判体からも隠すことを意味し、裁判体が適切な救済を創出することを困難ならしめるという観点からも、問題視されたのである。

また、リーガル・リアリスト運動とニューディール期の立法も、時代背景として指摘しておくべきだろう。リーガル・リアリストは、訴訟上の事実関係を手続法上の枠組みによって分断することなく全体を総合的にみることの重要性を強調した。同時に、かつてロスコー・パウンドが批判したような、形式的な平等に基づく形式的な闘争として訴訟をみるスポーティング・セオリーも影を潜め、裁判体による実質的介入を容認する傾向も見出されつつあったことも背景として付加できよう。

このような状況下で、連邦民事訴訟規則は、証拠としての採用可能性にか

11　Richard Marcus, *Retooling American Discovery for the Twenty-First Century : Toward a New World Order ?*, 7 TULANE J. INT'L & COMP. L. 153, 158（1999）．プリーディングの規律の変容については、菱田雄郷「プリーディングに関する規律の変遷」（青山善充先生古稀祝賀・民事手続法学の新たな地平）391頁以下が詳細である。

12　Stephen N. Subrin, *How Equity Conquered Common Law : The Federal Rules of Civil Procedure in Historical Perspective*, 135 U. PA. L. REV. 909, 959, 962（1987）．社会的正義の実現のためにディスカヴァリが果たしてきた役割を論じた Geoffrey C. Hazard, Jr., *Discovery Vices and Trans-substantive Virtues in the Federal Rules of Civil Procedure*, 137 U. P.A. L. REV. 2237, 2246-47（1989）．も参照。

13　Subrin, *supra note* 12, n.271. 憲法上、陪審の権利を保障するコモンローに比して、エクイティは、より裁判官の裁量権が広く、多数当事者訴訟のマネジメントも期待できる柔軟な手続であると同時に、ディスカヴァリのような当事者の地位強化とも適合的である点は、大陸法にとっても興味深いといえよう。

かわりなく極めて広範なディスカヴァリを認め、当事者の証拠・情報収集に関する手続的地位の実質化を図ると同時に、プリーディングの規律を緩和してディスカヴァリで得た情報に基づいた法律構成の変更、事実主張の修正を緩やかに認めることとし、そのうえで、自白要求を可能とするなどして、プリトライアル期日（FRCP16条）で争点を絞る方向に舵を切った。これにより原告の提訴を容易とする結果となったが、他方でディスカヴァリを前提としてもなお証拠調べの必要性を提示できない場合には、相手方はサマリー・ジャッジメントを申し立て、トライアルの負担から解放される制度（FRCP56条）も導入された。[14] プリトライアルとサマリー・ジャッジメントが、ディスカヴァリ導入とプリーディングの規律変更の論理的帰結といわれるゆえんである。このような連邦民事訴訟規則は、弁護士に歓迎されたのはもちろん、その裁量権も拡張されたことから裁判所からも賛成を得、さらには行政も、保守的なABAですら賛成したという。[15]

ところで、規則起草時にディスカヴァリ濫用の危険は考慮されていたのだろうか。主な起草者はエール大学等の研究者であったが、州裁判所での制限的な証拠開示の経験に基づき、広範なディスカヴァリをかければ事実は（あたかもX線を照射するように）正しく発見されるとの信念をもっていたとされ、素朴な真実発見志向がみてとれよう。実際、同規則には制裁規定もおかれていたが、それはディスカヴァリの濫用ではなく、不当に拒絶された場合を対象としていたのである。

しかし、実際には彼らが予想していなかったディスカヴァリとコストの過剰が生じたことは周知のとおりである。原因として、まず、コピー機・コンピュータなどテクノロジーの発達・普及があげられる。これにより、ディス

---

14 Stephen N. Subrin, *Fishing Expeditions Allowed : The Historical Background of the 1938 Federal Discovery Rules*, 39 B.C. L. REV. 691, 740 (1998).
15 Surbin, *supra note*14, 742. もっとも、当時は、最高裁への規則制定権授権法（Enabling Act）と三権分立の関係、ニューディール立法の合憲性と政権による最高裁批判、不況対策、インジャンクション制度のあり方（特に労働関係）が議会の中心的な議題で、ディスカヴァリは二の次であったようである。

カヴァリの対象となる文書が大量化した。第2に、法実務の変容である。ディスカヴァリに対応するために弁護士が時間報酬制を採用し、巨大事務所の訴訟部門が成長した（そして、このような体制がディスカヴァリの大量化を再生産した）。[16]もっとも、訴訟における当事者対抗主義（adversary system）を強調して、弁護士は相手方のディスカヴァリの範囲を狭く解し、あるいは除外事由たる弁護士関係文書（work product）の範囲を拡大し、証拠・情報の提出を最小限に抑えようとした。さらには、大規模訴訟においては、ディスカヴァリ命令違反に対する制裁金や将来の敗訴判決に係る遅延利息との見合いでなお違反行為のほうが経済合理性に適う事案も少なくなく、悪意の違反者も目立つようになったという。[17]第3に、実体法上の権利の拡大とクラス・アクションや制度改革訴訟を促進する司法政策において、典型的には差別訴訟や製造物責任訴訟にみられるように、証明困難な事実を間接事実や統計的な手法により証明する必要性が生じ、また、主張すべき請求原因自体も複雑で非定型的なものが増えたため、主張準備のためのディスカヴァリの量的拡大が進んだ。

このようにして、Hazard教授の言葉を借りれば、訴訟が法実現（law enforcement）のプロセスに組み込まれているゆえに、ディスカヴァリの範囲の定め方が実効的な法実現の範囲を決定づけるほどに重要な役割を果たすことになったのである。[18]しかしそのために、容易にはその制限をすることはできないというジレンマに陥ることになる。

ところで、このジレンマは、電子的に保存された情報（electronically stored information：ESI）を対象とするいわゆるeディスカヴァリが一般化した現在、一層深刻さを増している。現在では文書や資料（各種データや電子カ

---

[16] デポジションは係属後20日以内になされるものを除き裁判所の許可が必要であったが、1946年の改正により撤廃され、1970年の改正では文書の閲覧に関しては「相当な理由」要件がはずされるなど、開放的なエートスが強かったとされる。

[17] Wayne Brazil, *The Adversary Character of Civil Discovery : A Critique and Proposals for Change*, 31 VAND. L.REV. 1295, 1323-26（1978）.

[18] Surbin, *supra note*14, 744 n.292.

ルテ等を含む）は ESI としてコンピュータで管理されているが、所持者はコンプライアンスの観点からもその厳正な保持・管理が求められており、その提出には特段の規律が必要となる。

そこで、2006年、eディスカヴァリに対応するために民事訴訟規則が改正された。すなわち、ディスクロージャー義務および ESI 提出義務の範囲は従来の文書提出義務と同様に広く認められ（FRCP26条(a)(1)(A)(ii)、34条(a)(1)・(b)(2)(E)）[19]、かつ、提出すべき ESI の滅失・毀損等に対しても文書の場合と同様に制裁が課せられることとなった（FRCP37条）。

本改正に対しては、従来の文書よりも膨大な情報の提供を求めることができ、事件の実体に基づく訴訟が可能となったとの評価もみられた[20]。また、ESI 所持者による情報の隠匿や毀損の危険性も、それ自体非常に高度な技術を要するため、文書の場合に比べて極めて小さくなることも期待された。

しかし、ESI のディスカヴァリには、固有のコストが必要となる[21]。第1に、所持者内部の情報精査のコストがあげられる。ディスカヴァリに対応するため（最も早くには提訴が予測される時点で）、所持者は、まず、膨大な ESI の中から提出義務のあるデータを識別し、その保全および収集を行わなければならないが、その際、識別されたデータの更新や削除を防ぐため、関連する全部署に対し訴訟保持（litigation hold）とよばれるデータ保全（更新・削除等の中止）の作業を行わせる必要がある。さらに、これらのデータを整理し、弁護士が閲覧・分析を行ったうえ、民事訴訟規則に従った方式で提出することになる（FRCP34条(b)(2)(E)）[22]が、これら収集・保全・分析のい

---

[19] ディスカヴァリに先立つ情報開示義務（イニシアル・ディスクロージャー）の対象に、ESI の種類および所在についての情報が含まれることが明記され（FRCP26条(a)(1)(A)(ii)）、また、ディスカヴァリの対象として ESI を含むこと、および情報を保存する媒体ないし保存方式はディスカヴァリ請求者が合理的に利用できる性質であるべきことが規定された（FRCP34条(a)(1)）。

[20] Milberg LLP & Hausfeld LLP, *E-Discovery Today : The Fault Lies Not in Our Rules...*, 2011 Fed. Cts. L. Rev. 4, 14(2011).

[21] 技術的分析を踏まえて日本の実務への影響を論じた町村泰貴＝小向太郎編著『実践的eディスカバリ』が詳細である。

[22] 現在グローバル・スタンダードとされる電子情報開示参照モデル（EDRM）による。

ずれに関しても、データの情報量および種類が文書に比して極端に大きく、内部のコストも増大せざるを得ない。また、データ保全に失敗すると真実擬制や法廷侮辱などの重い制裁が科せられるが、裁判所により提出義務の範囲の判断が異なるので、所持者側はリスク回避のためにESIを必要以上に保全することが一般化しており、これも、コストを大きく引き上げたといわれる。第2に、データ提出の際の方式が問題となる。民事訴訟規則には方式について具体的な規定がないので、当事者は、ディスカヴァリ請求者の合理的な利用可能性や所持者の不相当な負担の回避（FRCP26条(b)(2)(B)）を考慮しつつ、ディスカヴァリ計画の協議においてこれを定める必要があり、取引費用を要することになる（同条(f)）。第3に、証拠法上の諸問題が指摘されているが、特に、弁護士・依頼人間の秘匿特権の保護が危険にさらされるとの批判が強い。このような情報は、電子メールでやりとりされることが多く、わずかな不注意により提出データに混入し、流出するおそれがあるためである（連邦証拠規則502条参照）。第4に、ディスカヴァリ請求者にもコストが生じうる。当初の予測と異なり、技術の進歩により痕跡を残さずにESIを改ざんできる可能性が生じているため、請求者が改ざんの証明をするためにはさらに高度な技術や鑑定が必要となりコストの高額化が懸念されている。[23]

2 ディスカヴァリの制限

上記のように現在のディスカヴァリの対象はESIに拡大しているが、文書のみの時代にさかのぼると、1970年代から、実体的根拠の弱い大規模訴訟と広範なディスカヴァリへの批判が強まり、制限的な傾向が強まっていった。まず、1983年の連邦民事訴訟規則改正は、ディスカヴァリの量について均衡性原則を導入した。すなわち、「事件のニーズ、争訟額、当事者のリソース、および争点の重要性に鑑みて相当な量」にすることが求められることとなった。また、1993年改正により、ディスカヴァリの関連性の要件が厳

---

[23] 町村＝小向・前掲書（注21）133頁以下には、ESIデータ改ざんに関する日本の裁判例が紹介されている。

格化された。制定時より、「訴訟対象（subject matter）」との関連があれば足りることが判例によっても確認され続けてきたが、「争点を解決することとの関係で」ディスカヴァリの重要性を考慮することが要求されることとなったのである。さらに、2000年の改正において「請求または防御方法（claims or defenses）」との関連性が必要とされるに至った。これにより、かつては、調査を続けるうちに証拠能力の認められる証拠方法に行き着くかもしれないという模索的な意味での「関連性」があれば足りたが、より限定的に、具体的な攻撃防御方法との関連性が要求されることとなった。

1993年改正のより重要な点は、訴訟の最初期における当事者の自発的な開示義務（disclosure）の創設であった。しかし、これが提出予定の証拠方法のみならず、自己に不利な証拠方法のリストをも開示することを求めていたため、大議論を巻き起こすこととなった。反対論は、これは何が証拠であるかを調査のうえ相手方に教えることを義務づけるものであり、アドヴァサリ・システムに公然と対抗するものと批判した。弁護士と依頼人の守秘義務ないしワークプロダクトの法理にも反するとされた[24]。これらの批判を受けて、結局、2000年改正において、自発的な開示の対象は当事者が攻撃防御のために提出する可能性のある証拠方法のリストに限定されることとなった[25]（FRCP26条(a)(1)）。

さらに、上述のとおり、2006年改正により実施されたeディスカヴァリについては、直後からコストの高さや負担の重さにつき批判が強かった。そこで、2014年に民事訴訟規則諮問委員会（Judicial Conference's Advisory Committee on Civil Rules）が規則改正案を提出し、これを若干修正した改正民事訴訟規則が2015年12月に発効した。eディスカヴァリに関連する主な改正点は、①ディスカヴァリ範囲の判断における均衡性原則の明文化（FRCP26条

---

24 Martin Conboy, *Depositions, Discovery and Summary Judgments*, 22 A.B.A. J. 881, 883 (1936).
25 詳細につき、リチャード・L・マーカス（三木浩一訳）「アメリカにおけるディスカヴァリの過去、現在、未来」（大村雅彦＝三木浩一編・アメリカ民事訴訟法の理論）29頁、42頁参照。

(b)(1))、②早期のケースマネジメントの実施（FRCP16条）、および③ESI保全義務の不遵守に対する制裁の強化（FRCP37条(e)(1)の新設）である。理論的には、①の均衡性原則（訴額、個別事件における当該ディスカヴァリの必要性、当事者のリソース等との関係で相当な範囲のディスカヴァリを認める原則）および証明妨害としての③が重要と考えられる。

3 ディスカヴァリの理念

　アメリカ法は、民事訴訟規則制定前から、争点整理（issue focusing）の実効性はプリーディングによって決まると考えていた。しかし同規則制定により、プリーディング後のプリトライアル期日においてディスカヴァリによる情報・証拠収集や自白の要求に基づいて争点整理を実施し、証拠調べの必要性の判断を行うこととなり、ディスカヴァリと強く連関することとなった（ここで、法的判断のみで裁判できる事件はサマリー・ジャッジメントによってふるい分けられる）。このような訴訟構造は、提訴後に文書の提出を求め、それに基づく争点・証拠整理手続と証拠調べ手続を段階化するという点で日本の現行法のそれと類似性をもつといえる（ここでは、提訴前証拠収集処分は一応考慮の外におく）。

　もっとも、日米両法における文書提出義務の範囲は大きく異なる。アメリカでは上記のように関連性や均衡性原則による限定化の傾向がみられるものの、ディスカヴァリを「証拠漁り」と批判する考え方を規則および判例が明確に否定してきた歴史がある。その背景には、ディスカヴァリは訴訟法上の問題のようにみえるが、実際には実体的な適正、迅速、廉価な判決の獲得および実体に即した和解の成立というすぐれて実体的な価値の実現方法であるとの政策的判断がある。実際、アメリカ法において社会正義と直接結びつく

26　制裁として、裁判所は、保全義務者が故意の場合には、滅失した情報を当該当事者にとって不利益なものと推認し、または陪審にそのように説示すること、あるいは、請求棄却ないし欠席判決を行うことを選択できるとする。

27　*Hickman v. Taylor*, 329 U.S. 495（1947）.

28　*Nichols v. Sanborn Co.*, 24 F. Supp. 908, 910（D. Mass. 1938）

制度改革訴訟はディスカヴァリなしには満足に遂行できず、その意味では、連邦民事訴訟手続をどのように設計するかは憲法的なプロジェクトであった。[29]起草者は、ディスカヴァリによる当事者間の社会的格差の平準化を意図しており、後にコスト増大の問題が生じなければ（もっとも、ディスカヴァリ費用は相手方の負担である）、[30]ディスカヴァリ自体は平等主義的・福祉国家的な方策であったともいえよう。[31]

さらに、ディスカヴァリの広範化がプリーディングの規律の緩和と結びついたことの基礎には、客観的な事実関係を知ったうえで実体権の処分を判断する権能を訴訟当事者に保障しようとする考え方があると推論できる。[32]「広範なディスカヴァリは、少なくとも我々の時代には、事実上、憲法に基礎をもつ手続的制度となった」との主張をあわせて引照するならば、[33]訴訟当事者の手続上の地位として、法的主張の可能性・内容に関連する証拠方法・情報について、相手方当事者ないし第三者からの開示を含めて収集・調査することが認められて初めて、これに基づいて行ったプリーディングと争点整理について自己責任を問われると構成することも可能であろう。連邦民事訴訟規則制定時の議論とはずれるが、ディスカヴァリを裁判所の真実発見に協力すべきかという問題からいったん離れて、各当事者の手続的地位を担保する制度として再構成する考え方である。[34]なおこのような考え方がアドヴァサリ・

29　Judith Resnik, *Some Reflections on the Triumph and the Death of Adjudication*, 58 U. MIAMI L.REV. 173, 179 (2003).

30　Richard B. McNamara, *Getting to the Truth, in Spite of Discovery*, 14 COM. P.PRAC. & DISC. 1, text around note 5 (2005). 副次的な効果として、リアルな訴訟予測による和解や訴え取下げ行動への誘導も期待されていたとする。

31　なお、調査によれば、大部分の普通の訴訟においてディスカヴァリの濫用は生じていないとされる。McNamara, *supra* note 24.

32　Richard Marcus, *A Modest Proposal:Recognizing(at last)that the Federal Rules Do Not Declare that Discovery Is Presumptively Public*, 81 CHI-KENT.L.REV.331, 334(2006). ディスカヴァリは、訴訟における権利処分の判断のために必要との点で、他の情報公開法と異なるという。

33　Geoffrey C. Hazard, Jr., *From Whom No Secrets Are Hid*, 76 TEX. L. REV. 1665, 1694 (1998).

システムに反するとの批判もあり得るが、アメリカ法上、義務的ディスクロージャーが伝統的なアドヴァサリ・システムを崩壊させると批判されたのであり、ディスカヴァリについては（行き過ぎた面があるのは確かであるが）むしろアドヴァサリな当事者権に資すると考えられていることとも整合するのではないだろうか。

Ⅳ 文書提出義務と手続保障

1 証拠・情報開示の意義

前項ではアメリカ連邦法上のディスカヴァリの意義について、その手続的位置づけをみてきた。日本法においても、証拠・情報開示のあり方は、単なる証拠法の問題ではなく、訴訟当事者にはどのような情報に基づいて訴訟追行をする地位（ひいては実体的正義を実現する地位）が与えられるべきかという問題として再構成することが考えられる。

当事者の手続上の地位は、弁論主義や処分権主義に現れる当事者主義の実効化・実質化を通じて保障され、一般的には、すでに当事者または裁判所が手にしている情報・証拠をどのように処分・判断するかという問題を扱う。そこでは、当事者は適時の十分な証拠・情報調査に基づいて、また、裁判所の釈明や心証開示といった情報提供に基づいて合理的な訴訟追行することが前提とされており、それゆえに当事者は事実と証拠の提出の権限とともに責

---

34 Geoffrey C.Hazard & Angelo Dondi, *Responsibilities of Judges and Advocates in Civil and Common Law*, 39 CORNELL INT'L L.J.59, 64(2006) は、かつて紋切型でいわれていた英米法と大陸法の相違は少なくとも商事紛争ではみられず、大陸法においても当事者（弁護士）が事実主張を構成し証拠の関連性を判断する役割を担うことを論ずる。

また、Richard L. Marcus, *The Rivival of Fact Pleading under the Federal Rules of Civil Procedure*, 86 COLUM. L. REV.433, 491(1986) は、プリーディングの規律の厳格化によって実体的適正さを促すことはディスカヴァリの権利を奪うことになるとし、むしろサマリー・ジャッジメントの多用に依拠すべきとする。近時のファクト・プリーディング回帰傾向（Ashcroft V. Iqbal, 129 S. Ct. 1937(2009)）への対処としても有効であろう。

任を負うべきことになる。後者については釈明義務論や争点整理のあり方、訴訟自体の処分に関していえば和解勧試のあり方などについて議論が積み重ねられてきたが、前者については、少なくとも伝統的には、事案解明義務や攻撃防御方法の提出時期との関係で論じられてきたものの、当事者の訴訟追行権ないし広い意味での弁論権とのかかわりを包括的に論ずることは多くなかったように思われる。[35]

　しかし、平成8年の法改正は、当事者の訴訟追行権（訴訟資料提出権）について行為規範・評価規範を強化したとみることができる。訴状・答弁書提出段階ですでに重要な間接事実や証拠方法の開示が求められ（民訴規則53条、55条、79条、80条）、適時の攻撃防御方法提出（法156条）と争点・証拠整理手続での誠実な議論を通じて精密な争点整理案・証拠調べ計画の策定が求められる（法147条の2、147条の3、157条、157条の2）。争点整理後に新たな争点を提出することは信義則や適時提出主義から困難となるというリスクを当事者が負うことを正当化するためには、証拠調べ前の主張提出および争点・証拠整理段階における情報・証拠へのアクセスをも積極的に問題としながら、当事者主義的な訴訟追行権の内容を考えるべきである。

　裁判所からみた文書提出義務の一般化の意義として、情報・証拠が当事者間で共有されるのみならず、裁判所もそれを知って、事実関係につきより豊かな情報に基づいて事実認定をするメリットも考えられよう。第1に、当然のことであるが、的確かつ迅速な争点整理・証拠整理、および事案解明に資すると期待される。第2に、事実認定における解明度が上がり、事実認定の確実性が増すことが期待される。解明度は、民事訴訟においては、一般に、

---

[35] 前述のように、米国連邦民事訴訟手続では、伝統的には、主張と証拠のずれがあった場合に主張のamendmentを極めて柔軟に許し、他方で広範なディスカヴァリによる情報収集が可能である。その点で、原告側に提訴しやすい条件が揃っているといえよう。もっとも、その対象は人証、検証、質問書（interrogatories）、自白要求に及ぶから、これによって相手方当事者の攻撃防御方法とその強さについて両当事者が事前に判断でき、一層、効率的な主張構成が可能となり、争点整理が促進されるはずである。同時に、自己の主張の強弱についても客観的に測ることができ、和解で解決すべき場合を判断することも、比較的容易となる。

当事者の証拠資料収集・提出の権限と結びついているので、その高度化は当事者の手続保障の充実につながるといえよう。

2 固有の手続的地位としての情報へのアクセス

旧法下における文書提出義務の拡張に向けた解釈論においては、当事者間の武器平等の観点が強調された。確かに、証明責任を負わない当事者や第三者の下に証拠方法が構造的に偏在している訴訟類型においては、武器平等の理念によって広範な証拠開示を正当化できる。当事者平等原則は、公平な裁判を受ける権利として憲法上の保護が与えられるとの議論も有力になされており、現行法の下でも多くの場合には妥当すると考えられる[36][37]。

ただし、現行法下で当事者双方が具体的な主張を早期に求められることを前提とすると、結果責任としての主張・立証責任とそれから派生する平等化問題を離れて、各当事者の手続上の地位として文書提出命令その他の情報・証拠開示の要請を根拠づけることも不可能ではないと考えられる。

また、当事者は、提訴前の準備のために、すなわち平等化がどこまで必要となるかが十分には明らかとなっていない段階で、証拠保全、提訴前の当事者照会（法132条の2以下）、提訴前の文書送付嘱託、調査嘱託、意見陳述嘱託、執行官による現況調査などの証拠収集処分（法132条の4）を申し立てることが可能である[38]。このような手段が認められていることは、情報・証拠収集が当事者に固有の手続的地位として重要であることに対応し、また、提訴前・提訴後のいずれにおいても武器平等とは別の手続法上の地位として情報・証拠開示を求める権限を一貫した根拠で説明できるというメリットをもつ。

---

36 松本博之「民事証拠法の領域における武器平等の原則」（竹下守夫ほか編・講座新民事訴訟法 II) 3頁。
37 総論的な議論として、酒井一「情報の偏在と民事訴訟の諸原則」法時1018号4頁。
38 2006年の論文でも、なお、証拠保全の証拠開示的機能が指摘されている（田原睦夫「訴訟の促進と審理の充実」ジュリ1317号53頁、55頁注5）が、実際には医療関係訴訟でもカルテの証拠保全事件は減少しているようである。

IV 文書提出義務と手続保障

　このような手続上の地位を正当化する根拠はどこに見出されるべきか。実体法上の請求権が認められない場合でも書証提出を求め得るのだから、ややもすると一般的な訴訟協力義務が強調されることになりそうである。しかし、ディスカヴァリの意義として指摘されたように、当事者が的確な情報に基づいて主張を構成し、間接事実に至るレベルで適切な争点整理を行うことが、ひいては自己の実体的権利の処分という結果をもたらすことに着目するならば、その基礎となるべき情報や証拠を適切に得たうえで訴訟資料を選択・提出する意思決定をすることができる地位として、実質的な弁論権に基礎づけることが考えられよう。[39]

　ところで、手続保障の内容を学説史的にみると、その第一の波は裁判所による審問請求権を核とし、第二の波は当事者が主張・立証を尽くしたかを判決効の基礎（正当化理由）として位置づけ、第三の波は当事者間の対話の手続を保障することこそを真髄としてきた。[40]

　第三の波は、第二の波に対する批判として、当事者が敗訴判決の判決効等の不利益を甘受すべき手続的地位が具体的に保障されていたかを問う。実際、当事者の予測可能性・期待可能性を1つの基準として判決効の範囲を検討する解釈論はこの点に応えているともいえるが、このような批判は、情報・証拠のアクセス可能性にも応用が可能と考えられる。上述のようにアメリカ法はディスカヴァリによって不意打ち（surprise）を排除することを、すなわち当事者間で事実も証拠も共有したうえでフェアな闘いを進めることを最優位の価値としており、事実・証拠に関しても具体的な提出と反証の期待可能性を前提としている。日本法においても、事実・証拠の提出可能性の前提として情報へのアクセス可能性を基礎づけることも考えられよう。

---

[39] 弁論主義と切り離して積極的に弁論権を論ずるとともにその前提として証拠収集手続の拡充を指摘する論稿として、笠井正俊「弁論主義の意義」（鈴木正裕先生古稀祝賀・民事訴訟法の史的展開）405頁、伊藤眞ほか『民事訴訟法の論争』182頁〜183頁〔加藤新太郎・山本和彦発言〕。
[40] 井上治典「手続保障の第三の波」（同・民事手続論）217頁。

3 文書提出命令と民事訴訟上の諸原則

　文書提出義務の一般化に際して、弁論主義との関係が議論されることがあるが、弁論主義は、いずれの当事者からも提出されていない主張や証拠方法を裁判所が取り上げることを制限するにとどまる。文書所持者が提出義務を否定する根拠として弁論主義を用いるならば、より一般化すれば自己に不利な証言も文書も提出しない地位が与えられるということになりかねないが、証人義務その他の規律から明らかなように、弁論主義はそのような地位を保障するものではない。他方で、上記の議論では情報の開示を含めていたが、これに関しても（高橋論文が指摘するように、その開示の適否がこれまで弁論主義の問題と考えられてきたかは留保するとしても）、弁論主義による排斥は、困難と考えられる。現行法に限らず旧法下においても、正しい情報に基づく主張をしないことは真実義務に反し、あるいは誠実な訴訟追行といえないとして批判されてきたからである。[41]

　また、文書提出義務の拡大によって、客観的証明責任の分配基準も、少なくとも理論的には変わらない。ただし、文書提出義務が拡大し、さらに情報開示も実現するならば、証明責任を負う者の証拠・情報へのアクセスが容易となり、これまで証明度の緩和や間接反証、事案解明義務などの解釈論で証明責任判決からの救済が目指されてきたような場合についても、そのような手当ては不要となるはずである。しかし、そもそも証拠方法が存在しない（あるいは非常に乏しい）場合の証明困難は解消されないから、やはり、証明度、特に相対的証明度の概念を検討する必要は残る。

　なお、主観的証明責任ないし証拠提出責任は、大きく変更されるといわれる。[42] もっとも、これを客観的証明責任と関連づけた証拠提出責任として論ずるか、端的に誰もが一般義務として文書提出義務を負うとすることで足りるのか、両者で提出義務の範囲が異なるのかはなお検討の余地があろう。

41　高橋・前掲論文（注9）142頁、伊藤眞「開示手続の理念と意義(下)」判タ787号25頁以下。
42　門口正人ほか編『民事証拠法大系(1)総論Ⅰ』191頁以下〔福田剛久〕。

民事訴訟の1つの機能として真実発見を掲げる場合に、その内実は必ずしも明らかでないが、文書提出義務の一般化や情報開示により、文書の存在の蓋然性がある場合には提出可能となり、少なくとも解明度を上げることはできると考えられる。絶対的な真実発見は、職権探知主義をもってしても常に可能とはいえないが、当事者提出主義の下においては、解明度の向上が事実認定の確からしさを意味することになろう。[43]

文書提出義務の拡大は、理論的には、訴訟資料の提出を容易化し当事者の弁論権（の積極的効果）を強化するとともに、情報（事実）・証拠の両面において、相手方が拒絶しても一方当事者が望む限り提出が可能となる領域を拡大し、当事者間の偏在を縮減する。また、文書を所持する第三者に対しては、証人義務と同様、日本の裁判権の下では一般に法的紛争解決のために協力する公的義務があると説明することになろう。いずれに関しても、弁論権の保障および当事者間の役割分担に係る問題であり、伝統的な意味での（裁判所と当事者の関係を対象とする）弁論主義の問題ではないと考えられる。

しかし、訴訟運営に関しては、裁判所と当事者との関係でより当事者主義的な手続運営にシフトする第一歩となるであろう。たとえば、従前は、争点整理における証拠提出や事実主張の相当性、証拠による事実主張の重みづけの適切さ等に関して、弁護士の情報収集方法の制約を理由に裁判所による介入を正当化し得たが、制約緩和の程度に従って、証拠・事実の提出についての当事者の責任も高度化すると考えられる。もっとも、争点整理を通じて当事者・裁判所の三方向の議論が弁論の場を構築するから、当事者が十分に弁論権を行使するためには裁判所が心証開示や法的観点の指摘などを積極的に行い、弁論の場を具体的に認識できるようにすることの必要性は、強調され

---

[43] 文書提出義務が一般化されたとはいえ、必要な情報は書証に限定されない。提訴前に検証物提示を含めた命令制度を設けるべきとの議論もあった（笠井正俊「ディスカバリと当事者・裁判所の役割」民訴48号240頁）。確かに、深度のある争点整理に向けた主張準備、証拠調べ計画のために必要な情報は、書証に限定されない。現行法では提訴前の証拠収集処分がある程度カバーするが、なお不十分であろう。

てしかるべきであり、裁判所の法的評価に関する役割も高度化するといえよう。他方で、当事者の主張の修正や撤回については、アメリカ法と同様、訴状提出後の情報・証拠収集活動の期待可能性を前提として緩やかに解すべきことになるかもしれない（これも、提訴前の情報収集の期待可能性とも関連することになろう）。

　このような手続運営の変更は、文書所持者の裁判所外での実務も変えるかもしれない。アメリカの弁護士が、顧問先にコンプライアンスについて説得する際に、ディスカヴァリによる文書の開示リスクの高さを使うといわれるが、同様の事態が（文書提出義務の例外の設け方にも依存するが）日本でも生じ得よう。また、提訴時の文書提出義務を見越して訴訟手続外でも文書開示がある程度進むならば、提訴のほか和解またはADRの利用といった選択肢も検討しやすくなるであろう。さらに、調停等の非訟手続や仲裁手続においても、裁判所による証拠調べがなされる場合には民事訴訟法上の文書提出義務が妥当するので、より公正な紛争解決手続を期待することができよう。

4　証拠・情報開示制度の拡大

　日本法は、文書提出義務は一般化したが、ディスカヴァリの諸策のうち質問書による情報開示についてはなお不十分である。上記のように、情報開示は証拠収集の端緒となるのみならず、適正な主張の基礎となり、その重要性は極めて大きい。現行法では当事者照会がその機能を果たすべきことが予定されているが、立法時から懸念されたように、回答義務を誠実に履行している弁護士は必ずしも多数派ではない。立法論として、当事者間の情報交換の流れを促進するために、裁判所が回答を命ずる制度を設けることも主張されている。

　また、証人予定者へのアクセスとしてのデポジションの導入も検討の余地があると思われる[45]。この場合には、現在実務上定着している陳述書の役割と

---

[44] Paul Carrington, *Renovating Discovery*, 49 ALA. L. REV. 51, 54 (1997).
[45] 三木浩一「民事裁判制度のさらなる改善に向けて」NBL901号59頁。

コストをデポジションと比較する必要はあろう。しかし、陳述書の手続的性質への疑義は払拭されておらず、その扱いについても明文のルールがない現状において、証拠法に関してもより当事者主義的手続を通じての手続的正義を実現させることを検討するならば、デポジションのように相手方当事者による検証の機会を組み込んだ制度がより望ましいとも考えられよう。

(山田　文)

第3章

文書提出命令の審理における意義

I 文書提出命令の発令要件とその審査

　本章では、文書提出命令の審理手続、文書提出命令をめぐる当事者の主張・立証のあり方を検討する。問題設定と紙幅の関係上、文献引用等が不十分であることをご了解願いたい。

　文書提出命令の発令要件は、対象文書が存在することとそれを相手方が所持することを前提に、当該訴訟において対象文書を取り調べる必要があり、相手方が当該訴訟において文書を提出する義務を負うことである。そして、文書提出義務の審理では、一方当事者の申立てを受け、文書提出義務を中心に、申立人と相手方の主張・立証が交わされる。

　では、その審理とはどのようなものと規定されているか。またその解釈・運用をめぐってどのような議論があるか。

1 文書提出義務を審査する手続──現行法の規定

(1) 主張・立証責任

　文書提出命令の審理に関する規定とこれまでの議論を簡単に確認しておきたい。

　発令要件のうち、まず文書提出義務については、申立人は、法220条1～3号に該当する文書であることはもちろん、同条4号についても、イ～ホに該当しないことについて客観的証明責任を負う規定となっている。そうで

なければ 4 号で文書提出命令はすべて賄えることになり、 1 〜 3 号の規定の意味がない[1]。ただし 4 号については、現行法の立法趣旨、除外事由は所持者側の事情であること等から、文書を所持する相手方のほうが、文書提出義務の除外事由に該当することを基礎づける事実についての事実上の立証の負担あるいは証拠提出責任を負う、または疎明しなければならないと解されている[2]。

(2) 公務秘密文書に関する監督官庁の意見聴取等

文書提出義務のうち、法220条 4 号ロの公務秘密文書に該当するかどうかが問題となる場合には、平成13年の法改正により、特別の審理手続が追加されている。すなわち裁判所には当該監督官庁の意見聴取が、これを受けて監督官庁には除外事由があるとの意見についての理由開示が義務づけられ（法223条 3 項）、当該監督官庁が一定の理由づけのうえ除外事由があるとの意見を述べたときは、裁判所はその意見について相当かどうかという形で判断することとされている（同条 4 項）[3]。

(3) イン・カメラ手続

さらに裁判所は、 4 号のイ〜ニに該当するかどうかの判断をするため必要があると認めるときは、イン・カメラ手続を用いることができる（法223条 6 項）。ただし、この手続については裁判所が対象文書に提出義務はないと判断した場合にも心証を形成してしまう危険に加え、申立人が手続に関与できないという欠陥があるため、慎重な運用を望む意見が強かった[4]。

(4) 小　括

このように、現行法において文書提出命令の審理に関する規定はさまざま

1 　高橋宏志『重点講義民事訴訟法(下)〔第 2 版補訂版〕』165頁等。
2 　法務省民事局参事官室編『一問一答民事訴訟法』246頁、西口元「証拠収集手続(1)——文書提出命令」（塚原朋一ほか・新民事訴訟法の理論と実務(上)）409頁、大村雅彦「文書提出命令⑥——発令手続と制裁」（三宅省三ほか編・新民事訴訟法大系 3 ）230頁、佐藤彰一「証拠収集」法時68巻11号19頁、町村泰貴「文書提出命令の評価と展望」（高橋宏志＝加藤新太郎編・実務民事訴訟講座（第 3 期）第 4 巻）276頁、秋山幹男ほか『コンメンタール民事訴訟法Ⅳ』392頁等。
3 　詳細は、秋山ほか・前掲書（注 2 ）450頁等。

な改正が施され、その解釈も示されてきた。けれども、これまで裁判例が次々出され、学説による検討も進んでいる文書提出義務の判断方法、実体準則に比べると、その審理手続のあり方については、立法以降それほど議論が進んでいないように見受けられる。たとえばイン・カメラ手続については、提示文書の保管に関する規定（民訴規則141条）以外に具体的な手続規定はなく、実際の運用も十分に知られていないのではないか。

2　証拠調べの必要性を審査する手続──現行法の規定

(1)　主張・立証責任

次に、文書の存在と所持、証拠調べの必要性の主張・立証責任も、基本的に申立人に課される。文書の所持者とされた文書提出命令の相手方が特に争わない場合には、対象文書が存在し、相手方が所持していることを前提としてよいが、いったん相手方が争えば、相手方側の紛失・滅失等の事情は別として、申立人は、相手方が当該文書を作成し、所持している事情を主張・立証する必要があるとされている。また、対象文書が立証主題と関連しているか、その立証主題が当該事件において適切かどうかといった、文書を取り調べる必要性（法181条）についても、申立人に主張・立証責任がある。

4　奥博司「文書提出命令⑤──イン・カメラ手続」（三宅省三ほか編・新民事訴訟法大系３）214頁、中野貞一郎『解説新民事訴訟法』55頁、田原睦夫「文書提出義務の範囲と不提出の効果」ジュリ1098号65頁等。なお笹田栄司「イン・カメラ手続の憲法的定礎」（同・司法の変容と憲法）191頁。また、法220条１～３号提出義務についても、イン・カメラ審理を認める説があることにつき、秋山ほか・前掲書（注２）464頁参照。

5　門口正人ほか編『民事証拠法大系(4)各論Ⅱ』175頁〔金子修〕、秋山ほか・前掲書（注２）447頁等。詳細は、西村宏一「文書提出命令の申立における文書の所持の立証」判タ74号40頁、須藤典明「情報公開訴訟・文書提出命令等における文書の存否に関する主張・立証責任」（門口正人判事退官記念・新しい時代の民事司法）581頁、和久田道雄「文書提出命令申立てにおける対象文書の存否の立証責任」（栢義男先生＝遠藤賢治先生古稀祝賀・民事手続における法と実践）525頁。なお、所持が争われた事例は複数公表されているが、特に所持が一応推定されるとして、申立てを却下した原決定を取り消し、原審に差し戻した東京高決平成24・4・17資料版商事339号192頁［131］、所持を認めた原々決定に対する即時抗告申立書の写しを当事者に送付する等して当事者に攻撃防御の機会を付与しないまま、当事者に不利益判断をしたことは手続的正義の要求に反し、裁量を逸脱した違法があるとした最決平成23・4・13民集65巻3号1290頁［116］参照。

(2) 文書特定手続

　これらの発令要件については、まず本案において主張を戦わせておく必要があるが、文書提出命令に特有の手続としては文書の特定手続（法222条）が関連する。文書の存在と所持の認識が前提となって文書の表示と文書の趣旨（法220条１項１号・２号）が認識でき、さらにここから証拠調べの必要性が判断されることになるからである。ただしこの手続は、文書の表示と趣旨を明らかにすることが「著しく困難であるとき」に利用可能であり、現在のところ一般的な手続ではない[6]。著しい特定困難とは、当事者照会（法163条）等を用いてもなお特定できない場合とまで厳格に解されていないが[7]、やはり、文書特定の事前の努力なしに、一足飛びに一般的に適用される手続ではない。本来は本案での当事者間のやりとりによって文書を特定していくべきであり、文書の所持者が任意提出に応じる傾向が強くなったとされる現状では、実際それが通常であろう。

　また元来、文書特定手続は証拠が偏在する訴訟に対応するための規定である。この解釈として議論があるのは、裁判所を通じて文書の所持者に対し、文書の表示等を明らかにするように求めても応じない場合、制裁は規定されていないが、所持者の非協力もあわせて考慮して文書は特定しているとみて文書提出命令を発することができるか、さらに文書提出命令に従わない場合の制裁は可能か（法224条３項）といった問題である[8]。これら現行法で設けられた規定に関する解釈論は、立法による証拠偏在対策として一足飛びに文書の特定を認めるとか不提出の制裁を発動するとかいう極端な議論ではなく、申立人と相手方の行動、審理過程を踏まえた旧法下から続く深遠な手続論と

---

[6]　三木浩一「文書提出命令の発令手続における文書の特定」（石川明先生古稀祝賀・現代社会における民事手続法の展開(上)）128頁（三木浩一『民事訴訟における手続運営の理論』571頁以下所収）。

[7]　三木浩一「文書提出命令④――文書特定手続」（三宅省三ほか編・新民事訴訟法大系３）195頁（三木・前掲書（注６）547頁以下所収）、髙橋宏志「書証の申出――文書特定手続」（吉村德重先生古稀記念論文集・弁論と証拠調べの理論と実践）342頁、秋山ほか・前掲書（注２）434頁。なお、園田賢治「情報の偏在と訴え提起後の情報・証拠の入手」法時1018号24頁。

して、参考になる。

　(3)　小　括

　以上のとおり、現行法は文書提出命令の審理についても新たな工夫を配し、その解釈論もさまざまに示されてきたが、議論は立法時からあまり進展しておらず、対象事件、適用場面も限定されていたのではなかろうか。そこで、以下では、立法時の議論を参照するのは必要な範囲にとどめ、できるだけ最新の議論、現在の実務に重点をおいて、より一般的、具体的に文書提出命令の審理手続を検討したい。そのための題材として、文書提出義務のうち法220条4号に関する判断内容を示したものとして分析されている、最近の裁判例を適宜用いる。文書提出義務の判断準則を論じるのでなく、審理手続、当事者の主張・立証過程（決定後の本案審理まで）を視野に入れるため、これらにつき公表されている決定文を検討したほか、文書提出命令の申立人、その代理人の協力を得て、記録閲覧とインタビュー調査も行った。

II　文書提出義務の審理手続

1　判例理論の概観——文書の種類ごとの類型判断から個別的実質判断への傾斜

(1)　最新裁判例——銀行が作成する自己査定文書を対象とする4号ハ、ニの審理

　現行法下で裁判例が積み上げられ、議論の的となっているのは、法220条4号の文書提出義務であるので、ここではこれに焦点を絞り、判例理論を概

8　高橋・前掲論文（注7）337頁、高橋・前掲書（注1）144頁、坂田宏「文書提出命令違反の効果」（竹下守夫ほか編・講座新民事訴訟法II）112頁、賀集唱ほか『基本法コンメンタール民事訴訟法2〔第3版〕』239頁〔高田昌宏〕、秋山ほか・前掲書（注2）440頁、町村・前掲論文（注2）283頁、中島弘雅「文書提出命令の発令手続と裁判」（栂義男先生＝遠藤賢治先生古稀祝賀・民事手続における法と実践）541頁。なお、文書特定手続の申出が不適法とされた事案として大阪高決平成25・6・19労判1077号5頁［142］等。

観する。便宜上、一事件で重複して問題とされやすい4号ハ、ニを検討し、判例理論からどのような審理が求められているかをまとめてみる。

一事件で4号ハ、ニにつきそれぞれ最高裁の判断を経た格好の例として、銀行が作成する自己査定文書を対象として文書提出命令が申し立てられた事例がある。相手方（被告）が当該文書は4号ニの自己利用文書であるとともに、ハの職業の秘密にも当たると主張して提出義務を争ったところ、1審では文書提出義務の除外事由に該当しないとして、申立てどおり文書提出命令が出された。相手方が抗告したところ、抗告審は4号ニに該当するとして文書提出命令申立てを却下した。この判断に対して許可抗告がなされ、最高裁は4号ニ該当性を審査したが、その結果、本件文書は自己利用文書に当たらないとの判断をし、4号ハ該当性を審査するために事件を高等裁判所（以下、本書において「高裁」という）に差し戻した（最決平成19・11・30民集61巻8号3186頁［92］）。次に4号ハ該当性を審査した差戻審は、文書内容を細分化し、その一部は4号ハに該当すると認めて、その部分をマスキングしたうえで文書を提出せよ（法223条1項）との決定を下したが（東京高決平成20・4・2民集62巻10号2537頁）、これに対してさらに許可抗告が申し立てられ、最高裁は抗告を棄却し、原審の判断を維持した（最決平成20・11・25民集62巻10号2507頁［96］）。このような2つの最高裁決定の関係から、判例理論によれば、4号ニについては文書の種類に応じた外形的判断がなされるのに対し、ハについては文書の内実に応じた細かな審理がなされるとの分析もある[9]。

(2) 4号ハ、職業秘密文書の審理

確かに判例は4号ハの職業秘密を個別具体的に判断していると分析される。ここでは判例理論の詳細には立ち入らないが、4号ハについては、有力な反対説もある中で、判例・通説は比較衡量説をとっており、したがって個別的な実質審査が行われることとなる。介護サービス業者の作成するリスト

---

[9] 杉山悦子「判批（最決平成20・11・25）」銀法698号8頁。

を対象とした最決平成19・8・23判タ1252号163頁 [89]（4号ニとともにハも争われていた）は、文書提出命令につき比較衡量説をとった最初の最高裁判断である。これを受け、前掲最決平成20・11・25は比較衡量の具体的要素として「情報の内容、性質、その情報が開示されることにより所持者に与える不利益の内容、程度等と、当該民事事件の内容、性質、当該民事事件の証拠として当該文書を必要とする程度等」を示した。そして、このような実質判断のためには、本件のように、イン・カメラ手続を用いて文書の箇所ごとに切り分けるという審理・判断方法が肯定されていくとみられる。[10]

(3) 4号ニ、自己利用文書の審理

一方、4号ニの自己利用文書については、現行法施行直後には特に銀行の貸出稟議書を対象とする事例で外形的類型的に判断されていた。ただし、現在ではその判断が個別的実質的な方向へ傾斜しているとみられる。[11]

前掲2つの平成19年最決で、自己査定資料と介護サービスリストが4号ニに該当しないとされた理由は、自己利用文書の3要件のうち内部性が認められなかったためである。それまでもいくつかの最高裁決定で示されてきたとおり、監督官庁などの第三者に開示する予定がある文書はもっぱら内部で使用する文書には当たらないという論理であった。なるほどこれは文書の類型ごとに作成目的を問うことにより外形的に判断できる。

ただし、介護サービスリストの事件で最高裁は、対象文書自体は介護費等請求の際の業者の内部的控えであるという作成目的、文書形式から内部性を

10　畠山新「判批（最決平成20・11・25）」金法1858号20頁、杉山悦子「判批（最決平成20・11・25）」金法1858号21頁。最近のイン・カメラ実施例として、法220条4号ロに関してであるが、最決平成25・12・19民集67巻9号1938頁 [145] の原審である東京高決平成24・11・16民集67巻9号1954頁、大阪高決平成25・10・4判時2215号97頁 [144]、大阪地決平成24・6・15判時2173号58頁 [137] 等。イン・カメラ手続のために文書提出が求められたのに提出がなされなかった事案（4号ニ関連）として、最決平成22・4・12判時2078号3頁（その評釈、河村好彦「判批（最決平成22・4・12）」法研84巻10号116頁）参照。

11　学説は個別的な比較衡量説を主張してきたことにつき、高橋・前掲書（注1）166頁、松山恒昭「文書提出命令」（鈴木正裕先生古稀祝賀・民事訴訟法の史的展開）541頁等。反対に、類型的判断とみて批判を展開する、長谷部由起子「証言拒絶権と文書提出義務の除外事由」（伊藤眞先生古稀祝賀・民事手続の現代的使命）472頁。

認めた原決定を覆し、介護給付費等請求のための情報をコンピュータ入力すると自動的に作成されるという作成経緯、審査支払機関へ開示予定の情報と同視できるという記載内容（むしろ個人情報は本件リストのほうが少ない）から内部性を否定した。また自己利用文書には内部性と並んで、個別的実質的要件である不利益性（さらには特段の事情要件）も立てられているから、4号ニに関しても個別事情を総合的に評価判断する必要があるとの指摘もある。[12]

また、もし4号ニの判断は依然として外形的類型的に行うとしても、4号ニとともにハが争われる事例は少なくないから、その場合、後者を審査するために個別具体的な事情を検討しなければならないことになる。[13]

(4) 小　括

このほか、4号ロの公務秘密文書や同号ホの刑事関係書類についても、判例は文書提出義務全般に定型的判断でなく、より個別具体的な判断をしていると分析されている。[14] そして、このような実質判断のため、イン・カメラ手続の活用を主張する学説もある。[15] また、判例の判断枠組みや各事件での結論に反対している企業実務も、提出義務の範囲を限定するために、文書の多様性に応じた実質判断を求め、イン・カメラ手続に期待しているとみられる。[16]

2　イン・カメラ手続の検討

(1) イン・カメラ手続への注目と批判

前述のように、文書提出義務につき個別具体的な実質判断が要求され、し

12　三木浩一「判批（最決平成19・8・23）」Lexis判例速報24号88頁、同「判批（最決平成19・8・23）」法研79巻10号81頁、同「文書提出命令における自己利用文書概念の現在と将来」（小島武司先生古稀祝賀・民事司法の法理と政策(上)）858頁、長谷部・前掲論文（注11）472頁。

13　我妻学「判批（最決平成19・11・30）」金商1301号26頁。

14　4号ハ、ニ、ホにつき、畑瑞穂「文書提出義務をめぐる裁判例の動向」金法1805号17頁。ロ、ハだけでなくニに関してもより具体的判断に進むべきとする山本和彦「文書提出義務をめぐる最近の判例について」曹時58巻8号2551頁、2557頁。

15　杉山悦子「文書提出命令に関する判例理論の展開と展望」ジュリ1317号98頁、100頁、川嶋四郎「判批（最判平成20・11・25）」法セミ652号132頁、町村・前掲論文（注2）280頁等。

16　たとえば、長谷川卓「判批（最決平成19・11・25）」金法1838号31頁。

かも、そのような判断を文書の具体的な記載内容に着目して行うとの流れにより、そのための審理方法としてイン・カメラ手続が注目されるようになっている。イン・カメラ手続とは、4号のイ～ニの文書提出義務の存否を判断するために、所持者から文書を提示させて、裁判所だけがそれを閲読する審理方法である（法223条6項）。文書の記載内容による個別判断を志向すれば、裁判所が当該文書を見ないで判断することは難しい。しかし当該文書を申立人その他の訴訟関係者の目にさらしてしまったのでは、そもそも文書提出義務の対象から除外する趣旨に反する結果となるので、裁判所だけが文書の提示を受けるという非公開審理が設けられたのである。しかし、当事者にさえ公開しない異例の手続であるから無限定に認めるべきではないとされ[17]、学説からの批判も強かったため、当初あまり活用されていなかった。この手続の欠陥とされているのは、イン・カメラ手続により受訴裁判所が心証形成する危険があることと申立人の手続保障がないことである[18]。

(2) 心証形成の危険

心証形成の問題とは、イン・カメラの結果、文書提出義務はないとして提出命令が出されなかった場合でも、その文書の記載内容により受訴裁判所が心証を得てしまうということである。実際に特許権侵害の差止めを求める訴訟で、イン・カメラによる審理の結果、文書記載内容は職業の秘密に該当するとして文書提出命令を却下した際、文書記載のYの方法はXの特許の方法とは異なるとの本案に関する判断までしてしまった事例がある（東京高決平成10・7・16金商1055号39頁[10]）[19]。同様に、イン・カメラの結果、証拠調べの必要性がないと判明した場合も、本来は文書提出義務を判断するために文書を見たのだから、文書提出命令の申立てを却下することはできないはずだが、だからといって文書提出命令を認めるのも不合理であるとして、学説の

---

[17] 法務省民事局参事官室・前掲書（注2）266頁。
[18] 奥・前掲論文（注4）214頁、伊藤眞「イン・カメラ手続の光と影」（新堂幸司先生古稀祝賀・民事訴訟法理論の新たな構築(下)）191頁。
[19] その評価は三木浩一「文書提出命令の申立ておよび審理手続」（竹下守夫ほか編・講座新民事訴訟法II）84頁（三木・前掲書（注6）517頁以下所収）、伊藤・前掲論文（注18）196頁。

争いがある。そして、このような問題を回避するために、受訴裁判所以外の裁判官がイン・カメラ手続を担当できるように立法しておくべきだったとの意見が示されている[20]。しかし、そもそも、提出義務と証拠調べの必要性判断とを完全に切り離すことが適当か、審理の遅延を招くおそれもある等の問題点が指摘されたため、受訴裁判所を除外する立法は採用されなかったのである[21]。

　この点につき、自己査定資料を対象とした前掲の事件をみると、受訴裁判所たる1審はイン・カメラ手続を用いず、抗告審がこれを利用しており、心証形成の問題は回避されている[22]。しかも、本件では、興味深いことに、第1次抗告審も、差戻しを受けた第2次抗告審もイン・カメラ手続を用いていたのである[23]。そしてさらに注目すべきは、文書の記載内容を直接見た結果、第1次抗告審は提出義務なしとし、第2次抗告審は（一部）ありとして、2つの裁判所は文書提出義務につき逆の判断を下している点である。確かに最初は主に4号ニについて、次はハのみについて最高裁の差戻判断の拘束を受けて判断したのであるし、担当したのも東京高裁第2民事部と第5民事部で別ではあるが、裁判所が文書の記載内容を見れば提出義務の有無を判断できるとは、単純にいえないことがわかる。つまり、問題は、文書を見ることによって裁判所が心証を形成する危険というより、裁判所が文書を直接見るこ

20　高橋・前掲書（注1）203頁、三木・前掲論文（注6）139頁。なお、ドイツでは、審問請求権の観点からの批判が根強いため、一般民事訴訟においてイン・カメラ手続は存在しないが、知的財産関係訴訟ではイン・カメラ類似の手続が、守秘義務を課された鑑定人により本案の手続に先行して実施されていることにつき、春日偉知郎「インカメラ手続による秘密保護の新たな展開」判タ1343号65頁等参照。

21　法務省民事局参事官室・前掲書（注2）267頁、田邊誠「証拠収集手続について」民商110巻4・5号728頁、秋山ほか・前掲書（注2）468頁、471頁等。

22　このような運用を提案していたのは奥・前掲論文（注4）223頁。なお、最決平成20・11・25民集62巻10号2507頁［96］では、イン・カメラによる事実審の認定は一件記録に照らし、明らかに不合理といえる特段の事情がない限り、法律審で争えないとされた（中村心「判解（最決平成20・11・25)」曹時63巻2号505頁参照)。

23　前者につき東京高決平成19・1・10民集61巻8号3213頁、3215頁、金商1282号64頁、後者につき東京高決平成20・4・2民集62巻10号2540頁、金商1295号62頁。

とこそ提出義務の究極の判断方法だとする考え方そのものではないか。

(3) 当事者の手続保障
㋐ 裁判所の手続裁量

次に、当事者の手続保障の問題とは、イン・カメラ手続の運用は裁判所の裁量に任され、あらゆる意味で当事者の関与機会が設けられていないことである。これまで指摘されてきたとおり、特に申立人の手続保障が欠けており、審理に対席できないのはもちろん、文書の閲読は許されない。さらに、審理の結果、文書に提出義務の除外事由が認められ、申立てが却下された場合、申立人は、どのような記載内容から除外事由ありと判断されたのかわからないので、即時抗告の理由の書きようがない。[24]申立人には文書を見て具体的に意見を述べる機会は一切ないのである。

しかし、そもそもこの手続には、申立人だけでなく相手方所持者にも、手続の申立権や意見聴取の機会は保障されていない。条文上、イン・カメラ手続は「必要があると認めるとき」に利用することができ、その判断は裁判所の裁量であるとされる。このことから、イン・カメラ手続の利用は他の手段では目的を達成できない場合に限るとの立場（いわゆる補充性説）に対して、条文に基づく必要性要件のほかに別の要件を立てるもので、裁判所の手続裁量を否定することになる、との批判がされた。[25]またこの手続には、提示された文書の保管（民訴規則141条）以外に規定がなく、手続の具体的運用については実務に任されている。申立人と相手方の同意によるこの手続の適用範囲拡大や申立人（代理人）の立会いを主張する文献はあるが、[26]現にどのように運用されているのか、あまり知られていないのではないか。

---

24 髙橋・前掲書（注1）205頁。手続に立会う所持者さえ、手がかり（記録）を得られず、不服申立ては困難であろう。松本博之「判批（最決平成20・11・25）」判時2045号162頁も、これでは原審の判断を争う余地がなく、イン・カメラ手続の弱点とする。なお、当事者および代理人を一切排して実施できるスイスの秘密保護手続につき、同様の指摘をしていたのは、松村和德「スイスにおける秘密保護手続」山形大学法政論叢3号146頁。

25 三木・前掲論文（注19）80頁、門口ほか・前掲書（注5）181頁〔金子修〕等。

26 伊藤・前掲論文（注18）205頁等。なお特許法105条3項。町村・前掲論文（注2）280頁、秋山ほか・前掲書（注2）473頁も参照。

(イ) 運用の具体例

そこで、自己査定資料に関する前掲事件での運用につき、申立人側に調査した。申立人によれば、第1次抗告審ではイン・カメラ手続について突然に知らされたとのことである。地方裁判所（以下、本書において「地裁」という）で出された文書提出命令に対し、相手方被告Yが即時抗告をしてから2カ月弱ののち、イン・カメラ手続に係る決定、すなわち抗告人は当裁判所に自己査定資料を提出せよ、との決定が送達されてきたという。Yの抗告理由書に、地裁が文書提出命令を出したのはイン・カメラ手続を行わなかったからだとする記載があるので、おそらくそれに応じたものと考えられる。[27] イン・カメラ手続の実施決定後、いつどのようにしてその審理が行われたのかも、X側には全く知らされていない。イン・カメラ手続決定後、3カ月弱で高裁の決定に至るが、その間、Yから2通の意見書が、その後にXから1通の意見書が出されている。その結果、Xとしては意外なことに地裁の判断は覆され、文書提出命令申立てが却下されている。第2次抗告審では、最高裁がイン・カメラ手続を予定した差戻判断をしたためか、イン・カメラ手続を実施する決定以前に審尋が一度行われている。それは第1次の最高裁決定から約1カ月後であり、さらに約2週間後にイン・カメラ手続の決定がなされた。この審尋は約30分間で、双方の代理人と業務担当者が対席のうえ、主に文書の特定と職業秘密の問題について議論された。ほかに、裁判所がYに文書の分量を問うたのに対し、Yから前回は1時間程度で見てもらったとの返答があり、裁判所からは約1カ月半後に別途期日を定めてイン・カメラ手続を実施する等の発言があったとのことである。この審尋により、Xはこれからの手続実施予定等を知り、文書について意見聴取された。ただし、文書内容を知らないので、文書の特定につき申立対象文書とY提示文書に齟齬があるかどうか問われても判断しようがないし、裁判所にマスキングの可能性を示されれば、それでも出してほしいと答えるしかない。そして別途指定され

---

[27] 前掲（注23）東京高決平成19・1・10民集61巻8号3222頁、3240頁。

たイン・カメラ手続の期日の日時すら知らされず、立ち会えなかった。後述Ⅲ2のとおり、結局、文書提出命令によってYから提出された書面に対しては、Xが疑問をもつこととなった。

　㈦　申立人（代理人）の立会い

　イン・カメラ手続の期日運用については、文書所持者以外の当事者の不信感を生まないよう、口頭弁論期日において行い、文書はよほど内容が複雑でない限り保管せず、できるだけその場で閲読すべきという提案がある。[28]この点、条文上は、文書を提示させ、のちに裁判官だけで閲読し、文書所持者さえ立ち会わせないこともできる。「民事訴訟手続の検討事項」第五の一2㈠⑵アでは、「裁判所は、所持人に当該文書を提示させ、当事者の立会いなく、これを閲読することができるものとするとの考え方」が提示されていたのに対し、現行法はそう規定していない。すなわち、裁判所は、当事者の立会いなく閲読できるのではなく、所持者に文書を提示させることができる、と改められたのだとすると、所持者の立会いは予定されているのだろう。そして所持者が立ち会うとすれば、ただ黙って文書を提示するのではなく、裁判所に対して、どこがどのように文書提出義務の除外事由に当たるのか、意見を述べることになるであろうし、むしろそれが期待されているのかもしれない。[29]

　しかし、そうだとすると、所持者だけが除外事由該当性、文書提出義務の不存在とその範囲を一方的に主張でき、不公平、不公正な手続ではなかろうか。[30] このような問題を回避するために、申立人の代理人を審理に立ち会わせるとの提案もあるが、[31]立会いとしてどのような行動を認めるのかは、明確でない。その場に同席して裁判所と所持者のやりとりを監視するだけか、一緒に文書を閲読できるのか、閲読のうえ所持者と同様に意見を述べられるの

28　奥・前掲論文（注4）221頁。
29　竹下守夫ほか『研究会新民事訴訟法』305頁。
30　伊藤・前掲論文（注18）206頁。
31　奥・前掲論文（注4）222頁、伊藤・前掲論文（注18）191頁等。秘密保持契約を前提とした特許法等の特則の一般民事訴訟への類推適用を主張する、町村・前掲論文（注2）280頁参照。

か、その内実が問題となろう。意見陳述までできなければ所持者と対等でないと考えるが、そのためには多くの場合、代理人だけでなく申立人自身も立ち会う必要があろうし、それは当事者公開、対席での弁論を認めるということになり、当事者には文書を開示したも同然となる（そこで秘密保持の必要が論じられている）。

以上のとおり、イン・カメラ手続は、当事者の対等性を害する、裁判所依存の手続である。裁判所にだけ文書を提示して判断してもらおうという思考は、当事者の主張・立証のプロセスを後退させる。そこで、文書所持者に除外事由のある項目ごとに文書内容の概要と除外事由の理由づけを一覧表にして提出させ、これをもって除外事由をある程度明確化させるという、ヴォーン・インデックス方式を活用すべきとの意見も広がっている。[32]インデックスにより所持者に具体的に説明させ、これをめぐって当事者主義構造で争わせることができ、事前に用いればイン・カメラ手続の使用は非常に少なくなるという指摘がある。[33]検討の必要があるが、やはりインデックスに対して申立人がどのように反論できるかが問題である。文書の記載内容よりも、それをめぐる当事者の主張・立証のプロセスに着目すべきではなかろうか。[34]

---

[32] 伊藤・前掲論文（注18）199頁、三木・前掲論文（注19）88頁、高橋・前掲書（注1）195頁、門口ほか・前掲書（注5）181頁〔金子修〕等。この方式につき田邊誠「民事訴訟における企業秘密の保護(上)」判タ775号38頁等。なお本件前掲最決平成20・11・25・判タ1285号77頁のコメントもヴォーン・インデックスの利用を示唆するが、本件では用いられていなかった。

[33] 小林秀之『新証拠法〔第2版〕』309頁。

[34] 秘密に直接触れずに主張・立証するプロセスを重複する立場として髙木茂樹「憲法理論と手続法理論の架橋」法政研究60巻1号157頁、安西明子「文書提出命令をめぐる当事者の主張立証の素描」名古屋大学法政論集223号12頁。

III 証拠調べの必要性の審理手続

1 証拠調べの必要性の位置づけ

(1) 文書提出義務との峻別

　文書提出義務の実質判断を志向しながらも、文書の作成目的や記載内容を相対視するとすれば、文書提出命令の審理において証拠調べの必要性に重点をおくことになる。証拠調べの必要性とは、①その立証主題が当該事件において適切かどうか、②対象文書が立証主題と関連しているか、③他の証拠により証明できるかといった内容に分けられる。従来、文書を取り調べる必要性は、証拠調べの採否一般の問題として（法181条）[35]、文書提出義務とは峻別された文書提出命令の別要件と論じられてきた[36]。提出義務に関する議論として、これを文書ごとに固定的に定めるか、事件ごとに相対的に定めるかとして問題にされてきたとおり[37]、前者の立場が一般的で、文書提出義務は個別事件の証拠調べの必要性によって左右されないと考えられてきた。ここから、提出義務存否の判断は即時抗告（法223条7項）により争うことができるのに対し、証拠調べの必要性の判断は証拠の採否として受訴裁判所の専権に属し、終局判決と独立の不服申立てをすることはできないとするのが、旧法下以来の通説・判例（最決平成12・3・10民集54巻3号1073頁[30]）である。

(2) 必要性の重視――即時抗告の可能性

　しかし、旧法下においても、比較衡量、総合判断の立場から文書提出義務の内側に証拠調べの必要性を入れる考え方があった[38]。また前述II1のとお

35　門口ほか・前掲書（注5）171頁〔金子修〕等。
36　なお、民事訴訟法181条の裁量の検討として、三角比呂「証拠の採否」（大江忠ほか・手続裁量とその規律）161頁。
37　髙橋宏志「自己専利用文書」（石川明先生古稀祝賀・現代社会における民事手続法の展開(下)）69頁、高橋・前掲書（注1）165頁。
38　小林秀之『民事訴訟の審理』233頁、239頁等。

り、判例・学説においては現在、文書提出義務の中に証拠調べの必要性を取り込む比較衡量的立場、実質的判断思考が台頭している。そして、この立場によれば、提出義務の存否において考慮に入れられた場合には、証拠調べの必要性も不服申立ての対象とすべきことになる。さらにここから立ち入って検討し、他の証拠から十分に心証が得られるのに文書提出命令を求めてきたような場合（上記(1)③）は不服申立てを認めると、証人尋問その他の証拠調べと比較してバランスを欠くことになるので不服申立ての対象とならないが、提出義務の存否判断の過程で必要性が考慮要素となった場合には不服申立ての対象となるとする説がある。

また、最近では、証拠調べの必要性を提出義務に組み込まないまでも、必要性を場合分けし、受訴裁判所の裁量をもってしても証拠調べの必要性を認められない場合については、即時抗告を認めようとする立場も主張されている。すなわち上記(1)①②により必要性がない場合に加えて、申立人の主張自体に理由がない場合と、立証事項以外の要件事実の立証が不能であるため立証事項について証拠調べをしても申立人の主張は理由づけられない場合を「証拠調べの関連性」がない場合とし、文書所持者に、これらを理由とする文書提出命令に対する即時抗告を認める学説である。

このように、証拠調べの必要性は現在、これを文書提出義務に内包させようとする立場はもちろん、依然として文書提出義務とは別立てにする立場においても、文書提出命令の審理において重視されるようになっている。

(3) 解釈・運用指針
　㋐ 平成12年最決の位置づけ

前掲最決平成12・3・10のとおり、証拠調べの必要性判断は即時抗告の対象とならないというのが現在の判例ではあるが、この決定は、2つの文書の

39　新堂幸司『新民事訴訟法〔第5版〕』400頁注(2)等。
40　高橋・前掲論文（注37）71頁、高橋・前掲書（注1）205頁。
41　長谷部由起子「文書提出命令の発令要件」学習院大学法学会雑誌43巻2号73頁。なお、園田・前掲論文（注7）25頁、中島・前掲論文（注8）560頁参照。

うち1つについてそう判断したけれども、他方については提出義務を否定した原審に対し抗告を容れ、破棄差戻ししたものである。しかも、4号ニの自己使用文書性もハの職業秘密性も、これらを認めるには、開示により所持者に生じる不利益を具体的に判断しなければならないとした事案である。ここでは詳細に立ち入らないが、前述したところでいえば、文書提出義務の実質判断を志向するもので、その後の最高裁決定（最決平成18・10・3民集60巻8号2647頁［84］、最決平成20・11・25民集62巻10号2507頁［96］）からすると、必要性を提出義務に内包させる比較衡量説の前段階とも位置づけられよう。

　(イ)　抗告審による必要性判断

　また、本案審理にかかわっていない抗告審には、必要性判断を受訴裁判所同様にはなし得ないとの考えは、検討の必要がある。抗告が申し立てられると、抗告裁判所へは抗告提起事件記録だけでなく、一件記録すべてが送付される（事実上、本案審理が停止する）のが原則であるから、その記録と抗告審[42]における申立人らの意見書により必要性は判断できるはずである。なにより、申立人らは通常、必要性についても意見書で主張を戦わせるのだから、[43]それに基づく判断をすべきであろう。

　(ウ)　決定文における判断の明確化

　では、前掲最決平成12・3・10を前提にしながらも、文書提出義務の存否判断の枠内で、あるいは文書提出義務とは別に抗告対象となりうる文書提出命令発令要件として、証拠調べの必要性を勘案するとすれば、どのような実務運用が必要となるか。まずは現在の判例・学説の傾向に応じて、発令要件に関して申立人らは具体的な主張・立証をし、裁判所はこれに基づく実質的な判断内容を決定文において具体的に明らかにすべきである。前掲の高橋説

42　裁判所書記官研修所『民事上訴審の手続と書記官事務の研究』318頁。必要部分だけ記録送付される例もある。
43　川嶋四郎「判批（最決平成12・3・10）」法セミ568号113頁。なお、秋山ほか・前掲書（注2）476頁は、1審で文書提出義務なしとの理由で却下し、抗告審で提出義務ありとして原決定を取り消すときは、必要性判断のため原則として1審に差し戻すべきであるが、自判の余地を否定することは相当でないとして、最決平成19・12・12民集61巻9号3400頁［94］も同旨とする。

(注40参照)も、提出義務判断の中で必要性が考慮された場合には抗告対象となるとする一方、ただし実際に第1審裁判所が考慮要素を的確に決定の中に表現することができるか、その意欲があるかは別問題であると指摘していた。[44]

　　(エ)　法221条 2 項の活用

　もう1つの手がかりは、法221条 2 項である。同条は、文書送付嘱託（法226条ただし書）と同様、自ら容易に入手できる文書について 4 号を根拠に文書提出命令を申し立てることを排除する趣旨とされる。しかし、この程度は当然の前提であるため、申立書に「文書提出命令でなければ入手できない」等と記載した例は、これまでの調査の範囲ではみつからなかった。けれども、1～3号文書とは違って申立人と所持者の関係は問われず、除外事由を基礎づける事実の証拠提出責任等は所持者にあるとされる 4 号文書については、申立人に対し、自分で容易に入手できないという以上の、より立ち入った必要性を示すよう求めるべきである。申立書には証拠調べの必要性自体を具体的に記載する部分はないが、だからこそ、個別事件における当該文書の証拠調べの必要性を法221条 2 項の内容に盛り込み、申立書に記載する、そして文書提出義務と並ぶ抗告対象にするという解釈、運用は考えられないだろうか。[45]すでに自己利用文書の解釈論として、他の証拠方法を調べても心証が形成されない（この場合にのみ文書提出命令が認められるという補充性）という側面での証拠の必要性を、本条に組み込んで判断するという学説が主張されていた。[46]

44　髙橋・前掲論文（注37）71頁、髙橋・前掲書（注 1 ）207頁。
45　安西・前掲論文（注34）17頁。なお、門口ほか・前掲書（注 5 ）149頁、秋山ほか・前掲書（注 2 ）431頁は、相手方に文書を容易に入手できる等の事情を争う機会を与えるため、これを記載する運用が望ましいとする。
46　山本克己「銀行の貸出稟議書と専ら文書の所持者の利用に供するための文書」金法1588号13頁。

2 必要性をめぐる審理の具体例——本案審理との連動性

　文書の記載内容自体から提出義務判断をするのとは異なり、証拠調べの必要性は、個別事件の本案審理における当事者の主張・立証によって変動する。前掲の自己査定資料の事件（最決平成20・11・25民集62巻10号2507頁 [96]）を用いて検討しよう。

　本件の本案は、原告Xらが、その取引先であるA社に融資をしていたY銀行に対し、不法行為による損害賠償を請求する訴訟である。Xらは、AのメインバンクであったYが、平成16年3月以降、Aの経営破綻の可能性が大きいことを認識し、その意思はなかったにもかかわらずAを全面支援すると説明してXらを欺罔したため、あるいはAの経営状態についてできる限り正確な情報を提供すべき注意義務を負っていたのにこれを怠ったため、XらはAとの取引を継続し、その結果、Aに対する売掛金が回収不能となり損害を被った等と主張している。そしてXは、Yの上記欺罔行為および注意義務違反の行為の立証のために必要があるとして、Aの経営状況の把握、Aへの貸出金の管理およびAの債務者区分の決定等を行う目的でYが作成し保管していた自己査定資料一式の文書提出命令を申し立てた。

　この事件の平成20年最決評釈の中に、もし本案でYが「Aを全面支援するとXに言った」と認めていないなら、自己査定資料を調べて得るものはないとの指摘がある。[47] 事件記録を調査したところ、Xの主張に対し、Yは、Aの再建を信じ、Aに支援を行う旨の説明をして、現に支援したと応答している。そこでYはXにYの欺罔行為の具体化を求め、これに対しXは、Yが金融機関としてXにすべきAの財務状況等の説明を怠ったと、注意義務違反の請求原因を追加して、YがAの経営状態につきいかなる認識を有していたかを解明しようと応酬しているのである。また別の評釈に、本件の立証事項はAの悪化した財務状況をYが認識していたことであるから、厳密には自己査

---

[47] 三上徹「判批（最決平成20・11・25）」金法1858号15頁。

III 証拠調べの必要性の審理手続

定資料のうちYの下した分析評価部分が重要で、Aの財務情報の部分は不要との指摘もある[48]（他方、前掲最決平成20・11・25は、Aの財務状況につき開示の不利益がないとする根拠として、XはAの再生債権者であり、民事再生手続の中でこの情報に接することができるとしているが、これは逆に証拠の必要性を否定する方向にも働きかねない）。しかし、XによればYの評価、判断結果だけでは不十分なのである。すなわち、Aの債務者区分が問題となったのに応じ、YはAを「破綻懸念先」ではなく「要注意先」と区分していたと主張したが、これを聞いたXとしては、当時のAの財務状況等に関する監査法人の調査報告書（AかYが作成依頼したもので、Aがその要約書をXに渡していたが、本件訴訟でXからY、A、当該監査法人への文書送付嘱託ののち、Yが乙号証として提出）からは、そのような結論には至らないはずで、Yはいかなる資料、分析からそう区分し支援したのか、Y保有の客観的資料の整合性を検証するために、自己査定資料一式が必要なのである。これ以上の立ち入りは避けるが、ここでは文書提出と本案が連動して深まっていった過程がうかがえる。

けれども結局、はじめに地裁で認められていた資料「一式」の提出命令は、差戻審で自己査定資料のみの提出命令となり、しかも外部機関から得られた顧客に関する信用情報はマスキングされることとなったため、Yが上記監査法人の調査等を資料としている事実や資料に基づきいかなる判断をしたかという、Xの知りたい内容は十分判別できないようである。さらに、命令に従って提出された文書に対しては、特定の問題が再燃している。すなわち、Xは、平成16年3月（Y決算期、欺罔行為があったとされる時点）、同年7月（YのAへの支払保証時）、同年11月（Yに対する金融検査時）と特定してその時点の自己査定資料一式の提出を求め、地裁では申立てどおりの提出命令を得た。ところが、Yの抗告による抗告審、最初のイン・カメラ手続に至って、Yからは、上記時期に作成した文書はないと、X特定の3月、7月のA

---

[48] 杉山・前掲判批（注10）21頁。

に関する認識を示すものとして5月付け、11月に対応しては10月付けの決裁文書（2つの文書）が提示され、抗告審決定はこれらをXの特定に応じた適切なものと認めた。それがそのまま2回目のイン・カメラ手続でも提示され、現在提出されている文書である。Xとしては、最初のイン・カメラ手続決定後に文書の特定に関する意見書を提出したが、高裁にYの提出文書を適切と認められてしまい、2回目のイン・カメラ審尋では裁判所から申立対象文書と初回イン・カメラ提示文書に齟齬はなかったか問われたのに対し、見ていないので判断できないが、X特定の文書はあるはずだと意見陳述した（前述Ⅱ2(3)(イ)）。しかし結果として、Xは提示された文書を見て納得しておらず、この問題がさらに本案で争われたのである。ここでは、単純に不提出、命令不遵守と評価して効果（法224条1項）を及ぼすことはできないが、申立てと提出の対象の齟齬があるとして争われる場合、どのように処理すればよいかという問題が浮かび上がり、Ⅰ2で前述した文書の特定と文書の所持の主張・立証の問題が交錯している。

3　訴外第三者を文書提出命令の相手方とする場合

　文書提出命令の審理において、証拠調べの必要性を重視する立場をとるとすれば、より一層提出命令の相手方が訴訟当事者ではなく訴外の第三者である場合が問題となる。この場合、本案の当事者でない相手方のほかに、訴訟の他方当事者に、申立人に対する反論を求める必要があるが、実務ではそうなっていない。

　この問題については、最決平成19・12・11民集61巻9号3364頁［93］が参考になる。この事件は、Aの相続人であるXらによる、同じく相続人であるBに対する遺留分減殺請求で、BがA名義の預金口座から払戻しを受けた金員をBの預金口座に入金した事実を立証するため必要であるとして、Bの取引金融機関Yに対し取引明細表の文書提出命令が申し立てられたものである。最高裁は、金融機関が訴訟外の第三者として開示を求められた顧客情報について、当該顧客自身が当該民事訴訟の当事者として開示義務を負う場合

には、同情報は職業秘密として保護されない、と判示した。この審理過程で、Xに実質的に反論しうるのは、(通帳を一部所持していないと主張したため文書提出命令の相手方となっていないが)、金融機関の守秘義務の保護主体であり、訴訟の被告とされたBである。しかし、Bは1審段階では意見陳述の機会しか与えられていない。抗告審では、最決平成12・12・14民集54巻9号2743頁［33］が文書の所持者および申立てを却下された申立人以外の者は抗告の利益を有しないとしているため、Bに抗告の利益なしとして抗告を却下されていた。このような場合に、文書提出命令の審理における十分な主張・立証を期待するならば、文書の記載内容の主体として所持者より強い利害をもつ当事者には、抗告の利益を認めるか、補助参加など、それなりの地位を認める必要がある[49]。

(安西明子)

---

[49] 髙橋・前掲書(注1)207頁、安西明子「判批(最決平成19・12・11)」民商138巻6号108頁、野島梨恵「判批(最決平成19・12・11)」金商1311号56頁、中島・前掲論文(注8)560頁、なお議論状況につき、秋山ほか・前掲書(注2)476頁、笠井正俊＝越山和広『新コンメンタール民事訴訟法〔第2版〕』859頁〔山田文〕参照。

第4章

文書提出命令の実務

I　はじめに

　民事裁判の実務で文書提出命令（法220条以下）が申し立てられることは少なくないが、実際に文書提出命令が発令される事件は、そう多いものではない。実務上、文書提出命令の申立ては、相手方当事者またはその関係者が所持している文書について提出を求めるものがほとんどであるため、一方の当事者から文書提出命令が申し立てられると、通常、裁判所は、まず争点整理手続等の中で、当該文書を所持している相手方当事者等に対し、任意で提出することができるか否かを検討するよう求める。そして、今日では、相手方当事者等は、その全部ではないにしても、提出を求められている文書のかなりの部分を任意で提出するのが普通である。証拠を隠したり、出し渋るようなことは、訴訟戦術として得策ではないと考えるからである。もちろん、すべて任意で提出されるわけではなく、任意に提出されない場合には、裁判所は文書提出命令の申立ての適否や発令の可否について判断することになるが、文書の存在が明らかではなかったり、証拠調べの必要性がなかったり、提出義務が明確ではなかったり、第三者のプライバシーや営業上の秘密に該当する事項が記載されていたりして、発令に至らないこともないわけではない。そのようなことから、文書提出命令が申し立てられても、裁判所が実際に提出命令を発令することになるものは、そう多くはないのである。[1]

　しかし、文書提出命令の発令がそう多くはないといっても、文書提出命令

の申立て自体は珍しいものではないから、文書提出命令をめぐる問題点について検討しておくことは、実務家として必要なことである。もっとも、本書では、最近の文書提出命令をめぐる主要な裁判例の概観はもとより、上記各文書の類型別の問題点や、「自己利用文書」等の除外事由に該当するか否か等の論点について、別に詳細に論じられているので、本章では、「実務」という観点から、主に文書提出命令が申し立てられた場合の審理手続等について検討する。

II　実務で文書提出命令が問題となるケース

まず、民事裁判の実務で、どのような事件で、どのような文書について、文書提出命令の申立てがなされているのか、これまでの裁判例をも念頭において（現行法下の判例を中心とするが、若干、旧法当時のものも含んでいる）、いくつかの類型ごとに簡単に確認しておきたい。

1　貸金返還請求訴訟

(1)　個人間の金銭消費貸借

個人間の貸し借りでは、「借用証」などがあれば当然に提出されるが、そ

1　東京地裁における文書提出命令申立ての実情の一端については、加藤新太郎編『民事事実認定と立証活動第Ⅰ巻』282頁以下などを参照。

2　実務的には、自ら十分な調査もせずに安易に文書提出命令が申し立てられることもないわけではない。理論的には、法220条4号の「一般義務文書」については、補充性が明文で要件とされているし、それ以外の同条1、2、3号文書（引用文書、引渡し・閲覧対象文書、利益文書、法律関係文書）についても、自分で収集し提出できる文書は自分で提出することが大前提である。濫用的な文書提出命令の申立てを安易に認めるのは相当ではない。

3　最近の裁判例を概観したものとして、山本和彦「文書提出義務をめぐる最近の判例について」曹時58巻8号1頁、杉山悦子「文書提出命令に関する判例理論の展開と展望」ジュリ1317号93頁、長谷部由起子「文書提出命令の発令要件」学習院大学法学会雑誌43巻2号98頁、伊藤眞「文書提出義務をめぐる判例法理の形成と展開」判タ1277号13頁、松井雅典「判例展望民事法(44)文書提出命令——その現状と課題」判タ1321号56頁、三木浩一『民事訴訟における手続運営の理論』517頁以下に所収の論文、中島弘雅「文書提出命令の発令手続と裁判」（栂善夫先生＝遠藤賢治先生古稀祝賀・民事手続における法と実践）541頁等がある。

そもそも「金銭消費貸借契約書」が作成されていないことも少なくなく、文書提出命令等はほとんど問題にならない。また、いわゆるサラ金等の消費者金融からの貸金返還請求訴訟では、何もここまでというくらい、サラ金業者が保持している「借入申込書」、「基本取引契約書」などの控えはもとより、申込時に徴収した「金銭受領証」、各種の「同意書」、本人の「身分証明書」等のコピー等を提出してくることが多い。つまり、サラ金業者が原告の場合には、請求原因を基礎づけるものは何もいわなくても一括して提出されるので、文書提出命令はまず問題にならない。稀に、貸付けを受けたのは自分ではないとして争う事案があり、業者が保管している「貸付審査票」等の提出が求められることもないわけではないが、業者は求められれば任意に提出するし、身分証明書や、審査票などの筆跡や記載内容からして、借りたのは本人に間違いないという結果に終わるのがほとんどである。[4]

(2) **貸し渋り等の抗弁**

貸金返還請求訴訟で文書提出命令が問題となるのは、銀行取引に関連して、いわゆる「貸し渋り」や「貸し剝がし」が問題になる場合である。銀行が取引先の会社に対して貸金返還請求訴訟を提起したのに対して、被告とされた借主の会社が、取引約定では貸付限度額が設けられていて、まだ貸付けを受けられるはずであったのに、銀行が急に融資をしなくなったため資金繰りに窮して倒産したので、損害賠償請求権で相殺する等との抗弁を主張したりするケースにおいて、「法人税申告書」(宇都宮地決平成18・1・31金商1241

---

[4] 実際に担当した事件で、被告の女子学生が、大学のサークルに加入した時に連絡先を書かされ、これを悪用された、借りたのは自分ではないと否認し、代理人が「貸付審査票」の文書提出命令を申し立てたケースがあった。サラ金業者は、代理人の弁護士の態度が横柄であるうえ、すでに「借入申込書」や「本人の写真付きの学生証」のコピー等一連の資料を提出していたので、何もそこまでと嫌な顔をしたが、「貸付審査票」を提出させた。すると、そこには田舎の両親、兄弟だけではなく、普通の連絡先には記載されない祖父母の氏名や年齢等を含む実家の家族構成や、両親の勤務先や勤続年数、携帯電話の番号等も自筆で記載されていた。字体に特徴があるうえ、本人以外の者がここまで書くことはまず不可能であるから、やはり本人が直接借りたことは間違いないとの心証が得られた。実家の両親に自分ではないと嘘を言い、それを信じた両親が弁護士に依頼して引っ込みがつかなくなったようである。

号11頁［78］、東京高決平成18・3・29金商1241号2頁［80］）や融資を拒絶した際の銀行側の内部資料である「稟議書」（最決平成11・11・12民集53巻8号1787頁［25］、最決平成12・12・14民集54巻9号2709頁［32］、最決平成13・12・7民集55巻7号1411頁［40］ほか）や、銀行の一時払終身保険のための貸付推進の「社内通達文書」（最決平成18・2・17民集60巻2号496頁［79］）等の提出を求めて争いになっている。[5]

2　不当利得返還請求訴訟

　不当利得返還の制度は、もともと法律上の原因なくして他者の損失に基づき経済的な利得を得た者がいる場合に、損失を受けた者から利得を得た者に対する利得の返還請求を認めることにより、その間の経済的アンバランスを回復して是正するものであり（民法703条）、一般的に適用範囲の広い制度ではあるが、最近の実務では、そのほとんどがサラ金利用者によるサラ金業者に対する「過払金返還請求訴訟」である。そこでは、いわゆる「取引履歴」の開示を求めて、取引関係書類（契約開始時の「申込書」、「審査票」、「計算書」、「契約更新時の前契約書」、貸金業法の、「法17条書面」、「法18条書面」等）とともに、「取引履歴を記載した書面」等について、文書提出命令の申立てがなされることが少なくない（名古屋高決平成15・5・23金商1188号56頁［45］、名古屋高決平成15・6・6金商1188号52頁［47］等）。本来は、上記の関係書類は、取引に際してサラ金業者から利用者（原告）に対して交付されており、いつ、いくらお金を借りて、いつ、いくら返さなければならないか等が記載されている重要な文書なのであるから、原告も自分でしっかりと保管しておかなければならないものであり、そうしておけば、自分の手元で出入りを計算できるはずであり、何の問題も生じないはずなのである。しかし、実際には、サラ金利用者の多くは複数のサラ金業者から同時並行的に何回も借入れや返済を繰り返しており、関係書類もきちんと保管していないため、

5　詳細については、第2編第1章「金融機関の文書」〔伊藤尚執筆部分〕等も参照。

過払いを主張しようにも、どれだけ過払いがあるのかさえ計算できないのが実情である。そのため、貸金業者に対して関係書類や取引履歴を開示せよと求めたのであるが、サラ金業者にすれば、過払金返還請求をさせるために取引履歴を開示するのは嫌だということから、かつては、故意に関係書類や取引履歴を破棄したのではないかと疑われるケースも出てきて、問題を複雑にした。

しかし、最高裁でサラ金業者に取引履歴の開示義務があることが明らかにされたことなどから（最判平成17・7・19民集59巻6号1783頁［69］）、貸金業法の登録業者については、文書提出命令が申し立てられ、裁判所から任意の提出を促せば、業者が保管している文書等はほぼ任意で提出されるようになった。そして、最近では、訴訟前に取引履歴の開示が求められれば、貸金業者は任意で取引履歴を開示するようになっているため、わざわざ文書提出命令の申立てがなされることは少なくなっている[6]。なお、過払金返還請求についてすでに和解がなされているケースにおいて、いったんは10年が経過して廃棄されたとする部分の取引履歴が、その後の再調査で別のところでバックアップされて残っていたとして、提出されることもある。

3　請負訴訟

請負に関する訴訟では、実務的には、建物などの建築請負等のほか、パソコン・ソフトの制作請負等に関するものが多い。

(1)　建築関係

建物の建築請負で裁判になっている事案では、請負業者から注文者に対して、「建築確認関係文書」、「設計図」、「仕様書」、「見積書」、「追加工事見積書」等が交付されていないこともあり、さまざまな文書が提出命令の対象に

6　そのような観点から、過払金返還請求訴訟で文書提出命令を申し立てる実益はほとんどないはずであるが、文書提出命令には真実擬制等の制裁（法224条）が用意されているため、借主である原告側は、裁判所での審理を有利に進める訴訟戦術の一環として文書提出命令の発令を求めるメリットがあると考えているようである。詳しくは、須藤典明「過払金返還請求訴訟における取引履歴の不開示と損害賠償」判タ1306号14頁等を参照。

なることがある。実務的には、裁判所から請負業者に対して提出するよう促せば、ほとんどの場合、任意に提出されるので、発令に至ることはほとんどない。また、追加工事か否かや、瑕疵の有無と程度等が争点となるケースでは、何度も設計変更していることもあり、変更のプロセスがわかるような「交渉関係文書」のほか、時系列による「変更図面」の提出等が求められたりする。瑕疵の有無等については、契約で定められた工事内容をそのまま実施しても、年数の経過等によってある程度は不可避的に発生するものか否か等が問題となり、指定された材料が使われているか否かが争われることもあり、「使用した材料の仕入先との取引関係文書」等の提出が求められることもある。

もっとも、東京地裁の建築事件専門部（民事第22部）等では、争点整理のためのツールとして瑕疵一覧表などの書式が開発されており、双方の当事者が手持ちの資料は任意に開示して争点を明確にする運用が定着しているため、文書提出命令の申立てや発令に至ることはほとんどないようである。[7]

また、争点整理手続の中で、相手方が図面制作の一部を下請に出していて、対象図面の原本を第三者が所持していることが判明することがあり、第三者に対してその提出を求めたときに、相手方から費用が支払われていない等の理由で提出を拒まれることや、関係書類や図面をコンピュータで保管、管理しており、その検索やプリントに要する費用を負担してほしいと要請されることもある。文書提出命令の手続では、費用の問題について十分な手当てがなされているわけではなく、実務的には、コピーの作成等に多額の費用を要する場合等に、その費用を誰にどのようにして負担させるのか等の調整が必要になることもある。

(2) **コンピュータ・ソフトの請負**

コンピュータ・ソフトの制作請負では、そもそも個人経営的なところが少

---

[7] 松本克美＝齋藤隆＝小久保孝雄編『専門訴訟講座(2)建築訴訟〔第2版〕』442頁以下、竹林俊憲「東京地裁民事第22部（調停・建築・借地非訟部）における事件処理の概況」民事法情報273号38頁など参照。

なくなく、個人として活動している領域と会社として活動している領域との区別が必ずしも明確ではなく、契約当事者が個人か会社かさえはっきりしていないものもある。また、パソコン・ソフトを制作するシステム・エンジニアやプログラマーは、パソコンの取扱いには慣れていても、依頼者の業務の具体的内容や細かな作業手順等に関する知識はほとんどないうえ、発注書に書かれている事項だけを前提にソフトを作成し、実際には使い物にならないソフトを作成して平然としているため、できあがってきたソフトが依頼したものとは違うとか、ソフトとして完成していない等のトラブルを招くことも少なくなかった。最近では、できあがりのイメージを共有するため、どのような業務処理を目的として、どのような手順で、どのような内容を実現したいのかについて、事前に打合せや会議等がもたれる。トラブルになると、どのような交渉経過であったのか等が問題になり、相手方に送った「手紙」や「電子メール」や「会議での確認文書」等の提出が求められることがある。ただ、問題は、打合せや会議をしたことによって、相互に相手方は理解したはずだとの誤解が重なっていたことが立証されただけで、解決に結びつかないことも少なくない。[8]

　そもそもパソコンのプログラム・ソフトの制作などは、極めて専門的な領域であり、素人である依頼者にとっては、どこまで説明すれば十分なのかさえ検討がつかないことも少なくないから、契約に際し、信義則上の義務として、専門家であるプログラム・ソフトの受注者において、依頼者に対し、その業務の具体的な内容や依頼するプログラム・ソフトによって実現しようとする処理内容や細かな処理手順等につき十分に聴取して大きな齟齬が生じないよう配慮すべき義務があるというべきであろう。

8　交渉過程で相手方がどのようなメモや書類を作成しているのかについては、他方当事者は必ずしも厳密に把握しているわけではないので、その文書名や記載内容等を厳密に特定することが難しいこともある。また、電子メールでのやりとりは、一定の別文書や先行の電子メールの存在を前提として、その内容の一部を訂正、補正したり、撤回を求めたりするものであることが多く、しかも、そのやりとりが、その時に問題となっていた一部分に限定してなされることも少なくなく、全体を把握することが困難な場合が多い。

4　会社関係訴訟

今日では、さまざまな形で会社やその取締役等の法的責任を追及する訴訟が提起されており（旧商法266条の3、会社法第7編第2章以下、429条等）、会社に保管、管理されているさまざまな文書について文書提出命令の申立てがなされることがある。

(1)　金融・生命保険・信販会社関係

ここでは、バブルの崩壊に伴い信用金庫の貸付けの当否が問題とされた事件において、信用金庫側が作成した「貸出稟議書」が「自己利用文書」として除外されるか否かが激しく争われた（最決平成11・11・12民集53巻8号1787頁［25］、最決平成12・12・14民集54巻9号2709頁［32］、最決平成13・12・7民集55巻7号1411頁［40］等）。また、信販会社の立替払委託契約に関する「加盟店審査マニュアル」（広島地決平成13・12・11金法1638号43頁［41］、広島高決平成15・4・16判例集未登載［43］）、破綻した生命保険会社の「調査報告書」（最決平成16・11・26民集58巻8号2393頁［64］）、破綻した相互信用金庫に対する日本銀行による調査の「所見通知」の提出が求められた例（大阪地決平成16・10・13判時1896号127頁［62］、大阪高決平成16・12・27判時1921号68頁［65］）等もある。同じく財務局の「検査示達書」（大阪高決平成17・1・18判時1921号71頁［66］）、リース会社に関する「信用調査報告書」（東京地決平成17・4・8判タ1180号331頁［67］、東京高決平成17・10・7判例集未登載［73］）、銀行の一時払終身保険のための貸付推進の「社内通達文書」（最決平成18・2・17民集60巻2号496頁［79］）、破綻した銀行の「法人税申告書」、「勘定科目内訳書」、「自己査定ワークシート」等（宇都宮地決平成18・1・31金商1241号11頁［78］、東京高決平成18・3・29金商1241号2頁［80］）、銀行の財務諸表作成の基礎資料とするために作成された「業績見込」等（宇都宮地決平成18・7・4金法1784号41頁［83］）等についても、争われた。さらには、銀行が取引先に対して別の取引先の誤った信用情報を伝えたことによる損害賠償請求事件で、金融機関の「取引先査定資料」（最決平成19・11・30民集61巻8

号3186頁〔92〕、最決平成20・11・25民集62巻10号2507頁〔96〕、金融オプション取引の1つである「カバー取引の契約書」(福井地決平成26・3・3証券取引被害判例セレクト47巻299頁〔146〕)等についても文書提出命令が発令されている。[9]

(2) 先物取引、証券取引、株取引関係

先物取引業者に対して監督官庁からなされた「業務改善命令の通知書及び付属書類」の提出命令が認められたケース(名古屋地決平成23・10・12先物取引裁判例集67号1頁〔121〕、その抗告審である名古屋高決平成24・2・13先物取引裁判例集67号18頁〔127〕)や、金融商品の販売にあたった従業員の「営業日誌」「折衝履歴」の提出が命じられたケース(名古屋地決平成23・10・24証券取引被害判例セレクト43巻262頁〔123〕)などがある。また、独占禁止法違反調査の際に作成された「供述調書」(東京高決平成19・2・16金商1303号58頁〔86〕)や証券取引等監視委員会が作成した「検査報告書」(東京地決平成22・5・6金商1344号30頁〔101〕)についても文書提出命令が発令されているが、[10]他方で、公正取引委員会が調査の過程で収集した資料について法220条4号ロ(公務秘密文書)に当たるとして否定された例(大阪地決平成24・6・15判時2173号58頁〔137〕)がある。さらには、企業の事業構造再編などの手段として用いたMBO(Management Buyout)に関与した「役員らの意見書」等(神戸地決平成24・5・8金商1395号40頁〔132〕)についても文書提出命令が発令されている。

(3) その他

少し変わったところでは、旧法下において、接着剤製造メーカーが作成した「クレーム発生報告書」(福岡地久留米支決昭和51・7・13判時845号101頁)について提出義務が否定されたことがあるが、最近では、競業避止義務違反が問題となったケースで、介護サービス事業者が作成した「利用者情報一覧

---

9 なお、「自己利用文書」の概念を再検討したものとして、松村和徳「文書提出義務の一般化に関する若干の考察」(石川明先生古稀祝賀・現代社会における民事手続法の展開(下)77頁、三木・前掲書(注3)595頁等がある。
10 第2編第2章「一般企業の文書」〔中井康之執筆部分〕も参照。

表」について提出が命じられている（最決平成19・8・23判タ1252号163頁［89］）。

5 労働関係訴訟

労働関係訴訟における文書提出命令の問題については、別稿において詳細に検討されているので[11]、ここでは、実務上よく問題になる割増賃金の請求等の賃金関係、組合差別などの不当労働行為関係、労働災害の認定関係等に分けて簡単に整理するにとどめたい。

(1) 賃金関係訴訟

賃金関係では、割増賃金の請求等に際して、出勤、退勤の時間を記録した「タイムカード」、残業に関する「業務指示書」、出張に関する「業務命令簿」や「出張報告書」等について、文書提出命令が申し立てられることがある。これらの書類については、何か事前に問題になったことがあるような場合を除いて、個々の労働者がわざわざコピーをとったりして所持していることは稀であるから、会社に対して、これらの文書の提出を求めることには理由がある。もっとも、個々の労働者のタイムカード等であれば、他の社員のプライバシー等を侵害することもないので、筆者自身の経験でも、会社がその提出を拒否することはあまりない。そのような意味で、文書提出命令の発令に至るものは例外的な場合にとどまるであろう。かつて、タクシー運転手の賃金請求事件で、乗車や降車の時刻や場所、料金等を記載した「運転日報」の提出が求められた例（福岡高決昭和48・12・4判時739号82頁）がある。また、時間外手当に関連してタイムカードが提出されているのにさらに「営業日誌」の文書提出命令が申し立てられたが、必要性がないとされた例（東京地決平成15・12・28労判910号36頁）や、公益法人の就業規則の不利益変更が争われた訴訟で、法人税確定申告書に添付すべき「退職給与引当金の明細書」等について文書の提出が命じられた例（神戸地決平成16・1・14労判868号5

---

11 第3編第3章「労働訴訟」〔渡辺弘執筆部分〕参照。

頁［54］、大阪高決平成16・4・9判例集未登載［57］）等もある。

(2) 解雇、不当労働行為関係訴訟

これに対して、組合による賃金差別や昇格差別等の不当労働行為関係訴訟や男女差別訴訟等では、原告となっている者の賃金記録や人事記録をみるだけでは差別の有無は明らかにはならない。差別の有無を判断するには、組合員全体と非組合員全体、男性群と女性群等、問題となっている一定の集団について、全体的な比較検討が必要になる（いわゆる紅屋商事事件（最判昭和61・1・24判タ612号40頁）などにおける大量観察方式）ため、原告本人のものだけではなく、他の社員の「賃金台帳」や「勤務評定書」や「人事記録」等をも提出させてほしいとの申立てがなされる。これを安易に認めると、他の社員のプライバシー等を侵害することになるだけではなく、会社の賃金システムや勤務評価システムへの不満等を生じさせることとなるため、慎重な検討が必要となる（東京高決平成15・12・4労判866号92頁［52］は証拠調べの必要性を否定したが、東京高決平成17・12・28労判915号107頁［77］は賃金台帳の提出を命じている）。

その意味で、裁判所としては、まず原告において、主張している差別の存在を疑わせるに足りる一応の合理的な根拠を主張・立証させるのが一般的な取扱いであろう。また、赤字経営による解雇や人事異動の正当性が争われている場合に、会社の業績を示す「売上振替集計表」（大阪高決平成15・6・26労判861号49頁［48］）等の提出命令が問題になった例もある。

男女差別事件において「賃金台帳」や「資格歴票」などの提出が問題になった例（大阪地決平成16・11・12労判887号70頁［63］、大阪高決平成17・4・12労判894号14頁［68］、さいたま地決平成17・10・21労判915号114頁［75］、前掲東京高決平成17・12・28［77］等）も少なくない。

職場でのセクハラが争われた例では、会社が行った「関係者への事情聴取書等」（神戸地尼崎支決平成17・1・5労判902号167頁）等の提出が問題となっている。また、いわゆるアカデミーハラスメントに関連して、国立大学法人の職員が作成した文書につき、法220条4号ニ・カッコ書（公務員が組織的に

用いる文書)を類推適用して、文書提出義務を否定したもの(最決平成25・12・19民集67巻9号1938頁 [145])がある。

(3) 労働災害関係訴訟

労働災害関係事件では、労働災害に遭った本人から会社に対して安全配慮義務違反等を主張して損害賠償を請求する事件と、いわゆる労働災害であるとして労働基準監督署長に対して労災給付の申請をして不支給処分がなされ、その取消しを求める行政訴訟事件の場合とがある。いずれにしても、業務との間で相当因果関係が認められることが必要であるところ、最高裁は、「業務起因性」の有無の判断について、疾病の発症等が業務に内在する危険の現実化といえることをメルクマールとしており(最判平成8・1・23判タ901号100頁等)、たとえば、「同人の有していた基礎疾患等が業務上遭遇した本件事故及びその後の業務の遂行によってその自然の経過を超えて急激に悪化したことによって発症したものとみるのが相当であり、その間に相当因果関係の存在を肯定することができる」(最判平成9・4・25訟月44巻9号1501頁)と判示している(最判平成12・7・17判時1723号133頁等も同旨)。実務的には、これをどのように主張・立証するのかであるが、訴訟になっているものの多くは、本人が死亡してその相続人からの請求であることがほとんどであり、事件の性質上、死亡後の調査によってさまざまな事情が明らかになるのが一般的であり、原告側においてほとんど資料を所持していないのが通常であるため、文書提出命令が申し立てられることも多いわけである。

これまでに訴訟で具体的に問題となったものでは、「地方労災医員作成の意見書」や「救急活動状況照会結果」等(神戸地決平成13・1・10判タ1087号262頁 [35]、神戸地決平成14・6・6労判832号24頁 [42])のほか、労働基準監督署長に対する「災害調査復命書」(広島地決平成17・7・25労判901号14頁 [72]、最決平成17・10・14民集59巻8号2265頁 [74])、同じく労働基準監督署長に対して提出された「陳述書」等(大阪高決平成25・10・4判時2215号97頁 [144])、「診療レセプト」、「労働基準監督署への届出書類」等(前掲神戸地決平成14・6・6)、実に広範な資料について文書提出命令が申し立てられてい

る。[12]

6　行政訴訟

　行政訴訟としては、国に対するものと、地方自治体に対するものとがある。国に対する行政訴訟では、租税関係の更正処分の取消訴訟と一般行政処分の取消訴訟とが主なものであり、地方自治体に対する行政訴訟では、住民訴訟と情報公開訴訟とが主なものである。

(1)　国に対する租税関係訴訟

　かつては、中小企業や個人事業者に対する税務署長の更正処分を争う事件も多く、文書提出命令が申し立てられることもあったが、最近ではそのような対決事件は少数になりつつあり、租税関係事件での文書提出命令の申立ても少なくなっている。それでも、「同業者の青色申告決算書」の提出が求められた例（大阪地決平成19・9・21判タ1268号183頁［90］、鳥取地決平成23・1・7訟月58巻7号2810頁［109］、その抗告審である広島高松江支決平成23・2・21訟月58巻7号2804頁［112］）や、税務署員が申告者の取引先に対してした「反面調査の資料」（仕入れ原価や数量等の調査資料）、「同業者の業務帳簿」等のほか、「国税不服審判所に提出された答弁書」[13]の文書提出命令が申し立てられた例（東京高決平成16・5・6判時1891号56頁［58］）等がある。

(2)　国に対する一般の取消訴訟など

　生活保護法による生活扶助の老齢加算部分の廃止を違法と主張する訴訟における「全国消費実態調査の情報を記録した電磁的データ（準文書）」の文書提出命令の申立てにつき、法220条4号ロ（公務秘密文書）に当たるとされたもの（最決平成25・4・19判時2194号13頁［140］）がある。また、旧法当時のものであるが、原子力発電所に関する「電力会社の資料」や「原子力委員

12　労働関係の文書提出命令については、岸巧「文書提出命令をめぐる裁判例の現状と課題」日本労働法学会誌110号21頁等参照。

13　国税不服審判所での審理の際に提出された資料は、その後の裁判には引き継がれないし、閲覧・謄写の制度もないことが遠因である。

会議事録」等の提出が問題になった例（仙台高決平成5・5・12判タ819号90頁、東京高決平成5・5・21金商934号23頁、高松高決昭和50・7・17行裁集26巻7＝8号893頁［1］）がある。さらに、退去強制令書の発付取消訴訟において、「外務省が外国政府に対してした照会・回答依頼書等」の提出が求められた例（最決平成17・7・22民集59巻6号1888頁［71］）がある。なお、弁護士会の「綱紀委員会の議事録」が法220条4号ニ（自己利用文書）に当たるとして、文書提出命令を否定したもの（最決平成23・10・11判時2136号9頁［120］）もある。ちなみに、いわゆる「情報公開法」の制定を受けて、情報公開訴訟も少なくない。情報公開訴訟は、いわば、民事訴訟における証拠提出のための「文書提出命令」の手続が本案化したものであり、文書の存否等に関する論点は、両者に共通するところがある。ごく最近、沖縄返還の際に日米政府間にいわゆる「密約」が存在したのか否かを争点として、密約の存在を裏付けるメモ等の文書の開示が求められ、そのような文書の存否に関する主張・立証責任のあり方が問題になった例（最判平成26・7・14判時2242号51頁［152］）等がある。

(3) 地方自治体に対する行政訴訟

住民訴訟に関連して、市の政務調査費を使用してなされた調査に関する「市会議員の研究報告書」の提出が問題になった例（仙台地決平成16・9・17民集59巻9号2519頁、仙台高決平成16・11・24民集59巻9号2551頁、最決平成17・11・10民集59巻9号2503頁［76］）があり、「県議会議員の政務調査費のうち1万円以下の支出に係る領収書等」につき、開示が予定されていないとはいえず、法220条4号ニの文書（自己利用文書）には該当しないとして、提出を命じたもの（最決平成26・10・29判時2247号3頁［154］）がある。また、いずれも旧法当時のもので、結論的には否定されてはいるが、土地区画整理委

---

14 一般に情報公開法といわれているものは、「行政機関の保有する情報の公開に関する法律」（平成11年法律42号、その後、平成21年法律66号等による改正）と、「独立行政法人等の保有する情報の公開に関する法律」（平成13年法律140号、その後、平成21年法律66、76号等による改正）とを指すものである。

15 本書138頁も参照。

員会の「審議録」(東京高決昭和53・5・26下民集32巻9～12号1284頁)や「土地区画整理事業実施計画書」(広島高決平成5・3・17判タ838号253頁)の文書提出命令が求められたものもある。珍しいものでは、「法人県民税分納に関する稟議書」等が問題になった例(名古屋地決平成19・3・30裁判所ウェブサイト(平成18年(行ク)22号)[87])もある。国の場合と同様に、情報公開訴訟が増加しており、実質的に文書提出命令による証拠開示と同様の機能を果たしていることが注目される。

7 医療訴訟

医療訴訟については、現在では、「カルテ」や「診療記録」等については、そもそも訴訟前に「証拠保全」(法234条)の手続がなされ、原告において入手済みであることがほとんどであるうえ、仮に、事前に入手していないとしても、訴訟においてほぼ例外なく被告の病院側から任意に提供されるため、実務的に「カルテ」や「診療記録」等の文書提出命令が問題となることはほとんどない。問題となるのは、病院側が事故調査の目的等で新たに収集したり、作成した資料についてであり、たとえば、「医療事故経過報告書」のうち、「関係者からの事情聴取部分」については、法220条4号ニの「自己利用文書」に当たるが、その結論ともいえる「報告提言部分」については「自己利用文書」に該当しないとされた例がある(東京高決平成15・7・15判タ1145号298頁[49])。また、「医療事故調査報告書」(前掲東京高決平成15・7・15)、「医療事故状況報告書」(岡山地決平成15・12・26判タ1199号289頁[53]、広島高岡山支決平成16・4・6判タ1199号287頁[56])、「検討会の資料」、「消防署の救急活動記録票」(東京地決平成16・9・16判時1876号65頁[61])等についても、「自己利用文書」か否かが争われており、全国国立病院院長協議会におかれた医療事故評価委員会の専門医が作成した「医療事故報告書」が法220

---

16 証拠保全における検証物提示命令と法220条4号イとの関係が問題になったものとして、大阪地決平成25・7・18判時2224号52頁[143]がある。

条4号ロの公務秘密文書に当たるとされた例（東京高決平成23・5・17判タ1370号239頁［117］）がある。[17]

また、医療訴訟では、被告側病院で診察や治療を受ける前後に、他の診療所や病院等で診察や治療を受けている場合も少なくなく、そうした前医、後医の診療録等が必要となる場合もあり、文書提出命令が申し立てられることもあるようである。さらには、電子カルテの問題や、レントゲン、CT、MRI、エコーなどの画像の提出が求められることもあり、提出の際に別途の検討を要することがある。[18]

なお、医療過誤を主張している損害賠償請求訴訟において、捜査機関の嘱託を受けて鑑定した医師が作成し、所持している司法解剖鑑定書の控え等について、文書提出が命じられた例（東京地決平成23・10・17判タ1366号243頁［122］）がある。

8　公害・薬害訴訟

公害・薬害関係では、責任の有無を判断するための資料の提出を求める場合と、損害額の算定等のための資料の提出を求める場合とがある。

責任の有無や被害の程度等を判断するための資料として、かつては、「道路脇の排気ガス測定結果」、「発電所の排気ガス測定結果」、「健康診断結果」、「健康調査票」等の提出をめぐって激しく争われたことがあるほか、いわゆるスモン訴訟におけるキノホルム製剤の「投薬証明書」（福岡高決昭和52・7・12下民集28巻5～8号796頁）や原告の「カルテ」（福岡高決昭和52・7・13高民集30巻3号175頁、否定したものとして東京高決昭和59・9・17高民集37巻3号164頁がある）等についても、提出義務の有無が争われた。また、水俣病訴訟においては「検診録」（大阪高決平成4・6・11判タ807号250頁［5］）が、三種混合ワクチンの副作用被害訴訟では「中央薬事審議会の議事録」と「そ

---

[17]　これらの点については、第3編第2章「医療訴訟」〔村田渉執筆部分〕に詳細な説明がなされているので、あわせて参照されたい。
[18]　秋吉仁美編著『医療訴訟（リーガル・プログレッシブシリーズ8）』117頁以下〔三井大有〕。

の提出資料」（大阪地決平成13・5・2判時1771号100頁［38］）は「自己使用文書」とした）が、問題となった。このほか、「一般廃棄物焼却施設設置届出書」（東京地決平成15・9・12判時1845号101頁［51］）や、同業者からの「焼却溶融処理施設の稼働状況データ」（福岡高決平成15・4・25判時1855号114頁［44］）等について、文書提出命令が申し立てられた例がある。

損害額の算定については、症状の程度を確定するための「カルテ」や「診療録」[19]のほか、損害の一部てん補の問題に関連して、「公害健康被害補償法に基づく支給額一覧表」等の提出が問題になったことがある。また、漁業補償金の支払いに関連して、「漁業補償額算定調書」（最決平成16・2・20判時1862号154頁［55］）の提出が求められたこともある。

また、アスベスト訴訟において、「元従業員らの健康診断記録等」の文書提出が命じられたもの（奈良地決平成25・1・31判時2191号123頁［139］、その抗告審である大阪高決平成25・6・19労判1077号5頁［142］）がある。

9 交通・航空・船舶の事故に関する訴訟

(1) 交通事故訴訟

交通事故訴訟における責任原因の審理では、事故現場の様子や双方の車両の位置関係等を記載した図面等が必須のものとなっており、刑事事件の記録の一部となっている図面等を有効に活用できれば、効果的な審理が可能となる。かつては、刑事事件の不起訴記録は一切公表しないという取扱いがなされていたが、今日では、弁護士会照会等の手続を踏めば、「実況見分調書」や「事故処理報告書」等を入手することは可能となっている。もちろん、これらの書類以外のものも民事事件の審理に有効なものは少なくないが、刑事

---

19 実際の訴訟では、被害や損害の内容や程度等を具体的に確定するため、被害者側の素因や喫煙歴の有無等の事情を調査することが必要なことも少なくない。問題は、そのような調査に役立つカルテや診断歴等の資料は、もっぱら被害者である原告が所持しており、逆の意味で証拠の偏在が生じていることである。原告は提出を拒み、医療機関も原告の反対により提出を拒むことが少なくない。裁判所として、第三者である医療機関に制裁を発動するのもためらわれるところであり、文書提出命令の実効性確保の観点から検討を要するところである。

訴訟法47条、法220条4号ホとの関係で、文書提出命令が認められるのは限られた場合であることに注意が必要である（最決平成19・12・12民集61巻9号3400頁［94］、最決平成17・7・22民集59巻6号1837頁［70］、最決平成16・5・25民集58巻5号1135頁［59］等）。民間の調査会社が作成した事故調査報告書については、意見等の部分の提出義務は否定したものの、写真や図面等の客観的部分については、提出義務を認めている（福岡地決平成18・6・30判時1960号102頁［82］）。

　また、損害論については、被害者のカルテや検査結果、診断書等が必要となるが、通常は任意に提出されるので、文書提出命令が問題となることはあまりない。加害者の交渉態度が不誠実であるとして慰謝料の増額を求めている訴訟では、交渉にあたった「任意保険会社が所持している関係資料」について文書提出命令の申立てがなされることがあるようである。[20]

　裁判例では、「医師作成の未提出の意見書」（福岡高決平成18・12・28判タ1247号337頁［85］）、「保険会社が所持している診断書や事故調査報告書等」（高松地決昭和61・9・17判時1214号123頁、前掲福岡地決平成18・6・30）について、文書提出命令が問題となっている。

(2) 航空事故訴訟

　航空機の事故に関する訴訟では、かつて、「航空自衛隊の事故調査報告書」の文書提出命令が問題になった例（東京高決昭和58・6・25判時1082号60頁）がある。航空機事故では、パイロット等も死亡していることがほとんどであり、しかも、事故前後の状況を示す客観的証拠も少ないため、一方当事者が行った「ボイスレコーダーの解析結果」や「フライトデータ・レコーダの解析結果」等について、文書提出命令の申立てがなされる例がないわけではないが、客観的な事実を解明する必要性も高いこと等から、最終的には話合いで提出されることがほとんどであろう。かつて、全日本空輸（全日空）の旅客機が自衛隊機に追突して乗員乗客全員が死亡したいわゆる雫石事件（東京

20　第3編第4章「交通事故訴訟」〔八木一洋＝神谷善英執筆部分〕も参照。

高判平成元・5・9判時1308号28頁）でも、「ボイスレコーダーの解析結果」や「フライトデータ・レコーダの解析結果」の妥当性をめぐって激しく争われたところである。

(3) 船舶事故訴訟

　ここでは、事故発生直後からさまざまな報道がなされ、どちらか一方が加害船舶で、他方が被害船舶であると決めつける内容のものも少なくないが、結果的には、どちらか一方だけの過失で事故が起きた例はほとんどない。実際の船舶の衝突事故では、「事故調査報告書」は任意で提出されるのが通常であるが、どちらが加害船舶で、どちらが被害船舶なのかが必ずしも明確ではないし、過失割合の比率が微妙なものも少なくない。訴訟において、それぞれが相手方の「航海日誌」や「内部調査資料」等について文書提出命令の申立てがなされることもある。また、船舶に積み込まれていた危険物が問題となる場合には、海事検定協会や消防署、経済産業省等の関係機関に対して「危険物の検査関係書類」等の提出を求める文書提出命令の申立てがなされることもある（実際の事件では、問題の船舶が日本に船籍がないことも珍しいことではなく、船長等の関係者も外国人であったり、船舶事故保険の引受人が海外の保険会社であったりして、船長の「航海日誌」や海外の保険会社が事故直後に作成した「事故調査報告書」等の資料が事実関係の解明に役立つことはわかっていても、わが国の民事訴訟における文書提出命令の手続によること自体が現実的ではないケースもある）。

　なお、船舶関係の事故や事件では、その専門性から受任しうる代理人が極めて限られており、代理人相互の日頃の関係の善し悪しが、文書提出命令の申立てを含む審理にも影響するほか、自分たちの思い描いているような審理の形にもこだわり、裁判所の訴訟指揮に協力的ではないことも少なくない。さらには、船舶衝突の原因究明にあたる専門家が少ないところから、特定の事故の事故原因等にふれた論文等は、実際にはどちらかの当事者やその関係者からの働きかけに応じて書かれたものがほとんどであるようであり、裁判所としては注意が必要なところである。

10　国家賠償訴訟（上記以外のもの）

　国家賠償法は、国や地方自治体の賠償責任を定めたものであり、必ずしも国に対する損害賠償請求訴訟だけではなく、地方自治体に対する損害賠償請求訴訟をも含むものである。広い意味では国や地方公共団体等の公務員の職務行為に基づいて発生した損害の賠償を求めるものであり、その判断は行政に対して強い影響を及ぼすものであるが、いわゆる行政事件ではなく、民事訴訟法が適用される民事事件として審理される。

(1)　学校事故

　学校の授業や課外活動の最中に事故が起きて生徒が負傷したりすることも少なくない。プールに飛び込んで頭を打ち、背骨を骨折する等して半身不随になったケースで、「プールの設計図」について文書提出命令が申し立てられた例がある。また、校庭に設けられていた運動遊具が折れて生徒が怪我した事件では「遊具の設置計画書」について、夏休みの課外授業として実施された登山の最中の落雷による生徒の死亡事故では「夏山登山実施計画書」について、夏休み期間中の野球部の練習中に脱水症状等で死亡した生徒の事故では「練習計画書」について、文書提出命令が問題となることがある。

　また、学校関係といっても、かつて教科書検定の違法性の有無に関して、検定審議会の「審議結果」等の提出が求められた例（東京高決平成11・6・9判タ1016号236頁［17］は一部申立てを認めたが、最決平成12・3・10判時1711号55頁［29］は法律関係文書性を否定）がある。

(2)　自衛隊事故

　今日では、労働の提供を求める際に、使用者には労働者に対して安全配慮義務があることは確定した議論であるが、この安全配慮義務が最高裁で最初に認められたのは、いわゆる自衛隊内での事故に基づく損害賠償請求事件においてである（最判昭和50・2・25民集29巻2号143頁）。その性質上、文書に記載されている内容が国防上の機密に属するようなものも少なくなかったため、文書提出命令の申立てにおいてもいろいろ問題が生じていた。しかし、

被害者が自衛隊員であり、事件の被告側の担当者においても仲間意識があり、何とか救済したいとの配慮が働いたためであろうか、資料の一部を黒塗りする等して最低限の資料は任意で提出されることが少なくなかったため、そう大きな問題になることはなかったようである。最近では、時代を反映して自殺した海上自衛隊員に関する「調査資料」等の提出が求められた例（横浜地決平成19・9・21判タ1278号306頁［91］）等がある。

(3) 刑事事件関連訴訟

　国家賠償請求事件で文書提出命令をめぐってもめることが多いのは、刑事事件に関係する資料の提出が求められたときである。法220条4号ホは、刑事訴訟関係文書を文書提出命令の対象外としていることから、警察や検察庁は、原則としてこれらの文書の提出に応じない姿勢をとっていた。これまでの裁判例では、「不起訴記録中の供述調書」（最決平成12・12・21訟月47巻12号3627頁［34］）、「司法警察員作成の送致書」（最決平成13・7・13金商1311号106頁［39］）、「共犯者の供述調書」（東京高決平成15・8・15民集58巻5号1173頁［50］、最決平成16・5・25民集58巻5号1135頁［59］）等につき文書提出命令が否定されていた。

　しかし、いわゆる無罪国賠事件や不起訴事件では、刑事事件における一連の取調べの過程で作成された資料が重要な証拠となるところから、原告は、刑事訴訟関係文書であっても、法220条3号前段の「法律関係文書」に該当するのではないかが問題とされるようになったが、刑事訴訟法47条が「訴訟に関する書類は、公判の開廷前には、これを公にしてはならない。但し、公益上の必要その他の事由があって、相当と認められる場合は、この限りではない」と定めていることとの関係が問題となった。この点で、「捜索差押令状請求書等」の提出が問題となった最決平成17・7・22民集59巻6号1837頁［70］は、「法律関係文書」に該当することを認めて、「捜索差押許可状」そのものについては提出を命じたが、「捜索差押令状請求書」については、開示による弊害が大きい等として提出を否定した。その後、最高裁は、平成19年に至って「被疑者の勾留請求関係資料」について広く文書提出命令を認め

たほか（最決平成19・12・12民集61巻9号3400頁［94］）、「死体検案書」や「写真撮影報告書」等の客観的資料についても文書提出命令を認めている（名古屋地決平成20・11・17判時2054号108頁［95］）。

刑事訴訟関係文書であっても、公開の必要性が高い場合であって、公開しても公務遂行上の支障や第三者に対する影響が少ないときには、文書提出命令が認められる可能性が高まったことは間違いないであろう。[21]

なお、外交文書とも関連するが、外国の警察機関に対する逮捕状の真偽確認に関する「照会依頼文書」の文書提出命令が問題になった例（最決平成17・7・22民集59巻6号1888頁［71］、東京高決平成18・3・30判タ1254号312頁［81］）もある。

11　離婚・相続関係訴訟

(1)　離婚訴訟

離婚訴訟においても、文書送付嘱託（法226条）はそれなりに申し立てられる。しかし、文書提出命令が申し立てられることは少ない。離婚原因の有無に関しては、当事者が探偵・興信所等に依頼して不貞行為の有無等を調査し、事前に証拠をつかんでから提訴するので、文書送付嘱託や文書提出命令等はあまり問題にならない。稀に、会社の業務による出張と偽って不倫旅行に出かけたりしていた事案で、夫が勤務している会社に対し、夫の「出張命令簿」や「タイムレコーダー」等について文書提出命令が申し立てられた例がある。

また、実際の離婚訴訟では、本音では離婚はやむなしと考えていても、慰

---

[21] 刑事記録に関する裁判例の動向については、加藤正男「判解」最判解民〔平成17年〕499頁以下、町村泰貴「判批（最判平成16・5・25）」（西口元＝春日偉知郎編集・文書提出等をめぐる判例の分析と展開）金商1311号110頁以下、須藤典明「判解」主判解〔平成20年〕176頁、中島弘雅「文書提出義務の一般義務化と除外文書」（福永有利先生古稀記念・企業紛争と民事手続法理論）432頁等を参照。捜査機関の嘱託を受けて鑑定した医師が作成し、所持している司法解剖鑑定書の控え等について、文書提出が命じられた例（東京地決平成23・10・17判タ1366号243頁［122］）があることは、前述7（本書107頁）のとおりである。

謝料や財産の分与の額に対する不満から、離婚に同意しないことも少なくない。そんなに支払えないとの弁解に対し、相手方名義の預貯金口座の取引状況を提出するよう求めて紛糾することもある。多くの場合は、文書送付嘱託で足りることが多いが、相手方当事者が同意しない場合や、不倫相手名義の預金口座に送金されているとして第三者名義の預金口座の取引状況が問題となっている場合には、文書提出命令の申立てによらざるを得ないことがある。ただし、いずれの場合にも、取引履歴等の開示を求める預貯金口座の詳細（どの銀行の何支店に、どのような種類の預金口座が存在するのか）が明らかではないことも少なくなく、紛糾することも多い。申立人から提出の必要性をきちんと主張させたうえ、なるべく任意に提出するよう所持者を粘り強く説得するほうが無難である。

(2) 相続関係訴訟

相続に関する訴訟では、誰がどの程度、親の面倒をみていたのか、親名義の預貯金を管理していた者は誰か、親名義の預貯金を自分のために流用していないか等が争われることも多い。この関係で、「親名義の預貯金通帳」の提出が問題になったことがある。また、被相続人は実際にどの程度の収入があったのかを確定するため、預貯金の名義人は誰か、不動産収入等がある場合にはその経費はどの程度であったか等が問題となることがあり、そのための資料として「被相続人の確定申告書」等につき文書提出命令の申立てがなされた例（東京地判平成15・8・29判時1843号85頁等）もある。遺留分減殺請求事件では、相続人の1人の「銀行取引履歴」の開示が求められたことがある（最決平成19・12・11民集61巻9号3364頁［93］、最決平成21・1・22民集63巻1号228頁［97］）。もっとも、それらの文書を所持している第三者は、訴訟当事者ではなく、直接の利害関係もないところから、文書提出義務の有無につき適切な主張・立証ができない（しない）のが通常であるのに、他方の訴訟当事者には十分な手続保障の権利が与えられておらず、問題があるとの批判もある。本来的には文書提出命令を待つまでもなく相続関係人に開示されるべきものであるのに、開示されていないところに根本的な問題がある。遺言

書真否確認の訴えにおいては、遺言書の筆跡を対照するための対照文書（遺言者が作成したことに争いがない「日記」や「メモ」等の文書提出命令が問題になったこともある。申立てを認めるか否かは、ケース・バイ・ケースの判断にならざるを得ない。

なお、文書提出命令に関する法の規定は家事審判手続にも準用される（大阪高決平成12・9・20判時1734号27頁［31］）。

12　その他

(1)　知的財産権訴訟

知的財産権訴訟では、特許や実用新案等の権利の内容に抵触するか否かが問題とされ、類似商品等の「設計図」や「構造図」のほか、営業上の秘密にわたる図面や仕様書等について文書提出命令の申立てがなされることがある。特許や実用新案の分野では、専門家同士、技術者同士の争いであり、相手方の図面を一目みれば、会社の命運を分けるような最高度の機密に該当する最先端の技術を盗むことも不可能ではないというところに問題があり、「営業上の秘密」を、どのように、どこまで、保護しつつ、文書提出命令の実効性を確保するかが最大の問題である。知的財産関係事件では、民事訴訟法とは別に、「秘密保持命令」を含むイン・カメラ手続が定められているのは（特許105条の4）、この問題に対処するためである。[23] また、文書提出命令の問題だけではなく、訴訟記録の閲覧、謄写による営業上の秘密の漏洩も大きな問題であり、一般の民事訴訟以上に、閲覧、謄写に対する制限（法92条1項）がなされていることに注意が必要である。[24]

22　野島梨恵「判批（最決平成19・12・11）」（西口元＝春日偉知郎編集・文書提出等をめぐる判例の分析と民開）金商1311号54頁。

23　飯村敏明＝設楽隆一編『知的財産関係訴訟（リーガル・プログレッシブシリーズ3）』44頁以下〔設楽隆一ほか〕、同254頁以下〔東海林保〕参照）。

24　飯村＝設楽・前掲書（注23）268頁〔東海林保〕参照。

(2) 名誉毀損・信用毀損等

　不法行為訴訟では、名誉毀損や信用毀損等の事件も少なくないが、これらの事件では、文書提出命令が問題になることは稀である。原告の名誉等を毀損する文書を原告が閲読したりしたからこそ訴訟が提起されているわけで、問題の文書を原告側が所持しているからである。もっとも、原告の名誉を毀損するような記事を書いた週刊誌の「記者の取材メモ」等の提出が求められることもあるが、原告に関する部分以外を一部黒塗りした状態で提出されるのが通常であり、取材源の秘匿との関係で困難な問題が生じてしまい[25]、実務的には、発令には至らないのがむしろ普通である。なお、取材源の秘匿との関係から、「取材テープ」等について、法220条4号ハの職務上の秘密に当たるとされた例（大阪高決平成23・1・20判時2113号107頁［110］）がある。

(3) 製造物責任関係

　日本では、いわゆる森永ヒ素ミルク事件（最判昭和44・2・27判時547号92頁）やカネミ油症事件（福岡高判昭和61・5・15判時1191号28頁等）等を経た後、「製造物責任法」が制定されたものの、製造物責任に関する訴訟は、ほとんど提起されていない。アメリカでは、いわゆる自動車の製造物責任をめぐり製造メーカーに対して集団訴訟が提起され、ディスカヴァリの手続で自動車会社から原告らに対して問題の自動車の設計図が提出され、事故を起こした自動車に構造的な欠陥が存在することが立証された例がある[26]。

(4) 賃料増額・減額関係

　賃貸人が賃料の増額を求め、賃借人が賃料の減額を求めている事件において、賃借人が提出した私的な不動産鑑定書で引用された対象物件を特定する文書の提出が求められたケースで、不動産鑑定士にとって上記情報は法220条4号ハの職業上の秘密に当たるとして、文書提出が否定された例（東京高

25　取材源の秘匿については最決平成18・10・3民集60巻8号2647頁［84］。なお、興信所の調査結果が問題になったものとして広島地決平成13・12・11金法1638号43頁［41］がある。
26　いわゆるフォード・ピント事件（Grimshaw v. Ford Motor Co., 119 Cal. App. 3d 757, 174 Cal. Rptr. 348〔1981〕）がある。

決平成22・7・20判タ1341号245頁［104］）がある。
(5) 特定調停、家事審判
(ア) 特定調停手続

特定調停手続は、「特定債務等の調整の促進のための特定調停に関する法律」により、金銭債務を負っていて支払不能に陥るおそれのある債務者等の経済的再生に資するため、民事調停法の特例として定められた手続であり（特調1条、2条）、調停委員会が職権で債務状況を調査する（同法13条）等して、調停条項を提案して当事者間の合意を促したり（同法15条、16条）、事件の解決に適当な調停条項を定めたり（同法17条）、特定調停に代わる決定をすることができる（同法20条）とされている。特定調停手続は、争訟的な手続ではなく、民事訴訟法上の文書提出命令の制度がそのまま利用できるかどうか疑問があるため、特に、調停委員会は、「事件に関係のある文書又は物件の提出を求めることができる」（同法12条）と定められている。もっとも、同条では、「特に必要があると認めるとき」という制限が設けられているので、債権者が債務者に対する貸金債権の不存在を自認している場合には、提出命令の要件を欠くことになるとした決定（大阪高決平成15・5・27金商1204号50頁［46］）がある。

(イ) 家事審判手続

また、家事審判手続は、その性質として争訟ではないと理解するのが一般的であるが、旧家事審判規則7条6項は、「証拠調べについては、民事訴訟の例による」と定めていることや、旧非訟事件手続法10条が「民事訴訟ニ関スル法令ノ規定中……疎明ノ方法……ニ関スル規定ハ非訟事件ニ之ヲ準用ス」と定められていることから、民事訴訟法上の文書提出命令の規定が準用されるとした決定（大阪高決平成12・9・20判時1734号27頁［31］）があった。平成25年1月1日から施行された家事事件手続法（平成23年5月25日法律第52号）の64条は、家事審判の手続における証拠調べについては、原則として民事訴訟法第2編第4章第1節から第6節の規定を準用している。ただし、文書提出命令に関しては、不提出に対する制裁を定めた224条は除外されてお

り、224条は適用されない。なお、家事事件手続法の制定と同時に非訟事件手続法も改正され（平成23年5月23日法律第51号）、その53条において非訟事件手続における証拠調べについても民事訴訟法第2編第4章第1節から第6節までの規定（224条は除外されている）が準用され、文書提出命令を命ずることができることが明らかにされた。[27]

III 審理手続上の問題点

文書提出命令の問題点としては、文書提出義務の有無に関連して、「公務秘密文書」（法220条4号ロ）、「秘密文書」（同号ハ）、「自己利用文書」（同号ニ）、「刑事関係文書」（同号ホ）等の除外事由に該当するか否かが華々しく論争されており、本書においても、各論稿で十分に論じられているので、ここでは、これらの除外事由に該当するか否か以外の、審理手続上の問題点について説明することとしたい。[28]

1 申立て

(1) 一般的要件

文書提出命令の申立ては、口頭弁論期日でも、弁論準備手続期日でも、そして期日前にも、行うことができるが（法180条2項）、法221条1項所定の必要的記載事項（文書の表示、文書の趣旨、文書の所持者、証明すべき事実、文書の提出義務の原因）を明らかにして、書面ですることが必要である（法221条1項、民訴規則140条）。

また、本来、書証の申出は、主張・立証責任を負う者（挙証者）が自ら所持する文書を裁判所に提出して行うのが原則であるが、文書提出命令の申立ては、挙証者が立証に必要な文書を所持しておらず、自ら提出することがで

---

27 金子修『逐条解説家事事件手続法』217頁、同『逐条解説非訟事件手続法』205頁など参照。
28 三木・前掲書（注3）517頁、加藤新太郎「文書提出命令の実際」（上谷清＝加藤新太郎・新民事訴訟法施行三年の総括と将来の展望）201頁など参照。

きないため、例外的に、裁判所から所持者に対して当該文書の提出を命令してもらい、所持者にその提出を強制して、挙証者の不利益を回避しつつ、適正妥当な事実認定を導こうとするものである。したがって、文書提出命令の申立てには、挙証者が自ら提出することは困難な状況にあることをも明らかにする必要がある（法221条2項）。

文書提出命令の申立てがなされ、その相手方（所持者とされた者）に意見があるときは、裁判所に対して書面で意見を提出することが必要である（民訴規則140条2項）。口頭だけで述べた意見は、正式な意見としては取り扱われない。

(2) 文書送付嘱託との関係

文書提出命令（法220条以下）と同様に、自分以外の者が所持する文書について書証の申出をする方法としては、文書送付嘱託の制度（法226条）がある。文書送付嘱託については、送付の嘱託を受けた者が国法上の一般的な義務として嘱託に応じなければならない義務を負うか否かについて争いはあるものの、嘱託に応じなかった場合に具体的な制裁規定は設けられていない。その意味で、実務的には強制の方法がないので、提出義務がないのと同様の結果になっていることは否定できない。これに対し、文書提出命令については、相手方当事者についても、第三者についても、一定の制裁が設けられている。

実務的には、第三者が所持する文書を証拠化したいと考える場合には、まず、文書送付嘱託の申立てがなされるのが通常である。第三者に対する文書

29　伊藤眞『民事訴訟法〔第4版補正版〕』433頁は、嘱託を受けた者が国家機関や公務員の場合には一般的な提出義務を負うが、私人はそのような義務を負わないとしている。これに対して、近藤昌昭＝足立拓人「裁判所から文書送付の嘱託を受けた文書所持者がその嘱託に応ずべき義務について」判タ1218号31頁は、国家機関と私人とで区別を設けなければならない理由に乏しいとしている。なお、東京地方裁判所民事部プラクティス委員会第一小委員会「文書送付嘱託関係のモデル書式について」判タ1267号12頁以下、須藤典明「解題──証拠収集方法の実効性」（加藤新太郎編・民事事実認定と立証活動第Ⅰ巻）224頁も参照。

30　相手方当事者に対しては法224条により真実擬制等の制裁が、第三者に対しては法225条により20万円以下の過料が、定められている。

提出命令の申立てについては、その第三者の審尋が必要であり（法223条2項）、また、不提出の場合に制裁もありうるところから、裁判所の要件審査も厳格になり、迅速性に欠けるきらいがあるのに対して、文書送付嘱託の申立てであれば、特に制裁は定められていないので、裁判所は、関連性が認められさえすれば、その他の要件についてあまり厳格に問うことなく、とりあえず文書の所持者に対して送付を嘱託し、様子をみてみることが可能なのである。その意味で、代理人にとっても文書送付嘱託のほうが使い勝手のよい証拠収集方法であることは間違いないであろう。これに対して、文書の所持者が相手方当事者である場合には、事前の交渉等で任意に提出してもらうのは困難であることがほぼわかっていることや、裁判所による制裁の可能性を背景として相手方にプレッシャーを与えようとする訴訟戦術上の考慮等も働いて、文書送付嘱託ではなく、文書提出命令が申し立てられるのがむしろ普通である。[31]

2　対象文書の特定

(1) 問題の所在

　文書提出命令の申立てにおける実務上の最初の関門は、提出を求める対象文書の特定問題である。法220条1項1号は、申立人において「文書の表示」を明らかにすることを求めている。ここで、「文書の表示」とは、通常は文書の表題や題名に相当するものを指し、同項2号の「文書の趣旨」とは、その文書に記載されている内容のポイントを指す。

　一般に、文書には、その文書を特定（他の文書と区別）するために、①文書名（表題）、②作成日付、③作成者等が記載されているのが通常である。[32]

　しかし、自分が作成したわけではない文書について、申立人が上記の①、②、③の点を正確に記載することは、実際問題として、多くの場合に困難であるから、これらの点について正確な記載を求めることは、制度趣旨を否定

31　なお、梅本吉彦「民事訴訟手続における個人情報保護」曹時60巻11号44頁等も参照。

することにもつながりかねず、相当ではない。したがって、何らかの緩和策が必要ということになる。

(2) 文書の特定のための手続

㈦ 文書特定手続の要件

そこで、法222条1項前段では、「前条第1項第1号又は第2号」に掲げる事項を明らかにすることが著しく困難であるときは、申立人は、「文書の所持者がその申立てに係る文書を識別することができる事項を明らかにすれば足りる」とされている。ここで、前条第1項第1号、すなわち法221条1項1号は「文書の表示」を指し、第2号、すなわち同項2号は「文書の趣旨」を指すから、結局、対象文書を特定するための「文書の表示」または「文書の趣旨」を明らかにすることが著しく困難であるときは、申立人は文書識別事項を明らかにすればよいということになる。もっとも、ここでは、「又は」と規定されているから、識別事項の記載で足りるのは、文書の表示か文書の趣旨か、いずれか一方が不明の場合に限られている。文書の表示も文書の趣旨もいずれも不明な場合には、証拠の提出という段階ではなく、証拠を模索している段階と考えられるのであって、これを許すことは、証拠の提出方法の1つとしての文書提出命令の性質に反することになるであろう。

なお、申立人は、申立てと同時に、裁判所に対して、文書の所持者に文書の表示または文書の趣旨を明らかにすることを求めるよう、申し出なければならない（法222条1項後段）。裁判所は、申立てに理由がないことが明らかな場合を除き、その所持者に対して文書の表示または文書の趣旨を明らかにするよう求めることになる（同条2項）。

---

32 理論的には、③の作成者も重要なのであるが、実際に会社等で使用されている文書の多くは、係や課の名義で作成されるものも多く、個人名義で作成されるものはそう多くはない。また、先行文書の訂正版や改訂版といった文書も多いが、そのような場合には、表題や日付の横などに(2)とか（ver.2）とか（訂正版）等といった文言等が加えられたり、作成日付が異なる等して、区別がつくように工夫される。したがって、実務的には、特に①と②の点が明らかであれば、文書の特定としては十分であることが多い。公文書等については、④文書番号が付けられていることが多いが、申立人がそこまで把握していることは稀である。

(イ) 特定と識別

「特定」という言葉は、実務的には、上記(1)の①、②、③など社会的に一定の共通認識を得られる特定要素を用いてある文書と別の文書との違いを明示することであるが、「識別」という言葉は、申立人がどのような文書の提出を求めているかを所持者に理解させるため、文書が作成されたり、示された時の日時や場所や大まかな内容等、その時の状況等を具体的に説明することである。提出を求める文書とその他の文書との区分けができるようになるという意味では、「識別」も「特定」の一態様である[33]。つまり、所持者において他の文書との違いを「識別」できる程度の事項が記載されていればよいということであり[34]、たとえば、「平成22年7月初旬頃、被告会社の会議室で○○に関する商談をしたときに、被告会社から原告に対して示された最初の見積書」等という程度の記載があれば、文書提出命令の申立てとしては、一応、適法なものとして取り扱うということになる[35]。裁判例では、経営破綻した住宅金融専門会社の役員や監査会社に対する損害賠償請求事件で、大蔵省(当時)に対して「監査概要書」の、監査会社に対して「監査調書」の、それぞれ提出を申し立てた事件において、「特定の会計監査に関する監査調書」との記載をもって提出を求める文書の表示および趣旨の記載として欠けるところはないと判示したもの(最決平成13・2・22判時1742号89頁[36])があ

---

[33] 文書の特定、識別については、文書提出命令の発令前の特定、識別(事前の特定)の観点と、発令後の特定、識別(事後的な特定)の観点とで、違いがある。事後的な特定という観点でいえば、たとえば、申立人と所持者との間で契約交渉に際して作成された書類が1通しか存在しなければ、「申立人と所持者との間で作成された書類」とだけ記載しても、所持人にとって対象文書は特定されていることになる。しかし、申立人と所持者との間で何通の文書が存在するのか確定していない発令前に、裁判所がこの程度の記載で文書提出命令を発令することはまずないであろう。事前の特定においては、裁判所は、所持者が提出を求められている文書を他の文書と区別して提出するのに、社会通念上、どの程度の記載があれば相当かを問題にしているのであり、そのような観点から、上記(1)の①、②、③等を記載させるか、これに代わるような具体的な記載を求めているのである。

[34] 高橋宏志「書証の申出――文書特定手続」(吉村徳重先生古稀記念・弁論と証拠調べの理論と実践) 344頁は、いわゆる「カテゴリー識別」で足りるとしている。

[35] 三木・前掲書(注3) 562頁は、「相対性テスト」として紹介している。

る。結局は、個別具体的なケースによる判断であり、場合によっては「概括的特定」すなわち「識別可能性」程度の記載でも許されることがある（高松高決昭和50・7・17行裁集26巻7＝8号893頁［１］等）。

(ウ) **特定手続の利用範囲**

上記のように、対象文書の特定手続は、文書提出命令を申し立てようとしている文書について、「文書の表示」または「文書の趣旨」のいずれかが不明である場合に利用できるとされているから（法222条１項前段）、そのいずれも不明の場合にこの特定手続を利用することはできない。では、逆に、「文書の表示」も「文書の趣旨」も、一応はわかっているものの、関連する文書が多数あることが見込まれる場合等に、さらに対象文書を絞り込むために、この文書特定手続を利用することができるか否か、議論がある。これらの点が一応判明しているのであれば、特定手続による必要はないとも考えられるが、これを肯定する有力説がある[36]。「文書の表示」も「文書の趣旨」も一応はわかっているものの、類似の文書が多数存在するため、より絞り込むために特定手続を利用することが適切である場合には、ピン・ポイントでの文書の特定はできていないと理解することもできるのではないだろうか[37]。そうであれば、対象文書の特定手続の利用を否定する必要はないと考えられるであろう。

(エ) **裁判所からの上記情報の開示命令に応じなかった場合**

この裁判所から文書所持者に対する「文書の表示」または「文書の趣旨」に関する情報の開示命令については、民事訴訟法上、何らの制裁も定められていない。したがって、裁判所から開示を命令されても、文書の所持者がこれに応じない場合も考えられる。そのような場合、前記の「識別情報」をもって事実上、文書の特定が可能であると考えられるときは、文書提出命令を発令すればよいであろう。「識別情報」だけでは文書の特定がなされてい

---

36 高橋宏志『重点講義民事訴訟法(下)〔第２版補訂版〕』149頁。なお、全般的に論じたものとして、三木・前掲書（注３）571頁等がある。
37 「特定」という用語をどのような意味で用いるかの問題にすぎないとも考えられる。

るとはいえないときには、現行法上、特定は申立人の責任であるとされている以上、文書提出命令の申立てを却下せざるを得ないのではないだろうか[38]。筆者としては、「識別」レベルでも不十分であれば、文書提出命令は却下せざるを得ないと考えるが、そのような場合で、所持者が相手方当事者やその関係者であるときには、特定情報を開示しなかったことを「弁論の全趣旨」として考慮することが許されるか、特に悪意である場合には、法224条2項の趣旨を類推適用して、申立人の主張の一部を真実と認めることも許されるのではないかと考える。

3 文書の所持者

(1) 「所持者」の意味

(ア) 事実的支配者か所有者か

文書提出命令の相手方は、対象文書の所持者である。「所持者」の意味については、いくつかの考え方がありうる。平成10年以前の旧法当時の学説では、「社会通念上文書に対して事実的支配力を有している者」とする事実支配者説が有力であったが[39]、最近では、「文書提出義務は、文書の所有者に対して課せられる公法上の義務」であることを前提に、文書の所有者が所持者であるとの所有者説も有力である[40]。裁判例でも、権利義務の主体である国または地方公共団体が所持者であることを明言するものもある(東京高決平成10・7・7高民集51巻2号25頁[9])。

証拠となる文書を提出させるという点に着目すれば、現に問題の文書を保管し管理している者に対して提出を命じれば足りるということになるが、文書の記載内容等に強い利害関係を有するのは文書の所有主体であるのが普通であり、所有主体から提出させるのが筋であると考えれば、その所有主体で

---

38 法務省民事局参事官室編『一問一答新民事訴訟法』260頁、なお、これを肯定してよいとする立場(田原睦夫「文書提出義務の範囲と不提出の効果」ジュリ1098号665頁、高田昌宏「書証」法教267号27頁等)もある。
39 菊井維大＝村松俊夫『全訂民事訴訟法Ⅱ』615頁等。
40 伊藤・前掲書(注29)425頁は、公務文書について明言する。

ある所有者に対して提出を命じるべきだということになる。実際問題として、事実的支配力を有している場合というのは所有権に基づくときがほとんどであり、通常は、「事実的支配力を有する者」＝「所有者」であろうから、結論に大きな差は生じないはずである。もっとも、「支配力」というのは評価的な概念であり、それ自体自明の内容を有しているわけではないうえ、「事実的」という修飾をそのまま受け取れば、法的な正当性を前提としない「支配力」を及ぼしている者で足りると解する余地がある。[41]しかし、現在の民事訴訟法においては、文書の提出を命じられた所持者が命令に反して文書を提出しなかった場合には、一定の制裁が発動されることとなっていることや、公務秘密文書については「当該監督官庁」の意見を聞かなければならないとして、「事実的支配力」を有している当該監督官庁が所持者ではないことを前提とする規定があること（この点は国家賠償訴訟との関係でふれる）から、これらのこととの論理的整合性をも検討しておく必要がある。

　(ｲ)　当事者性との関係

　上記のように、所持者が文書提出命令に反して文書を提出しなかった場合、一定の制裁が用意されているが、所持者が当事者であれば、裁判所は、「当該文書の記載に関する相手方の主張を真実と認めることができ」（法224条1項）、所持者が第三者であれば、裁判所は、「20万円以下の過料に処する」（法225条1項）ことができるとされている。このように、「所持者」は、制裁の関係では、訴訟の「当事者」と「第三者」とに分けられている。ここに「当事者」とは、通常、訴訟の対象となっている権利または法律関係の主体であることがほとんどであり、[42]「第三者」は当事者以外の者ということになる。

　そのような前提で、所持者とは、所有者である必要はなく、現に事実的支配力を有している者で足りるとすると、実際には訴訟の当事者が所有してい

41　法人や国等組織が大きくなればなるほど、ある文書について事実的支配力を及ぼしているのがどの部署かがわかりにくくなる。実際には、権利義務の主体を所持者とするほうが簡明な場合が多いであろう。

る文書であっても、他の者に管理を委ねている場合等には、その管理を委託されている者が「所持者」とされることも考えられるが、管理を委託された者が文書の提出を拒んでも、当事者は制裁による不利益を受けない（管理を委託されている者が20万円以下の過料に処される）ということになり、甚だバランスを失することになりかねない。このような場合、所有者は、現に文書を保管していないとしても、特段の事情がない限り、受託者から文書を取り戻して提出することが可能なはずであるから、文書提出命令の申立てにおける文書の「所持者」とは、原則として、当該文書の所有者というべきであろう。

　　(ウ)　内部的な管理者や一時的な借用者

　そのように考えると、法人や団体において、内部的に当該文書を保管し管理している者がいる場合であっても、文書は法人や団体そのものに帰属しているから、法人や団体が「所持者」ということになる。たとえば、大病院であれば、医療記録管理部等が設けられ、「医療記録管理部長」や「医療記録管理従事者」等が定められており、膨大な量のカルテや診療録等の出し入れや保管等につき責任を負っているが、そのような担当者は、病院の管理方針や内規に従って事務的にカルテや診療記録等を管理しているだけであり、自分の意思次第でこれらの文書の廃棄や処分等を決定できるわけではないから、仮に、「事実的支配力」の有無をメルクマールとする場合でも、法人としての病院そのものが「事実的支配力」を有することになり、「所持者」ということになるであろう。また、たとえば、医療機関等から返却することを前提に自己の診療記録等を一時的に借り受けて所持している患者等は、一時的に文書の管理を任されていることは間違いないが、法律的に医療機関からの返却を拒むことはできず、事実的支配力を有しているとまではいえないか

42　現行の行政事件訴訟法11条では、被告特定の負担を原告に負わせるのは相当ではないとの理由から、特別の場合を除いて、処分または裁決をした行政庁の所属する国または公共団体が被告になるものとされているが、この場合、処分または裁決をした行政庁は、その訴訟について裁判上の一切の行為をする権限を有する（同条6項）とされており、実質的には、その処分または裁決をした行政庁が裁判遂行権限を有すること（当事者性）を明らかにしている。

ら、「所持者」とはいえないことになる（福岡高決昭和52・7・12下民集32巻9～12号1167頁）。

(2) 国や公共団体の場合

次に、文書提出命令が申し立てられた文書を国や公共団体が所持し管理している場合には、どのように考えるべきであろうか。見解の分かれるところであるが[43]、国や公共団体が所持し管理している文書については、法令等により特別の定めがなされていることがあるから、そのことを考慮する必要がある。

(ア) 国家賠償訴訟の場合

一般の民事訴訟において、文書の所有者をもって所持者と考えるべきであることは、前述のとおりである。そうであれば、国または公共団体を当事者とする国家賠償訴訟（民事訴訟）において文書提出命令が申し立てられた場合にも、法令等に特別の規定が定められていない限り[44]、文書の保管者である当該行政機関ではなく、前記の原則どおり、権利義務の主体（訴訟の当事者）である国または地方公共団体をもって、文書の「所持者」と解すべきであろう。地方自治体の議会における参考人質疑での名誉毀損を理由とする損害賠償請求事件で会議要録について文書提出命令が申し立てられたケースで、文書の所持者が市議会か、市議会議長か、市そのものかが問題となったが、東京高裁は、権利義務の主体である国または地方公共団体が所持者であると判断している（前掲東京高決平成10・7・7）。このように解した場合、行政遂行上の支障が生じるのではないかとの問題がありうるが、法223条3項は、公務員の職務上の秘密に関する文書については、申立てに理由がないことが明らかなときを除き、当該監督官庁の意見を聞かなければならないと定めて

---

[43] 伊藤・前掲書（注29）425頁、門口正人ほか編『民事証拠法大系(4)各論Ⅱ』93頁以下〔萩本修〕、本書第2編第3章「公的機関の文書」〔大須賀滋執筆部分〕等も参照。
[44] 国や公共団体は、公共性や公益性を有し、私的団体とは根本的に性質を異にするだけではなく、法律に基づく行政の原則により、あらゆる点でさまざまな法的規制がなされているから、文書の管理等についても、法令等により特別の定めがなされている場合には、私的団体とは別に検討されるべきである。

調整を図っている。ちなみに、このことは、文書について「事実的支配力」を有している当該監督官庁が「所持者」ではないことを前提としているものであり、民事訴訟法は、文書の所有者である国が「所持者」であることを前提としているものと考えられる。

　(イ)　刑事訴訟に関する文書

　これに対し、たとえば、刑事訴訟に関する書類については、刑事訴訟法47条が原則として非公開とし、ただし書において、検察官による判断を前提として「公益上の必要その他の事由があって、相当と認められる場合は、この限りではない」と定めていることに留意する必要がある。この規定は、これらの文書の管理に関する決定権を検察官に委ねているものと解されるから、法令等による特別の定めがある場合に該当するものとして、検察官をもって「所持者」というべきである。たとえば、国家賠償訴訟において、検察官に事件を送致した後に警察官が自ら作成した捜査関係書類の写しを所持しているとして、その写しにつき、県警察が帰属している県を所持者として文書提出命令が申し立てられたケースについて、刑事訴訟法47条ただし書の法意に照らし、その所持者は原本を所持している検察官というべきであると判断したもの（高松高決平成11・8・18判時1706号54頁［23］、県に対する文書提出命令を取り消した）がある。

　(ウ)　行政訴訟の場合

　また、行政訴訟における文書提出命令については、別に考慮するのが相当である。行政事件訴訟法11条では、別に定める場合を除いて、処分または裁決をした行政庁の所属する国または公共団体が被告になるものとされているので、ここでも、訴訟当事者である国や公共団体をもって文書の所持者というべきか否かである。しかし、他方において、同条6項は、処分または裁決をした行政庁がその訴訟について裁判上の一切の行為をする権限を有することを定めており、実質的には、その処分または裁決をした行政庁が当事者であることを前提としている。これらのことを考慮すると、行政訴訟においては、処分または裁決をした行政庁が被告となっている場合はもとより、国が

被告となっている場合でも、法令等に特別の定めがあるものとして、その処分または裁決をした行政庁をもって「所持者」と考えるほうが整合的ではないだろうか。もっとも、管理替え等により文書を管理し保管している行政庁が処分または裁決をした行政庁と異なる場合も考えられるが、そのような場合には、管理替え等により現に文書を管理し保管している行政庁をもって「所持者」というべきである。そして、そのような場合には、処分または裁決をした行政庁が法223条3項にいう「当該監督官庁」に該当するというべきである。

　　㈩　国、公共団体、処分または裁決をした行政庁が当事者ではない場合

　国、公共団体、処分または裁決をした行政庁が訴訟の当事者ではない場合、すなわち、私人対私人の訴訟において行政機関が保有し管理している文書について文書提出命令が申し立てられた場合については、行政機関を所持者として提出命令を発令したものと、国や公共団体を所持者としているものとに分かれている。この点につき、たとえば、労働災害で死亡した工員の父親等が工場に対して損害賠償を請求している訴訟において、その工場に立ち入って調査した労働基準監督官が労働基準監督署長に対して作成した「災害調査復命書」等につき文書提出命令が申し立てられたケースで、最決平成17・10・14民集59巻8号2265頁［74］は、労働基準監督署長ではなく、国が所持者であることを前提として、「公務員の職務上の秘密」や「公務の遂行に著しい支障を生ずるおそれ」等について判断している。しかし、国や公共団体が当事者となっていない訴訟であれば、真実擬制の問題は生じないから、文書管理の実態に応じて、当該文書を保持し管理している行政機関を所持者とすることも十分に理由のあるところである。湯沸器の不完全燃焼による一酸化炭素中毒によって死亡した者の遺族がメーカーやガス会社に対して

45　たとえば、特許法179条等による特許庁長官を被告とする特許等の審決に対する訴え、海難審判法53条1項による高等海難審判庁長官を被告とする特許等の審決に対する訴え、公職選挙法25条等による選挙管理委員会を被告とする選挙訴訟等がある。
46　これは、あくまでも筆者の個人的な意見にすぎないものである。

損害賠償を請求した事案において、警察署長を所持者として「死体検案書」の写し等の提出を命じたもの（名古屋地決平成20・11・17判時2054号108頁[95]）があり、また、有価証券報告書の虚偽記載を理由とする株主の会社に対する損害賠償請求訴訟において、証券取引等監視委員会を所持者として、「検査報告書」の提出を命じたもの（東京地決平成22・5・6金商1344号30頁[101]）もある。いずれにしても、国の場合、「国の利害に関係のある訴訟についての法務大臣の権限等に関する法律」（以下、「法務大臣権限法」という）との関係では問題がある。第三者すなわち所持者に対して文書の提出を命じようとする場合には、その第三者を審尋しなければならないとされているが（法223条2項）、法務大臣が国を代表することができるのは、「国を当事者又は参加人とする訴訟」と定められているから（法務大臣権限法1条）、私人対私人の訴訟で、行政機関が保管している文書につき文書提出命令が申し立てられているだけでは、法務大臣がこれに関与することはできないというのが法務省の現在の取扱いである。そうすると、裁判所が国を所持者として「審尋」をしたいといっても、私人間の訴訟における証拠決定のための手続にすぎない段階であり、国が当事者となっている訴訟ではないから、審尋のための書類を裁判所から法務大臣宛てに送られても受領権限の有無から問題になる。したがって、この段階では、仮に、文書の所持者は「国（○○署長）」と表示するにしても、審尋の通知などは、実際に文書を保管し管理している行政機関（○○署長）宛てにせざるを得ないであろう。もっとも、公務秘密文書については「当該監督官庁」である行政機関の意見を聞かなければならないとされているから（法223条3項）、法務大臣が国を代表しなくても、当該行政機関の長が意見を述べることになり、実質的に大きな不都合は生じないであろう。

---

47 上記の証券取引等監視委員会については、現在のところ、法務大臣権限法による指定代理人（いわゆる訟務検事等の代理人）は選任していない。

48 仮に、裁判所が、文書の所持者は国であるとし、国に対して文書提出命令を発令した場合で、国がこれを不服として即時抗告の手続で争うときには、「国を当事者とする訴訟」に含まれるものと解して、法務大臣が国の代表者として争うことになる。

4 証明すべき事実

(1) 「証明すべき事実」の意味

　文書提出命令の申立てについては、「文書の表示」、「文書の趣旨」、「文書の所持者」、「文書の提出義務の原因」とともに、「証明すべき事実」を明らかにしなければならない（法221条1項4号）。ここで、文書提出命令の申立てに際して「証明すべき事実」を記載するのは、証拠としての関連性を判断するためであるとして、たとえば、「文書の記載内容たる事実そのものではなく、記載内容によって合理的に推認されうべき範囲の事実をもって足りる」等とするのが一般的である。[49]

　ところが、この「証明すべき事実」の記載は、「文書の趣旨」の記載と相まって、当該文書の証拠としての必要性の判断を可能にするとともに、文書の所持者が提出命令に従わない場合に、法224条（旧法316条）を適用して、文書の記載に関する申立人の主張を真実と認めるか否かを判断するための資料とするためでもある（大阪地決昭和61・5・28判時1209号16頁）。そこで、この真実擬制との関係についても検討しておくことが肝要である。[50]

(2) 過払金返還請求訴訟の場合

(ｱ) 証明すべき事実と真実擬制との関係

　たとえば、過払金返還請求訴訟を例として考えてみる。この訴訟において、いわゆる取引履歴につき文書提出命令が発令されたのにもかかわらず、貸金業者から取引履歴が開示されなかった場合に、法224条1項を適用して真実擬制を働かせようとすると、その取引期間内に行われた貸金業者（被

49　伊藤・前掲書（注29）409頁。なお、門口ほか・前掲書（注43）158頁以下〔金子修〕も参照。
50　対象事実が売買契約の承諾の意思表示や1回限りの弁済の有無など、1個の事実の存否である場合には、「証明すべき事実」の記載もシンプルであり、大体いつ頃の事実なのかが明らかにされていれば、真実擬制に際しても、社会的な同一性が認められればよく、そう大きな困難はないであろう。これに対し、サラ金利用者による過払金の返還請求訴訟などでは、長期間にわたる多数回の借入れと返済の繰り返しであるから、どこまで真実としてよいか、やっかいな問題が生じる。

告）による貸付けと借主（原告）による返済の具体的な内容、つまり、個々の貸付年月日、貸付額、約定利率と、個々の返済年月日、返済額、元本充当額等の具体的な取引内容が真実として擬制されるのであるから、それらの個々の取引内容が明らかになっていなければ不十分ということになる。つまり、不提出の場合の真実擬制まで考慮すると、過払金返還請求訴訟における取引履歴の文書提出命令の申立てに際して要求される「証明すべき事実」とは、個々の貸付年月日、貸付額、約定利率や、個々の返済年月日、返済額、元本充当額等も記載されていることが必要ということになる。

　(イ)　必要的記載事項としての「証明すべき事実」

　そのような意味で、「証明すべき事実」として個々の取引内容が具体的に記載されていなければならないのであれば、これらの個別具体的な内容の記載がない文書提出命令の申立ては、必要的記載事項の記載を欠くものであり、不適法な申立てということになる。ところが、実際問題として、個別具体的な取引内容が明らかではなく、原告は過払金の計算もできないから、文書提出命令によって取引履歴を開示させようとしているのであり、その意味で文書提出命令の必要性が認められるということは、「証明すべき事実」としての「取引の個別具体的な内容」の記載が不十分であることを裏付けることになる。したがって、裁判所は、そのような不適法な申立てに基づいて文書提出命令を発令することはできないということになりそうである。しかし、そのような結論の不当性はいうまでもない。普通の貸金業者であれば、契約当時の借主の住所と氏名がわかれば、貸金業者において金銭消費貸借契約上の債務者を特定することができ、コンピュータのデータ・ベースから、その者に関する貸付状況や返済状況などの具体的データを簡単に取り出すことができるはずなのに、形式的な不備を逆手にとって、貸金業者がこれを拒み続ければ文書提出命令も発令できないというのでは、本末転倒だからである。

　(ウ)　「証明すべき事実」の記載内容

　これらの諸点を考慮して、比較的多くの裁判官は、文書提出命令の申立て

における「証明すべき事実」については、たとえば、「平成○年○月頃から平成○○年○月○日頃までの金銭消費貸借契約において、利息制限法所定の利率に引き直して充当計算をし直すと、借主において過払金が発生し、貸金業者において不当利得を生じていること」という程度の記載があり、借主である原告の氏名と住所の記載と相まって、貸金業者が開示を求められている取引履歴が何かを特定できるならば、文書提出命令の申立てにおける「証明すべき事実」の記載としては足りると理解しているのではないかと思われる。もっとも、仮に、この程度の記載で文書提出命令を発令しうるとしても、不提出になった場合の制裁（特に真実擬制）については、後述のとおり、別途考慮することが必要である。

5 対象文書の存否

(1) 発令の前提としての文書の存在

文書提出命令の申立ては、書証の提出方法の1つであり、文書提出命令を発令するには、当然のことながら、対象とされている文書が現に存在していなければならない。しかも、対象文書が存在するか否かは、評価の問題ではなく、純粋に事実の有無の問題であるから、仮に、「訴訟の当事者が相手方の使用を妨げる目的で提出義務のある文書を滅失させ、その他これを使用することができないようにしたとき」（法224条2項）のように、社会的に非難に値する場合であっても、文書が現に存在しない以上、文書提出命令を発令することはできないというべきである。もっとも、そのような場合は、広い意味で証明妨害の1つであり、悪質性が認められるから、法は、文書提出命令を発令することなく、「相手方の主張を真実と認めることができる」（同項・1項）と定めている。

(2) 文書の存否に関する立証責任

上記のように、文書提出命令を発令するには、その前提として対象文書が

---

51 渡辺武文「証拠に関する当事者行為の規律」（新堂幸司ほか編・講座民事訴訟5）161頁等参照。

存在していなければならないのであるが、その主張・立証責任は、どう考えるべきであろうか。

　　(ア)　文書の所持（存在）を否認している場合

　まず、所持者とされる者が文書を所持したことはない（自分の手元に文書が存在したことはない）と主張している場合には、原則どおり、申立人において、文書の存在を立証しなければならない（東京高決昭和54・8・3判時942号52頁、大阪高決昭和56・10・14判時1046号53頁［4］等）。問題は、どの程度の立証があれば足りるのかであるが、たとえば、一連の文書について、その一部を構成する他の文書（コピー等）が存在するとか、正式な契約書になる前の検討案を受領した旨の相手方担当者のサインのあるコピーが存在するとか、電子メールで相手方担当者も当該文書の存在を前提に交渉していた等の事実を立証できれば、文書の存在について、一応の立証があったものと考えてよいであろう。これに対して、相手方が否定しているのに、契約書に署名をしたという本人が当該文書が存在していたと証言するだけでは、文書の存在を立証したことにはならないであろう（相手方が否定している以上、供述以外の何か客観的な裏付けが必要である）。したがって、文書の存在について何らの客観的資料もみあたらない場合には、文書提出命令の申立ては、文書の存在について疎明がないものとして、却下されることになる。

　　(イ)　**過去に文書を所持していたことを認めながら、紛失や滅失を主張している場合**

　これに対して、所持者とされている者が、過去のある時期に文書を所持していたことを認めながら、紛失や滅失を主張しているような場合については、難しい問題がある。実務的にも、かつて当該文書は存在していたものの、保存期間が経過して廃棄したとか、本社や担当部署が別の建物に移動した際に、当該文書の所在がわからなくなったとか、担当者が用済み後に誤って廃棄してしまった等と主張されることは少なくない。つまり、過去に当該文書が存在したことは認めているのに、その後、文書が消滅したという説明がなされている場合ということになる。この場合にも、文書の存在は申立人

の立証責任であるとして、その存在について厳格に立証を求めると、申立人は、所持者側のその間の事情について熟知しているわけではないから、立証することが困難になり、文書提出命令は却下されてしまうことになろう。

　この点に関して、存在後の紛失等については所持者側が立証責任を負うべきであるとの見解も有力であり、[52]医師法が定めている保存期間内の診療録について、その存在・所持が推定され、特に滅失したと認められない限り、文書提出命令を発するのが相当であるとした決定（前掲大阪高決昭和56・10・14）もある。これに対して、「文書の不所持についての立証責任を相手方に負担させるという趣旨を意味するものではないから、文書の不所持を主張する者が真摯で高度な穿鑿、調査を尽くしてもなお文書の発見に至らず、その紛失の経過について合理的な説明がなされた場合には、結局文書の所持の立証が認められないとしても文書提出命令は排斥を免れない」としたうえ、8年前の「心電図検査結果」（当時の保存期間は5年間）につき、すでに紹介を受けた病院に返還されているか、病院の建物が移転した際に紛失したかのどちらかと認めて、文書提出命令を却下したもの（福岡高決平成8・8・15判タ929号259頁［7］）もある。

　(ウ)　**文書の存在に関する立証責任の考え方**

　このように、考え方の分かれるところであるが、文書提出命令の事案ではないものの、文書の存否について基本的に同じ論理構造をもつ情報公開訴訟で、注目すべき一連の判断がなされている。まず、第1審の東京地裁判決（東京地判平成22・4・9判時2076号19頁）は、昭和49年の沖縄返還に伴う日米間の合意に際し、本来であればアメリカが負担すべき原状回復費用等を日本が肩代わりするとの密約を示す文書の存否等が争われた本件判決において、「原告らは、外務省が本件処分1の当時本件文書1を保有していたこと（本件各文書1の存在）についての主張立証責任を負うが、原告らが、過去のある時点において外務省の職員が本件各文書1を職務上作成し、又は取得し、

52　菊井＝村松・前掲書（注39）626頁等。

外務省がそれらを保有するに至ったことを主張立証した場合には、外務省による本件各文書1の保有がその後も継続していることが事実上推認され、被告において、本件各文書1が本件処分1の時点までに廃棄、移管されたことによってそれらの保有が失われたことを主張立証しない限り、外務省は本件処分1当時も本件各文書1を保有していたと認められるものである」と判示した。

この判決は、情報公開の前提となる開示対象文書の存否については、①原告である開示請求者がその存在を主張・立証しなければならないとしつつ、「原告である開示請求者は、不開示決定において行政機関が保有していないとされた行政文書に係る当該行政機関の管理状況を直接確認する権限を有するものではない」ことを理由に、②原告が過去のある時点における開示対象文書の存在を主張・立証すれば、その状態がその後も継続していることが事実上推認されるとして、③被告において当該開示対象文書の不存在を主張・立証することを求め、実質的に、開示対象文書の不存在を行政機関側が主張・立証しなければならないこととしたものである。

しかし、このような判断には、次のような問題点があることに留意すべきである。

まず、本件判決は、文書の存在については原告に主張・立証責任があるとしたうえ、「ある時点での文書の存在」が主張・立証されれば、その後もその状態が継続していることが「事実上推認され」るとし、「被告において文書の保有が失われたことを主張立証しない限り」本件処分当時も文書を保有していたと認められるとし、被告が数カ月かけて300冊を超える関係ファイルのすべてを個別に見直して文書の存否を調査したが発見されなかったことを主張・立証した（事実上の推認であれば推認は崩れるはずである）のにもかかわらず、調査が不十分であるとして推認を維持している。このような判断は、実質的に立証責任を転換して、被告に文書の不存在についての立証責任を負わせていることになる。本件判決がどこまで意識したかはともかく、過去の一時点での存在が立証されれば、その消滅を主張するものに立証責任が

移るという論理は、いわゆる権利の発生と消滅に関する要件事実の議論を想起させる。たとえば、所有権については、原告が過去のある時点において所有権の取得事実を主張・立証すれば、その権利状態がその後も続いているものとされ、被告において、その後に原告が所有権を喪失した事実を主張・立証しなければ、現時点における原告の所有権の存在が立証されるという議論である。確かに形式的な論理構造は似ているようにも思えるが、所有権のような権利の存否については、争われれば、所有者は常に過去の所有権取得原因事実に立ち返るしかなく、ほかに立証方法がないのに対して、文書の有無は事実の存否であり、事実の存否については、その事実の存在を主張する者が問題となっている各時点での存在について立証しなければならないのである。権利と事実とでは、立証責任の構造が根本的に異なることに留意しなければならない。

また、本件判決は、「ある時点での文書の存在」が主張・立証されれば、その後もその状態が継続していることが「事実上推認され」るとしているが、事実上の推認は経験則に基づいて推認されるものであるから、そもそも強い推認が働くというものではない。推認に疑問を生じさせるような何らかの反対事実が立証されたならば、その推認が崩れ、本来の立証責任に戻り、原告において、あらためて各時点における対象文書の存在を立証しなければならないはずである。

いずれにしても、事実上の推認は経験則を前提とするものであり、文書の存否についても、文書の性質、その管理状況、政治的・社会的状況、時間の

---

53 たとえば、村田渉＝山野目章夫編『要件事実論30講〔第3版〕』37頁以下参照。
54 須藤典明「情報公開訴訟・文書提出命令等における文書の存否に関する主張立証責任」(門口正人判事退官記念・新しい時代の民事司法) 587頁以下。
55 仮に、行政機関が開示対象文書の不存在について主張・立証を負うとすると、対象文書の不存在を立証できない場合、すなわち、開示を求められている文書が存在するかしないか不明の場合には、文書が存在するものとして裁判所から開示を命じられることになるが、それは、情報公開の制度趣旨に反するであろう。情報公開制度は、存在する文書の開示を認める制度であって、存在するかしないか不明の文書についてまで行政機関に開示義務を負わせるものではないからである。

経過等の諸事情を踏まえて、合理的に推認可能な範囲内での推認でなければならない。たとえば、現に一定のルールの下で保管されていた文書が数年後に何か問題が生じて提出を求められたら紛失していたというのでは、それなりの調査が必要というのももっともであろう。しかし、いわゆる沖縄密約文書事件では、すでに40年も経過しているだけではなく、どのような形で保管されていたのかさえ立証されていない。密約として重要なものであればあるほど、公表を前提とせず、用済み後は速やかに廃棄された可能性が高いだけではなく、外務省において、現存するすべてのファイルを調査しても発見できなかったのであるから、少なくとも40年の経過により所在不明となっていても不思議ではないと考えるのが経験則に合致するのではないだろうか。それにもかかわらず、上記東京地裁判決は、当然に慎重に保管されていたはずであるとの前提を立てて（この点の立証はないのに）、歴代の次官、局長、担当課長、関与した可能性のある係員等すべての者に聴取り調査をしなければ滅失とは認めないと判示しており、もはや事実の有無についての合理的な判断というよりも、この問題に対する裁判所の姿勢や評価を述べたと理解するしかないものになっている。

　その後、上記の東京地裁判決は東京高裁（東京高判平成23・9・29判時2142号3頁）で取り消され、さらに、最高裁（最判平成26・7・14判時2242号51頁[152]）は、不開示決定の取消訴訟においては、その取消しを求める者が当該不開示決定時に当該行政機関が当該行政文書を保有していたことについて主張・立証責任を負うとしつつ、「ある時点において当該行政機関の職員が当該行政文書を作成し、又は取得したことが立証された場合において、不開示決定時においても当該行政機関が当該行政文書を保有していたことを直接立証することができないときに、これを推認することができるか否かについては、当該行政文書の内容や性質、その作成又は取得の経緯や上記決定時までの期間、その保管の体制や状況等に応じて、その可否を個別具体的に検討すべきものであ」るとし、本件の「本件交渉の過程で上記各省の職員によって本件各文書が作成されたとしても、なお本件各決定時においても上記各省

によって本件各文書が保有されていたことを推認するには足りないものといわざるを得」ないと判断した。

(3) 使用妨害目的での廃棄等

仮に、文書提出命令の対象となっている文書について、所持者が、「相手方の使用を妨げる目的で」文書を滅失させる等して「使用することができないようにした」(法224条2項) という事情が明らかになったり、そのような事情が強く推認されるのであれば、そのような場合には、同条による真実擬制の制裁等を検討するのが筋なのであって、そのような場合にまで安易に文書の存在を推認して文書提出命令を発令しようとするのは、文書提出命令の趣旨を損なうものであり、筋違いであろう。

6 イン・カメラ手続

(1) イン・カメラの意味と手続の必要性

(ア) イン・カメラの意味

イン・カメラ手続 (法223条6項) とは、法220条4号イ、ロ、ハ、ニ所定の除外事由 (守秘義務文書、公務支障文書、自己利用文書) の存否が問題となった場合に、裁判所が所持者から問題となっている文書を提出させて閲読し、除外事由の有無を判断するための手続である。[56] 実際の裁判手続では、弁論準備手続期日 (法168条以下) や期日外に、所持者から提出された当該文書を裁判官だけが閲読して、上記の除外事由の有無を判断するものである。[57]

(イ) イン・カメラ手続の意義

旧法の下においても、文書提出命令の制度 (旧法314条以下) がないわけではなかったが、一般義務化が図られていたわけではないし、公文書についても原則的に除外されていたので、イン・カメラということ自体があまり問題

---

[56] もともと「イン・カメラ」という言葉は、ラテン語の camera (暗い部屋) に由来するもので、そこから非公開の手続、つまり、裁判官室での審理 (in chamber、in camera) の意味で用いられるようになった。

[57] 法務省民事局参事官室・前掲書 (注38) 265頁、奥博司「文書提出命令⑤——イン・カメラ手続」(三宅省三ほか編・新民事訴訟法大系3) 214頁、三木・前掲書 (注3) 532頁等参照。

にならなかった。しかし、平成8年の民事訴訟法の改正で公文書を除いて提出義務の一般義務化が図られ、その後、平成13年の改正で公文書を含む提出義務の一般義務化が図られたが[58]、私文書であっても、守秘義務の対象事項を記載した文書や公表されることを予定していない内部的な利用文書等があり、また、公文書であれば、公表することによって公務に支障が生じたり、個人のプライバシーが侵害されるおそれがあることが少なくない。それだからといって、安易に例外を認めて提出義務を免除したのでは、一般義務化した意義が損なわれてしまう。そこで、提出を強制することが相当ではない文書か否かを判断するための手続が必要となったのである。

　㈦　イン・カメラ手続の適用範囲

　このようにイン・カメラ手続は、法220条4号イ、ロ、ハ、ニ所定の除外事由（守秘義務文書、公務支障文書、自己利用文書）の存否が問題となった場合に、裁判官がその有無を判断するための手続であり、同号ホの「刑事訴訟文書」については、適用がない。「刑事訴訟文書」に該当するか否かは、イン・カメラ手続によるまでもなく、判断できると考えられているからである。

　また、上記除外事由の有無について判断する場合に限られているから、文書提出命令が申し立てられている文書を取り調べる必要があるか否かの判断に用いることはできない。問題の文書を取り調べる必要がないとの判断は、裁判官の心証形成の1つであるが、そのような心証形成については弁論主義の適用があるから、裁判所は、当事者から提出された証拠（書証）で判断することが必要なのであって、いまだ証拠として提出されていない文書によって必要性の有無を判断してはならないからである。もちろん、イン・カメラ手続では相手方当事者は当該文書を閲読することはできないから、裁判所がどのような意味で必要性がないと判断したのかを知ることができず、手続と

58　平成8年以降の新法の改正経過を概観したものとして、須藤典明「実務からみた新民事訴訟法10年と今後の課題」民訴55号86頁等参照。

しての公平性や透明性が保障されていないことになる。

(2) **イン・カメラ手続の実施要件**

(ア) **一般事件**

次に、どのような場合に、裁判所はイン・カメラ手続を実施することになるのであろうか。これまで必ずしも十分な検討がなされているわけではなく、裁判所は文書の所持者が除外事由の存否を具体的に主張したときに初めてイン・カメラ手続を実施すれば足りるとの見解も主張されており、所持者から具体的な主張がなければ、裁判所としてはイン・カメラ手続を実施することなく、文書の提出を命じることができるということになりそうである。

しかし、文書の所持者がすべて民事訴訟法の制度に精通しているわけではないうえ、事件の当事者以外の第三者は、訴訟に巻き込まれるのを嫌って具体的な主張をすることを避けようとすることも少なくない。しかも、どの程度の主張があれば「具体的な主張」があるというべきか、そのこと自体が必ずしも自明ではなく、所持者としては具体的に主張したつもりであったのに、裁判所から具体的な主張がないとして、イン・カメラ手続も実施されずに文書提出命令が発令されたのでは、手続に対する信頼性にも疑問が生じてしまうであろう。私文書であっても、公文書であっても、仮に、本当に除外事由が存在するのであれば、第三者のプライバシーや国家や社会的な利益が損なわれてしまうことになり、一度公表されてしまえば取り返しがつかない不利益が生じてしまうのであるから、除外事由の存否が問題となり、その存在について一応の主張と疎明があれば、裁判所はイン・カメラ手続を実施すべきであろう。[60]

---

59 長谷部由起子「判批（東京高決平成18・3・30）」民商135巻3号504頁。
60 これに対し、いわゆる情報公開訴訟では、証拠調べとしてのイン・カメラ審理を行うことは、原告も被告も当該文書の内容を確認したり、援用したりして弁論を行うことができない等の問題点があり、民事訴訟の基本原則に反するから、許されないとした最判平成21・1・15民集63巻1号46頁がある。なお、平野朝子「いわゆる『インカメラ審理』を巡る最高裁決定」ひろば2009年10月号62頁等参照。

(イ) 知的財産権訴訟

知的財産権に関する訴訟では、文書所持者の営業上の秘密を保護しつつ、イン・カメラ手続がなされても閲読に参加できない文書提出命令の申立人（一方の当事者）に対する手続保障との調和を図るため、平成16年の特許法の改正により、イン・カメラ手続の際、民事訴訟法の特則として、相手方に対する文書の開示を認める一方で（特許105条の3）、秘密保持命令の制度（同法105条の4）が新設された。イン・カメラ手続では、申立人である当事者が問題の文書の内容を把握できないまま、裁判所が文書を閲読して、事実上、一方的に心証を獲得してしまうのは手続の公平性や透明性に反するとの批判に応えつつ、当事者や訴訟代理人に対して秘密保持を義務づけ、違反に対して刑事罰（同法200条の2ほか）を定めたものである。もっとも、いわゆる東京と大阪の地裁に設けられた「知的財産権部」や東京高裁の「知的財産高等裁判所」で争われる事件では、裁判官も双方の弁護士も、お互いに顔見知りで、高度の専門性を前提としているところから、イン・カメラ手続の段階で、問題の文書の提出について何らかの合意に至るのが通常であり、実際に文書提出命令が発令されることは、ほとんどないようである。

(3) **イン・カメラ手続が実施された例**

次に、公刊物に掲載されたもので、実際にイン・カメラ手続が実施されたものについて概観しておく。「監査調書」等の提出が求められた事案で、イン・カメラ手続が実施された後、除外事由の「自己利用文書」（法220条4号ニ）には該当しないとして提出が命じられた例（大阪地決平成11・7・23金商1117号18頁［22］）、リース会社に関する「信用調査報告書」につき、イン・カメラ手続が実施され、地裁では「自己利用文書」に該当しないとされたが

---

61 飯村＝設楽・前掲書（注23）44頁以下〔設楽隆一ほか〕、254頁以下〔東海林保〕参照。
62 第3編第1章「知的財産訴訟」〔佐長功執筆部分〕等も参照。
63 自己利用文書については、伊藤眞「自己使用文書の意義」法協114巻12号1455頁、三木・前掲書（注3）595頁、垣内秀介「自己使用文書に対する文書提出義務免除の根拠」（小島武司先生古稀祝賀・民事司法の法理と政策(上)）206頁等を参照。

III 審理手続上の問題点

(東京地決平成17・4・8判タ1180号331頁［67］)、高裁では「自己利用文書」に該当するとされた例(東京高決平成17・10・7判例集未登載［73］)、破綻した銀行が財務諸表作成の基礎資料とするために作成した「業績見込」等の文書が自己利用文書に当たるか否かでイン・カメラ手続が実施された例(宇都宮地決平成18・7・4金法1784号41頁［83］)、同じく「自己利用文書」に該当するか否かの判断のため、イン・カメラ手続が行われた例(福岡地決平成18・6・30判時1960号102頁［82］)、競業避止義務違反事件で請求された介護サービス事業者が作成した「利用者情報一覧表」が「自己利用文書」に該当するか否かの判断のためにイン・カメラ手続が行われた例(佐賀地唐津支決平成18・12・26金商1311号82頁、福岡高決平成19・2・21金商1311号82頁、最決平成19・8・23判タ1252号163頁［89］)、外国政府への「照会回答の依頼文書」につき除外事由が認められるか否かについてイン・カメラ手続を経た例(東京高決平成18・3・30判タ1254号312頁［81］)、同じく海上自衛艦内での「自殺に関する調査資料」につきイン・カメラ手続が行われた例(横浜地決平成19・9・21判タ1278号306頁［91］)、公正取引委員会が調査の過程で収集した資料について、イン・カメラ手続を経て、証拠調べの必要性や法220条4号ロ該当性が認められた例(大阪地決平成24・6・15判時2173号58頁［137］)がある。「非公開の財務情報」につき、イン・カメラ手続を経たうえで、一部マスキングを認め、提出を命じた例(東京高決平成20・4・2民集62巻10号2537頁)もある。これに対して、イン・カメラ手続の違法性について争ったことに対して、イン・カメラ手続は、「職業の秘密」に関する事実認定のための審理の一環として行われるものであり、法律審で行うべきものではないから、原審の認定が一見記録に照らして明らかに不合理であるといえるような特段の事情がない限り、法律審である許可抗告審で争うことはできないと判示した例(最決平成20・11・25民集62巻10号2507頁［96］)がある。

7 一部提出命令と提出方法

(1) 一部の提出命令

文書提出命令は、「文書に取り調べる必要がないと認める部分又は提出の義務があると認めることができない部分があるときは、その部分を除いて、提出を命ずることができる」（法223条1項後段）と定められている。旧法314条では、文書の一部の提出を命ずることができるか否かについて何も定めておらず、解釈が分かれていたため、明文化されたものである。

㋐ 必要性がない部分

実務的には、たとえば、契約書の場合、最初の原案ができてから最終の正式文書ができあがるまでには、何段階かの修正等を経ているのが普通であり、原告と被告との間の契約書といっても、一連の文書の中で、必ずしも必要ではない文書も少なくないはずである。また、争点との関係で、関連の付属文書の中に、争点とは全く関係がなく、必要性が認められないものもありうる。契約書等には、図面や参考資料等さまざまな添付文書が付けられていることもあるが、争点との関係で必要な部分は、ごく一部であることが普通であろう。また、資料管理の便宜のために、後に、別の文書（履行段階の報告書やメモ等）が一緒に保存されていることもある。さらには、対象文書に、後に第三者によって書き込みがなされたりしていることもある。形式的には1枚の紙に記載されていても、後に別の者によって書き込まれたりした部分は、理論的には別文書であるから、そのような部分についてまで提出が命じられるわけではないし、直ちに必要性が認められるわけでもない。[64]

不必要な部分については、当事者に個別具体的に特定させたうえ、「ただし、○頁以降の添付図面は除く」等と明示しておくことが考えられる。

㋑ 提出義務がない部分

実務的に問題が多いのは、提出義務の有無と関連して、どこまで黒塗り

---

[64] 実際には、関連事項であるからこそ、その文書の余白等に書き込まれたのであろうから、あらためて検討する必要がある場合も少なくないであろう。

（マスキング）等が認められるかの点であろう。基本的には、提出義務に関する判断と連動して決定されるべきものであり、個別判断については、提出義務をめぐる各論稿を参照されたいが、代表的なものについて、簡単に述べておく。

(A) 第三者の個人情報が記載されている場合

まず、対象文書に第三者の個人情報が記載されている場合である。裁判例では、「一通の文書の記載中に提出の義務があると認めることができない部分があるときは、特段の事情のない限り、当該部分を除いて提出を命ずることができる」としたうえ、「本件監査調書として整理された記録又は資料のうち、……貸付先の一部の氏名、会社名、住所、職業、電話番号及びファックス番号部分を除いて提出を命じたことは正当」と判断したもの（最決平成13・2・22判時1742号89頁［36］）がある。第三者が誰か特定できるような事項は個人情報に該当し、個人情報の保護に関する法律でも保護の対象とされているから、当然のことである。もっとも、一部削除して提出することによって、文書の意味内容が変化したり、文書としての意味がなくなってしまったり、誤解を生じさせたりする危険がある場合には、一部提出を否定すべき「特段の事情」があるとされることもあるであろう。[65]

なお、事件や事故等の現場で撮影された映像等（準文書）の提出が問題になる場合に、その映像等に無関係の第三者が映り込んでいることも少なくなく、そのような無関係の者については、顔が識別できないようにモザイク処理などの工夫が必要であろう。これと同一ではないが、警察官や刑務官等の暴行等を理由とする国家賠償請求訴訟などにおいて、その現場等で撮影された映像等の提出が問題となる場合、警察官や刑務官等の安全確保のために、警察官や刑務官等の顔が識別できないようにモザイク処理を行うことが許されるかという問題もある。イン・カメラ手続などを利用するなどして、安全確保の必要性の程度等を慎重に検討して決定されるべきであろう（実務的に

---

[65] 吉田元子「判批（最決平成13・2・22）」（西口元＝春日偉知郎編集・文書提出等をめぐる判例の分析と展開）金商1311号30頁等。

は、裁判所の提出命令を待たずに、任意にモザイク処理を施した写しを相手方に交付することなども考えられるであろう）。

(B) 会社の機密事項や秘密事項、自己利用文書が含まれている場合

文書に、会社の機密事項や秘密事項、自己利用文書が含まれている場合にも問題が生じる。たとえば、不採算部門の閉鎖に伴う人事異動の無効を争った訴訟で、「売上振替集計表」の文書提出命令が申し立てられ、会社が一部を黒塗りして提出した場合において、自己に都合のよい部分だけを開示し、その他の部分は引用文書ではないとすることは許されないとして、全部の提出（開示）が命じられたものがある（大阪高決平成15・6・26労判861号49頁［48］）。もちろん、非公開の財務情報につき一部マスキング処理を認めたもの（最決平成20・11・25民集62巻10号2507頁［96］）もある。さらに、「事故調査報告書」のうち、「過失割合の参考所見」と題する書面（部分）は、「自己利用文書」（法220条4号ニ）に該当するが、「写真」や「図面」等の客観的資料は除外文書に該当しないとして提出を命じたもの（福岡地決平成18・6・30判時1960号102頁［82］）がある。「医療事故経過報告書」のうち、関係者からの事情聴取部分は法220条4号ニの自己利用文書に当たるが、検討の結果をまとめた「報告提言部分」は「自己利用文書」に該当しないとして、提出が命じられた例（東京高決平成15・7・15判タ1145号298頁［49］）もある。

(2) 提出期限

裁判所が文書提出命令を発令する際に、一定の提出猶予期限を設定することが許されるであろうか。法は、特に何も規定していないが、文書提出命令に従わなかった場合には制裁が予定されているのであるから、手続の明確性を確保する意味でも、文書提出命令において、提出猶予期限を定めるのが相当である。たとえば、主文において、「相手方は、本決定確定の日から2週間以内に、別紙文書目録記載の各文書を提出せよ。」などと記載することとなろう。この期間は、所持者等の意見を参考とし、文書の量をも勘案して決定すべきものであり、文書の量が多い場合には、4週間程度の猶予を与えることが相当であろうし、当初の見込みと異なって文書が膨大であった場合に

は、法96条1項の趣旨などに照らして、猶予期間の延長を認めるべきであろう。

(3) 提出の具体的方法

次に、提出義務が認められ、提出を命じられた場合に、その具体的な提出方法等をめぐって問題が生じることがある。

㋐ 原本かコピーか

このような問題は、実は、文書送付嘱託でもよく出てくるところであり、理論的な問題というよりは、まさに実務処理においてどのように対応するのが適切かという問題である。よくあるのは、全体が膨大なので、一部だけをコピーで提出したいという希望である。また、当該文書の原本は、内部的に持出し禁止とされているので、コピーを送付したいという希望が出てくる場合も少なくない。また、原本はカラーであるのに、カラーコピー機がないので、白黒コピーでもよいか等の問合せがある場合もある。このような場合に、原本との同一性は誰が確認するのかという新たな問題が浮上してくるが、実務的には、申立人やその代理人弁護士に、所持者のところに行って、事実上、必要部分や、原本と写しとの同一性等を確認等してもらい、問題を解決して提出の円滑化を図っていることも少なくない。

㋑ コピー費用の負担

さらに、コピー等の場合には、コピーの作成費用を支払ってほしいとか（レントゲンフィルム等の場合は、それ相応の費用がかかってしまう）、場合によっては、コピーを作成するための手間賃（職員の費用）を請求してよいか等の問題が出てくることもある。微妙な問題でもあるが、実務的には、仮に、原本が提出された場合には、申立人は、その記録を謄写して控えを入手することになるから、いずれにしても何らかの費用はかかることになる。そこで、この点に着目して、便宜的な方法ではあるが、申立人にコピーの費用を負担してもらい、所持者から送られてきたコピーそのものは申立人に引き渡すという方法も行われている（裁判所での謄写費用に比べれば、所持者から請求される費用は何分の一かであるので、これが成り立つ）。必要があれば、裁

判所の記録に綴る写しは、申立人のほうであらためてコピーをとって提出してもらうわけである。いずれにしても、手続を円滑に進めるためにも、コピー等の費用負担について明確に定めることが必要である。[66]

　　(ウ)　電磁的データやマイクロフィルムになっている場合

　最近では、対象文書が電子化され、電磁的データとして保存され、管理されていることも少なくない（かつては、マイクロフィルム化されていることもあった）。このような場合、文書といっても、実際はコンピュータのサーバに電磁的データとして保存されているにすぎず、紙に記載された文書として保存されているわけではないから、厳密にいえば、準文書に該当する（大阪高決平成17・4・12労判894号14頁［68］）として、法231条により、文書提出命令に関する規定が準用され、文書提出命令の対象になる（東京地決平成元・6・2判タ709号262頁、大津地彦根支決平成6・9・8判タ870号271頁）。この場合、提出を命じられた者は、そのデータの内容をアウトプットして、紙面に印字して提出することが必要である（大阪高決昭和53・3・6高民集31巻1号38頁［2］）。知的財産事件に関するものであるが、文書提出命令によって提出を命じられた電磁的データ（文書）の閲覧、謄写等の方法については、裁判所が適宜の訴訟指揮によって定めることができるとされている（東京地決平成10・7・31判時1658号178頁［11］）。

　なお、電磁的データの場合にも、原本に相当する電磁的データとプリントアウトされた書面との同一性の確認や、プリントアウトのための費用を誰が負担するのか等の問題がないわけではない。上記のところと同様に考えられるであろう。

　　(エ)　訳文の提出の要否

　最近では、文書提出命令の対象となる文書が外国語で作成された文書であ

66　前掲108頁のアスベスト訴訟における文書提出問題において、提出を求められた資料の一部については、会社に対して文書の選別等に不当な時間や労力を強いるものであるとして却下しているが（奈良地決平成25・1・31判時2191号123頁［139］、その抗告審である大阪高決平成25・6・19労判1077号5頁［142］）、費用負担の適正を図ることで解決すべき部分もあるであろう。

ることも少なくないが、そのような場合に、その訳文の提出が必要かという問題もある。日本の裁判所では、日本語が用いられることとなっている（裁判所法74条）ので、裁判所に外国語で作成された文書を提出するときには、主張書面であろうと書証であろうと、その訳文を提出することが必要とされる。そこで、文書提出命令に際して、対象文書が外国語で書かれた文書である場合に、裁判所は、文書提出命令において、たとえば「相手方は、別紙文書目録記載の各文書を、その訳文を添付して提出せよ」などと命ずることができるかという問題がありうる（渉外事件や知的財産関係事件では外国語で書かれた契約書や権利書などの訳文が必要であるし、医療過誤事件などでもカルテの一部が外国語で書かれているのが普通で、訳語が必要となる）。しかし、書証の提出としての文書提出命令の申立ては、その申立てをした当事者の訴訟行為とみるべきものであり、仮にその対象文書の訳文が必要であれば、その申立てをした当事者において、その文書を取得した後、あらためて訳文を提出すべきものである。裁判所からみても、文書提出命令は、一方の当事者の申立てに基づいて、提出を求められている文書の所持者に対して、その文書を裁判所に提出するよう命ずるだけであり、その記載内容の利用はあくまでも当事者の責任においてなされるべきものであるから、裁判所は、文書提出命令において、その所持者に対して対象文書と一緒にその訳文をも提出するよう命じることはできないというべきである。

8　文書提出命令に対する不服申立て

(1)　即時抗告の可否

　訴訟指揮の一環としてなされる判断は、通常は、裁判所がいつでも取り消すことができ（法120条）、独立の抗告をもって争うことができないのが原則である（法328条1項）。文書提出命令の申立てに対する決定は、証拠の採否に関する決定ではあるから、広い意味で訴訟指揮の一環としてなされるものではあるが、心証形成に必要とされる重要な証拠の提出に関する争いを放置したまま判断しても、当事者の納得が得られない。そこで、文書提出命令の

申立てについてなされた決定に対しては、告知された後1週間以内であれば、即時抗告によって争うことが認められている（法223条7項、332条）。

(2) 文書提出命令の申立てが却下された場合

(ア) 原　則

即時抗告が認められるのは、文書提出命令の申立てに対する決定によって、法律上の利益を侵害される者であり、申立てが却下された場合には、申立人の法律上の利益が否定されたことになるから、申立人が即時抗告をすることができる。

(イ) 必要性なしとして却下されたとき

もっとも、文書提出命令の申立てが却下された場合でも、そもそも証拠として取り調べる必要がないと判断された場合には、一般の証拠決定の場合と違いはなく、即時抗告の利益がないことになるから、即時抗告の手続によって争うことはできない（最決平成12・3・10民集54巻3号1073頁[30]、最決平成12・12・14民集54巻9号2743頁[33]、東京高決平成15・12・4労判866号92頁[52]、東京高決平成17・12・28労判915号107頁[77]等）。この場合、申立人が本案判断において敗訴したならば（申立人が原告であれば請求が棄却され、被告であれば請求が認容された場合に）、本案判断に対する不服の理由の1つとして争う余地がある。すなわち、申立人が本案訴訟で勝訴した場合であれば、申立人は控訴することができないから、文書提出命令の申立てが却下されたことを争う余地はない。申立人が本案訴訟に勝訴したということは、申立人の立証にとって当該文書は必要なかったことになるから、実質的にも不利益はないはずである。

(3) 文書提出命令の申立てが認容された場合

(ア) 文書の所持者

申立てが認められて文書の提出が命じられた場合には、提出を命じられた文書の所持者は、提出しなければ法律上の不利益を被ることになる（訴訟の一方の当事者であれば、法224条により真実擬制等の不利益があり、第三者であれば法225条により過料の制裁がある）から、これに対して即時抗告をすること

ができることは、争いがない。

　(イ)　所持者ではない他方当事者

　問題は、訴訟当事者ではない第三者が所持する文書について提出命令が発令された場合に、所持者ではない他方の当事者は、提出命令に対して即時抗告をすることができるかである。かつては、いわゆるスモン訴訟等において、被告の製薬会社が第三者である病院に対して原告らのカルテ等を提出するよう文書提出命令の申立てをし、裁判所がこれを認めたため、原告らが、文書の内容につき利害関係を有するとして即時抗告を申し立てた例がある。下級審の裁判例は、肯定したもの（大阪高決昭和53・5・17判時904号72頁〔3〕、東京高決昭和59・9・17高民集37巻3号164頁）と否定したもの（広島高決昭和52・12・19判時894号77頁、大阪高決昭和54・12・7ジュリ716号7頁）とに分かれていた。学説でも、かつてはこれを肯定する者が少なくなかったが、最近では否定説も有力である。最高裁は、文書提出命令が、文書の所持者に対して提出を命じるとともに、その証拠申出を採用するとの証拠決定の性質を有するものであり、証拠調べの必要性がないことを理由とする即時抗告は許されないことを前提に、文書の提出を命じられた所持者および申立てを却下された申立人以外の者は抗告の利益がないとして、所持者ではない他方当事者の即時抗告を否定した（最決平成12・12・14民集54巻9号2743頁〔33〕）。

　いわゆる現代型訴訟では証拠の偏在が問題とされているが、薬害訴訟や公害訴訟では、逆の意味で証拠の偏在が生じている部分がある。患者である原告らが病院の所持するカルテ等の記載内容に事実上の利害関係を有することは明らかであるが、それは事実上のものであることや、本来的に、相手方に対して損害賠償を求めている以上、原告らはカルテ等の提出を拒否すべきではないこと等を考慮すると、否定説が正しいであろう。

67　吉村德重＝小島武司編『注釈民事訴訟法(7)』103頁〔野村秀敏〕、斎藤秀夫編『注解民事訴訟法(8)〔第2版〕』181頁等。
68　伊藤・前掲書（注29）422頁等。

(4) 不服申立ての時期

無断欠勤解雇が争われた訴訟で原告が病気欠勤の場合について定めた「内規」の文書提出命令を申し立てたところ、裁判所は口頭で却下して弁論は終結した。原告が即時抗告をしたが、即時抗告前に口頭弁論が終結されており、その審級ではもはや証拠調べの可能性がないことから、即時抗告は不適法とされた（最決平成13・4・26判時1750号101頁［37］）。申し立てた当事者は控訴審でその当否を争うことになる。

(5) 抗告審での留意点

抗告審で原決定を維持する場合には、特に相手方から意見を聞くことは必要的ではないが、原決定を覆す場合には、相手方は原決定で得た利益を害されることとなるから、決定前に即時抗告申立書や抗告人が提出した準備書面等を相手方にも送付して、反論の機会を与えることが必要である。最高裁（最決平成23・4・13民集65巻3号1290頁［116］）は、これに反した場合には、明らかに民事訴訟における手続的正義の要求に反し、裁量の範囲を逸脱した違法があると判断している。

9 不提出に対する措置

文書提出命令が発令され、所持者がこれに従って対象文書を提出すれば、問題はあまりない。[69] これに対して、文書提出命令が発令され、確定したにもかかわらず、所持者が命令に従わない（対象文書を提出しない）ということも、ないわけではない。そのような不提出の場合に、どのように考えるべきかが問題である。[70]

---

[69] もっとも、この場合でも、その文書に記載されている内容が当然に証拠原因になるというものではない。証拠としての記載内容や証拠としての信用性等が認められない場合もあり、すべては内容次第ということになる。

[70] 大村雅彦「文書提出命令⑥——発令手続と制裁」（三宅省三ほか編・新民事訴訟法大系3）224頁、坂田宏「文書提出命令違反の効果」（竹下守夫ほか編・講座新民事訴訟法Ⅱ）112頁、田原・前掲論文（注38）65頁等も参照。

(1) 強制執行の可否

　文書提出命令を受けた所持者が命令に反して対象文書を提出しない場合、申立人は、この文書提出命令を「債務名義」（民事執行法22条3号または7号）とし、所持者を「債務者」として、強制執行を申し立てることができるであろうか。[71]

　一般的に、「文書提出義務は、文書の所有者に対して課せられる公法上の義務」であると解されており、[72] 文書提出命令は、申立人の所持者に対する私法上の請求権を前提として対象文書の提出を命じたものではないから、私法上の請求権を前提とする民事執行法上の手続によって提出を強制することはできないと考えられている。

(2) 当事者に対する真実擬制の可否

(ア) 真実擬制の内容

　上記のように、文書提出命令を債務名義として強制執行ができないことを前提として、民事訴訟法は、①「当事者が文書提出命令に従わないときは、裁判所は、当該文書の記載に関する相手方の主張を真実と認めることができる」（法224条1項）と定めている。そして、さらには、②「相手方が、当該文書の記載に関して具体的な主張をすること及び当該文書により証明すべき事実を他の証拠により証明することが著しく困難であるときは、その事実に関する相手方の主張を真実と認めることができる」（同条3項）と定めている。つまり、現行法は、当該文書の記載内容を真実と認めることができる（①）というだけではなく、場合によっては、その点の申立人の主張そのものを真実と認めることもできる（②）としているわけである。

　これは、旧法316条では、「文書ニ関スル相手方ノ主張」を真実と認めることができるとだけ定められていて、上記①に相当する部分だけにとどまっていたため、②の部分に相当する真実擬制、すなわち、申立人がその文書によ

71　ここで論じているのは、文書提出命令を債務名義とする場合だけで、もともと私法上の文書引渡請求権の有無が訴訟物で、判決で当該文書の引渡しが命じられた場合とは異なる。
72　伊藤・前掲書（注29）425頁等。

り証明することができるとしている主張事実まで真実と認めることはできないとされていたこと(最判昭和31・9・28裁判集民23号281頁)を前提として、これを解消するため、明文で②の部分が付け加えられたものである。

　　(イ)　真実擬制の限界

　もっとも、このような真実擬制ができるとされているといっても、裁判所は、常に当該文書により証明すべき事実を真実と認めなければならないわけではない。事実認定については、裁判所の自由心証に委ねられており(法247条)、裁判所は、他の証拠や経験則、さらには弁論の全趣旨等をも考慮して自由に判断できるのが大原則であるから、申立人が「証明すべき事実」(法221条1項4号)として主張している事実が、他の証拠や経験則、さらには弁論の全趣旨等をも踏まえて検討したときに、真実ではないとの心証を抱いたときには、これを法224条1項・3項によって真実と認めることはできないと考えられている。

　　(ウ)　過払金返還請求訴訟の場合

　　(A)　取引履歴の一部がすでに開示されている場合

　過払金返還請求訴訟において文書提出命令の申立てが少なくないことは、前述のとおりである。もちろん、過去10年以内の取引履歴に相当するデータは、ほとんどの場合、訴訟前か、訴訟後の早い時期に、被告のサラ金業者から原告に対して開示されているのが普通である。原告が訴訟で文書提出命令の申立てにより開示を求めているのは、10年よりももっと前の部分についてなのである。このような前提で、文書提出命令の申立てに際し、申立人(原

73　菊井=村松・前掲書(注39)639頁等。

74　もっとも、竹下守夫「模索的証明と文書提出命令違反の効果」(吉川大二郎博士追悼論集・手続法の理論と実践(下)183頁は、解釈によって、場合によっては②に相当する部分についても真実と認めることができるとし、これを肯定した東京高決昭和54・10・18判時942号1頁等も現れていた。

75　春日偉知郎「自由心証主義の現代的意義」(新堂幸司ほか編・講座民事訴訟5)55頁、中西正「自由心証主義」(青山善充=伊藤眞編・民事訴訟法の争点〔第3版〕)172頁等参照。

76　法務省民事局参事官室・前掲書(注38)270頁、梅本吉夫『民事訴訟法〔第5版〕』838頁、伊藤・前掲書(注29)423頁、大村・前掲論文(注70)237頁等。

告)から、「証明すべき事実」として、借主である原告が自分の記憶に基づいて復元したという個々の取引内容(貸金業者の貸付年月日や貸付額、原告の返済年月日や返済額等)が記載されて提出されることがある。しかし、ほとんどの場合、それらの記憶による復元データというものは、すでに開示されている取引履歴に記載されている取引状況(借入状況と返済状況)からみて、あまりにも申立人に都合のよいものとして記載されていることがほとんどである。[78] そもそも複数の貸金業者と長年にわたって貸し借りを継続していた原告が、記憶だけで10年以上も前の借入日や借入額、返済日や返済額を逐一おぼえているはずはなく、記憶に基づく復元にはもともと無理がある。前述のように、「証明すべき事実」は、文書提出命令の申立てや発令に際しては、一応の特定ができる程度に記載されていればよいが、真実擬制を働かせるためには、合理的と考えられる程度に個々の貸付年月日や貸付額、返済年月日や返済額等が具体的に記載されていなければ難しいということになる。そもそも申立人は、すでに開示されている取引履歴の記載部分と大きく齟齬しない程度の「証明すべき事実」を記載すべきであろう。

(B) 貸金業者による証明妨害が明らかな場合

ただし、前記のように、貸金業者が取引履歴のデータを当然に保存していると思われるのに、合理的な説明もなしにただデータを消去してしまって保存していない、保存していないものは提出できない等と主張するだけで、それを疎明するに足りる客観的な資料を提出することもできないような場合には、「当事者が相手方の使用を妨げる目的で提出の義務がある文書を滅失させ、その他これを使用することができないようにしたとき」(法224条2項)に該当するから、真実擬制の制裁を考えるべきであろうが、その場合でも、

---

77 もちろん、最近では、10年よりも前の部分についても、サラ金業者にデータが残っている部分については任意に開示されることが多く、文書提出命令の申立てをしている部分は、現在から20年以上前の昭和年代の取引状況等についての申立てであることが少なくない。

78 たとえば、申立人は、毎月一定の期日に一定額を返済していたと主張しているが、すでに開示されている実際の取引内容では、返済期日や返済額がバラバラで大きく齟齬しており、「証明すべき事実」として記載されている内容に合理性が認められない場合が少なくないのである。

その内容は、すでに開示されている取引履歴の記載部分と大きく齟齬しない程度のものであることが必要であろう。場合によっては、原告が主張している「証明すべき事実」の記載内容を訂正させることも1つの方法であろうと思われる。[79]

  (C) 過払金の推認方法

 いずれにしても、実務的には、取引履歴の一部しか開示されていない場合に、法224条による真実擬制をそのまま適用しにくい場合も少なくないので、どのように処理するのが妥当なのかという問題が残る。主張事実の一部についてのみ真実と認めることも許されるであろう。筆者は、過払金返還請求訴訟における真実擬制の問題は、結局、サラ金業者に対して不当利得として返還を命ずる金額をいくらにするかの問題に帰着することから、損害が発生したことは明らかなのに、その損害額を認定するための適切な資料がない場合に裁判官の裁量を認めた法248条の法意を取り入れたうえ[80]、訴訟に現れているすべての証拠や資料はもとより、弁論の全趣旨をも勘案して、相当と考えられる金額について真実と認めることもできると考える。もちろん、純粋に事実認定の問題としてとらえて、すべての証拠や資料はもとより、弁論の全趣旨をも勘案して金額を認定することもできないわけではないであろう。たとえば、原告は、訴訟直前には多重債務状態にあり、返済期日に一定額を返済することが困難で、返済日や返済金額に規則性はなくなるものの、過去にさかのぼればさかのぼるほど、まだ切羽詰まっていたわけではなく、規則的に一定額を返済し、また新たな貸付けを受けることを繰り返している傾向が強い。開示されている取引履歴のうち初期の返済状況等を検討して、返済期日や返済額にある程度の規則性が認められるならば、開示されていない期間

---

79 なお、証明妨害一般の議論については、本間義信「証明妨害」民商65巻2号183頁、山本和彦「証明妨害」(伊藤眞=加藤新太郎編・判例から学ぶ民事事実認定)21頁等を参照。

80 判例を概観したものとして、樋口正樹「民訴法248条をめぐる裁判例と問題点」判タ1148号23頁があり、最近の議論を整理したものとして、三木浩一「損害賠償額の算定」(伊藤眞=加藤新太郎編・判例から学ぶ民事事実認定)257頁、加藤新太郎「判解(最決平成20・6・10)」重判解〔平成20年〕(ジュリ1376号)151頁等がある。

についても、同様に、ある程度規則的に取引していたものと推認し、それを前提に新たな推計計算をし直してみるのも合理的な方法の1つではないだろうか。[81]いずれにしても、各裁判官において、それぞれの事案にふさわしい計算方法等を考えてみることが大切であろう。

(3) 第三者に対する過料

文書の提出を命じられた所持者が訴訟の当事者ではなく、第三者である場合に、この者が文書提出命令に従わないときは、裁判所は、決定で、20万円以下の過料に処することができる（法225条）。前記のように、文書提出命令を債務名義として強制執行をすることはできないので、過料により間接的に提出を促すものである。ここで、過料の額は20万円以下とされているが、通常、文書提出命令では、1つの決定であっても、複数の文書の提出を命じられることが少なくない。そこで、仮に、提出を命じられた複数の文書のうち、一部を提出して残りの文書を提出しなかったときに、実務的には、過料の額をどうするかという問題もある。たとえば、10通の文書の提出を命じられて、6通の文書は提出したものの、残り4通の文書を提出しなかった場合に、過料の額の上限は、やはり20万円にとどまるのか、それとも、20万円×4で80万円になるのかという問題である。理論的には、形式的に1つの決定で命じられていても、命じられた文書の数だけ決定が存在するわけであるから、過料の額の上限は、20万円に提出しなかった文書の数を乗じた額になると考えるのが相当であろう。もっとも、実務的には、第三者に対して過料を命じた先例はみあたらないし、筆者自身も、過料を命じたことがないので、現状では理論的な問題にとどまるというべきであろう。

なお、いったんは文書の提出を拒んだ第三者が口頭弁論終結前に対象文書を提出した場合には、法230条3項の趣旨を踏まえて、過料の決定を取り消すことができるとの説があり[82]、第三者からの提出を促すことにつながるの

---

81 詳細は、須藤・前掲論文（注6）14頁参照。
82 兼子一ほか『条解民事訴訟法』1070頁〔松浦馨〕、吉村＝小島・前掲書（注67）137頁〔野村秀敏〕等。

で、これに賛成したい。

　過料の決定を受けた第三者は、即時抗告をすることができるが（法225条2項）、文書提出命令そのものの違法、不当を主張することはできない。この点は、文書提出命令に対する即時抗告（法223条7項）でなされるべきものだからである。

Ⅳ　おわりに

　文書提出命令については、かなりの裁判例が蓄積されてきているが、問題とされる分野も拡大されてまだ現在進行形の論点である。本章は、「文書提出命令の実務」について説明するものであり、本来であれば、提出義務の存否をめぐる問題点についても言及すべきであったと思うが、文書の性質や内容などを踏まえた個別性が強い議論が必要であり、本書の他の各論稿でそれぞれ詳細に論じられているので、本章では割愛した。そちらを参照していただければ幸いである。

（須藤典明）

第2編
所持者からみた文書提出命令

第1章 金融機関の文書

I 貸出稟議書

1 はじめに

(1) 貸出稟議書

　金融機関では、貸出について権限分掌規定があり、融資額や担保による保全状況、金利など一定の条件ごとに融資の可否に関する決済権限者が定まっている。そして、貸出をする場合には、まず顧客との窓口となる直接の担当部署がその融資の可否に関する諸情報を稟議書に記載し、その融資案件に取り組みたいとの意見を付すなどしたうえ、上位者に順次回付する。稟議書の方式や記載事項は、各金融機関によってさまざまであろうが、多くは、融資先、融資金額、資金使途、担保、保証、金利、返済期間や方法、これまでの当該相手方との取引経緯、返済経緯、相手方の財務状況、相手方に対する評価、融資をすることによる金融機関のメリット、リスクといった多くの事項が必要に応じて記載されており、それを基にした担当部署の取組意見が記されている。これが担当者から、順次上位者、審査部門等に回付され、それぞれが必要に応じて承認する旨や意見・条件などを記載して押印し、最終的には一定の部署の長や、事案によっては担当取締役など、最上位の決済権限者に回覧され、その承認を得て融資の実行が決まることとなる。

(2) 貸出稟議書に関する文書提出命令の申立て

ところで、融資当時の当事者間のやりとりや、金融機関側の意向、方針、認識、説明内容等の立証に際して、このような稟議書に融資当時の状況についてどのような記載がされていたかが、立証の1つのポイントとなることがある。バブル期などに、顧客が大口の金融商品を購入したり、多額の有価証券取引を行う際の資金を金融機関が融資した事例において、顧客が融資当時の金融機関の言動などを問題にして損害賠償を請求するとか、金融機関側からの融資金請求訴訟に対して顧客が錯誤無効や損害賠償請求権との相殺を主張するといった訴訟が多くみられ、その際、融資当時に金融機関がどのように認識していたか、顧客に対してどのように説明していたか等についての立証の一助とするために、稟議書の提出を求められる事例が多数生じた。

(3) 貸出稟議書の特徴

しかし、融資の稟議書には、顧客に関して得た情報、顧客に関する金融機関側の意見や認識、評価、コメントなどが記載されている。金融機関としては、これを第三者や顧客自身に開示することを全く予定していない。むしろ、融資を行うメリット、デメリット、リスク、金融機関内部の融資先に対する評価や判断などに基づく金融機関内部の意思形成過程が記載されているから、これがつぶさに開示されてしまうと、金融機関としては、稟議書にこれらを自由に記載できなくなってしまうという反作用が考えられる。そうなっては、部署間、権限者間の意見交換もままならない。それでは、円滑で機動的な、またリスクを回避しつつ、他方で時機と資金需要に適した融資事務を遂行することは困難になる。そのため、旧来から、金融機関は融資に関する稟議書の提出義務を負うのか、それが民事訴訟法上の法律関係文書となるのか、またいわゆる自己利用文書に当たるのかが、多くの事例で争われてきた。[1]

2 下級審判例と学説

(1) 法律関係文書、自己利用文書概念と貸出稟議書

旧法312条には、自己利用文書という概念は定められていない。しかし、

同条3号の利益文書や法律関係文書の解釈が次第に拡大していくにつれ、これに制限をかける法理として、もっぱら自己使用のために作成された文書は文書提出命令の対象外であるという見解が通説となっていったことは周知のとおりである。現行法は、これを立法化し、「専ら文書の所持者の利用に供するための文書」という表現を用いて、文書提出に関する一般義務に対する例外と定めた。

しかし、現行法施行後においても、具体的に、どのような文書が自己利用文書に当たるのかについては争いがあり、金融機関の貸出稟議書についても、訴訟においてその提出義務の存否が争われ、施行直後から、下級審レベルにおいて、肯定否定双方の多数の決定が示されていた。[2]

(2) 否定判例

稟議書の自己利用文書該当性を否定した判例としては、たとえば、東京高決平成10・11・24金法1538号72頁 [14]（後記最決平成11・11・12民集53巻8号1787頁 [25] の原審）がある。

同決定は、「銀行の貸出業務に関し作成される稟議書や認可書は、……経済活動を行う組織体として必須の公式文書ということができる上、……銀行において、このような稟議書や認可書は、法令で作成が義務づけられている

1 　法220条4号ニ（平成13年改正前は同号ハ）の文書については、自己使用文書、自己利用文書、自己専利用文書、専自己利用文書、自己専用文書など、論者によってさまざまな用語が使用されている。論者によって、その要件の解釈が異なるから、用語の示す範囲もそれぞれ微妙に異なるが、ここでは、自己利用文書という用語で称して議論を進めることとする。

　なお、旧法時代の「自己使用文書」概念と、現行法で文書提出に関する一般義務の例外として条文上認められた「自己利用文書」の概念とは異なり、旧法下での議論をそのまま新法下での解釈に用いることはできないとされている（伊藤眞「文書提出義務と自己使用文書の意義」法協114巻12号1453頁）。小野憲一「判解」最判解民〔平成11年〕786頁は、後記の平成11年11月12日最高裁決定の認める「自己利用文書」は、かつての「自己使用文書」に関する有力説の理解するところと比較すると、開示によって所持者が被る「看過し難い不利益が生ずるおそれ」を明示的に求めている点において、より限定的であるとする。

2 　広く文書提出義務をめぐる判例の整理・研究として、伊藤眞「文書提出義務をめぐる判例法理の形成と展開」判タ1277号13頁以下。銀行の貸出稟議書に関する判例の整理として、小野・前掲判解（注1）786頁以下、並木茂「銀行の貸出稟議書は文書提出命令の対象となるか(上)(下)」金法1561号38頁以下、1562号36頁以下。

ものではないものの、銀行業務の公共性、重要性の反映として、銀行の貸出業務の適正を担保するため実務上必ず作成するものとされていること、稟議書には、貸出科目、金額、実行日、適用金利、資金使途、返済期限、返済条件、返済財源、担保・保証の明細等が記載されることが認められるから、これらの文書は、銀行の貸出に関する重要な諸情報を網羅的に記載し、その意思決定の合理性を明らかにし、かつ、これを担保するために作成された基本的な公式文書ということができる」とした。そして、

① 貸出稟議書の信憑性は一般に高いこと、
② 訴訟においては、銀行自身がこれを証拠提出する場合もあること、
③ 内閣総理大臣が銀行法25条に基づいて行う銀行の業務・財産の状況に関する検査においても、貸出業務が適正に行われているかどうかを判断するうえで貸出稟議書が重要な基礎資料であること

などから、「稟議書及び認可書は、相手方内部の意思決定の過程において、その合理性を担保するために作成されるものであるが、その意思決定に関する基本的かつ最重要の公式文書というべきものであり、様々な局面で、銀行自身が貸出の合理性、正当性を外部に対し主張する場合、あるいは外部の者がこれらを確認する場合に、そのための基本的かつ最重要の資料であるということができる。したがって、これらは、専ら内部の者の利用に供する目的で作成され、およそ外部の者に開示することを予定していない文書であるということはできない」として、その提出を命じた。

このほかにも、自己利用文書該当性を否定した判例として、東京高決平成10・10・5金法1530号39頁［13］、大阪高決平成11・2・26金商1065号3頁［15］、札幌地決平成11・6・10金商1071号7頁［18］などがある。

(3) 肯定判例

これに対して、貸出稟議書の自己利用文書該当性を認めて、その提出義務を否定した判例も多数存した。

たとえば、東京地決平成11・6・10金法1550号36頁［19］は、「法人等の団体の内部の意思形成過程で作成される手控え、稟議書等は、個人における

手控え、日記のような、内心がそのまま書き記される文書に匹敵するものであり、団体の構成員が外部の反応を忌みはばかることなく闊達に検討、討論をして団体の意思を形成する自由を保障するためには、これを一般的提出義務の対象から除くことが必要と考えられるから、右の『専ら文書の所持者の利用に供するための文書』に当たると解すべきである」とした。

この決定は、稟議書の証拠としての価値や、金融機関自身が稟議書を証拠提出することがあるという点についても、「稟議書が団体の意思形成過程を跡付ける重要な証拠となり得ることは右主張のとおりであるとしても、その作成の際に後日の争訟においてこれを証拠として開示することを予定するかどうかは、開示による意思形成の萎縮のおそれの大小等と彼此衡量の上当該団体が決定することであり、これもまた意思決定の自由として保護されているところというべきである。すなわち、稟議書が意思形成過程に関する証拠となり得るからといって、後日これが所持者以外の者に開示されることが予定されているとはいえない」と判示した。

その抗告審である、東京高決平成11・7・14金法1554号80頁［21］も、原審を維持し、「当裁判所も、抗告人ら申立てにかかる稟議書は、民事訴訟法220条3号後段の法律関係文書に当たらず、また同条4号ハ（筆者注：現行法では4号ニ）の自己使用文書に当たると判断するものであるが、その理由は、原決定理由二及び三項説示のとおりである」としている。福岡高決平成11・6・23金法1557号75頁［20］（最決平成11・12・17金商1083号9頁［27］の原審）も同旨であり、このほかにも、貸出稟議書の自己利用文書該当性を認めて提出義務を否定した判例は多数ある。

(4) 学説

平成8年改正法の立法担当者は、自己利用文書に当たるかどうかの判断基準に関して、「文書の記載内容や、それが作成され、現在の所持者が所持するに至った経緯・理由等の事情を総合考慮して、それがもっぱら内部の者の利用に供する目的で作成され、外部の関係のない者に見せることが予定されている文書かどうかによって決まる」としており、自己利用文書の該当例と

して、日記や備忘録のほか、稟議書もあげていた。[3]

これに対して、学説上は、自己利用文書の解釈基準に関して、上記の立法担当者の見解と同様に考える見解のほかに、客観的にみて、作成者が自己固有の使用のために作成し、内容が公開されることを予定しておらず、かつ公表によって文書作成の趣旨が損なわれたり文書作成活動に不当な制限が課せられるなどの不利益があるような文書に限定する見解や、作成者の不利益と、代替証拠の有無・当事者の衡平・真実発見の重要性等といった証拠使用の必要性との比較衡量を行うべきとする見解などがある。そして、これにより、稟議書一般について自己利用文書該当性を否定する見解、肯定する見解、その中間的な見解、原則として自己利用文書に該当するとしつつも、比較衡量の見地から、判断に際して必要不可欠であり他に適切な証拠がない場合など一定の場合には自己利用文書該当性が否定されるとする見解などが分かれていた。[4]

このような情勢の下で最高裁の判断が待たれていたところ、平成11年に至って、下記の最高裁決定が現れ、稟議書は原則として自己利用文書に該当し、法律関係文書には当たらないと判示して、その提出義務を否定するに至った。

3 最高裁決定

(1) 貸出稟議書の自己利用文書該当性

すなわち、最決平成11・11・12民集53巻8号1787頁［25］（以下、「平成11年最高裁決定」という）は、まず、自己利用文書の一般的な定義として、

「ある文書が、その作成目的、記載内容、これを現在の所持者が所持するに至るまでの経緯、その他の事情から判断して、専ら内部の者の利用に

---

[3] 法務省民事局参事官室編『一問一答新民事訴訟法』251頁。なお、これは、特に貸出稟議書に限らず、一般的な稟議書としての記述である。
[4] 学説の状況については、小野・前掲判解（注1）781頁以下、789頁以下、稟議書をめぐる学説を整理したものとして、並木・前掲論文（注2）金法1561号38頁以下。

供する目的で作成され、外部の者に開示することが予定されていない文書であって、開示されると個人のプライバシーが侵害されたり個人ないし団体の自由な意思形成が阻害されたりするなど、開示によって所持者の側に看過し難い不利益が生ずるおそれがあると認められる場合には、特段の事情がない限り、当該文書は民訴法220条4号ハ（筆者注：平成13年法律第96号改正後は同号ニ）所定の『専ら文書の所持者の利用に供するための文書』に当たると解するのが相当である」
とした。

そして、銀行の貸出稟議書については、

「支店長等の決裁限度を超える規模、内容の融資案件について、本部の決裁を求めるために作成されるものであって、通常は、融資の相手方、融資金額、資金使途、担保・保証、返済方法といった融資の内容に加え、銀行にとっての収益の見込み、融資の相手方の信用状況、融資の相手方に対する評価、融資についての担当者の意見などが記載され、それを受けて審査を行った本部の担当者、次長、部長など所定の決裁権者が当該貸出しを認めるか否かについて表明した意見が記載される文書であること、右に述べた文書作成の目的や記載内容等からすると、銀行の貸出稟議書は、銀行内部において、融資案件についての意思形成を円滑、適切に行うために作成される文書であって、法令によってその作成が義務付けられたものでもなく、融資の是非の審査に当たって作成されるという文書の性質上、忌たんのない評価や意見も記載されることが予定されているものである。したがって、貸出稟議書は、専ら銀行内部の利用に供する目的で作成され、外部に開示することが予定されていない文書であって、開示されると銀行内部における自由な意見の表明に支障を来し銀行の自由な意思形成が阻害されるおそれがあるものとして、特段の事情がない限り、『専ら文書の所持者の利用に供するための文書』に当たると解すべきである」
とした。同じ第二小法廷が出した最決平成11・11・26金商1081号54頁［26］においても、同旨が判示されている。

(2) 自己利用文書該当性の要件

平成11年最高裁決定においては、自己利用文書該当性の要件として、

> ① もっぱら内部の者の利用に供する目的で作成され、外部の者に開示することが予定されていないこと、
> ② 開示されると個人のプライバシーが侵害されたり個人ないし団体の自由な意思形成が阻害されたりするなど、開示によって所持者の側に看過しがたい不利益が生ずるおそれがあること
> ③ 特段の事情がないこと

---

5 上記3要件のうち、①と②の要件の整理、特にその判断の基礎とする事情に関する判示部分の整理は、論者によって異なる。
　本件決定の最高裁判例解説を担当した小野憲一最高裁調査官は、①と②を本文の囲み部分のように整理したうえで、本件最高裁決定は、「右二要件は、『文書の作成目的、記載内容、これを現在の所持者が所持するに至るまでの経緯、その他の事情』から判断されるとしている」としており、「その作成目的、記載内容、これを現在の所持者が所持するに至るまでの経緯、その他の事情から判断して、」という平成11年最高裁決定の示した判断基準は、要件①と②の双方にかかっていると述べている（小野憲一「判解」ジュリ1184号121頁、同・前掲判解（注1）782頁）。同・前掲判解（注1）では、「看過し難い不利益が生ずるおそれがあるかどうかも、『前記の諸事情』を総合して客観的に判断すべきことになる」とする（783頁）。
　これに対して、翌年の「特段の事情」に関する最決平成12・12・14民集54巻9号2709頁［32］の解説を担当した福井章代最高裁調査官は、上記①と②の2要件について、本件平成11年最高裁決定は、「(1)ある文書が、その作成目的、記載内容、これを現在の所持者が所持するに至るまでの経緯、その他の事情から判断して、専ら内部の者の利用に供する目的で作成され、外部の者に開示することが予定されていない文書であって、(2)開示されると個人のプライバシーが侵害されたり個人ないし団体の自由な意思形成が阻害されたりするなど、開示によって所持者の側に看過し難い不利益が生ずるおそれがあると認められる場合には、……」と整理しており、「その作成目的、記載内容、これを現在の所持者が所持するに至るまでの経緯、その他の事情から判断して、」という部分を、(1)のみにかけて、(2)にはかけていない（福井章代「判解」ジュリ1212号104頁、同・最判解民〔平成12年〕928頁）。
　杉原則彦「判解」最判解民〔平成13年〕800頁も同様である。山本和彦「判批（最決平成11・11・12）」NBL679号9頁は、「その作成目的、記載内容、これを現在の所持者が所持するに至るまでの経緯、その他の事情」を、要件①の判断要素として解説している。
　平成11年最高裁決定の貸出稟議書についてのあてはめの判示の書き方からすると、筆者としては、平成11年最高裁決定の起案者の意図は、前者の小野調査官の整理のほうが正しいように思われるので、本稿では前者に従って整理している。

との3点をあげている。[5]

上記①は、文書の作成目的や開示予定という、文書本来の性格や作成目的等を論議するものであり、前記の立法担当者の示していた要件である。

最高裁は、これに加えて、②として、開示された場合の文書所持者の不利益を要件として考慮するものであり、これら2つの異なる側面を合わせ考慮したことが特徴的といえる。

そして、この決定では、判断基準として、「作成目的、記載内容、これを現在の所持者が所持するに至るまでの経緯、その他の事情から判断して、」と述べており、代替証拠の有無や真実発見の必要性等をあげていないから、これらとの比較衡量を主張する比較衡量説とは一線を画しているものと解されている。[6]また、貸出稟議書へのあてはめの項の判文にあるとおり、「文書の性質」を重視し、この事件の対象である文書の具体的な記載内容を問題にしていないことから、②の看過しがたい不利益が生ずるおそれの判断も、文書の類型に応じた類型的判断であって、個別具体的な記載内容を問題とするものではないと理解すべきであろうと解されている。[7]

(3) 法律関係文書該当性

なお、法文上の、法律関係文書と自己利用文書との関係については、自己

---

6 小野・前掲判解（注1）784頁およびその注15。
7 小野・前掲判解（注5）121頁、同・前掲判解（注1）783頁。
　小野調査官は、条文の立法趣旨が、プライバシー保護のほか、個人や法人の意思決定の過程や討議の内容をみだりに公開されない自由を保護し、自由な意思形成が阻害されるおそれを防止しようとするところにあることからすると、文書の記載内容によって自己利用文書該当性が左右されるのでは自由な意思形成が保護されないことになるから、「開示によって所持者の側に看過し難い不利益が生ずるおそれ」があるかどうかについても文書の種類に応じた類型的判断によるべきであるとする（同・前掲判解（注1）802頁注13）。この点は、福井調査官も、同意見である（同・前掲判解（注5）ジュリ1212号105頁）。
　他方で小野調査官も、同時に、文書の類型によっては、個別具体的な内容に踏み込んだ判断を求められる場合があるとも指摘しており（小野・前掲判解（注1）783頁。同旨、山際悟郎「判批（最決平成18・2・17）」金商1246号10頁）、実際、最決平成12・3・10民集54巻3号1073頁[30]は、回路図および信号流れ図に関して、文書の「その具体的内容に照らし」て、所持者の側に看過しがたい不利益が生ずるおそれがあるかどうかについて「具体的に」判断することを求めて、審理を原審に差し戻している。

利用文書に当たれば、直ちに法律関係文書に当たらないと解すべきかどうかにつき、立法の経緯などもからんで解釈の余地がある。平成8年改正法において、法220条4号が新たに設けられたが、これにより、従来の法律関係文書の概念は変わったのかどうかについて議論がある。本決定は、この両者の関係に関して、「本件文書が、『専ら文書の所持者の利用に供するための文書』に当たると解される以上、民訴法220条3号後段の文書に該当しないことはいうまでもないところである」と判示し、ある文書が自己利用文書に当たるとされれば、それは法律関係文書にも該当しない旨を明言した（この考え方は、下記最決平成12・12・14民集54巻9号2709頁［32］においても同様に示されている）。[8・9]

4 特段の事情

(1) 特段の事情の概念

こうして、相次いだ最高裁決定により、金融機関の貸出稟議書は、特段の事情がない限り自己利用文書に該当し、文書提出命令の対象にならないとの判例が確立したとみられる状況となり、以降は、いかなる場合に「特段の事情」が認められるのかに議論が移行した。そして、株主代表訴訟のように、組織の構成員ないし出資者が訴訟当事者となって、その組織内部において作成された文書の提出を求めるような場合には、特段の事情ありとして開示を認める余地が広いのではないかという議論がされていた。[10]

そのような中で、最高裁は、最決平成12・12・14民集54巻9号2709頁［32］において、初めて特段の事情の内容について判示した。

---

8 なぜそう解されるのかは判文上示されていない。そして、小野・前掲判解（注1）796頁は、平成11年最高裁決定は、法220条3号後段についてどのような解釈をとるのかを明らかにしていないとする。
9 なお、法220条4号の法文は、「前3号に掲げる場合のほか」とあるが、最高裁は、同条1号ないし3号と、4号の判断は、前者の不該当を判断した後に後者に至る必要はなく、いずれから先に判断してもよいものと解しているとみられる。
10 山本・前掲判批（注5）10頁など。

この事案は、信用金庫の会員が、理事を被告として、理事らが適切な担保をとらずに融資をして信用金庫に損失を与えたことが理事の善管注意義務、忠実義務に違反するとして損害の賠償を求めた会員代表訴訟である。

最高裁は、平成11年最高裁決定を引用して、貸出稟議書は特段の事情がない限り自己利用文書に当たるとしたうえ、「右にいう特段の事情とは、文書提出命令の申立人がその対象である貸出稟議書の利用関係において所持者である信用金庫と同一視することができる立場に立つ場合をいうものと解される」とし、しかし、「信用金庫の会員は、理事に対し、定款、会員名簿、総会議事録、理事会議事録、業務報告書、貸借対照表、損益計算書、剰余金処分案、損失処理案、附属明細書および監査報告書の閲覧または謄写を求めることができるが（法（筆者注：信用金庫法）36条4項、37条9項）、会計の帳簿・書類の閲覧又は謄写を求めることはできないのであり、会員に対する信用金庫の書類の開示範囲は限定されている。そして、……会員代表訴訟は、会員が会員としての地位に基づいて理事の信用金庫に対する責任を追及することを許容するものにすぎず、会員として閲覧、謄写することができない書類を信用金庫と同一の立場で利用する地位を付与するものではないから、会員代表訴訟を提起した会員は、信用金庫が所持する文書の利用関係において信用金庫と同一視することができる立場に立つものではない」とし、そうすると、「会員代表訴訟において会員から信用金庫の所持する貸出稟議書につき文書提出命令の申立てがされたからといって、特段の事情があるということはできないものと解するのが相当である」とした。

この決定に対しては、そもそも、文書の提出を求める者が、その所持者と同一視することができる立場に立つ場合であれば、その文書を入手するに際して、文書提出命令よりもより効果的な手段をとりうる場合が多いと考えら

---

11 これは、特段の事情について一般的な定義をした趣旨ではなく、この事案に即して特段の事情を判断したものと解されている（福井・前掲判解（注5）最判解民931頁）。
12 この決定には、町田顕裁判官の反対意見があり、貸出稟議書は、後に貸出の適否が問題となった場合にはそれを検証する資料とすることが予定されているものであるとして、会員代表訴訟において利用されることが当然予定されていると述べている。

れるし、また挙証者が法令に基づき文書の閲覧・謄写請求権を有する場合には、自己利用文書の概念に煩わされることなく、法220条2号に基づいて文書の提出を求めることができるのだから、貸出稟議書について「特段の事情」が認められるという場合はほとんど想定できないのではないかとして、この「特段の事情」という文言は、「一種の決まり文句として」最高裁が留保を付けたにすぎないと指摘する見解がある。[13]

会員代表訴訟は、当該信用金庫自身が理事に対する責任追及訴訟の提起をしない場合に、それに代わって、会員が提起するものという役割を果たすのであるが、それは、会員自身の意思により提起される訴訟であるし、その主張・立証活動も、訴訟の維持遂行も、会員自身の独自の判断と責任の下になされるものであって、信用金庫自身と同視できるものではない。そして、このような会員代表訴訟という制度が認められた趣旨も、終局的には、出資者である会員の利益を守るためにある。信用金庫自身が訴訟を提起しないと判断している中で提起された会員代表訴訟において、ときには、その提起自体が相当でないと判断される事例もあろう。本決定は、このような観点から、会員代表訴訟における提訴会員は、「所持者である信用金庫と同一視することができる立場に立つ」ものとはいえないと判断したものと思われる。

(2) 特段の事情を認めた判決

その後、最決平成13・12・7民集55巻7号1411頁［40］は、特段の事情の存在を初めて認めた。

この事案は、破綻した信用組合の営業のすべてを譲り受けた者（株式会社整理回収機構）が、原告として、承継した貸金等の回収を訴求したのに対して、当該訴訟の被告らが、信用組合には不法行為があったとして、これによる損害賠償請求権と貸金等との相殺を主張し、その立証のために、信用組合から貸出稟議書の引渡しを受けてこれを所持する原告に対して、その提出を求めたものである。この事例において最高裁は、

13　中島弘雅「判批（最決平成11・11・12）」金商1311号18頁。

① 文書の所持者である原告は、破綻した金融機関等からその資産を買い取り、その管理および処分を行うことを主な業務とする株式会社であり、
② 原告は、信用組合の経営が破綻したため、その営業の全部を譲り受け、これに伴い信用組合の貸付債権等に係る本件文書を所持するに至ったこと、
③ 文書の作成者である信用組合は、営業の全部を原告に譲り渡し、清算中であって、将来においても、貸付業務等を自ら行うことはないこと、
④ 原告は、法律の規定に基づいて信用組合の債権の回収にあたっているものであって、本件文書の提出を命じられることにより、所持者において自由な意見の表明に支障を来しその自由な意思形成が阻害されるおそれがあるものとは考えられないこと、

などから、このような場合には、特段の事情があることを肯定すべきであるとしたものである。この決定においては、

⑤ 「このような結論を採ることによって、現に営業活動をしている金融機関において、作成時には専ら内部の利用に供する目的で作成された貸出稟議書が、いったん経営が破たんして抗告人による回収が行われることになったときには、開示される可能性があることを危ぐして、その文書による自由な意見の表明を控えたり、自由な意思形成が阻害されたりするおそれがないか、という点が問題となり得る。しかし、このような危ぐに基づく影響は、上記の結論を左右するに足りる程のものとは考えられない」

とも判示されている。

(3) 実務に与える影響

この一連の決定の流れから、最高裁は特段の事情についてかなり限定的に解釈していると解され、[14] 貸出稟議書について文書提出義務が認められること

---

14 山本和彦「判批（最決平成13・12・7）」ジュリ1224号125頁、中島・前掲判批（注13）18頁。

はほとんどあり得ないとも理解されている。
^{15・16}

　これに対して、極めて開示の範囲を狭めた決定の流れに対しては、批判的な見解も存する。たとえば、貸出稟議書の中でも評価や意見が記載されている部分はごく一部であり、その部分を特定することは可能であるから、仮に金融機関の自由な意思形成が阻害されるおそれがある場合には提出拒否を認めるとしても、イン・カメラ手続を活用してその判断と該当部分との厳密な特定を行うとともに、一部提出命令（法223条1項後段）を利用して、関係者の評価や意見に当たる部分ははずし、残りの部分について提出を命ずればよいとの見解も主張されている。[17]

　ただ、現実に訴訟を遂行している立場からみると、そのような訴訟の原告としては、金融機関の説明内容とか、金融機関の認識といったものを立証したいがために、その立証のよすがとして貸出稟議書の提出を求めるのが一般である。そのような訴訟の原告側としては、多くの場合、そういった金融機関内部での認識などを記載した部分こそが立証資料としたい箇所であり、また、その記載を基に、証人尋問等で敵性証人の弾劾尋問を行いたいところであろう。そこをはずして、融資の基本的な条件とか、外形的な事項とか、数字等が示されても、そういった事項は、多くは訴訟においては争いのない事項であり、原告の立証意図にはあまり合致しないであろう。他方、金融機関側としては、金融機関内部での評価や認識、判断の根拠などを記載した部分が文書提出命令の対象外として除外されるとすれば、組織内部における自由な意見表明を行った部分の開示は免れるので、ある程度の意味はあると思われる。ただ、金融機関の意向としては、イン・カメラ手続でさえ、そのような記載がされうる文書が金融機関以外の外部の者の目にふれるそのこと自体

15　伊藤眞「文書提出義務をめぐる判例法理の形成と展開」判タ1277号34頁。
16　特別危機管理銀行となった金融機関内部の貸出稟議書について、特段の事情の存否についても検討し、その存在を否定して自己利用文書に当たるとした判例として、宇都宮地決平成18・1・31金商1241号11頁［78］がある。
17　平野哲郎「新民事訴訟法220条をめぐる論点の整理と考察」判タ1004号43頁、小林秀之「判批（最決平成11・11・12）」判タ1027号20頁など。

が、文書の作成過程に対して萎縮効果を及ぼしうるものであり、組織内の自由な議論を妨げる可能性が危惧され、避けたいというのが本音であろう。前掲東京地決平成11・6・10金法1550号36頁［19］が、「法人等の団体の内部の意思形成過程で作成される手控え、稟議書等は、個人における手控え、日記のような、内心がそのまま書き記される文書に匹敵するものであり、団体の構成員が外部の反応を忌みはばかることなく闊達に検討、討論をして団体の意思を形成する自由を保障するためには、これを一般的提出義務の対象から除くことが必要と考えられる」としたのは、金融機関の関係者の偽らざる気持を代弁しているといってよいように思われる。

また、多くの論文は、イン・カメラ手続の利用に期待しているが、文書提出を求められる側からすると抵抗感のある制度である。訴訟というのは、判断者である裁判官に対する説得活動であり、証拠はそのためのツールである。双方当事者が、どういう証拠を裁判官にみせてその心証に影響を与えようかと戦っているときに、意図しない証拠を、目的は違うとはいえ、その裁判官にみせてしまう、というのは、ある意味で矛盾である。証拠を閲読した裁判官の心に残ったものは、物理的には消えない。

(4) 文書の所持者が変わった場合の「自己利用文書」該当性の判断

なお、前掲最決平成13・12・7は、文書の提出を命じられた場合に保護される客体として誰の利益を考えているかについて、興味深い判示をしている。本決定では、文書が開示されることによる文書のかつての作成者の不利益がどうであるかが前記(2)判示の③で議論され、これに加えて文書の現在の所持者の不利益を④で検討しており、また、⑤において、貸出業務を営む金融機関一般に与える萎縮効果にも言及している。

法文は、「専ら文書の所持者の利用に供するための文書」としているのであるが、文書が、その作成者から移転されて別の所持者の下にあるという事態は、いくらでもありうることである。そして、平成11年最高裁決定は、自己利用文書に当たる要件の判断に際して、文書の「作成目的」という作成者の下での事情のほかに、「これを現在の所持者が所持するに至るまでの経緯、

その他の事情から判断して」との判断要素をあげており、最高裁も、このように文書の所持者が交代する場合も含めて、前記の判断基準を示しているものといえる。すなわち、文書が作成者の下を離れて、現在の所持者の下に移ったとしても、その一事によって自己利用文書性が失われるわけではない。

　前掲最決平成13・12・7では、当初の作成者はすでに経営破綻していて今後貸出業務を営む可能性がないという特殊事情があり、そして、現在の所持者は、破綻金融機関の資産の管理処分を業務としていて同種文書によって貸出しの意思決定を行うことを予定していないといった特殊事情があり、最高裁は、これらをともに考慮して、特段の事情を認めたものである（上記(2)における⑤の部分は、前記3(2)の自己利用文書とされるための判例上の要件①から③に照らすと、これらの要件とは必ずしも直結せず、いわずもがなであったように思われる）。

II　社内通達文書

1　社内通達文書

　金融機関では、上位機関から下位の部署や出先に対して、折々にさまざまな通達や命令、指示、取扱要領、回答要領、などが示達されている。これは金融機関のみならず、他のさまざまな業種の企業においても同様であろう。これらの内容はさまざまで、人事、労務、総務関係の通達もあれば、権限分掌に関するものもあろう。また、営業、販促などに関するものもあるし、トラブルの報告、その回避方法や対応指針、ときにはQ&A的なものもありうる。これらは、企業内部の意思疎通を図り、対応などの統一を図ることを目的とする文書であって、多くは企業外に開示されることを予定していない。むしろ、企業の内部で特定の課題についてどう考えているのか、どう扱おうとしているのか、その方針や詳細などには対外秘とされるものも多い。通達

の受領者も限られていたり、通達の内容を知りうる者が一定の権限者以上に限定されていたりすることもある。ときには、電子メールで通達されても、それをプリントアウトすることが禁じられる場合もあろう。営業秘密に属するノウハウや、成功例、失敗例、トラブル事例などが記載されることもあると思われる。

　このような内部通達や内部の示達などの文書について提出を求められた場合、金融機関としては、その開示には抵抗感があるのが一般である（そもそも抵抗感のないような書類であれば、提出命令が申し立てられること自体、多くはないだろう）。

　また、金融機関の内部通達の存在やその名称などは、通常外部には知り得ないことである。その存在が訴訟の当事者、特に外部者に知られ、内部通達の名称が特定されて、その提出を求められるなどというのは、実は金融機関にとっては、どこでそのような情報が外部流出したのか、いぶかしい事態であり、緊張感の高い事態であることが多かろう。

　では、金融機関は、その提出義務を負うのであろうか。

2　判　例

(1)　事　案

　この点が争われたのが、最決平成18・2・17民集60巻2号496頁［79］である。

　この事案は、地方銀行が貸出先に対して融資金の返還を求め、あわせて保証人に対して保証債務の履行を求めたのに対して、被告らが、これは融資一体型変額保険に係る融資契約に基づく旧債務を準消費貸借としたものであるところ、旧債務は錯誤により無効であるなどとして争い、その手続の中で、被告側が、銀行が融資一体型変額保険の勧誘を保険会社と一体となって行っていたことを立証趣旨として、銀行内部の通達類についての文書提出命令を求めたものである。

(2) 決定の検討対象とした文書

この訴訟において、被告らが銀行に対して提出を求めた文書は、以下のとおりである。

> 東京高等裁判所平成××年㈱第××××号事件において書証として提出された下記文書（上記事件における書証番号を（　）内に示す。）
>
> 記
>
> 1　平成元年7月31日付原告社内通達「営業推進情報」（甲20）
> 2　平成元年11月付原告社内通達「（変額）一時払い終身保険に対する融資案件の推進について」（甲21）
> 3　原告社内通達「対策例、推進の好事例」（甲22）
> 4　原告社内通達「一時払い終身保険料（変額保険）に対するローン実行報告について」（甲23）
> 5　平成2年7月5日付原告社内通達「FAレポート」（甲24）
> 6　平成3年6月27日付原告社内通達「FAレポート」（甲25）
> 7　平成3年9月付原告社内通達「変額一時払終身保険の取引先紹介に関わる生保会社からのメリット吸収について」（甲26）

被告らは、同種事件についての判例調査を進めるうち、同じ原告銀行が提訴した別件同種訴訟が係属中であることを知り、その記録を裁判所において閲覧したところ、その訴訟において、銀行の相手方当事者が、本件各文書を書証として提出していることを知ったという[18]。そこで、被告らは、上記のような文書目録を作成し、法220条4号に基づいて、その提出を求めた。これに対して、1審は銀行に対してこれらの文書の提出を命じ、抗告審も抗告を棄却したので、抗告の許可が申し立てられ、許可された。

(3) 最高裁決定

最高裁は、前記の自己利用文書の定義に関するリーディング・ケースであ

---

[18] 階猛「銀行本部担当部署から各営業店長等あての社内通達文書と文書提出命令」NBL830号23頁。

る平成11年最高裁決定を引用したうえで、「本件各文書は、いずれも銀行である抗告人の営業関連部、個人金融部等の本部の担当部署から、各営業店長等にあてて発出されたいわゆる社内通達文書であって、その内容は、変額一時払終身保険に対する融資案件を推進するとの一般的な業務遂行上の指針を示し、あるいは、客観的な業務結果報告を記載したものであり、取引先の顧客の信用情報や抗告人の高度なノウハウに関する記載は含まれておらず、その作成目的は、上記の業務遂行上の指針等を抗告人の各営業店長等に周知伝達することにあることが明らかである」とし、「このような文書の作成目的や記載内容等からすると、本件各文書は、基本的には抗告人の内部の者の利用に供する目的で作成されたものということができる」として、平成11年最高裁決定の指摘した要件の1つである、

　　要件①：「専ら内部の者の利用に供する目的で作成され、外部の者に開示
　　　　　することが予定されていない」

との要件の充足は認めた。しかし他方で、もう1つの、

　　要件②：「開示されると個人のプライバシーが侵害されたり個人ないし団
　　　　　体の自由な意思形成が阻害されたりするなど、開示によって所持
　　　　　者の側に看過し難い不利益が生ずるおそれがあること」

との要件については、本決定は、「本件各文書は、抗告人の業務の執行に関する意思決定の内容等をその各営業店長等に周知伝達するために作成され、法人内部で組織的に用いられる社内通達文書であって、抗告人の内部の意思が形成される過程で作成される文書ではなく、その開示により直ちに抗告人の自由な意思形成が阻害される性質のものではない」とし、「さらに、本件各文書は、個人のプライバシーに関する情報や抗告人の営業秘密に関する事項が記載されているものでもない」として、「本件各文書が開示されることにより個人のプライバシーが侵害されたり抗告人の自由な意思形成が阻害されたりするなど、開示によって抗告人に看過し難い不利益が生ずるおそれがあるということはできない」として、自己利用文書該当性を否定した。

(4) 本決定の検討

このように、前掲最決平成18・2・7は、自己利用文書の要件のうち、①は認めたが、②の要件の充足を否定したものである。

そこには、稟議書によって、組織内の議論が形成され、組織としての意思決定が段階的に図られていくのに比して、社内通達は、すでに形成された意思決定の内容が伝達され、周知されるにすぎず、これを開示しても意思決定過程を害する程度は低い、という判断がある。また、その記載内容も、個人のプライバシーや法人の営業秘密に関する事項が記載されているものでもないとみて、これを開示しても看過しがたい不利益が生ずるおそれはないとしたものである。

多くの場合、確かに社内通達書類は、意思決定過程途上の文書ではないから、その意味での開示による意思決定過程への悪影響は、稟議書を開示させられる場合の比ではない。しかし、それを開示した場合の組織に及ぼす不利益が常に低いかというと、その記載内容によっては、組織の運営や、組織内部での指示伝達、内部統制、ノウハウの伝授などのうえで、開示が萎縮効果を生み、組織にとって耐えがたい不利益を及ぼす事例もありうるのではないかと思われる。

この決定をめぐっては、企業法務の側からは、「いわば現場における意思決定の基準やノウハウが書かれた社内文書が開示されるならば、金融機関の業務の根底をなす意思形成部分に影響を与え、萎縮効果を生じさせ、自由な意思形成を阻害するおそれがある」との意見がある[19]。そして、このような観点から、「金融機関として絶対に開示したくない情報とそれほど重要とはいえない情報が"玉石混淆"状態で混在するのは避けた方がよい。前者は別の文書にして、宛先もさらに限定するなどの文書管理が求められる」との指摘もされている[20]。

ところで、この決定については、前記(3)の②の要件の充足性を判断するに

---

19 長谷川俊明「判批（最決平成18・2・17）」銀法660号7頁。
20 長谷川・前掲判批（注19）7頁。

際して、文書の性質などを基に類型的に判断したのか、それともその記載内容を基にして具体的な判断をしたのかは必ずしも明確でないとされている。[21]

　すなわち、本決定の文言をみると、判示前段の外部の者に開示されることが予定されている文書かどうかの判断は、文書の作成目的や記載内容を類型的に判断したものと読めそうであるが、後段の開示による不利益に関する要件の検討に際しては、「本件各文書は、個人のプライバシーに関する情報や抗告人の営業秘密に関する事項が記載されているものでもない」と判示して否定しているので、裁判所は文書に記載された具体的内容に従い、これを基に判断したと理解する余地がある。

　この点、平成11年最高裁決定の示した②の要件の判断も、前記のとおり類型的になされるものと理解されているのであるが[22]、ただ、訴訟の現場では、この要件は、具体的な判断にも親しみうる要件である[23]。そして、現実に判例上も、文書の種類からして類型的な判断をすることができないときは、具体的な記載内容を検討する必要があるとされている[24]。しかも、第3の要件として、「特段の事情」の有無という極めて個別的な事情まで判断要素に取り込みうる要件が加えられたため、自己利用文書該当性の判断が、必ずしも類型的な判断にとどまらない余地はさらに広まったものと解される。

　本件判示は、特に金融機関内部の文書であることに着目してはいないから、広く会社など組織内部で発せられる通達類一般について同様に議論をなしうる。そのような組織内部の通達や指示、示達、事例案内、ノウハウの開示等は、千差万別でさまざまである。したがって、具体的な訴訟の現場で、実際に開示されたときの不利益を検討しようとすれば、裁判官は、当該不利

21　山際・前掲判批（注7）10頁。
22　前掲（注7）参照。
23　小林・前掲判批（注17）19頁は、平成11年最高裁決定は、開示による不利益の判断について、「文書の客観的性質だけでなく実質的考量を要求しており、比較考量的アプローチとの差は、紙一重である」とする。
24　回路図、信号流れ図に関する最決平成12・3・10民集54巻3号1073頁［30］、中村也寸志「判批（最決平成19・12・11）」金法1845号39頁。

益を検討するために、イン・カメラ手続を駆使しつつ、文書の具体的な記載内容を基に判断しようとする事例がまま生じうることは、推測に難くない。また、特段の事情の判断の中で、公正な裁判の実現という目的のため当該証拠を立証に用いることの必須度合い等との兼ね合いが議論され、現実には比較衡量的要素が取り込まれてしまうことも想定される。したがって、これらの要件の判断は、実際には具体的な記載内容をも踏まえた中でなされていく余地が多分にあり、そうすると、この決定をもって、稟議書タイプの文書は一般的には開示を否定されるが、通達タイプの文書は一般的には開示を求められる、というように、稟議書と通達といったタイプに分けて理解をし、議論を展開することは、危険であろうと思われる（ただ、そうなると、金融機関にとっては、どのような文書が開示を要求され、どのような文書は開示を免れるのかの予測がつかず、その意味で、文書作成に際しての萎縮効果は免れないことになる）。[25]

III 取引明細表

1 はじめに

金融機関は、顧客との間の取引履歴を記載した取引明細表について、文書提出義務を負うか。

---

[25] 最近の判例として、金融商品の勧誘または販売に関して信託銀行が定める社内規則の提出義務が争われた名古屋地決平成23・10・24証券取引被害判例セレクト43巻262頁［123］があり、自己利用文書の定義について平成11年最高裁決定を引用したうえで、上記の社内規則は自己利用文書に当たらないとする。同決定は、金融商品の勧誘または販売に関して信託銀行が定める社内規則の内容は、その基準や手法に多少の差異はあっても、おおむね同じような内容とならざるを得ないものであって、そこに信託銀行独自のノウハウ等が入り込む余地は乏しく、また、その性質上、これが外部に開示されてその内容が同業者または顧客に知られたとしても、信託銀行に営業上の具体的な不利益が生じることは想定しがたく、顧客にその内容を知られたからといって取引の適正化が実現できない事態を招くとも思われないとし、外部に開示されることにより所持者の側に看過しがたい不利益を生じるおそれがあるとはいえないとして、自己利用文書には該当しないとした。

金融機関は、顧客との取引に関して守秘義務を負うとされている。それは、法律の明文規定によるものではないが、金融機関と顧客との取引契約にその旨の約定がなくても、金融機関の顧客は、当該金融機関が顧客情報をみだりに他に漏らすことがないとの信頼関係の基に金融機関との取引に入っているのであるから、金融機関は当該顧客に対して顧客情報について守秘義務を負っていると解されており、その根拠としては、商慣習とか、契約、信義則などがあげられている。[26]

このように、金融機関の守秘義務は、顧客に対する義務として理解されているが、当該顧客が民事訴訟の当事者になった場合に、顧客との訴訟の相手方が、金融機関に対して、金融機関と顧客との取引履歴の開示を求めて文書提出命令の申立てをした場合、金融機関はこれに応ずる義務があるであろうか。すなわち、取引履歴が、法220条4号ハ、197条1項3号の職業の秘密に該当するかという問題である。

2 職業の秘密

(1) 職業の秘密への該当性

職業の秘密について、最決平成12・3・10民集54巻3号1073頁［30］は、電話機器の回路図と信号流れ図について文書提出命令が申し立てられた事例について、法197条1項3号にいう職業の秘密とは、「その事項が公開されると、当該技術の有する社会的価値が下落しこれによる活動が困難になるもの又は当該職業に深刻な影響を与え以後その遂行が困難になるもの」をいうと判示した。

(2) 非開示許容の要件

しかし、このような職業の秘密に該当すれば直ちに非開示が認められるかというと、そうではなく、比較衡量によって判断するものとされている。

すなわち、最決平成18・10・3民集60巻8号2647頁［84］は、報道関係者

---

26 藤林益三＝石井真司編『判例先例金融取引法〔新訂版〕』2頁〔後藤紀一〕など。

が法197条1項3号に基づいて証言を拒否できるかが争われた事案において、「ある秘密が……職業の秘密に当たる場合においても、そのことから直ちに証言拒絶が認められるものではなく、そのうち保護に値する秘密についてのみ証言拒絶が認められると解すべきである。そして、保護に値する秘密であるかどうかは、秘密の公表によって生ずる不利益と証言の拒絶によって犠牲になる真実発見及び裁判の公正との比較衡量により決せられるというべきである」とした。

すなわち、まず職業の秘密に当たるかどうかを判断し、さらに、その中でも保護に値する秘密であるかどうかを、比較衡量によって検討するという考え方である。

この考え方は、証言拒否権のみならず、文書提出命令の事案においても引き継がれている。

すなわち、最決平成19・8・23判タ1252号163頁［89］は、介護サービス事業者が作成した、介護サービスの利用者名や、当該利用者の要介護状態区分、当該利用者が受けたサービス内容、各利用者ごとの介護保険請求額等がまとめられた資料から利用者の個人情報を除いた文書についての文書提出命令が申し立てられた事案であるが、最高裁は、「本件対象文書は本案訴訟において取調べの必要性の高い証拠であると解される一方、本件対象文書に係る上記96名の顧客はいずれも抗告人において介護サービスの利用者として現に認識されている者であり、本件対象文書を提出させた場合に相手方の業務に与える影響はさほど大きなものとはいえないと解される」という比較衡量を経たうえで、対象文書は法197条1項3号、220条4号ハに該当するとはいえないとしている。[27]

---

[27] これに対して、秘密の客観的性質を考慮して判断すれば十分であるとする有力な反対説がある。伊藤眞『民事訴訟法〔第4版補訂版〕』382頁など。

3 金融機関と顧客との取引履歴

(1) 取引履歴の提出義務

　最高裁は、顧客が訴訟当事者となった事案において、顧客の訴訟の相手方から申し立てられた金融機関に対する取引履歴の文書提出命令について、金融機関の文書提出義務を肯定している。

　すなわち、最決平成19・12・11民集61巻9号3364頁［93］の基本事件は、共同相続人AとBとの間の遺留分減殺請求に関する事件であり、相続人Bが被相続人の生前にその預貯金口座から払戻しを受けた金員が、被相続人のための費用に充てられたのか、それとも相続人Bの預金口座に移動されていて贈与による特別受益に当たるか、あるいは上記払戻しによりBが不当利得返還債務または不法行為に基づく損害賠償債務を負ったといえるかが争われた事案である。この事案において、訴訟の一方当事者であるAから、相続人Bがその取引金融機関に開設した預金口座に上記払戻金を入金した事実を立証するために必要があるとして、金融機関に対し、Bと金融機関との間の取引履歴が記載された取引明細表を提出せよとして文書提出命令が申し立てられた。

　原審名古屋高決平成19・3・14金法1828号51頁は、「金融機関は、顧客との取引及びこれに関連して知り得た当該顧客に関する情報を秘密として管理することによって顧客との間の信頼関係を維持し、その業務を円滑に遂行しているのであって、これを公開すれば、顧客が当該金融機関との取引を避けるなど、業務の維持遂行に困難を来すことが明らかである。金融機関は、顧客との取引内容を明確にする目的で取引履歴を記載した明細表を作成するのであり、取引の当事者以外の者に取引履歴を開示することを予定しておらず、これについて顧客の秘密を保持すべき義務があるから、この義務に反したときには、顧客一般の信頼を損ない、取引を拒否されるなどの不利益を受け、将来の業務の維持遂行が困難となる可能性がある。本件において、Bとの取引の全容が明らかになるような本件明細表が職業の秘密を記載した文書

に当たることは明らかである。また、文書の提出を拒否できるか否かを検討するに際しては、真実発見及び裁判の公正も考慮されるべきであるが、本件申立ては、探索的なものといわざるを得ないのであり、いまだ、本件明細表が真実発見及び裁判の公正を実現するために不可欠のものとはいえない」として、相手方は、法220条4号ハ、197条1項3号に基づき本件明細表の提出を拒否することができるとした。

　これに対して最高裁は、「金融機関は、顧客との取引内容に関する情報や顧客との取引に関して得た顧客の信用にかかわる情報などの顧客情報につき、商慣習上又は契約上、当該顧客との関係において守秘義務を負い、その顧客情報をみだりに外部に漏らすことは許されない。しかしながら、金融機関が有する上記守秘義務は、上記の根拠に基づき個々の顧客との関係において認められるにすぎないものであるから、金融機関が民事訴訟において訴訟外の第三者として開示を求められた顧客情報について、当該顧客自身が当該民事訴訟の当事者として開示義務を負う場合には、当該顧客は上記顧客情報につき金融機関の守秘義務により保護されるべき正当な利益を有さず、金融機関は、訴訟手続において上記顧客情報を開示しても守秘義務には違反しないというべきである。そうすると、金融機関は、訴訟手続上、顧客に対し守秘義務を負うことを理由として上記顧客情報の開示を拒否することはできず、同情報は、金融機関がこれにつき職業の秘密として保護に値する独自の利益を有する場合は別として、民訴法197条1項3号にいう職業の秘密として保護されないものというべきである」とした。

　そして同決定は、「本件明細表は、相手方とその顧客であるBとの取引履歴が記載されたものであり、相手方は、同取引履歴を秘匿する独自の利益を有するものとはいえず、これについてBとの関係において守秘義務を負っているにすぎない。そして、本件明細表は、本案の訴訟当事者であるBがこれを所持しているとすれば、民訴法220条4号所定の事由のいずれにも該当せず、提出義務の認められる文書であるから、Bは本件明細表に記載された取引履歴について相手方の守秘義務によって保護されるべき正当な利益を有さ

ず、相手方が本案訴訟において本件明細表を提出しても、守秘義務に違反するものではないというべきである。そうすると、本件明細表は、職業の秘密として保護されるべき情報が記載された文書とはいえないから、相手方は、本件申立てに対して本件明細表の提出を拒否することはできない」としたものである。

(2) 金融機関の守秘義務の性格

上記のように、金融機関の守秘義務が、特定の顧客に対して発生した義務ととらえられていることは注目すべきである。医師や弁護士の守秘義務が、専門家（プロフェッション）の義務として、特定の依頼者や患者に対する義務というよりも、より高度の、職業上の一般的な義務とされているのとは異なる（条文上も、法197条1項の2号と3号とは別の条文として分けて規定されている）。上記決定の田原睦夫裁判官の補足意見においても、金融機関の守秘義務は、「その義務の法的根拠として挙げられている諸点（筆者注：同補足意見では、「契約上（黙示のものを含む。）又は商慣習あるいは信義則」とされている）から明らかなように、それは当該個々の顧客との関係での義務である。時として、金融機関が、顧客情報について全般的に守秘義務を負うとの見解が主張されることがあるが、それは個々の顧客との一般的な守秘義務の集積の結果、顧客情報について広く守秘義務を負う状態となっていることを表現したものにすぎないというべきである」とされている。その点で、法197条1項2号に定める医師や弁護士等の職務上の守秘義務とは異なる。[28]

(3) 上記決定の射程距離

(ア) 顧客自身が訴訟当事者になっていること

このように、上記最高裁決定は、金融機関の守秘義務が顧客に対する関係で認められることを根拠に、顧客が訴訟当事者になっている上記の事案において、当該顧客がその文書を所持していたとしたら顧客自身が文書提出義務を負うかどうかで判断するという考え方に立っている。金融機関が守秘義務

28　小林秀之「判批（最決平成19・12・11）」銀法685号12頁も、両者に差異がある旨を述べる。

を負うことによる利益享有主体である顧客が、訴訟当事者としてその開示要求に対抗しうる立場にあるかどうかとパラレルに、金融機関の守秘義務の守備範囲を考えようという見解である。

この決定の射程は、当該顧客が訴訟の当事者になっている場合に限られる。[29] 判示でも、「当該顧客自身が当該民事訴訟の当事者として開示義務を負う場合には」として、そのことが示されている。顧客自身が訴訟当事者となっている事案においては、もし顧客が取引明細、たとえば取引の内容が印字された預金通帳などを所持していて、顧客がその提出義務を負うのであれば、金融機関がそれを訴訟に開示しなければならないこととされても、金融機関は顧客の立場を不当に害したといわれる余地は低く、顧客に予測不可能な不利益を与えることにはならない。「当該情報を顧客が手元に『置いている』場合のリスクと金融機関にそれを『預けている』場合のリスクはパラレルなものとなり、金融機関との取引や情報提供を大きく萎縮させるおそれは実際上も少ないと考えられる」とされているのは、肯ける。[30]

これに対して、顧客が訴訟当事者となっていない場合に、金融機関が文書提出義務を負うかについては、本決定は判示していないが、この決定が出された時点では、顧客が当事者となっていなくても、当該文書を顧客が所持していた場合に当該顧客が提出義務を負うか否かが基準となるのではないかと解されていた[31]（その後、後記のとおり、最決平成20・11・25民集62巻10号2507頁[96]が、顧客が訴訟当事者になっていなくて金融機関が当事者になっている場合にも、同様の判断基準に従う旨を判示している[32]）。

　(イ)　金融機関が職業の秘密として保護に値する独自の利益を有する場合

また、前掲最決平成20・11・25は、金融機関が、顧客との関係とは別に、職業の秘密として保護に値する独自の利益を有する場合には、金融機関が提出義務を免れる場合があることを明示している。この点は、本決定が、金融

---

[29] 中村・前掲判批（注24）42頁。
[30] 山本和彦「判批（最決平成19・12・11）」金法1828号9頁。
[31] 中村・前掲判批（注24）42頁。

機関の独自の秘密不開示の利益（「銀行秘密」などとよばれることがある）を認めた決定であると評価されるゆえんである。[33]

具体的にどのような場合に、銀行独自の保護に値する利益が認められるかについては、法廷意見では明らかにされていない。ただ、本決定には、詳細な田原睦夫裁判官の補足意見が付されており、そこでは、金融機関が取得する取引内容や顧客のさまざまな情報（「顧客情報」）は、おおむね次のように分類されるとされている。すなわち、

① 取引情報（預金取引や貸付取引の明細、銀行取引約定書、金銭消費貸借契約書等）

② 取引に付随して金融機関が取引先より得た取引先の情報（決算書、附属明細書、担保権設定状況一覧表、事業計画書等）

③ 取引過程で金融機関が得た取引先の関連情報（顧客の取引先の信用に関する情報、取引先役員の個人情報等）

④ 顧客に対する金融機関内部での信用状況解析資料、第三者から入手した顧客の信用情報等

である。

そして、同裁判官は、このうち①、②は、顧客自身も保持する情報であるが、③、④は金融機関独自の情報といえるとし、「上記の③、④に分類される文書は、金融機関が独自に集積した情報として金融機関自体に独自の秘密保持の利益が認められるものである」としている。

---

[32] 福井地決平成24・9・4金法1992号97頁［138］は、債務者たる預金者が銀行に対して有する普通預金の払戻請求権を代位行使してその払戻しを訴求する債権者が、被告銀行および訴訟当事者になっていない被代位者たる預金者の双方を相手方として、当該預金の取引内容を記載または記録した文書の提出を求めた事案である。同決定は、預金者については、当該口座に係る預金通帳その他預金取引の内容を記載した文書が法220条4号イないしホに該当することをうかがわせる事情はみあたらないとして提出義務を認め、銀行に対しては、口座預金取引明細表に記載された取引の明細は、相手方銀行の顧客である預金者も保持する情報であるから、「専ら文書の所持者の利用に供するための文書」には該当しないとして、提出義務を認めた。なお、同決定は、上記平成20年の最高裁決定等には、特に触れていない。

[33] 中村・前掲判批（注24）40頁。

(4) 金融機関の義務と責任

ところで、前記田原補足意見は、「文書提出命令は、公正な裁判を実現すべく一般義務として定められたものであるから、金融機関が文書提出命令に応じることは、原則として、当該顧客との一般的な守秘義務の関係では、前記の正当な理由に該当するということができ、金融機関がその命令に応じることをもって、当該顧客は、金融機関の守秘義務違反の責任を問うことはできないものというべきである」としており、金融機関の文書開示が、金融機関の債務不履行を構成しないことが示されている。

また、同補足意見は、「金融機関は、顧客との守秘義務契約上、第三者から文書提出命令の申立てがなされた場合に、その契約上の守秘義務に基づき、当該文書が職業上の秘密に該り、文書提出命令の申立てには応じられない旨申し立てるべき義務を負う場合がある」とする。そして、その例として、金融機関が、M&Aに係る融資の申込みを受ける際に顧客との間で守秘義務契約を締結したうえで提出を受けたM&Aの契約書案等の顧客情報などをあげている。

確かに、企業の合併、買収といった案件の実務では、競争入札に参加した応札者の社名やその者が付けた入札条件、入札価格、それぞれとの交渉過程の詳細、優先交渉権者との契約内容、契約金額、契約書に記された表明保証条項や代金決裁の条件に関する条項などは、極めて秘密性が高い。それらの情報が不用意に外部に流れたことによって、その買収案件が一気に破談に追い込まれたり、当事者が秘密を漏らしたことによる紛争が生ずるといったことは、あり得ないことではない。そのため、そのような情報を記した文書を第三者に開示することについては、事業譲渡や株式譲渡に関する契約書にその許容範囲が示され、双方当事者の同意の下でしか他者には開示できないと規定されるのが常識である。したがって、買収資金を調達するために金融機関に契約書案を提出したところ、その内容が金融機関から外部に漏れるのは、当事者としては大変困ることである。

このような観点から、田原補足意見は、こういった顧客との間の守秘義務

契約に基づいて金融機関が入手した文書について文書提出命令の申立てを受けた場合には、当該金融機関は、「同守秘義務契約に基づいて、当該情報が職業上の秘密に該ることを主張すべき契約上の義務がある」とする。

また、文書提出命令の申立てを受けた顧客情報に係る文書が、「前記の一般的な守秘義務の範囲にとどまる文書であっても、当該文書が当該顧客において提出を拒絶することができるものであることが、金融機関において容易に認識し得るような文書である場合には、金融機関は、当該守秘義務に基づき、上記顧客情報が職業上の秘密に該ることを主張すべき義務が存するものというべき」であるとする。

そして、金融機関が上記義務が存するにもかかわらず、その主張をすることなく文書提出命令に応じて対象文書を提出した場合には、金融機関は、当該顧客に対して、債務不履行による責任を負うことがあり得るものとし、他方、金融機関がかかる主張をなしたのに、裁判所がなおその顧客情報が職業上の秘密に当たらないとして文書提出命令を発したときは、金融機関は、それに応じる義務があり、またそれに応じたことによって、顧客から守秘義務違反の責任を問われることはないというべきであるという。金融機関に行動指針を与え、かつ、金融機関としての義務に基づく主張をしたものの、裁判所の判断によって文書提出命令を受け、金融機関がやむなくこれに従ったときは、金融機関には、顧客に対する債務不履行責任が生じない旨を明示しようとした補足意見であり、弁護士出身の裁判官として、企業法務の現場に指針を示そうという思いが感じられるところである。[34]

---

[34] ただ、合併・買収といった案件の契約においては、その案件に関する文書が、裁判所の命令や法令の定めによって開示される場合は、もともと当事者（および当事者から開示を受けた者）の守秘義務の対象外とする条項がおかれるのが普通である。

IV 自己査定資料（に含まれる顧客の財務情報が記載された資料、顧客の財務状況等についての分析・評価等が記載された資料等）

1 はじめに

　銀行の保有する自己査定資料の提出義務が争われた事例がある。

　この事案の本案訴訟は、原告が、A社（後に民事再生手続を開始するに至った）との間で取引をしていたが、A社のいわゆるメインバンクであった被告銀行が、A社の経営破綻の可能性が大きいことを認識し、同社を全面的に支援する意思を有していなかったにもかかわらず、全面的に支援すると原告に説明して原告を欺罔したため、あるいはA社の経営状態についてできる限り正確な情報を原告に提供すべき注意義務を負っていたのにこれを怠ったため、原告はA社との取引を継続し、その結果、A社に対する売掛金が回収不能になり、損害を被ったと主張して、被告銀行に対して、不法行為に基づく損害賠償を請求した事案である。

　原告は、被告銀行の欺罔行為および注意義務違反を立証するため必要があるとして、被告銀行が所持する下記文書の文書提出命令を申し立てた。その申立てにおいて、原告は、提出対象文書を、以下のように特定している。

　「相手方が、平成16年3月、同年7月及び同年11月時点において、A社の経営状況の把握、同社に対する貸出金の管理及び同社の債務者区分の決定等を行う目的で作成・保管していた自己査定資料一式」。

　これに対して、被告銀行は、当該文書の証拠調べの必要性を争ったほか、当該文書は、自己利用文書または職業の秘密に関する事項が記載された文書に当たるとして提出義務を争った。

2　自己査定資料とは

(1)　自己査定

　銀行は、関係法令および検査マニュアルの定める枠組みに沿った基準により、保有する資産の自己査定を行うよう求められている。すなわち、銀行については、経営の健全性を確保するために自己資本比率基準が定められているが（銀行法14条の2）、自己資本充実の状況を正しく把握するためには、銀行の保有資産たとえば貸出債権の価値が正しく把握・評価され、必要な引当てが積まれるなどして、財務諸表が正確に作成されている必要がある。そこで、監督官庁は、「預金等受入金融機関に係る検査マニュアルについて」と題する金融監督庁検査部長通達（平成11年金検第177号）を発出し、また検査の手引書として「金融検査マニュアル」を制定して、検査官に対して（したがって、その結果として検査を受ける銀行に対して）、関係法令および検査マニュアルの定める枠組みに沿った基準により、自ら資産の査定、すなわちその保有資産を回収の危険性または価値の毀損の危険性の度合いに従って区分するよう求めている。

　この金融検査マニュアルは、銀行が、貸出先債務者の財務状況、資金繰り、収益力等によりその返済能力を判定して、債務者を、正常先、要注意先、破綻懸念先、実質破綻先および破綻先に区分するよう求めており（債務者区分）、そのうえで、これらに対する貸出債権を、担保や保証等の状況を勘案して、非分類、Ⅱ分類、Ⅲ分類、Ⅳ分類の4段階に分けるものとしている。

　また、銀行は、「金融機能の再生のための緊急措置に関する法律」によっても、決算期等において資産の査定を行い、資産査定報告書を作成して内閣総理大臣に提出し、査定結果を公表するよう義務づけられている。その資産査定では、主務省令で定める基準に従い、回収不能となる危険性または価値の毀損の危険性に応じて、債権を、債務者の財政状態および経営成績等を基礎として、①正常債権、②要管理債権、③危険債権、④破産更生債権および

これらに準ずる債権の4種に区分しなければならないものとしている（債権区分）。

そして、監督官庁は、銀行法に基づき、銀行業務の健全かつ適切な運営を確保するため必要があるときは、銀行に対して立入検査を行うことができ（銀行法25条）、その際には、銀行の行う資産査定は検査対象となり、検査官は、資産査定の資料や記録が十分に保存されているかを確認し、債務者区分や債権区分が、関係法令や検査マニュアルに従って正確に行われているかどうかを、銀行が査定の際に作成した資料等に基づいて検証することとなっている。

(2) 自己査定資料

このような資産の自己査定は、銀行検査の入検にあたってそれに備えてその直前に行われるというものではなく、銀行内で随時行われるものである。前記1記載の事案でも、被告銀行の主張によれば、同行は、「一般に、自己査定の対象となる融資先から決算書類の提出を受けて自己査定を行うこととしており、（筆者注：11月を決算期としていたA社から）……平成15年11月期決算書類の提出を遅くとも平成16年3月初旬ころに受け、所管部による同年5月28日付け決裁により自己査定を完成し、平成16年11月における経営状況については、同年5月末中間決算にかかる決算書類の提出を同年8月に受け、所管部による同年10月4日付け決裁により自己査定を完成した」とされている。

このように、自己査定資料は、検査があると決まったときに、その検査のためにあらためて検査用資料として作成するものではなく、銀行が所要の時期において、貸出先から資料の提出を受け、そのほかにも銀行が独自に入手した資料もあわせて調査をし、査定を行っているものである。また、自己査定資料といっても、「自己査定資料」という法規や通達で定められた定型の書式があるわけではない。

したがって、原告は、この事件において、「自己査定資料」と広く特定したが、実はその内容は、事案により、時期により、また銀行により、さまざ

まで不定型なものである。後記のこの事件における差戻後の第2次抗告審は、イン・カメラ手続によって文書内容を閲読しているが、同決定（東京高決平成20・4・2民集62巻10号2537頁）によれば、原告が「自己査定資料」と特定した文書の中には、次のようなさまざまなものがあった。

① 決算評価資料：銀行がA社から提出を受けた貸借対照表や損益計算書等を基に、銀行がその内容を分析・評価して、その分析・評価の理由や分析結果についての担当者の所見を記載した文書（以下、①から⑤の文書の命名は、いずれも上記第2次抗告審決定による）

② 信用格付検討資料：銀行がA社の信用状況を分析した分析結果、外部機関による評価結果、銀行のA社に対する今後の対応に関する所見、銀行がA社に対する与信債権を分析した結果等を記載した文書

③ 貸出金評価資料：銀行のA社に対する貸出金の明細、評価等が記載された文書

④ 概況とりまとめ資料：①から③を基にして、A社に対する評価や今後の方針を記載した文書

⑤ 担保明細資料：A社から提供を受けた担保の明細と評価、A社から割引を受けた手形の明細やその支払人の評価が記載された文書

である。そして、これらの文書には、

ⓐ 公表を前提として作成される財務諸表等に含まれる財務情報

ⓑ 銀行が守秘義務を負うことを前提にA社から提供された非公開のA社およびA社の取引先である第三者の財務情報

ⓒ 銀行が外部機関から得たA社の信用に関する情報

ⓓ A社の財務情報等を基礎にして銀行が行った分析・評価の過程と、その分析結果、およびそれを踏まえた今後の業績見通しや融資方針等に関する情報

が記載されている。

このように、自己査定資料といっても、さまざまな文書を総称してそうよんだものであり、実はその文書の種類も、記載された内容も、さまざまであ

る。そして、そこには、銀行が貸出先から得た情報のほか、銀行独自に取得した情報が記載され、これを総合して、銀行内部の各部署の評価や意見等が書き込まれている、ということになる[35]。

3　自己査定資料の自己利用文書該当性

(1)　第1審決定（東京地決平成18・8・18金法1826号51頁）

この事案において、第1審は、まず証拠調べの必要性に関して、原告が文書提出を求めた趣旨は、A社の経営状態について被告銀行がいかなる認識を有していたかを明らかにして、被告銀行がA社を支援する意思を有していなかった事実を立証しようとするもので、欺罔意思の有無等が主要な争点となっている本案訴訟を解明するうえで、当該文書を証拠として取り調べる必要性は認められるとした。

そのうえで、同決定は、自己利用文書該当性について判断し、本件文書は、金融機関である被告の業務の健全性および適切性を確保するために、金融監督庁の通達等によって作成が要求されている文書であり、これらの通達等は、金融機関内の資産内容の査定方法や適正な償却・引当ての方法について明らかにするとともに、金融検査官が金融機関による資産査定の適正性を検査する際には、通達等に基づいて作成された本件文書のような自己査定資料一式を資料として検証すべきことを定めているので、金融機関である相手方は、自己査定にあたって本件文書を作成し、金融検査官の検査にあたって本件文書を提供することが実務上義務づけられており、したがって、当該文

35　三井住友銀行の法務部長であった三上徹氏は、「自己査定は、各銀行が自己の貸金を中心とした自己の資産を、客観的・統一的な基準で適正に評価するために行う作業で、自己査定資料はその記録である。そして、資産査定自体は、金融庁発足前から各銀行ごとに行われていた行為である。ガイドライン等で『自己査定』を行うことを義務づけられるが、『自己査定資料』という指定書式が存在し、それにて作成することが要求されているわけではない。そういう意味では、貸金の稟議書と同様、自己利用文書を金融庁検査にも耐えるようにフォームを整えているだけ」であるとし、「自己査定は、各銀行が行うもので、監督当局は、そのプロセスを検証するだけである。したがって、自己査定の方法、基準、記録も各行さまざまである」としている（三上徹「薮をつついて自己査定資料を出す」金法1858号14頁）。

書は、もっぱら内部の者の利用に供する目的で作成され、外部の者に開示することが予定されていない文書であるとはいえないとして、自己利用文書には当たらないとした（なお、同決定は、職業の秘密に関する事実を記載した文書への該当性の判断に関しても、法220条4号ハ、197条1項3号の該当性を否定して、提出義務を認めている）。

(2) 抗告審決定（東京高決平成19・1・10金法1826号49頁）

これに対して、抗告審は、上記文書が自己利用文書に当たるとして、その提出義務を否定した。

同決定は、自己利用文書の判断基準についてのリーディング・ケースである最決平成11・11・12民集53巻8号1787頁［25］を引いたうえで、自己査定は、金融機関において、各融資先から提供を受けた資料等に基づく調査を行い、これにより当該融資先の信用状況を評価し、当該融資先の債務者区分を定めたうえ、当該融資先に対する支援業務の継続の可否、融資の可否、回収方針といった対応方針を決定するもので、自己査定資料は、各支店の担当者が上記調査等に基づいて作成し、当該支店の上位者や本店所管部等の所定の決裁権者の決裁を経て完成するものであるが、それは、金融機関内部において、金融機関としての業務の健全性を確保するために作成されるもので、法令によりその作成が義務づけられたものではないし、金融庁等の金融検査に際しては、検査官が自己査定資料を使用することはあるとしても、第三者に公表することは予定されていないとし、また、当該融資先について、その債務者区分を定め、今後の融資やその回収等の対応まで決定するという文書の性質上、担当者らが忌憚のない評価や意見を記載することを当然の前提としており、当該融資先に対する評価および対応に関する金融機関の意思形成のために作成されるものであるとする。そして、自己査定資料は、もっぱら金融機関内部の利用に供する目的で作成され、外部の第三者に開示することが予定されていない文書であり、開示されると金融機関内部における自由な意見の表明に支障を来し、金融機関の自由な意思形成が阻害されるおそれがあるとして、特段の事情がない限り、「専ら文書の所持者の利用に供するため

の文書」に当たると判断した。そして、「特段の事情」に関しては、本決定は、A社に民事再生手続が開始されているとしても、融資先が破綻したからといって金融機関内部の意思形成過程を保護すべき必要性が減じるものではないとし、特段の事情は存しないものとした。

　(3)　**許可抗告審決定（最決平成19・11・30民集61巻8号3186頁［92］）**

　これに対して最高裁は、相手方（銀行）は、法令により資産査定が義務づけられているところ、本件文書は、相手方が、融資先であるA社について、金融検査マニュアルに沿って、同社に対して有する債権の資産査定を行う前提となる債務者区分を行うために作成し、事後的検証に備える目的もあって保存した資料であり、このことからすると、本件文書は、前記資産査定のために必要な資料であり、監督官庁による資産査定に関する前記検査において、資産査定の正確性を裏付ける資料として必要とされているものであるから、相手方自身による利用にとどまらず、相手方以外の者による利用が予定されているものということができるとし、したがって、本件文書は、もっぱら内部の者の利用に供する目的で作成され、外部の者に開示することが予定されていない文書であるということはできず、法220条4号ニ所定の「専ら文書の所持者の利用に供するための文書」に当たらないとした。そして、最高裁は、銀行が主張したもう1つの文書提出義務否定の根拠である法220条4号ハに該当するかどうかの審理を尽くさせるため、事件を原審に差し戻した。

　(4)　**自己利用文書該当性に関する検討**

　このように、本件において、自己利用文書の該当性の判断基準については、いずれの審級も前記の平成11年最高裁決定の基準に従っており、その基準には差異がない。

　すなわち、前記のとおり、平成11年最高裁決定は、自己利用文書の該当性の要件として、

　①　もっぱら内部の者の利用に供する目的で作成され、外部の者に開示することが予定されていないこと

②　開示されると個人のプライバシーが侵害されたり個人ないし団体の自由な意思形成が阻害されたりするなど、開示によって所持者の側に看過しがたい不利益が生ずるおそれがあること
③　特段の事情がないこと
を求めた。

そして、本件のいずれの審級もこの基準には従いつつも、結局各審級の判断が分かれたが、それは、金融機関が作成する自己査定資料の位置づけに関する理解の差に由来するといってよい。

すなわち、自己査定資料自体は、法令の根拠に基づいて作成を義務づけられるものではない。ただ、金融機関は、貸出しの査定を行うに際して、その前提となる債務者区分・債権区分を行うために必要となる資料を作成しており、それが保存されている。そして、これらの資料が、後日の金融監督当局による検査に際して、資産査定の正確性などを裏付ける資料として検査官に開示されている。金融検査マニュアルは、検査官に対して、詳細な検査基準や検査項目のチェックシートなどを規定しており、そこでは、「自己査定基準は、関係法令、本チェックリスト（別表1を含む）に定める枠組みに沿ったものとなっており、明確かつ妥当なものとなっているか」を検証するとされているから、それに応ずるためには、金融機関としては、マニュアルに沿った検査に耐えられるように、自己査定をする際に自行が判断のよすがとした資料や、判断過程、評価過程を記した資料を保存し、検査官は、検査の際に、これらの資料を見て、チェックをし、判断を行うことになる。

各審級の判断が分かれたのは、このように、自己査定という法律や通達によって求められたものに関して、後日金融検査に際してこの資料が提示されることをもって、その文書は、もっぱら内部の者の利用に供する目的で作成され外部の者に開示することが予定されていない文書といえなくなるのかどうか、という点についての判断に起因する。

ところで、前記のとおり、自己資本の充実ということは銀行法で要求され、また、資産査定を行うことも、「金融機能の再生のための緊急措置に関

する法律」で要求されているが、自己査定資料の作成自体は、法律で要求されたものではない。また、前記の金融検査マニュアルは、資産査定に関する基準やその結果の妥当性を検査するに際しての詳細なチェックリストを定めているが、これは、検査官に対する検査手法等のマニュアルであって、法的には、銀行に対する義務を直接規定したものではない。その性格は、「検査官が、金融機関を検査する際に用いる手引書として位置付けられるものであり、各金融機関においては、自己責任原則に基づき、経営陣のリーダーシップの下、創意・工夫を十分に生かし、それぞれの規模・特性に応じた方針、内部規程等を策定し、金融機関の業務の健全性と適切性の確保を図ることが期待される」(同マニュアルの「はじめに」)とされているところである。

したがって、銀行が自己査定に際して行内で作成した資料、自己査定のために内外から得た資料、これらを基にした自行の評価・判断を記載した文書、銀行の方針を記載した文書といったものは、本来、自己査定という作業をするために得た資料とその査定見解の策定過程を記録した資料であって、検査のために提出することを直接の作成目的として作成されたものではない。ただ、現実問題としては、銀行は、検査に対して、自己査定結果の正確性、償却・引当結果の適切性を当局に理解してもらい容認してもらうために、それに耐えうるだけの資料を用意し保存しておかなくてはならない実情にあり、したがって、自己査定資料は、結果としては、検査の時には当然開示されうることを予定しているものといえる。[36]

結局は、自己利用文書をどこまで広く認めるのか、組織内部の評価という銀行内部の意思、価値判断の形成過程を、どこからは訴訟に開示させ、どこ

---

[36] なお、文書の作成が法律などで要求されているかどうかということは、「専ら内部の者の利用に供する目的で作成され、外部の者に開示することが予定されていない」文書であるかどうかの判断に際して、文書の作成経緯や文書の作成目的、文書の性質を判断するうえでは1つの参考情報であり、判断の要素であるが、それだけで自己利用文書性が定まるわけではない(奈良輝久「判批(東京高決平成18・3・29)」(西口元=春日偉知郎編・文書提出等をめぐる判例の分析と展開)金商1311号77頁、長屋文裕「判解」最判解民〔平成17年〕849頁)。反対、伊藤眞「文書提出義務と自己使用文書の意義」法協114巻12号1455頁。

までは銀行の内部情報として維持することを認めるかという価値観に帰着し、抗告審が稟議書と同様の価値判断に立ったのに対して、最高裁は、監督官庁における検査による「事後的検証に備える目的もあって保存した資料」と理解したものである。

銀行において、金融当局の検査に対応してさまざまな資料を当局に開示するが、その点は貸出稟議書も同様である。融資の稟議書を含めて、多種多様な資料が、求められれば、検査官に対して開示されているのが実情である。銀行法25条は、「帳簿書類その他の物件を検査させることができる」と規定しているだけで、自己査定資料のみが検査対象ではなく、検査において提示を求めうる対象は広い。検査に提出することを主目的として作成された資料というわけではないものを、後日検査において開示されることがあるということをとらえて、「専ら文書の所持者の利用に供するための文書」に当たらないとし、銀行内部の価値判断、貸出先に対する評価、貸出の回収や今後の貸出対応などについての意見・判断過程なども記載された文書の提出義務を広く認め、そのような内容の外部流出を認めてしまうのでは、銀行の日常の文書作成過程に対する萎縮効果も著しく、自己利用文書の範囲を狭めすぎるように思われる。[37]

---

[37] 前掲最決平成19・11・30に対しては、銀行側からは、「監督官庁が存在する銀行に自己利用文書はなくなってしまう」という感想が漏らされた（渡辺隆生（東京スター銀行）「判批（最決平成19・11・30）」NBL874号51頁）。また、金融機関側から、実務を踏まえて詳細に論じたものとして、中原利明（三菱東京UFJ銀行）「判批（最決平成19・11・30）」銀法685号16頁が参考になる。

これに対して、山本和彦「判批（最決平成19・11・30）」銀法685号6頁は、法令上の行為に係る直接の必要性（前提資料性）を欠く融資の稟議書は依然として内部文書であって、銀行の受け止め方は「過剰反応である」としている。

しかし、銀行側からすると、自己査定資料は、個別債務者の財務情報、資金繰り、地域でのポジション、銀行対応方針等、銀行が保有する債務者情報の集合体であり、「稟議書」以上に銀行としては提出したくない資料という感覚もある。また、検査での取扱いにおいても、稟議書等（稟議書、協議書、報告書等）も、検査官から求められれば随時提出し広く閲覧されているのが実情である。銀行の意識としては、自己査定資料と稟議書との間に質的な差異を認めるというのは違和感があり、その実感からは、両者にそれほどの差はないのではないかと思われる。

4 自己査定資料の職業の秘密に関する文書への該当性

(1) 第2次抗告審決定（東京高決平成20・4・2民集62巻10号2537頁）

　前記のとおり、最高裁の第1次許可抗告審は、自己査定文書は自己利用文書に当たらないとしたうえで、さらに法220条4号ハ所定の職業の秘密に関する事項を記した文書に該当するかどうかについて審理を尽くさせるために原審に差し戻した。

　これを受けた第2次抗告審を担当した東京高裁は、自己利用文書該当性の判断については最高裁決定に拘束されるため、職業の秘密に関する事項についてのみ判断をすることとなった。そして、イン・カメラ手続によって対象文書を閲読したうえで、その対象文書は、前記2(2)のとおり、
① 決算評価資料
② 信用格付検討資料
③ 貸出金評価資料
④ 概況とりまとめ資料
⑤ 担保明細資料

の5種類があるが、これらの文書に記載された情報としては、
ⓐ 公表を前提として作成される財務諸表等に含まれる財務情報
ⓑ 銀行が守秘義務を負うことを前提にA社から提供された非公開のA社およびA社の取引先である第三者の財務情報
ⓒ 銀行が外部機関から得たA社の信用に関する情報
ⓓ A社の財務情報等を基礎にして銀行が行った分析・評価の過程と、その分析結果、およびそれを踏まえた今後の業績見通しや融資方針等に関する情報

があると認定した。

　そして、同決定は、法220条4号ハが引用する法197条1項3号の職業の秘密とは、「その事項が公開されると当該技術の有する社会的価値が下落し、これによる活動が困難になるもの、又は当該職業に深刻な影響を与え、以

後、その遂行が困難になるもの」をいうとしたうえで、上記ⓐないしⓓの各情報について検討を加え、まず、ⓐについては、公表を前提としているから職業の秘密に当たらないとした。

次にⓑについては、銀行がA社に対して守秘義務を負うことを前提に入手した非公開情報で、それが広く開示されることは、A社のみならず銀行の他の取引先等の銀行に対する信頼が損なわれて金融機関としての営業に深刻な影響を及ぼす可能性は否定できないとしながらも、銀行の業務に与える不利益と真実発見の利益とを比較衡量し、立証のうえでの重要性が高いのに対して、A社がすでに民事再生手続に入っていることは公開されており、手続開始決定以前の財務情報の根幹部分は債権者にすでに明らかにされていることから、手続開始決定以前の財務状況がより具体的に明らかにされることによる不利益は相当程度低く、文書提出義務を認めて真実発見を優先させるべき特別な事情があるとして、第三者に関する記載をした部分をマスキングさせ、その余は提出するべきであるとした。

さらにⓒについては、銀行が自己査定を行う際に外部機関から取得する信用情報は、一般的には被査定会社や第三者に開示することを前提としたものではないことが推認でき、そのような情報が開示されると、情報提供元の外部機関との信頼関係が損なわれ、爾後の金融機関に対する情報提供を控えることになるおそれがあり、銀行業務に深刻な影響を与える可能性を否定できないなどとして、法220条4号ハ所定の職業の秘密に関する情報に該当するとした。

また、ⓓに関しては、まず、銀行が自己査定に関するノウハウが記載されていると主張したのに対しては、金融機関の行う資産査定の方法自体が、関係法令および検査マニュアルに定める枠組みといった画一的・統一的な基準に従って行うべきものとされ、自己査定の結果は監督官庁の検査において事後的に検証されることが予定されており、こうした法令によって義務づけられた資産査定を行った経過や結果に関する情報に関して、その基準の範囲で金融機関に創意工夫の余地がありそこに価値があるとしても、それは限定的

なものとみられるとし、それが事後的な検証にさらされるものであることを勘案すれば、特別の保護を与えるべき秘密性を有しているノウハウとまでは認められず、それが開示されることによる銀行の信用評価・査定業務に深刻な影響を与えるとも、その遂行が困難になるとも認めることはできないとした。

　また、銀行が、開示により取引先との信頼関係を損ない、適切な情報入手や適正な査定が妨げられると主張したのに対しては、そのような情報が開示されると、現に事業を継続しているA社が受けうる不利益は小さいとはいいがたく、結果として、A社はもとより他の取引先等の金融機関に対する信頼が損なわれ、金融機関としての営業に深刻な影響を与える可能性を否定することができないとして、一般的には、職業の秘密に該当するとみる余地があるとした。

　しかし、A社については、民事再生手続が開始され、破綻した事実が公表されているうえ、その財務情報の根幹部分がすでに債権者に開示されているといった情勢下では、再生手続開始決定以前の銀行による財務状況・事業状況についての分析・評価等が具体的に明らかにされることよってA社の受ける不利益は相当程度低く、これらが開示されることによって銀行に対する信頼が損なわれ、金融機関としての営業に深刻な影響を与える可能性は低いとし、他方で同事案における真実発見を優先させるべき特別な事情があるとして、第三者に関する部分を除き、法220条4号ハ所定の職業の秘密に関する情報に該当するとはいえないとした。

　第2次抗告審は、このような判断を経て、各文書ごとに含まれる情報を検討し、ⓒに属する情報と、ⓑとⓓに属する情報のうち第三者に係る部分については職業秘密に当たるので、これらの情報が記載された部分についてはマスキングをする方法により除いて、本件文書の提出を命じた。

　(2)　**第2次許可抗告審決定（最決平成20・11・25民集62巻10号2507頁[96]）**

　これに対して、銀行側は、第三者に関するものを除くⓑ（最高裁は、これ

を「本件非公開財務情報」と呼称している）および⒟（同様に「本件分析評価情報」と呼称する）が記載された部分も、法220条4号ハ所定の文書に当たるとして抗告の許可を申し立てて、許可され、再度最高裁が判断することとなった。

　最高裁は、まず、「本件非公開財務情報」について判断した。

　本件非公開財務情報は、金融機関が守秘義務を負うことを前提にA社から提供された非公開の同社の財務情報であり、したがって、金融機関の守秘義務との関係が問題となる。最高裁は、前示の最決平成19・12・11民集61巻9号3364頁[93]を指摘し、それとほぼ同文で、金融機関は、顧客との取引内容に関する情報や顧客との取引に関して得た顧客の信用にかかわる情報などの顧客情報について、商慣習上または契約上の守秘義務を負うが、この義務は、顧客との関係において認められるにすぎないから、金融機関が民事訴訟の当事者として開示を求められた顧客情報について、当該顧客が上記民事訴訟の受訴裁判所から同情報の開示を求められればこれを開示すべき義務を負う場合には、当該顧客は同情報につき金融機関の守秘義務により保護されるべき正当な利益を有さず、訴訟手続において同情報を開示しても守秘義務には違反しないとした。

　また、同時に、最高裁は、最決平成12・3・10民集54巻3号1073頁［30］（回路図および信号流れ図に関する判例）を示して、法220条4号ハにおいて引用される法197条1項3号にいう「職業の秘密」とは、その事項が公開されると、当該職業に深刻な影響を与え以後その遂行が困難になるものをいうとしつつ、顧客が開示義務を負う顧客情報については、金融機関は、訴訟手続上、顧客に対し守秘義務を負うことを理由としてその開示を拒絶することはできず、同情報は、金融機関がこれにつき職業の秘密として保護に値する独自の利益を有する場合は別として、職業の秘密として保護されるものではないというべきであるとした。

　そのうえで、最高裁は、「本件非公開財務情報」は、A社から得た情報であって、これを秘匿するべき金融機関独自の利益はなく、他方、A社は民事

再生手続開始決定を受けているところ、本件非公開財務情報は同決定以前のA社の信用状態を対象とする情報にすぎないから、これが開示されても同社の受ける不利益は通常は軽微なものと考えられること、本件訴訟における原告はA社の再生債権者であって、民事再生手続の中で本件非公開財務情報に接することも可能であることなどに照らせば、本件非公開財務情報は、それが開示されても、A社の業務に深刻な影響を与え以後その遂行が困難になるとはいえないから、職業の秘密には当たらず、したがって、A社が仮に文書を所持していて提出を求められたとしたら、法220条4号ハに基づいて本件非公開財務情報部分の提出を拒絶することはできないとし、また、本件非公開財務情報部分は、少なくとも金融機関に提出することを想定して作成されたものと解されるので、A社にとって自己利用文書にも当たらないとし、他にA社が同部分の提出を拒絶できるような事情もうかがわれないとして、銀行の職業の秘密として保護されるべき情報に当たらず、銀行は提出を拒絶することはできないとした。

次に「本件分析評価情報」部分は、金融機関自身が行った財務情報、事業状況についての分析、評価の過程と結果等が記載されたものであるから、顧客との関係での守秘義務は問題とはならない。

最高裁は、これが開示されると顧客が重大な不利益を被り、顧客の金融機関に対する信頼が損なわれるなど金融機関の業務に深刻な影響を与え、以降その遂行が困難になるものといえるとし、金融機関の職業の秘密に当たると解されるとした。

しかし、同時に最高裁は、最決平成18・10・3民集60巻8号2647頁［84］（報道関係者の取材源に関する証言拒絶に関する事例）を示して、職業の秘密に当たる情報が記載されていても、所持者が提出を拒絶できるのは、対象文書に記載された職業の秘密が保護に値する秘密に当たる場合に限られ、当該情報が保護に値する秘密であるかどうかは、その情報の内容、性質、その情報が開示されることにより所持者に与える不利益の内容、程度等と、当該民事事件の内容、性質、当該民事事件の証拠として当該文書を必要とする程度等

の諸事情を比較衡量して決すべきものであるとし、この判断基準に従い、本件分析評価情報は、金融機関の職業の秘密に当たるが、民事再生手続開始決定前の財務状況、業務状況等に関するものであるから、これが開示されてもA社が受ける不利益は小さく、金融機関の業務に対する影響も通常は軽微なものであると考えられ、他方で本案訴訟の争点を立証する書証としての証拠価値は高く、これに代わる中立的・客観的な証拠の存在はうかがわれないため、本件分析評価情報は、金融機関の職業の秘密には当たるが、保護に値する秘密には当たらないと判断して、その提出義務を認めた。

(3) **自己査定資料と職業の秘密**

(ア) 職業の秘密に関する判例

前記のとおり、職業の秘密については、前掲最決平成12・3・10が、法197条1項3号にいう職業の秘密とは、「その事項が公開されると、当該技術の有する社会的価値が下落しこれによる活動が困難になるもの又は当該職業に深刻な影響を与え以後その遂行が困難になるものをいう」と判示している。

そして、前掲最決平成18・10・3が、報道関係者が法197条1項3号に基づいて証言を拒否できるかが争われた事案において、「ある秘密が……職業の秘密に当たる場合においても、そのことから直ちに証言拒絶が認められるものではなく、そのうち保護に値する秘密についてのみ証言拒絶が認められると解すべきである。そして、保護に値する秘密であるかどうかは、秘密の公表によって生ずる不利益と証言の拒絶によって犠牲になる真実発見及び裁判の公正との比較衡量により決せられるというべきである」とし、最決平成19・8・23判タ1252号163頁[89]がこの理を文書提出義務に関しても維持したことは、前記Ⅲ2においても述べたとおりである。

このように、まず職業の秘密に当たるかどうかを判断し、そのうえで、その中でも保護に値する秘密であるかどうかを比較衡量によって検討するという考え方は、本件の一連の判例においても踏襲されている。

(イ) 顧客に対する守秘義務との関係

さらに、本件において、「本件非公開財務情報」は、銀行が守秘義務を負うことを前提にA社から提供された非公開のA社およびA社の取引先である第三者の財務情報であるから、顧客との関係における守秘義務の対象となる文書であるところ、金融機関の有する顧客に関する情報が記された文書の法220条4号ハの文書への該当性については、本件第2次許可抗告審の最高裁決定の引用した最決平成19・12・11があることも前記のとおりである。すなわち、金融機関の守秘義務は顧客との関係において認められるにすぎないから、金融機関が民事訴訟の当事者として開示を求められた顧客情報について、当該顧客が上記民事訴訟の受訴裁判所から同情報の開示を求められればこれを開示すべき義務を負う場合には、当該顧客は同情報につき金融機関の守秘義務により保護されるべき正当な利益を有さず、金融機関は、訴訟手続において同情報を開示しても守秘義務には違反しないとされている。

この先例は、当該顧客が訴訟当事者となっていて金融機関が当事者ではない場合についての判断であったが、本件決定は、同じ考え方が、顧客が訴訟当事者となっていなくて金融機関が当事者である訴訟においても妥当すると判示したところに意義があり、実務界からも判断が待たれていた判例である。もっとも、法220条4号の文書提出義務は一般義務であって、文書の所持者が訴訟当事者であるか否かにかかわらない規定であるから、そのことは肯けるところといってよい。

(ウ) 本件非公開財務情報

このように、本件決定では、守秘義務との関係では、A社が提出義務を負う文書は、金融機関は提出を拒めないとして、A社が文書を所持していたとすれば提出義務を負っていたかを検討している。そして、その際には、A社が、すでに民事再生手続開始決定を受けていることが重視され、本件非公開財務情報は、民事再生手続開始決定前のA社の信用状態を対象とする情報にすぎないから、開示されても「同社の受ける不利益は通常は軽微なものと考えられる」として、これが開示されてもA社の業務に深刻な影響を与え以後

その遂行が困難になるとはいえないから、職業の秘密に当たらないとしている。

しかし、民事再生の実務にあたる者としては、この感覚にはかなり違和感がある。

民事再生手続の開始を申し立てて、事業再建の道を歩み始めた債務者は、再生申立てによって一気に経済的信用を失う。商売の再開の道は険しく、売上高は2分の1とか3分の1にも激減し、預金相殺によって手元資金は愕然と減少し、仕入代金の支払いは現金取引に変更せざるを得ないのに、販売代金の入金は従来どおり手形等により長いサイトでしか回収できない。資金繰りのめどをつけるのは至難で、毎月末が綱渡りである。何とか再建可能性のあることを担保権者に説明し、担保実行を見合わせてもらうように交渉する。前払いでなければ仕入れに応じないという取引先には、掛け売りに応じてくれないかと交渉する。

こうして、商売の継続を図り、資金繰りを維持して2次破綻を回避しつつ、弁済原資をねじり出す策を考え、関係者の協力を得て再生計画案の提出と可決に立ち至ろうとするとき、信用不安の払拭とそのための情報の管理は、再生債務者にとって何より大事なキーポイントである。再生事件では、再生債務者は債権者に対して誠実に情報を提供して、開示する義務を負うが（民事再生法38条2項、114条、126条等参照）、何でも開示する義務を負うわけではないし、それが妥当でもない。また、情報を開示する際にも、すべての債権者や関係者に対して、平等に、かつ正確な情報を提供することが鉄則である。これは本件非公開財務情報のほか、後述の本件分析評価情報についても同様にいえることであるが、再生手続申立て後に再生以前の情報が不用意に流出することは、たとえそれが正しいものであっても、再生手続遂行のうえでは支障となる余地があり、再生債務者にとってはたいそう迷惑である。ましてや、金融機関、特にかつてのメインバンクから、再生手続申立て前に再生債務者から提出を受けた情報や、内外から得た情報を基にして再生債務者の了承もなく独自の判断をして文書に記載した情報や評価などが、再生債

務者の知らないうちに一部の債権者だけに流出するのは、再生債務者にとっては適わない。仮に再生債務者としては否定しがたい内容の情報であったとしても、他の債権者から、その情報の正確性について問合せがされたり、メインバンクの支援姿勢の後退を疑われたり、他の取引金融機関からメインバンクにだけ倒産前に特定の情報を提供していたことを批判されたり、それが基で再生計画案に対する賛成票の獲得交渉に難渋したりといった不利益がありうる。再生債務者に異論のある情報であれば、なおさらである。

　その意味で、再生債務者にとっても、このような文書は、「その事項が公開されると当該職業に深刻な影響を与え、以降その遂行が困難になるもの」といいうるところであり、平常時よりも、再生手続に至っているほうが、かえって情報の管理の必要性は増すのではないかと思われる。後日不用意に開示されるのであれば、信用不安が近づいてきた債務者としては、金融機関に安易に情報を提供することははばかられるという悪影響も否定できないものと思われる。

　　㈣　**本件分析評価情報**

　次に、最高裁は、本件分析評価情報は、民事再生手続開始決定前の財務状況、業務状況等に関するものであるから、これが開示されてもＡ社が受ける不利益は小さく、金融機関の業務に対する影響も通常は軽微なものであると考えられる、と記載するのみで、他方の衡量すべき利益である立証の必要性のほうを高く認めて、「保護に値する情報には当たらない」とした。

　しかし、この判示には、どうしてそのように判断できるのかの理由がない。民事再生手続における再生債務者にとって、かつてのメインバンクという近しい関係者が、再生債務者とは離れて独自に集めた情報を基に評価した内容や判断過程が開示されることの迷惑は、前記のとおりである。特に、その分析や評価に関して、再生債務者としては反対意見があって納得しがたい経過の表記や評価が記されていた場合には、それが勝手に開示されることが再生手続に及ぼす悪影響は計り知れない。しかるに、判文ではＡ社が受ける不利益は小さいと判断した根拠は明らかにされていない。また、最高裁が、

それによる金融機関の業務に対する影響も通常は軽微なものであるとした点の理由づけも記されていない。そして、この訴訟においては、A社は当事者になっていないし、文書提出に際しての審尋の対象でもないから、このような保護されるべき利益や開示された場合の不利益をA社の立場から代弁する者は、訴訟の現場には参加していなかったことになる。したがって、A社に及ぼされる不利益の判断にあたっては、より慎重な審理が必要だったのではないかと思われる。[38]

また、文書の所持者である金融機関にとっての不利益という観点からは、自己査定資料は金融機関にとって極秘中の極秘資料であるという意見もあるし[39]、自己査定資料には、「金融検査マニュアルで求められた債務者区分以上の詳細な区分（正常先に対してのさらに細分化された格付等）や当該融資先に対する評価および方針が含まれているのが通常であると考えられることから、当該部分についてはまさに各金融機関のノウハウそのものではないかとの疑問がある」との指摘もある。[40]

　(オ)　本決定の評価

前記のとおり、判例の判断過程は、まず職業の秘密に該当するかを判断し、そのうえで、仮にそれが職業の秘密に該当するものであったとしても、さらに保護されるべき職業の秘密といえるかについて判断することとし、その際には、秘密の客観的性質によるのではなく、一方の秘密保護の必要性・開示による不利益等と、他方の公正な裁判を実現する利益・代替証拠の有

---

[38] 文書提出命令の申立てがされた場合、裁判官は真実発見に熱心であり、証拠を見て判断したいという欲求に駆られやすいと思われる。また、提出を求める当事者（たとえば原告）も、主張・立証の武器として、相手の陣中にある証拠こそぜひ見たいし、その開示の必要があると強く主張する。これに対して、被告側が提出義務を争って抵抗すればするほど、さぞやその書証には不利な記載があるのではないかという雰囲気が醸し出され、被告は法廷で孤立無援の状況になりやすい（よく推奨されるイン・カメラ手続での開示さえ、裁判官に一定の心証を残してしまう危険があり、恐ろしさがあり、抵抗したい）。このように、文書提出義務の解釈と運用は、次第に緩やかになっていきやすいという実状にある。同様のことは、升田純「文書提出命令制度の行方」金法1842号94頁でも指摘されている。

[39] 渡辺・前掲判批（注37）53頁。

[40] 長谷川卓（三井住友銀行）「金融機関の自己査定文書の文書提出命令」金法1838号32頁。

無・争点の重要性等とを比較衡量するものとしてきた。

　本決定も、A社から提供を受けた「本件非公開財務情報」については、金融機関の守秘義務の保護客体であるA社にとっての職業の秘密に当たるかという観点から検討し、同社が民事再生法の適用下にあることを重視して、開示されてもA社の業務に深刻な影響を与え以後その遂行が困難になるとはいえないから、A社にとっての「職業の秘密には当たらない」とした。

　また、「本件分析評価情報」については、金融機関の独自の分析・評価などが記載されていることに着目し、金融機関にとっての「職業の秘密に当たる」としながらも、比較衡量に進んで、やはりA社が民事再生法の適用下にあるために、情報が開示されてもA社の受ける不利益は小さく、したがって、金融機関の業務に対する影響は軽微なものであると考えられるとし、他方での立証の必要性、証拠の性質、正確性、証拠価値、代替証拠の可能性を考慮して、金融機関の「職業の秘密には当たるが、保護に値する秘密には当たらない」としたものである。

　このように、本決定の判断過程は、これまでの判例の流れに沿うもので、これを情報の客体である顧客が訴訟当事者になっていない事案に適用したことに判例としての意義がある。また、当該顧客が民事再生手続開始決定を受けているという本件における比較衡量に際しての価値判断を示した事例判例としての意義も有している。その意味で、A社が民事再生手続の下にない場合についての職業の秘密該当性の判断や、そのときの比較衡量がどうなるのかは、これからの課題ということになる。

　また、このように、事案によって具体的な比較衡量によらないと提出義務の有無を判断できないということは、金融機関にとっても、慎重な対応を要求されるものとなる。特に本件のように、A社が訴訟当事者として関係していない場合、A社にとっての不利益をA社の側から裁判官に訴える者はいない。あるいは、金融機関が訴訟当事者になっていない場合には、金融機関としては、審尋において、当該文書のどの部分が開示義務があり、どの部分はマスキングしないと貸出先に対する守秘義務違反になり、貸出先の受ける不

利益が過大であると述べるべきか、その判断には慎重を要する。特に、その判断において、当該訴訟における立証上の必要性、重要性、他の代替証拠の存否が判断に加味されるとすれば、金融機関が訴訟外にいるときは、そのような実情は知り得ないし、他の証拠も金融機関はみていないから、現実に当事者から文書提出命令の申立てがなされて、金融機関が審尋によばれた場合、金融機関としては、保有している当該文書をめぐる事情について、どの程度を述べるべきかは悩ましい。A社が一方の訴訟当事者である場合には、うかつにA社にとって有利な、あるいは不利な周辺事実を裁判官に述べて、その心証形成に不用意な影響を与えてしまいかねないことも不安である。A社に影響を与えかねない内容をもつ文書を保持する金融機関としては、裁判所の命令の発令を待って対応したい、と述べざるを得ない場合もありそうである。

なお、判示のように、立証活動による利益を重視して、金融機関の有する広範な資料の提出義務を認め、金融機関にそれによる不利益を受忍させるのであれば、秘密保護の観点から、法92条1項などによる閲覧制限の活用を検討できないか。ただ、文書提出命令における「職業の秘密」性について争ったのに対して否定的な判断がされた場合、それにもかかわらず法92条1項2号の「営業秘密」には当たるとの判断を得られるのかについては、消極的な意見がある。[41] 法92条1項2号で定める営業秘密、すなわち不正競争防止法2条6項に規定する営業秘密は、「秘密として管理されている生産方法、販売方法その他の事業活動に有用な技術上又は営業上の情報であって、公然と知られていないものをいう」と定義されており、一見して職業の秘密とは異なる観点からの要件を定めている。民事訴訟における真実発見に資するために

---

[41] 長谷川・前掲論文(注40) 34頁。また、中村・前掲判批(注24) 43頁は、金融機関の顧客との取引履歴に関する前掲最決平成19・12・11についての研究会報告において、「民訴法92条1項の要件を具備することは困難ではないかという意見が大勢を占めた」と述べている。なお、職業の秘密と営業秘密の両概念がほぼ重なり合うとするものとして、長沢幸男「判解」最判解民〔平成12年〕302頁、310頁。

秘密の開示を認めたことの代償措置として、それによる開示者の不利益を少なくする方向での柔軟な解釈ができないものかとも思われるが、法文は明らかに不正競争防止法を引用していて、要件が異なるし、法92条1項2号は、「当事者が保有する営業秘密」と規定していて、秘密の保有主体も当事者に限られており、その解釈を拡大して広く閲覧制限を行うことはハードルが高いものと思われる。

V　その他の文書

1　金融機関の法人税申告書、勘定科目内訳書の各控え

(1)　事案（東京高決平成18・3・29金商1241号2頁[80]）

特別危機管理銀行となって事実上経営破綻した銀行が、増資の時点で増資をすることが許されない財務状態だったのに、各事業年度の有価証券報告書に繰延税金資産を過大に計上したり、貸倒引当金を過少に計上するなどの虚偽の記載をして増資を行ったところ、同銀行の株式を購入した株主らが、その後銀行が預金保険法111条2項所定の特別危機管理銀行となって、購入した株式が無価値になり損害を被ったと主張して、証券取引法（当時）上の虚偽記載による損害賠償責任、あるいは民法上の不法行為による損害賠償責任等に基づき、銀行と、当時の役員らに対し、出資株式代金額等の損害賠償の支払いを求める訴訟を提起した。この訴訟において、原告株主らは、被告銀行に対して、銀行が公表財務資料を作成するにあたって行った自己査定結果や、貸倒引当金の繰入額の算定結果、その繰入額が過小であったこと、自己

42　なお、民事訴訟法ではなく、特許法105条に基づく書類提出命令に基づく事例であるが、訴訟指揮に基づく決定として、閲覧謄写できる者の範囲や閲覧方法についての制限措置を定めた事例として、東京地決平成10・7・31判時1658号178頁[11]参照。なお、同決定の後であるが、平成16年の特許法改正により、特許法には、秘密保持命令の制度が定められている（特許105条の4）。

査定結果をはるかに上回る引当不足が存在したこと、実現不可能な無税化計画を策定したこと、それに基づいて過大に繰延税金資産が計上されていたことなどを立証するために、さまざまな文書の提出を求めた。これに対して、銀行側は、それらが、自己利用文書や、法220条4項ハ所定の職業の秘密に関する文書に当たるとして争った。

(2) 法人税申告書および勘定科目内訳書の各控えの自己利用文書該当性

そのうちの1つが、法人税申告書および勘定科目内訳書の各控えである。

法人税申告書とこれに添付した勘定科目内訳書の原本は、申告によって税務署に提出されているため、その控えの提出を求めたものと思われる。銀行側は、控えは作成を義務づけられているものではないから、外部に公表することを予定していないとして、自己利用文書該当性を争った。

これに対して、東京高裁は、法人税申告書は、法人税法74条により作成が義務づけられ、税務署への申告に伴う提出が予定されている文書であるから、自己利用文書に該当しないことは明らかであるとしたうえ、その控えは、上記申告書と同一の形式および記載内容の文書であり、実質的に同一文書ともいえるものであり、その控えを別意に解することはできないとした。

また、勘定科目内訳書の控えについては、「法人税等の申告等に当たって、商法32条所定の会計帳簿である総勘定元帳の内容に基づき各勘定科目の内訳について記載した書面であり、同条所定の会計帳簿に含まれるというべきであって、これと同形式・同内容の控えについても、同様に解される」と述べて、自己利用文書性を否定した（東京高決平成18・3・29金商1241号2頁[80]）。

一般に、文書の原本と同一の形式、内容の文書であれば、その提出義務について原本と同様に判断して問題ないものと思われる。また、現実には、税務申告書等の原本は、税務署に提出されて申告者の手元にはない。そして、本件判文からは、どのような控えを問題にしていたのかは十分には明らかではないが、一般には、税務申告に際しては、原本を税務署に提出する際に、

同時に同じように押印した「控え」と記載した申告書に、勘定科目内訳書等も原本と同じようにつづったものをつくり、原本と一緒にして税務署に提出し、「控え」には税務署の受付印の押捺を受けたうえで返還を受け、申告者において控えを保管して、後日税務申告内容を対外的に証明する等の場合に用いるのが一般である。また、税務申告書控えに税務署の提出受付印を受けていないこともあるが（要するにコピーとして保管されるもの）、これも、保管する趣旨目的は同様であると思われる。したがって、控え自体としても、もっぱら所持者の利用に供するための文書とはいいがたいものと思われる。

(3) 法人税申告書および勘定科目内訳書の各控えの職業の秘密に関する文書への該当性

前記東京高決平成18・3・29は、「民事訴訟法220条4号ハが引用する197条1項3号所定の職業の秘密とは、その事項が公開されると当該技術の有する社会的価値が下落し、これによる活動が困難になるもの、又は当該職業に深刻な影響を与え、以後、その遂行が困難になるものをいうものと解される」と述べたうえで、「法人税申告書や勘定科目内訳書は、抗告人自身の法人税額及びその算出根拠を内容とするものであって、その算出のための資料の一部に取引先等の第三者に対する債権額や債務額等の情報が含まれるとしても、それは表層的な内容に止まるのであって、顧客の現在の取引関係に及ぼす影響が甚大であるとは考えられず、これにより抗告人の営業の維持・遂行が困難になるとは認め難い。また、一般に寄付金等が金融機関の戦略的機密事項であるとは考えられない」として、法220条4号ハ、197条1項3号所定の職業の秘密に関する事項に該当するものとはいえないとして、税務申告書と勘定科目内訳書の各控えの提出義務を認めた。

これまでに述べてきたとおり、前段の判示は、法220条4号ハ、197条1項3号所定の職業の秘密に関する事項に当たるか否かについての判例上確立した判断基準である。そして、上記の各文書、特に勘定科目内訳書には、多くの場合、当該銀行が有する貸出債権の中の大口のものについて、その相手先名と貸出金額の記載がされているものと思われる。しかし、そのこと自体

は、決定が述べるとおり、単に大口の貸出しがあることを示すだけであって、格段そのことが開示されても、これにより貸出先に具体的な不利益があるわけではなく、また、それを開示しても、金融機関の業務遂行のうえで、貸出先との関係に格段の悪影響があるとも思われない。したがって、職業の秘密に該当しないと考えてよい。

2 貸出先債務者ごとの貸倒引当金繰入額を記入した一覧表、特定の債務者に対する債権についての自己査定ワークシート、破綻懸念先または実質破綻先債務者についての無税化計画

(1) 事案（東京高決平成18・3・29金商1241号2頁［80］）

前掲東京高決平成18・3・29の本案の事案において、原告は、

① 貸出先債務者ごとの貸倒引当金繰入額を記入した一覧表

② 特定の債務者に対する債権についての自己査定ワークシート

③ 破綻懸念先または実質破綻先債務者についての無税化計画

の提出も求めたが、被告銀行は、前記同様に、いずれも自己利用文書に該当し、また、法220条4項ハの職業の秘密に関する文書にも該当するとして争った。

(2) 自己利用文書該当性

本件において提出を求められた上記(1)①と②は、「金融機能再生のための緊急措置に関する法律」6条、「早期是正措置制度導入後の金融検査における資産査定について」（大蔵省平成9年3月5日付け通達）および「預金等受入金融機関に係る検査マニュアル」（金融監督庁平成11年7月1日付け通達）（以下、「通達等」という）によって「作成が要求された」文書であるとされ、その提出義務の存否が議論されている。

これについて、前記東京高裁決定は、上記(1)①、②は、「当時の大蔵省又は金融監督庁の通達等によって作成が要求されている文書であるところ、これらの通達等は、金融機関の資産内容の査定方法や適正な償却・引当の方法

V その他の文書

について明らかにするとともに、金融検査官が金融機関による資産査定の適正性を検査する際には、通達等に基づいて作成された上記文書等を資料として検証すべきことが定められている。金融機関は、自己査定に当たってこれらの資料を作成することが実務上義務づけられているといえる」として、自己利用文書性を否定した。

　自己査定に際して作成され、利用される資料については、前記IV 2 にて詳述したが、前記のとおり、法令通達によって作成が求められたからといって、それだけで、もっぱら内部の者の利用に供する目的で作成され、外部の者に開示することが予定されていないという判断に帰着するものではない。ただ、最決平成19・11・30民集61巻 8 号3186頁［92］が、「相手方（筆者注：銀行）は、法令により資産査定が義務付けられているところ、本件文書は、相手方が、融資先であるAについて、金融検査マニュアルに沿って、同社に対して有する債権の資産査定を行う前提となる債務者区分を行うために作成し、事後的検証に備える目的もあって保存した資料であり、このことからすると、本件文書は、前記資産査定のために必要な資料であり、監督官庁による資産査定に関する前記検査において、資産査定の正確性を裏付ける資料として必要とされているものであるから、相手方自身による利用にとどまらず、相手方以外の者による利用が予定されているものということができる」とし、したがって、「自己査定資料」は、自己利用文書とはいえないとしたことは、前記のとおりである。

　結局、判例は、金融機関には、その公的な位置づけから経営の健全性の維持が強く求められているところ、それを担保するために監督官庁の検査が予定されており、そのため、金融機関の実態として、その検査において自己査定の基準や自己査定の結果の妥当性を説明するための資料という認識をもちつつ自己査定資料を作成し、保存しているのが実情だと理解し、そのような状況下で資料として用いられる文書は、仮に検査官が公務員として守秘義務を負っていて、文書がそこから外部に流出することは予定していないにしても、もっぱら自己の利用に供する文書とはいえないという価値判断に立って

いることになる。

　そして、本決定は、③の無税化計画についても、「企業会計審議会が公表した税効果会計に係る会計基準に『繰延税金資産は、将来減算一時差異が解消されるときに課税所得を減少させ』と定められていることを受け、将来減算一時差異が解消される時点を予測する目的で作成された文書であるところ、上記会計基準をより具体化・明確化するために日本公認会計士協会が作成した『税効果会計に関するQ&A』などでも将来減算一時差異の解消見込みについて計画化を実施するものとされるなど、一般に公正妥当と認められる企業会計の基準によれば、抗告人が財務諸表を作成するに当たって必要的に作成すべき文書であるといえる」として、自己利用文書に当たらないとした。

　この判示からは、一般に公正妥当と認められる企業会計の基準により財務諸表を作成するにあたって必要的に作成すべき文書であると、どうして自己利用文書の要件に該当しなくなるのか、論理が1つ抜けているようにも思われるが、財務資料として、監査役監査や会計監査の対象となり、監督官庁の検査の際にも検査に際して参酌される資料であり、税務調査においても調査対象となりうるなど、「作成目的、記載内容、これを現在の所持者が所持するに至るまでの経緯、その他の事情から判断して、専ら内部の者の利用に供する目的で作成され、外部の者に開示することが予定されていないこと」に該当しないと判断したものであろう。

(3)　職業の秘密に関する文書への該当性

　前掲東京高決平成18・3・29は、職業の秘密に当たるかについては、上記(1)①②③のいずれも、銀行が「取引先債務者の財務状況を詳細に記載し、あるいは抗告人が保有する情報に基づいた取引先債務者に対する債権についての評価が記載されている書面であるから、これらの文書により、抗告人の取引先債務者に関して、抗告人に対する債務額のみならず、抗告人がした業況分析等が明らかになる可能性が高い。したがって、これらの文書が提出されるとすれば、現在も営業を継続している取引先債務者にとっては、過去にお

ける一定期間の財務情報が何人にも閲覧等が可能な状態におかれてしまうことになり、過去のこととはいえどもその不利益は小さいとはいい難く、結果として、取引先企業の抗告人に対する信頼が損なわれ、抗告人との取引を継続しない等の選択をする可能性も否定することができない」として、職業の秘密に当たるとした。

　しかし、それが保護に値する秘密かという判断については、比較衡量をし、対象となっている取引先債務者はいずれも破産や民事再生手続の開始決定などを受けていて、すでに破綻した事実は公表されており、その過去の財務状況がさらに明らかにされても、その不利益は大きくないこと、産業再生機構による支援決定を受けている債務者についても、債務者名や再生計画の概要などが公表されており、同じように考えられること、当該銀行自身が、他の訴訟において一部の取引先債務者について、自ら保持している財務内容等をすでに開示していること、それらの取引債務者については銀行自身の債権分類等に問題があったこともあわせて明らかにされていることなどを勘案して、「取引先債務者についての秘密性の強い財務情報等のうち、根幹的な部分は既に明らかにされているとみられるのであって、その情報等の詳細については、なお秘密性が保持されているとしても、その度合はかなり低くなっているというべきである。そうであれば、これらの取引先債務者について、これら文書が開示されることによって新たに生じる不利益が大きいとまではいえず、したがって、抗告人の営業に深刻な影響を与える可能性も低いとみられる」とし、法220条4項ハ所定の職業の秘密に関する事項が記載されている文書に該当するとはいえないとした。

3　貸出先債務者との間の契約書

　前記東京高裁決定においては、貸出先債務者と銀行との間の契約書の提出も求められた。

　すなわち、「債務者一覧記載の各債務者の業況や財務内容などの実態及びこれら債務者に対する抗告人の貸出債権について相手方の自己査定結果をは

るかに上回る引当不足が存在した事実等を証明するため、債務者一覧記載の各債務者について、抗告人における平成9年9月から平成16年3月までの……契約書（覚書、念書等を含む。）すべて」という提出命令の申立てがされた。これに対して、前掲東京高裁決定は、契約書は、当事者間の法律関係について書面化したものであるから、自己利用文書に該当しないことは明らかとし、また、それが公開されると銀行の営業の維持・遂行に深刻な影響を与え、以後、その遂行が困難になるものとまではいえないとして、法220条4号ハ所定の職業秘密に関する事項が記載されている文書にも該当しないとした。

契約書自体は、一般的には、「作成目的、記載内容、これを現在の所持者が所持するに至るまでの経緯、その他の事情から判断して、専ら内部の者の利用に供する目的で作成され、外部の者に開示することが予定されていない」とはいえまい。また、金融機関が貸出先顧客との間に締結する契約書は、金銭消費貸借契約、支払委託に関する契約、保証に関する契約、担保権の設定契約、預金取引に関する契約といったものが主であろうが、それらが開示されても、「その事項が公開されると当該職業に深刻な影響を与え、以降その遂行が困難になるもの」というケースは、多くはあるまい。本件判示が極めて簡単なものとなっていることをみても、この点は、あまり争われなかったのではないかと推測される。

4 一時差異等解消計画を作成して、繰延税金資産を計上するための基礎となる資料であって、課税所得の見込みの基礎となる将来の業績予測とその基礎となる過去の業績に関する文書、一時差異等解消計画を作成するための基礎資料であって将来減算一時差異が解消される時点を予測する目的で作成された文書

(1) 事案（宇都宮地決平成18・7・4金法1784号41頁［83］）

この事案の基本事件は、前記の東京高決平成18・3・29金商1241号2頁

[80]と同じ事件である。この事件において、原告らは、銀行が作成した一時差異等解消計画には何らの合理的根拠がなく、ひいては決算において繰延税金資産の計上が許されないものであったとの事実や、貸倒引当金の過少計上の内容の詳細等を立証趣旨として、上記の文書の提出を求めた（公表された判文では、別紙文書目録が省略されてしまっているので、文書の名称などの詳細が不明であり、判文中の文書の内容を記した文章からしか、文書を特定することができない）。

(2) **一時差異等解消計画を作成して、繰延税金資産を計上するための基礎となる資料であって、課税所得の見込みの基礎となる将来の業績予測とその基礎となる過去の業績に関する文書**

上記宇都宮地裁決定は、「一時差異等解消計画を作成して、繰延税金資産を計上するための基礎となる資料であって、課税所得の見込みの基礎となる将来の業績予測とその基礎となる過去の業績に関する文書」については、このような業績見込みは事業計画や経営計画その他名称のいかんを問わずほとんどの株式会社で作成され、株主に対する説明等にも利用されるうえ、日本公認会計士協会が作成した「繰延税金資産の回収可能性の判断に関する監査上の取扱い」などでも、原則として取締役会や常務会等の承認を得た業績予測が必要であるとするなど、相手方が財務諸表を作成するにあたって必要的に作成すべき文書であり、また、相手方銀行への公的資金の注入を受けて、経営改善計画等を策定して監督官庁に提出することが法規上要求されていたことから、自己利用文書への該当性を否定した。

また、イン・カメラ手続を実施した結果、これらの記載内容は、将来の業績見込み等についてシミュレーションを行って算出した数値データが中心となっているところ、これらの将来予測等が作成された時点から5年以上が経過し、また銀行自身も預金保険法上の特別危機管理銀行となって実質国有化された現時点において訴訟上明らかになったとしても、銀行の今後の営業が著しく困難になるとはとうていいいがたいとして、職業の秘密への該当性も否定した。

特別危機管理銀行として法規上作成を要求されていたからといって、直ちに自己利用文書性を否定されるものではないと考えられることは、前記のとおりであるが、将来の業績予測や過去の業績に関する文書は、株主に対する説明や、特別危機管理銀行として関係者に提出され用いられるもので、もっぱら組織内部の使用に限定して作成されたものではないとされたものであり、首肯できる判断である。また、職業の秘密に関しては、5年を経過した時点では、過去になされた将来予測等が今後の営業を著しく困難にさせるものとはいいがたいとの判断も、肯けるところである。

(3) 一時差異等解消計画を作成するための基礎資料であって将来減算一時差異が解消される時点を予測する目的で作成された文書

これは、前記東京高裁決定の3(1)③の無税化計画等に基づいて、一時差異等解消計画の作成に必要な範囲で数額のとりまとめを行った一覧表等である。

上記決定は、「企業会計審議会が公表した税効果会計に係る会計基準に『繰延税金資産は、将来減算一時差異が解消されるときに課税所得を減少させ』と定められていることを受け、将来減算一時差異が解消される時点を予測する目的で作成された文書であり、上記会計基準をより具体化・明確化するために日本公認会計士協会が作成した『税効果会計に関するQ&A』などでも将来減算一時差異の解消見込みについて計画化を実施するものとされるなど、一般に公正妥当と認められる企業会計の基準によれば、相手方が財務諸表を作成するに当たって必要的に作成すべき文書であるといえる」とし、このような作成目的等からすれば、本件各文書は、法220条4号ニ所定の「専ら文書の所持者の利用に供するための文書」には当たらないとした。

また、職業の秘密への該当性については、一時差異等解消計画の作成に必要な範囲で数額のとりまとめを行った一覧表等であるという性格に照らすと、個別の取引先債務者についての財務情報が明らかになる類の文書ではなく、取引先債務者に生ずる不利益による銀行の営業への悪影響については特段の衡量は不要であるとした。また、当該銀行は、「預金保険法による特別

危機管理銀行となっており、既に経営破綻は公知であって、その破綻前の資産内容に問題があったことも明らかであるし、預金保険法上、特別危機管理銀行は、取引先債権者や営業譲渡先債権者に対する種々の保護措置（同法117条、131条等）を講じた上、預金保険機構による多様な支援措置（同法118条、129条等）によって、特別危機管理銀行の資産内容をできる限り整理した上で特別危機管理の措置を終えることとされているのであり（同法120条）、相手方の破綻前の財務内容のうち問題があった点等が公表されたとしても、既に相手方の破綻から2年以上経過し、相手方において当時の経営陣らの責任追及の訴訟……まで提起し、自己の過去の財務情報を相当程度明らかにした書証を提出するなどしていることが当裁判所において顕著となっている状況においては、相手方の将来の営業にかかわりの薄い過去の財務状態についての秘密保持の利益を殊更酌むべき必要がないことはもちろん、相手方の将来の営業譲渡先の利益が害される具体的なおそれはないというべきである」などとして、職業の秘密には該当しないとした。

これも、これまでみてきた判例と軌を一にする判断である。

5 顧客との折衝経緯等を記した文書

(1) 銀行の従業員が顧客との連絡経緯などを記した営業日誌等

前掲（注25）名古屋地決平成23・10・24証券取引被害判例セレクト43巻262頁［123］では、信託銀行の顧客である「申立人に対する電話若しくは訪問による連絡、商品の勧誘の有無及びその具体的内容を記した相手方従業員作成に係る営業日誌その他の折衝履歴を記載した文書」の自己利用文書性が争われた。

この決定は、平成11年最高裁決定の示した「開示されると個人のプライバシーが侵害されたり個人ないし団体の自由な意思形成が阻害されたりするなど、開示によって所持者の側に看過し難い不利益が生ずるおそれがあると認められる」という要件への該当性について検討し、「文書に記載された事項は、相手方従業員が申立人を訪問した日時、申立人に販売した投資信託の金

額等の基本的情報に過ぎないというのであり」、このことからすると、当該文書に、外部に開示されることを予定せずに記載された相手方従業員の忌憚のない意見等が含まれているとは認められず、そのような文書が外部に開示されたからといって、相手方の自由な意思形成が阻害されるなど、相手方に看過しがたい不利益を生じるおそれがあるとはいえないとした。

相手方たる信託銀行は、「文書提出義務が認められれば、今後、相手方従業員が、折衝履歴を開示しなければならなくなることを考慮して、折衝履歴に忌憚のない意見を表明しなくなり、相手方が折衝履歴を作成する目的が果たせなくなる」と主張したが、決定は、「折衝履歴のすべてについて一律に文書提出義務が肯定されるわけではなく、当該折衝履歴の内容等に照らし、その開示が相手方の自由な意思形成を阻害すると認められるものについては、文書提出義務は否定されることになるのであるから、相手方の指摘は当たらない」としている。

この事案において、当該営業日誌等の内容や、「外部に開示されることを予定せずに記載された相手方従業員の忌憚のない意見等が含まれているとは認められず」とされた経緯は決定文からは不明であるが、一般的にいえば、銀行の営業日誌等にはさまざまな記載が含まれうるものであり、金融機関をはじめとする企業等は、日常の文書の種類に応じて、作成方針や記載内容の区別・管理について、検討する必要を感ずることとなろう。

(2) 銀行と顧客との取引に際して行われたやりとりの主体・日時・場所・内容等が記載された文書

大阪地決平成24・5・27証券取引被害判例セレクト43巻295頁[134]は、顧客と銀行との間で締結した通貨および金利交換取引契約（クーポンスワップ契約）およびフラット予約取引に関して行われた「やりとりの主体、日時、場所、内容が記載された文書」の提出義務が争われた事案である。

同決定は、「本件文書は、その作成目的や記載内容からすると、銀行内部の者の利用に供する目的で作成され、外部の者に開示することが予定されていない文書というべきである」としながら、「本件文書のうち、やりとりし

た申立人及び相手方担当者、日時、場所、内容が記載されている客観的な交渉経過に関する部分は、相手方（筆者注：銀行）担当者と申立人（筆者注：銀行の顧客）の交渉内容が要約して記載されているにすぎず、交渉の席において申立人担当者が話し、伝え、聞いている内容であると認められ、開示されると相手方に看過し難い不利益が生ずるおそれがあるとは認め難い」とし、自己利用文書への該当性を否定した。

同決定も、前述の平成11年最高裁決定を判断基準として引用しているが、顧客との折衝時の経緯記録等については、顧客も当時その場で聞いていた内容が記載されているにすぎないとして、開示を認めている。同文書の具体的内容は明らかではないが、上記判示からすると、銀行内部の検討結果や価値判断に至る意思形成過程などは記載されていないものとみられる（その意味で、裁判所は、稟議書のような記載のある文書ではないと理解したものであろう）。

6 銀行と他の金融機関との間に締結された契約書

福井地決平成26・3・3証券取引被害判例セレクト47巻299頁［146］は、銀行が顧客とオプション取引を行う際に、他の金融機関との間に行ったカバー取引に関する契約書の提出が求められた事案である。この事案では、顧客との間に締結されたオプション取引当時のオプションの価値を明らかにするため、カバー取引のオプション料に関する記載のある部分（各「Premium Amount」欄に対応する部分）を取り調べる必要があるとして、提出命令の申立てがされた。

銀行は、「カバー取引のオプション料を開示した事実がカバー取引の当事者に伝わる可能性が否定できず、これが伝わった場合、相手方がインターバンク市場の参加者から信用を失うことは想像に難くなく、信用が失墜した場合にはインターバンク市場でカバー取引を行うことができなくなる可能性も否定できない」などと主張し、職業の秘密に関する文書に該当するとして提出義務を争ったが、裁判所は、「一件記録上、相手方の主張するこれらの経緯が発生するとうかがわせる事情があるとは認められず」として、提出義務

を認めている。決定の記載は簡潔なもので、それ以外の詳しい事情は示されていないため、詳細は明らかではない。

(伊藤　尚)

第2章 一般企業の文書

I　はじめに

　一般企業は、日々の業務活動に関連して、種々の大量の文書を作成し所持している。その中には、①社員が業務に関連して作成した個人的なメモ、②営業に関する社内における提案書や稟議書、社内における会議録のように企業内部で意思決定を行う際に使用される文書、③取締役会議事録、株主総会議事録のように企業内部で意思決定を行う際に使用される文書であって、法令等でその作成、保存等が義務づけられ、一定の範囲の者に対する開示が予定されている文書、④見積書・発注書・受注書・契約書・納品書・請求書・領収書等の取引関係に関する文書、⑤工場の設備や製品の設計・品質に関する文書、⑥経理財務に関する文書、⑦人事労務に関する文書、⑧税務関係の申告書類や監督官庁等の許認可・監督に関する文書などさまざまな類型の文書が存在する。

　現行法は、文書提出義務を一般義務としているから、理論的には、企業の所持するこれらの文書は、企業が訴訟当事者であると否とにかかわらず、法220条4号イないしホの除外事由に該当しない限り、文書提出義務の対象となりうる。その結果、場合によっては、企業の所持するこれらの文書のうち企業が第三者に知られたくない文書についても、企業の予期に反して法廷の場に顕出されることが生じうる。

　文書提出義務が一般義務であるとしても、企業が裁判所の命令に従うこと

なく当該文書の提出をしなかった場合、裁判所はその文書の提出を当該企業に対して物理的に強制することはできない。しかし、企業は、自らが訴訟当事者である場合は、裁判所の文書提出命令に従わなかったことにより、真実擬制（法224条）という不利益を負う可能性があり、その結果敗訴リスクが増大することになる。自らが訴訟当事者でない場合は、裁判所の提出命令に従わないことによるコンプライアンスリスクが生じうる。他方で、裁判所の命令に応じて文書を開示すれば、訴訟当事者の場合は、当該訴訟に関するマイナス情報を開示することによる敗訴リスクが生じるかもしれないし、同時に、訴訟外で経営上ないし営業上の支障が生じる可能性は否定できない。訴訟当事者でない場合にも、後者の影響の可能性は変わらない。

　このように企業としては、企業の所持する文書が文書提出命令の対象となった場合、その命令に従い提出するとしても、また、その命令に従うことなく提出しないとしても、いずれの場合も、企業の事業活動に少なからず影響を受けることは避けられない。それゆえ、企業としては、企業の所持する文書が文書提出命令の対象となりうる蓋然性ないし可能性について、的確な情報の取得が必要不可欠であり、それに応じて文書作成や文書保存・管理の実務の方針を検討し決定すべきこととなる。

　もっとも、文書提出義務は、あくまで訴訟上の義務であり、訴訟と無関係・無限定に課されるものではないから、文書と立証事項との関連性は厳密に要求されると考えられるし、当該文書の証拠価値、立証上の必要性、立証に関する代替手段の存否、文書提出命令が発せられることによって文書所持者の被る不利益の程度などを裁判所が個別具体的に判断したうえで、文書提出義務の有無が決せられることになる。したがって、現実には、企業の所持するあらゆる文書が文書提出義務の対象となるわけではなく、文書提出義務の対象となる文書の範囲はおのずと相当程度限定されることになろう。

　とはいえ、現行法は旧法と異なり文書提出義務を一般義務と規定していること、文書提出義務が一般義務とされた趣旨が、証拠偏在による当事者の不平等を緩和して適正な裁判の実現を図ることにあるから、企業としては、企

業の所持する文書が文書提出義務の対象となる可能性を想定した取扱いが常に求められることになろう。

そこで、本章では、企業の所持する文書について、それが文書提出義務の対象になるか文書提出義務の根拠規定別に簡単な検討を行い、そのうえで裁判例の対象となった文書の類型ごとに検討することとする。なお、根拠規定別の判例準則の到達点については、第1編第1章を参考にされたい。

II 根拠規定別の検討

1 個別提出義務と一般提出義務

現行法は、文書の所持者が提出義務を負う文書の範囲について、引用文書（法220条1号）、引渡し・閲覧文書（同条2号）、利益文書（同条3号前段）、法律関係文書（同条3号後段）に対する個別提出義務規定に加え、法220条4号イないしホのいずれにも該当しない文書に対する一般提出義務規定を設けている。

したがって、ある文書が文書提出義務の対象となるか否かについては、法220条1号ないし3号文書に該当するか否かの判断（個別提出義務の該当性判断）が必要であるとともに、1号ないし3号文書に該当しないとしても、4号文書に該当するか否かの判断（一般提出義務の該当性判断）が必要となる。

この個別提出義務と一般提出義務の適用関係については、法220条4号が一般的な提出義務として規定しているにもかかわらず、1号ないし3号が個別的な提出義務として規定し、4号は「前3号に掲げる場合のほか」と規定していること、文書提出義務に関する1号ないし3号と4号の申立要件が異なること（法221条2項）、いわゆるイン・カメラ手続等は4号のみを対象としていること（法223条6項）からすれば、1号ないし3号の該当性を判断し、その該当性が認められない場合に、初めて4号の該当性が判断されるべきとする考え方もありうる。しかし、法220条1号ないし3号に該当するか4号

に該当するかで効果に相違はないことから、どの条文(号)に該当するかに関する判断を受ける利益が申立当事者には認められないこと、条文上も、1号ないし3号の文言は、文書提出義務が認められる場合の例示列挙と解することも可能であることから、1号ないし3号と4号とは選択的関係にあり、いずれから先に判断してもよいと解すべきであろう(これを明示するものとして福岡高決平成15・4・25判時1855号114頁［44］)。

2　引用文書（1号文書）

(1)　引用文書が文書提出命令の対象となる理由

　引用文書が提出義務の対象となる理由について、大阪高決平成15・6・26労判861号49頁［48］は、「訴訟の当事者の一方が、自ら訴訟を有利に展開するため文書の存在を積極的に主張した場合には、当該文書を開示させ、文書の信頼性につき他方の当事者と裁判所の批判にさらすことにより、当該文書が存在することに起因して裁判所が不公正な心証を形成する危険を回避するためである」とされる。

　実際にも引用文書については、企業自らが訴訟において当該文書を引用して何らかの主張・立証を行っているのであるから、当該文書に記載されている事実が営業秘密等の企業にとって公開を欲しない職業秘密であるとは考えられないし、仮に当該文書に営業秘密等の職業秘密が記載されているとしても、当該文書に関しては秘密保護の利益を少なくとも放棄しているということができよう。したがって、企業が所持する文書が引用文書に該当するとして文書提出命令が発令されたとしても、企業の営業秘密等の職業秘密を保護すべき利益との関係では問題となることは少ないであろう。

　むしろ、重要なことは、訴訟における主張・立証に際して、企業の所持する文書を積極的に引用するかどうかの判断において、いったん当該文書を引用した以上は、その後に文書提出命令が発令され、文書そのものを提出せざるを得なくなる可能性のあることを十分に考慮して、当該文書を引用するかどうかを決定する必要がある、ということである。

(2) 提出義務を負う範囲

引用文書とは、実際に訴訟で引用された部分に限らず、文書として一体をなす部分のすべてに及ぶと解される（大阪高決昭和58・4・8判タ500号167頁）。

したがって、たとえば、1冊の冊子に営業秘密に該当する部分と該当しない部分が含まれている場合に、該当しない部分のみを証拠として謄本（抄本）で提出したとしても、全体の冊子が引用文書に該当するとしてその提出を命じられる可能性があることになる。

このとき、法223条1項により、「1通の文書の記載中に提出の義務があると認めることができない部分があるときは、特段の事情のない限り、当該部分を除いて提出を命ずることができる」（最決平成13・2・22判時1742号89頁[36]）可能性があるが、引用文書として提出義務のある場合に、当該文書の一部にたとえば自己利用文書に該当する部分または職業秘密に該当する部分がある等として当該部分の提出義務を負わないとすることができるのか疑問なしとしない。前掲大阪高決昭和58・4・8は、当用日記の一部を引用した事案において、「日記文書を証拠として引用した以上、右日記文書全部が裁判所及び訴訟関係者の目に触れる状況に至るのであるから、右日記文書全部の秘密保持の利益は、これにより放棄されたものとするのが相当であり、証言拒絶をなし得るような特別の事由がない限り、挙証者は右日記文書全部の提出する義務を免れない」として、「証言拒絶をなし得る特別の事由」があれば引用部分以外の提出義務を免れる余地を認めるようである。確かに、文書提出命令を申し立てられた場合には、1通の文書のうち提出義務のある部分と提出義務のない部分があるとき、提出義務のある部分のみの提出で足りるのに、文書所持者がその部分を先行して提出したばかりに、提出義務のない部分についても引用文書として提出義務を負うと解することは均衡を失するようにも思われる。しかし、引用文書に対する文書提出義務が認められた上記の趣旨からすれば、文書の所持者が文書を引用した以上は、一部提出の方法が認められない可能性も十分に考えられる。かかる意味で、1号の提出

義務の範囲が、4号の提出義務の範囲を超える場合がありうるのであって、1号の提出義務は、4号の一般提出義務に収斂できない独自の意義があるといえよう。

したがって、ある文書を訴訟で引用した場合、将来、本来提出義務を負わない部分も含めて当該文書の全部について文書の提出が命じられる可能性のあることを想定して、文書の所持者が先行して当該文書を引用するかどうかを、慎重に判断する必要があるということになろう。

(3) 「電子メール」の留意点

このような観点から、企業における文書について問題となりうるものに、電子メールでやりとりをした文書がある。この電子メールによる文書は、改ざんが容易という問題点はあるものの、送信先、送信日時、送信内容が自動的に記録され、積極的に消去しない限りコンピュータ内に保存されることから、訴訟において証拠として提出されることも少なくなく、立証上の重要な証拠となっている。

電子メールによる文書は、従来の郵便による文書とその目的において異なるところはないが、電子メールの場合の特殊性として、引用返信という形で従来の相手方や第三者作成の文書も引用されたうえで新たな文書が作成され、それが全体として1つの電子メールとして相手方や第三者に送信される場合が少なくない。このような方法による電子メールのやりとりは、通常の企業活動の場合、相手方を含む関係者に対し、迅速かつ正確に、しかも瞬時に情報を伝えることができるという点ですぐれた方法であることは否定できない。

しかし、文書提出義務との関係で考えた場合、上記のように、引用返信を含めた電子メールの内容全体が一体の文書と考えざるを得ないとすれば、ある電子メールを証拠として提出する場合、仮に、立証に必要な部分のみを謄本（抄本）で提出したとしても、相手方から引用文書に該当するとして非提出部分のすべてについて文書提出命令が申し立てられると、非提出部分の中の提出義務を負わない部分も含めて提出を余儀なくされる可能性がある。

したがって、かかる場合が想定されるとすれば、企業としては、電子メールを利用する際に、必要な従前の電子メール文書は引用するとしても、不必要な従前の電子メール文書まで引用返信を繰り返す方法は可能な限り避けて、情報ごとの新たな文書として送信する等、文書提出命令への対応を意識する必要があろう。

3 引渡し・閲覧文書（2号文書）

　企業が作成し所持する文書のうち、引渡し・閲覧文書については、文書の性質上、一般に記載すべき項目や内容が定められており、かつ、引渡し・閲覧権のある者への開示が予定されているから、その記載内容を開示することについて、営業秘密等の職業秘密保護の観点からは深刻な問題は生じないであろう。

　しかし、2号の提出義務と4号の提出義務の関係は問題である。たとえば、会計帳簿は、少数株主権に基づく閲覧請求の対象となる文書であるから挙証者が少数株主であれば企業は2号に基づき提出義務を負うが、少数株主権を有しない株主が2号ではなく4号の一般提出義務に基づいて文書提出命令を申し立てた場合、企業は提出義務を負うのか。ある文書に対する提出義務の根拠として1号ないし3号の個別提出義務と4号の一般提出義務があり、それは並存し選択的に適用可能であるから、2号対象文書については2号に基づく提出義務しか負わず、4号の提出義務は負わないと解することはできず、2号の予定する引渡し・閲覧権のある挙証者でない者からの申立てに対しては4号の適用が問題となり、当該文書が4号イないしホに該当しない限り提出義務を負うことになろう。

　なお、引渡し・閲覧権のある挙証者に対して2号に基づく提出義務を負う場合に、当該文書が4号のイないしホに該当し4号に基づく提出義務を負わないことを理由に、同じ挙証者に対する提出義務を免れることはできない。したがって、たとえばある文書に職業秘密に関する事項の記載があっても、2号の要件を充足する以上は、2号に基づく提出義務を負うこととなるが、

それは、当該挙証者に当該文書について引渡し・閲覧権を認めている以上当然のことであり、そこに、2号の提出義務に4号の一般提出義務とは別の独自の意義があるといえる。

このように、引渡し・閲覧権の対象となる文書は、引渡し・閲覧権のない挙証者に対しては4号文書として提出義務を負う可能性があり、引渡し・閲覧権のある挙証者に対しては、4号イないしホに該当し4号の提出義務を負わない場合でも2号の提出義務を負うことになるから、取締役会議事録や総会議事録など法令等に基づいて作成が義務づけられ、特定の権利者への開示が予定されている文書について、企業として法令等で求められる以上の内容を記載することについては慎重さが求められるといえよう。

4 利益文書、法律関係文書（3号文書）

企業が所持する文書のうち、3号前段の利益文書、3号後段の法律関係文書については、必ずしも第三者への開示を前提として作成された文書とは限られないことから、仮に、当該文書が文書提出義務の対象とされる場合、文書の内容によっては、営業秘密等の職業秘密保護の観点から企業に深刻な影響を与えることがありうるので、旧法下においては、利益文書・法律関係文書の意義をめぐって争われてきた。しかし、現行法では、利益文書・法律関係文書であるか否かにかかわらず、4号の除外事由である「自己利用文書」または「技術・職業上の秘密に関する事項が記載された文書」でない限り提出義務を負うことになったので、利益文書または法律関係文書に該当するか否かの判断は、提出義務の対象となるか否かの基準とならず、単に、提出義務の根拠条文の違いとしての意味しかない。

そして、3号に該当するか4号に該当するかは、その判断過程において、いわゆるイン・カメラ手続をとることが可能であるか否か、法221条2項の要件（書証の申出を文書提出命令の申立てによってする必要がある場合でなければ、することができない）を満たすかなどの違いはあるものの、「自己利用文書」および「技術・職業上の秘密に関する事項が記載された文書」の立証責

任はいずれも文書の所持者が負い、文書提出命令の効果も同一であることから、挙証者にとって重大な関心事ではない。

そこで、現行法の規定を意味のあるものとするためには、利益文書および法律関係文書を制限的に解釈し、利益文書および法律関係文書に該当する限り、「自己利用文書」および「技術・職業上の秘密に関する事項が記載された文書」であっても提出義務の対象になるとの解釈態度がありうる。しかし、最決平成11・11・12民集53巻8号1787頁［25］は、4号ハ（現ニ）の自己利用文書に当たると解される以上、法律関係文書に該当しないと判示し、また、最決平成16・2・20判時1862号154頁［55］は、公務員の職務上の秘密に関する文書であって、その提出により公務の遂行に支障が生じるおそれがあり4号ロに当たる以上、法律関係文書に該当しないと判示している。かかる判示からすれば、企業文書についても、4号ニの「自己利用文書」や同号ハの「技術・職業上の秘密に関する事項が記載された文書」である限り、法律関係文書には該当しないとするのが判例であると解される。そうすると、結局、提出義務の該当性判断においては、法220条3号後段の法律関係文書は独自の意義を有しないものと思われる。

そして、3号前段の利益文書については適切な裁判例はないようであるが、一般に、自己利用文書が挙証者の利益文書となることは矛盾であるし、作成者ないし所持者の技術・職業の秘密に関する事項が記載された文書が挙証者の利益文書と評価できる場合は考えがたいから、4号ハまたはニに該当すれば3号前段の利益文書には該当しないと解すべきことになろう。そうすると、ここでも提出義務の該当性判断においては3号前段の利益文書は独自の意義を有しないことになる。

5　一般提出義務（4号文書）

(1)　はじめに

法220条4号は、同条1号ないし3号とは異なり、特に文書の種類を限定することなく、文書の所持者に一般的な文書提出義務を課し、例外的に、4

号イないしホの要件に該当する場合には、文書提出義務が免除されるという構造となっている。

　この規定は、文書提出義務をあくまでも一般的な義務としながら、文書提出義務を負わされることで文書所持者が回復しがたい損害を被ると考えられる場合を類型的に定め、当該類型に該当する場合に限って例外的に文書提出義務を免除するというものである。

　法220条4号の規定に基づいて一般的な文書提出義務が課せられる場合、1号ないし3号の場合と異なり、文書提出命令の申立ては、文書提出命令の申立てによらなければ当該文書を入手することができない場合でなければすることができず（法221条2項）、また、除外事由に該当するか否かの判断のために、いわゆるイン・カメラ手続をとることが可能とされている（法223条6項）など、文書提出義務が一般義務とされることで文書の所持者が被る不利益についての一定の配慮がなされている。

　法220条4号のうち、企業との関係で同号の除外事由が問題となるのは、もっぱら同号ハの「技術・職業上の秘密に関する事項が記載された文書」および同号ニの「自己利用文書」であることから、以下では、これらの除外事由について検討することとする。

(2)　技術・職業上の秘密に関する事項が記載された文書

(ア)　判例の準則

　まず、「技術・職業上の秘密に関する事項が記載された文書」（以下、「職業秘密文書」という）について、最決平成12・3・10民集54巻3号1073頁[30]は、「法197条1項3号所定の『技術又は職業の秘密』とは、その事項が公開されると、当該技術の有する社会的価値が下落しこれによる活動が困難になるもの又は当該職業に深刻な影響を与え以後その遂行が困難になるものをいうと解するのが相当である」とする。

　そのうえで、最決平成18・10・3民集60巻8号2647頁[84]は、「ある秘密が上記の意味での職業の秘密に当たる場合においても、そのことから直ちに証言拒絶が認められるものではなく、そのうち保護に値する秘密について

のみ証言拒絶が認められると解すべきである。そして、保護に値する秘密であるかどうかは、秘密の公表によって生ずる不利益と証言の拒絶によって犠牲になる真実発見及び裁判の公正との比較衡量により決せられるというべきである」とし、その後、最決平成19・8・23判タ1252号163頁［89］を経て、最決平成20・11・25民集62巻10号2507頁［96］は、提出を拒絶できるのは、「対象文書に記載された職業の秘密が保護に値する秘密に当たる場合に限られ、当該情報が保護に値する秘密かどうかは、その情報の内容、性質、その情報が開示されることにより所持者に与える不利益の内容、程度等と、当該民事事件の内容、性質、当該民事事件の証拠として当該文書を必要とする程度等の諸事情を比較衡量して決すべきもの」と判示した。

東京高決平成22・7・20判タ1341号245頁［104］は、賃料増減額請求訴訟において、当事者が証拠として提出した相当賃料額に関する不動産鑑定評価書に引用された賃貸事例の対象物件を特定する情報を記載した文書の提出を求めた事案において、不動産鑑定士は、不動産の鑑定評価に関する法律38条により、正当な理由がなく、その業務上取り扱ったことについて知り得た秘密を他に漏らしてはならないとされ、同法に定める守秘義務を負っていること、不動産鑑定士である相手方は、賃貸人等の信頼関係に基づき、みだりに外部に公表されることはないとの前提で情報提供等を受けていること、そのような情報が開示されると相手方と賃貸人等との信頼関係が損なわれ、その後の情報提供に支障が生じ、相手方の業務に深刻な影響が生じる可能性のあること等から、相手方の職業の秘密として保護すべき必要性が相当程度認められるのに対して、申立人側において、情報を開示すべき必要性は相対的に低いと判示して、一部の文書を除き、文書の提出を認めなかった。

大阪高決平成23・1・20判時2113号107頁［110］は、ジャーナリストの外務省幹部からの取材テープについて、一般論として、「報道関係者の取材源は、一般に、それがみだりに開示されると、報道関係者と取材源となる者との間の信頼関係が損なわれ、将来にわたる自由で円滑な取材活動が妨げられることとなり、報道機関の業務に深刻な影響を与え以後その遂行が困難にな

ると解されるので、取材源の秘密は職業の秘密に当たる」としたうえ、「当該取材源の秘密が保護に値する秘密であるかどうかは、当該報道の内容、性質、その持つ社会的な意義・価値、当該取材の態様、将来における同種の取材活動が妨げられることによって生ずる不利益の内容、程度等と、当該民事事件の内容、性質、その持つ社会的な意義・価値、当該民事事件において当該証拠を必要とする程度、代替証拠の有無等の諸事情を比較衡量して決すべきである」と判示した。そして、当該事案については、「取材源の秘密は、取材の自由を確保するために必要なものとして、重要な社会的価値を有することに鑑みると、当該報道が公共の利益に関するものであって、その取材の手段、方法が一般の刑罰法令に触れるとか、取材源となった者が取材源の秘密の開示を承諾しているなどの事情がなく、しかも、当該民事事件が社会的意義や影響のある重大な民事事件であるため、当該取材源の秘密の社会的価値を考慮してもなお公正な裁判を実現すべき必要性が高く、そのために当該証拠を得ることが必要不可欠であるといった事情が認められない場合には、当該取材源の秘密は保護に値すると解すべきであり（前掲最高裁平成18年10月3日第三小法廷決定参照）、原則として民訴法220条4号ハの文書提出義務の除外事由を認めることができると解するのが相当である」とした。

　名古屋高決平成24・2・13先物取引裁判例集67号18頁［127］は、商品先物取引業者が、監督官庁に提出した「業務改善命令に関する改善措置・実施報告書」のうち、顧客の個人情報については、「抗告人の顧客並びに抗告人が依頼した弁護士及び公認会計士との信頼関係を喪失し、今後、営業活動に困難を極め、あるいは、弁護士や公認会計士に依頼することが容易でなくなるなど、著しい不利益を受けることが予想されるのに対して」、相手方が当該文書を必要とする程度はさほど高いものとは認められないとして、文書の提出を認めた原決定の一部を取り消した。

　神戸地決平成24・5・8金商1395号40頁［132］は、MBOに関する役員ミーティング関連資料等の文書提出命令が申し立てられた事案において、当該文書の職業秘密文書性を肯定しつつ、当該MBOが完全に頓挫しているこ

と、MBO に関する会社の最終意見書が提出されてからすでに 3 年以上経過していること、当該会社において当該 MBO と同様の MBO の実施が予定されていないこと、役員が会社の取締役を辞任しており、会社が現在、買付者側との経営上の関係を有していないことを理由に、「本件 MBO に関する相手方内部の意見が開示されても、相手方の現在の業務の遂行上、何らかの具体的な不利益が生じるおそれがあるとは考えがたいし、本件 MBO の検討段階で作成された相手方の当時の経営方針ないし利益計画及びこれらの関連資料についても、現時点において開示されたとしても、特段、相手方が他社との競争上の不利益を被るおそれがあるとは認め難い」として、当該文書が開示されることにより、相手方の職業に深刻な影響を与え、以後その遂行が困難になるものであるとはいえないと判断している。

大阪高決平成25・6・19労判1077号 5 頁［142］は、石綿関連疾病に関する労災訴訟において、使用者が保持する、じん肺管理区分決定通知書、職歴票、じん肺健康診断に関する記録、労災認定を受けた者に関する労働者災害補償保険請求書、同請求書に添付された職歴証明書、石綿健康管理手帳交付申請書、同申請書に添付された職歴証明書について、労働者がみだりに開示されることを望まないものであり、法令上、情報の保護が図られているものの、証拠として取り調べる必要性のある客観性の高い証拠であることとの対比で、いずれの文書も法令に基づいて作成された文書であること、現在、石綿製品の製造は禁止されていることから、これらが訴訟において提出されることにより、元従業員および現従業員が健康診断の受診や情報の提供を拒否し、今後、相手方において労働安全衛生等の人事労務管理が著しく困難になるおそれがあるとはいえないことからすれば、職業の秘密（保護に値する秘密）が記載された文書に該当しないとして、文書の提出を命じた原決定を維持した。

このように、判例は、「技術又は職業の秘密」について実質的に秘密として保護に値するものに限定するという見解に立ったうえで、個別具体的事案において開示することによる不利益と、当該情報の証拠としての価値との利

益衡量を要求している。したがって、企業が内部的に秘密扱いをしているだけでは、「職業秘密文書」には該当しないことはもちろん、当該情報が職業秘密であるとしてもそれだけで提出義務が免れるわけではなく、公正な裁判の実現という見地から、開示することによる所持者の不利益と、証拠としての価値、証拠調べの必要性との比較衡量をしなければ、提出義務の有無は決まらない。

　(イ)　企業としての文書管理のあり方

　以上のような判例の考え方に照らせば、企業としては、どのような文書が「職業秘密文書」に該当するかを的確に予測することは困難であり、ある訴訟では、「職業秘密文書」に該当するとして文書提出義務が否定された文書について、別の訴訟では文書提出義務が肯定されるということも理論上は十分あり得ることになる。特に証拠偏在型のいわゆる現代型訴訟では、証拠としての必要性の要請が強い場合であるから、「職業秘密文書」該当性はより厳格に判断される可能性が高い。したがって、たとえば不正競争防止法上の営業秘密の3要件（①秘密管理性、②有用性、③非公知性）を満たす場合であっても、文書提出義務が命じられる可能性を全く否定することはできず、企業としては、自らが営業秘密として認識し管理している文書についても、法廷に提出される可能性のあることを認識すべきこととなる。

　そこで、企業としては、自らが営業秘密等の職業秘密として保護されるべきと考える文書については、少なくとも不正競争防止法上の営業秘密の3要件のうち秘密管理性の要件を満たす文書管理を行っておくべきである。もとより、職業秘密に該当するために秘密管理性の要件を充足していることが必須ではないが、その該当性判断に有益であろう。また、仮に、文書提出命令を受けて文書を提出する際には、閲覧制限（法92条）の申立ての検討を行うなど、職業秘密を含む文書が外部へ流出する可能性を可及的に防止する必要があるといえる。

　(ウ)　秘密保持契約のある場合

　ある文書が第三者から交付され、当該第三者との間で秘密保持契約を締結

している場合でも、それだけでは当然に職業秘密には該当しない。第三者から交付された文書の内容が当該第三者との関係で実質的に保護すべき価値を有する秘密でなければならず、情報の種類・性質・内容、開示した場合の不利益と証拠としての価値や立証の必要性等との比較衡量が欠かせないことに変わりはない。また、文書の所持者が第三者との関係で秘密保持義務を負う場合であっても、当該第三者が挙証者との関係で開示義務を負う場合は、当該第三者は所持者の守秘義務により保護されるべき正当な利益を有しないから、所持者は第三者の職業の秘密を理由として提出義務を免れることはできない（最決平成19・12・11民集61巻9号3364頁［93］、前掲最決平成20・11・25参照）。

　なお、秘密保持契約を締結した第三者から提供を受けた情報が、所持者にとって職業秘密として保護に値する独自の利益を有する場合には、所持者の職業秘密として4号ハに該当する場合がありうる。

　このように、企業としては、秘密保持契約が締結されていても、当該文書の提出義務が認められるか否かの予測は困難であることからすれば、秘密保持契約を締結する際には、裁判所による文書提出命令に関する除外規定を設けるなど事前の対策を講じる必要があろう。もとより、裁判所による文書提出命令によって文書が開示された場合に、当該開示によって秘密保持契約義務違反となるとは考えられないが、無用な紛争を事前に防止するためにはこのような措置をとっておくべきであろう。

(3)　自己利用文書

(ア)　判例の準則

　最決平成11・11・12民集53巻8号1787頁［25］は、自己利用文書について、「ある文書が、その作成目的、記載内容、これを現在の所持者が所持するに至るまでの経緯、その他の事情から判断して、専ら内部の者の利用に供する目的で作成され、外部の者に開示することが予定されていない文書であって、開示されると個人のプライバシーが侵害されたり個人ないし団体の自由な意思形成が阻害されたりするなど、開示によって所持者の側に看過し

難い不利益が生ずるおそれがあると認められる場合には、特段の事情がない限り、当該文書は民訴法220条4号ハ所定の『専ら文書の所持者の利用に供するための文書』に当たると解するのが相当である」と判示し、自己利用文書といえるための要件として、①もっぱら内部の者の利用に供する目的で作成され、外部の者に開示することが予定されていないこと、②開示によって所持者の側に看過しがたい不利益が生ずるおそれがあること、③特段の事情のないこと、を明らかにした（以下では、自己利用文書の「判例準則要件①②③」と表示することがある）。

判例準則要件①については、法令上の根拠を有する命令に基づく調査の結果を記載した文書(最決平成16・11・26民集58巻8号2393頁[64])、法令に義務づけられた資産査定のために必要な文書（最決平成19・11・30民集61巻8号3186頁[92]）は、いずれも外部の者による利用ないし開示が予定されているとして、内部文書性を否定している。しかも、重要な点は、開示対象となる外部の者が守秘義務を負っている場合も内部文書性が否定されていることである。

判例準則要件②については、所持者側の不利益として想定されるものとして、前掲最決平成11・11・12は、貸出稟議書について、「銀行内部の自由な意見の表明に支障を来し銀行の自由な意思形成が阻害されるおそれ」を認め、最決平成17・11・10民集59巻9号2503頁[76]は、市議会議員が会派に提出した調査研究報告書について、「これが開示されると、調査研究への協力が得られにくくなって以後の調査研究に支障が生じるばかりか、その第三者のプライバシーが侵害されるなどのおそれ」を認め、最決平成18・2・17民集60巻2号496頁[79]は、社内通達文書について、所持者「の内部の意思が形成される過程で作成される文書ではなく、その開示により直ちに抗告人の自由な意思形成が阻害される性質のものではない」し、「個人のプライバシーに関する情報や営業秘密に関する事項が記載されているものでもない」から、「本件各文書が開示されることにより個人のプライバシーが侵害されたり、抗告人の自由な意思形成が阻害されたりする」おそれはない、と

しており、法人内部の自由な意思形成・個人のプライバシー・営業秘密等に対する不利益の有無と程度を検討対象としている（第1編第1章参照）。

内部文書性が認められない文書でも、職業秘密文書該当性が肯定されると4号の提出義務はない（前掲最決平成19・11・30、東京高決平成20・4・2民集62巻10号2537頁）。しかし、内部文書性が認められない文書に、プライバシーに関する情報が記載されている場合、自己利用文書にも該当せず、職業秘密文書にも該当しないこととなり、プライバシーの保護が問題となりうる。挙証者以外の労働者に関する賃金台帳について、東京高決平成17・12・28労判915号107頁［77］は、自己利用文書性を否定すると、他の労働者のプライバシーへの配慮ができないが、それはやむを得ない制約であるとしたうえ、立証の必要性と比較衡量することを認める。

(イ) 企業としての対応

企業の所持する文書に関しては、以上の判例準則に基づき、自己利用文書の該当性が判断されることになるが、その予測可能性は必ずしも高くないのが現状である。しかし、上記の判例準則に従うならば、当該文書の作成目的、利用目的、所持するに至った経緯、記載内容、開示した場合の不利益の内容などを考慮することにより、当該文書が自己利用文書として提出義務の対象となるか否かの判断をすべきことになろう。

具体的には、判例準則要件①については、まず当該文書の作成が法令等によって義務づけられているか否かに着目するのが有益である。文書の作成が法令等によって義務づけられている場合、第三者（主として監督官庁等の行政機関）に開示されることが前提とされていると考えられるから、それだけで判例準則要件①の内部文書性を充足せず、原則として自己利用文書には該当しないこととなる。このとき、開示を受ける外部の者が特定の者か不特定の者か、開示を受ける外部の者が守秘義務を負うか否かは問題とされていないことから、開示対象者が法律上当然に守秘義務を負う特定の行政機関であったとしても、自己利用文書性は否定されることに留意すべきである。この点につき、前掲名古屋高決平成24・2・13は、「国又は国の機関である監督官

庁が本件文書の記載内容について第三者に開示することを予定するか否かによって、同文書の民訴法220条4号ニへの該当性に関する上記判断が左右されるものではない」と判示している。

　法令等に作成根拠をもたない文書については、個別に、判例準則要件①の内部文書性を判断することになるが、そのとき、判例準則要件②の「開示によって文書の所持者の側に生じる看過し難い不利益」の対象となる事実の記載が含まれているか否かに着目するのが便宜であろう。すなわち、法人内部の自由な意思形成に関する事項、個人のプライバシーや営業秘密等に関する事項の記載がある文書のうち、開示によって看過できない不利益が生じるおそれが認められれば提出義務を負わないが、それらの記載のない文書は、たとえ判例準則要件①の内部文書性が認められても、判例準則要件②を充足しない蓋然性が高く、結局、提出義務を負うことになるからである（前掲最決平成18・2・17参照）。

　そこで、企業としては、対象となる文書について、当該文書の作成が法令によって義務づけられているかどうか（義務づけられている文書は提出義務を負う可能性が高い）、そして当該文書（記載されている情報）が第三者への開示が予定されているかどうか（第三者への開示が予定されている文書は提出義務を負う可能性が高い）、文書の内容がもっぱら法人内部の自由な意思形成に関するものか、個人のプライバシーや営業秘密等に関する事項が記載されているかどうか（これらの記載のないものは提出義務を負う可能性が高い）、開示することによって企業に看過しがたい不利益が生じるおそれがあるかどうか（不利益は抽象的なものでは足りず、具体的かつ現実的な不利益が生じるおそれがなければ提出義務を負う可能性が高い）を検討することにより、当該文書が、文書提出義務の対象となる可能性の有無・程度を予測することになろう。

　結局、①法令等に根拠がなく、②第三者への開示が予定されず、③文書の内容が法人内部の自由な意思形成に関するものか、個人のプライバシーや営業秘密に関する事項を記載したもので、かつ、④開示することにより企業に看過しがたい不利益が生じるおそれのある文書で、しかも、⑤特段の事情の

ない場合、に限って「自己利用文書」として提出義務の対象とならないことになる。もとより、当該訴訟事案における当該文書の証拠としての価値や立証上の必要性の程度等が具体的に判断されて提出命令が発令されることになるから、自己利用文書に該当せず提出義務のある文書であるからといって、直ちに当該文書の提出が命じられるわけではないが、それでも企業としては、提出義務の対象文書となりうることを前提とした文書管理を心がけるべきことになろう。特に、現在の裁判例は、イン・カメラ手続の活用により、従来は自己利用文書に当たると考えられていた文書についても、文書の表題や性質にとらわれることなく、文書の少なくとも一部分については開示を命じるなど文書提出義務の範囲を可及的に拡大する方向にある。また、イン・カメラ手続がとられることで、文書の内容を裁判官が認識することになり、裁判官の事実上の心証形成に影響を与える可能性があることも否定できない。したがって、文書の表題と内容を一致させるなどして異なる性質の文書が渾然一体となった文書を作成しないなど、この点を意識した文書の作成管理に留意する必要があろう。

なお、文書提出命令を受けた側が文書提出によって被るプライバシー侵害等の不利益が予想される場合には、営業秘密の場合と同様に、閲覧制限（法92条）によってその不利益を防止することを検討すべきこととなろう。

III　類型別検討

以下では、企業が所持する文書を一定の類型に分けて裁判例を概観して文書提出義務の存否を検討することとしたい。企業が所持しているすべての文書を取り上げることは不可能であるから、さしあたって、公表された裁判例を対象に、便宜、以下の類型に分けて紹介することとする。知的財産関係、医療関係、労働関係、交通事故関係、租税関係に関する企業の所持文書については、第3編でさらに詳細な検討が予定されているので、各論稿を参照されたい。

① 事業に関する文書
② 各種調査報告書
③ 公的機関への提出文書
④ 労働関係文書

1 事業に関する文書

(1) 証券会社の注文伝票・取引日記帳

(ア) 裁判例

旧法に関するものであるが、大阪高決平成7・2・21金商990号22頁は、証券会社の作成する注文伝票および取引日記帳は、「証券会社が顧客から株式売買の委託を受けたときに、委託者・委託内容等受託に関する事項を具体的に記載して作成する文書であり、顧客と証券会社である相手方との間の株式売買等の委託契約関係の発生及び内容に直接関連する事項を記載した文書であって、挙証者と文書の所持者との間の法律関係につき作成されたもの」であり、しかも、証券取引法188条および証券会社に関する省令13条1項1号により、同省令13条所定のその他の帳簿類とともに証券会社にその作成、保存が義務づけられているものであって、証券会社が備忘のために随時任意の事項を記載して作成する個人的メモ等の内部文書とは異なるものであるから、旧法312条3号後段の法律関係文書に該当するとして文書提出義務を認める。抗告審の大阪高決平成7・12・19判時1573号33頁はこれを維持し、福岡高決平成7・3・9判タ883号269頁、仙台高決平成7・6・30判タ891号256頁も同旨である。

(イ) 検 討

現行法では、証券会社の作成する注文伝票や取引日記帳は、それらが金融商品取引法等の法令に基づいて作成・保存が義務づけられ、監督官庁の検査対象となるから、法220条4号ニの自己利用文書性が否定され、4号文書に該当するとともに、挙証者である顧客との関係では法220条3号後段の法律関係文書に該当することになろう。

ただし、これら文書について顧客以外の第三者から証券会社に対して文書提出命令が申し立てられた場合には、証券会社は顧客との関係において守秘義務を負っているが、当該顧客が挙証者との関係で開示義務を負う場合は、当該顧客は所持者の守秘義務により保護されるべき正当な利益を有しないから、証券会社は提出義務を免れない。金融機関の所持する取引履歴等に対する文書提出義務について判示した最決平成19・12・11民集61巻9号3364頁［93］が参考となる。

一般企業で日々作成される取引関係に関する文書は、法令等で作成が義務づけられているものではないが、その多くは、相手方との契約関係を証する文書で内部でのみ利用することを予定していないし、相手方に交付が予定されていない取引関係文書でも、紛争が生じた場合には取引先へ開示することもあり、実際、これを開示しても看過しがたい不利益が生じることは想定できないから、自己利用文書には該当しない場合が多いであろう。また、取引記録の中にも競争会社に知られては困る情報（たとえば、見積書における見積内訳など）が含まれており職業秘密文書に該当する可能性があるが、判例準則に従い、記載された情報の内容・性質、開示されることによる不利益の内容・程度、証拠としての価値や立証の必要性等の諸事情を比較衡量してその該当性が判断されることになろう。

(2) 商品取引会社の外務員の作成する業務日誌

(ア) 裁判例

旧法に関するものであるが、大阪高決平成7・2・21判時1543号132頁は、商品取引会社の外務員の作成する業務日誌について、「本件文書は、全国商品取引連合会の受託業務指導基準により、外務員に本件文書を作成させるべきことが商品取引員に義務付けられている文書であり、」「外務員が備忘のため随時任意の事項を記載して作成する個人的なメモなどの内容文書とは異なる」として、法律関係文書該当性を肯定した。

(イ) 検 討

商品取引会社の外務員が作成する業務日誌は、顧客との適正な取引関係を

維持し形成するために、業界団体の自主的な基準に基づいて作成が義務づけられている文書で、作成が義務づけられている趣旨は法令の場合と同様と考えられるから、現行法でも、これら文書について自己利用文書性が否定され、4号文書に該当するとともに、挙証者である顧客との関係では3号後段の法律関係文書にも該当することになろう。

　これに対して、一般企業の場合、従業員によって営業活動内容を記録した業務日誌が作成されるとしても、当該日誌は、法令等によって作成が義務づけられているわけではなく、業務上の必要性から取引先との交渉状況等を含め営業活動の内容等を記録し今後の営業方針を決める資料として作成されているもの、あるいは従業員が円滑な職務遂行の便宜のために自主的に作成されているものが多いのではないかと思われる。かかる業務日誌は、もっぱら所持者の利用に供するために作成され、外部への開示を予定しない内部文書といえよう。しかも、その記載内容に秘密とすべき営業方法（ノウハウ）に関する事項が含まれるような場合は、それが開示され同業の競争者等に知れると営業活動の遂行に著しい支障が生じることが予想される場合もあろう。

　このような企業の営業活動のために作成されている営業日誌は、類型的には、内部文書性は肯定でき、開示した場合に看過しがたい不利益が生じる場合は、4号ニの自己利用文書該当性が認められよう。業務日誌の作成の目的、作成の根拠、その利用方法、具体的な記載内容等に応じた判断が必要となる。

　営業遂行上作成されるメモ等も、内部文書性は肯定できるが、具体的事案においては、それを開示しても看過しがたい不利益が生じない場合が多いであろうから、自己利用文書として提出義務が否定される場合は少ないように思われる。同旨のものとして名古屋地決平成23・10・24証券取引被害判例セレクト43巻262頁［123］、大阪地決平成24・5・27証券取引被害判例セレクト43巻295頁［134］がある。このうち名古屋地裁決定は、顧客に対する電話もしくは訪問による連絡、商品の勧誘の有無およびその具体的内容を記した信託銀行の従業員が作成した営業日誌その他の折衝記録を記載した文書につい

て文書提出命令が求められた事案において、外部に開示されることを予定せずに記載された従業員の忌憚のない意見等が含まれているとは認められず、外部に開示されたからといって信託銀行の自由な意思形成が阻害されるなどの看過しがたい不利益が生じるおそれがあるとはいえないとして、提出義務を肯定しつつ、一般論として、折衝記録のすべてについて一律に文書提出義務が肯定されるわけではなく、折衝記録の内容等に照らし、その開示が信託銀行の自由な意思形成を阻害すると認められるものについては、文書提出義務は否定されることになると判示している。

(3) 介護給付費等の請求控え（サービス種類別利用チェックリスト）
(ア) 裁判例

最決平成19・8・23判タ1252号163頁［89］は、介護サービス事業者が特定の1ヵ月間に提供した介護サービスについて、利用者名、要介護状態区分または要支援状態区分、サービス内容およびその回数、各利用者ごとの当該月分の介護保険請求額、利用者請求額等を一覧表の形式にまとめて記載した文書（サービス種類別利用チェックリスト）について、原決定が、「本件リストは、相手方が指定居宅サービスの利用者について介護給付費等の請求内容を確認、記録するために作成しているものであり、その作成目的、記載内容、作成経緯等に照らし、専ら相手方内部の利用に供する目的で作成され、外部に開示することが予定されていない文書であって、外部に開示されると個人のプライバシーが侵害され、相手方と利用者及びその家族との信頼関係が損なわれ、相手方の事業の遂行に重大な支障を来すおそれがある」として自己利用文書該当性を認めたのに対し、「本件リストは、相手方が指定居宅サービス事業者として介護給付費等を審査支払機関に請求するために必要な情報をコンピューターに入力することに伴って、自動的に作成されるものであり、その内容も介護給付費等の請求のために審査支払機関に伝送される情報から利用者の生年月日、性別等の個人情報を除いたものにすぎず、審査支払機関に伝送された情報とは別の新たな情報が付加されているものではなく、介護給付費等の請求のために審査支払機関に伝送した情報の請求者側の

控えというべき性質のものにほかならない。そうすると、本件リストに記載された内容は第三者への開示が予定されていたものということができ」るから、本件リストは自己利用文書ではないとしたうえ、「本件対象文書は本案訴訟において取調べの必要性の高い証拠であると解される一方、本件対象文書に係る上記96名の顧客はいずれも抗告人において介護サービスの利用者として現に認識されている者であり、本件対象文書を提出させた場合に相手方の業務に与える影響はさほど大きなものとはいえない」から、職業秘密文書にも該当しないとして、原決定を破棄し、4号文書として提出義務を肯定した。

(イ) 検 討

本決定は、介護給付費等の請求のために審査支払機関に伝送される情報から抽出された一部の情報を特段の加工をすることなく文書化したものであることから、当該文書自体の開示が予定されていなくても、そこに記載された情報について第三者への開示が予定されていた場合には、当該文書も第三者への開示が予定されていたものと評価した点が重要である。第三者への開示が予定されている文書の範囲を緩やかに画するもので、自己利用文書性がそれだけ限定されている。また、職業秘密に関しても、取調べの必要性の高い証拠であることを重視し、介護サービス利用者の個人情報が開示されることによる業務への影響はさほど大きくないと評価しており、原決定の評価と著しく異なる。最高裁の4号ハ・ニ該当性判断が相当に厳格であり、文書提出義務の一般化に積極的である近時の傾向がみてとれる決定であるように思われる。

企業としては、第三者への開示が予定されている情報については、その保存方法が文書であるか情報（データ）であるかを問うことなく、自己利用文書性が否定される可能性のあることを認識しておくべきであろう。

(4) 稟議書

(ア) 裁判例

最決平成11・11・12民集53巻8号1787頁［25］は、金融機関の貸出稟議書

について、「銀行内部において、融資案件についての意思形成を円滑、適切に行うために作成される文書であって、法令によってその作成が義務づけられたものでもなく、融資の是非の審査に当たって作成されるという文書の性質上、忌たんのない評価や意見も記載されることが予定されているものである。したがって、貸出稟議書は、専ら銀行内部の利用に供する目的で作成され、外部に開示することが予定されていない文書であって、開示されると銀行内部における自由な意見の表明に支障を来し銀行の自由な意思形成が阻害されるおそれがあるもの」として、特段の事情がない限り自己利用文書に該当するとした。

　(イ) 検　討

　一般企業の稟議書は、上司の決裁を得る手段として利用されることが多く、そのような場合には、担当者・上司の意見とそれを受けた反論等が記載されているはずであり、金融機関の貸出稟議書と同様の性質を有している。加えて、金融機関の場合は、その公益性から監督官庁の強い監督・指導を受け、稟議書が金融庁の検査に際して開示される可能性も否定できないが、一般企業の場合は原則としてそのような監督指導を受けることはないから、一般企業の稟議書が外部に開示される可能性は銀行の稟議書に比べて相対的に低い。また、外部に開示されることによって企業内部における自由な意見の表明に支障を来し企業の自由な意思形成が阻害されるおそれは銀行の場合と変わらない。したがって、一般企業の稟議書も、銀行の貸出稟議書と同様に自己利用文書性が認められ、原則として文書提出義務は否定されることになろう。ただし、稟議書といってもその種類・記載内容はさまざまであるから（たとえば、稟議書の名前は付されているが、実質的には、取引結果の報告がなされているにすぎない場合も多いであろう）、内部文書とはいえ開示しても不利益が想定されない場合には、自己利用文書の判例準則要件②を充足しないので、自己利用文書に該当せず4号文書として提出義務を負う場合もあろう。

(5) 社内通達文書

(ア) 裁判例

　最決平成18・2・17民集60巻2号496頁〔79〕は、融資一体型変額保険の勧誘を銀行が保険会社と一体となって行っていた事実を証明するために、銀行の営業関連部、個人金融部等の本部の担当部署から、各営業支店長等に宛てて発出された社内通達文書（その内容は、変額一時払終身保険に対する融資案件を推進するとの一般的な業務遂行上の指針を示したり、客観的な業務結果報告を記載したものである）の文書提出命令が申し立てられた事案において、「本件各文書は、基本的には抗告人（銀行）の内部の者の利用に供する目的で作成されたものということができる」としながら、「本件各文書は、抗告人の業務の執行に関する意思決定の内容等をその各営業店長等に周知伝達するために作成され、法人内部で組織的に用いられる社内通達文書であって、抗告人の内部の意思が形成される過程で作成される文書ではなく、その開示により直ちに抗告人の自由な意思形成が阻害される性質のものではない。さらに、本件各文書は、個人のプライバシーに関する情報や抗告人の営業秘密に関する事項が記載されているものでもない。そうすると、本件各文書が開示されることにより個人のプライバシーが侵害されたり抗告人の自由な意思形成が阻害されたりするなど、開示によって抗告人に看過し難い不利益が生ずるおそれがあるということはできない」として、自己利用文書性を否定した。同旨のものとして、証券会社が投資家保護の観点から法令等を補完する目的で作成した金融商品販売ルールに関する文書について自己利用文書性を否定した東京地決平成23・9・5証券取引被害判例セレクト43巻257頁〔119〕がある。

(イ) 検　討

　企業の社内通達文書のうち、一般的な業務遂行上の指針を示す形態のものについては、仮にそれが開示されたとしても企業の営業活動に弊害をもたらす事態ということは考えがたいであろう。このような点からすれば、本決定の判断は、一般企業における社内通達文書にも妥当する可能性が高い。

しかし、本決定の射程範囲は、あくまでも一般的な業務遂行上の指針を示す形態の社内通達文書に限られるのであって、それを超えて、社内通達文書すべてに及ぶと考えることは相当ではないであろう。社内通達文書には、企業の業務遂行における意思形成を行う際に影響を与える企業独自の基準等や営業上のノウハウを通達として取りまとめている場合、通達に従う判断過程が稟議書に記載される内容と実質的に同じ場合もあると考えられ、そのような文書については、判例準則要件①のみならず、「これを開示することによって所持者である企業の側に看過し難い競争上の不利益などが生ずるおそれ」という判例準則要件②を充足することも十分にありうるからである。

したがって、社内通達文書については、本決定が存在するものの、あくまでも社内通達文書の記載内容から個別具体的にその自己利用文書性が判断されるものと考えられ、一般的な業務遂行上の指針を示す形態のものは、開示による看過しがたい不利益は想定されないから、判例準則要件②を充足せずに提出義務が認められるが、個別具体的な業務遂行上の指針や営業ノウハウ等を示す形態のもので、看過しがたい競争上の不利益等を生じるおそれが認められれば、判例準則要件②も充足し、特段の事情がない限り、自己利用文書に該当し提出義務を負わないことになろう。

もっとも、企業としては、社内通達文書の自己利用文書性の該当性の有無を的確に判断することは容易ではないし、その判断を誤った結果、訴訟で企業の意思に反して提出義務を負い、文書開示により予期せぬ不利益を被るおそれがあることは否定できない。したがって、企業が社内通達文書を作成するにあたっては、文書提出義務が課される可能性のあることを想定して、その作成を行う必要があるということになろうか。

(6) **各種マニュアル等**

(ア) **裁判例**

東京地決平成17・4・8判タ1180号331頁［67］は、リース会社の所持するリース営業管理規定について、「サプライヤー管理に当たっての注意事項、基準、手順等が記載されたもので、社外秘とされていることから、内部文書

として作成されたことが認められるが、それ自体の内容は一般的、概括的なものにとどまり、具体的な基準等が定められたものではなく、開示されるとその基準等が流出し、サプライヤー等に悪用されて、適正なサプライヤーの審査、管理を行うのに支障を来すなどの弊害が生じ得るものとは認められず、したがって、開示によって所持者の側に看過し難い不利益が生ずるおそれがあるとまでは認められない」として、自己利用文書には該当しないとした。

　また、前掲名古屋地決平成23・10・24は、信託銀行の所持する顧客に対する金融商品の勧誘または販売に関して定める社内規則について、「顧客との取引の適正化、すなわち、顧客の知識、経験等に適合する金融商品を顧客の十分な理解を得て販売するという目的のために制定されるものであり、そうである以上、その内容としては、勧誘対象の顧客について年齢や資産等による一定の基準を設ける、顧客に対して十分な説明や一定の書面の交付を義務づける、担当者が適切な勧誘や説明を実施しているか確認する体制を構築するなど、その基準や手法に多少の差異はあっても、概ね同じような内容とならざるを得ないものであって、そこに相手方独自のノウハウ等が入り込む余地は乏し」いし、「このような社内規則の性質上、これが外部に開示されてその内容が同業者又は顧客に知られたとしても、同業者がこれを模倣することなどにより相手方に営業上の具体的な不利益が生じることは想定し難く、顧客にその内容を知られたからといって取引の適正化が実現できない事態を招くとも思われない」として、自己利用文書には該当しないとした。

　他方、広島地決平成13・12・11金法1638号43頁［41］は、信販会社の所持する加盟店審査マニュアルについて、「加盟店契約の締結及び加盟店管理に当たって、調査すべき事項、調査の方法、加盟店契約締結の審査やその管理において注意すべき事項、その基準及びそれらの手順等が詳細かつ具体的に記載されたものであるところ、」「上記事項は（各社によって）相当程度異なっており、各社におけるそれまでの経験を踏まえ、独自の創意・工夫を凝らして作成されたことが窺われ、信販会社において加盟店の審査と管理が極

めて重要な意義を有していることに鑑みれば、上記各文書に記載された事項は、それ自体、一種の営業上のノウハウとして財産的価値を有するものと認められる。そうであれば、上記各文書に記載されている営業上のノウハウは、一般的な公開から保護されるという利益を当然有するというべきであるし、当該文書も、また、一般的な公開を予定して作成されたものでないことは明らかであ」るとして、自己利用文書に該当するとした。抗告審の広島高決平成15・4・16判例集未登載［43］は原決定を維持したようである。

(イ) 検 討

上記各決定の相違は、稟議書や社内通達文書における検討と同様に、マニュアル等の内容が一般的・概括的なものか、独自の創意・工夫を凝らして作成されたもので営業上のノウハウ等が含まれているか、マニュアル等の内容に照らしてそれが法的に保護される価値を有しているか否かが判断のポイントになっている。

このとき、文書の表題（「社外秘」との記載のあること）や企業内部での保管状況（秘密として管理されていること）は重視されない。たとえば、あるマニュアルが企業内部でマル秘扱いにされ不正競争防止法上の営業秘密の3要件のうち①秘密管理性の要件を満たしている場合、それによって自己利用文書に関する判例準則要件①の該当性が認められるとしても、マニュアルの記載内容いかんによっては、判例準則要件②を満たさないとして、文書提出義務の対象となることもあり得よう。

前掲東京地決平成17・4・8や前掲名古屋地決平成23・10・24のいうように、マニュアル等の内容が一般的・概括的なものにとどまるのであれば、それが訴訟という限定された範囲で公開されたとしても、文書の所持者が被る具体的不利益は存在しないか、存在するとしても軽微なものにとどまると考えられよう。ポイントは、これが開示されることにより当該企業に看過しがたい不利益の生じるおそれがあるか否かであるが、独自のノウハウが記載されている一部のものを除いては、文書提出義務の対象となる場合が多いであろう。

(7) 取引先の信用等の調査報告書
　(ア) 裁判例
　東京高決平成20・4・2民集62巻10号2537頁は、銀行が自己査定を行う際に外部機関から取得する信用情報は、公表情報であったり外部機関が開示することを了承しているような特別な事情のある場合を除き、第三者への開示を前提としたものではないと推認でき、そのような情報が開示されると情報提供元の外部機関との信頼関係が損なわれ、爾後の金融機関に対する情報提供を控えることになるおそれも考えられ、その結果、銀行業務に深刻な影響を与える可能性を否定することができないから、自己査定文書のうち外部機関から取得する信用情報を記載した部分は、4号ハの職業秘密に該当するとして、文書提出義務を否定した。
　前掲東京地決平成17・4・8は、破綻したサプライヤーとの取引開始に際してリース会社が所持している当該サプライヤーに係るディーラー情報照会と題する書面と信用調査会社の作成した調査報告書について、「リース契約を締結するに当たり、対象商品やサプライヤーの販売方法等につき、リース契約の提供の是否を検討するための資料として作成され、専ら当該相手方らの内部において利用することを目的とし、外部の者に開示することが予定されていない内部文書であり、一般的(類型的)にいって開示によって所持者の側に看過し難い不利益が生ずるおそれがある」が、本件では、上記各文書は、第三者による調査結果そのもの、あるいは、これを基に取りまとめられて作成されたものであって、必ずしも相手方の意思形成に係るような所見が記載されているものではなく、その後本件商法が破綻して、当該サプライヤーらは破産手続にあるなど経済的に破綻しているものであり、今後、当該サプライヤーと取引関係を有することはないのであるから、上記各文書が開示されたとしても、相手方らの内部における自由な意見の表明に支障を来し、もしくは、その自由な意思形成が阻害されるなどの看過しがたい不利益が生ずるおそれがあるとは認められないし、調査報告書を開示しても、調査会社から責任を追及されたり、今後の信用調査に応じてもらえないという不

利益を被るとも考えがたく、リース会社の営業に重大な悪影響を受けるものとは認められないから、自己利用文書に当たるとはいえない特段の事情があり、自己利用文書に該当しないとして、当該サプライヤーに係るディーラー情報照会と信用調査報告書の提出義務を認めた。しかし、抗告審の東京高決平成17・10・7判例集未登載［73］は、特段の事情は存在しないとして自己利用文書性を認め、提出義務を否定した。

　前掲広島地決平成13・12・11は、加盟店契約を締結する際に調査を依頼した興信所が、当該加盟店の取り扱う商品、販売方法、営業実態、経営内容等について調査した結果を記載した調査報告書について、「『職業の秘密』とは、その秘密が公開されてしまうと当該職業に深刻な影響を与え、以後の職業の維持遂行が不可能あるいは困難になるものをいい、その秘密主体は、文書の所持者が原則ではあるものの、第三者の秘密でも、当該第三者との間で、明示、黙示の契約で守秘義務を負う者や、当該第三者の被雇用者、補助者など、当該秘密につき重要な利害関係を有し、これを守らなければならない立場にある者の秘密も含まれると解するのが相当であるところ、本件では、前記のとおり相手方丙は、興信所との契約で、調査内容について秘密を守らなければならない立場にあることは明らかである。また、興信所という職業の性質からすれば、取材源如何にかかわらず、その調査内容が一般に公開されること自体が、その営業上の信用を大きく失墜させることは明らかであり、爾後の職業の維持遂行が不可能あるいは困難になるものといえる」として、興信所の調査報告書は、職業秘密が記載された文書であり、興信所により黙秘の義務が免除されたとは認められないから、4号ロ（現ハ）所定の職業秘密文書に該当するとして、提出義務を否定した。

　(イ)　検　討

　一般論として、興信所等の外部調査機関に依頼して調査した信用情報に関する報告書は、依頼主である所持者の取引開始の判断や与信管理のために行うもので、自己利用を前提とする内部文書であり、第三者への開示は予定しておらず、これを開示すれば外部の調査会社との信頼関係が損なわれ、その

後の情報の提供が受けられなくなる可能性が否定できず、所持者に看過しがたい不利益が生じるおそれが認められるから、自己利用文書に該当するであろう。前掲東京地決平成17・4・8は、これを前提に特段の事情を認め、前掲東京高決平成17・10・7は特段の事情の存在を否定したもので、特段の事情の存否の判断が分かれた事例として参考になるが、いずれも判例準則要件①の内部文書性と判例準則要件②の開示することによって所持者に看過しがたい不利益の生じることは認めている。

　信用調査報告書が4号ニの自己利用文書でないとしても、4号ハの職業秘密を記載した文書である可能性がある。前掲広島地決平成13・12・11は調査報告書そのものについて4号ハの該当性を肯定し、前掲東京高決平成20・4・2は外部調査報告の結果を取りまとめた自己査定文書の一部についてこれを肯定したものである。なお、平成20年東京高決は、職業秘密の主体を文書の所持者である銀行を基準として判断しているが、平成13年広島地決は、その主体を文書の所持者とともに文書の作成者である興信所についても判断している。所持者にとっては、開示されることにより、将来興信所から同様の情報の提供が得られなくなるという不利益があり、作成者である興信所にとっては、開示することによって調査業務自体が困難になるという興信所の職業そのものに不利益が生じる可能性があるが、そのいずれの影響も考慮することができよう。

　ただし、このとき、作成者の職業秘密が、所持者と作成者との秘密保持契約によって、当然に所持者にとっても職業秘密に該当すると解することは、当事者間の契約によって文書提出義務を免れることを可能とすることになりかねず、相当ではない。秘密保持契約があっても、当該情報が作成者の職業秘密に該当し、かつそれが保護に値する秘密でなければ提出義務は否定されないし、また、挙証者との関係で秘密の帰属主体である作成者の職業秘密を保護する必要がなければ、挙証者と所持者との関係でも当該秘密を保護する必要のない場合がありうる。4号ハの該当性については、当該情報が作成者と所持者のいずれの関係で職業秘密に該当するのか、該当するとして保護に

値する秘密であるのか、情報の種類・性質・内容、保護の必要性と開示されることによる不利益の程度を考慮し、それと対象文書の証拠価値、証拠としての取調べの必要性等を比較衡量して判断することとなろう（前掲最決平成19・12・11、最決平成20・11・25民集62巻10号2507頁［96］参照）。

(8) クレーム報告書

(ア) 裁判例

　旧法に関するものであるが、福岡地久留米支決昭和51・7・13判時845号101頁は、接着剤メーカーである被告の所持するクレーム発生報告書について、「報告書は、もとより法令上その作成が義務づけられ、あるいは予定されている（そのような場合は一般に内容を秘匿する自由はない）ものではなく、所持者が専ら自己使用のために作成した内部的文書にすぎないのであって、せいぜい被告の製造販売した接着剤等を購入した不特定または多数の者との間の法律関係につき作成された（内部的）文書であるといえるとしても、多数の購入者が被告に対し同種の生産者（製造物）責任を問うている場合は格別（この場合は企業の秘密保護を双方の利益衡量により定めるべき場合があるかもしれない）、本件のように原告ひとりが被告の生産者（製造物）責任を問うている場合には、挙証者たる原告と文書の所持者たる被告との間の、本件接着剤の接着力の欠陥による損害賠償をめぐる法律関係につき作成された文書であるということはできない」として、文書提出義務を否定した。

(イ) 検　討

　この裁判例は、旧法のものであるが、現行法においても、クレーム発生報告書は、一般に、①企業が顧客からのクレームの存在を認識することで、クレームの相当性判断を行い、当該顧客に対する法的対応の要否、適否を判断することはもちろん、当該商品の瑕疵の有無、当該商品の品質の確保と今後の改良に向けた取組みに関する資料とすることをも目的とするものであり、いずれももっぱら内部の者の利用に供する目的で作成され、外部の者に開示することが予定されていないこと、②開示によって、クレーム対応について忌憚のない意見の表明が阻害され、報告書作成の目的が果たせないうえ、企

業の顧客対応基準や商品に関する機密情報が公開されるなど企業の側に看過しがたい不利益が生じるおそれがあるといえることから、自己利用文書として、提出義務は否定されることになろう。

　しかし、本決定例も指摘するように、当該製品の安全性が問題となり、クレームが多数の顧客から寄せられ、その結果、当該商品がリコールの対象となるなど行政機関に対する報告義務が法令上発生するような場合については、クレーム発生報告書は、行政機関に対する報告書に添付されるべき文書とされる余地があるから、自己利用文書性が否定される可能性もある。また、内部文書性を肯定できるとしても、当該製品の瑕疵が顧客に与える影響が重大であれば、それを開示することによって当該企業に重大な不利益が生じるとはいえない場合もある（クレームの実情を調査しこれを公表することが企業にとって有益な場合もある）から自己利用文書の判例準則要件②が充足せず、さらに、判例準則要件①②が充足しても、被害者救済の見地ないしクレーム内容を開示することの公益性の見地から、判例準則要件③の特段の事情が認められ、提出義務が肯定される場合もありうるように思われる。

(9) 各種データを記録した文書

(ア) 裁判例

　福岡高決平成15・4・25判時1855号114頁［44］は、産業廃棄物処理施設における燃焼に関するデータを記録した文書について、「本件施設には公共的役割があり、本件文書部分の作成目的には、本件施設を運転した際の各種データを測定・記録しておくことにより、本件施設が適正に稼働していることを行政機関等に説明する資料とすることが含まれていると考えられることに照らすと、本件文書部分が、専ら内部の者の利用に供する目的で作成され、外部の者に開示することが予定されていない文書であるとまでは認められない」として、4号の提出義務を認めた。

(イ) 検討

　この裁判例は、文書に記載されているデータの行政機関に対する開示可能性を前提に自己利用文書性を否定しているが、産業廃棄物処理施設は周辺環

境に与える負荷が重大であるうえ、周辺住民に健康被害を被らせるおそれがあるなど第三者に対する影響が大きいことが重視されたものと推測される。

　企業の所持する各種データを記録した文書には、たとえば、商品を販売する前提として当該商品の客観的な性能に関する実験を行って得られたデータを記録した文書や、工場が大気中に放出する二酸化炭素の量を継続的に測定したデータを記録した文書、財務に関する統計データを記録した文書などさまざまなものがありうる。企業の所持する各種データを記録した文書の場合、その多くは、企業が自らの経済活動のために作成するものであり、外部への開示は予定されておらず、それを前提に、企業内部において、当該データに関する分析が行われ、データと分析結果を一体の文書として作成するのが通常であろう。このような文書は、企業独自のノウハウが集約している場合も少なくないであろうから、これらが開示されることによって企業の競争力や営業活動に看過しがたい不利益が生じるおそれがあり、4号ニの自己利用文書該当性の認められる場合が多いであろう。

　また、これらデータを分析した文書は、当該企業の製品や事業活動に関する貴重なノウハウの集積であり、競争企業に最も知られたくない情報の場合も少なくないであろうから、そのようなデータを記録した文書は職業秘密文書として4号ハに該当する場合もあろう。

　ただし、上記裁判例のように、当該文書が客観的データで、それら各種データが周辺住民や顧客などの第三者との関係で重要な意味をもつ場合などには注意が必要であろう。当該データには公益的な意味があり、データ自体に加工もなく、営業や生産関係のノウハウも含まないものであれば、当該データの公益性から内部文書性が否定されることもありうるし、公益性の存在から開示することによる所持者の看過しがたい不利益の存在が否定されることもありうるから、いずれにせよ自己利用文書に該当しないと判断される場合があろう（最決平成16・11・26民集58巻8号2393頁［64］も公益性を重視して内部文書性を否定している）。また、それが職業秘密に該当する情報の場合、職業秘密文書該当性が問題となり、イン・カメラ手続等を活用して、当該情

報の内容・性質、開示することによって文書の所持者の被る不利益、第三者との関係で当該訴訟における当該データの証拠価値、証拠調べの必要性等を比較衡量することが必要となる場合もあろう。

⑽　機器の回路図および信号流れ図

㈦　裁判例

最決平成12・3・10民集54巻3号1073頁［30］は、電話機器メーカーの所持する機器の回路図および信号流れ図について、「技術又は職業の秘密」に該当し、かつ、メーカーが機器を製造するために作成し外部の者にみせることを予定せず、当該メーカーの利用に供するための文書であるから、4号ロ（現ハ）と4号ハ（現ニ）に該当するとして提出義務を否定した原決定を、職業秘密に関しては、「その事項が公開されると、当該技術の有する社会的価値が下落しこれによる活動が困難になるもの又は当該職業に深刻な影響を与え以後その遂行が困難になるものをいう」としたうえ、「相手方は、情報の種類、性質及び開示することによる不利益の具体的内容を主張しておらず、原決定も、これらを具体的に認定していない」として、また、自己利用文書性については、「外部の者に見せることを全く予定せずに作成されたものであることから直ちにこれが民訴法220条4号ハ所定の文書に当たると判断しており、その具体的内容に照らし、開示によって所持者の側に看過し難い不利益が生じるおそれがあるかどうかについて具体的に判断していない」として原決定を破棄した。

㈣　検　討

この決定は、製品メーカーの所持する製品の回路図や信号流れ図が、職業秘密文書や自己利用文書に該当しないことを明示したものではないが、職業秘密文書の要件および自己利用文書の不利益性に関する要件について、従来の判例の考え方を確認したものである。

一般に、機器メーカーの所持する設計図などが内部文書であることは容易に認められるものと思われるが、それが自己利用文書に該当するには、判例準則要件②によれば、それを開示することにより所持者に看過しがたい不利

益が生じる必要がある。同様に、職業秘密文書の該当性についても、当該文書に当該企業の技術等の職業秘密に関する情報が含まれていれば足りるのではなく、それを開示することによる社会的価値の下落や職業に深刻な影響を与えることを具体的に明らかにする必要のあることを明示したものである。

メーカー等の一般企業にとって、自ら製造販売する製品の設計図等は最も秘密性が高くそれは当然自己利用を目的とするもので第三者に開示することはないから、文書提出義務の対象にならないと理解しがちであるように思われるが、本決定は、4号の一般義務の例外が限定されたものであることをあらためて明らかにしたものである。具体的にどの程度の社会的評価の下落や業務遂行の困難性が必要なのか、また、看過しがたい不利益の内容程度をどの程度具体的に明らかにすべきなのか、事例の積み重ねが必要不可欠である。企業としては、工場の設備や製品の設計・品質に関する文書であっても、開示することによって当該企業の営業活動や競争力等に生じる不利益の内容を具体的に明らかにする必要のあることを認識すべきであり、内部文書性が明らかであり職業秘密の記載があるからといって、提出義務が否定されると安易に考えることができないことに留意すべきである。

(11) **監査調書**

(ア) **裁判例**

大阪地決平成11・7・23金商1117号18頁［22］は、本件監査調書は、「監査法人が、問題となっている有価証券報告書を作成するに際して基礎資料としたものであって、監査証明を行うために実施した監査に係る記録又は資料を事業年度毎に整備して事務所に保管し備え置いているものであり、いずれも本件立証事実を立証する証拠として直接的かつ最重要であって、その必要性は高いということができる」としたうえで、法220条4号該当性について、「本件監査調書一式のうち、別紙文書目録の文書（以下、「本件債務文書」という）は、日住金の債務者の氏名、負債額、返済状況、担保の内容など日住金及びその債務者の秘密にわたる事項が記載されているから、相手方らが職務上知り得た事実で黙秘すべきものが記載された文書であるということができ

るが、それ以外の文書は、右黙秘すべき事項が記載された文書とはいえない。そして、日住金は既に経営が破綻し、その地位を承継した住宅金融債権管理機構が本件監査調書の提出について同意しているから、本件債務文書に記載された右事項を日住金の秘密として保護する必要性は少ない」、「債務者のうち、別紙債務者目録の156名については、大蔵省によって（中略）日住金への立入調査がされ、日住金の貸付けを受け、その返済が一部滞って不良債権化していることなどが既に明らかになっており、その調査結果も本件訴訟において証拠として提出されている上、右156名の中には既に倒産状態に陥っているものも多々存在するのであって、右156名に係る部分は、その秘密を保持する要請がさほど強くないといえるところ、本件債務文書の証拠としての必要性は極めて高い。さらに、債務者のうち、右156名以外の債務者に係る部分は、秘密として保護されるべきであるが、前記のとおり、その証拠としての必要性が極めて高いというべきところ、債務者の氏名、会社名、住所、職業、電話番号及びファックス番号を開示しない態様で、右部分を開示することにより、秘密保護の要請と証拠として使用することの必要とを調和的に充足することができる」、「本件債務文書は、監査法人である相手方らの職業上の秘密に関する事項が記載された文書といえるが、日住金したがって住宅金融債権管理機構との関係、前記156名の債務者との関係では、前記したところにより、職業上の秘密としても保護する必要性がないか、あったとしても極めて弱く、右156名以外の債務者との関係では、前記態様で開示する限り、職業上の秘密の保護の観点からも開示が妥当と考えられる」として、文書提出義務を肯定した。

抗告審である大阪高決平成12・1・17判時1715号39頁［28］も、4号該当性について、特定の債務者の日本住宅金融株式会社に対する債務について、「本件訴訟という限られた場面で、その内訳や詳細が明らかになったからといって、これによってもたらされる不利益は必ずしも大きいとは考えられない。また、これらの者以外との関係ではプライバシー保護の観点から提出の仕方に相応の配慮が施されており、しかも、明らかになるのも、日本住宅金

融株式会社との取引関係での債務額に限定されるから、本件提出命令による関係者のプライバシー侵害の程度は必ずしも大きいとはいえず、この程度の不利益は適正な裁判実現のために甘受されるべきものである」、また、監査法人の職業の秘密に関しては「本件文書提出命令を認めることによって、監査人の行う監査業務一般に支障が生じるとは考え難い」から、4号ハには該当しないとして、提出義務を認めた原決定を支持した。

許可抗告を受理した最決平成13・2・22判時1742号89頁［36］は、前掲大阪高決平成12・1・17の判断を是認した。なお、1審と抗告審は、貸付先の氏名・住所・職業・電話番号・ファクシミリ番号の記載を除く部分の文書の提出を命じているが、同決定は、このような一部の固有名詞の記載を削除した態様における文書の一部提出を適法と認めた初めての最高裁決定でもある。

　　(イ)　検　討

破綻した会社の監査人の監査報告が虚偽であったとしてその責任を問う訴訟において、当該監査調書一式について文書提出命令が申し立てられた事案であるが、記載された第三者（日本住宅金融株式会社の債務者）の秘密情報に関しては、それが開示されたとしても不利益の程度は小さく、また、所持者である監査法人の職業秘密については、これらを開示しても監査法人の業務の維持遂行に支障が生じるとは考えがたいとしたうえ、他方で、監査調書の証拠としての価値は大きいとして、職業秘密文書の該当性を否定した。秘密として保護される利益の内容・程度と証拠としての価値の重要性と取調べの必要性等を比較衡量したものであるが、4号ハの該当性に関する判例準則に従うものであろう。

　(12)　取締役会議事録等

会社法の規定に基づいて作成された取締役会設置会社の取締役会議事録については、会社法上、その作成および備え置きが義務づけられており（会社法369条3項、371条1項）、議事録には、①開催の日時、場所、②議事の経過の要領およびその結果、③会社法の規定に基づいて意見または発言がなさ

れた場合の意見または発言の内容の概要、④出席取締役等の氏名等、⑤議長の氏名の記載が義務づけられ（会社法施行規則101条3項）、一定の要件の下で、株主等に閲覧・謄写請求権が与えられていることから、自己利用文書性が肯定されることはないであろう（東京地決平成24・6・15資料版商事339号210頁［136］参照。なお、法220条2号と4号の関係については、上記Ⅱ3を参照）。

これに対し、企業において行われる各種会議において事実上作成される議事録や会議の際に配布される資料等については、法令等で作成が義務づけられているものではなく、これらが外部に開示されることによって企業内部における自由な意見の表明に支障を来し企業の自由な意思形成が阻害されるおそれがあることからすれば、自己利用文書性が肯定され、原則として文書提出義務は否定されることになろう。神戸地決平成24・5・8金商1395号40頁［132］は、MBOに関する役員ミーティング関連資料等の文書提出命令が申し立てられた事案において、「これらが開示されると、一般的には、相手方におけるMBOの遂行が阻害されるおそれがあり、また、相手方内部における自由な意見表明に支障を来し、相手方の自由な意思形成が阻害されるおそれがあるといえる」として、当該文書について、「いずれも、類型的には、その開示により所持者である相手方に看過し難い不利益が生ずるおそれがある文書であるといい得るものである」として自己利用文書性を原則として肯定している。

もっとも、当該決定は、MBOの手続過程の透明性を確保するためには、将来、当該MBOが適正にされたか否かの検証を行うことができる態勢が必要であり、当該MBOの手続過程における意見を含めた資料等が将来の検証の資料とされることが求められるとして、その結果として、当該MBOの手続過程における意見が開示され、自由な意見交換や意見表明等に心理的な制約が生ずることとなるとしても、MBOの特質に照らせば一定程度受忍されなければならないとして、判例準則要件③の特段の事情があるとし、結果として、文書提出を命じている（当該決定の結論は、大阪高決平成24・12・7判例

集未登載（平成24年(ラ)第684号）でも維持されたようである）。

(13) 債権譲渡契約書

福岡高決平成23・3・28判タ1373号239頁［114］は、銀行とサービサーとの間で締結した債権譲渡契約書を対象に当該譲渡債権の債務者が申し立てた文書提出命令について、債務者の利益のために作成されたものではない（法220条3項該当性を否定）が、もっぱら内部の者の利用に供する目的で作成され、外部に開示することが予定されていない文書ではないから、法220条4号に基づく提出義務があるとしたうえ、取調べの必要性がないとして却下した。

当該裁判例の判断は、企業の作成する取引関係文書一般にも妥当する。ただし、契約当事者間の訴訟等においては、取引関係文書は、証拠調べの必要性があれば、いずれかの当事者から提出されるであろうから、文書提出命令の可否が問題となる事例は少ないものと思われる。契約当事者以外の第三者からの申立ての場合は、原則として法220条3号に該当せず、220条4号ハの該当性および証拠調べの必要性が争いとなろう。

2 各種調査報告書

企業が所持する調査報告書には、調査の客体が企業内部の事項に限られるもの（たとえば、工場で事故が発生した場合に関する原因調査報告書等）、第三者との法律関係に関するもの（たとえば、医療法人の医療事故に関する調査報告書）、取引の必要のために第三者の信用状況を調査したもの（たとえば、取引先の信用調査報告書）、また、作成主体が企業自身のものと、企業が調査を依頼した第三者のものなど種々のものがある。このうち、調査の客体が企業内部の事項に限られ、作成主体も企業自身であれば、当該調査報告書は、特段の事情のない限り、自己利用文書に該当することになると思われる。これに対し、第三者との法律関係に関する調査報告書の場合、当該第三者が調査報告書に対して利害関係を有することから、第三者と文書の所持者との利益衡量が必要となる。また、当該文書が第三者の作成に係るものである場合

は、文書作成者との関係での利益衡量も必要となる。
(1) 交通事故調査報告書
(ア) 裁判例

　福岡地決平成18・6・30判時1960号102頁［82］は、交通事故の態様が原告の主張する内容ではなく、被告らが答弁書で主張する内容のものであるとして、交通事故の損害賠償の代位権者である保険会社の所持する外部の調査会社の作成した事故調査報告書に対する文書提出命令が申し立てられた事案について、「本件文書は、相手方（保険会社）が調査会社に対して本件事故に関する調査を依頼し、その報酬を支払って入手した報告書であって、専ら原告の利用に供する目的で作成され、外部の者に開示することが予定されていない文書である」としたうえで、報告書中の過失割合の参考所見の部分について、「本件文書作成者が本件事故の客観的状況や事故当事者双方の言い分に基づき、事故の状況を推測し、事故当事者双方の言い分について忌憚のない評価を加え、事故の最終的な原因を考察して、双方の過失割合を結論付けているものであって、この部分が公表されると、調査会社自らあるいはこれを依頼した相手方の自由な意思形成が阻害されるなど、開示によって相手方の側に看過し難い不利益が生ずるおそれがあるということができる」として、自己利用文書性を肯定した。

　ただし、調査報告書のうち客観的な写真や、当事者の言い分に基づいた図面等は、開示によって相手方に看過しがたい不利益が生ずるおそれはないとして、自己利用文書に該当しないとした。

(イ) 検　討

　この裁判例は、調査報告書の内部文書性を認めたうえで、「開示によって所持者の側に看過し難い不利益が生ずるおそれ」の比較衡量の際に、文書の所持者とともに第三者である文書作成者の不利益も考慮している。本件のような事故調査報告書は、この決定が指摘するように、「忌憚のない評価を加え、事故の最終的な原因を考察して、双方の過失割合を結論付けている」ものであって、通常、作成者との間で秘密保持契約が締結されるなどしてお

り、第三者への開示が予定されていないから、このような文書が文書提出命令によって裁判所に提出されることになれば、調査会社は、事故当事者からの事情聴取が困難になり、忌憚のない意見の表明に対する萎縮効果が生じるなど、適正な内容の報告書の作成が困難になりかねない。その結果として、保険会社等の文書所持者が、過失割合の重要な判断資料を失い、過失割合を前提とした相手方との交渉や保険金支払業務に困難を来すという不利益が生ずるおそれがあると考えられる。かかる不利益の程度が判例準則要件②の「看過し難い不利益」に該当するか検討することになる。

なお、本件報告書の内容は、第三者である民間の調査機関が作成した過失割合に対する意見にすぎず、仮に報告書の中で挙証者に有利な記載がなされていたとしても、当該記載はあくまでも調査機関の意見の表明にすぎず、警察の実況見分調書等と異なりその証明力はそれほど大きくないと考えられることからすれば、証拠としての必要性、重要性（文書提出の必要性）はそれほど大きいということはできない。

したがって、自己利用文書として文書提出義務を否定した結論は妥当であろう。なお、客観的な写真や図面等については、看過しがたい不利益が生じるおそれはないとして開示を命じている。1つの文書についてその記載内容ごとに「看過し難い不利益の生じるおそれ」の有無をきめ細かく判断する手法は、文書の一般提出義務を認める現行法の趣旨に照らせば、今後とも一層増大していくものと推測される。

なお、調査会社の職業秘密に関して4号ハの該当性も問題となるが、この点は、前記1(7)を参照いただきたい。

(2) 大学病院における医療事故報告書

(ア) 裁判例

東京高決平成15・7・15判タ1145号298頁［49］は、大学病院に入院していた患者が、医師らの過失により抗がん剤を過剰投与されたことによって死亡したとして、大学病院作成に係る医療事故経過報告書に対する文書提出命令を申し立てた事案について、同報告書はその作成目的が「事実経過をまと

め、これを前提として事故の原因を究明し、今後の防止対策、事故発生後の遺族及び社会に対する医療センターの対応につき評価して提言を行う」ことにあり、「医療事故を契機に、事故を防止する観点からいかなる点に留意し、いかなるチェック機能を働かせるかという被抗告人の内部改善のために使用することが予定されている」として、自己利用文書該当性に関する判例準則要件①の該当性を肯定した。

そのうえで、調査報告書の事情聴取部分については、「本件事情聴取部分は、本件報告書作成のための調査過程において作成され、報告をとりまとめるための主要な資料とされたものである。その聴取に際し、被聴取者は、自己が刑事訴追を受けるおそれがある事項の質問に際しても、黙秘権その他の防御権を告知されることなく事情聴取され、その結果が概ね逐一記載されている」、「また、本件報告提言部分との関連においてみれば、事実経過をまとめるため調査の過程で収集された資料であり、そこでは忌憚のない意見や批判もみられるから、これを開示することにより、団体などの自由な意思形成が阻害されるなど、開示によって所持者の側に看過し難い不利益が生ずるおそれがあると認められる」として判例準則要件②の該当性も認め、自己利用文書性を肯定した。

これに対し、調査報告書の報告提言部分については、「客観的な事実経過を前提とし、医療事故調査委員会の議論を経て、同委員会としての最終的な報告、提言を記載したものであり、そこにはこの間にされたであろう提言に係る議論など委員会内部の意思形成の過程やそこでの意見などが記載された箇所は存在しない。また、本件医療事故調査のために設置されたという目的からして、本件医療事故に関する一回限りの報告で、この報告書の作成をもって同委員会の役割は終了していることも窺える」、「この報告提言部分は、事故発生の原因、家族への対応、社会的問題発生の原因、今後への提言につき、詳細な事実経過とこれに対する評価を客観的に記述しており、本件医療事故の原因の究明、今後の防止対策に大いに資するものといえる一方、それが被抗告人以外に開示されたとしても、今後の安全管理に当たっての情

報収集に重大な影響を与えたり、その衝に当たる者の自由な意思の表明を阻害したりすることまでは考えられない」として、判例準則要件②の該当性を否定して、自己利用文書性を否定した。

旧法に関するものであるが、大阪高決昭和57・8・19判タ480号112頁は、医師が医療事故に関して作成し所属県医師会に提出したてん末報告書および市医師会会長が県医師会に提出した副申書について、「医師会共済特別事業規則により、秘密資料とされ、外部不出の取扱いのなされていることが認められ」、「本件事案についての共済事業の一環として徴した意見を含む内部的な資料であると窺われる」とし、法律関係文書には該当しないとして、文書提出義務を否定している。

(イ) 検　討

前掲東京高決平成15・7・15の事案で重要なことは、被聴取者が第三者への非開示を前提に供述を行っている点にある。本件報告書のように、第三者への非開示を前提に被聴取者が刑事上・民事上の責任を追及されるおそれのある事項について供述しているにもかかわらず、当該調査報告書が後日第三者に開示されるとすれば、非開示を前提とした被聴取者と文書作成者（所持者でもある）との間の信頼関係が破壊され、同種事故における事情聴取が困難になる。したがって、第三者への非開示を前提に事情聴取した結果を取りまとめた部分を開示すれば文書所持者に看過しがたい不利益が生じるといえよう。

ただ、事情聴取部分の判断のうち、被聴取者に対する黙秘権その他の防御権の告知がなされていないことを重視することは適当でないであろう。仮に、防御権の告知がなされ、被聴取者が防御権を放棄して任意に供述している場合であっても、第三者への非開示を前提に供述しているから、自己利用文書該当性は否定されないと思われる。

同様に、報告提言部分の判断のうち、報告書が本件医療事故に関する1回限りの報告であり、報告書作成をもって委員会の役割が終了するという点を「所持者の側に看過し難い不利益が生ずるおそれ」を否定する要素としてと

らえることは適当でないように思われる。当該委員会の報告が1回限りのものであっても、同一の医療機関において、別の医療事故が発生した場合に、今回の委員会の報告が公表されることで次回の委員会の調査が困難となるのであれば、1回限りであることが「不利益が生ずるおそれ」を否定する理由とはならないからである。ここで重要なことは、報告提言部分は、委員会内部の意思形成の過程やそこでの意見などが記載された箇所は存在せず、これを開示しても、今後の安全管理にあたっての情報収集に重大な影響を与えたり、その衝にあたる者の自由な意見の表明を阻害したりすることまでは考えられないから、この点で文書所持者に看過しがたい不利益が生じるおそれを認めることができないと考えるべきであろう。

　もっとも、報告提言部分は大学病院内部における再発防止対策等に利用されることはもちろん、大学病院の公共性からすれば、関係遺族や行政機関等に対する報告が当然に予定、期待されるといえることから（実際に、当該事案では、本件報告提言部分に基づく医療事故経過報告要旨が作成され、埼玉県および遺族である抗告人らにも交付されている）、自己利用文書該当性に関する判例準則要件②を否定するのではなく、判例準則要件①の該当性を否定すべきではなかったかと思われる。

　前掲大阪高決昭和57・8・19の場合も、医療事故にかかわるてん末報告書等であるが、前掲東京高決平成15・7・15の場合と異なり、作成者（医師）と所持者（医師会）が異なっている。所持者である県医師会にとっては、「共済事業の一環として徴した意見を含む内部的な資料で」、「医師会共済特別事業規則により、秘密資料とされ、外部不出の取扱いのなされている」というのであるから、判例準則要件①の内部文書性は肯定されるが、判例準則要件②のこれを開示することにより県医師会に看過しがたい不利益が生じるといえるかは疑問であり、直ちに自己利用文書該当性が肯定されるとは思えない。てん末報告書が、医療事故に関する今後の対策等を検討するための資料として医療事故に関与した医療従事者が任意に作成して医師会に提出したものであるときは、これを開示することにより今後医療事故が発生した場合

に当該医療事故の関係者から任意の報告書の提出を求めることが困難となり医師会として適切な対策を検討することができなくなるなどの事情があれば、自己利用文書性が肯定される場合もありうる。開示することによって所持者の側に看過しがたい不利益が生じるおそれがあるかどうかが問題となるであろう。

なお、国立大学医学部付属病院において作成された医療事故報告書について、文書提出義務を否定した裁判例として、広島高岡山支決平成16・4・6判タ1199号287頁［56］およびその原決定である岡山地決平成15・12・26判タ1199号289頁［53］がある。また、独立行政法人国立病院機構の運営する病院内で発生した医療事故に関し、同機構の運営する各病院の院長等をもって構成する全国国立病院長協議会におかれた医療事故評価委員会から付託を受けた評価専門医が作成した医療事故報告書について、「公務員の職業上の秘密に関する文書」に該当し、「その提出により公務の遂行に著しい支障が生ずるおそれがあるもの」に該当しないとはいえないとした、東京高決平成23・5・17判タ1370号239頁［117］がある。

(3) 信用調査会社の調査報告書

前記Ⅲ1(7)のとおり。

(4) 保険管理人の依頼による弁護士らの調査報告書

⑺ 裁判例

最決平成16・11・26民集58巻8号2393頁［64］は、「本件文書（調査報告書）は、本件調査委員会が上記調査（抗告人の破たんにつき、その旧役員等の経営責任を明らかにするための調査）の結果を記載して本件保険管理人に提出したものであり、法令上の根拠を有する命令に基づく調査の結果を記載した文書であって、専ら抗告人の内部で利用するために作成されたものではない。また、本件文書は、調査の目的からみて、抗告人の旧役員等の経営責任とは無関係な個人のプライバシー等に関する事項が記載されるものではない」、「保険管理人は、保険業の公共性にかんがみ、保険契約者等の保護という公益のためにその職務を行うものであるということができる。また、本件

調査委員会は、本件保険管理人が、金融監督庁長官の上記命令に基づいて設置したものであり、保険契約者等の保護という公益のために調査を行うものということができる」との事実を認定したうえで、自己利用文書該当性を否定した。

　　(ｲ)　検　討
　調査に至る経緯、調査の目的、根拠、内容等から、調査報告書の内部文書性を否定したものである。法令上の根拠とその公益性が重視されているように思われる。
　一般に企業内で重大な事故その他の不祥事が発生した場合、企業が第三者委員会や調査委員会を設置し、弁護士などの外部の専門家委員に原因や対策等の調査や提言の取りまとめを依頼する場合が少なくない。その結果、第三者委員会などが作成する調査報告書が文書提出義務の対象となるのか問題となりうる。依頼段階から外部への公表を前提としている場合には内部文書性は否定され文書提出義務は肯定されよう。しかし、企業としては、内部の資料として利用し外部への公表を予定せず、今後の企業の事業活動の参考にしようとするような場合には、判例準則要件①の内部文書性は肯定されよう。そのうえで、開示することが当該企業に著しい不利益を与えるかどうかを進んで検討することになるが、円滑な調査を実現し忌憚のない意見交換をすることにより、問題点を的確に把握してその問題解決のための方策を立案し、今後の事業活動の指針にしようと意図している場合には、後日予期に反して調査内容や意見交換の結果が開示されると、将来同様の調査が困難になり、結果として的確な事業活動の指針を得ることが困難になるという不利益が生じることとなりかねない。このような不利益をどのように評価するのか、判例準則要件②の判断が重要となろう。

(5)　弁護士会の綱紀委員会の議事録のうち「重要な発言の要旨」に当たる部分
　　(ｱ)　裁判例
　最決平成23・10・11判時2136号9頁［120］は、所属する弁護士会から戒

Ⅲ　類型別検討

告の懲戒処分を受けた弁護士が、弁護士会の所持する綱紀委員会の議事録等の文書提出命令を申し立てた事案において、弁護士法は、弁護士会の綱紀委員会の議事録の作成および保存を義務づける規定をおいていないこと、弁護士会の会則等によれば、綱紀委員会の議事は非公開とされ、議事録については作成、保存が義務づけられている（記載事項については、①開催の日時および場所、②出席した委員および予備委員並びに立ち会った書記の氏名、③議事の順序および重要な発言の要旨、④議決および賛否の数、⑤その他委員長が必要と認める事項とされているもの）ものの、議事録は非公開とされ、閲覧、謄写等がいかなる場合も許されないと規定されていること等からすれば、綱紀委員会の議事録は、「専ら相手方の内部の利用に供する目的で作成され、外部に開示することが予定されていない文書であると解するのが相当であ」るとしたうえで、綱紀委員会の議事録のうち審議の内容である重要な発言の要旨に当たる部分について、「綱紀委員会内部における意思形成過程に関する情報が記載されているものであり、その記載内容に照らして、これが開示されると、綱紀委員会における自由な意見の表明に支障を来し、その自由な意思形成が阻害されるおそれがあることは明らかである」として、自己利用文書性を肯定した。

なお、同決定には、1通の文書においても、その内容において明確に区分しうる場合には、自己利用文書に当たる部分と、それに当たらず文書提出命令を発することができる部分とが併存しうるとして、綱紀委員会の議事録のうち審議の内容である重要な発言の要旨に当たる部分以外については、記載事項が明らかになっても、綱紀委員会内部における自由な意思形成が阻害されるおそれがあるとは認められないとして、自己利用文書性が否定されるとの田原睦夫裁判官の補足意見が付されている。

　(イ)　検　討

最決平成11・11・12民集53巻8号1787頁［25］の判例準則に従って自己利用文書性を肯定したものであり、結論としては、異論のないものであると思われる。もっとも、本件は、弁護士会という独立性や自主性が尊重されてい

る団体の議事録に関する判断であることに留意が必要である。

　また、本決定が、補足意見の中で、文書の一部について自己利用文書性を肯定し、その余の部分について自己利用文書性を否定していることにも留意する必要がある。今後、イン・カメラ手続の活用等により、文書の記載事項ごとに、自己利用文書性を検討し、文書の一部（判例準則②の要件を満たす部分以外の部分）について文書提出命令が積極的に命じられる傾向が強くなると思われる（もっとも、本案訴訟の立証趣旨との関係からすれば、自己利用文書性が否定される部分の一部提出が命じられることで、文書提出命令を申し立てた目的が達成されるケースは限定されるであろう）。

(6) 監督官庁に提出する業務改善報告書作成のための調査結果をまとめた文書等

　東京高決平成26・8・8判時2252号46頁［153］は、財務局の発した業務改善命令に基づき証券会社が提出する改善報告書作成のための調査結果をまとめた文書およびその調査の際に営業員が提出した調査票について、「当該文書の作成・保存や提出が法的に義務づけられているかという点は外部に公開されることが予定されているか否かを判断する一資料になるにとどまり、それが不可欠の要件ではない」としたうえ、本件各文書は、「本件（改善）報告書の作成・提出及び事後検証のために作成した経緯があり、その後も定期的に報告することが予定され、また、監督官庁から報告又は資料の提出を命じられることもあり得るという状況が存在する」から、監督官庁等の外部に公開されることが予定されていないとはいえないとして、自己利用文書性を否定した。

3　公的機関への提出文書

(1) 税務申告関係書類

㋐　裁判例

　神戸地決平成16・1・14労判868号5頁［54］は、確定申告書に添付された明細書等「は、いずれも法令によって作成が義務づけられ、法人税確定申

告書に添付すべき文書であり、税務申告書と一体となって税務行政機関の審査対象となることが当然に予定されていることは明らかである。この点、相手方が主張するように、税務申告書は、税務行政機関の担当部署において厳重に管理され、一般の第三者に対して公開されることを予定してはいない。しかし、当該取扱いは、部外者が当該情報を悪用し又は濫用することによって、申告者が受けるであろう不利益を回避するための措置に出たものというべきであるから、悪用又は濫用等による不利益の程度はさておき、本件各文書は、その作成目的に照らし、外部の者への開示を予定した文書であることを否定することはできない」としたうえで、申告書に添付された明細書等が開示された場合の申告者の不利益と本件文書の取調べがなければ十分な真相解明ができないという原告らの不利益を比較衡量して、開示によって所持者に看過しがたい不利益が生じるとは認められないとして、文書提出義務を認めた。その抗告審の大阪高決平成16・4・9判例集未登載［57］は、原決定を維持した。

東京地決平成17・4・8判タ1180号331頁［67］は、リース会社が取引先から提供を受けた確定申告書について、「確定申告書写しは、その内容が（サプライヤーである）Hの経営状況等についての客観的な資料にとどまるものであり、当該相手方の内部において利用することを目的として入手したものであるが、外部の者に開示することが予定されていない文書であるとはいえ、かつ、これが開示されると当該相手方の自由な意思形成が阻害されるなどの看過し難い不利益が生ずるおそれがあるとは認められないから、自己利用文書に当たらない」として、文書提出義務を肯定した。

　(イ)　検　討

前掲神戸地決平成16・1・14のとおり、確定申告書その他の税務申告関係書類は、税務当局に提出するために作成されるものであり、その作成が法令によって義務づけられているから、作成名義人に関し自己利用文書に該当せず、作成名義人は文書提出義務を負うことになろう。そのとき提出先の税務当局に守秘義務があることは考慮されない。同決定では、所持者側の看過し

がたい不利益を評価するにあたって、証拠としての重要性との比較衡量をしているが、自己利用文書の判例準則要件②では、かかる比較衡量はしていない。むしろ、確定申告書その他の税務申告関係書類が、申告者にとって職業秘密に該当する場合があり、その場合は、保護に値する職業秘密かどうか、そして、当該事案における証拠として価値や証拠調べの必要性等を比較衡量して職業秘密文書該当性を判断することになろう。前掲平成16年神戸地決では証拠調べの必要性を考慮しているが、自己利用文書該当性というよりは職業秘密文書該当性の判断のために考慮すべきであったように思われる。

　また、確定申告書が、第三者へ交付されていた場合、前掲東京地決平成17・4・8も認めるように、確定申告書が申告者と税務当局以外の第三者（当該事案ではリース会社）の利用に供する目的で作成されることはないから、原則として当該第三者との関係で内部文書性を認めることはできないであろう。それは、行政機関に提出する目的で作成される文書に限らず文書一般に関し、文書の作成目的と無関係の第三者が正当な方法によって入手した文書（の写し）を所持している場合も同様に内部文書性を認めることは困難であろう。ただし、申告者（作成者）との間で守秘義務契約を締結して当該確定申告書の写しの交付を受けている場合には、作成した申告者の職業秘密との関係を検討しておく必要があり、申告者にとって職業秘密文書として提出を拒絶できる場合には、所持者も申告者との間の守秘義務契約を通じて職業秘密文書としての該当性が認められる場合があろう。他方、確定申告書の申告者が挙証者との関係で提出義務を負う場合には、所持者も申告者との守秘義務契約の存在を理由に提出義務を免れることはできない。

(2)　行政機関への提出文書

(ア)　裁判例

　旧法に関するものであるが、高松高決昭和50・7・17行裁集26巻7＝8号893頁［1］は、電力会社が原子力委員会等に提出した原子炉設置許可申請書について、「相手方らと抗告人との間には、相手方らにおいて本件許可処分の取消を求め得る権利（形成権）の存否ないし本件許可処分の取消原因

（形成要件）の存否に関する実体法上の法律関係が存在するものというべきところ、一件記録によれば、本件文書は、いずれも本件許可処分がなされるまでの手続の過程において作成された文書であって、本件許可処分をするための前提資料となった文書であることが認められるから、本件文書は、相手方らと抗告人との間の法律関係の形成の過程において作成されたものというべきであ」り、法律関係文書に該当すると判断した。

やはり旧法に関するものであるが、仙台高決平成5・5・12判タ819号90頁は、電力会社が通産大臣（当時）に提出した保安規定、工事計画認可申請書等について、「本件1の文書及び本件2の文書は、いずれも本件原子炉施設についての抗告人の保安管理体制が、また、本件3の文書は本件原子炉施設の位置、構造及び設備が、それぞれ原子炉施設の周辺住民等の生命、身体に対し重大な危害を及ぼすおそれのあるものでないことを明らかにすることをも、その目的の一つとして作成されたものであって、いずれも自己の生命、身体等に対し重大な危害が及ぶおそれがあることを理由として本件原子炉の運転差止めを求めるという相手方らの請求にとって、その構成要件の一部に該当する事実について作成されたものとみられるから、本件各文書は、いずれも右の法律関係文書に当たる、というべきである」として、法律関係文書に該当すると判断したうえ、技術または職業上の秘密に当たる事項が含まれるから提出を拒絶できるとの主張に対して、「保護に値する秘密だけが拒絶の対象となるべきものであり、また、その事項が保護に値するかは、秘密が公表されることによって秘密保持者が受ける不利益と、拒絶によって具体的訴訟が受ける真実発見と裁判の公正についての不利益とを比較衡量して判断すべきもの」であるが、本件では保護に値する秘密には該当しないとして、提出義務を認めた。

旧法に関するものであるが、東京高決平成5・5・21金商934号23頁は、電力会社が通産省（当時）に提出した工事計画書等について、「本件各文書は、前記のように、本件発電機の運転再開のため、法に基づく必要な諸手続を履践すべく東京電力によって作成された文書であり、もっぱら東京電力と

国(通商産業大臣)との公法上の法律関係につき作成された文書であって、東京電力の株主たる抗告人らとその取締役である相手方らとの法律関係について作成された文書でないことはもちろん、東京電力と相手方らとの法律関係(委任契約であり、これに基づき相手方らは商法254条3項に定める忠実義務を負うと解される。以下「本件法律関係」という。)と密接な関連を有する事項を記載内容とする文書ということはできない。もっとも、このように監督官庁との関係で、法に基づき要求される必要な諸手続を履践することも、代表取締役としてなすべき業務の一つであることはいうまでもなく、その意味で、本件各文書が、本件法律関係と関連を有することは否定できないけれども、右のような義務が、相手方らの忠実義務の本体であるとか、その中心的内容であるといえないことは明らかであり、右のような関連性だけから、本件各文書が本件法律関係と密接な関連を有する事項を記載内容とする文書であるということはできない。また、前記のような本件各文書の性質、内容からすれば、本件各文書は、もっぱら法に基づき必要とされる諸手続履践のため作成されたものであり、本件法律関係それ自体あるいはその基礎となる事項を明らかにする目的で作成されたものともいいがたいのであるから、この面からしても、本件各文書は、民訴法312条3号に該当しないというべきである」とした。

　　　(イ)　検　討

　旧法における上記の裁判例は結論を異にしているが、現行法の下では、いずれの事案も文書提出義務が肯定されることになろう。

　前掲高松高決昭和50・7・17の事案では、仮に、原子炉設置許可申請書が法律関係文書に該当しないとしても、それは法令に基づいて行政機関に対する提出が義務づけられている文書であり、実際に、行政機関に提出された文書なのであるから、もっぱら内部の者の利用に供する目的で作成されたものということはできず、現行法上、自己利用文書該当性が否定され、文書提出義務は肯定されることになると考えられる。

　前掲仙台高決平成5・5・12の事案における、保安規定や工事計画認可書

等も同様で、法令に基づいて行政機関に対する提出が義務づけられている文書であり、実際に、行政機関に提出された文書なのであるから、現行法では、もっぱら内部の者の利用に供する目的で作成されたものということはできないから、提出義務を負うことになる。

前掲東京高決平成5・5・21の事案も同様であり、工事計画書等は、「法に基づく必要な諸手続を履践すべく東京電力によって作成された文書」で、通産省(当時)に提出されているから、東京電力の自己利用文書ということはできず、原則として提出義務を負うことになる。

これら文書は、いずれも原子炉の設置等の工事が、原子炉施設の周辺住民個々人の生命、身体に対して重大な危害を及ぼすおそれのないものであることを明らかにすることを目的として作成され提出されたものであるから、それが電力会社の内部文書ではあり得ないし、これを開示しても著しい不利益が電力会社等に生じることは想定できない。このように自己利用文書ではないから、4号ニには該当しない。

他方で、これら文書の記載内容に照らせば4号ハの文書に該当する可能性が否定できない。しかし、平成5年仙台高決が述べるように、電力会社は自己の計画する事業が安全であることを示す内容の資料を提出して事業の認可を受けたのであるから、当該資料が開示されることにより職業秘密が害され事業活動に不利益が生じることを理由にその開示を拒否することは相当でないように思われるし、実際上もこれら文書の証拠としての価値や立証上の必要性等を肯認できるから、比較衡量の見地からも職業秘密文書該当性を認めることはできないであろう。

したがって、現行法では、4号文書として提出義務が肯定されることになろう。

(3) 行政機関から交付を受けた文書

名古屋地決平成23・10・12先物取引裁判例集67号1頁［121］は、先物取引業者が、監督官庁から交付された商品取引所法236条1項に基づく業務改善命令および同項の規定に基づく処分に係る処分通知書および付属書類並び

にこれら処分を受けて実施された相手方の改善措置に関する報告事項を記載した書面は、いずれも、監督官庁から相手方に交付されるか、相手方から監督官庁に提出されることを目的とした文書であるから、自己利用文書に該当しないとして提出を命じた。当然のことと思われる。なお、同決定の抗告審である前掲名古屋高決平成24・2・13は、会社が監督官庁に提出した「改善措置実施状況報告書」について、国または国の機関である監督官庁が当該文書の記載内容について第三者に開示することを予定するか否かによって、同文書の法220条4号ニの該当性は影響を受けないことを明らかにしている。

4 労働関係文書

(1) 賃金台帳・労働者名簿

(ア) 裁判例

京都地決平成11・3・1労判760号30頁［16］は、「賃金台帳は、労働基準法によって作成を義務づけられているのであって、必要な場合には監督官庁等に提出させることを目的としているものであり、このような文書は、民事訴訟において提出されることも予定していると解するのが相当である」として、4号に基づき、挙証者のものを含む全従業員の賃金台帳の文書提出義務を認めた。

大阪地決平成16・11・12労判887号70頁［63］は、違法な男女差別により昇格が遅れ賃金差別を受けたとして求めた損害賠償事件において、賃金台帳、労働者名簿、資格歴等の文書提出命令を申し立てた事案において、「賃金台帳及び労働者名簿は、使用者が労務管理のための資料として自己の便宜のため作成している面は否定できないものの、前記文書（自己使用文書）に該当するか否かは、(中略)単に作成者の主観のみによるのではなく、文書の記載内容や作成経緯、その他の事情を総合して客観的に判断すべきである」としたうえで、「賃金台帳及び労働者名簿は、労働基準法によって、労働基準監督行政の便宜のために、罰則をもって、作成のみならず、保存が義務付けられ、労働基準監督官から求められたときは、罰則をもって提出を義

務付けられているものであって、その記載内容も、詳細に規定されているものであるから、賃金台帳及び労働者名簿が、専ら内部の者の利用に供する目的で作成され、外部の者に開示することが予定されていない文書であるとはいえない」として賃金台帳および労働者名簿について文書提出義務を認めた。

前掲大阪地決平成16・11・12の抗告審である大阪高決平成17・4・12労判894号14頁［68］は、労働者名簿が労働基準法107条によって、賃金台帳が同法108条によって、それぞれ作成が義務づけられている文書であるとしたうえで、「労働者名簿や賃金台帳の作成目的や記載内容は、一方では、労働基準監督官等の監督行政機関に提出するためであるとともに、他方では、労働者の現実の労働条件を記録化することによって、労働者に対しては、監督行政機関の監督権限の発動を促すことを介して、法令に適合しない労働条件を改善する機会を与えるためのものでもあると解することができる。そして、通常は、労働者名簿や賃金台帳が開示されたとしても、使用者の意思形成に支障が生じるなど、使用者に看過し難い不利益が生ずるおそれがあるとは認められない。したがって、一般に、労働者名簿や賃金台帳は、民訴法220条4号ニ所定の文書には該当しないものというべきところ、本件労働者名簿や賃金台帳について、これと異なる作成目的、記載内容、所持の経緯、開示による看過し難い不利益の生ずるおそれがあると認めるべき事情は存しないから、本件労働者名簿や本件賃金台帳も民訴法220条4号ニ所定の文書には当たらないものと認めるのが相当である」とした。また、資格歴をまとめた文書については、法的保護の対象となる情報であるが、「それは専ら内部の者の利用に供する目的で作成された」ものではなく、「それの開示が将来にわたる会社の人事管理上の意思形成を妨げ、看過し難い不利益が生ずるおそれがある」とまではいえないし、立証上不可欠な証拠資料であるから開示すべき特別の事情があるとして、資格歴等も含めて提出義務を認めた。なお、賃金台帳と資格歴等については、開示しても会社の職業に深刻な影響を与え以後その遂行に困難をもたらすものではないとして、4号ハにも該当しないと

した。

さいたま地決平成17・10・21労判915号114頁［75］は、女性従業員が性別による賃金差別を受けたと主張し、性別による賃金差別の存在等を立証するために必要であるとして、賃金台帳の提出を求めた事案において、「賃金台帳は、労働基準法108条、109条によって作成・保存を義務づけられている文書であって、同文書が、使用者が労働の実績と支払賃金との関係を明確に記録するための資料であるだけでなく、労働者の権利関係に関する証拠を保全し、労使紛争を予防するためのものでもあることに鑑みると、同文書は、民事訴訟法220条3号所定の法律関係文書に該当するものと解される」としたうえで、賃金台帳が「賃金内容を客観的に示す最も的確な証拠である」として、証拠としての必要性も認め、文書提出義務を肯定した。

東京高決平成17・12・28労判915号107頁［77］は、挙証者である労働者の賃金台帳と挙証者以外の労働者の賃金台帳を区別して、該当性判断を行っている。つまり、挙証者である労働者の賃金台帳については、「当該労働者と使用者との間の賃金に関する権利関係に関連のある事項を記載するための文書であるから」3号後段の法律関係文書に該当するとし、挙証者である労働者以外の労働者の賃金台帳については、「挙証者である当該労働者と使用者との間の法律関係それ自体を記載した文書ではなく、挙証者である当該労働者と使用者との間の法律関係に関連のある事項を記載するために作成された文書であるともいえない」から法律関係文書に該当しないが、「民訴法220条4号所定のその他の除外事由にも該当しないと認められるから、同条4号により文書提出命令の対象となるというべきである」とし、いずれも文書提出義務を認めた。

　　(イ)　検　討

前掲大阪高決平成17・4・12は、最高裁の自己利用文書該当性に関する要件の該当性について順次判断し、判例準則要件の①②および③のいずれにも該当しないとして文書提出義務を認めるものであるが、そもそも、判例準則要件①に該当しない文書は、当然に文書提出義務の対象となるのであるか

ら、判例準則要件①に該当しないことが明らかな賃金台帳と労働者名簿について、判例準則要件②③の判断を行う必要があったのか疑問なしとしない。資格歴等の文書は、内部文書性を明確に否定できないうえに、他の労働者のプライバシーに関する情報であったことから、判例準則要件②の不利益が生じるものでないこと、さらに立証の必要性から判例準則要件③の特段の事情についても判断したものと思われる。

　前掲さいたま地決平成17・10・21は、上記各裁判例と同様、賃金台帳が、法律上作成が義務づけられていることを摘示したうえで、法律関係文書性を検討し、3号該当性を肯定している。なお、同決定においても、「本件文書の開示によってプライバシーを侵害される相手方従業員の不利益についても配慮する必要があることは当然であるが」、「本件文書は申立人の立証のために重要なものであり、しかも、本案事件においては、相手方従業員間の賃金の内容自体が申立人に対する不法行為を構成していると主張されている以上、相手方従業員相互間では、各々の賃金等に関するプライバシーが制約されるのも、やむを得ないものというべきである」と述べ、不利益性の判断と立証の必要性の比較衡量を行っている。

　前掲東京高決平成17・12・28は、挙証者以外の他の労働者の賃金台帳について4号該当性を認めたが、それによって他の労働者のプライバシーが開示される結果となることについて、「賃金台帳の作成目的・根拠・内容・行政機関への提出義務等に照らすと、賃金台帳は、労働者のプライバシー保護は一定の範囲で制約を受けることがあることを前提として作成された文書で」あり、男女賃金差別事件における立証の必要性との関係からも、プライバシー保護を理由に4号の対象とならないと解することはできないとする。なお、同決定は、挙証者である労働者の賃金台帳が3号後段の法律関係文書として提出義務を認めたが、4号の対象となることを否定するものではなかろう。

　このように賃金台帳および労働者名簿については、法律関係文書該当性を問題とする裁判例と自己利用文書性を問題とする裁判例に分かれるが、賃金

台帳および労働者名簿の作成・保存が労働基準法によって義務づけられ、労働基準監督官から求められたときの提出義務も課されており、そもそも自己利用文書に関する判例準則要件①を充足しないから、企業は4号に基づき文書提出義務を負うことにならざるを得ないであろう。このとき、判例準則要件①を充足しないので、開示することによる企業の不利益を考慮するまでもないが、挙証者以外の労働者のプライバシーの保護を全く考慮しなくてよいのか問題となりうる。前掲大阪高決平成17・4・12は、判例準則要件①を充足しないが、さらに判例準則要件②③の検討をしたのもその配慮のためであり、前掲さいたま地決平成17・10・21が3号の法律関係文書として判断を進めたのも、その判断過程において不利益性と立証の必要性を比較衡量できることが実質的な理由ではなかったかと思われ、前掲東京高決平成17・12・28では、正面から、判例準則要件①を充足しない場合、他の労働者のプライバシーへの配慮ができないが、それはやむを得ない制約であり、また、立証の必要性から容認できるとしたものである。

　自己利用文書との関係では平成17年東京高決の説示するとおりと思われるが、自己利用文書性が否定された文書にプライバシーに関する情報が記載されている場合に、どのようにプライバシー保護を図るのかが問題となる。職業秘密該当性の判断の場合と同様に、文書を開示することによって生じる労働者や会社の不利益の内容と程度と証拠としての価値や証拠調べの必要性を比較衡量することが検討されてよいように思われる。

(2) **人事考課についての能力評価に関するマニュアル**

　㋐　**裁判例**

　大阪地決平成11・9・6労判776号36頁［24］は、男女の賃金差別が争われた事件で、「人事考課についての能力評価に関するマニュアル」等を対象に文書提出命令が申し立てられた事案において、「相手方（会社）における人事考課について、これを担当する個々の評定者の利用に供することを目的として作成された文書であり、その内容も実質的に処理要領というものであって、ただ、運用の基準や指針を含む部分があるものの、これをもって申

立人らの法的地位や権利もしくは権限を証明したり、基礎づける目的で作成された文書ということができない」から３号前段の利益文書には該当せず、「相手方（会社）が人事考課を行う上で個々の評定者に配布した処理要領であって、運用上の細目的な手続を定め、また、当該年度の職分職級の昇進、昇級及び職能点の配分枠を記載した、運用基準や指針を記載しているものの、未だ運用のための文書に止まるというべきであ」り、「運用における基準や指針あるいは手続が労働契約の内容となっているとまではいえないし」、「人事考課は基本的には人事権行使の範疇に属するもので、公平に査定すべきものではあるけれども、考課そのものには、使用者の裁量に属する部分も大きく、相手方（会社）との関係において、申立人らがこれを運用の水準まで明らかにすることを要求する根拠はない」から、３号後段の法律関係文書にも該当しないとした。また、４号該当性について、「本件各文書は、いずれも、法令、就業規則、労働協約に直接の根拠規定を持つものではない」としたうえで、「配布された対象も、人事考課を担当する評定者（部長かぎり）に限られ、専ら相手方（会社）の人事考課の運用のために作成された文書であり、これを公開又は公表することは予定されていない」、「本件各文書の内容は、個々の評定者が考課を行う上での運用上の細目的な手続であり、（中略）実質的に運用上の処理要領であって、これらは査定の結果に影響を及ぼす事柄ではあるものの、査定基準というにはほど遠い」、「考課そのものには、使用者の裁量に属する部分も大きく、その運用の水準まで公開を要求できる根拠はない。他方、本件各文書を公開することは、公開をしないことを前提に作成され、また運用されていたことからすると、被考課者について相手方（会社）における相対的な位置づけを明らかにすることになり、疑念を生じさせたり、また、誤った期待や不安を与える余地は大きく、更に、公開を意識して人事考課に関する文書の作成や保管を抑制することとなり、円滑な人事考課を妨げることになるなど適正な組織の運営を妨げるおそれもある」として、４号ハ（現＝）の自己利用文書に該当するとして提出義務を否定している。

(イ)　検　討

　本決定は、最決平成11・11・12民集53巻8号1787頁［25］が出る直前のものであるが、4号に関する判断基準は、実質的に平成11年最高裁決定とほぼ同一のものといえる。そして、人事考課の基準は、各社の業種、業績、経営方針によって異なり、それぞれの会社独自のものが存在すると考えられること、当該基準が開示されることにより、本決定が指摘するような弊害が生じ、人事考課の実効性が失われるなど看過しがたい不利益が生じると考えられることから、自己利用文書該当性を認め、文書提出義務を否定したものと考えられる。

　(3)　タイムカード

　タイムカードは、一般に、法220条3号後段の法律関係文書に該当することに争いはないであろう（さいたま地決平成22・8・10民集65巻3号1300頁［105］、最決平成23・4・13民集65巻3号1290頁［116］参照）。大阪高決平成25・7・18判時2224号52頁［143］は、タイムカードの検証物提示命令に関して、相手方が、法220条4号イに該当する（提出により時間外手当ての不払いが明らかになると労働基準法に基づき懲役刑または罰金刑に処せられる可能性がある）と主張したことに対して、労働基準法上、タイムカードは、保存義務が課され、労働基準監督官から求められたときには提出義務が生じ、行政機関が監督権を行使するにあたっては、労働基準法違反となると否とを問わず提出の対象とされていることを踏まえ、「タイムカードは賃金台帳と同様に、労働者の基本的人権を保護することを主な目的として、法令により使用者に対して罰則の制裁の下に調製、保存及び行政機関への提出を義務付けていると解されるところであって、労働者の権利保護のためには欠くことのできない重要な書類であり、しかも書類の記載内容は単なる客観的な出退勤時刻を記載してあるにすぎないものであるから、過重労働を理由とする安全配慮義務違反による労災損害賠償請求事件において、検証物提示命令が発令された場合には、民訴法220条4号イ（自己負罪拒否特権）の事由は、この提示命令を阻止しうる正当な理由には当たらない」とし、また、「その限度では

挙証者以外の労働者のプライバシー保護も制約を受けるものと解すべき」として、提示を命じた原決定を維持した。

(4) **タクシー運転日報**

旧法に関するものであるが、福岡高決昭和48・12・4判時739号82頁は、タクシー運転日報を、運転者に支給すべき歩合給算定の資料としていることから、運転者と会社との雇用法律関係に関係のある文書として旧法312条3号後段の法律関係文書に該当するとして文書提出義務を認めた。

タクシー運転日報は、道路運送法に基づき運送事業者に記録・保存が義務づけられた乗務記録であるから、現行法の下では、自己利用文書にも該当せず、法220条4号に基づく文書提出義務が認められ、判示のような事情の下では3号後段の法律関係文書としても文書提出義務が認められよう。

(5) **麻雀荘の売上伝票**

旧法に関するものであるが、東京高決昭和54・9・19判時947号47頁は、麻雀荘の売上伝票に営業の開始と終了の時刻が記載されており、同店舗に就労する被用者は1人であったことから、当該売上伝票は、深夜時間外労働をした当該従業員と麻雀荘の経営者との法律関係に関連する事項について作成された文書として、旧法312条3号後段の法律関係文書に該当するとして文書提出義務を認めた。

売上伝票は、本来、取引関係文書の1つで、労働者との法律関係を目的として作成されるものではないが、上記のような事情の下では法220条3号後段の法律関係文書に該当するといってもよかろう。ただ、現行法では、売上伝票が内部文書であるとしても、これを開示しても看過しがたい不利益が生じることはないし、保護に値する職業秘密でもないから、4号文書に該当するものとして提出義務が肯定できよう。

(中井康之／姥迫浩司)

第3章 公的機関の文書

I　はじめに

　公的機関について、本章では、国、地方公共団体の機関を対象として検討する。国の機関として検討の対象となるのは主に国の行政機関であり（国家行政組織法3条、別表第一。行政文書の開示の観点から国の行政機関を定義したものとして、行政機関の保有する情報の公開に関する法律（平成11年法律第42号。以下、単に「情報公開法」という）2条参照）、地方公共団体として検討の対象となるのは、主に地方公共団体の執行機関である（地方自治法第7章参照）。このほか、独立行政法人の中には、その役員および職員が国家公務員とされているものがあり（独立行政法人通則法2条2項、51条）、法220条4号ロ、223条3項ないし6項の適用が問題となり得る。[1]

　文書提出命令と密接な関係を有する情報公開制度について、国の行政機関については前記の情報公開法があり、独立行政法人等の情報の公開については、独立行政法人等の保有する情報の公開に関する法律（平成13年法律第140号）がある。また、地方自治体については、各自治体ごとに情報公開条例が定められている。

　公的機関の文書に対する文書提出命令が、法的な問題として取り上げられるようになった背景には、平成8年法律第109号として制定された現行法が

1　解釈論として、これを肯定するものとして、深山卓也ほか「民事訴訟法の一部を改正する法律の概要(上)」ジュリ1209号110頁注14。

平成13年法律第96号により改正(以下、改正された法を「改正後法」といい、それ以前の法を「改正前法」という)されたことがある。改正後法においては、平成8年改正以前の民事訴訟法(明治23年法律第29号)および改正前法とは異なり、公的機関の文書に対する文書提出命令について、私人の作成した文書とは異なる要件や手続が定められたからである。

そこで、以下においては、旧法下および改正前法下における公的機関の文書についての文書提出命令の問題点、改正後法に至る経緯をみたうえで、改正後法下の問題点について検討する。

II 旧法下(および改正前法下)における公的機関の文書についての文書提出命令とその問題点

1 概況

旧法下においては、公的機関の所持する文書について、旧法312条1号ないし3号が適用され、特に、3号前段の「挙証者ノ利益ノ為ニ作成セラレ」た文書、すなわち利益文書であるか否か、同号後段の「挙証者ト文書ノ所持者トノ間ノ法律関係ニ付作成セラレタ」文書、すなわち法律関係文書であるか否かの解釈適用が問題となることが多かったが、その解釈適用の範囲については、学説や裁判例でも見解が分かれていた。

このように見解が分かれた理由としては、旧法312条2号が実体法上の交付ないし閲覧請求権に基づいて文書提出義務を認めるのと異なり、旧法312条3号は、そのような実体法上の根拠に基づくもののほかに、その文書が挙証者と所持者等にとり共通文書であるときも、実体法上の根拠があるときと

---

2 改正前法においては、その220条で文書提出義務を一般化する規定がおかれたが(同法220条4号)、同4号には、「(公務員又は公務員であった者がその職務に関し保管し、又は所持する文書を除く)」との除外規定が定められたため、公的機関の所持する文書については、旧法下と実質的に異ならない改正前法220条1号ないし3号の規定のみが適用されることとされていた。

同視して文書提出義務を認めようとするものであったことがある。このように共通文書の概念を基礎としていることに加えて、3号の文言が比較的簡単であるためにそれをめぐって広狭さまざまな解釈が行われてきたとされている。

2　旧法下における利益文書の解釈

利益文書（旧法312条3号前段）における、「挙証者ノ利益ノ為ニ作成セラレ」の意義について、通説的見解は、当該文書が挙証者の地位、権利ないし権限を直接証明しまたは基礎づけるものであり、かつ、当該文書がそのことを目的として作成されたものであることを要すると解しており、具体例としては挙証者を受遺者とする遺言状、挙証者のためにする契約の契約書などがあげられていた。公的機関の文書について、このような通説的見解に従った裁判例としては、たとえば、自衛隊機事故によりパイロットである自衛隊員が死亡した事故について、その両親らが提起した国家賠償請求訴訟において、原告らから航空自衛隊航空事故調査委員会が作成した航空事故調査報告書の文書提出命令が申し立てられた事案について、東京地決昭和53・4・28下民集29巻1〜4号289頁は、「民訴法312条3号前段の『挙証者ノ利益ノ為ニ作成』された文書とは、その文書により挙証者の地位、権利もしくは権限が直接明らかにされるものを指すと解すべきであるが、前記本件文書の性質に照らし、本件文書により原告らの地位、権利もしくは権限が直接明らかにされるものとは認められないので、本件文書は、民訴法312条3号前段の文書に該当しない」として利益文書該当性を否定し、通説的立場に立って判断している。このように、航空事故調査報告書については、前記通説的な見解に従う限り、その内容が挙証者の権利等を直接証明し基礎づけるものではない、あるいは当該文書が挙証者の権利等を証明し基礎づけることを目的とし

3　兼子一ほか『条解民事訴訟法』1052頁〔松浦馨〕。
4　兼子ほか・前掲書（注3）1053頁。
5　菊井維大＝村松俊夫『全訂民事訴訟法II』615頁、兼子一ほか・前掲書（注3）1053頁。

て作成されたものではないとの理由で「利益文書」性を否定することにならざるを得ないのではないかとの指摘がされている。

しかし、他方、同じく自衛隊の航空機墜落事故における航空事故調査報告書の文書提出命令申立てに対し、東京高決昭和54・4・5判タ392号84頁のように、「本件申立書と被控訴人の右意見書の各記載内容を照し合わせながら前示控訴事件の争点に関して考えれば、本件文書は、民事訴訟法第312条第3号にいう挙証者の利益のために作成され」たものに該当するとして、利益文書該当性をかなり広く解する立場から判断した裁判例もある。そして、この利益文書の拡張的傾向を解釈論として明確に表現したものとして、スモン訴訟における大阪高決昭和53・6・20高民集31巻2号199頁は、「前記法律上の利益を明らかにする文書とは、法律上の利益を直接明らかにするものに止まらず間接に明らかにするもので足り、また作成の目的は作成者の主観的意図に止まらず、文書の性質から客観的に認められれば足りる」としている。

3 旧法下における法律関係文書の解釈

「法律関係ニ付作成セラレタル」文書の意義について、通説的見解は、法律関係それ自体を記載した文書だけではなくその法律関係に関連のある事項を記載した文書でもよいとしていたが、半面、もっぱら自己使用のために作成した内部文書はこれに当たらないと解していた。

裁判例としては、たとえば、前記の東京地決昭和53・4・28下民集29巻1～4号289頁は、「法律関係それ自体を記載した文書ばかりでなく、その法律関係に関係のある事項を記載した文書も含まれるとする見解が見られるが、右の法律関係に『関係のある事項』という表現はあいまいであるといわざるをえない。法律関係『ニ付』の文言を正視すれば、まず、その文書によって

---

6 秋山壽延「行政訴訟における文書提出命令」(鈴木忠一=三ヶ月章監修・新・実務民事訴訟講座(9)行政訴訟Ⅰ) 291頁以下。
7 菊井=村松・前掲書(注5)617頁、兼子ほか・前掲書(注3)1057頁。

法律関係の発生、消滅又は法律関係の内容、効力を直接証明することができる、そのような文書がこれに該ることは疑いないし、次に、法律関係の成立過程においてその成立を目的として作成された文書及び法律関係の成立後ないしは消滅後において成立ないしは消滅を前提として作成されたものであって、法律関係の発生、消滅又は法律関係の内容、効力を間接に証明することができる、そのような文書もこれに該ると解することができるが、法律関係と右のような関連をもたない文書は、たまたまそれが法律関係に事実上、立証上なんらかの関係があるというだけでは法律関係につき作成された文書とは認めがたいというべきである」として、航空事故調査報告書の法律関係文書該当性を否定した。

　しかし、他方、法律関係文書の範囲を通説的見解よりも広く解する裁判例もあり、たとえば、原子炉設置許可処分取消訴訟において、原子炉設置許可手続およびその設置変更許可手続に関して作成された、電力会社が被告に対して提出した許可申請書および添付書類以外の調査資料、参考資料一切、原子力委員会の議事録一切、安全専門審査会の議事録および審査に際し同審査会に提出された部会報告書等の文書提出命令が申し立てられた事案において、高松高決昭和50・7・17行裁集26巻7＝8号893頁［１］は、「同条（筆者注：旧法312条）３号にいわゆる挙証者と所持者との間の法律関係について作成された文書とは、挙証者と文書の所持者との間の法律関係それ自体を記載した文書だけでなく、その法律関係に関係のある事項を記載した文書、ないしは、その法律関係の形成過程において作成された文書をも包含すると解すべきところ、これを行政庁のなした行政処分の違法を主張してその取消を求める抗告訴訟に即してみれば、当該行政処分がなされるまでの所定の手続の過程において作成された文書であつて、右行政処分をするための前提資料となった文書をも包含するものと解するのが相当である」として、申立てに係る上記文書等の提出を命じた。しかし、これに対しては、通説的立場から、法律関係の形成過程において作成された文書でもよいと解するのは、法律関係文書の範囲をあまりに拡張することになり、実質的に一般的文書提出

義務を肯定するのと異ならない結果となって妥当でないとの評価がされている[8]。

4　旧法下における状況の評価

　旧法下においては、文書提出義務が認められる場合が制限列挙されており、条文の文言や立法の趣旨からみて、利益関係文書、法律関係文書の解釈の範囲は、おのずから一定の限界があったというべきである。たとえば、通説的見解[9]は、利益文書も法律関係文書も共通文書の概念がその基礎にあり、いずれも共通文書の枠外に逸脱することはできないとする[10]。

　しかし、それにもかかわらず、裁判例の中には、前記のとおり、利益文書や法律関係文書の範囲をかなり広く解するものもあるという状況であった。

　このような拡張的な解釈を採用した裁判例の中には、文書提出義務が認められる範囲を伝統的な法解釈の範囲内で定めようとすると、訴訟の内容が複雑化する中で要求される証拠の水準と合致しない結果となるとの認識があったものと思われる。学説の中には、「このような拡張解釈の努力は、武器対等の原則、当事者間の公平、真実発見とそれに基づく公正な裁判の要請等、民事訴訟法の基本理念に根ざすものとして、多くの賛同を得ていた」と評価するものもある[11]。

III　現行法における文書提出義務の一般義務化

　現行法においては、220条4号が設けられ、文書提出義務が一般義務化されることとなった。

　その背景としては、前記のとおり旧法下で利益文書および法律関係文書の

8　菊井＝村松・前掲書(注5)619頁。
9　兼子ほか・前掲書(注3)1052頁〔松浦馨〕。
10　兼子ほか・前掲書(注3)1060頁〔松浦馨〕。
11　新堂幸司『新民事訴訟法〔第3版補正版〕』543頁。

範囲についての解釈の争いが生じていたという状況、国内・国外において証拠収集手段の拡充が求められていたことがあげられている。[12]

立法化の具体的な経緯をみると、法制審議会で、文書提出義務の対象文書の範囲を拡大する方法および程度について2つの方向が議論され、1つは、証人義務（法190条）と同様に文書提出義務を一般義務化する考え方であり、他の1つは、旧法312条が採用する制限列挙主義を維持しつつ、3号の利益文書・法律関係文書の範囲を拡大する考え方であった。しかし、利益文書・法律関係文書の範囲を拡大するといっても、おのずと限界があるうえに、その外延が一層不明確になるおそれがあると考えられたこと、社会や経済の発展に伴い、権利関係は複雑化・多様化しており、これをめぐる紛争の態様にもさまざまなものが現れており、起こり得るあらゆる形態の訴訟において必要となり得る文書をあらかじめ具体的に想定し、それを網羅的に列挙することは技術的にも困難であると考えられたことなどから、結局、一般義務化されることとなったとされている。[13]

その結果、旧法312条においては、提出義務を負うのが1号ないし3号の場合に限定されていたのに対し、現行法では、旧法と同様の提出義務を定めた220条1号ないし3号に加えて、新たに4号が設けられ、文書提出義務は、一般義務化されることになった。

しかし、公的機関の文書に関しては、改正前法により直ちに4号の適用があるとされたわけではない。前記のとおり、現行法制定の時点では、「前3号に掲げる場合のほか、文書（公務員又は公務員であった者がその職務に関し保管、又は所持する文書を除く。）が次に掲げるもののいずれにも該当しないとき」としてカッコ書きで4号の適用が除外され、同法附則27条1項において、「新法第220条第4号に規定する公務員又は公務員であった者がその職務に関し保管、又は所持する文書を対象とする文書提出命令の制度につい

---

12 竹下守夫ほか編『研究会新民事訴訟法』274頁〔柳田幸三発言〕。
13 法務省民事局参事官室編『一問一答新民事訴訟法』247頁、248頁、竹下ほか・前掲書（注12）274頁〔柳田幸三発言〕。

ては、行政機関の保有する情報を公開するための制度に関して行われている検討と並行して、総合的な検討を加え、その結果に基づいて必要な措置を講ずるものとする」とされていた。公的機関の文書についても、220条4号が適用されることになったのは、改正後法によってである。

　ところで、改正後法によって、公的機関の文書についても文書提出義務が一般義務化されたことから、旧法の内容を引き継いだ法220条1号ないし3号、特に3号の役割は従前ほど大きいものではなくなったといえるが、なお、実務上は、4号と並んで1号ないし3号に基づく申立てがされる例があるし[14]、後に検討する刑事事件関係書類等のように4号の適用が排除され、1号ないし3号に基づく申立てのみが認められる類型の文書もある[15]。

　そこで、法220条1号ないし3号の解釈についてみたうえで、4号の問題の検討に入ることとする。

IV　法220条1号ないし3号と4号との関係

　法制定後において、旧法312条に対応する220条各号、特に3号の解釈をどうすべきかは、公的機関の文書についても依然として重要な問題である。

　その解釈の方向性について、1つは、法220条4号で文書提出義務が一般義務化されたのであるから、従来拡張解釈されていた3号の利益文書、法律関係文書の解釈は厳格化されるべきであるとする見解がある[16]。

　これに対し、立法担当者は、1号ないし3号の解釈は、旧法下のものと全く変わらないとする[17]。

　この問題は、旧法下で主に法律関係文書の拡張解釈の歯止めとして用いられていた「技術・職業上の秘密」、「自己使用文書」という提出義務の除外事

14　この点を指摘するものとして、竹下ほか・前掲書(注12)281頁〔福田剛久発言〕。
15　竹下ほか・前掲書(注12)281頁〔秋山幹男発言〕。
16　竹下ほか・前掲書(注12)282頁〔竹下守夫発言〕〔青山善充発言〕。
17　竹下ほか・前掲書(注12)279頁〔柳田幸三発言〕。

由が新たに4号（改正後法の4号ハ・ニ）に定められることになった結果、法220条3号の解釈としては、そのような除外事由の適用は必要がなくなったと解すべきかどうかの問題を含んでいる。[18] すなわち、旧法下においては、312条3号の文書について、旧法272条ないし274条、281条の類推適用によって、文書の記載内容が職務上の秘密に属するなど所持者に守秘義務があるときは、所持者は当該文書の全部または一部の提出を拒否することができるものと解されていた。[19]

もし、現行法下においては3号の解釈は厳格化されるとする立場に立つのであれば、これらの除外事由の適用も必要がなくなったと解する余地が出てこよう。しかし、立法担当者が述べるように、3号の解釈が従前どおりであるとするならば、これらの除外事由も依然として類推適用されるということになる。[20]

この点について、最決平成12・3・10判時1711号55頁［29］は、法220条3号後段の文書は、文書の所持者がもっぱら自己使用のために作成した内部文書は含まれないと解するのが相当であるとし、文部大臣（当時）が教科用図書の検定の結論を出すに先立って検定審議会が審議した結果を記載した文書およびその審議結果を文部大臣に答申（報告）した文書は内部文書であるとして、文書提出義務を認めなかった。もっとも、この事案は、改正前法当時の事案であり、公的機関の文書について法220条4号の適用がなく、旧法下と同様の状況にある時点での判断であった。

その後、最決平成16・2・20判時1862号154頁［55］は、改正後法下における220条3号の解釈について、「公務員の職務上の秘密に関する文書であって、その提出により公務の遂行に著しい支障を生ずるおそれがあるものに当たると解される以上、民訴法191条、197条1項1号の各規定の趣旨に照らし、抗告人は、本件文書の提出を拒むことができるものというべきであるか

18　この点については、新堂・前掲書（注11）546頁注1参照。
19　菊井＝村松・前掲書（注5）621頁。
20　竹下ほか・前掲書（注12）280頁〔柳田幸三発言〕。

ら、民訴法220条3号に基づく本件申立ても、その理由がないことは明らかである」とした。[21]

法220条3号の解釈については、なお今後の裁判例の推移を見守る必要がある。

V 法220条4号の定める除外事由

公的機関の所持する文書の中には、その提出により公益やプライバシーの侵害等をもたらすおそれのあるものも少なくないことから、法220条4号にその除外事由が設けられることになった。

そのうち、本章では、実務上争いになることの多い、公務員の職務上の秘密に関する文書についての4号ロの定めと、刑事事件・少年の保護事件の記録等に関する4号ホの定めについて検討する。このほか、4号ニでは、もっぱら文書の所持者の利用に供するための文書（旧法下でも除外事由とされていたいわゆる内部文書）も提出義務の除外事由とされたが、これについては、公的機関の文書については、公務員が組織的に用いるものは除くとされた。これは情報公開法の規定（同法2条2項参照）との整合性を図ったものである。[22]

この公的機関の所持する文書に関する除外事由の定めについては、やや複雑な改正の経緯をたどった。平成8年に制定された現行法の政府原案では、提出命令を発することのできる文書の範囲を拡張する反面、公務員の職務上の秘密に関する文書については、監督官庁が承認をしない限り提出義務がないものとされていたが、国会での審議の過程で、行政情報公開の流れに逆行するとの批判がされ、公務文書の提出義務の範囲はいったん旧法のままとど

---

21 法191条2項の立法経緯について、法務省民事局参事官室・前掲書（注13）228頁参照。本判決の解説として、金丸和弘「判批（最決平成16・2・20）」（西口元＝春日偉知郎編・文書提出等をめぐる判例の分析と展開）金商1311号164頁参照。
22 深山卓也ほか「民事訴訟法の一部を改正する法律の概要(下)」ジュリ1210号173頁。

めおくものとされた。そのため、前記のとおり、改正前法の220条4号の一般義務化に関する規定は、「前3号に掲げる場合のほか、文書（公務員又は公務員であった者がその職務に関し保管し、又は所持する文書を除く。）が、次に掲げるもののいずれにも該当しないとき」とされ、4号の規定の公務文書への適用が除外されるとともに、同法附則27条1項において、「新法第220条第4号に規定する公務員又は公務員であった者がその職務に関し保管し、又は所持する文書を対象とする文書提出命令の制度については、行政機関の保有する情報を公開するための制度に関して行われている検討と並行して、総合的な検討を加え、その結果に基づいて必要な措置を講ずるものとする」とされたのである。

　その後、平成11年5月に情報公開法が成立し、同法3条では、「何人も、この法律の定めるところにより、行政機関の長……に対し、当該行政機関の保有する行政文書の開示を請求することができる」として、行政文書は原則として開示されるものとし、例外的に不開示事由の存するときには開示されないこととされた（同法5条）。

　そこで、この情報公開法の制定を受けて、公務文書についても、文書提出義務を一般義務化するとともに、その除外事由が定められることになった。この除外事由を定めるにあたっては、情報公開法との整合性について配慮されているが、その理由については、「行政情報公開法に基づく行政情報公開制度は、政府の諸活動を国民に説明する責務を全うするとともに、国民の的確な理解と批判の下にある公正で民主的な行政の推進に資することを目的とし（行政情報公開法1条）、行政機関の長による行政処分として行政文書の開示・不開示の処分を行う制度であるから、文書提出命令制度とは制度の趣旨・目的をことにするものである。しかし、行政情報公開制度においては、公開されることにより公共の利益を害する等の弊害が生ずるおそれがある情報（不開示情報）が記載されている行政文書を除いて、その開示を求めるこ

23　深山ほか・前掲論文（注1）102頁。

とができるものとされており(行政情報公開法5条)、他方、改正法による文書提出命令制度においても、公務文書の提出義務を一般義務化し、提出することにより公共の利益を害する等の弊害が生ずるおそれがある文書(除外文書)を除き、提出義務があるものとされているので、行政文書について、その内容が公開されることにより弊害が生ずるおそれがある文書についてのみ、開示義務又は提出義務を課されないものとしている点で両制度は共通性を有している。そこで、改正法は、附則27条の趣旨を踏まえ、文書提出命令制度における除外文書の範囲と行政情報公開制度における不開示情報の範囲とが整合性のとれたものとなるよう配慮している」とされている。[24]

そこで、情報公開法5条1号の不開示事由と改正後法220条4号の除外事由とを対比してみると、情報公開法5条3号ないし6号は、改正後法220条4号ロ号に相当する。行政文書の中には、情報公開法5条1号、2号のように個人のプライバシーまたは法人の営業上の利益に関するものがあるが、これらの個人のプライバシーや法人の営業上の利益に関する事項が開示されることにより、公務遂行の著しい支障が生じるおそれがある場合には改正後法220条4号ロまたはホ該当性が問題となる。また、個人のプライバシーが公務員たる医師に開示され診療録に記載された場合や民間企業から秘密を外部に漏らさないとの合意の下に当該企業の技術または職業上の秘密に関する情報を入手しそれが行政文書に記載された場合には、同号ハ該当性が問題となる。[25]法人の営業上の利益が法197条1項3号に関する場合には、同号ハ該当性が問題となる。なお、同号ニは、旧法下においても文書提出命令の対象とならないとされていた内部文書を除外文書としたものであるが、公的機関の文書については、情報公開法が行政機関の内部文書であっても組織的に用いる文書は開示の対象としているところから、前記のとおり、国または地方公共団体が所持する文書であって、公務員が組織的に用いるものは除外されている。

---

24 深山ほか・前掲論文(注1)108頁注6。
25 深山ほか・前掲論文(注1)107頁。

このように、公的機関の文書に対する文書提出命令の除外事由は、情報公開法の定めと平仄が合うように定められている。

もっとも、情報公開法と改正後法の除外事由の範囲が完全に一致するものではない。たとえば、情報公開法5条1号では、特定の個人を識別することができる情報（個人識別情報）が記録されている文書は不開示とされているが、文書提出命令では、個人識別情報が記載されているだけでは、直ちに除外事由とはならず、それが改正後法220条4号ロ、ハ、ホ等に該当する場合に初めて除外事由となる。

VI 公的機関の文書の文書提出命令申立てにおける手続

公的機関の文書の文書提出命令申立ての手続については、実務上問題とされることの多い改正後法220条4号ロ該当性の判断手続について、特別の定めがある。

1 監督官庁の意見の聴取

監督官庁の意見聴取については、「裁判所は、公務員の職務上の秘密に関する文書について第220条4号に掲げる場合であることを文書の提出義務の原因とする文書提出命令の申立てがあった場合には、その申立てに理由がないことが明らかなときを除き、当該文書が同号ロに掲げる文書に該当するかどうかについて、当該監督官庁……の意見を聴かなければならない」（法223条3項）と定められている。

(1) 「公務員の職務上の秘密に関する文書」と「公務員の職務上の秘密」の意義

ここにいう、「公務員の職務上の秘密に関する文書」とは、改正後法220条4号ロの場合と同じく、公務員の職務上の秘密が記載されている可能性がある文書をいう。また、「公務員の職務上の秘密」とは、いわゆる実質秘をい

い、非公知性と要保護性が要件となる（最決昭和52・12・19刑集31巻7号1053頁、最決昭和53・5・31刑集32巻3号457頁）。厳密には、国家公務員法100条1項、地方公務員34条1項の「職務上知ることのできた秘密」と国家公務員法100条2項、地方公務員法34条2項の「職務上の秘密」とは、異なるものとされているが、両者の範囲はほぼ一致するものと解されている。[27] この点について、災害調査復命書についての文書提出命令申立てが問題となった最決平成17・10・14民集59巻8号2265頁[74]は、改正後法220条4号ロにいう「『公務員の職務上の秘密』には、公務員の所掌事務に属する秘密だけでなく、公務員が職務を遂行する上で知ることができた私人の秘密であって、それが本案事件において公にされることにより、私人との信頼関係が損なわれ、公務の公正かつ円滑な運営に支障を来すこととなるものも含まれる」として、この点についての解釈を明らかにした。

(2) 「公務員の職務上の秘密」該当性の判断権者

公務員の職務上の秘密に該当するか否かの判断権者は、証人尋問の場合においては当該監督官庁にあるものとされているが（法191条1項）、文書提出命令との関係では、公務員の職務上の秘密に関する文書か否かの判断は裁判所が行うものとされた（改正後法220条4号ロ）。もっとも、証人尋問の場合においては、「前項の承認は、公共の利益を害し、又は公務の遂行に著しい支障を生ずるおそれがある場合を除き、拒むことができない」（法191条2項）として監督官庁が拒絶できるための要件が定められている。他方、改正後法220条4号ロについては、裁判所がその判断をするにあたり、手続的に監督官庁の意見を聞く機会を設けることとされているが（法223条3項）、同項で、当該監督官庁は、当該文書が4号ロに掲げる文書に該当する旨の意見を述べるときは、その理由を示さなければならないものとされ、その意見は改正後法220条4号ロに該当すること、すなわち、「公務員の職務上の秘密に関する文書でその提出により公共の利益を害し、又は公務の遂行に著しい支障を生

---

26 深山ほか・前掲論文（注1）104頁。
27 深山ほか・前掲論文（注1）104頁、菊井＝村松・前掲書（注5）470頁。

ずるおそれがあるもの」であることを示すものになり、この意見を踏まえて、裁判所が改正後法220条4号ロ該当性の判断をすることになるから、公務員の職務上の秘密についての判断権者は異なるものの、その判断内容に大きな差が出ないよう立法上の配慮がされているものといえよう。

(3) 法223条4項

裁判所が改正後法220条4号ロ該当性を判断する際、注意すべき規定として、法223条4項の規定がある。

当該監督官庁が、「一 国の安全が害されるおそれ、他国若しくは国際機関との信頼関係が損なわれるおそれ又は他国若しくは国際機関との交渉上不利益を被るおそれ」があること、「二 犯罪の予防、鎮圧又は捜査、公訴の維持、刑の執行その他の公共の安全と秩序の維持に支障を及ぼすおそれ」を理由として、当該文書が改正後法220条4号ロに該当する旨の意見を述べたときは、裁判所は、その意見について相当の理由があると認めるに足りない場合に限り、文書の所持者に対し、その提出を命ずることができるものとされている(法223条4項)。その趣旨は、上記のような事項についての「おそれ」の有無の判断にあたっては、その性質上、防衛・外交政策上のまたは刑事政策上の将来予測を含む専門的・政策的判断を要するという特殊性が認められることから、裁判所としても監督官庁の第1次的判断権を尊重するのが相当であるとされたためである。同様の文言は、情報公開法5条3号、4号[28]にもみられ、「……おそれがあると行政機関の長が認めることにつき相当の理由がある情報」として、「相当の理由」という文言が用いられており、同様に、行政機関の長の裁量を尊重すべき趣旨であるとされている[29]。

(4) 法224条5項

このほか、監督官庁の意見聴取の際に、監督官庁が、当該文書の所持者以外の第三者の技術または職業の秘密に関する事項に係る記載がされている文書について意見を述べようとするときは、改正後法220条4号ロに該当する

---

28 深山ほか・前掲論文(注22)177頁。
29 宇賀克也『新・情報公開法の逐条解説〔第6版〕』95頁、99頁。

との意見を述べようとするときを除き、あらかじめ、当該第三者の意見を聞くものとされている(法224条5項)。これは、監督官庁が述べる意見の適正を確保し、ひいては、裁判所による公務秘密文書該当性の判断が適正にされることを制度的に担保するものとされている。[30]

2 イン・カメラ審理

イン・カメラ審理については、「裁判所は、文書提出命令の申立てに係る文書が第220条第4号イからニまでに掲げる文書のいずれかに該当するかどうかの判断をするため必要があると認めるときは、文書の所持者にその提示をさせることができる。この場合においては、何人も、その提示された文書の開示を求めることができない」(法223条6項)と定められている。

改正前法においても、公的機関の文書以外の文書について、同趣旨の規定がおかれていた(改正前法223条3項)。これは、裁判所が閲読し、要証事実との関係で心証をとるための手続ではなく、あくまでも、改正後法220条4号イからニまでの提出義務の除外事由があるか否かを判断するために、イン・カメラ審理を行うものである。ここで、改正後法220条4号ホが除外されていることに注意すべきである。刑事事件関係書類等については、裁判所が文書の記載内容を閲読しなければ除外事由に該当する文書であるか否かを判断することができない類型の文書ではないことから、イン・カメラ審理の対象とはしないものとされている。[31]

VII 文書提出命令申立ての相手方

公的機関の文書の文書提出命令を申し立てる場合の相手方は、その公的機関か、それとも公的機関が属する権利義務の帰属主体である国または地方公共団体か。ここでは、国とその行政機関を例として、この問題を検討してみ

---

30 深山ほか・前掲論文(注22)178頁。
31 深山ほか・前掲論文(注22)179頁。

たい。

1 法219条、220条における文書の「所持者」

この問題は、法219条、220条の文書の「所持者」とは誰を指すのかという問題である。

この所持者の意義については、「提出を求められている文書を現実に握持している者のみにかぎられず、文書を他に預託した者など社会通念上文書に対して事実的支配力を有している者、すなわち当該文書をいつでも自己の支配下に移すことができ自己の意思に基づいてこれを提出できる状態にある者を包含する」とされている。[32]そして、この見解では、文書の所有者ではあるが、第三者がそれを所持し、返還を拒否している場合には、その所有者はここにいう文書の所持者に当たらないとされており、[33]所有権の帰属という法的権原の有無の観点からではなく、あくまでも事実的支配の有無という観点から所持の有無を決しようとしている。

2 公的機関の文書における文書の「所持者」

公的機関の文書について、「文書の所持者」は誰であると解すべきであろうか。

同じ団体でも、私法上の法人（会社等）においては、その組織内の一部署が文書を管理しているとしても、法人自体が文書の所持者となるものと解される。これは、私法上の法人の場合、法人を法的な単位として法規制がされており、「文書の所持者」としても、法主体性をもつ法人を所持者とみるのが自然だからである。

しかし、公法人である国の場合は、憲法や行政法といった公法規範によってその機構や権限が定められ、民法の法人関連規定は公法人にはほとんど適

---

[32] 菊井＝村松・前掲書（注5）611頁、兼子ほか・前掲書（注3）1064頁〔松浦馨・新堂幸司・竹下守夫〕、斎藤秀夫ほか編著『注解民事訴訟法〔第2版〕』140頁。
[33] 菊井＝村松・前掲書（注5）611頁。

用の余地がないものとされている。したがって、私法上あるいは民事訴訟法上の取扱いにおいて、直ちに国を一般の法人と同様に取り扱うことはできない。

そこで、文書の所持、管理に関する法的な定めをみてみると、情報公開法は、行政機関の長に対し、当該行政機関の保有する文書の開示を請求することができるとし（同法3条）、行政機関の長は、同法の適正かつ円滑な運用に資するため、行政文書を適正に管理するものとされている（同法22条1項）。また、行政機関の保有する個人情報の保護に関する法律（以下、「行政機関個人情報保護法」という）においては、何人も、行政機関の長に対し、当該行政機関の保有する自己を本人とする保有個人情報の開示を請求することができるとされ（同法12条）、行政機関の長が保有個人情報の訂正請求や利用停止請求等に応じなければならない場合を定めている（同法27条以下、36条以下）。同法は、「情報」についての定めであって、「文書」について定めたものではないが、「保有個人情報」を行政文書（ただし、電磁的記録を含む。同法2条3項、情報公開法2条2項参照）に記録されているものに限定しており、実際には、「情報」は「文書」に記載されている場合が多いから、「情報」の管理は「文書」の管理と密接に関連するものである。

このように、実定法上、一定の法分野においては、行政機関の長に文書あるいはそれと密接に関連する情報の開示や管理に関する権限が委ねられている。このような法律の定めからすれば、行政機関がその固有の行政目的を実現するために作成、取得、保管する文書については、行政機関の長に、すべての法分野にわたって広くその管理権限が委ねられていると解することもできよう。また、仮に、そこまで広く解釈できないとしても、前記のとおり、情報公開法（同法と同様の不開示事由を定める行政機関個人情報保護法）の不開示事由と改正後法の文書提出義務の除外事由とは平仄が合うように立法化がされているのであるから、その趣旨からすれば、文書提出命令の場合におい

---

34 河上正二『民法総則講義』141頁。
35 宇賀克也『個人情報保護法の逐条解説〔第4版〕』222頁。

ても、行政機関の長をその相手方とすることが合理的であるといえる。

そうすると、行政機関の保有する文書については、行政機関の長がこれを「現実に握持する者」であるとみるのが相当であろう[36]。

3 国が被告となる国家賠償請求訴訟における文書の「所持者」

他方、民事訴訟法は、文書提出命令の申立てを証拠申出の一方法として定め（法219条）、裁判所は文書提出命令を出すにあたり、文書の所持者が第三者である場合には、その第三者を審尋しなければならないものとする（法223条2項）。したがって、たとえば国が被告とされる国家賠償請求訴訟において、上記のとおり、行政機関の長を所持者と解するときには、行政機関の長を第三者として審尋をすべきことになる。

しかし、国家賠償請求訴訟において義務の帰属主体となるのは国であって行政機関の長ではないから、このような場合に、文書の所持者を行政機関の長とみて第三者審尋をすることは、訴訟物との関係からみて、不自然さは否めない。

各省大臣、各委員会の委員長および各庁の長は、その機関の事務を統括し、職員の服務について、これを統督するものとされており（国家行政組織

---

[36] 長谷部由起子「判批（最決平成17・7・22）」民商135巻3号496頁は、「文書の所持者については、国又は地方公共団体とみる有力な見解もあるが、文書の閲覧に応ずべきか否かにつき決定権限を有する行政庁とみる見解が多数である」としており、「文書の閲覧に応ずべきか否か」についての決定権限を重視している点において、上記と同様の視点に立つものと思われる。また、春日偉知郎「判批（最決平成16・5・25）」法研78巻8号88頁も、「文書に対する処分権とは、他人からの閲覧要求に対して応ずるか否かの具体的な決定権限を意味すると解するならば、当該文書の保管の責めに任ずる行政庁を文書の所持者と解した方が、実務的には便宜であろう」とする。これに対し、伊藤眞『民事訴訟法〔第4版補訂版〕』425頁注406は、「公務員が所属する行政庁等は、国等の組織であり、法律に特に定めがある場合（行訴法11Ⅱなど）を除いて、法主体性を認められないから、所持者たりえない」とする。このほか、法主体である国または公共団体を所持者とするものとして、三木浩一『民事訴訟における手続運営の理論』514頁、本書第3編第5章「租税訴訟」〔鶴岡稔彦〕、中島弘雅「文書提出命令の発令手続と裁判」（梅善夫先生＝遠藤賢治先生古稀祝賀・民事手続における法と実践）554頁がある。

法10条)、さらには、内閣総理大臣は、閣議にかけて決定した方針に基づいて、行政各部を指揮監督するとされている（内閣法6条)。したがって、このように究極的には文書の管理権は内閣総理大臣の指揮監督にまでさかのぼることになるが、これらはあくまで包括的な定めであって、これらの定めから直ちに、個々の文書について内閣総理大臣が事実的支配力を有しているとみるのは相当ではない。

しかし、訴訟物の性質（文書提出命令の対象となる文書が証拠となってその法的権利義務関係が決定される関係にあるもの）や訴訟に関する法規の定め等からみて、社会通念上、「国」が各行政機関の長に対し、その文書を事実上支配しているものとみることができる場合があるものと解される。

国家賠償請求訴訟の場合、国が訴訟物である義務の帰属主体であり、その訴訟については法務大臣が国を代表し（国の利害に関係のある訴訟についての法務大臣の権限等に関する法律（以下、「法務大臣権限法」という）1条)、法務大臣がその訴訟の所管行政庁に対する指揮権を有し（同法2条2項)、文書提出命令申立てに応じるか否かに関する指揮権も有すると解されるから、このような場合には、「国」は社会通念上文書に対して事実的支配力を有する者として、文書提出命令の相手方となり得るものということができよう。

この場合も、現実に握持する者が行政機関の長であることが排除されるものではないと解されるが、少なくとも実務的には国を所持者として手続が進められるのが相当であろう。

4　行政処分の取消し等を求める抗告訴訟における文書の「所持者」

これに対し行政処分の取消し等を求める抗告訴訟において、訴訟の当事者である国に文書提出命令が申し立てられる場合はどう解すべきか。

抗告訴訟においても国が被告となり（行政事件訴訟法11条1項)、法務大臣が国を代表し、法務大臣は所管行政庁に対する指揮権を有する（法務大臣権限法6条1項)。前記と同様、この国を代表する法務大臣の指揮権は、所管行

政庁が保有する文書提出命令の申立ての対象となった文書の提出の有無の判断にも及ぶものと解される。そうすると、このような法制度からみて、所管行政庁の保有する文書について文書提出命令が申し立てられた場合、国は当該文書に対して事実的支配力を有しており、国を所持者とみることができよう。なお、この場合も、現実に文書を管理している行政機関の長も文書を握持する者として所持者とみられるが、実務的には、国を相手方とする取扱いが相当であろう。

他方、抗告訴訟における所管行政庁以外の行政機関の保有、管理する文書については、法務大臣権限法6条1項による法務大臣の権限が及ばない。これに加えて、この場合、抗告訴訟の訴訟物は、所管行政庁の長がした行政処分の違法性の有無であり、国の権利義務関係が訴訟物となっているのではない[37]。したがって、この場合は、形式的に国が訴訟当事者である被告とされ、法務大臣がその代表者とされているということのみで、国に文書に対する事実的支配があり、国が文書の所持者であるとみるのは相当ではなく、実質的見地から文書に対する事実的支配の有無を考察すべきものと思われる。この場合は、国は所持者ではなく、文書を管理する行政機関の長を所持者とみるべきである。

5　国が訴訟の当事者でない場合

国が訴訟の当事者でない場合は、国が当事者となっている訴訟の場合と異なり、国は当該訴訟の訴訟物との関連はなく、国が当該文書を事実上支配するとみるだけの法的基礎を欠いている。この場合は、行政機関の長が文書の所持者であり、当該行政機関の長が、第三者としての審尋を受ける立場（法223条2項）にあるものというべきである。

この問題について、①国または地方公共団体が当事者となっている場合においては、国または地方公共団体を文書の所持者として扱う。ただし、抗告

---

[37]　塩野宏『行政法Ⅱ〔第5版補訂版〕』90頁。

訴訟において行政事件訴訟法11条6項の権限（被告適格）が与えられる行政庁以外の行政庁が管理する文書については、第三者に対する文書提出命令の手続による、②国または地方公共団体が第三者の場合には、当該行政庁を文書の所持者として扱うとする見解がある[38]。これは、国に関して、上記3ないし5で述べたところと同様の結論に立つものである。

なお、地方公共団体については、文書管理のあり方が国と異なっており、別途の考察が必要である。

最決平成17・10・14民集59巻8号2265頁[74]は、国が当事者でない訴訟において、国が文書提出命令を申し立てられた事案において相手方を国としている。しかし、同決定が行政機関の長を相手方とすることを否定する趣旨まで含むものか否かは明らかでない

この点について、「本案訴訟が抗告訴訟の場合は、行政庁と解する見解が有力であり、実務上もそのように取扱われている」、「民事訴訟においては、文書提出命令の相手方、すなわち文書の所持者は、権利義務の主体である国や地方公共団体と解するのが理論的には明快であるように思われるし、所持者（相手方）が本案事件の当事者であるか第三者であるかによって区別する根拠もないように思われる」とする見解があるが[39]、抗告訴訟については、平成16年法律第84号における改正前の行政事件訴訟法を念頭においているものと考えられる。

VIII 文書の存在についての立証責任と立証の内容

1 文書の存在についての立証責任

文書提出命令の申立ては、決定の性質を有する文書提出命令を求めるものであるから、本来、訴訟における弁論主義的な意味における主張・立証責任

---

38 門口正人ほか編『民事証拠法大系(4)各論II』93頁以下〔萩本修〕。
39 加藤正男「判解」最判解民〔平成16年〕359頁。

が問題となるわけではない。しかし、文書提出命令の申立てが、民事訴訟における書証の申出の方法とされており（法219条）、弁論主義の下においては、証拠の提出は当事者の責任とされているのであるから、文書提出命令を申し立てる者は相手方において文書を所持することを立証すべきであり、所持の立証はその内容として文書の存在の立証を含むものというべきである。

したがって、文書の存在について真偽不明のときには、立証責任を負う申立人が不利益を負い、文書提出命令は認められないものというべきである。[40]

なお、ここで文書の存在というのは、文書が客観的に実在していること（文書が作成され、その後廃棄されていないこと）および文書が相手方の管理可能な状態にあること（相手方が文書を作成または取得した後、その文書を紛失していないこと）の2つの意味を含む。文書は存在しているが、第三者が保持し、相手方においてその文書を事実的に支配できていない場合は、相手方による文書の所持の有無の問題となるが、ここでは、その問題と区別する意味で、文書の存在の問題として取り扱う。

後に述べるとおり、文書の存在についての立証という観点からは、相手方において一度でも文書を作成または取得したことがあるか否かという点が重要である。

2 立証の内容についての問題点と判例等

そこで、文書の存在について、相手方が争うときに、申立人にはどのような立証が求められるのかが問題となる。

文書の存在についての相手方の争い方については、2つの態様がある。1つは、相手方が文書を作成も取得もしたことがないと争う場合（作成取得否定型）であり、他の1つは、相手方が過去に作成または取得したことを認めながら、その後の紛失または廃棄したとして争う場合（紛失廃棄型）である。[41]

---

[40] 西村宏一「文書提出命令の申立における文書所持の立証」判タ74号40頁は、法の沿革的解釈等から申立人に立証責任があるとする。

Ⅷ 文書の存在についての立証責任と立証の内容

　作成取得否定型の場合には、申立人において、相手方が過去に文書を作成または取得した事実を立証することになり、通常の立証の場合と異なるところはない。

　これに対し、紛失廃棄型の場合には、相手方がいったん文書を作成または取得したことを認めている以上、申立人の立証責任はそこで尽くされ、相手方において、紛失廃棄の事実を反証すべきであるとの考え方が生じる余地がある[42]。そこで、以下、この点について検討する。

　この点については、下級審において、医師の診療録の提出が問題となった事案において、一般論として、診療録に5年間の保存義務が課せられていることを根拠として、文書の存在を一応推定できるとしながら、当該事案においては、診療を受けたときから8年2カ月余りを経過していることを理由として、推定法則を適用するのは困難であるとしたものがある[43]（東京地決昭和59・6・30判タ346号271頁）。

　ところで、近時、最高裁判所は、情報公開訴訟における文書の存在の立証責任について、注目すべき判断を示した（最判平成26・7・14判時2242号51頁［152］）。事案は、いわゆる沖縄返還に伴う日米間の密約文書についての情報公開請求の不開示決定についての取消訴訟である。

　原告らは、外務大臣および財務大臣にそれぞれ文書の開示を求めたところ（外務大臣に開示を求めた文書が本件各文書1、財務大臣に開示を求めた文書が本件各文書2である）、いずれも各文書を保有していないことを理由とする各不開示決定を受けた。1審の東京地判平成22・4・9判時2076号19頁は、外務

41　須藤典明「情報公開訴訟・文書提出命令等における文書の存否に関する主張立証責任」（門口正人判事退官記念・新しい時代の民事訴訟）587頁は、これを不存在型と紛失廃棄型として分類する。

42　和久田道雄「文書提出命令申立てにおける対象文書の存否の立証責任」（拇善夫先生＝遠藤賢治先生古稀祝賀・民事手続における法と実践）528頁は、実務上、対象文書の存否が争われるのは、主として紛失廃棄型であると指摘する。

43　このほか、医師の診療録について、申立人は、相手方が文書を所持するに至った事情を立証すれば足り、相手方は紛失について反証をあげなければならないとしたうえで、反証の成立を認めたものとして、福岡高決平成8・8・15判タ929号259頁［7］がある。

省および財務省がそれぞれ本件各文書1、2を保有していたことを認めたうえで、それによって開示請求時点でも保有していたことが推認されるとし、各省は合理的かつ十分な探索を行ったとはいえないから反証は奏功していないと判断し、各不開示決定を取り消した。これに対し、控訴審の東京高判平成23・9・29判時2142号3頁は、本件各文書1、2の管理状況については、通常の管理方法とは異なる方法で管理されていた可能性が高く、その後に通常とは異なる方法で廃棄された可能性があり、過去のある時点で行政機関が文書を保有するに至ったことから、その状態がその後も継続するための前提となる一定水準以上の管理体制下におかれたこと自体について合理的疑いがあるとし、開示請求の時点で文書を保有していたと推認する前提を欠くとし、他に文書の保有を認めるに足る証拠はないとして、1審判決を取り消し、訴えを却下した。

最高裁は、まず、不開示決定時に行政機関が行政文書を保有していたことの主張・立証責任は取消しを求めるものが負うとした。そのうえで、ある時点において行政機関の職員が行政文書を作成しまたは取得したことが立証された場合に、不開示決定時においても当該行政機関が当該行政文書を保有していたことを推認できるか否かについては、当該行政文書の内容や性質、その作成または取得の経緯や上記決定時までの期間、その保管の体制や状況等に応じて、その可否を個別具体的に検討すべきであるとした。さらに、特に、他国との外交交渉の過程で作成される行政文書に関しては、その保管の体制や状況等が通常と異なる場合も想定されることを踏まえて、その可否を検討すべきであるとした。そして、本件各文書については、本件交渉の過程で本件各文書が作成されたとしても、本件各文書の内容や性質、作成経緯、不開示決定までに経過した年数、保管の体制や状況等に関する調査の結果などの諸事情の下では、不開示決定時において本件各文書が保有されていたことを推認するには足りないとして上告を棄却した。

3　立証の内容についての検討

　相手方において文書を作成または取得したことが認められる場合に、文書提出命令の申立て時に相手方がその文書を保有していることが推認されるかについては、前掲東京地決昭和59・6・30判タ346号271頁が推認されない場合のあることを認めていた。

　事実上の推定は経験則に基づくものであるから、経験則の基礎となる事実を文書の作成または取得に限定してしまい、作成または取得があれば必ず申立て時における文書の存在が推認できるとすることは相当でない。

　この点については前掲最判平成26・7・14判時2242号51頁［152］の判断が参照されるべきである。同判決は、情報公開請求に係る判断であって、文書提出命令に関する判断ではないが、情報公開請求訴訟における文書の存在の問題と文書提出命令申立てにおける文書の存在の問題は、文書の存在が請求または申立てが認められるための要件をなすという点においては法的位置づけにおいて共通するものであり、かつ、文書の存在（作成取得および紛失廃棄）という、問題となる事実関係においても同様の性質をもつものであるから、情報公開請求に関する前掲最判平成26・7・14の判断は、文書提出命令における文書の存在の立証についても、同様にあてはまるものと解すべきである。

　そうすると、文書提出命令における文書の存在の立証においては、たとえ相手方において当該文書を作成または取得したものであるとしても、それだけで直ちに申立ての時点における文書の所持が推認されるものではなく、申立人において、文書の内容や性質、その作成または取得の経緯、申立て時までの期間、その保管の体制や状況等からみて、申立て時における相手方の所持が推認されることを個別具体的に明らかにすべきである。

　そして、そのような個別具体的な事情から、申立て時における文書の存在が事実上推定される場合には、相手方において反証する必要が生じることになる。
44

IX 改正後法下における判例の動向①——漁業補償交渉を行う際の補償額算定調書

改正後法施行後、ある程度の期間を経過し、改正後法220条4号に定める除外事由について、いくつかの判例が示されてきている。

以下においては、それらの判例について検討するとともに、今後の問題点を探ってみたい。

1 最決平成16・2・20判時1862号154頁［55］

本件は、最高裁が初めて改正後法220条4号ロ該当性について判断したものとして注目されるものである。

事案は、漁業に従事するXが、Y県らに対し空港拡張事業および周辺整備事業に伴う海面埋立てに関し、Xが県知事の許可を受けて操業している機船船ひき網漁業に対する補償金等の支払いを求めた訴訟において、Y県が所持する補償額算定調書中のXに係る補償見積額が記載された部分につき、法220条3号または4号に基づき文書提出命令の申立てをしたものである。当該文書は、国とY県との間の事前協議において、Y県から旧運輸省第三港湾建設局に提出された漁業補償交渉を行う際の補償額算定調書の一部（Xの本件許可漁業に対する補償額欄の部分）であり、具体的には、A漁業協同組合（以下、「A漁協」という）に関する消滅補償額計算表、漁労制限補償額計算表、価値減少補償額計算表および事業損失（影響補償）額計算表中の本件許可漁業の補償額欄の部分であり、関係漁協との間で行われた補償交渉において、Y県側の手持ち資料とされたものである。

原々決定は、本件文書は、法220条4号ロに該当し、また、たとえ同条3

---

44 反証の内容と程度については、須藤・前掲論文（注41）590頁、602頁、和久田・前掲論文（注42）539頁参照。

IX 改正後法下における判例の動向①――漁業補償交渉を行う際の補償額算定調書

号に該当する文書であっても、公務員の職務上の秘密が記載されている場合には、同号に基づく提出義務を負わない旨判示して申立てを却下した。

これに対し、原決定は、本件文書が提出されることにより、Y県とA漁協との間の信頼関係が損なわれるということはできないし、Y県と近隣の漁業協同組合との信頼関係を損なうということもできない、本件文書の提出が今後の類似の漁業補償交渉に悪影響を及ぼすと一概に断定することはできず、何らかの影響が生ずるとしても、公務の遂行に著しい支障を生ずるおそれがあるとまでいうことはできず、法220条4号ロに該当しない、などとして、原々決定を取り消し、文書提出命令申立てを認容した。

本決定は、原決定を破棄し、原々決定に対する抗告を棄却した。その理由は、次のとおりである。

本件文書は、Y県がA漁協との漁業補償交渉に臨む際の手持ち資料として作成した補償額算定調書の一部であり、交渉の対象となる総額を積算する過程における種々のデータを基に算出された本件許可漁業に係る数値（補償見積額）が記載されたものである。したがって、本件文書は法220条4号ロ所定の「公務員の職務上の秘密に関する文書」に当たる。本件文書が提出され、その内容が明らかになった場合には、Y県が、各組合員に対する補償額の決定、配分についてはA漁協の自主的な判断に委ねることを前提とし、そのために、上記の交渉の際にも明らかにされなかった上記の総額を算出する過程の数値（個別の補償見積額）の一部が開示されることにより、本件漁業補償協定に係る前記の前提が崩れ、A漁協による各組合員に対する補償額の決定、配分に著しい支障が生ずるおそれがあり、A漁協との間の信頼関係が失われることとなり、今後、Y県が他の漁業協同組合との間で、本件と同様の漁業補償交渉を円滑に進める際の著しい支障ともなり得ることが明らかである。そうすると、本件文書は、同号ロ所定の、その提出により「公務の遂行に著しい支障を生ずるおそれがあるもの」にも当たるから、本件文書につき、法220条4号に基づく提出義務を認めることはできない。

2　検　討

　Xの申立てを認容した原決定は、A漁協の組合員のうち、瀬戸内海機船船ひき網漁業の許可を受けているのは相手方のみであるから、同漁業に対する補償がされるとすれば、それは、基本的には相手方を対象としてされるべきものであり、したがって、相手方の本件許可漁業に対する補償についての補償協定に関する限り、A漁協は、相手方の代理人の地位にあるにとどまること、そして、一般に代理人によって交渉し、契約の締結をする場合において、代理人および交渉・契約締結の相手が契約内容を本人に対して秘密にすることを正当化する理由は、原則として存在しないこと、仮に、Xの代理人であるにすぎないA漁協が、Xの本件許可漁業に対する補償金額を記載した部分をY県が明らかにしないことを期待し、信頼したとしても、そのような期待、信頼が正当なものであるということはできないことを理由として前記判断をした。

　このように、原決定は、漁業補償交渉が総額で行われるとしても、補償の対象とされるのは、個別の漁業に関する権利、利益であることを前提として、本件事案において、A漁協組合員のうち、瀬戸内海機船船びき網漁業の許可を受けているのはXのみであるという本件事案の特殊性からみれば、本来交渉をすべき相手方はXであり、A漁協はXの代理人にすぎないとすることによって、A漁協がXに対し、契約内容を秘密にすることはできないとする判断をしたことが特徴である。

　これに対し、本決定は、前記判断の前提となる事実関係として、Y県とA漁協との間の漁業補償交渉は、A漁協に所属する組合員の全員が被る漁業損失の総額を対象として行われたものであり、その際、Y県側が漁業種別ごとの個別の補償内容を明らかにすることなく、交渉が進められ、その結果、総額について協議が整い、本件漁業補償協定が締結されたものであること、交渉においては、A漁協が、その所属する個々の組合員の代理人として組合員ごとの補償額についての交渉を個別的に行ったのではないので、個々の組合

員の補償額については、本件漁業補償協定の締結により具体的な金額が確定したものとは理解されていないこと、Y県は、総額についての漁業補償協定を締結したうえで、個々の組合員に対する補償額の決定、配分は、各組合員の漁業実績等を熟知しているA漁協の自主的な判断に委ねるほうが相当であるとし、このような交渉方法によったこと等を認定し、そのうえで、上記判断をしたものである。

このように、原決定と本決定とでは、本件漁業補償交渉の性質、内容についての理解、特に、補償額の総額が個々の補償額の総額として積み上げ方式で算定されているものか否かについての理解、および補償交渉についての個々の組合員と漁業協同組合との法的な関係についての理解の相違があり、このような理解の相違が、改正後法220条4号ロの判断の相違に結びついたものといえる。

したがって、本決定は本件事案の特殊性に応じた個別判断であるとの色彩が強いが、公務の遂行に著しい支障を生じるか否かについては、個別の法分野ごとの特色、その法的仕組みを十分理解したうえで判断すべきことを示しているものといえる。漁業補償等の補償基準については、昭和37年6月29日の閣議決定による「公共用地の取得等に伴う損失補償基準要項」に基づいて行われており[45]、漁業協同組合が漁業補償交渉を行った結果一括受領した漁業補償金の配分については、配分委員会等を設置して配分をしている例が多く、配分基準を作成するにあたっては、「組合員その他の者の操業している漁業種類、当該漁業種類別漁獲量、組合員の当該漁業権に基づき営んでいる漁業に対する依存度、当該漁業権の消滅等により組合員その他の者の被る損失その他の影響の程度、組合員の保有している漁具、漁船等の資本装備の状況及びその他の組合員の漁業経営の実態を十分考慮」するなどして、公平かつ適正な配分の基準を作成するものとされている[46]。このような、漁業補償に関する仕組みを前提とすれば、原決定のように、補償額の内容を分割して理

---

45 金田禎之『新編漁業法詳解〔増補三訂版〕』313頁。
46 金田・前掲書(注45)317頁、318頁。

解し、漁業協同組合を代理人として構成するのは適切ではないといえよう。

X 改正後法下における判例の動向②——災害調査復命書

1 最決平成17・10・14民集59巻8号2265頁［74］以前の災害調査復命書等に関する下級審の判断

労災認定に係る文書についての文書提出命令については、前掲最決平成17・10・14以前に、下級審において、すでにいくつかの決定例がある。

(1) 神戸地決平成14・6・6労判832号24頁［42］

安全配慮義務違反等を理由とするXのN社に対する損害賠償請求訴訟において、労働基準監督署長が所持する労災認定に係る同僚からの聴取書、各復命書、地方労災医員作成の意見書、気象観測照会結果、救急活動状況照会結果、診療給付歴照会結果の文書提出命令が申し立てられた事案である。本決定は、上記文書について、相手方の主張する公務の遂行に著しい支障が生ずるおそれは、いまだ抽象的なものにとどまるなどとして、いずれも公務秘密文書に該当しないと推認するのが相当であると判断したが、このうち実地調査復命書については、基本事件は労働災害を根拠に雇用主に損害賠償を請求する事件であって、労災認定を争う訴訟ではないから、厚生労働事務官等の判断が直接問題となるものではなく、労働基準監督署長が主張する証人尋問によるたびたびの出廷の負担は、具体的にそのような事態が生じる可能性を主張するものではないとした。

(2) 大阪高決平成14・12・18判例集未登載[47]

本件で文書提出命令申立ての対象となったのは遺族補償・葬祭調査復命書である。同復命書について、本決定は、①厚生労働事務官が生活協同組合経

---

[47] 松並重雄「判解」最判解民〔平成17年〕713頁の紹介内容による。

理部職員の労災認定に関する調査内容、判断内容等を労働基準監督署長宛てに報告したものであり、使用者らから得た同職員の勤務状況、同僚らの関係者からの聴取内容、地方労災医員の意見等の関係証拠に基づき、これらを詳細に引用しながら、その証拠評価や所見に至る思考過程が詳細に記載されているものである、②被災者(の家族)が雇用主に対して民事上の責任を追及する訴訟において復命書が証拠として使用されることになれば、その記載内容が簡素化される等の影響を受けざるを得ず、労災認定における率直な意見の交換や意思決定の中立性が損なわれることにもなりかねない、③上記復命書には同僚らの関係者からの聴取内容も引用されているところ、復命書の提出が命じられることになれば、訴訟に提出されることを強く拒んでいる被聴取者らについては、労災認定の担当者との間の信頼関係が損なわれるおそれがある、④そうすると、上記復命書は、公務員の職務上の秘密に関する文書で、その提出により労災認定に関する公務の遂行に著しい支障があるというべきであって、法220条4号ロに該当するとし、文書提出命令申立てを却下した。

(3) 広島地決平成17・7・25労判901号14頁［72］

XがY社を被告として安全配慮義務違反を理由とする損害賠償請求をした事案において、労働基準監督署長の所持する災害調査復命書およびその添付資料(労働基準監督官作成の是正勧告書、厚生労働技官作成の指導票、本案事件被告会社ら作成の是正報告、改善報告書等)の提出を求めたものである。本決定は、災害調査復命書および是正報告のうちの一部の文書について、文書の提出を命じたが、このうち災害調査復命書については、①復命書が災害調査を行う措置基準や監督指導等の基準を推認する材料となる可能性が抽象的にあるとしても、直ちに具体的可能性があるとはいえない、②復命書が提出されることによって情報提供者ごとに個別の供述内容が新たに明らかになる具体的な可能性があるとはいえない、③そもそも罰則規定の存在を前提として実施される災害調査において、自己に不利益な内容について回答を拒否したり虚偽の回答を行う可能性は低く、今後の情報提供者に対して萎縮的効果を

生じさせる可能性は大きくない、などとして、災害調査復命書を裁判所に提出することについて、公共の利益を害し、または公務の遂行に著しい支障を生ずる具体的な可能性があるとはいえないと判断した。

このように、最高裁の上記決定前においては、災害調査復命書が改正後法220条4号ロに該当するか否かについては、下級審で判断が分かれていた。

2　最決平成17・10・14民集59巻8号2265頁［74］

(1)　事案の概要

本案事件は、原告らが、その子が事業場で就業中労災事故にあって死亡したとして、安全配慮義務違反等に基づいて損害賠償を求めた事案である。原告らは、労災事故の事実関係を具体的に明らかにするために必要であるとして、法220条3号または4号に基づき国に対し、本件労災事故の災害調査復命書について文書提出命令を申し立てた。災害調査復命書とは、労働災害が発生した場合に、労働基準監督官、産業安全専門官等の調査担当者が、労働安全衛生法の規定に基づいて、事業場に立ち入り、関係者に質問し、帳簿、書類、その他の物件を検査し、または作業環境測定を行うなど（労働安全衛生法91条、94条）、また、関係者の任意の協力を得たりして、労働災害の発生原因を究明し、同種災害の再発防止策等を策定するために、調査結果等を踏まえた所見を取りまとめ、労働基準監督署長に対し、その再発防止に係る措置等の判断に供するために提出されるものである。したがって、労働基準監督署の内部文書としての性格を有するものであるが、組織的に用いられる文書であり、改正後法220条4号ニの除外事由には該当しない。

(2)　原々決定の判断

原々決定（金沢地決平成16・3・10民集59巻8号2281頁以下）は、「本件文書は、労働災害における被災者の法的地位や権利関係を直接証明し、若しくは基礎付ける目的で作成された文書又は挙証者と所持者その他の者との共通利益のために作成された文書として、民訴法220条3号前段の利益文書に該当する」、相手方は、本件文書が法220条4号ロの文書に該当すると主張すると

して公務の遂行に対する著しい支障を主張するが、「本件申立てが民訴法220条3号前段の文書提出義務を原因とするものであり、本件文書が利益文書に該当することは、前記のとおりである。したがって、相手方の主張は、採用できない」とした。これは、法220条3号に該当する場合には、公務の遂行に対する支障は検討する必要がないとの見解に立つものであるが、前記最決平成16・2・20判時1862号154頁[55]にも示されているとおり、法191条、7条1項の趣旨に照らし、法220条3号の場合にも、公務の遂行に対する支障の点は検討する必要があると解すべきであるから、原々審が220条3号の場合にその判断を要しないとした点には問題があったというべきである。

(3) 原決定の判断

原決定（名古屋高金沢支決平成17・3・24民集59巻8号2289頁以下）は、「本件文書には、安全管理体制、災害発生状況、災害発生原因などについて、事業者、労働者の聴取内容など関係証拠に基づき、これらを踏まえた調査担当者の証拠評価や所見に至る思考過程並びに再発防止策及び行政指導の措置内容に対する意見、署長判決等が記載されており、それ自体は性質上外部への公表を予定していない文書と認められる」、「上記のような記載のある災害調査復命書そのものが本件のような民事訴訟において、証拠として使用され、その内容、評価が争われることになれば、調査担当者が、今後記載する内容及び表現を簡素化したり、意見にわたる部分を控えたりする等の影響を受けざるを得ず、……率直な意見の記載や意思決定の中立性が損なわれるおそれが高いと認められる」、「本件文書の作成に当たって情報提供を受けた労働者Aらは、本件文書が本案訴訟の場で明らかにされることについては、同意しない旨の意思を示しているのであるから、その公開によって調査担当者との信頼関係が損なわれ、ひいては同種災害調査における事業場の安全管理体制や災害発生原因の特定に関し極めて重要である関係者等からの聴取に支障を来すおそれがあることも認められる」とし、本件文書の提出を拒むことができるとした。

(4) 本決定

これに対し、本件最高裁決定は、次のとおり判断し、原決定を破棄して差し戻した。

法220条4号ロにいう「その提出により公共の利益を害し、又は公務の遂行に著しい支障を生ずるおそれがある」とは、単に文書の性格から公共の利益を害し、または公務の遂行に著しい支障を生ずる抽象的なおそれがあることが認められるだけでは足りず、その文書の記載内容からみてそのおそれの存在することが具体的に認められることが必要であると解すべきである。

本件文書は、①本件調査担当者が職務上知ることができた本件事業場の安全管理体制、本件労災事故の発生状況、発生原因等の被告会社にとっての私的な情報（以下、「①の情報」という）と、②再発防止策、行政上の措置についての本件調査担当者の意見、署長判決および意見等の行政内部の意思形成過程に関する情報（以下、「②の情報」という）が記載されているが、本件文書のうち、②の情報に関する部分は、上記のとおり、行政内部の意思形成過程に関する情報が記載されたものであり、その記載内容に照らして、これが本案事件において提出されると、行政の自由な意思決定が阻害され、公務の遂行に著しい支障を生ずるおそれが具体的に存在することが明らかである。しかし、①の情報に係る部分は、これが本案事件に提出されると、関係者との信頼関係が損なわれ、公務の公正かつ円滑な運営に支障を来すことになるとはいえるが、本件文書には、被告会社の代表取締役や労働者から聴取した内容がそのまま記載されていたり、引用されたりしているわけではなく、本件調査担当者において、他の調査結果を総合し、その判断により上記聴取内容を取捨選択して、その分析評価と一体化させたものが記載されていること、調査担当者には、事業場に立ち入り、関係者に質問し、帳簿、書類その他の物件を検査するなどの権限があり（労働安全衛生法91条、94条）、労働基準監督署長等には、事業者、労働者等に対し、必要な事項を報告させ、または出頭を命ずる権限があり（同法100条）、これらに応じない者は罰金に処せられることとされていること（同法120条4号・5号）などに鑑みると、①の

情報に係る部分が本案事件において提出されても、関係者の信頼を著しく損なうことになるということはできないし、以後調査担当者が労働災害に関する調査を行うにあたって関係者の協力を得ることが著しく困難になるということもできない。また、上記部分の提出によって災害調査復命書の記載内容に実質的な影響が生ずるとは考えられない。したがって、①の情報に係る部分が本案事件において提出されることによって公務の遂行に著しい支障が生ずるおそれが具体的に存在するということはできない。

(5) 検 討

本件は、災害調査復命書が文書提出命令の対象とされたが、同文書は、行政機関の内部で作成される文書一般に通じる性質、内容を有していること、最高裁決定が文書の内容を子細に検討して結論を出していること、公務遂行に対する単なる支障と著しい支障を明確に区別して結論を出していることなどの点において、今後の実務に大きな影響を与えていくのではないかと推測される。

本決定は、災害調査復命書の内容からみて、これを①の情報と②の情報に分け、②の情報については、行政内部の意思形成過程に関する情報が記載されており、これが提出されると、行政の自由な意思決定が阻害され、公務の遂行に著しい支障を生ずるおそれが具体的に存在するとした。しかし、他方、①の情報については、これが提出されると、関係者との信頼が損なわれ、公務の公正かつ円滑な運営に支障を来すことは認めながら、公務の遂行に著しい支障が生ずるおそれが具体的に存在するということはできないとした。

まず、本決定が、1つの文書の中で、行政内部の意思決定過程に関する部分と事実関係の調査部分に分けている点が注目される。

これは、文書の一部についての提出命令が発令できることを前提としたものである。文書の一部について文書提出命令を発出できるかについては旧法下では明文の規定がなく、裁判例の中にはこれを否定するものもあったため、平成8年改正法では明文の規定でこれが認められることが明らかにされ

た(法223条1項後段)。本決定では①の情報が記載された部分と②の情報が記載された部分とが文書上それぞれひとまとまりのものとして記載されていることが前提とされているが、文書によっては、これらの情報が混在していることもあろう。このような場合に、どこまで文書の一部に提出義務があるとすべきかについては、考え方の対立がある。[48]「やはり文書は一体として提出されるのが基本であり、一部のみが提出されることによって、文書の趣旨が正確に伝達されないことがあり得るということも間違いないわけですので、この点には十分留意する必要があるのではないかと思います[49]」という指摘もあり、今後、文書の一部についての提出命令がどのような場合に出せるのかについては議論が続けられることになると思われる。[50]

次に、本件決定が、①の情報部分について、これが提出されると、関係者との信頼が損なわれ、公務の公正かつ円滑な運営に支障を来すことを認めながら、公務の遂行に著しい支障が生ずるおそれが具体的に存在するということはできないとして、公務の遂行に対する支障とこれに対する著しい支障とを明確に分けて判断していることが注目される。この点は、条文上明確なことであるから、当然の判断ともいえるが、具体的事案において、最高裁がその判断過程を示したことの意味は大きい。そこで、最高裁が公務の遂行に対する著しい支障が生ずるおそれが具体的に存在するということはできないとした理由をみてみると、①の情報に関する部分は、A株式会社の代表取締役や労働者らから聴取した内容がそのまま記載されたり、引用されたりしているわけではなく、本件調査担当者において、他の調査結果を総合し、その判断により上記聴取内容を取捨選択して、その分析評価と一体化させたものが記載されていること、調査担当者には、事業場に立ち入り、関係者に質問し、帳簿、書類その他の物件を検査するなどの権限があり、労働基準監督署

---

48 竹下ほか・前掲書(注12)293頁ないし296頁〔福田剛久発言〕〔秋山幹男発言〕。
49 竹下ほか・前掲書(注12)296頁〔柳田幸三発言〕。
50 この点について、髙見進「判批(最決平成17・10・14)」ジュリ1313号136頁は、「①②の情報は原審決定がいうように一体化して記載されているので、それを各部分に振り分けることについての争いが懸念される」としている。

長等には、事業者、労働者等に対し、必要な事項を報告させ、または出頭を命ずる権限があり、これらに応じない者は罰金に処せられるとされていることから、関係者の信頼を著しく損なうとまではいえず、以後調査担当者が労働災害に関する調査を行うにあたって関係者の協力を得ることが著しく困難になるということもできないこと、その提出によって災害調査復命書の記載内容に実質的な影響が生ずるとは考えられないことがあげられている。

　ここでは、情報取得が困難になることによる行政実務への影響と文書の記載内容の変更を迫られるなどその後の行政実務に対する影響の2点が検討されているものと解される。そして、前者については、聴取内容が生の形で表現されているものではないから、それが提出されても関係者の信頼を著しく損なうとはいえないし、関係者の協力は、労働基準監督署長等の権限とこれに応じない者への罰則によって担保されており、関係者の協力を得ることが著しく困難になるということもできないことがあげられている。行政機関が行政事務の遂行のために、関係者から聴取り調査をし、それを報告書としてまとめることは多いと思われる。その聴取り調査の内容については、そのテーマや報告書のまとめ方等によって、本決定のような判断をされる場合もあるであろうし、情報の性質上、関係者から公開しないことを条件として聴取をするような場合には、その後の同種事務に著しい支障をもたらすおそれが具体的に存在すると判断される場合もあろう。今後の事案の集積が期待される。

　さらに、「公務の遂行に著しい支障を生ずるおそれがある」とは、「単に文書の性格から公共の利益を害し、又は公務の遂行に著しい支障を生ずる抽象的なおそれがあることが認められるだけでは足りず、その文書の記載内容からみてそのおそれが具体的に認められることが必要であると解すべきである」としている点も注目される。この点は、すでに、立法担当者において、同様のことが指摘されていたところであるが、文書提出を求められた公的機[51]

---

51 深山ほか・前掲論文（注1）105頁。

関は、改正後法220条4号ロに該当すると主張する場合には、前記の著しい支障のおそれのある事項と認められる事項を主張するとともに、その支障の内容についても具体的なおそれが認められるだけの具体的な主張・立証が求められることになる。また、学説上は、「公務の遂行に著しい支障を生ずるおそれ」を判断する際に、開示により実現される訴訟上の利益と公務遂行支障性が比較衡量されるとするものがある。

XI 改正後法下における判例の動向③——外交関係文書

1 最決平成17・7・22民集59巻6号1888頁 [71]

(1) 事案の概要

本案事件は、パキスタン国籍を有する外国人Xが、退去強制令書発布処分等の取消しを求めた事案であり、Xは自己が難民であり、国内における政治的活動を理由として警察に手配されることとなったと主張し、その証拠として、同国官憲作成名義に係る逮捕状等の写しを提出した。本案事件の被告ら（法務大臣および東京入国管理局主任審査官）は、外務省担当部長が法務省の担当局長に宛てて作成した2通の調査文書を書証として提出したが、それらの文書には、逮捕状等の写しの真偽について同国政府に照会したところ、偽造である旨の回答を得たこと等が記載されていた。Xは、本案事件の控訴審において、本件逮捕状等の写しの原本の存在および成立の真正等を証明するためであるとして、Y法務大臣およびY外務大臣を相手方として、法務省が外

---

52 なお、猪股孝史「判批（最決平成17・7・22）」判評575号（判時1947号）183頁は、②の情報が記載された部分について、「『再発防止策、行政上の措置についての本件調査担当者の意見……等の行政内部の意思形成過程に関する情報』について具体的な検討を十分に尽くしていなかったきらいがあるように考えられ、『公務遂行支障性』が具体的に存在すると認めたのは相当とはいえないのではなかろうか」とする。

53 伊藤・前掲書（注36）428頁、山本和彦「判批（最決平成17・10・14）」民商134巻3号469頁。

務省を通じてパキスタン公機関に対し、本件逮捕状等の写しの原本の存在および成立の真正に関し照会を行った際の、上記各省作成の文書（写しを含む）全部と、上記照会を行った際に、パキスタン公機関から交付を受けた書類全部について、文書提出命令の申立てをした。

これに対し、Yらは、上記文書提出命令申立てに係る法223条3項に基づく意見聴取手続において、監督官庁として、これらの文書の提出により他国との信頼関係が損なわれるおそれがあること等を理由として、法220条4号ロに当たる旨の意見を述べた（各意見書の内容は、民集59巻6号1924頁以下に掲載されている）。

(2) 原決定（東京高決平成17・3・16民集59巻6号1912頁）の判断

原決定は、申立ての対象となった文書のうち、法務省が外務省を通じてパキスタン公機関に対して前記照会を行った際に外務省に交付した依頼文書の控え（本件依頼文書）、Y外務大臣に対し、上記照会に際し、外務省が作成してパキスタン公機関に交付した照会文書の控え（本件照会文書）および外務省がパキスタン公機関から交付を受けた回答文書（本件回答文書。以下、これら3つの文書を合わせて「本件各文書」という）については、照会事項が逮捕状等が権限のある者により作成されたものか否かという客観的な事実関係に関するものであり、その回答も事実関係に関する調査結果の回答にとどまり、その中核的な内容が本案事件で提出されている乙号証に記載されているし、本件依頼文書も乙号証の中でその存在が明らかにされているとして、本件各文書については、他に特段の事情が存在しない限り、その内容が開示されることによって、直ちにわが国とパキスタンとの信頼を害して外交上重大な支障を来すおそれや出入国管理に係る事務の適正な遂行に支障を及ぼすおそれがあるとはいえず、上記特段の事情を基礎づける事実についての具体的な指摘も証拠もないとして、本件各文書の提出を命じ、その余の申立ては却下した。これに対し、Yらが抗告許可の申立てをし、申立てが許可された。

(3) 本決定の判断

本決定は、次のとおり判断して、原決定のうち、本件各文書の提出を命じ

た部分を破棄して、原審に差し戻した。

その判断内容は、次のとおりである。

抗告人らの主張によれば、本件依頼文書には、本件逮捕状等の写しの真偽の照会を依頼する旨の記載のほか、調査方法、調査条件、調査対象国の内政上の諸問題、調査の際に特に留意すべき事項、調査に係る背景事情等に関する重要な情報が記載されており、その中にはパキスタン政府に知らせていない事項も含まれているというのである。そうであるとすれば、本件依頼文書には、本件各調査文書によって公にされていない事項が記載されており、その内容によっては、本件依頼文書の提出によりパキスタンとの間に外交上の問題が生ずることなどから他国との信頼関係が損なわれ、今後の難民に関する調査活動等の遂行に著しい支障が生ずるおそれがあると認める余地がある。

また、抗告人らの主張によれば、本件照会文書および本件回答文書は、外交実務上「口上書」と称される外交文書の形式によるものであるところ、口上書は、国家間または国家と国際機関との間の書面による公式な連絡様式であり、信書の性質を有するものであることから、外交実務上、通常はその原本自体が公開されることを前提とせずに作成され、交付されるものであり、このことを踏まえて、口上書は公開しないことが外交上の慣例とされているというのである。加えて抗告人らの主張によれば、本件照会文書および本件回答文書には、発出者ないし受領者により秘密の取扱いをすべきことを表記したうえで、相手国に対する伝達事項等が記載されているというのである。そうであるとすれば、本件照会文書および本件回答文書には、本件各調査文書によって公にされていない事項について、公開されないことを前提としてされた記載があり、その内容によっては、本件照会文書および本件回答文書の提出により他国との信頼関係が損なわれ、わが国の情報収集活動等の遂行に著しい支障を生ずるおそれがあるものと認める余地がある。

本決定は、上記のとおり判示し、法220条4号ロ所定の文書に該当する旨の監督官庁の意見に相当の理由があると認めるに足りない場合に当たるか否

XI 改正後法下における判例の動向③——外交関係文書

かについて判断することはできないとして、原審に差し戻した。

(4) **差戻審（東京高決平成18・3・30判タ1254号312頁[81]）の判断**

同決定は、イン・カメラ審理を行ったうえで、本件依頼文書について、本件依頼文書の記載は、すでに非公知ではなくなっている事項から容易に予測ないし推知することができる一般的なものにすぎないなど、すでに実質秘として保護しなければならないような記載を含むものではなく、その提出によりパキスタン政府をはじめとする他国との信頼関係が損なわれ、今後の難民に関する調査活動等の公務の遂行や外交上著しい支障が生ずるものと認めることはできないとして、改正後法220条4号ロ所定の文書に該当する旨の法務大臣の意見に相当の理由があると認めるには足りないとして、その提出を命じた。他方、本件照会文書および回答文書については、一般に口上書とよばれる外交文書を公開しないことが外交上の慣例となっていることについて、疎明資料を検討しても必ずしも明らかとはいいがたいが、少なくともこれらの文書は、公表しないことを明記のうえ、そのことを前提として作成された外交文書であり、実質的な秘密性は失われていないし、その提出によりパキスタン政府をはじめとする他国との信頼関係を損なうおそれがあり、その結果、わが国の外交上の信頼を失墜することにもつながりかねず、公務の遂行に著しい支障を生ずるおそれがあるから、Y外務大臣の意見には相当の理由があると認められるとして、文書提出命令の申立てを却下した。[54]

2 検 討

本件は、外交関係文書についての文書提出命令が問題となった事案である。Ⅵで述べたとおり、外交関係文書については、監督官庁の意見について

---

[54] 長谷部由起子「判批（東京高決平成18・3・30）」（西口元＝春日偉知郎編・文書提出等をめぐる判例の分析と展開）金商1311号185頁は、「本件依頼文書については、その具体的記載に即して実質的秘密性の判断がされていたのに、ここでは、本件照会・回答文書が『公開されることを予定されていない文書』に当たるという類型的判断から、実質的秘密性が肯定されている。本件依頼文書と本件照会・回答文書とでは、実質秘の判断枠組みが明らかに異なるように思われる」とする。

特別な取扱いがされるべきことが定められている。すなわち、法223条4項1号では、監督官庁が文書を提出することにより「他国若しくは国際機関との交渉上不利益を被るおそれ」がある旨の意見を述べたときは、裁判所は、その意見について相当の理由があると認めるに足りない場合に限り、文書の所持者に対し、その提出を命ずることができるとして、監督官庁の第1次的判断を尊重すべき旨が定められている。[55]

他方、前記Xのとおり、前掲最決平成17・10・14民集59巻8号2265頁[74]は、「民訴法220条4号ロにいう『その提出により公共の利益を害し、又は公務の遂行に著しい支障を生ずるおそれがある』とは、単に、文書の性格から公共の利益を害し、又は公務の遂行に著しい支障を生ずる抽象的なおそれがあることが認められるだけでは足りず、その文書の記載内容からみてそのおそれの存在することが具体的に認められることが必要である」としている。

そこで、改正後法220条4号ロにおいては、上記のとおり「おそれ」について具体的なおそれを主張・立証することが必要であるとしても、監督官庁の第1次的判断が尊重される法223条4項1号の場合においては、監督官庁の意見の「相当の理由」を基礎づける「おそれ」の程度は、どのようなものでなければならないかが、本件における重要な問題である。

本決定は、この点について明確には述べていないが、本件の補足意見においては、原審における監督官庁の意見は、必ずしも文書の内容に即して具体的なおそれの存在することを明確に述べたものとはいえないとの指摘がされており、この補足意見は、法223条4項1号の場合であっても、4号のおそれがあることを抽象的、一般的に述べただけでは足りず、当該文書の内容に即して具体的なおそれが存する旨を述べることを要求するものであり、監督官庁からの意見聴取手続の運用に関する指摘として、実務上重要な意義を有するものであるとされている。[56]

---

[55] 春日偉知郎「判批（最決平成17・7・22）」（西口元＝春日偉知郎編・文書提出等をめぐる判例の分析と展開）金商1311号170頁。

[56] 森英明「判解」最判解民〔平成17年〕547頁。

思うに、訴訟手続における裁判所の判断は、具体的な事案における判断として行われるものであるから、改正後法223条4項1号の「相当の理由」を基礎づける事実を述べるにあたっても、具体的な理由を述べることが必要であることは、一般論としては、そのとおりであろう。しかし、本件口上書の例をみてもわかるように、当該個別事案における相手国の反応を具体的に主張・立証することは困難な場合もあり得る。このように、具体的おそれの主張・立証といっても、事案によっては、個別的・具体的な立証までは困難であるが、通有性を有する具体的な事実は主張・立証できるという場合もあり得るのであり、そのような場合を一律に具体的おそれの主張・立証がないとすることには問題もあろう。具体的なおそれについての主張・立証があったといえる事案であるか否かは、事案の性質に応じてきめ細かく検討していく必要があると思われる（この点については、刑事事件関係書類等が一般義務の対象から除外された理由について、実際には、監督官庁が捜査の秘密等の関係から詳細な事情を述べられない場合があり、そのような場合には、公務秘密文書に該当するか否かの判断にあたって、本来考慮されるべき事項が的確に考慮されない結果、裁判所が判断を誤り、重大な弊害を生ずるおそれがあることがあげられている点も参考にされるべきである）。また、改正後法223条4項の規定については、情報公開法5条3号、4号の解釈との整合性を図る必要が指摘されており[58]、この種事案の判断手法については、情報公開法の裁判例の動向も踏まえた今後の裁判例の集積が必要である。

 次に、主張・立証された具体的事実を基礎として、裁判所がどの程度の密度の審査権を行使し得るかという問題がある。この点も今後検討が深められなければならない問題であるが、春日偉知郎教授は、「行政庁が第一次的に行った判断に対する司法審査の範囲・限界の問題、あるいは、行政庁の判断について裁判所がどの程度踏み込んで審査できるか、という裁判所の判断権

57　深山ほか・前掲論文(注22)175頁。
58　深山ほか・前掲論文(注22)178頁。

333

限のウェイトに関する評価問題も、……重要である」と指摘したうえで、「行政庁の裁量行為の取消訴訟における審査の場合(上記最大判(筆者注:最大判昭和53・10・4民集32巻7号1223頁〔マクリーン事件判決〕)では自由裁量行為が問題となった)と、文書不提出の理由開示における監督官庁の判断行為についての審査の場合とを、直ちに同一視することについては慎重でなければならないとしても、基本的には、先に示した情報公開法の解釈や最大判昭和53年10月4日の判断基準は、本件においても十分に参考に値するものと思われる」と述べている。

本決定は、法223条4項の、「裁判所は、その意見について相当の理由があると認めるに足りない場合に限り、文書の所持者に対し、その提出を命ずることができる」とする規定について、最高裁が具体的な事案においてその判断を示したものであり、貴重な先例となるものと思われる。

XII 改正後法下における判例の動向④──刑事事件関係書類等

前記のとおり、刑事事件関係書類等については、改正後法220条4号ホで、一律に一般的文書提出義務の対象外とされている。しかし、法220条3号の法律関係文書として文書提出命令の対象となることは考えられ、この点について、徐々に判例が蓄積されてきている。

1 最決平成16・5・25民集58巻5号1135頁［59］

(1) 事案の概要

保険会社が、Xほか2名が共謀のうえ保険金を詐取したとして不法行為に基づく損害賠償請求をした訴訟において、Xが、刑事公判におけるのと同

---

59 春日偉知郎「判批(最決平成17・7・22)」法研79巻12号117頁。
60 春日・前掲判批(注59)120頁。

様、共謀の事実を否認して、不法行為の成立を争い、保険金詐欺の刑事事件で公判に提出されなかった共犯者とされた者の司法警察員または検察官に対する供述調書について、文書提出命令の申立てをした事案である。なお、刑事事件ではXの実刑判決が確定し、再審の申立て中であった。

(2) **原々決定（静岡地決平成15・6・3民集58巻5号1167頁以下）**

本件被疑事件の捜査の結果、Xの権利、自由が制約されるという法律関係が形成されたものということができ、このような法律関係も法220条3号後段の法律関係に該当するから、本件各文書のうち、供述者の身上経歴を当該文書の趣旨とするものを除き、法律関係文書に該当する。しかし、本件各文書は、刑事訴訟法47条本文に規定する「訴訟に関する書類」に含まれるから、法律関係文書に該当するとしても、同条による制約を受ける。「訴訟に関する書類」を公開するかどうかの判断は、当該書類の保管者の合理的な裁量に委ねられているから、裁判所は保管者による当該文書の提出の拒否がその裁量権の範囲を逸脱し、またはこれを濫用していると認められる場合に限り、その提出を命じることができる。本件においては、検察官の開示の拒否が裁量権の範囲を逸脱し、またはこれを濫用しているということはできないから、申立てを却下する。

(3) **原決定（東京高決平成15・8・15民集58巻5号1173頁［50］以下）**

関係捜査機関とXとの間には本件被疑事件に関する法律関係が形成され、詐欺の成否をめぐる法律関係が存在し、検察官はその法律関係を引き継いだものである。本件各文書は、身上・経歴を文書の趣旨とするものを除き、上記法律関係に関連のある事実が記載されており、その法律関係を明らかにする目的で作成されたものであるから、法律関係文書に当たる。

Xが本件各文書を書証として提出する必要がないとはいえず、Xの刑事処分は確定しており、他の共犯者の刑事処分についても同様と認められるから、刑事訴訟法47条が「訴訟に関する書類」を非公開とする趣旨のうち、捜査の密行性の保持や、刑事裁判への不当な圧力の防止などの点を現段階で考慮する必要はなく、訴訟関係人の名誉、プライバシーの保護の点において

も、共犯関係にあるとされたXに開示されたからといって、その名誉やプライバシーが侵害されるおそれがあるともいえない。検察官が提出を拒否することは裁量権の範囲を逸脱し、またはこれを濫用したものであるとして、原々決定を取り消し、本件申立てを認容した。

(4) **本決定**

本決定は、法律関係文書該当性についての判断は示さず、検察官の判断には裁量権を逸脱し、または濫用した点はないとして、原決定を破棄し、原々決定に対するXの抗告を棄却した。

本決定の理由は次のとおりである。

刑事訴訟法47条本文が「訴訟に関する書類」を公にすることを原則として禁止しているのは、それが公にされることにより、被告人、被疑者および関係者の名誉、プライバシーが侵害されたり、公序良俗が害されることになったり、または捜査、刑事裁判が不当な影響を受けたりするなどの弊害が発生することを防止することを目的とするものである。同条但書の規定による「訴訟に関する書類」を公にすることを相当と認めることができるか否かの判断は、同書類を保管する者の合理的な裁量に委ねられている。当該文書の保管者の上記裁量的判断は尊重されるべきであるが、その裁量権の範囲を逸脱し、または濫用するものであると認められるときは、裁判所は当該文書の提出を命ずることができる。本件本案訴訟において、本件各文書を証拠として取り調べることが、Xの主張事実の立証に必要不可欠なものとはいえず、本件各文書が開示されることによって、本件共犯者らや第三者の名誉・プライバシーが侵害されるおそれがないとはいえない。本件各文書を開示することが相当でないとした検察官の判断が、その裁量権の範囲を逸脱し、またはこれを濫用したものとはいえない。

(5) **検　討**

刑事事件関係書類等がそもそも法220条3号後段の法律関係文書に該当するか否か、該当するとして、その場合に、刑事訴訟法47条の文書の保管者の判断は考慮されるべきか否かという問題について、本決定まで最高裁の判断

は示されていなかった。本決定は、上記2つの問題のうち、法律関係文書該当性については判断せず、刑事訴訟法47条但書の裁量の範囲の逸脱、濫用があるかという点について判断したものである。最高裁の法律関係文書該当性についての判断は、後記最決平成17・7・22民集59巻6号1837頁[70]で初めて示されることになる。

そもそも、刑事事件関係書類等は、改正後法220条4号ホにより、一律に一般的義務の対象外とされており、そのような文書について、法220条3号該当性が認められるのかは1つの問題である。しかし、前記のとおり、立法担当者は、現行法の制定によって旧法下の312条1号ないし3号についての解釈に変更が加えられるものではないとし、改正後法の立法担当者も、刑事事件関係書類等について、法220条1号ないし3号に該当する場合には、文書提出命令の対象となるとしている。[61] このような立法担当者の立場によれば、たとえ、改正後法220条4号ホで刑事事件関係書類等が一律に一般的義務の対象から除外されたとしても、そのことから刑事事件関係書類等の法220条3号該当性が否定されるものではないということになろう。

学説としても、「一般的提出義務のある文書、すなわち、挙証者と所持者との間に特別な関係が要求されていない文書の提出義務とは異なって、提出を求められた文書が220条1号ないし3号に該当する場合には、当然に提出義務を免れるというわけではない」とする見解がある。[62] 同見解は、3号の文書についても、証言拒絶事由に該当する事項が記載されている場合には、4号ホが類推適用されるとの立場に立ったうえで、さらに、刑事訴訟法47条との調整について論じている。[63] 他方、「平成13年の民訴法改正において4号ホが、公務秘密文書に関するロとは別に設けられ、ホについてはイン・カメラ手続の適用もないものとされた（法223条6項前段参照）ことからすれば、ホが規定する書類については、民事裁判所が個々の書類を見て、その提出の可

---

61 深山ほか・前掲論文（注22）175頁、181頁注22。
62 春日・前掲判批（注36）77頁。
63 春日・前掲判批（注36）85頁以下。

否を判断することは、現行法の予定していないところといわざるを得ない」とする見解がある[64]。このほか、文書提出命令と刑事訴訟法47条との関係について、4つの考え方を示したうえで、刑事訴訟法47条の規律は、文書提出命令申立ての拒否の判断における重要ではあるが一考慮要素にすぎないとの考え方を支持している見解もある[65]。

　これらの学説も踏まえて、改正後法の下における刑事事件関係書類等の取扱いについて検討する。刑事事件関係書類等については、改正後法220条4号ホの規定により、文書提出命令の申立てに対して、同書類等を所持する者が改正後法220条4号ロの公務の遂行に対する著しい支障を主張・立証しなくともよいこととされた。一方、立法担当者の見解によれば、刑事手続上はもっぱら保管責任者の判断に委ねられ不服申立ても認められない刑事事件関係書類の開示の可否についての判断も、文書提出命令申立てとの関係では、法220条1号ないし3号該当性の問題として、司法審査の対象となるものとされている[66]。したがって、刑事事件関係書類等の開示の可否が文書提出命令申立ての手続においては問題とされる場合においては、これらの立法の経緯を踏まえた解釈がされるべきであり、法220条各号該当性の判断が、一般の行政文書と同様の見地からされるのでは、刑事事件関係書類等について特別の取扱いを認めた法の趣旨に整合しないものとなる。そこで、立法の経緯を踏まえながら、民事訴訟手続における証拠の充実という要請を実現するためには、文書提出命令の判断において、法220条各号該当性が肯定されるだけでなく、保管責任者の裁量判断について、裁量権の逸脱、濫用の有無を審査するというのが妥当な調整のあり方と考えられる[67]。

　裁量権の逸脱、濫用を判断するについて、本決定は、民事訴訟における当

64　石渡哲「判批（最決平成16・5・25）」判評56号（判時1915号）199頁。
65　堤龍弥「判批（最決平成17・7・22）」判評569号（判時1928号）169頁。
66　深山ほか・前掲論文（注22）175頁。
67　春日・前掲判批（注36）86頁も実質的には同様の考え方に立つものと思われる。司法審査についての肯定、否定の両説については、加藤・前掲判解（注39）354頁以下参照。

該文書を取り調べる必要性の有無、程度、当該文書が開示されることによる被告人、被疑者および関係者の名誉、プライバシーの侵害、公序良俗の侵害、捜査、刑事裁判への不当な影響等の弊害の発生のおそれの有無等諸般の事情を総合的に考慮してされるべきものであるとしている。

　ここでいう裁量権の逸脱、濫用の有無の判断は、刑事訴訟法47条それ自体の判断の当否の問題としてされるわけではなく、刑事事件関係書類等が法220条3号の文書に該当する場合に、刑事訴訟法47条に基づく検察官の判断が文書提出義務の制約要因となり得るかという問題として判断されるのであるから、民事訴訟における当該文書を取り調べる必要性の有無、程度は裁量権の逸脱、濫用の有無を判断するにあたって考慮要素の1つとなるものと考えられる。[68]

2　最決平成17・7・22民集59巻6号1837頁 [70]

(1)　事案の概要

　本件は、Xらの住居においてY（東京都）所属の警察官が行った12件の捜索差押えが違法であるなどとして、XらがYに対し国家賠償請求をした訴訟において、Yが所持する各捜索差押えに係る①捜索差押令状請求書、②捜索差押許可状の請求をするにあたり添付された疎明資料、③捜索差押許可状、④上記捜索差押えのうちの1件に関する押収品目録交付書について文書提出命令が申し立てられた事案である。本件被疑事件の被疑者は不詳であり、被疑者の検挙には至っておらず、捜査は継続中であった。

---

[68] 春日・前掲判批(注36)80頁は、「刑事事件関係書類の開示に伴う弊害については、これを熟知している保管者が基本的に最もよく判断し得る立場にあり、例外的に、民事訴訟における開示による利益が勝るという場合に限って提出を命じることができるとするには、保管者の裁量権の範囲についての逸脱・濫用について裁判所の判断権限を認めておけば足りるものと考える」としている。また、町村泰貴「判批（最決平成16・5・25）」（西口元＝春日偉知郎編・文書提出等をめぐる判例の分析と展開）金商1311号113頁は、「訴訟外の文書所持者は民事訴訟における証拠としての必要性やその程度を判断することができないので、裁量権の範囲の逸脱または濫用に当たるかどうかの判断は、結局のところ裁判所が判断する他はないのである」とする。

Xらは、本件各捜索差押えが違法あるいは違憲であることを証明すべき事実とし、文書提出義務の原因として、①、②、④の文書については法220条3号後段（法律関係文書）に、③については、220条3号後段（法律関係文書）および1号（引用文書）に該当することを主張した。

　(2)　原々決定（東京地決平成16・4・27民集59巻6号1871頁以下）

　本件文書①の一部と③について申立てを認め、その余は却下した。その理由は、次のとおりである。

　まず、本件文書③は、XらとYとの間の法律関係の基礎となる文書であり、本件文書①、②も法律関係に関連して作成された文書であり、いずれも単なる内部文書にとどまらないから、法律関係文書に該当する。本件文書③は、捜索差押えの執行時にXらに示されたものであるうえ、その記載事項は、被疑者の氏名、罪名、差し押さえるべき物、捜索すべき場所等であって、その公開により捜査の密行性や訴訟関係人のプライバシー等が侵害されるおそれがある事項が存するとは認められない。捜索差押えを受けたXらが当該捜索差押えが刑事訴訟法上の手続に基づき適法に行われたかを直接確認するために、証拠として提出する必要性、相当性を肯認することができる。提出を拒絶するYの判断には裁量権の逸脱ないし濫用がある。

　本件文書①、②は、本件文書③と異なり、「犯罪事実の要旨」が記載されており、本件文書②には、捜査報告書や関係者の供述調書等、捜査の進捗状況や証拠の収集状況等を明らかにする資料が含まれている。これらの記載事項あるいは資料の存在と内容は、その性質上、これが公開されれば、捜査の密行性や捜査協力者のプライバシー等が侵害されるおそれがある。したがって、本件文書①、②については裁量権の逸脱、濫用はないが、ただ、本件文書①のうちの1個については、Yは、本案事件の答弁書において、捜索差押令状請求書に記載した「犯罪事実の要旨」をそのまま記載してこれを公開しているから、上記のおそれはなく、裁量権の逸脱、濫用がある。

　本件文書④はYが所持しているとは認められない。

(3) 原決定（東京高決平成16・12・22民集59巻6号1878頁以下）

本件文書③のほか、本件文書①の全部について提出を命ずべきものとした。本件文書①についての判断の主な点は次のとおりである。

本件文書①については、本件本案訴訟の審理においてYが準備書面に記載している被疑事実の骨子や捜査経過に関する主張などをみる限り、「犯罪事実の要旨」が開示されることによって、訴訟関係人の名誉やプライバシー等が新たに侵害されるおそれのあることをうかがうことはできない。本件文書①記載の「犯罪事実の要旨」に係る捜査は現在も継続中であるが、捜索差押えを実施して2年ないし4年以上経過したことを考慮すると、現時点における捜査の進捗状況や被疑者特定の進度等が明らかになったり、捜査の支障になったりするとは考えにくい。したがって、開示しなかった対応は裁量の逸脱ないし濫用が認められる。

(4) 本決定

本件文書①について提出を認めた原決定の判断は誤りであるとして、原決定中この部分を破棄し、原々決定中、本件文書①の一部の提出を命じた部分を取り消して、申立てを却下し、③の捜索差押許可状の提出を命じた原決定の判断は相当であるとした。

捜索差押許可状は、これによってXらが有する「住居、書類及び所持品について、侵入、捜索及び押収を受けることのない権利」（憲法35条1項）を制約して、Y所属の警察官にXらの住居等を捜索し、その所有物を差し押さえる権限を付与し、Xらにこれを受忍させるというYとXらとの間の法律関係を生じさせる文書であり、本件各請求書は、捜索差押許可状の発布を求めるために法律上作成を要することとされている文書である（刑事訴訟法218条3項、刑事訴訟規則155条1項）から、いずれも法律関係文書に該当する。

捜索差押許可状には、Xら以外の者の名誉、プライバシーを侵害する記載があることはうかがわれないし、捜索差押許可状は捜索差押えの執行にあたって相手方らに呈示されており、相手方らに対して秘匿されるべき性質のものではないから、捜索差押許可状が開示されたからといって、今後の捜

査、公判に悪影響が生ずるとは考えがたい。

　他方、捜索差押令状請求書は、捜索差押許可状とは異なり、処分を受ける者への呈示は予定されていないうえ、犯罪事実の要旨や夜間執行事由等が記載されていて、一般に、これらの中には、犯行態様等捜査の秘密にかかわる事項や被疑者、被害者その他の者のプライバシーに属する事項が含まれていることが少なくない。本件各被疑事件は、いずれもいまだ被疑者の検挙に至っておらず、現在も捜査が継続中であるが、本件各被疑事件は、国および千葉県の幹部職員並びに千葉県議会議員の各住宅を標的とする時限式の発火装置や爆発物を用いた組織的な犯行であることがうかがわれ、このような事件の捜査は一般に困難を伴い、かつ長期間を要するものと考えられる。以上のような本件被疑事件の特質にも鑑みると、本件各請求書には、いまだ公表されていない犯行態様等捜査の秘密にかかわる事項や被害者等のプライバシーに属する事項が記載されている蓋然性が高いと認められ、本件各捜索差押えから約2～4年以上経過しているが、本件各請求書を開示することによって、本件各被疑事件の今後の捜査および公判に悪影響が生じたり、関係者のプライバシーが侵害されたりする具体的なおそれがいまだ存するものというべきであって、これらを証拠として取り調べる必要性を考慮しても開示による弊害が大きい。本件各請求書の提出を拒否したYの判断に裁量権の範囲の逸脱、濫用はない。

　(5)　**検　討**

　本件は、最高裁が刑事事件関係書類等の文書提出命令について、法律関係文書に該当するか否かの初めての判断を示したものである。

　従来、刑事手続関係の文書が法律関係文書に該当するか否かについては、検討される機会が少なかったようである。法律関係とは、挙証者と所持者との私法上の契約関係に限定されると狭く解するものもあったが、通説的見解[69]は、不法行為などの契約以外の法律関係も含まれる[70]、契約以外の原因に基づ

69　伊藤瑩子「判批（東京地決昭和47・3・18）」民事訴訟法判例百選〔第2版〕221頁。
70　菊井＝村松・前掲書（注5）618頁。

く私法上の法律関係や公法上の法律関係も含まれるとしていた。したがって、刑事手続における関係を法律関係とすることは通説的見解でも否定されてはいなかったと考えられるが、具体的に、それをどのような法律関係とみるかまでは十分な検討はされていない。

これを捜査法律関係というような大まかなくくりでとらえることも考えられるが、法220条3号の法律関係の有無として攻撃防御の対象とするには、あまりに漠然としすぎていて、裁判所が判断の対象とするのに適切ではないと考えられる。刑事訴訟法による法的な手続の段階に即して法律関係を把握するのが相当である。

この点について、「単に捜査機関から被疑者として取り扱われ、取調べを受けただけで、直ちに捜査機関との間に『捜査法律関係』というような法律関係が生ずるとみることができるかどうかはともかく、逮捕、勾留、捜索差押えなどの強制処分あるいは起訴によって、被疑者が、捜査機関あるいは国との関係において、身体の自由を制約され、強制処分の受忍を余儀なくされ、あるいは被告人としての地位に置かれるという、一定の法律関係が生ずることは否定し難いものと思われる[72]」との見解があり、正当なものと思われる。

法220条3号により文書提出命令を発するためには、刑事訴訟法47条の規定との調整が必要であることは、すでに前掲最決平成16・5・25民集58巻5号1135頁〔59〕で示されていたところである。

本件では、捜索差押許可状および同請求書が文書提出命令申立ての対象となったが、これらの文書も刑事訴訟法47条の「訴訟に関する書類」に含まれる[73]。

本決定では、捜索差押許可状については、これを開示することによる弊害

---

[71] 新堂幸司ほか編『注釈民事訴訟法(7)』79頁〔廣尾勝彰〕。

[72] 加藤正男「判解」最判解民〔平成17年〕514頁。

[73] 「訴訟に関する書類」とは、被疑事件、被告事件に関して作成された書類であるとされている（藤永幸治ほか編『大コンメンタール刑事訴訟法第1巻』497頁〔中山善房〕、松本時夫ほか編『条解刑事訴訟法』79頁〕）。

が特に認められない点を重視して、その提出を拒否することは裁量権の逸脱、濫用になるとしたのに対し、捜索差押令状請求書については、前記のとおりの理由により、開示による弊害が大きいとして裁量権の逸脱、濫用を否定した。特に、後者については、原決定が捜索差押令状請求書を文書提出命令の対象となるとしたのに対し、被疑事件が爆発物を用いた組織的犯行であるという被疑事件の特質を考慮した判断を示している点が注目される。前掲最決平成16・5・25と合わせて、具体的な判断手法を示すものであり、今後の実務の参考となるものである。

3 　最決平成19・12・12民集61巻9号3400頁 ［94］

(1) 事案の概要

本件は、強姦の被疑事実に基づき逮捕、勾留され、その後不起訴処分となった被疑者（相手方 X_2）および被疑者が代表者を務める会社（相手方 X_1）が、検察官のした X_2 に対する勾留請求が違法であるなどと主張して、国に対して国家賠償を求める本案訴訟において、勾留請求の資料として勾留担当裁判官に提出された告訴状や被害者の供述調書等について、これを所持する国を相手方として、文書提出命令の申立てをした事案である。

(2) 原々決定（東京地決平成18・3・24民集61巻9号3444頁以下）

申立て文書のうち告訴状、被害者の供述調書等の文書および勾留請求書について、これらの文書は X_2 に対する強姦被疑事件の捜査の過程において作成された文書であり、X_2 に対して逮捕、勾留といった身体的自由および将来の終局処分としての公訴を提起すべき場合にその基礎ないし裏付けとなる事項を明らかにする目的で作成されたものであるから、法律関係に関連して作成されたものということができ、その後 X_2 が不起訴となったとしても、その逮捕勾留等の違法を理由として国家賠償を求める本案事件において、法律関係文書に該当する。

上記各文書については、本案事件において争点を判断するについてその取調べが必要不可欠であり、国が主張する名誉・プライバシーの侵害の危険

性、関連事件の捜査・公判の運営の支障等の不都合が生じるとは必ずしもいえないなどとして、文書開示の拒絶は裁量権の範囲を逸脱、濫用するとし、その提出を命じた。

(3) 原決定（東京高決平成19・3・30民集61巻9号3454頁以下）

本件各文書は、本件被疑事件における相手方 X_2 に対する勾留等の適法性を根拠づけるために作成されたもので、同相手方と抗告人との間に生じた法律関係ないしそれに関連して作成されたものということができるから、本件勾留請求等の違法を理由として国家賠償請求を求める本件本案訴訟において、本件各文書は、抗告人と相手方ら両名との間の法律関係に関する文書であるということができる。本件各文書については、本件本案訴訟の争点を判断するにつきその取調べが不可欠であり、その開示によって、Aの名誉、プライバシーが著しく侵害されたり、捜査、公判の運営に具体的な支障を来すおそれがあるとは必ずしもいえないこと、抗告人は、本件本案訴訟において、Aの破損したストッキングの写真撮影報告書を書証として積極的に提出していること、本件本案訴訟においては、抗告人のほうで、本件各文書を書証として積極的に提出するのでなければ、その主張を基礎づけることは困難であること等の諸般の事情を考慮すると、抗告人が本件各文書の提出を拒否することは、その裁量権の範囲を逸脱し、または濫用するものである。

以上のとおり判示し、原決定が提出を命じた文書のうち一部の文書については、検察官が所持していないとして、原々決定を取り消しこれを却下したが、その余の文書の提出を命じた。

(4) 本決定

相手方会社 X_1 に対する関係においては、本件勾留状は、相手方会社の権利等を制約したり、相手方会社にこれを受忍させるというものではないから、抗告人と相手方会社 X_1 との間の法律関係を生じさせる文書であるとはいえず、本件勾留請求にあたって裁判官に提供された本件各文書も抗告人と相手方会社 X_1 との間の法律関係文書に該当するとはいえない。

本件各文書は、本件勾留請求にあたって、刑事訴訟規則148条1項3号所

定の資料として、検察官が裁判官に提供したものであるから、本件各文書もまた抗告人と相手方X_2との間の法律関係文書に該当するものというべきである。

本件本案訴訟において、相手方X_2は、本件勾留請求の違法を主張しているところ、同相手方の勾留の裁判は、準抗告審において取り消されており、抗告人において、その取消しが本件勾留請求後の事情に基づくものであるとの主張・立証はしていないのであるから、本件勾留請求時に、同相手方には罪を犯したことを疑うに足りる相当な理由が存在しなかった可能性があるというべきである。そうすると、本件勾留請求にあたって、検察官が相手方X_2には罪を犯したことを疑うに足りる相当な理由があると判断するに際し、最も基本的な資料となった本件各文書については、取調べの必要性があるというべきである。

本件被疑事件のような性犯罪については捜査段階で作成された被害者の告訴状や供述調書が民事訴訟において開示される場合、被害者等の名誉、プライバシーの侵害という弊害が発生するおそれがあることは一般的に否定しがたいところである。しかし、本件においては、次のような特別の事情が存在することを考慮すべきである。

被害者Aは、相手方X_2に対して別件第1訴訟を提起しており、その審理に必要な範囲で本件被疑事実にかかわる同人のプライバシーが訴訟関係人や傍聴人等に明らかにされることをやむを得ないものとして容認していた。また、本件本案訴訟においては、すでに抗告人から本件陳述書が書証として提出されているところ、本件陳述書は、本件勾留請求を担当したB検事が本件各文書を閲覧したうえで作成したものであって、そこには、被害者Aの司法警察員に対する供述内容として、本件被疑事実の態様が極めて詳細かつ具体的に記載されている。上記諸般の事情に照らすと、本件各文書の提出を拒否した抗告人の判断は、裁量権の範囲を逸脱し、またはこれを濫用するものである。

(5) 検 討

本件は、前掲最決平成17・7・22民集59巻6号1837頁［70］を一歩進めて、勾留請求の基礎となった告訴状や被害者の供述調書について法律関係文書に該当するとしたものである。

本決定では、刑事訴訟規則148条1項3号、すなわち、勾留請求にあたって「法に定める勾留の理由が存することを認めるべき資料」を提供しなければならないという規定が引用されている。すなわち、被疑者の勾留という刑事訴訟法に定められた手続における法律関係について、それを形成するために法律上必要とされている資料であるという点が考慮されているといえる。本決定は、一般的な捜査法律関係を前提としたものではない。この点については、本決定が、一般的に供述調書等について、被疑者と捜査機関等の間の法律関係文書に該当するとしたものでないことには留意が必要であると指摘されているところである。[74]

また、本件では、裁量権の逸脱、濫用があるとされたが、本決定でも指摘されているとおり、本件の事案はかなり特殊なものであり、その射程範囲は相当に限定的な事例判断であると考えられる。[75]

原々決定および原決定では、相手方会社 X_1 との関係でも法律関係文書該当性が肯定されていた。しかし、本件はあくまでも相手方 X_2 を被疑者とする事件であって、その刑事手続関係の外にいた相手方会社 X_1 との間に刑事

---

74 本決定掲載の判時1995号82頁以下のコメント。
75 前掲（注74）コメント。山本和彦「判批（最決平成19・12・12）」（西口元＝春日偉知郎編・文書提出命令等をめぐる判例の分析と展開）金商1311号123頁は、「判旨は、特に同内容の陳述書の提出という状況を前提としており、その意味で特異な事例に関する判断であり、限定された射程を有するに過ぎないと評価されよう。逆に言えば、そのような特別の事由がなければ、本件のような性犯罪の被害者に係る文書については提出義務が否定される方向に傾くことになろう」とする。なお、同解説同頁では、「刑訴法47条但書の例外事由をどのような場合に認めるかについて、平成16年決定、同17年決定および本決定の中で形成されてきた準則によれば、考慮要素は、概ね以下の3点に整理されよう。すなわち、①当該文書の民事訴訟における取調べの必要性の有無・程度、②関係者の名誉・プライバシーへの影響の有無・程度、③捜査・公判への影響の有無・程度である。なお、③については、当該事件のみならず同種事件に係る捜査・公判への影響も含むものと解されている」としている。

手続に関する法律関係が生じると解することはできない。これを肯定した原々決定および原決定の考え方は明らかでないが、本決定は、刑事手続における法律関係があくまでも、当該手続関係の範囲内の者について検討されるべきことを明らかにしたものといえよう。

XIII おわりに

　文書提出命令に関する規定が改められ、文書提出義務の一般義務化により、旧法下の制限列挙主義の下で、特に旧法312条3号の解釈をめぐって大きな見解の対立が生じていた状況は変化していくものと思われる。しかし、公的機関の文書についてみれば、新たに、改正後法220条4号ロの公務遂行に対する著しい支障についての判断を要することになった。これまでみてきたとおり、改正後法220条4号ロおよび刑事事件関係書類等についての法220条3号の解釈適用について、ある程度の数の最高裁の判断が示されてきており、問題点は徐々に整理されつつあるものといえるが、なお、残された問題もあり、今後の判例および学説による検討の深まりが期待される。

（大須賀滋）

第3編
訴訟類型からみた文書提出命令

知的財産訴訟

I はじめに

1 知的財産権侵害訴訟における文書提出命令

　特許権侵害を理由として、ある製品の製造販売（ある方法の実施）の差止めを求める場合には、①原告が特許権を有していること、②被告が対象製品（方法）（一般にイ号製品、イ号方法という）を業として製造販売（実施）していること、③イ号製品（イ号方法）が原告の特許発明の技術的範囲に属すること、を主張し立証しなければならない。①については、特許登録原簿を提出することによって容易に立証することができるし、②のうち「業として」の実施についても、被告が会社である場合には、事業としてする行為は商行為とされ（会社法5条）、固有の商人（商法4条1項）と扱われるから、立証することは容易である。これに対して、②のうち「イ号製品（イ号方法）の製造販売（実施）」を主張し立証するためと、③の「技術的範囲に属すること」を主張し立証するためには、その前提としてイ号製品（イ号方法）の具体的な構成ないし態様を明らかにする必要があるが、その主張・立証には困難が伴うことが多い。

　イ号製品が市販されている場合には、それを購入し分析することにより構成を明らかにすることもできるが、極めて高額な製品である場合や注文生産品である場合には、特許権者がそれを入手することは困難である。また、被

告の工場内で実施されている製造方法をイ号方法として侵害を主張する場合には、被告の営業秘密に属する製造記録等の入手が必要となる場合もある。しかし、これを入手すること自体極めて困難である一方で、被告側としては、仮にこれが証拠として提出され、営業秘密が公知になってしまっては、秘密性が失われてしまうという問題もはらんでいる。

これに限らず、特許権侵害訴訟をはじめとする知的財産権侵害訴訟においては、侵害の立証や損害の計算などさまざまな局面で、証拠が偏在していることに起因する立証上の困難に直面することがある。

このような証拠の偏在による立証の困難を克服する手段として、民事訴訟法では文書提出命令（法219条ないし225条）の制度を設けているが、特許法では、さらに、その特則を設けており（特許105条）、その他の知的財産権法でも、特許法105条を準用するか（実用新案法30条、意匠法41条、商標法39条）、これとほぼ同様の規定を設けている（不正競争防止法7条、著作権法114条の3、種苗法37条）。

2　プロパテントの流れと特許法（知的財産権法）改正

特許法（知的財産権法）の文書提出命令の制度には、いわゆるプロパテントの流れを受けて、平成11年および平成16年に大幅な改正[1]が加えられている。平成11年改正では、侵害立証のための文書提出命令が新設されるとともにイン・カメラ手続が導入され、さらに、平成16年改正では特許法105条3項によってイン・カメラ手続の例外的運用が認められると同時に、秘密保持命令（特許105条の4）の制度が新設された。

特許法（知的財産権法）における文書提出命令、イン・カメラ手続、秘密保持命令の制度の有機的な関係について理解するためには、これらの改正の経過について知ることが必要である。

1　平成11年法律第41号および平成16年法律第120号。

II 特許法(知的財産権法)改正の経過

1 平成11年改正前の特許法105条

平成11年改正(平成11年法律第41号)前の特許法105条は、損害の計算のための文書提出命令に関するものであり、現行特許法(昭和34年法律第121号)が制定された際に設けられたものである。本条は、特許権者の侵害訴訟における計算についての主張・立証を容易ならしめるための規定であり、旧法[2]311条ないし322条の特則である。[3]このように平成11年改正前は、「損害立証のための」文書提出命令のみが民事訴訟法の文書提出命令の特則として認められていた。

旧法312条では、引用文書、権利文書、利益文書および法律関係文書の4種類の文書についてのみ文書提出義務が認められていた(その詳細は、本書第1編第2章参照)。しかし、特許権侵害の損害賠償の立証のために必要な相手方が所持する計算関係の文書は、上記4種類の文書に該当するとは限らない。そこで、現行特許法制定の際に特に損害の計算のための文書提出命令の制度を設け、その立証を容易たらしめようとしたといわれている。

平成11年改正前の特許法105条でも、改正後の同条1項と同様に、ただし書で、「その書類の所持者においてその提出を拒むことについて正当な理由があるときは、この限りでない」と定めており、「正当な理由」がある場合には、提出を命ぜられないこととなっていた。現行特許法の施行当時は、営業秘密文書については、提出義務が免除されると考えられていたようである。[4]しかし、営業秘密文書について提出を免れるとすれば、たとえば被疑侵害者の工場における製造数量を立証するのに必須とされる製造記録等につい

---

2 中山信弘編著『注解特許法上巻』749頁〔松本重敏〕。
3 中山・前掲書(注2)750頁〔松本重敏〕。
4 吉藤幸朔『特許法概説〔第13版〕』478頁。

ても「営業秘密文書」に該当することを理由として提出を免れることとなってしまう。この点に関して、東京高決平成9・5・20判時1601号143頁［8］は、「仮にそのような情報を含んでいたとしても、それが相手方において特許権侵害と主張する薬品の製造販売行為により抗告人が得た利益を計算するために必要な事項を記載した文書と一体をなしている以上、少なくとも相手方との関係においては営業秘密を理由に当該文書の提出命令を拒む正当な理由とはなり得ない。本件文書提出命令に基づいて本件各文書が提出された場合に営業秘密が不必要に開示されることを避けることは、訴訟当事者の申出との関連において原審裁判所において訴訟指揮等により適切に措置すべき事柄である」であると判示して、営業秘密文書であることをもって、提出義務を免れる「正当な理由」には該当しないことを明らかにした。

2 平成11年改正（特許法等の一部を改正する法律）

平成11年改正では、「侵害立証」のための文書提出命令が認められる（特許105条1項）とともに、「正当な理由」の有無を判断するためのイン・カメラ手続が導入された（同条2項）。

この改正は、いわゆるプロパテント政策推進の一環として行われたものである。平成10年11月に公表された工業所有権審議会企画小委員会報告書「～プロパテント政策の一層の深化に向けて～」〈https://www.jpo.go.jp/shiryou/toushin/toushintou/kikaku06_1.htm〉では、プロパテント政策の意義に関して、「新たな『創造』、『権利設定』、『権利活用』からなる知的財産権に関する『知的創造サイクル』を強化・加速化することで、技術開発に要した投資の迅速かつ十分な回収を可能とし、知的財産権取引の活性化、創造型技術開発の促進、新規産業の創出、ひいては科学技術創造立国を実現」することとされている。同報告では、「特許侵害に対する救済措置の拡充」策の1つとして、侵害行為の立証の容易化を図る必要があるとし、以下の3点を骨子とする見直しを行うものとされていた。

> ①　権利者が具体的に主張した相手方の行為について否認するときは、相手方は、自己の行為について具体的に主張しなければならないこととする。ただし、例えば主張すべき内容に営業秘密が含まれている場合等は、相手方は主張を拒めることとする（積極否認の特則）。
> ②　相手方の行為を立証するため、必要な書類の提出（又は検証の目的の提示）を命じることができることとする（文書提出命令の拡充等）。ただし、「正当な理由」があるときは、相手方は提出（又は提示）を拒むことができることとする。
> ③　提出を拒む「正当な理由」の有無の判断は、裁判官のみのインカメラ審理により行うことができることとする。

　上記報告書の提言の内容は、平成11年改正において、具体的態様の明示義務を定めた特許法104条の2新設（上記骨子①）、侵害行為の立証のために文書提出命令の制度を拡充した同法105条1項の改正および検証物提出命令の制度を定めた同条3項（現行4項）の新設（上記骨子②）およびイン・カメラ手続を定めた同条2項の新設（上記骨子③）として、それぞれ条文化され実現された。

3　平成16年改正（裁判所法等の一部を改正する法律）

　平成11年改正後の実務では、イン・カメラ手続で書類所持者からの説明を受けたうえで、裁判所において当該書類に記載された構造ないし方法が原告特許発明の技術的範囲に属するかどうかを判断し、その結果により書類提出命令を発令するかどうかを決定していたといわれていた[5]。この結果として、当該書類により技術的範囲に属すると判断される場合には、文書提出命令を発し、然らざる場合には、却下するという運用がなされることとなる。しかし、この判断の過程では、申立人から意見を聴取することができないので、申立人の手続保障という見地からは不十分な制度であるとか、書類を閲覧す

---

[5]　髙部眞規子「知的財産権訴訟における秘密保護手続の現状と課題」ジュリ1317号191頁。

る裁判官が心証を形成してしまうのではないかという問題点も指摘されていた[6]。他方において、「インカメラ審理で営業秘密を誰かに見せるという前提では、営業秘密を出す側からすると、大事な情報であればあるほど敗訴するとしても出さない。営業秘密を見せるということは、それほど大した秘密ではないということが前提ではないか。情報は出してしまえば事後的に救済できない。罰則を設けたとしても、実効性の観点からは疑問」という指摘もなされており[7]、営業秘密の保護と立証の容易化とのバランスをいかにとるかが課題となっていた。

平成16年改正は、上述のような流れを受けて行われた（同改正は、①知的財産高等裁判所の設置、②秘密保持命令制度および公開停止の導入、③無効審判により無効とされるべきものと認められる特許等の権利行使の制限等を内容とする広範囲に及ぶものであるが、本章においては②のうち秘密保持命令制度に限って言及する）[8]。

平成16年改正では、特許法105条3項を新設（従来の3項は4項に繰り下げ）し、イン・カメラ手続に際し必要があると認めるときは、例外的に提示された書類を当事者等に開示することができる旨を定めるとともに、同法105条の4を新設し、イン・カメラ手続で例外的に開示された書類の内容に営業秘密が含まれている場合に、当事者等に対して秘密保持命令を発することができる旨定めた（特許105条の4第1項1号カッコ書）。秘密保持命令の制度は、イン・カメラ手続において営業秘密を含む書類が開示される場合に限定されたものではなく、提出される準備書面に営業秘密が記載されている場合や、採用され取り調べられる書類の内容に営業秘密が含まれる場合にも適用され[9]

6　髙部・前掲論文（注5）191頁。

7　司法制度改革推進本部知的財産訴訟検討会平成15・9・4会合配付資料「侵害行為の立証の容易化のための方策に関する改善の方向性」〈http://www.kantei.go.jp/jp/singi/sihou/kentou-kai/titeki/dai11/11siryou1.pdf〉3頁。

8　その詳細は、阿部・井窪・片山法律事務所編・長澤幸男監修『平成16年改正裁判所法等を改正する法律の解説』に詳しい。

9　イン・カメラ手続で開示される書類は、「正当理由」の有無を判断するために「開示」されるものにすぎず、「証拠」として取り調べられるものでないことに留意されたい。

る（同条1項1号）。また、秘密保持命令発令後に対象の秘密が公知になった場合等にはこれを取り消す必要もあることから、秘密保持命令の取消しの手続も新設した（同法104条の5）。さらに、秘密保持命令に違反した場合の罰則を、両罰規定とともに新設した（同法200条の2、201条1項1号）。

4　今後の課題

　平成11年改正および平成16年改正によって、知的財産権侵害訴訟における文書提出命令の制度は深化を遂げてきた。しかし、依然として十分に機能しているとはいいがたい状況にある。

　知的財産戦略本部の知財紛争処理タスクフォースの報告では、特許法105条に基づく文書提出命令の運用実態について、①裁判所による命令の発出が保守的かつ謙抑的であること、②「侵害行為について立証するため必要な書類」に対して使われる事例が数少ないこと、③申立てにあたっては対象となる文書を特定しなければならないが、そもそも文書の特定が困難であること等の問題が指摘されている。同報告では、これらの問題を解決するために、米国のディスカヴァリの制度を参考としつつ「第105条よりも提出義務に係る文書の特定性を緩和し、原則として当事者による申立てがあれば義務的に提出を命ずべきこととするとともに、同項但書きに基づく正当な理由による文書の提出拒否を認めないこととする」との案や、欧米型の第三者による査察制度を参考としつつ「第三者が被疑侵害者に対して査察を実施して侵害製品・方法に係る証拠を迅速かつ的確に把握することとする」との案が、具体的な案として示されている。[10]

　また、知的財産戦略本部が取りまとめた「知的財産推進計画2015」でも、「特許権侵害訴訟では多くの場合、その証拠が原告側ではなく被告側に偏在しているため、権利者による侵害の立証が困難であるのが実態である」と報

10　知的財産戦略本部知財紛争処理タスクフォース「知財紛争処理タスクフォース報告書（平成27年5月28日）」〈https://www.kantei.go.jp/jp/singi/titeki2/tyousakai/kensho_hyoka_kikaku/2015/dai13/siryou2.pdf〉3頁～4頁。

告されており、今後取り組むべき課題として、「証拠収集手続について、侵害行為の立証に必要な証拠収集が難しい状況にあることに鑑み、証拠収集がより適切に行われるための方策について検討する」こととされている。

知的財産権侵害訴訟における文書提出命令の制度は、今後大きく改正される可能性があり、立法動向を注視する必要がある。

III 文書提出命令（特許法105条1項）

1 概　要

特許法105条1項では、侵害行為立証のための文書提出命令（同項前段）と損害計算のための文書提出命令（同項後段）の両方が規定されている。前記II 1で述べたとおり、平成11年改正前は、損害計算のための文書提出命令のみが規定されていたが、平成11年改正によって、侵害行為立証のための文書提出も命ずることができるようになった。

裁判所が提出を命じることができる書類の種類には限定がないが、書類の所持者において当該書類の提出を拒むことができる「正当な理由」がある場合には提出を命じることはできない。

2 法220条との関係

(1) 法220条の特則

特許法105条1項の文書提出命令に関する規定は、一般に、法220条の提出義務を補充する特則と解されている。本規定による文書提出命令の申立ての方式および効果等については、すべて法221条以下の規定の適用があり、不

---

11 知的財産戦略本部「知的財産推進計画2015」⟨https://www.kantei.go.jp/jp/singi/titeki2/kettei/chizaikeikaku20150619.pdf⟩14頁～15頁。
12 知的財産戦略本部・前掲資料（注11）18頁。
13 中山信弘＝小泉直樹編『新・注解特許法(下)』1850頁（105条の解説）〔相良由里子〕。

提出の効果および滅失等による使用妨害の効果（法224条1項ないし3項）等についても民事訴訟法の定める効果が及ぶ。

(2) 現行法施行による特許法105条1項の意義の変化

　損害立証のための文書提出命令（特許105条1項後段）の制度は現行特許法（昭和35年法）施行当時から存在したが、民事訴訟法改正の前と後において、特則としての意味に変化が生じている。損害計算のための文書提出命令が旧法の特則として設けられた理由は、文書提出義務を定めた旧法312条が限定列挙方式であり、特許権侵害訴訟において損害の額を立証するために必要な相手方所持文書が、必ずしも常に旧法312条の要件を充足するとは限らないことから、本規定により特則として、常に相手方当事者に対しその所持する文書の提出義務を認めたものと解されていた。これに対して、現行法では、220条4号の除外事由に該当しない限り一般的な提出義務を認めるに至ったため、上記の特則としての意味は失われた。しかし、現行法では220条4号所定の除外事由に該当すれば提出義務を課せられないのに対して、特許法105条1項ただし書では「正当な理由」と規定するのみである。この結果、該当文書について、仮に法220条4号所定の除外事由に該当する（たとえば営業秘密に属するということで4号ハの文書に該当する）としても、当事者双方の利益の比較衡量（営業秘密を開示することにより書類の所持者が受ける不利益と、書類が提出されないことにより訴訟当事者が受ける不利益とを比較衡量）によって、提出義務を課すのが相当であると判断される場合には、裁判所は所持者に対して文書提出命令を発することができるという点において、特許法105条1項の特則としての意味があるといえる。したがって、民事訴訟法改正後における特許法105条の意義は、主として105条1項ただし書にあるといえ[16・17・18]、侵害行為立証のための文書提出命令についても同様である。

14　中山＝小泉・前掲書（注13）1850頁〔相良由里子〕。
15　中山信弘編著『注解特許法(上)〔第3版〕』1186頁〔青柳昤子〕。
16　田中康久「これからの特許侵害訴訟の課題(4)」NBL692号43頁。
17　中山・前掲書（注15）1186頁〔青柳昤子〕。

3 文書提出命令の申立て

特許法105条1項は、法220条の特則であるから、文書提出命令の申立てについては、法221条以下の規定が適用される。以下、申立てにあたって留意すべき点について概説する。

(1) 名宛人

特許法の文書提出命令は、「当事者に対し」て命じうるものであるから、訴訟の相手方に対してのみ申立てをなすことができ、第三者を名宛人として申立てをなすことはできない。法220条柱書では、「その文書の所持人は、その提出を拒むことができない」と規定され、第三者を名宛人とすることが当然に予定されているのと大きく異なっている。

(2) 必要性

特許法の文書提出命令は、「当該侵害行為について立証するため、又は当該侵害の行為による損害の計算をするため」に発することができるものであるから、申立てには訴訟追行上の「必要性」がなければならない。

後段の「侵害行為による損害の計算をするため」の申立てについては、特許権侵害訴訟では、裁判所から侵害の心証が開示されたうえで損害論に入るのが通常であることを考慮すれば、必要性が認められる場合が多いものと思われる。

これに対して、前段の「侵害行為について立証するため」の文書提出命令の申立ての場合には、その必要性について慎重に検討する必要がある。もし、この必要性を緩やかに解するとすれば、探索的な申立てや模索的な申立てを許容する結果となる可能性が高いからである。この点、髙部眞規子判事は、「特に探索的ないし模索的な申立を排除するという観点をこの必要性の判断に加えるべきであり、その意味では、権利者側は侵害であることを合理的に疑わしめるだけの手がかりとなる疎明を尽くす必要がある」と指摘して

---

18 髙部眞規子「知的財産権訴訟における文書の提出——民事訴訟法との交錯——」(渋谷達紀ほか編・知財年報 I.P.Annual Report 2006) 別冊 NBL116号287頁。

いる。[19]

　旧法下の検証・鑑定の申立てに関する事案であるが、大阪地判昭和59・4・26判タ536号341頁は、「特許侵害訴訟にあつては、かように相手方の支配下にある証拠にして侵害品と主張する物それ自体を、その侵害事実の立証のために開示を求め得るのは、少くとも当該目的物が発明の技術的範囲に属する可能性（侵害の可能性）について、これを合理的に予測し得るだけの疎明がある場合に限られるものと解すべきである」と述べたうえで、「検証・鑑定の場合には、相手方が当該証拠採用決定に基づく目的物の提示を拒んだときに、該証拠に関する申立当事者の主張を真実と認められる擬制効果を授けることに他ならない（検証につき民訴法335条、316条。鑑定につき明文はないが強制し得るとする以上、その準用を認めなければ意味がなかろう）のであるから、……<u>少くとも証拠申立当事者によって、自己の証拠に関する主張が真実である可能性を合理的に予測せしめ得るだけの手懸り（本件のような特許侵害訴訟にあつては、目的物が侵害品であることを疑わしめるだけの手懸り）となる疎明がなされなければならないと思われる</u>」（下線筆者）とその理由を述べており、特許法の文書提出命令の申立ての必要性の判断においても参考となる。

(3) 文書提出命令の申立手続

(ア) 申立権者

　特許権または専用実施権の侵害に係る訴訟の当事者が申立権者であり、当事者双方が申し立てることができる。[20]

19　髙部・前掲論文（注18）292頁。
20　実用新案法では「実用新案権又は専用実施権の侵害に係る訴訟」（同法30条）、意匠法では「意匠権又は専用実施権の侵害に係る訴訟」（同法41条）、商標法では「商標権又は専用使用権の侵害に係る訴訟」（同法39条）の当事者が申立権者となり、不正競争防止法では「不正競争による営業上の利益の侵害に係る訴訟」（同法7条）、著作権法では「著作者人格権、著作権、出版権、実演家人格権又は著作隣接権の侵害に係る訴訟」（同法114条の3）、種苗法では「育成者権又は専用利用権の侵害に係る訴訟」（同法37条）の当事者が申立権者となる。

III　文書提出命令（特許法105条1項）

(イ)　**申立ての方式**

　特許法105条1項は、法220条以下の特則であるから、特許法上の文書提出命令の申立ては、法221条の規定に従って行わなければならない。すなわち、その申立ては書面で行わなければならず（民訴規則140条1項）、その申立てにあたっては、①文書の表示、②文書の趣旨、③文書の所持者、④証すべき事実および⑤文書の提出義務の原因を記載しなければならない（法221条1項）。

　①「文書の表示」としては、文書の種類、名称、作成名義人、作成期間等の、提出を求める文書を特定する記載を行う。申立てにあたり、相手方当事者が所持する文書の正確な名称を特定することは困難であるが、通常用いられる名称をもって特定すれば十分であり、文書の特定に欠けることはない。

　②「文書の趣旨」としては、当該文書の記載内容の概要を記載する。当事者が提出命令に応じない場合には、裁判所は、当該文書の記載に関する相手方当事者の主張を真実と認めることができる（法224条1項）とされているのであるから、「文書の趣旨」は、その際の認定資料となりうる程度に記載する必要がある。損害の計算のための文書提出命令であれば、たとえば、侵害品の販売数量、売上高、販売単価等を具体的に記載する必要がある。

　③「文書の所持者」は、申立人以外の当事者に限定される（特許105条1項）。現実に所持している場合に限らず、「文書を他に預託した者やその共同保管者など、社会通念上文書に対して事実的支配力を有していると評価できる者」でもよく、「当該文書をいつでも自己の支配下に移すことができ、かつ、自己の意思のみに基づいてこれを提出することができる状態にある場合」であればよい（福岡高決昭和52・7・12下民集32巻9～12号1167頁）。

　④「証すべき事実」としては、当該文書によって証明しようとする事実を記載する。当該文書を所持する当事者が提出命令に反して文書を提出せず、または、文書を滅失させた場合において、当該文書の記載に関して具体的な主張をすることおよび当該文書により証明すべき事実を他の証拠により証明することが著しく困難であるときは、裁判所は、その事実に関する相手方の

主張を真実と認めることができる（法224条3項）とされているのであるから、証すべき事実としては、この効果を享受しうる程度に具体的な記載が必要とされる。証すべき事実が、「被告の売上額・数量」などという抽象的な記載では上述の「真実と認めることができる」という効果は享受できない。侵害行為立証のための文書提出命令であれば、具体的な行為態様（イ号製品の構成・イ号方法の態様）を記載しなければならず、損害の計算のための申立てであれば、被った損害額や被告が得た利益額を具体的に記載する必要がある。

⑤「文書の提出義務の原因」としては、特許法105条1項（実用新案法30条1項、意匠法41条1項、商標法39条1項、不正競争防止法7条1項、著作権法114条の3第1項、種苗法37条1項）を記載する。

(4) 仮処分手続と文書提出命令の申立て

特許権侵害があった場合には、本案訴訟の提起と同時に、または、単独で、相手方の侵害行為を仮に差止めを求めることを求める仮処分の申立て（民事保全法23条2項に基づく仮の地位を定める仮処分命令の申立て）をなすことが多い。しかし、仮処分手続では、保全すべき権利または権利関係および保全の必要性は疎明で足りるものとされており（民事保全法13条2項）、疎明の即時性の要請（同法7条が準用する法188条）から、口頭弁論を開いた場合でも、証拠調べ期日を指定して行う証人尋問、文書提出命令の申立て、調査嘱託の申立て、送付嘱託の申立ては許されないものと解されている。したがって、仮処分手続において、債務者の侵害行為を疎明するための手段として文書提出命令の申立てを行うことはできない。

秘密保持命令に関する事案であるが、最高裁は、特許権または専用実施権の侵害の差止めを求める仮処分事件は、特許法105条の4第1項柱書本文に規定する「特許権又は専用実施権の侵害に係る訴訟」に該当し、上記仮処分事件においても、同項に基づく秘密保持命令の申立てをすることが許されるとする決定を下した（最決平成21・1・27民集63巻1号271頁［98］）。特許法105条1項も、同法105条の4と同様に「……、特許権又は専用実施権の侵害

に係る訴訟においては、……」(下線筆者)と規定されており、文書提出命令においても同様の解釈が成り立ちうるようにも思える。しかし、上記最高裁決定は、秘密保持命令の制度趣旨に照らして仮処分事件も「特許権又は専用実施権の侵害に係る訴訟」に該当すると述べたものにとどまり、疎明の即時性の要請(民事保全法7条)に関して言及したものではない。したがって、仮処分事件において文書提出命令を発しうることまでも認める趣旨ではないものと解される。

4 文書の提出を拒む「正当な理由」

文書の所持者において提出を拒むことについて正当な理由があるときには、当該文書を提出することを要しないものとされている(特許105条1項ただし書)。これまで、当該文書の記載が営業秘密に該当する場合に、「正当な理由」ありとするか否かで解釈に争いがあった。先に引用した前掲東京高決平成9・5・20判時1601号143頁[8]では、当該文書に営業秘密といえる情報を含んでいたとしても「それが相手方において特許権侵害と主張する薬品の製造販売行為により抗告人が得た利益を計算するために必要な事項を記載した文書と一体をなしている以上、少なくとも相手方との関係においては営業秘密を理由に当該文書の提出命令を拒む正当な理由とはなり得ない」と判示している。上記東京高裁の判示による限り、営業秘密であることを理由として、文書の提出を拒むことはできないこととなる。通常の場合、損害の計算のための文書提出命令が発せられるのは、裁判所が侵害の心証を得た後のことであるから、損害の計算の必要性が極めて高い場合といえる。このような場合に、営業秘密であることを理由としてその提出を拒むことができるとすれば当事者の権利保護を閉ざすのに等しく、かかる観点からすれば、損害の計算のための文書提出命令に際しては、営業秘密であることをもって「正当な理由」としないことに一定の合理性があるといえる。

しかし、上記決定は、平成11年改正前の裁判例であり、同改正後の侵害立証のための文書提出命令の場合においても、そのまま妥当するものとは考え

られない。工業所有権審議会企画小委員会報告書では、特許法105条ただし書の「正当理由」について、「営業秘密を含む書類について提出を拒む「正当な理由」があるかどうかは、営業秘密を開示することにより書類の所持者が受ける不利益と、書類が提出されないことにより訴訟当事者が受ける不利益とを比較衡量して判断する」ものとされていた[21]。さらに、平成16年改正に向けての立法過程では、立証の容易化と営業秘密保護の要請のバランスが議論される中で、特許法105条1項ただし書の改正も検討されていた。その際の議論を大きく分類すると、特許法105条1項ただし書の「正当な理由」に営業秘密が含まれないことを明文化する案（A案）、特許法105条1項ただし書の「正当な理由」について判断要素となる事情を法文に掲げて明確化する案（B案）に分けることができる[22]。しかし、本改正では、結局ただし書の改正は行われず、「正当な理由」を基礎づける事情の有無の判断は、引き続き解釈に委ねられることとなった。

このような改正過程の議論の流れを踏まえれば、侵害行為立証のため文書提出命令の申立てにあたっては、営業秘密であることを勘案のうえ、双方当事者の不利益（秘密としての保護の程度等と証拠としての必要性）を比較衡量して「正当な理由」の有無を判断するのが妥当である。この点に関して、平成16年改正では秘密保持命令を発することにより営業秘密を保護することも可能になったことから、秘密保持命令下で提出を命ぜられる文書の範囲が従前より広がることとなる（すなわち「正当な理由」ありとされる範囲が狭まる）との指摘が複数の裁判官によってなされている[23・24]ことには留意を要する。

---

[21] 工業所有権審議会企画小委員会「工業所有権審議会企画小委員会報告書〜プロパテント政策の一層の深化に向けて〜（平成10年11月）〈https://www.jpo.go.jp/shiryou/toushin/toushintou/kikaku06_1.htm〉。

[22] 司法制度改革推進本部知的財産訴訟検討会・前掲資料（注7）7頁。

[23] 髙部・前掲論文（注18）294頁。

[24] 三村量一＝山田知司「知的財産権訴訟における秘密保持命令の運用について」判タ1170号4頁。

5 文書不提出の効果

特許法105条1項に基づく文書提出命令が発せられたにもかかわらず、当事者がこれに従わない場合の効果（不提出等の効果）は、法224条に基づき生じる。不提出または当事者が当該文書を滅失等した場合には、裁判所は、当該文書の記載に関する相手方の主張（具体的には、申立書の「文書の趣旨」の記載事実）を真実と認めることができる（同条1項・2項）。また、これらの行為によって、「当該文書の記載に関して具体的な主張をすること及び当該文書により証明すべき事実を他の証拠により証明することが著しく困難であるとき」は、裁判所は、その事実に関する相手方の主張（具体的には、申立書の「証すべき事実」の記載事実）を真実と認めることができる。

不提出または滅失等の場合の効果を享受できる程度に「文書の趣旨」および「証すべき事実」を記載しなければならないことについては、前記3(3)(イ)②および同④に述べたとおりである。

IV イン・カメラ手続（特許法105条1項・2項）と秘密保持命令（特許法105条の4）

1 イン・カメラ手続とは

文書提出命令の申立てを受けて、当該文書の所持者が提出を拒む正当な理由があるとの意見を述べた場合であって、「正当の理由」があるかどうかの判断をするために必要があると認めるときは、裁判所は、当該文書の所持者に当該文書の提示をさせることができる。この場合においては、何人も、提示された文書の開示を求めることができない（特許105条2項）。同条項に基づき裁判所が行う非公開の「正当な理由」の判断手続が、いわゆる「イン・カメラ（in camera）手続」である。Camera には、「裁判官室」との意味もあり、裁判官室での非公開な審理をイン・カメラ（in camera）ともいう。[25][26]そこで、裁判官限りで文書の提示を受けて「正当な理由」の有無を判断する

特許法105条2項の手続のことをイン・カメラ手続とよんでいる。法223条6項にも同様の規定がある。

前述のとおり、イン・カメラ手続は平成11年改正において導入されたものである。しかし、平成11年改正後のイン・カメラ手続における「正当な理由」の判断の過程に、文書提出命令の申立人は一切関与することができず、提示された文書とその所持者の説明のみに依拠して判断しており、「文書提出命令の申立人に立会権限がないので不満の残る制度である」との批判がなされていた[27]。

このような批判を受けて、平成16年改正では、「営業秘密の保護の強化及び侵害行為の立証の容易化」を図るための措置の一環として、イン・カメラ手続においても例外的に、所持者以外の当事者等に当該文書を開示し、その意見を聞くことができるようにするよう手続を整備した(特許105条3項)。

2 イン・カメラ手続における秘密保持命令

(1) イン・カメラ手続における秘密保持命令

上述のイン・カメラ手続の整備とともに、文書を開示した場合に営業秘密の保護を図るために、当事者(具体的には所持者たる当事者)の申立てによって、開示を受ける当事者等、訴訟代理人または補佐人に対して、秘密保持命令を発することができるようにした(特許105条の4第1項1号カッコ書)。

秘密保持命令の制度は、イン・カメラ手続のみに限定された制度ではない。準備書面に営業秘密が記載されている場合のほか、証拠提出(あるいは開示)の局面において、以下の4つのケースにおいて発することが可能であると整理されている[28]。

① 具体的態様の明示義務(特許104条の2)により、被告が任意に証拠を

---

25 田中英夫編集代表『英米法辞典』120頁。
26 田中・前掲書(注25)432頁。
27 司法制度改革推進本部・前掲資料(注7)2頁。
28 髙部・前掲論文(注18)289頁。

提出する場合
② 書類提出命令（特許105条1項本文）に従い、被告が書類を提出する場合
③ 営業秘密が記載された書類について書類提出命令の申立てがされ、その書類について書類の保持者において提出を拒む正当な理由があるかどうかをイン・カメラ手続で判断する場合（特許105条3項）
④ 当事者尋問、証人尋問を行うに際し、公開停止をすべき陳述要領記載文書を提出する場合（特許105条の7第4項）

イン・カメラ手続における秘密保持命令は上記③のケースに分類されており、準備書面に営業秘密が記載されている場合も含め、上記③以外のケースは、一般規定としての秘密保持命令が発せられる場合である。

(2) イン・カメラ手続における審理の実際

イン・カメラ手続における秘密保持命令の運用は、その具体例に乏しく、標準的な運用について説明することは困難である。この点について、平成16年改正の施行直後である平成17年4月に刊行された東京、大阪の各知的財産専門部の裁判官による論文には[29]、「文書提出命令の対象とされている文書に記載された構造ないし方法が原告特許発明の技術的範囲に属するものかが一見して明らかでなく、その点について双方当事者に主張立証を尽くさせることが必要な事案においては、……秘密保持命令の元において原告訴訟代理人（及び補佐人）に当該文書を開示してその意見を聞いた上で文書提出命令を発し、当該文書の提出を受けて、これについて実質的な攻撃防御を行うのに最低限必要な範囲の原告側担当者を名宛人として秘密保持命令を発令し、これを証拠として取り調べるほかないと思われる」と記載されている。上記のとおりであるとすれば、「正当な理由」の有無を判断するために提示された文書について当事者の意見を聞く必要がある場合には、ほぼ例外なく文書提出命令が発せられることとなり、イン・カメラ手続と文書提出命令手続との両

---

[29] 三村=山田・前掲論文（注24）14頁。三村量一氏は、当時、東京地裁判事、山田知司氏は、当時、大阪地裁判事であった。

方の局面で、秘密保持命令が発せられるという運用となるものと思われる。

3 秘密保持命令の申立手続

(1) 名宛人

秘密保持命令の名宛人は、当事者等、訴訟代理人または補佐人である（特許105条の4第1項本文）。当事者等とは、①当事者、②当事者が法人である場合にはその代表者、③訴訟代理人および補佐人を除く当事者の代理人、④使用人その他の従業者のことをいう（同法105条3項カッコ書）。秘密保持命令の申立ての際には、申立人において、これらの名宛人となりうる者の中から秘密保持命令を受けるべき者を特定しなければならない。イン・カメラ手続においては、「正当な理由」の有無について意見を述べるために必要最小限の者に書類を開示するとともに、その者に限って秘密保持命令の発令を求めることとなる。具体的な運用としては、訴訟代理人・補佐人のほかに、原告の特許担当者等の極めて限られた範囲の者に限定されることになるものと思われるが、いずれにせよ書類の開示に先立って、裁判所と両当事者との間で、綿密な協議を行うことが必須である。[30]

(2) 秘密保持命令の申立て

㋐ 申立権者

特許法105条の4第1項本文では、「特許権又は専用実施権の侵害にかかる訴訟において……当事者の申立てにより」と規定されているが、[31]「その当事者が保有する営業秘密……について」とのその直前の文言を受けていることからすれば、申立権者は、営業秘密を保有する当事者に限られるものと解さ

---

30 秘密保持命令が発せられた場合の弊害については、阿部・井窪・片山法律事務所・前掲書（注8）44頁以下に詳しく述べられている。
31 実用新案法では「実用新案権又は専用実施権の侵害に係る訴訟」（同法30条）、意匠法では「意匠権又は専用実施権の侵害に係る訴訟」（同法41条）、商標法では「商標権又は専用使用権の侵害に係る訴訟」（同法39条）の当事者が申立権者となり、不正競争防止法では「不正競争による営業上の利益の侵害に係る訴訟」（同法10条）、著作権法では「著作者人格権、著作権、出版権、実演家人格権又は著作隣接権の侵害に係る訴訟」（同法114条の6）、種苗法では「育成者権又は専用利用権の侵害に係る訴訟」（同法40条）の当事者が申立権者となる。

IV イン・カメラ手続(特許法105条1項・2項)と秘密保持命令(特許法105条の4)

れる。なお、仮処分手続において秘密保持命令の発令が問題となった事案に関して、最近になって、本条項の「訴訟」には「仮処分申立」も含まれると判示した最高裁判所の決定があることについては、前記Ⅲ3(4)において述べたとおりである(前掲最決平成21・1・27民集63巻1号271頁[98])。

　(イ)　申立ての方式

　秘密保持命令の申立ては、書面でしなければならず、その書面には、①秘密保持命令を受けるべき者、②秘密保持命令の対象となるべき営業秘密を特定するに足りる事実に加えて、③営業秘密が記載されまたは含まれることおよび④当該営業秘密の使用または開示を制限する必要があることを記載しなければならない。

　①「秘密保持命令を受けるべき者」とは、秘密保持命令の名宛人とすべき者のことである。名宛人を特定するためには、被告が営業秘密を含む文書を開示する場合に、原告側のどの範囲の者が知ることとなるのかについて、事前に原被告間で十分に協議することが必要になることについては前述した。前掲の論文では、「原告側のどの範囲の者に開示するかを双方当事者の間で合意させた上で、被告から当該合意された者を対象とした秘密保持命令の申立てをさせる運用を行うこととなろう。……、事前に双方当事者で合意することが困難な場合には、ひとまず、命令の名宛人を原告訴訟代理人(及び補佐人)に限定して申立てをさせ、命令と共に秘密の開示を受けた原告訴訟代理人(及び補佐人)の意見を聞いた上で、更に原告側において開示を受けるべきものを拡大する(被告からその者を名宛人とする秘密保持命令を新たに追加的に申立てさせる)という運用となろう」と記載されており、今後の実務の運用に参考となる。

　②「秘密保持命令の対象となるべき営業秘密を特定するに足りる事実」と

32　髙部眞規子「証拠の提出と秘密保持命令・非公開審理」(牧野利秋ほか編・知的財産法の理論と実務2〔特許法Ⅱ〕)90頁)。

33　三村＝山田・前掲論文(注24) 7頁。

は、対象を特定するに足りる事実のことであり、具体的には、提出を予定する準備書面や証拠を特定したうえで、当該準備書面ないし証拠における記載箇所を形式的に特定して引用すればよいものとされている[34・35]。

③さらに「既に提出され若しくは提出されるべき準備書面に当事者の保有する営業秘密が記載され、又は既に取り調べられ若しくは取り調べられるべき証拠（第105条第3項の規定により開示された書類又は第105条の7第4項の規定により開示された書面を含む。）の内容に当事者の保有する営業秘密が含まれること」を記載しなければならない。ここにいう営業秘密とは、不正競争防止法2条6項に規定する営業秘密のことであるから（特許105条の4第1項本文カッコ書）、申立人としては、「秘密管理性」と「非公知性」を備えていることを主張し、疎明する必要がある。

④加えて、「前号の営業秘密が当該訴訟の追行の目的以外の目的で使用され、又は当該営業秘密が開示されることにより、当該営業秘密に基づく当事者の事業活動に支障を生ずるおそれがあり、これを防止するため当該営業秘密の使用又は開示を制限する必要があること」（当該営業秘密の使用または開示を制限する必要性）を記載しなければならない。「事業活動に支障を生ずるおそれがある」とは、当該営業秘密が、保護に値するという判断とほぼ重なり合うとされているから、ここでは、被告の営業活動に必須な情報であることを主張し、疎明すればよいことになるであろう。また、保護に値する営業秘密であれば、いったん開示されれば取り返しのつかないこととなるから、通常は、「使用又は開示を制限する必要」ありと判断されるものと解されるが、たとえば原告側が守秘を確約した書面を差し入れる等した場合には、必要性なしと判断される場合も考えられる[36]。

34　三村＝山田・前掲論文（注24）6頁。
35　阿部・井窪・片山法律事務所・前掲書（注8）45頁。
36　阿部・井窪・片山法律事務所・前掲書（注8）43頁。

IV　イン・カメラ手続（特許法105条1項・2項）と秘密保持命令（特許法105条の4）

4　秘密保持命令の効果・その違反と刑事罰

　秘密保持命令が発せられた場合は、決定書を名宛人に送達しなければならず（特許105条の4第3項）、送達された時から効力を生じる（同条4項）。名宛人が、秘密保持命令に反して秘密を漏らした場合には、5年以下の懲役もしくは500万円以下の罰金に処し、またはこれを併科する（同法200条の2第1項）が、告訴がなければ公訴を提起することができない（同条2項）。さらに、秘密保持命令違反の行為があった場合には、法人に対して3億円以下の罰金を科すものとされている（両罰規定。同法201条1項1号）。

　秘密保持命令が発せられた場合、その違反に対しては上述のとおり刑事罰が科せられるおそれがあり、他方、命令違反を犯さないようにするためには、名宛人となった使用人その他従業者（従業員）の研究活動に実質的な制約が生じるなど、大きな負担となるおそれがある。[37] 秘密保持命令がいったん発せられれば、取り消されない限りこのような制約が将来にわたって継続することとなる。このような不都合を避けるために、特許法では秘密保持命令の取消しの手続も定めている（同法105条の5）が、本稿の目的である文書提出命令とは直接の関係がないので、これに関する記載は割愛する。[38]

（佐長　功）

37　阿部・井窪・片山法律事務所・前掲書（注8）44頁。
38　取消手続の流れについては、髙部・前掲論文（注32）90頁に詳しく述べられている。

第 2 章

医療訴訟

I　はじめに——診療情報をめぐる現状

1　構造的な情報格差と医療機関の説明義務

　医療訴訟は、患者やその遺族である原告が被告医療機関の医師に医療ミスがあったために、患者が死亡したり、重大な後遺障害が発生したりしたなどと主張して損害賠償を求めるものであり、原告が請求認容判決を得るためには、原告において、原則として、①医師による手術等の医療行為に注意義務違反（過失）があること、②注意義務違反と生じた悪しき結果（患者の死亡、後遺障害等）との間に相当因果関係があること、③注意義務違反との間に相当因果関係のある損害額を主張・立証することが必要となる。そのためには、患者がどのような症状であり、それに対してどのような医療行為が行われたかという診療経過を明らかにするとともに、実際に行われた医療行為が当時の医療水準に照らして相当なものであったかどうか、医師としての注意義務に違反した行為と結果との因果関係があるかどうか（どのような医学的機序で結果が発生したか）を明らかにする必要がある。そして、これらを解明するためには、もとより専門的な医学的知見を要するところである。
　ところが、被告側の医師や医療機関は、医学的な専門的知見を有しているのに対し、原告側の患者・遺族等は、このような専門的知見を有していないのが通常であり、両当事者間に専門的知見の面において本来的・構造的な情

報格差がある。しかも、診療経過についても、被告医療機関の病室などでの出来事であり、被告側はこれを熟知しているのに対し、原告側にはその具体的な経過等は明らかではないのが通常であって、原告側が診療経過に関する客観的な資料等を有していることも稀である。そのうえ、診療経過を明らかにするためには、診療記録（カルテ、各種検査結果、CT・MRI等の画像等）は重要かつ客観的な証拠であるが、これらは被告側が作成・所持しているものであり、原告側は、それらの証拠を入手して、それを手がかりとして診療経過の詳細を解明する必要があるのであって、この点についても、原告側と被告側との間に構造的な情報格差がある。

このように、医療訴訟における文書提出命令制度を考えるについては、客観的な診療経過についての情報や、これに関する人証（担当医をはじめとする医療従事者等）等の重要な証拠が医療機関側に偏在していること、すなわち構造的な情報格差があることに特に留意する必要があるように思われる。また、患者を診療した医療機関は、患者・遺族等に対し、診療契約に基づいて、診療経過に関するてん末報告義務・説明義務（民法645条）を負担しており、この義務を実質的に履行するためにも、医療機関が所持する診療記録を積極的に開示するとともに、診療行為や医療事故の状況等について十分な調査研究を行い、患者・その遺族らに対し、積極的にその診療経過等について説明する必要があることも忘れてはならないことである。

2 訴訟提起前の診療記録の入手方法

現在の医療訴訟では、訴訟提起前に、患者側が診療記録を入手する方法として、証拠保全手続を利用する方法と診療記録の任意開示制度を利用する方法が一般的である。

証拠保全手続を利用する方法は、患者・遺族側代理人の証拠保全の申立てに基づいて裁判所が診療記録の検証（他に書証の取調べの方法もある）を行う方法で、診療記録に記載された情報を入手する方法である。証拠保全の申立てにあたっては、証拠保全の必要性（あらかじめ証拠調べをしておかなければ

その証拠を使用することが困難となる事情である。法234条）を疎明する必要があるが、医療訴訟における診療記録の証拠保全については、裁判実務上、比較的緩やかに証拠保全の必要性が認められることが多く、事実上の証拠開示機能を果たしているとも指摘されているところである。

これに対し、診療記録の任意開示制度も一般的となっている。すなわち、平成11年に日本医師会が診療情報の提供に関する指針を発表し（日本医師会「診療情報の提供に関する指針〔第2版〕」（平成14年10月）〈http://www.med.or.jp/nichikara/joho2.pdf〉）、厚生労働省も、平成15年9月に「診療情報の提供等に関する指針」（平成22年9月17日に一部改正）を公表するなど（平成15年9月12日厚生労働省医政局長通知「診療情報の提供等に関する指針の策定について」）、患者・遺族側が医療機関に対して診療記録の開示を求めることができる途が開かれている。[1]

また、個人情報の保護に関する法律をはじめとする個人情報保護関連の各法律（個人情報の保護に関する法律（以下、「個人情報保護法」という）、行政機関の保有する個人情報の保護に関する法律、独立行政法人等の保有する個人情報の保護に関する法律）や各地方公共団体の個人情報保護条例にも、診療記録の入手に関する規定がおかれている。[2]　そのため、近時は、患者・遺族側が証拠保全の方法によらずに診療記録を入手することが少なくないようである。[3]現在では、このような診療記録の任意開示制度はかなり定着している。

3　被告側からの診療記録の提出

医療訴訟における診療経過に関する適正、迅速な争点整理の実現のために

1　これらの通知については、厚生労働省の「厚生労働省法令等データベースサービス」〈http://wwwhourei.mhlw.go.jp/hourei/〉の「通知検索」で閲覧することができる。
2　なお、病院等が行う個人情報の適正な取扱いの確保に関する活動を支援するためのガイドラインとして、「医療・介護関係事業者における個人情報の適切な取扱いのためのガイドライン」〈http://www.mhlw.go.jp/houdou/2004/12/dl/h1227-6a.pdf〉がある。
3　塩谷國昭ほか編『専門訴訟大系(1)医療訴訟』122頁〔松井菜採〕、大森夏織「医療事件を受任した患者側弁護士の役割」自由と正義57巻8号21頁参照。

は、被告医療機関での診療経過の裏付けとなる診療録、レントゲンフィルム等の基本的書証ができるだけ早期に提出されることが重要である。東京地裁等の医療集中部においては、被告医療機関における診療録、レントゲンフィルム等については、被告に積極的な主張・立証を促すという一般的な運用の一環として、特に診療録については第三者が判読して訳文を付すには多大な労力と時間を要することが少なくないことから、被告が提出する運用が定着している。現実に、原告による証拠保全が先行している場合でも、被告が、難読部分や、医学用語、外国語部分等に翻訳を付して、提出しているのが実情である。また、被告側に積極的な主張・立証を求める一環として、診療記録の提出と同様に、被告医療機関における診療経過の一覧表についても、一次的に被告に作成を求め、原告にそれに対する反論を求める方式を採用しており、現実にも、診療経過等の事実経過が争点判断の基礎となる事件においては、ほぼ全件において、この方式で診療経過一覧表を作成するという運用が定着している。[4]

しかし、診療経過、医学的知見等に関する主要な証拠が被告医療機関に偏在している状況では、原告としては、被告から書証として提出された診療記録以外に診療経過を示す的確な証拠・資料等が存在するかどうかを正確に把握することはなかなか困難な面があり、被告が明らかにした診療経過についても、原告にとっては、診療記録上客観的かつ明確な裏付けがない部分はその真偽を確認することが難しいとの指摘がある。

II 医療訴訟において提出義務が問題となる文書等

医療訴訟における文書提出命令を考える場合、当該文書を所持している相手方が被告医療機関か第三者医療機関（患者が被告での診療行為を受ける以前に受診していた医療機関である前医あるいは被告での診療行為を受けた後に受診

---

[4] 東京地方裁判所医療訴訟対策委員会「医療訴訟の審理運営指針」判タ1237号69頁、同「医療訴訟の審理運営指針〔改訂版〕」判タ1389号14頁参照。

した後医などの訴外の医療機関)か、当該文書が当該患者(原告あるいは相続人である原告らの被相続人)に関するものか第三者(他の患者など)に関するものかの視点から、①被告医療機関が所持する当該患者に関する文書、②第三者医療機関が所持する当該患者に関する文書、③被告医療機関が所持する第三者に関する文書、④第三者医療機関が所持する第三者に関する文書に分類することができる。

　また、医療訴訟において文書提出命令の可否(あるいは文書提出義務)が問題となった文書としては、診療記録(その中には、診療録(カルテ)、看護記録、レントゲンフィルム、CT画像、MRI画像、各種検査記録、診断書、処方箋、投薬指示書、説明同意書、紹介書、問診票、死体検案書等が含まれる)のほか、救急救命士が作成した救急活動記録票(救急救命処置録)、医療事故調査委員会による医療事故調査報告書、捜査機関が所持する死体検案書(写し)、捜査機関から鑑定嘱託を受けた鑑定人が所持する司法解剖の鑑定書の控え文書などがある。

III　診療記録

1　診療録の作成・保管の目的

　医師法24条は、医師が診療をしたときは、遅滞なく診療に関する事項を診療録に記載しなければならず、病院または診療所に勤務する医師のした診療に関する診療録は、その病院または診療所の管理者において、その他の診療に関するものは、その医師において、5年間これを保存しなければならないとし、これを受けて、医師法施行規則23条は、診療録には、①診療を受けた者の住所、氏名、性別および年齢、②病名および主要症状、③治療方法(処方および処置)、④診療の年月日を記載するものとしている。また、医師法33条の2は、その実効性を確保するために、同法24条の規定に違反した者は50万円以下の罰金に処すると規定する。

医師法が医師に診療録の作成・保存を義務づけた趣旨は、診療録は患者の症状や診療経過を適正かつ正確に把握するために必要なものであり、これを作成・保存させることによって適正な医療行為が行われるようにするとともに、その監督機関である厚生労働大臣がその指導監督を適正に行えるようにするというものである（医師法7条の3は、医師免許取消し等の行政処分をすべきか否かを調査する必要があると認めるときは、診療録その他の物件の所有者に対し、当該物件の提出を命じ、または当該職員をして当該事案に関係のある病院その他の場所に立ち入り、診療録その他の物件を検査させることができるとしている）。

2 医療訴訟における提出方法

被告医療機関が保管する当該患者の診療記録（特に医師において作成する診療録等）は、前記のとおり、医療訴訟における基本書証であり、実際の医療訴訟では、被告医療機関において、医学用語等の必要部分に訳文を付して提出するのが通常である。そして、医療機関が当該患者の診療録を証拠として提出することが医師の守秘義務（刑法134条1項）に違反することはない。当該患者あるいはその遺族が当該患者の診療について訴訟を提起している以上、患者・遺族側において秘密を放棄したものというべきであり、被告医療機関が応訴して当該患者の診療録に基づいて主張・立証を行うことは正当行為（同法35条）というべきであるからである。

これに対し、被告医療機関が所持する第三者（たとえば、同種病状等の患者）の診療録を証拠として提出することは、その記載内容は刑法134条1項の秘密に該当すると解されるから、訴訟活動としての必要性がある場合であっても、これをそのまま同人の同意を得ずに提出することは医師としての守秘義務に違反することになる。したがって、第三者の診療録を証拠として提出する必要がある場合には、個人の特定ができないようにして提出するなど個人情報について特段の配慮を要するというべきである。

3 診療記録に対する文書提出命令

(1) 文書提出義務

文書提出命令を発令するためには、文書の所持者にその全部または一部の提出義務があることが必要であるが、法220条1号ないし4号は、文書提出義務を、証人義務（法190条）、検証物提示義務（法232条）と同様に、裁判に協力すべき義務として、わが国の裁判権に服する者が国家に対して負担する公法上の一般義務として規律している。なお、一般に、文書の取調べの必要性や提出義務は、必ずしも1つの文書の全部について存在しなければならないわけではなく、一通の文書の一部についてだけ存在する場合でもよく、その場合には一部のみの提出を命ずることができるとされている（法223条1項後段。なお、最決平成13・2・22判時1742号89頁［36］参照）。

(2) 診療記録の提出義務

診療記録は、前記のとおり、現在では、訴訟提起前に証拠保全手続や任意開示制度によって被告医療機関から入手していることも少なくなく、しかも、被告医療機関において必要部分に訳文を付して証拠として提出する運用が定着しているから、医療訴訟において、被告医療機関が診療記録を証拠として提出しないことは想定しがたいところである。しかし、診療記録の文書提出義務の考え方には争いがあるところでもあるので、ここでは、これまでの議論の整理を兼ねて、被告医療機関が当該患者の診療記録を提出しない場合、第三者医療機関が当該患者の送付嘱託（法226条）に応じない場合に、裁判所は、その提出を命ずることができるかについて検討することとする。[5]

(ア) 訴訟で引用した文書（法220条1号）

当事者が訴訟において引用した文書（以下、「引用文書」ということがある）を自ら所持しているときは、その提出義務を負う（法220条1号）。「引用」の意義については、文書そのものを証拠として引用することを意味し、文書の記載内容をそのまま主張として引用したり、主張を明確にするために引用しただけでは足りないとする見解[6]と、自己の主張を基礎づけるために文書の存

在および内容に言及すれば足りるとする見解があるが、反対当事者に検討と反論の機会を与えるという引用文書の提出義務の根拠からすると、後者の見解が正当と考えられる。なお、「訴訟において」の意義については、当事者またはその代理人が口頭弁論や弁論準備手続期日における主張中で言及した場合だけでなく、提出はしたが未陳述の準備書面、当事者作成の陳述書等の書証、本人尋問・代表者尋問における供述中で言及した場合なども含まれると解される。

「引用」の態様については、文書の存在および内容に積極的・自発的に言及することを要し、裁判所や反対当事者からの求釈明に応じて言及したにすぎない場合や、書証や本人尋問の中で言及されたにすぎない場合は該当しないとする見解と、そのような場合でも引用に当たるとする見解があるが、積極的・自発的な言及かどうかは必ずしも判然としない場合があるし、前記の引用文書の義務の根拠からしても、相手方の引用の動機で区別すべきではな

---

5 なお、現行法220条は、旧法312条1号ないし3号と同様の規定を1号ないし3号としておくとともに、一般的文書提出義務を定める4号の規定を設けていることから、現行法220条1号ないし3号の解釈・運用については、4号との関係でさまざまな問題が生ずることになる。特に現行法220条3号の利益文書・法律関係文書の意義・要件については、旧法下での従来の議論、解釈が前提となり、基本的には変わらないというのが立法担当者の見解であり、同様の見解が一般的である。3号文書と4号＝の「専ら文書の所持者の利用に供するための文書」との関係についてはさまざまな見解がある。現行法の解釈としては、旧法下で拡張解釈により3号文書として提出義務が認められてきた文書は、現行法下では4号文書として取り扱い、3号文書は本来の利益文書、法律関係文書に限定すべきであろうと思われる（佐藤彰一「証拠収集」法時68巻11号19頁、竹下守夫ほか編『研究会新民事訴訟法』282頁〔竹下守夫発言〕〔青山善充発言〕）。

6 岩松三郎＝兼子一編『法律実務講座（民事訴訟編）第4巻』283頁、兼子一ほか『条解民事訴訟法〔第二版〕』1191頁〔加藤新太郎〕等。ただし、後者は、立証のための引用か主張の明確化のための引用かを区別することは困難な場合が少なくないが、その判別が困難なときは立証のための引用に準ずる扱いをすべきであるとする。

7 菊井維大＝村松俊夫『全訂民事訴訟法II』613頁、吉村徳重＝小島武司編『注釈民事訴訟法(7)』68頁〔廣尾勝彰〕、門口正人ほか編『民事証拠法大系(4)各論II』103頁〔萩本修〕、秋山幹男ほか『コンメンタール民事訴訟法IV』377頁。東京高決昭和40・5・20判タ178号147頁、大阪地決昭和61・5・28判時1209号22頁等。

8 菊井＝村松・前掲書（注7）613頁、兼子ほか・前掲書（注6）1191頁〔加藤新太郎〕、吉村＝小島・前掲書（注7）69頁〔廣尾勝彰〕、東京地決昭和43・10・15訟月14巻10号1185頁、東京高決昭和53・7・20訟月24巻10号2079頁、高松高決昭和57・5・13訟月28巻12号2331頁等。

いから、後者の見解が正当と考えられる。

このように考えると、文書の存在について明示的に当該文書を特定していない場合であっても、制度上作成義務があり、現に作成されている文書に基づいて主張していると認められる場合には、当該文書の存在・内容に言及したものと解することも可能であるように思われる。たとえば、医療訴訟において、被告医療機関が患者の症状や治療経過を詳細に主張している場合には、診療記録に基づいて主張していることが明らかであり、そのような場合には、被告が明示的に診療記録の存在に言及していないときであっても、法220条1号の引用文書として提出義務を認めるべきであろう。[10]

(イ) 引渡請求権または閲覧請求権のある文書（法220条2号）

挙証者が文書の所持者に対しその引渡しまたは閲覧を求めることができるときは、当該文書（以下、「権利文書」ということがある）の所持者は、その提出義務を負う（法220条2号）。これは、引渡請求権または閲覧請求権がある場合には文書の所持者は文書を秘匿することができない立場にあり、その提出義務を認めても所持者の利益を損なうものでないことを理由とするものである。引渡請求権または閲覧請求権は、法律の規定によるものでも、契約によるものでもよい。これらの請求権が、私法上の請求権に限られるか、公法上の請求権も含まれるかについては争いがある。[11][12]ただし、公法上の請求権がある場合には、いずれにせよ、挙証者においてこれを訴訟外で行使するこ

9　門口ほか・前掲書（注7）105頁〔萩本修〕、司法研修所編『改訂行政事件訴訟の一般的問題に関する実務的研究』223頁、大阪地決昭和45・11・6訟月17巻1号131頁、名古屋地決昭和51・1・30判時822号44頁、名古屋高決昭和52・2・3高民集30巻1号1頁等。なお、名古屋地決昭和51・1・30、名古屋高決昭和52・2・3は、当事者が文書の一部を秘匿して提出した場合に、その秘匿部分について引用文書として提出義務を肯定したものであるが、そのような場合に引用文書として提出義務を認めるべきかは、疑問である。

10　吉本俊雄「診療についての文書提出命令と送付嘱託」（根本久編・裁判実務大系(17)〔医療過誤訴訟法〕）489頁参照。

11　岩松＝兼子・前掲書（注6）284頁、菊井＝村松・前掲書（注7）614頁、秋山壽延「行政訴訟における文書提出命令」（鈴木忠一＝三ケ月章監修・新・実務民事訴訟講座9）289頁、大阪高決昭和62・3・18判時1246号92頁、名古屋地決平成2・10・16判時1378号61頁。

とにより目的を達することができるのであるから、公法上の請求権に基づく文書提出命令を認める必要はないといえる（法226条ただし書、221条2項参照）。

　診療記録（カルテ）については、診断書（医師法19条2項）や処方箋（同法22条）のような明文の規定は存在しないので、これらの文書と同様に、実定法上、その引渡しまたは閲覧請求が認められるか否かについては争いがある。積極説は、医療機関には、診療契約上の義務として、民法645条に基づき診療の経過について患者に報告・説明すべき義務があり、患者には診療記録の閲覧・謄写を求める権利があるとする。[13]これに対し、消極説は、民法645条に基づく報告・説明の義務を履行するために特定の方式は要求されていないから、同条の報告・説明義務から診療記録の閲覧・謄写請求権があると解することはできないとする。[14]解釈論としては、消極説が正当であろう。

　なお、個人情報保護法25条1項は、「個人情報取扱事業者は、本人から、当該本人が識別される保有個人データの開示を求められたときは、本人に対し、政令で定める方法により、遅滞なく、当該保有個人データを開示しなければならない」と規定しているところ、東京地判平成19・6・27判時1978号27頁は、原告らが診療を受けた診療所を開設する被告に対し同法25条1項（および同法施行令6条）に基づいて自己の診療録の開示等を求めた事案について、「法の規定にかんがみると、法は、個人情報取扱事業者が法25条等の規定に違反した場合には、当該個人情報取扱事業者や認定個人情報保護団体による自主的解決及び主務大臣による行政上の監督によって、個人の権利利

12　伊藤眞『民事訴訟法〔第4版補訂版〕』413頁、兼子ほか・前掲書（注6）1192頁〔加藤新太郎〕。なお、吉村＝小島・前掲書（注7）72頁〔廣尾勝彰〕は、公法上の請求権も含まれるが、法令上、文書の正本または謄本等の交付を求めることができるときは、特段の事情のない限り、2号の提出義務によることはできないとする。

13　新堂幸司「訴訟提起前におけるカルテ等の閲覧・謄写について」判タ382号10頁、新堂幸司ほか編『講座民事訴訟5（証拠）』284頁〔佐藤彰一〕。

14　伊藤瑩子「診療録の医務上の取り扱いと法律上の取り扱いをめぐって㊦」判タ302号40頁、畔柳達雄「医療事故訴訟提起前の準備活動──医療事故訴訟の準備活動における問題点1」（鈴木忠一＝三ケ月章監修・新・実務民事訴訟講座5）184頁。

益を保護することとしているものと解される。仮に、本人が、法25条1項に基づいて個人情報取扱事業者に対する保有個人データの開示を裁判手続で請求することができると解すると、法が上記のとおり定めた当事者間における自主的解決手段や主務大臣による紛争解決手段によるよりも裁判上の請求の方が直截であるとして、法の定めた紛争解決手段によることなく、直接裁判上の開示請求がされることになり、紛争解決手段に関する法の規定が空文化することにもなりかねない」などとして、「法25条1項が本人に保有個人データの開示請求権を付与した規定であると解することは困難であって、本人は、同項の規定に基づき、個人情報取扱事業者に対し、保有個人データの開示を裁判手続により請求することはできないというべきである」と判示している。[15]

(ウ) 利益文書（法220条3号前段）

当事者または第三者が利益文書（挙証者の利益のために作成された文書）を所持しているときは、当該文書の所持者には文書提出義務がある（法220条3号前段）。利益文書の意義と要件について、従来の通説は、①文書の記載内容が挙証者の実体上の地位や権利関係を直接証明または基礎づける文書であること、しかも、②文書が挙証者の権利等を証明または基礎づける目的で作成されたものであることが利益文書の要件であるとしており、これが実務上も確立された伝統的解釈であるとされていた。[16] これに対し、①について、文書提出義務を広く認めるべきであるとする立場から、重要な争点の解明に役立つ文書（間接的に挙証者の権利・権限を証明する効果を有する文書）も利益文書に当たるとする見解、訴訟における証拠確保といった訴訟上の利益

---

15 この判決について、宇賀克也「判批（東京地判平成19・6・27）」判評589号（判時1990号）164頁は、個人情報保護法の開示・訂正・利用停止の求めは裁判上の救済を念頭においたものであることは通説であり、同法25条1項に基づく開示の求めの実効性確保手段としての訴訟を否定する趣旨と解しうる文献は皆無であったなどとして、同判決に反対を表明している。

16 菊井＝村松・前掲書（注7）615頁、兼子ほか・前掲書（注6）1193頁〔加藤新太郎〕、斎藤秀夫編『注解民事訴訟法(7)』200頁、吉村＝小島・前掲書（注7）73頁〔廣尾勝彰〕、大阪高決昭和54・3・15下民集21巻9～12号1387頁、大阪高決昭和53・9・22下民集32巻9～12号1323頁等。

も「利益」に含まれるとする見解、②について、利益文書は挙証者のために役立てることを意図して作成されたものである必要はなく、当該文書が客観的に挙証者の権利・権限等を明らかにする文書であれば、挙証者の利益のために作成されたものとする見解などがあった。しかし、通説の立場から、これらの見解では当該文書の記載内容が証拠としての価値のあるものであれば文書提出義務が認められることになり、実質的に、文書提出の一般義務を認めることになると批判されていたところである。[17]

必ずしも挙証者のみの利益のために作成されたものである必要はなく、同時に他人の利益のために作成された文書であってよい。[18]ただし、当該文書によって挙証者の法的地位・権限が直接明らかにされるものであることが必要であり、単に文書の記載内容が訴訟上の争点に関連しており、挙証者にとって有利な結果をもたらすであろうと予想されるだけでは、利益文書には当たらない。[19]また、「利益のために」といえるためには、文書作成の目的・動機の中に挙証者の利益が含まれていることが必要であり、制度上作成が義務づけられた文書は、その制度目的において挙証者の利益保護が予定されているかどうかが基準になる。[20]

また、利益文書の要件として文書の作成目的を重視し、作成目的の一部が挙証者の利益であれば、記載内容が挙証者の権利等を間接的に基礎づけるものでもよいとする見解もある。[21]この見解では、診療記録は、診療内容を明らかにすることによって間接的に診療契約上の義務の履行を基礎づけるものであり、法令上その作成を義務づける目的は診療行為の適正を確保するところにあるから、診療行為にかかわる医師や医療機関のほか、患者やその家族に

---

[17] 本間義信「文書提出命令」（吉川大二郎博士追悼論集・手続法の理論と実践(下)）212頁、時岡泰「文書提出命令の範囲」（三ヶ月章＝青山善充編・民事訴訟法の争点）232頁、松山恒昭「賃金台帳と文書提出命令の許否」（牧山市治＝山口和男編・民事判例実務研究第2巻）222頁等。
[18] 兼子ほか・前掲書（注6）1194頁〔加藤新太郎〕、伊藤・前掲書（注12）414頁、斎藤秀夫編『注解民事訴訟法(8)』151頁、吉村＝小島・前掲書（注7）74頁〔廣尾勝彰〕。
[19] 広島地決昭和43・4・6訟月14巻6号620頁、前掲（注16）大阪高決昭和54・3・15。
[20] 兼子ほか・前掲書（注6）1194頁〔加藤新太郎〕、秋山ほか・前掲書（注7）381頁。
[21] 伊藤・前掲書（注12）414頁。

とっても利益文書に該当することになるが、たとえば、診療中に処方された薬の製造販売業者や薬の製造を許可した国との関係では、それらの利益は作成目的に含まれないから、利益文書には該当しないことになる。これに対し、上記の通説的見解では、診療記録は、本来の目的が医師自身の思考活動の補助・診療行為の適正の確保にあり、患者の地位ないし権利義務を明らかにしたものではないから、患者や患者の家族にとって利益文書には当たらないと解されている。[22]

この点に関して、薬害訴訟（スモン等）において、被告製薬会社が申し立てた、第三者たる医療機関が原告の診療について作成し所持する診療記録に対する文書提出命令の許否が争われた事件では、挙証者の利益は間接的なものであってもよく、その利益を明らかにする目的は作成者の主観的意図にとどまらず、文書の性質から客観的に認められれば足りるとして、製薬会社との関係で利益文書であることを肯定する裁判例（福岡高決昭和52・7・13高民集30巻3号175頁、福岡高決昭和52・9・17下民集28巻9〜12号969頁、大阪高決昭和53・6・20高民集31巻2号199頁、東京高決昭和56・12・24判時1034号95頁等）と、伝統的解釈に従い、利益文書の要件を厳格に解釈することにより、これを否定する裁判例（大阪高決昭和53・5・17判時904号72頁［3］、名古屋高金沢支決昭和54・2・15判タ384号127頁、東京高決昭和59・9・17高民集37巻3号164頁等）がある。学説でも、前者を支持する見解[23]と後者を支持する見解[24]が対立している。

なお、水俣病認定手続において作成された診療録、疫学調査記録（大阪高決平成4・6・11判タ807号250頁［5］）は原告ら申立人との関係で、公害健

---

22 兼子ほか・前掲書（注6）1194頁〔加藤新太郎〕、秋山ほか・前掲書（注7）381頁。
23 野村秀敏「文書提出命令」（鈴木忠一＝三ヶ月章監修・新・実務民事訴訟講座2）178頁。
24 菊井＝村松・前掲書（注7）616頁、時岡・前掲論文（注17）232頁、兼子ほか・前掲書（注6）1195頁〔加藤新太郎〕。なお、秋山ほか・前掲書（注7）381頁は、挙証者の利益や文書作成の目的を間接的客観的なものでよいとすることは、実質上、一般義務を認めるのと同様の効果を有することになり、少なくとも現行法下では、3号と4号との役割分担の観点から解釈論としてはとり得ないとする。

康被害の補償等に関する法律に定める指定疾病の認定等に関して作成された文書（東京高決平成元・6・28判時1323号64頁）は損害賠償請求の相手方である被告ら申立人との関係で、それぞれ利益文書に該当すると判示されている。

　㈢　**法律関係文書（法220条3号後段）**

　法220条3号後段の法律関係文書（挙証者と所持者との法律関係につき作成された文書）とは、挙証者と所持者との間の法律関係それ自体を記載した文書だけでなく、その法律関係に関連する事項が記載された文書を含むものとされている。ここでの「法律関係」とは、契約関係に限られるとする見解もあるが、契約関係に限らず、不法行為その他の法律関係をも含むとする見解が多い。[25] また、従来の通説的見解では、法律関係「につき」作成されたことが要件とされていることから、単に法律関係と関連のある事項が記載されているだけでは足りず、法律関係自体あるいはその基礎となりまたは裏付けとなる事項を明らかにする目的で作成されたことが必要であり、日記やメモのようにもっぱら作成者が自己使用のために作成した文書（内部文書、自己使用文書）は法律関係文書に当たらないとされている。

　これに対し、従来の通説的見解とは異なる立場から法律関係文書の要件を定めようとする見解もある。すなわち、①所持人が訴訟の場を離れてその文書の記載内容につき処分の自由を有するか、またどの程度有するかということと、挙証者がその記載内容にどの程度の実体的利害関係を有するかということとの相関関係において決定すべきであるとの見解、②法律関係文書に当たるかどうかは、立証事項の重要性、代替立証方法の有無、文書の性質、所持者が当事者か第三者か、プライバシーの保護、提出命令申立ての動機、公共の利益等を衡量して決定すべきであるとする見解、③重要な争点に証拠としての意義をもつ文書は、証言拒絶権の規定の類推が可能な場合を除き、すべて法律関係文書に該当するとする見解等である。これらの見解に対しては、3号の沿革や文理上無理があるとの批判や実質上一般的文書提出義務を

---

[25] 菊井＝村松・前掲書（注7）618頁、大阪高決昭和53・3・6高民集31巻1号38頁［2］、東京高決昭和58・6・25判時1082号60頁等。

認めるもので、解釈論として無理があるとの批判がある。

　診療記録は、医師が患者を診察したときに法律上の義務として作成すべきものであり、医師は、患者との診療契約（時に事務管理）に基づき、あるいは患者と医療機関との診療契約上の債務の履行補助者として、患者の診療を行い、その診療の経過および内容等を記載するものであるから、患者と医師・医療機関との法律関係につき作成された文書ということができ、自己使用文書といえないことは明らかというべきである。[26]

　なお、第三者たる医師が原告の診療について作成し所持する診療記録については、特段の事情のない限り、挙証者たる被告と所持者である医師との間における法律関係文書に該当しないことは明らかである（大阪高決昭和53・5・17判時904号72頁［3］）。

　また、拘置所職員や取調べにあたった警察官によって暴行を受けたとして提起された国家賠償請求訴訟において、原告が拘置所の所持する診療録の文書提出命令を申し立て、診療録の内部文書性が問題となった事案では、内部文書に当たるとして申立てを却下した裁判例（大阪高決昭和56・4・6判時1015号42頁）と、内部文書には当たらないとして申立てを認容した裁判例（東京高決平成8・3・26判時1566号37頁［6］）とがあるが、後者の裁判例をもって正当とすべきであろう。

(3)　電子カルテについての留意点

　電子カルテとは、診療情報を電磁的記録で保存したカルテのことであり、平成11年4月22日付け厚生省健康政策局長、医薬安全局長、保険局長連名通知「診療録等の電子媒体による保存について」で示された基準（①真正性：保存義務のある情報の真正性が確保されていること（故意または過失による虚偽入力、書換え、消去および混同を防止すること、作成の責任の所在を明確にすること）、②見読性：保存義務のある情報の見読性が確保されていること（情報の内容を必要に応じて肉眼で見読可能な状態に容易にできること、情報の内容を必要

---

[26] 東京地決昭和47・3・18下民集23巻1〜4号130頁。反対説として伊藤・前掲論文（注14）51頁注49がある。

に応じて直ちに書面に表示できること)、③保存性:保存義務のある情報の保存性が確保されていること(法令に定める保存期間内、復元可能な状態で保存すること)の3条件)を満たす診療録等をいうものとされている。電子カルテについては、電磁的記録を読み出した記録ではなく、電磁的記録自体が診療録になるものと解される。

　そして、最近では、大学附属病院等の大規模医療施設のみならず、多くの医療施設で電子カルテシステムが導入されている。もとより、電子カルテの場合、カルテ(診療録等)は電磁的記録それ自体であり、このような電磁的記録も準文書として書証と同様に扱われるが、そのままでは見読性に欠けるため、電子カルテに対する文書提出命令では、プリントアウトされた書面が原本(あるいは写し)として提出され、これを書証の手続により証拠調べをすることになる(法231条。旧法下の裁判例として、大阪高決昭和53・3・6高民集31巻1号38頁〔2〕、大阪高決昭和54・2・26高民集32巻1号24頁がある)[27]。

　なお、診療記録に対する文書提出命令の申立てがあった場合には、提出対象文書が電磁的記録であることについて明示がなくても、電子カルテが提出命令の対象となり、いわゆる「更新履歴」(入力情報を更新するごとに自動的に作成される履歴情報)も、診療録の一部に該当するものと解されるから、提出対象文書目録に「診療録」の記載があれば、提出対象文書として「更新履歴」を明示しなくても、提出対象となるものと解される。ただし、「更新履歴」を提出対象とした場合には、提出文書が膨大な量となること、ほぼ同一内容の書きかけの未確定状態の情報が多数混入し、読みにくく、内容の把握が困難となること、改ざん等が問題となっていないのであれば「更新履歴」は不要であり、その後の審理過程で電子カルテの改ざん等が問題となった段階で、原本であるプリントアウトされた書面の実質的証拠力・信用性を争う手段として「更新履歴」の提出を求めることで足りる場合が多いことなどから、証拠保全の場合とは異なり、文書提出命令の場合には、当初から

---

[27] なお、加藤新太郎「新種証拠の取調べ」(竹下守夫ほか編・講座新民事訴訟法Ⅱ)265頁参照。

「更新履歴」を提出対象文書とするまでの必要はないであろう。

IV 診療記録以外の文書

1 救急救命士が作成した救急活動記録票

(1) 救急活動記録票

　救急救命士は、救急救命処置を行ったときは、遅滞なく省令で定める事項を救急救命処置録に記載しなければならないとされ（救急救命士法46条1項）、東京消防庁においては、救急活動記録票が救急救命処置録を兼ねる扱いがとられており、医療訴訟においては、この救急活動記録票が重要な証拠となることがある。なお、救急救命士は、救急救命士法上、正当な理由なくその業務上知り得た人の秘密を漏らしてはならないとされ、その違反には罰則の定めがある（同法47条、54条）。

(2) 文書提出命令の申立てを認容した事例

　東京地決平成16・9・16判時1876号65頁［61］は、Aが自宅付近で倒れているところを発見され、救急車で被告の開設するB病院に搬送されたが、冠状動脈血栓によって死亡したことから、Aの相続人である原告らが被告の診療行為に不適切な点があったとして、被告に対し、損害賠償を求めた医療訴訟において、原告らと被告らの双方から、救急活動記録票（本件文書）について文書提出命令が申し立てられたが（なお、同申立てに先立って、文書送付嘱託が申し立てられたところ、本件文書の所持者である相手方より、職務上支障があるため本件文書の送付には応じられないとの回答があった）、相手方は、本件文書は、法220条4号ロ（公共の利益を害し、または公務の遂行に著しい支障を生ずるおそれがあること）およびハ（救急救命士について法197条1項2号が類推適用され、黙秘の義務があること）に掲げる文書に該当するといえるとして、本件文書提出命令の申立てを却下することを求めるとの意見であったという事案について、次のとおり判示して、本件文書は法220条4号ロおよび

ハのいずれにも該当しないとして、本件文書提出命令の申立てを認容した。

すなわち、①本件のような申立てに応じて本件文書を開示したとしても、的確かつ円滑な救急救命活動が実施できなくなるなどという事態は容易に想定しがたく、本件文書を開示したからといって、今後の救急救命活動が困難になるおそれがあるとはとうてい認められず、公共の利益を害し、または公務の遂行に著しい支障を生ずるおそれがあるものとは認められないから、本件文書は法220条4号ロの除外事由には該当しない、②救急救命士について法197条1項2号が類推適用されるか否かに関しては疑問もあるが、仮に類推適用されるとしても、死亡した傷病者の遺族が、その損害賠償請求権を相続して訴えを提起するような場合、当該傷病者の意思という観点からも遺族固有の利益という観点からも、救急救命処置に関する情報を原告らに開示することには正当な理由があると認められるから、本件文書は法220条4号ハの除外事由にも該当しないと判示した。

(3) 公務秘密文書性の要件と公務遂行支障性の要件

法220条4号ロに関して、最決平成17・10・14民集59巻8号2265頁[74]は、①公務員の職務上の秘密に関する文書であるとの要件（公務秘密文書性の要件）について「公務員の職務上の秘密」が実質秘であることを明らかにするとともに、職務遂行上知り得た私人の秘密も含まれるとしたうえで、②提出により公共の利益を害し、または公務の遂行に著しい支障を生ずるおそれがあるとの要件（公務遂行支障性の要件）について、単に文書の性格から公共の利益を害し、または公務の遂行に著しい支障を生ずる抽象的なおそれがあることが認められるだけでは足りず、その文書の記載内容からみてそのおそれの存在することが具体的に認められることが必要と解すべきであるとした。これに対し、学説上は、②の公務遂行支障性の要件について、文書の開示によって実現される真実発見などの訴訟上の利益や証拠としての重要性などとの比較衡量によって決定されるとする見解と、同要件にいう「おそ[28]

---

28 伊藤・前掲書（注12）428頁、山本和彦「判批（最決平成17・10・14）」民商134巻3号470頁等。

れ」については具体的であることが要求されており、これが具体的に理由づけられている以上、これを保護すべきは当然で利益衡量の余地はないとする見解がある。[29]

本決定が、公務遂行支障性の要件について、救急活動記録票(救急救命処置録)を開示しても、それは、傷病者の意思に沿う措置というべきであるから、傷病者がそのような事態をおそれて、担当の救急救命士に対し、救急救命活動に必要な事項に回答しなくなるなどといった事態は想定しがたく、今後の救急救命活動が困難になるおそれがあるとは認められないと判示したのは当然というべきである。[30]また、救急救命士の証言拒絶権との関係については、法令上黙秘義務が課されている者には証言拒絶権(法197条1項2号)が認められるとするのが通説であり[31]、これによれば、救急救命士の証言拒絶権は認められることになるところ、本決定が守秘義務で保護されるべき秘密の帰属主体の意思について、傷病者本人の意思の推認という視点と、遺族独自の利益という視点を考慮して法220条4号ハの文書に該当しないとしたこともまた当然というべきことのように思われる。

本決定を受けて、その後の医療訴訟の実務では、原告患者側あるいは原告の同意を得た被告医療機関側からの送付嘱託の申立てがあれば、救急活動記録票(救急救命処置録)が訴訟に提出される取扱いとなっているようである。

2 医療事故調査報告書

医療事故調査報告書とは、一般に、医療事故の発生を受けて、その医療事故の調査のために当該医療機関内に設置された医療事故調査委員会による調

---

[29] 松本博之=上野泰男『民事訴訟法〔第7版〕』486頁、松村和德「判批(東京高決平成15・7・15)」(西口元=春日偉知郎編・文書提出等をめぐる判例の分析と展開)金商1311号10頁等。
[30] 吉野内謙志「判批(最決平成17・10・14)」主判解〔平成17年度〕(判タ1215号)219頁が、救急救命士に対する情報提供が当該傷病者の生命の危険を回避するために必要である場合には、後に開示されてしまうか否か、それが遺族の要求に基づくか否かにかかわらず、当該傷病者が救急救命士に対し情報提供をしなくなるおそれはないと考えることも可能であろうと指摘しているのは正当である。
[31] 谷口安平=福永有利編『注釈民事訴訟法(6)』315頁〔坂田宏〕等。

IV 診療記録以外の文書

査の結果を取りまとめた調査結果の報告書をいうものとされている[32]。医療事故調査委員会は、関係者からの聴取による調査および診療録等の点検作業を行い、医療事故の発生に至るまでとその後の事実経過をまとめるとともに、事故の原因究明と今後の防止対策、事故発生後の患者・遺族および社会に対する医療機関の対応について評価、検証を行うことなどを目的とするものである。この医療事故調査報告書の提出義務の有無・範囲は、現在の医療訴訟において、時に激しく争われることのあるホットな問題の1つである。

このような医療事故調査報告書に関する裁判例としては、①私立医科大学内の医療事故調査委員会が作成した文書について自己利用文書（自己使用文書。法220条4号ニ）の該当性が問題となった東京高決平成15・7・15判タ1145号298頁［49］（以下、「東京高裁平成15年決定」という）、②国立大学医学部附属病院内で医療事故の状況等に関して文部省（当時）および病院長等に報告等するために作成した文書について公務秘密文書（法220条4号ロ）の該当性が問題となった広島高岡山支決平成16・4・6判タ1199号287頁［56］（以下、「広島高裁岡山支部平成16年決定」という）、③独立行政法人国立病院機構の運営する病院内での医療事故に関して同機構内部におかれた医療事故評価委員会から付託を受けた評価専門医が作成した文書について公務秘密文書（法220条4号ロ）の該当性が問題となった東京高決平成23・5・17判タ1370号239頁［117］（以下、「東京高裁平成23年決定」という）がある。

これまでの裁判例では、私立医科大学内で作成された報告書については自己利用文書（法220条4号ニ）の該当性が、国立大学病院（独立行政法人国立病院機構）内で作成された報告書については公務秘密文書（法220条4号ロ）

---

32 医療事故調査報告書には、調査目的や調査手法の違い等により、さまざまなものがあるが、その性質により、当事者的な立場から作成されたもの（担当医師ら当事者からの事情聴取に基づく事実の報告や当事者的立場からの事故の分析や評価）と、第三者的な立場から作成されたもの（第三者的・客観的な立場からの事故の分析や評価）に分類される。後記の(1)と(2)の裁判例で問題となった報告書は前者であり、(3)の裁判例で問題となった報告書は、被告内部の委員会からの付託を受けた評価専門医とはいえ、どちらかといえば後者であるといえよう。武市尚子「判批（東京高決平成23・5・17）」年報医事法学28号140頁参照。

の該当性が主な問題とされている。しかし、実質的には同じ判断枠組みによって判断されているといってよい。要するに、当事者、第三者等の忌憚のない意見や評価による組織の自由な意思形成過程の保護の必要性を考えるということであり、その点では、私立病院と公立病院との間に差異はないといってよいであろう。[33]

(1) 東京高裁平成15年決定

事案は、被告医科大学が開設するA病院に入院していたBが、A病院の医師によって抗がん剤を過剰投与されたことによって死亡したとして、Bの相続人である原告らが被告医科大学および担当医師らに対して損害賠償を請求した医療過誤訴訟において、原告らが被告らの責任を立証するため、被告医科大学作成に係るBの死亡事故に関する医療事故調査報告書（本件報告書）について文書提出命令の申立てをしたのに対し、被告医科大学は、本件報告書は、個人のプライバシー等が侵害されたり個人ないし団体の自由な意思形成が阻害されたりするなどその開示によって所持者側に看過しがたい不利益が生ずるおそれがある文書に当たるし、本件報告書は、Bに対する医療事故についての事後調査の結果をまとめたものにすぎないから、その提出を求める必要性もないなどと主張したというものである。東京高裁平成15年決定は、次のとおり判示して、本件報告書を「事情聴取部分」と「報告提言部分」とに分けたうえ、「事情聴取部分」は法220条4号ニ所定の除外文書に当たるが、「報告提言部分」は除外文書には該当しないとして文書提出命令の申立てを認容した原審の判断を支持した。

すなわち、本件報告書のうち、「事情聴取部分」は、事実経過をまとめるため調査の過程で収集された資料であり、そこでは忌憚のない意見や批判もみられるから、これを開示することにより、団体などの自由な意思形成が阻

---

[33] 山本和彦「判批（東京高決平成23・5・17）」判タ1386号113頁参照。ただし、同判批114頁は、公的機関においては、性質上より強い説明責任が求められ、支障の程度がより大きくなければ開示を拒否できないとすることも十分あり得ることであり、文言上も、法220条4号ニに関する「看過し難い不利益」よりも、同条4号ロの「公務の遂行に著しい支障」のほうがより重いものを求めているという理解は十分に成立可能であるとされる。

害されるなど、開示によって所持者の側に看過しがたい不利益が生ずるおそれがあると認められるので、法220条4号ニの除外文書に当たると判断されるが、他方、「報告提言部分」は、客観的な事実経過を前提とし、医療事故調査委員会の議論を経て、同委員会としての最終的な報告、提言を記載したものであり（「報告提言部分」は、これに基づいて医療事故経過報告要旨が作成され、県に提出されるとともに、遺族である原告らにも交付されており、純粋に内部における使用のための文書とは異なり、一部公表も考えられていたものである）、事故発生の原因、家族への対応、社会的問題発生の原因、今後への提言につき詳細な事実経過とこれに対する評価を客観的に記載したものであって、それが被告医科大学ら以外に開示されたとしても、今後の安全管理にあたっての情報収集に重大な影響を与えたり、その衝にあたる者の自由な意思の表明を阻害したりすることは考えられないとした。

　なお、法220条4号のいわゆる自己利用文書（自己使用文書）とはどのような文書かという点については、学説上、客観的にみて作成者が自己固有の使用のために作成し、しかも、その内容が公表されることを全く予定していない文書であって、それが後に公表されたのでは文書作成の趣旨が損なわれるというものだけがこれに当たるとする限定解釈説と、文書提出義務の存否の審理においては、訴訟における当該文書の重要性や必要性、挙証者と所持者との関係、当事者間の衡平、真実発見、当該文書の秘密保持といった諸要因について実質的な衡量が必要であるとする比較衡量説とに分かれている。この点に関して、最決平成11・11・12民集53巻8号1787頁［25］は、文書の作成目的、記載内容、これを現在の所持者が所持するに至るまでの経緯、その他の事情から判断して、もっぱら内部の者の利用に供する目的で作成され、外部の者に開示することが予定されていない文書であって、開示されると個人のプライバシーが侵害されたり個人ないし団体の自由な意思形成が阻害さ

34　竹下守夫「新民事訴訟法と証拠収集制度」法教196号18頁等。
35　伊藤眞「文書提出義務と自己使用文書の意義」法協114号1453頁、賀集唱ほか編『基本法コンメンタール民事訴訟法(2)〔第3版追補版〕』196頁等〔春日偉知郎〕。

れたりするなど、開示によって所持者の側に看過しがたい不利益が生ずるおそれが認められる場合には、特段の事情がない限り、当該文書は自己利用文書に当たると判示している。東京高裁平成15年決定がこの判例理論に依拠していることは明らかであるが、この決定は、問題となった医療事故調査報告書を、その性質上、「事情聴取部分」と「報告提言部分」とに区分し、「事情聴取部分」について提出命令の申立てを認めなかった点に特色がある。

(2) 広島高裁岡山支部平成16年決定

事案は、岡山大学医学部附属病院において心室中隔欠損パッチ閉鎖術を受けた原告が、手術ミスにより大動脈弁が傷つけられるという医療事故が発生したとして提起した損害賠償請求訴訟において、原告が被告（国）に対し、医療過誤を立証するため、前記医療事故の状況等に関し、①文部省（当時）に報告するために作成した文書および②同病院内で病院長等に報告等するために作成した文書について、法220条3号および同条4号等を根拠として文書提出命令の申立てをしたというものである。原審は、①文書の記載内容、性質、作成目的等に照らせば、本件各文書は、医療紛争が予想される相手方との交渉ないしは訴訟追行に向けての対応等を検討するために作成された文書であるから、法220条3号後段の文書に該当しない、②本件各文書は、法220条4号ロにいう「公務の遂行に著しい支障を生ずるおそれ」が高い文書といえるし、およそ外部の者に開示することを予定していない文書は、同条4号ニのカッコ書所定の「公務員が組織的に用いるもの」には当たらないから、被告は同条4号の文書提出義務を負わないとして、本件申立てを却下した。

これに対し、申立人である原告が抗告し、抗告理由として、①法220条4号ロにいう「公務員の職務上の秘密」とは、公権力作用にかかわる職務上の秘密をいうのであり、本件のような非権力作用に関する職務上の事項は該当しない、②原決定が、「外部の者におよそ開示が予定されていない文書」という別のカテゴリーを設けて、同条4号ニ・カッコ書所定の「公務員が組織的に用いる」文書には当たらないとした解釈手法は、解釈の域を超えるもの

IV 診療記録以外の文書

として違法であるなどと主張した。

広島高裁岡山支部平成16年決定は、本件各文書は、本件医療事故について、行政庁内部において、相互に自由かつ率直な意見交換を行うことにより、将来の医事紛争が予想される患者らとの交渉ないし訴訟追行に向けての対応・方針を検討することを目的として作成されたものであって、非公知の事項に関するものであり、かつ、紛争当事者としての国の円滑な交渉ないし訴訟追行の適正を確保するために実質的にも秘密として保護するに値する事項に関するものであるから、非権力作用に関する職務上の事項であるがゆえに「公務員の職務上の秘密」に当たらないとするのは相当でなく、本件各文書は同条4号ロの文書に該当する（なお、本件各文書は、本件医療事故について行政庁内部で組織的に検討する目的で作成されたものと認められ、外部の者に開示が予定されているか否かにかかわらず、上記カッコ書所定の「公務員が組織的に用いる」文書に当たるといわざるを得ないから、同条同号ニにより本件各文書につき提出義務を否定することはできないというべきである）と判断して、原審の判断を結論において支持した。

(3) 東京高裁平成23年決定

(ア) 事案の概要

事案は、被告（独立行政法人国立病院機構）の運営する災害医療センター（本件病院）に救急搬送され入院したAの相続人である原告らが、同病院の医師や看護師による呼吸管理に関する注意義務違反等によってAが死亡したと主張して提起した不法行為ないし債務不履行による損害賠償請求訴訟において、原告らが被告に対し、本件医療事故に関し、独立行政法人国立病院機構の運営する各病院の院長等をもって構成される全国国立病院院長協議会におかれた医療事故評価委員会から付託を受けた評価専門医が作成した医療事故報告書（本件報告書）について、法220条1号および4号に基づき文書提出命令の申立てをしたというものである。原審（東京地立川支決平成23・2・9判例集未登載（平成22年(モ)第40号））は、本件報告書は、法220条1号には該当しない、同条4号ロの「公務員の職務上の秘密に関する文書」に当たる

395

が、作成者の氏名、所属施設、所属診療科および職名の記載を除けば、その提出により公務の遂行に著しい支障を生ずる具体的なおそれがあるとまではいえず、同条同号ロの除外文書に該当するということはできないし、もっぱら内部の者の利用に供する目的で作成され、外部の者に開示することは予定されていない文書に該当するが、作成者の氏名、所属施設、所属診療科および職名の記載を除けば、その開示により個人のプライバシーが侵害されたり、団体等の自由な意思形成が阻害されるなど、開示によって所持者の側に看過しがたい不利益が生じるおそれがあるものとまでは認めがたく、同号ニの除外文書に該当するということはできないとして、本件報告書（ただし、評価医（作成者）の氏名、所属施設、所属診療科および職名の記載を除く）の提出を命じた。これに対し、相手方である被告がこれを不服として抗告した。

東京高裁平成23年決定は、公務秘密文書（法220条4号ロ）の該当性について、次のとおり判示して、原決定を取り消し、文書提出命令申立てを却下した。[36]

(イ)　「公務員の職業上の秘密に関する文書」該当性

法220条4号ロにいう「公務員の職業上の秘密」とは、公務員が職務上知り得た非公知の事項であって、実質的にもそれを秘密として保護するに値すると認められるものをいうと解すべきであるとする判例（最決昭和52・12・19刑集31巻7号1053頁、最決昭和53・5・31刑集32巻3号457頁）を引用したうえ、本件報告書は、次のとおり、公務員の職業上の秘密に関する文書に当た

---

[36] 本件では、①引用文書（法220条1号）、②自己利用文書（同条4号ニ）の該当性も問題となったが、①については、被告は積極的に本件報告書の存在に言及したとはいえないとして、1号には該当しないとされ、②については、本件報告書は、被告の職員である医師が作成し、被告内部で組織的に検討する目的に供されるものであり、4号ニ・カッコ書に準じるものとして、同号ニには該当しないとされた。これに対し、西野喜一「判批（東京高決平成23・5・17）」判評644号33頁、34頁（判時2157号179頁～180頁）は、内部での自由な意思形成過程を確保するという本来の目的がある以上、その目的達成のため、これに用いる内部資料（文書）にも同様に非公開の保護が働き、「組織的に用いるもの」にも当たらないとしたうえで、事故調査報告書のような意思形成過程の内部文書は、私立病院などと同様に、本件のような国立病院（特定独立行政法人）の場合も、4号ニの枠組みのみで処理するのが適切ではないかとされている。

るとした。すなわち、本件報告書の作成経緯(本件医療事故発生直後より本件病院側が相手方らに経過の説明に努めたものの、事故原因が必ずしも明瞭ではなく、相手方らは本件病院側の説明に納得せず、一貫して事故原因の究明を求め続ける中で、本件病院が抗告人内部の一機関である評価委員会に本件医療事故の評価を依頼したこと)、評価希望事項が事故原因の究明と本件病院側の過誤の有無、過誤と事故との因果関係の有無に尽きていること、これを受けて麻酔科や救命救急の専門医が本件医療事故を評価し本件報告書を作成したこと、さらに本件報告書の内容は、わずかに再発防止策に触れる箇所もあるものの、本件医療事故の原因を究明し、本件医療事故が本件病院側の過誤によるものか否かを評価するものであることに鑑みると、本件報告書は、抗告人の内部において、将来の医療紛争が予想される相手方らへの対応の方針を決定するための基礎資料として使用することを主たる目的とし、あわせて今後の医療事故防止対策に資することも目的として作成されたものと推認することができる、かかる目的からすれば、本件報告書は、抗告人内部において組織的に利用される内部文書であって、公表を予定していないものと認められ、麻酔科医長や救命救急センター医長が抗告人の職員の職務の一環として、守秘義務を課されたうえ(評価委員会規程9条2項)、抗告人の機関たる評価委員会から委嘱を受けた1年任期の評価専門医の立場から自らの専門的意見を表明したものであり、公務員の所掌事務に属する秘密が記載されたものであることは明らかである(しかも、その主要な部分は非公知の事項である)。[37]

(ウ) 「その提出により公務の遂行に著しい支障を生ずるおそれがあるもの」該当性

法220条4号ロにいう「その提出により公務の遂行に著しい支障を生ずるおそれがある」とは、単に文書の性格から公務の遂行に著しい支障を生ずる

---

[37] 山本・前掲判批(注33)114頁は、公務秘密文書性(実質秘性)の判断過程は、公務遂行支障性の判断に重なり合い、第1次的判断として、開示による目的不到達がある程度の納得性をもって説明できれば、公務秘密文書性は承認され、後は公務遂行支障性(あるいは重大公益性)の判断に移行することになるとされる。

抽象的なおそれがあることが認められるだけでは足りず、その文書の記載内容からみてそのおそれの存在することが具体的に認められることが必要であると解すべきであるとする判例（最決平成17・10・14民集59巻8号2265頁[74]）を引用したうえ、本件報告書については、次のとおり、「その提出により公務の遂行に著しい支障を生ずるおそれがあるもの」に該当しないとはいえないと判示した。すなわち、本件報告書は、本件医療事故に関し、その発生原因、本件病院の医療従事者の過失の有無、事故と過失との因果関係の有無について、抗告人の職員である麻酔科医長と救命救急センター医長の両名が、評価委員会および本件病院以外には公表されないことを前提として、本件病院から提供された診療録、放射線検査画像、モニタリング波型、人工呼吸器のメーカーによる説明書等の客観的な資料に基づいて、医療者側、患者側の視点に偏らない第三者の視点で、専門的知見に基づき、忌憚のない意見を述べたものであり、本件病院を主体として抗告人内部において、相手方との対応方針を取り決めたり、再発防止策を検討したりするなど組織としての意思形成を行うにあたって重要な役割を果たしたことは疑いを入れないところである。しかるに、これが本案事件に提出されると、今後医療事故の評価依頼を受けた評価専門医は、もはや評価委員会および依頼病院以外には公表されないことを前提として、評価報告書による意見の表明を行うことはできなくなり、医療関係者や患者側関係者に公表されることを前提とし、限られた客観的な資料に基づいて、比較的短期間のうちに医療事故の原因や医療従事者の責任の有無という重い課題について意見を表明せざるを得ない以上は、医療関係者や患者側関係者からのいたずらな批判、非難を招くことを避け、極力誤解を招かぬよう、盛り込むべき内容に意を用いざるを得ず、自由かつ率直な意見の表明に支障を来すこととなるおそれが十分に考えられるところである。このような結果となっては、医療事故発生の早期の段階で、抗告人内部において、可能な限り、厳正で公正な、客観的な資料に基づく専門的意見を自由かつ率直に交換し、抗告人なりの医療事故の責任について見解を形成して、患者やその家族との対応、紛議の解決にあたろうとする上記の

システムは、十分に機能しなくなることは明らかであり、公務の遂行に著しい支障を生ずるおそれが具体的に存在するというべきである。

そして、評価専門医の氏名、所属施設、所属診療科および職名を提出対象から除いたとしても、評価専門医が抗告人の運営する関東信越ブロックの病院の医長以上の役職の医師という限られた給源の中から細分化された専門領域ごとに数名ずつ選定され、1年の任期でその任につくことからすれば、本件報告書の内容全文が公表されるならば、その記載内容自体から作成者の特定は容易に可能となると考えられるから、本件報告書から上記氏名等を除外することにより上記のシステムが十分に機能しなくなるという支障が解消されることにはならないというべきである。

(4) 学説からの批判等

学説上、東京高裁平成15年決定に対しては、本件報告書の報告提言部分は検査・閲覧のために第三者への当該文書の提出が予定されている文書と解すべきであり、この提言部分を正しく評価するためには事情聴取部分は必要不可欠であるから、事情聴取部分も検査・閲覧のために第三者への当該文書の提出が予定されている文書と解すべき余地があるとして、本件報告書は内部文書性を否定すべきであるとの批判がある。また、本件報告書の事情聴取部分は、団体等の意思形成の自由との関係は希薄であり、提出義務を肯定すべきであるとの批判のほか、医療事故調査報告書を自己利用文書として提出義務を免除することについては、医療事故は社会的な出来事であり、病院はこれに関する情報を独占できる立場にはないし、団体の純然たる内部事項についての意思形成が問題となっているのではないから、この場面で自由な意思形成の阻害という観点を持ち出して提出免除を基礎づけようとするのは的はずれであるとの批判などもある。[39]

---

[38] 松本博之＝上野泰男『民事訴訟法〔第6版〕』475頁、松村和德「判批（東京高決平成15・7・15）」（西口元＝春日偉知郎編・文書提出等をめぐる判例の分析と展開）金商1311号93頁参照。これに対し、我妻学「判批（東京高決平成15・7・15）」医事法判例百選183号43頁は、自由な発言を制約する危険があるとして、東京高裁平成15年決定を支持される。

また、広島高決岡山支部平成16年決定については、医療事故が社会的な関心事であることを理由とする前述の批判のほか、法220条4号ロ所定の「公務の遂行に著しい支障を生ずるおそれがあるもの」との要件について類型的な判断にとどまっており、その先例的な意義を過大に評価することはできないとする批判がある。[40]また、本件各文書が訴訟において開示されたとしても、そのことで、直ちに自由かつ率直な意見交換ができなくなるとは考えられないとの批判[41]や、国立・公立大学病院であろうと私立大学病院であろうと、医療事故調査報告書は医療紛争が予想される相手方との交渉ないし訴訟追行に向けての対応のために作成されることが多いと思われるのであり、国立・公立大学病院で作成されるものだけが「公務秘密文書」として保護されるとすることはおよそ合理的な説明ができないとする批判などもある。[42]

　さらに、東京高裁平成23年決定については、意思形成の自由の阻害が存在するだけでは文書提出義務を否定することにはならず、それが著しいものでなければならないとするが、本件のあてはめは、詳細な事情を認定して判断している点で評価に値するものであり、その判断は相当といわざるを得ないとしつつも、本件報告書の体裁等によっては、東京高裁平成15年決定のように、もう少しきめ細かい判断の可能性もあったのではないかとの指摘がある。[43]

(5) 検　討

　民事訴訟法は、適正な民事裁判を実現するために、私文書であるか、公文

39　松本博之「判批（最決平成16・11・26）」判時1903号201頁、204頁。
40　須藤典明「判批（広島高岡山支決平成16・4・6）」主判解〔平成17年度〕（判タ1215号）217頁。
41　長谷部由起子「公務文書の提出義務――文書の不開示を正当化する理由――」（井上治典先生追悼・民事紛争と手続理論の現在）347頁、352頁。
42　中島弘雅「文書提出義務の一般義務化と除外文書」（福永有利先生古稀記念・企業紛争と民事手続法理論）409頁、423頁。ただし、同426頁が東京高裁平成15年決定を引用して、本件においても、自己利用文書であるとするほうが理論的であるとしている点については、本件各文書は、病院が文部科学省や病院長等に宛てて作成したものであるから、広島高裁岡山支部平成16年決定が説示するとおり、行政内部で組織的に検討する目的で作成されたものとして、外部の者に開示が予定されているか否かにかかわらず、「公務員が組織的に用いる」文書に当たり、法220条4号ニにより提出義務を否定することはできないと考えるべきであろうと思われる。

IV 診療記録以外の文書

書であるかを問わず、すべての文書について一般的な提出義務があるとしたうえで、法220条4号に提出義務の免除事由を制限的に列挙することによって、文書を開示することによって重大なプライバシーの侵害がある場合や、公共の利益を害し、公務の遂行に著しい支障を生ずる場合など、民事裁判におけるメリットよりも社会的なデメリットが大きい場合に限り、例外的に提出義務を免除することとしたものと解される。このような観点からすると、法220条4号に列挙された提出義務の免除事由はできるだけ厳格かつ限定的に解されるべきである。[44]

また、患者と診療契約を締結した医療機関は、一般に、患者側に対して、適切な診察を行い、手術の際などには必要に応じて十分な説明を行うとともに、不幸にして医療事故が生じた場合には当該事故の発生機序・原因・事故防止策等について慎重かつ十分な調査等を行ったうえで報告（てん末についての報告）をするなど、適切な診療行為を行うべき診療契約上の義務を負っていると解されているから、医療機関内に設置された医療事故調査委員会が作成した医療事故調査報告書は、民事訴訟における開示によって医療機関側の利益が著しく侵害されることが明らかでない場合には、カルテ等の診療記録と同様に、法220条3号後段の法律関係文書に該当するものと考えることもできるのではないかと思われる。[45]

---

[43] 山本・前掲判批（注33）114頁、115頁。なお、西野・前掲判批（注36）35頁は、原審決定の認定、判断によれば、事前の家族説明会で被告が遺族に交付した説明文書の体裁・内容（本件報告書全体を引用したうえで、その一部を削除・修文する形で記載）からすると、本件報告書は、何らかの形で原告らへ、その内容を報告することを予定していたものと推認できるというものであり、一部提出の可能性についてもう少しきめ細かい判断の余地があったのではないかとする。

[44] なお、畑中綾子「医療事故・インシデント情報の取扱いに関する論点」ジュリ1307号31頁は、医療事故調査報告書は、生命、身体に損害が生じている事案にかかわるうえ、この報告書の内容が唯一の重要な事実となりうることもあることから、その公益性について考慮すべきとも考えられ、特に外部の機関への報告を求められる機関にとって、少なくとも調査結果の概要については「外部への開示が予定されている」ともいえるため、自己使用文書性が否定されやすいともいえるとしている。また、患者自身の自己情報コントロール権に基づき、患者が自己に関する情報について当然知るべきものとして自己使用文書性が否定される方向にあるとする見解もある（吉岡大地＝吉澤邦和「医療機関における事故報告文書等の証拠保全について」判時1895号5頁）。

そして、前掲各高裁決定とその後の学説の展開などもあって、現在の医療訴訟では、原告患者側が被告医療機関側の所持する医療事故調査報告書の提出を求め、裁判所が当該事案との関係で取調べの必要性があると認めてその提出を促した場合には、特に現実的な不都合は想起されないとして、被告医療機関側から任意に提出されることも少なくないとの印象である[46]（その場合、医療事故調査報告書は、医療訴訟において書証として提出されることがあるとして、その内容が病院外に公表されることを念頭においたものとなることはある程度やむを得ないことであろう）。

(6) 補論──医療法による医療事故調査制度

平成26年6月18日、「地域における医療及び介護の総合的な確保を推進するための関係法令の整備等に関する法律」（平成26年第83号。以下、「推進法」という）により医療法が改正され、新たな医療事故調査制度が平成27年10月1日より施行されている[47]。その施行にあたり、「医療事故調査制度の施行に係る検討について」（平成27年3月20日医療事故調査制度の施行に係る検討会）に沿って、医療法施行規則の一部を改正する省令（平成27年厚生労働省令第100号）が平成27年5月8日付けで公布された。新たな医療事故調査制度は、医療事故が発生した医療機関において院内調査を行い、その調査報告を民間の第三者機関（医療事故調査・支援センター）が収集・分析することで再発防止につなげるための医療事故に係る調査の仕組み等を、医療法に位置づけ、医療の安全を確保するものであり、対象となる医療事故は、医療機関に勤務する医療従事者が提供した医療に起因し、または起因すると疑われる死亡ま

---

45 須藤・前掲判批（注40）217頁も同旨である。
46 東京高裁平成23年決定の事案のように、訴訟外で、患者あるいはその遺族らに対し、当該事故の発生機序・原因・事故防止策等について説明文書を交付するなどして、事故調査報告書を踏まえた説明がされていることも少なくないようである。
47 厚生労働省は、平成27年10月の新制度開始に向けて、具体的な運用に関するガイドラインを作成しているが、基本的な枠組み等は、法案提出に先立って平成25年5月29日に公表された同省「医療事故に係る調査の仕組み等のあり方に関する検討部会」の「医療事故に係る調査の仕組み等に関する基本的なあり方」〈http://www.mhlw.go.jp/file/05-Shingikai-10801000-Iseikyoku-Soumuka/0000073556.pdf〉に示されている。

たは死産であって、当該医療機関の管理者がその死亡または死産を予期しなかったものである。医療調査の流れの概略は、①対象となる医療事故が発生した場合、医療機関（病院等の管理者）は、遺族への説明、医療事故調査・支援センター（医療機関への支援等を適切かつ確実に行うため指定された民間組織）への報告、必要な調査の実施、調査結果の遺族への説明および医療事故調査・支援センターへの報告、必要な調査の実施、調査結果について遺族への報告を行う、②医療事故調査・支援センターは、医療機関が行った調査結果の報告に係る整理・分析を行い、医療事故の再発の防止に関する普及啓発を行う、③医療事故調査・支援センターは、医療機関または遺族から調査の依頼があったものについて必要な調査を行い、その結果について医療機関および遺族への報告を行う、というものである。

なお、前出の「医療事故調査制度の施行に係る検討について」によれば、医療事故調査・支援センターが行った調査の医療機関と遺族への報告については、医療法施行規則には定めがないが、同センターは調査終了時に、日時・場所・診療科、医療機関名・所在地・連絡先、医療機関の管理者、患者情報（性別・年齢等）、医療事故調査の項目、手法および結果（調査の概要（調査項目、調査の手法）、臨床経過（客観的事実の経過）、原因を明らかにするための調査の結果（なお、同センターが報告する調査の結果には院内調査報告書等の内部資料は含まない））を記載した調査結果報告書を、医療機関と遺族に対し交付する。なお、同センターの調査報告書の取扱いについて、医療事故調

48　医療法施行規則（1条の10の3）では、医療事故が発生した日時、場所およびその状況、医療事故調査の実施計画の概要、医療事故調査に関する制度の概要、医療事故調査の実施にあたり解剖または死亡時画像診断を行う必要がある場合には、その同意の取得に関する事項を説明することとされている。

49　医療法施行規則（1条の10の4第2項・3項）では、医療事故調査・支援センターに対しては、当該医療事故が発生した日時、場所および診療科名、病院等の名称、所在地、管理者の氏名および連絡先、当該医療事故に係る医療を受けた者に関する性別、年齢その他の情報、医療事故調査の項目、手法および結果を記載し、当該医療事故に係る医療従事者等の識別ができないように加工した報告書を提出し、遺族に対しては、同報告書に記載された事項（当該医療事故に係る医療従事者等の識別ができないようにしたもの）を説明することとされている。

査制度の目的は医療安全の確保であり、個人の責任を追及するためのものではないため、同センターは、個別の調査報告書およびセンター調査の内部資料については、法的義務のない開示請求には応じないとのことである。

新たな医療事故調査制度が、医療事故調査報告書についての文書提出命令の実務にどのような影響を与えるかは、現時点では明確ではない。新制度の運用や今後の実務・裁判例等を待って、論ずることとしたい。[50]

3 捜査機関が所持する死体検案書写し等

(1) 文書提出命令の申立てが認容された事例

AおよびBが平成元年に発生した一酸化炭素中毒によって死亡した（本件事故）のは、本件事故現場である賃借家屋に設置されたガス湯沸器に欠陥があったことなどが原因であるとして、AおよびBの相続人らが、ガス湯沸器の販売・設置業者らに対し不法行為に基づく損害賠償を求めた訴訟において、相手方（警察署）が所持するAおよびBの死体検案書の写し、本件事故現場に関する写真撮影報告書、被告従業員の供述録取書等（本件各文書）について、本件各文書は法220条4号の除外事由のいずれにも該当せず、同条3号前段の利益文書に該当するとして文書提出命令の申立てをしたのに対し、相手方は本件各文書は法220条4号ロおよびホに掲げる除外文書に該当し、同条3号前段にも該当しないと主張し、相手方の監督官庁である県警本部長も、法223条4項1号の国の安全を害するおそれおよび同2号の公共の安全と秩序の維持に支障を及ぼすおそれがあるとして、法220条4号ロの除外文書に該当する旨の意見を述べたという事案について、名古屋地決平成20・11・17判時2054号108頁［95］は、次のとおり判示して、本件各文書について文書提出命令の申立てを認容した。

---

50 平成27年6月時点での新しい医療事故調査制度に関する文献としては、武市尚子「（院内）事故調査と死因究明制度」年報医事法学29号89頁、増田聖子「民事紛争における医療事故調査の意義と課題」年報医事法学29号94頁、甲斐克則ほか「〈シンポジウム〉医療事故調査のあり方――（院内）事故調査の意義と限界・総合討論」年報医事法学29号106頁、日経メディカル2015年5月号44頁以下の「特集 医療事故調で現場はどうなる」などがある。

すなわち、①本件事故については、犯罪の有無を発見するために行われる捜査そのものに属さない捜査前の処分として代行検視（刑事訴訟法229条2項）が行われたにすぎず、これを捜査の端緒として本件事故について捜査手続が開始されておらず、本件各文書はいずれも何らかの被疑事件の捜査に関して作成された文書ではなく、刑事事件に係る「訴訟に関する書類」に当たらないから、法220条4号ホの文書には該当しない、②本件各死体検案書写しについては、それを警察署に提出した申立人ら自身がその提出を求めているのであり、本件各死体検案書写しが提出されても、それは申立人らの意思に沿うものであり、申立人らの信頼を著しく損なうという具体的な支障が生ずるおそれは全くあり得ない。また、死体検案書は、医師が作成して求めのあった遺族に交付するものであり、死体検案を行った医師において遺族がこれを利用することは当然に予想されるものであって、本件各死体検案書写しが提出されることによって国の安全が脅かされ、あるいは、犯罪の予防、鎮圧または捜査などの安全と秩序の維持に重大な支障を及ぼすおそれが具体的に存在するとは認められない。さらに、その余の本件各文書についても同様に、相手方の監督官庁が主張するようなおそれが具体的に存在するとは認められないから、本件各文書はいずれも法220条4号ロの文書には該当しないと判示した（なお、本決定は、本件各文書は、法220条4号の文書として相手方に提出義務があることから、それらが同条3号前段の文書に該当するかについての判断は示していない）。

(2) 医療訴訟との関連

　医療訴訟においても、文書提出命令の申立てに係る文書が刑事関係書類であることは少なくないことから、本決定の内容と関連する限度で、刑事関係書類に関する判例の展開をみておくこととする。まず、①最決平成16・5・25民集58巻5号1135頁［59］（以下、「平成16年決定」という）は、共犯者らの司法警察員および検察官に対する供述調書について、法律関係文書該当性の有無は判断せず、諸般の事情に照らし、刑事訴訟法47条但書の相当性に関する保管者の判断がその裁量権の範囲を逸脱し、または濫用するものであると

認められるときは、裁判所は、当該文書の提出を命ずることができるとしたが、当該事案では裁量権の範囲の逸脱・濫用は認められないとして文書提出義務を否定した。次に、②最決平成17・7・22民集59巻6号1837頁［70］（以下、「平成17年決定」という）は、捜索差押許可状および捜索差押令状請求書について法律関係文書該当性を肯定し、相当性の判断については、平成16年決定の法理を踏襲して、捜索差押許可状については裁量権の範囲の逸脱・濫用を認めて文書提出義務を肯定し、捜索差押令状請求書については逸脱・濫用はないとして文書提出義務を否定した。さらに、③最決平成19・12・12民集61巻9号3400頁［94］は、被疑者の勾留請求の資料とされた告訴状および被害者の供述調書について、平成17年決定を引用して、被疑者本人との関係においては法律関係文書該当性を肯定し、相当性の判断については、平成16年決定の法理を踏襲して、裁量権の範囲の逸脱・濫用を認めて、文書提出義務を肯定している。

　前掲名古屋地決平成20・11・17は、本件事故について捜査手続が開始されていないとして文書提出命令の申立てに係る本件各死体検案書の写し等が刑事訴訟法47条但書の相当性判断が問題となる刑事事件に係る「訴訟に関する書類」には当たらないと判示するとともに、これらを開示した場合にその所持者に生ずる可能性のある不利益等について具体的に検討したうえで、これらを開示されることによって、所持者の監督官庁が主張するような、国の安全が脅かされ、あるいは、犯罪の予防、鎮圧または捜査などの安全と秩序の維持に重大な支障を及ぼすおそれが具体的に存在するとは認められないと判示したものであり、その判断は正当であろうと思われる。なお、本決定は、本件各死体検案書の写し、本件事故現場の写真撮影報告書、被告従業員の供述録取書等が法220条3号前段の利益文書（あるいは同条同号後段の法律関係文書）に該当するか否かの判断は示していないが、前記判例理論の流れに照らすと、これらの文書が利益文書あるいは法律関係文書に該当すると解する余地もあり得るのではないかと思われる。

4 捜査機関から鑑定嘱託を受けた鑑定人が所持する司法解剖の鑑定書の控え文書

　司法解剖が行われた事例において、被疑者の起訴不起訴が未定である段階では、遺族が捜査機関に対し、その所持する司法解剖の結果が記載された司法解剖の鑑定書（司法解剖結果報告書）の開示・提出について協力要請をしたとしても、捜査機関はこれに応じないことが少なくない。そこで、原告遺族側が、捜査機関から鑑定嘱託を受けた鑑定人の所持している司法解剖の鑑定書の控え文書について文書提出命令の申立てをすることがある。

　このような事案に関し、東京地決平成17・6・14判時1904号119頁は、「民事訴訟法220条4号ホがこのような刑事事件関係書類を文書提出命令の対象から除外した趣旨は、刑事事件関係書類が民事事件において裁判所に提出され、当事者がこれを直接閲覧謄写することが可能になると、罪証隠滅のおそれ、プライバシー侵害のおそれ及び捜査の秘密を害するおそれがあることにあると考えられる。しかしながら、本件文書は、捜査機関の嘱託を受けて鑑定を行った医師が鑑定書とは別個に学問研究の資料にも用いるために作成し所有している控え文書であって、刑事訴訟関係法令によって作成が義務づけられているものではなく、捜査機関に提出すべきものでもないから、その性質上、刑事事件関係書類に該当しないというべきである。また、仮にそうでないとしても、本件の申立人は本件文書内容の対象者の相続人であるから、プライバシー侵害の程度も皆無に等しく、さらに、当該刑事事件において被疑者の特定ができていない場合はともかく、本件において被疑者と想定される者は自ずから明らかであって、しかも当該刑事事件における捜査及び公判手続は、被害者の死亡時の客観的状況を前提として被疑者に過失があるか否かやその過失行為と結果との間に相当因果関係があるか否かを究明することになるところ、本件文書は被害者の死亡時の客観的状況についての医学的知見に基づく情報が記載されているにすぎないから、これを現時点で被害者である原告らはもとより、被疑者の属する病院を経営する被告の知り得る状態

に置いても罪証隠滅のおそれが生ずるとは考えられないし、捜査上の秘密保持の要請に反するともいえない。したがって、本件文書は、『刑事事件に係る訴訟に関する書類』に当たらないというべきである」として、鑑定書の控え文書は法220条4号ホの文書に該当しないとして、相手方である鑑定人に対し、同文書の提出を命じた。[51]

本決定のように、一般的に、捜査機関の嘱託を受けて鑑定を行った医師が所持する鑑定書の控え文書が、その性質上、刑事事件関係書類に該当しないと解することができるかについては異論もあろうが、本決定の背景にある、そのように解するのでなければ、遺族が損害賠償を求めて提起した医療訴訟において司法解剖の鑑定書といった重要証拠が提出されないこととなり、民事訴訟における実体的真実の発見が実現できなくなる可能性があるとの思いは全く正当というべきである。なお、この事案では、相手方である鑑定人が裁判所に対し、文書提出の意思について「文書提出命令であれば、送付嘱託の場合と異なり、提出を断る特段の理由はない。ただし、民事訴訟法第220条4号ホに該当するか否かについては、私には判断しかねる」と、文書提出命令の申立てに対する意見について「これまで、提出命令に従って文書を提出した前例は、司法解剖例では聞いたことがない。しかしながら、被害者保護の観点や本来の法医解剖の目的から考えると、妥当なことであると思われる。裁判所が提出命令を出すのであれば、断る理由はない。今後の制度化等も含めて検討いただければ幸いである。なお、民事訴訟法第220条4号ホの

---

[51] その後、同様に、捜査機関の嘱託を受けて医師である鑑定受託者が作成し所持している司法解剖の鑑定書の控え等について、法220条4号ホが定める刑事事件関係書類等に該当しないなどとして、文書提出を命じた裁判例に、東京地決平成22・5・13判タ1358号241頁［103］、東京地決平成23・10・17判タ1366号243頁［122］がある。特に、東京地決平成23・10・17は、本件文書は、民事訴訟において提出されたとしても、関係者の名誉およびプライバシーが侵害されることが想定されず、具体的な罪証隠滅のおそれが生じるとは考えがたく、捜査および刑事裁判が不当な影響を受けるおそれはないうえ、本件文書の提出義務を否定し、基本事件の当事者が証拠として提出する道を阻むのであれば、民事の医療訴訟における実体的真実発見の要請に十分に応えることができないことからすれば、本件文書は、刑事事件関係書類等に該当しないか、該当するとしても、相手方がそのことを理由に本件文書の提出を拒否することは、同文書の保管者として有する裁量権の範囲の逸脱・濫用に当たるというべきであるとしている。

規定に関しては、鑑定書がこれに該当するか否か判断できない。その点もできれば明確にしていただきたい」と回答したという事情があったことも重視されるべきであろう。

5　その他の文書

医療訴訟における文書提出命令については、これまでにみた裁判例のほかにも、①介護サービス事業者が審査支払機関に介護給付費等を請求するために必要な利用者情報をコンピュータに打ち込むと自動的に作成される、当該利用者情報から個人情報を除いた項目を一覧表の形にまとめた文書（サービス種類別チェックリスト）は、審査支払機関に伝送された情報と別の新たな情報が付加されているものではなく、第三者への開示が予定されていたものということができ、法220条4号ニ所定の「専ら文書の所持者の利用に供するための文書」には当たらないとした最決平成19・8・23判タ1252号163頁［89］、②MMRワクチン（3種混合ワクチン）製造承認決定にかかわる中央薬事審議会および同生物学的製剤調査会の議事録と提出資料は、同審議会および調査会が「生物学的製剤の製造承認の当否を検討する過程において、専ら同審議会及び調査会内部において使用されることを目的として作成した文書」というべきものであり、「専ら所持者の自己使用のために作成された内部文書」であるから、法220条3号後段の法律関係文書には当たらないとした大阪地決平成13・5・2判時1771号100頁［38］がある（ただし、平成13年の法改正を受けて、公務文書に対する文書提出命令の申立ての当否では、主に法220条4号の除外事由該当性の有無が問題となることから、本決定の射程と先例性については注意する必要がある）。

V　まとめ

文書提出命令は、立証に必要な文書を所持していない当事者にこれを入手する手段を与えることによって、真実の発見と適正な裁判という民事訴訟の

目的を実現しようというものであるとともに、訴訟当事者間の立証能力の格差（手続的な不平等状態）を是正し、実質的な武器対等の原則の回復、当事者間の実質的平等を図ろうとするものである。

そして、医療訴訟における文書提出命令のあり方を考えるについては、医療訴訟では、関係する証拠が医療機関側の支配下に偏在していて、構造的な情報格差のある訴訟類型であること、患者を診療した被告医療機関は、患者・遺族等の原告側に対し、診療契約に基づいて、診療経過・医療事故の原因等に関するてん末報告義務・説明義務（民法645条）を負担していることなどにも留意する必要がある。

現在の医療訴訟では、基本的書証ともいえる当該患者の診療記録（特に医師において作成する診療録等）は、患者側からの文書提出命令の申立てを待つまでもなく、被告医療機関において、医学用語等の必要部分に訳文を付して提出する取扱いが運用としてほぼ確立しており、患者が被告医療機関の受診前に受診していた医療機関（前医）あるいは受診後に受診した医療機関（後医）の診療記録や救急救命士作成の救急救命処置録（救急活動記録票）については、送付嘱託の申立てによってほぼ入手することができるようになっている。さらに、医療機関内に設置された医療事故調査委員会による調査の結果を取りまとめた医療事故調査報告書の提出義務の有無・範囲については、学説・判例上、依然として争いがあるものの、医療機関側において、具体的かつ現実的な支障が生じる特段の事情がない限り、任意に提出するような運用を確立することが、医療訴訟における審理運営のあり方として望ましい方向であろうと思われる。文書提出義務に関する判例理論と議論の展開とともに、医療機関側の真実解明意識の一層の高まりにも期待したい。

（村田　渉）

第3章

労働訴訟

　労働訴訟において文書提出命令が問題になり得る事例としては、時間外手当ての割増賃金請求におけるタイムカード等の労働事件に関して会社が所持する資料、不当労働行為関係や男女差別訴訟等における事件当事者の労働者以外の同質なグループの労働者に係る人事資料等が問題になる。後述するとおり、労働訴訟においては、当事者間で情報量に重大な隔差が存在しており、使用者側に多くの資料が存すると指摘されるものの、実務的には、文書提出命令が問題となる事例はそれほど多くない。そこで、本章では、労働事件で文書提出命令が当事者間で特に先鋭に対立する典型的な事例である男女差別訴訟事例を設定して（以下、この事例を「本件事例」という）、労働事件においては、文書提出命令をめぐる要件についてどのように考えればよいか、さらには命令発令の際の工夫等を検討することとする。

　また、労働災害の民事訴訟において、行政庁（労働基準監督署）が所持する文書ないし行政庁に係る文書提出義務が問題になる事例があることから、この点に関する判例を紹介することとする。

―《事例》――
　原告ら（労働者）が、被告（企業）に対して、男女による賃金差別の存在を主張し、差別がなければ受け取れる賃金と実際の支払賃金との差額賃金の支払請求権と不法行為に基づく損害賠償請求権を選択的な訴訟

1　第1編第4章Ⅱ5参照。
2　岸巧「文書提出命令をめぐる裁判例の現状と課題」日本労働法学会誌110号23頁も同旨である。

物として訴訟提起をした。原告の主張は、被告が従業員の職能資格による昇格について、学歴、性別による昇格期間の標準を設定し、女性の昇格を抑制していたというものであるが、被告は、原告が主張するような標準は存在せず、各従業員の人事評価に基づいて、能力主義により昇格を決していると主張している。

　この事案で、原告ら（申立人ら。以下、「労働者側」という）は、被告（相手方。以下、「企業側」という）に対して、一定時点の企業側在籍の従業員全員について、①生まれた年月、②入社年月日、③学歴（出身大学、高校名を除く）、④性別、⑤ある時点からある時点までの各従業員の職能資格の推移を明らかにする従業員管理台帳もしくはそれに類する文書または文書に準ずる情報を表す物件について、法220条3号所定の文書または同条4号所定の文書（同号所定の除外文書に該当しない）であると主張して、文書提出命令の申立てをした。なお、労働者側は、企業側の文書提出にあたり、従業員の個人情報保護の観点から、企業側が個々の従業員の氏名を明らかにしない態様で提出することに異議を述べないと主張した。

　一方、企業側は、労働者側が求める文書は、人事部内のサーバーに電磁的記録として入力された状態で保管されており、印刷して、文書の形で提出することは可能であることを明らかにしたうえで、第1に、労働者側主張の文書取調べの必要性がないこと、第2に、当該文書は同条3号の文書ではないし、同条4号所定の除外文書に該当すること、具体的には、相手方の全従業員の個人情報を開示することは、プライバシー保護の観点から問題が大きいこと、今後の企業側の人事政策を制約し兼ねないことを主張した。

I 労働事件における主張・立証のあり方

　労働事件の基本的な特徴として、当事者間で情報量に重大な隔差が存在する点を指摘しなければならない。そこで、その主張・立証のあり方について、円滑な訴訟進行を図るうえでは、以下のような点に留意する必要がある。

1 職場内部に関する客観的事実の理解

　一般的な労働事件においては、従業員の給与体系であれ、人事制度であれ、業務の内容や指揮命令系統であれ、職場に関する客観的な事実については、原告、被告ともに、企業の内部関係で長期間にわたって情報を共有する関係にあったことから、一定の共通認識をもっていることが多い。両当事者ともに、あまりにも自明な職場内部のことについて主張に及んでいない場合、外部の人間である裁判所が、職場の指揮命令系統、給与制度、人事制度等について系統だった説明を受けることが必要である。そのような場合、訴訟の早期の段階で、その説明のための主張・立証を求め、両当事者に争いのない事実を確定し、その理解の上に立って両当事者の争点に関する主張を検討することが合理的である事例が多い。

　この場合、系統だった説明を受けるため、立証責任の帰属とは別に、企業側に職場内部の制度等の主張を求めたうえで、労働者側に、事実レベル、つまり給与体系、人事制度、業務態勢等が（労働者側の見解からはあるべき姿であるか否かはともかく）、実際にその職場内において実施されている事実として間違いないかを確認するという訴訟指揮をする必要がある。

　系統だった主張（説明）とそれを敷衍する書証の提出を、労働者側より情報を有する企業側が先行して行うことは、訴訟の迅速かつ円滑な進行にとって有益なのであり、客観的立証責任の帰属とは別の観点から裁判所の訴訟指揮により、企業側に基本的な情報についての主張・立証を求め、企業側から

の的確な主張・立証をベースにして職場の客観的な実情を明らかにすることにより、迅速かつ混乱のない訴訟進行を可能にすることが合理的である。

2　客観的立証責任と立証の負担

　労働事件においては、客観的立証責任は労働者側にあっても、事実上の立証の負担は企業側にあるという場合が、珍しいことではない。

　たとえば、労働者が使用者を相手にして、時間外労働の割増賃金を請求する事例では、原告である労働者は、労働契約から算出される1時間あたりの単価に労働基準法に定める割増率を乗じ、それに実際に行った時間外労働の時間を乗じて割増賃金額が計算できるのだから、時間外労働の時間数の客観的立証責任は、労働者側にあることは明らかである。

　一方で、労働基準法は、賃金全額支払の原則（同法24条1項）をとり、しかも時間外労働や休日労働について厳格な規制を行っていることからすれば、使用者に、労働者の労働時間を適正に把握する義務を課しているということができる。厚生労働省は、上記の使用者の責任を確認し、労働時間の適正な把握と適切な労働時間管理を行うべきであることを再確認した「労働時間の適正な把握のために使用者が構ずべき措置に関する基準」（平成13年4月6日基発339号）[3]を策定している。以上のような法制度を前提とすれば、企業側が、上記の労働時間の管理を怠っていた場合、労働者側が、業務日誌や業務週報の写し、個人的な日記といった客観的な資料（すなわち、訴訟を意識しないで作成されたことが、その形状等の客観的な事情により明らかな資料）によって、職場にいた時刻を客観的に立証し、企業側がそれに対して有効適切な反証ができない場合には、原告（労働者側）の提出した客観的な資料によって職場にいた時刻の事実を認定することが可能な事例もあると解される[4]。

---

[3]　季刊労働法198号74頁参照。
[4]　山口幸雄ほか編『労働事件審理ノート〔三訂版〕』131頁。

また、労使間の紛争を解決するために労働争議の調整や不当労働行為の審査などを行う労働委員会は、不当労働行為の救済命令の手続で、特定の労働組合の組合員が、賃上げ、一時金、昇格等に関する人事考課のうえで、他の労働組合の組合員と比較して差別的かつ不利益な取扱いを受けたと主張する事件においては、「大量観察方式」と称される審理方式を採用している。この方式は、次のような審理のプロセスを経る。

① 労働委員会は、当該労働組合の組合員の昇給等に関する査定が、同期入社・同学歴・同職種のグループ内における他組合の労働者、非組合員の労働者に比して全体的に低位にあるかどうかを、中立労働組合提出の資料に基づき検討する。

② 労働委員会は、申立労働組合に対し、①における低位性について、使用者の当該労働組合に対する弱体化意図または当該労働組合の組合員に対する差別的意図によることの一応の立証を求める。

上記の①、②の立証により、労働委員会は、当該労働組合の組合員とそれ以外の組合の組合員との査定上の一般的格差が、当該労働組合の組合員であることによるものであるとの一応の立証がなされたと評価し、企業側からの反証により上記の一応の立証が覆されない限り、不利益取扱いという不当労働行為が成立したと扱うことになる。

そこで、企業側としては、①の格差には、当該組合員らの勤務成績、勤務態度等に基づく合理的な理由が存することを立証する負担を負うことになるのである。

大量観察方式は、労働委員会における不当労働行為救済のための手法であるが、特定の労働組合の組合員の差別を請求原因とする大型の民事事件にあっては、一歩手続の進行を誤れば、手続の長期化と混乱を招く危険性があるので、そのような事態を避けるため、客観的立証責任は労働組合に負わせ

---

5 大量観察方式については、たとえば、菅野和夫『労働法〔第10版〕』782頁に具体的な説明がある。

ながらも、一応の立証なり、立証の負担の考え方を用いて、審理方式を整理し、労働組合と使用者双方に、審理に必要な情報（証拠資料）の提出を促す審理方法であると評価することができるのである。そして、そのような判断の大きな枠組みは、労働委員会の救済命令等に対する取消訴訟においても、維持されている事例が多い。

3 立証の負担の帰属に関する考え方

以上のように客観的立証責任の所在を前提にしながらも、立証の負担を使用者に負わせるという運用が行われる実質的な理由は、労働訴訟においては、使用者に、その実態を解明するのに有用な情報が多くあるという現実に対応しているものである。客観的立証責任の分配は、実体法の法解釈の帰結として結論づけられるとしても、それを直ちに労働者に負担させるのは公平ではないし、合理的で混乱のない訴訟進行を考えるうえで適切でない場合も存するという判断によるものである。そこで、労働者に一定以上の蓋然性の立証を負担させたうえで、資料を多く保有している使用者に、有効、適切な反証の負担を負わせ、その反証が不十分な場合は、労働者の立証責任に係る事実についても、認定するだけの蓋然性が認められるという評価をすることがあり得るのである。[6]

II 文書の存在、所持に関する審理

1 文書の存在と所持に関する審理のプロセス

文書提出命令の裁判を行う場合には、文書の存在、相手方（所持人）が、それを所持している（自ら直接の占有はなくても、少なくとも、その文書を支配下においている）ことが前提となる。そこで、申立人は、当該文書の存在、

---

6 講学上の「一応の立証」とよばれる手法を用いているとも説明できる。

相手方が当該文書を所持していることの主張・立証責任を負っている。したがって、相手方（所持人）が、当該文書の存在と所持の事実を認めれば、この要件は満たされるが、その点が争われると、文書の存在と所持に関する審理が必要となる。

一般論としては、まず、申立人に、そのような表示および趣旨の文書の存在を根拠づける事情の説得的な説明（法222条1項前段）を求め、それについて、一応の説明が尽くされた段階で、相手方に対して、文書の特定の問題および文書の表示、趣旨についての意見を述べることを求める（同条2項・1項後段）という過程を経て、その中で裁判所の心証をもつことになる。申立人は、システムとして相手方が当該文書を所持しているとか、実際に当該文書が存在したのを見た等、当該文書が存在していて、相手方が所持していることの根拠を証明する必要がある。

2　文書の滅失

相手方が作成して所持していることを相手方が認めたり、申立人が相手方が当該文書を所持していることを立証した場合に、相手方が、当該文書は滅失したと主張する場合がある。いったん存在した文書は、原則としては、その後も存在していると事実上推定されることから、相手方としては、文書の滅失を主張する場合には、滅失した具体的な事情（いつ、誰が、どのような態様で、どのような事態が発生したことにより滅失したか等の滅失に関する具体的な事実関係）を主張・立証しなければ、当該文書の所持が認定されることになる。

7　須藤典明「情報公開訴訟・文書提出命令等における文書の存否に関する主張立証責任」（門口正人判事退官記念・新しい時代の民事司法）581頁以下では、裁判例を分析したうえで、このような場合は、「紛失廃棄型」とよぶ。そして、申立人は、相手方が「ある時点である文書を所持していた」ことを立証して、相手方が「現在、当該文書を所持していること」を推認させることになり、相手方がこの推認を妨げるためには、その後の紛失や廃棄を具体的に反証することになると論じている。

3 法律上、作成、保存が義務づけられている文書の取扱い

　法律上、作成、保存が義務づけられている文書について、文書の存在と相手方の所持との関係で、どのような法律上の位置づけになるかが問題となる。

　たとえば、医師の診療録は、医師法24条によって作成、保存が義務づけられている。本件事例における賃金台帳についても、労働基準法上、作成、保存が義務づけられている（同法108条、109条）。このような法律上の作成、保存義務が課せられている文書については、特に当該法律上、設定されている保存期間については、当該文書が存在している蓋然性が高いものと解される。その意味では、相手方（所持人）が、当該文書はいったん作成、保存していたものの滅失したと主張しても、上記の蓋然性を覆すだけの説得力をもった事情の主張がない限り、文書提出命令が発令されることになり、[8]法律上の文書の作成保存義務がある場合の保存期間中の滅失については、裁判所は、厳しい判断をしているということができる。

4 保全期間経過後の文書

　保存義務が課せられている文書であっても、保存期間経過後の文書については、保存義務について厳しい立場をとる裁判例も、[9]保存義務が課せられている期間中であることを理由にしていることから、上記の場合ほどの厳しい判断にはならない場合が多いように思われる。

　これらの文書についても、いったんは存在して相手方が所持していたのであるから、上述の文書の場合と同様に、相手方が、文書滅失に関する具体的事情を反証する（たとえば、保存義務が課せられている文書をどのような態様で保存しているのか、具体的にどのようにしてそれを廃棄しているかを説得的に立

8　診療録の文書提出命令に関する判例（大阪高決昭和56・10・14判時1046号53頁［4］）は、特に滅失したことを認定しない限り、文書提出命令を発令すべきであると判示している。
9　前掲（注8）大阪高決昭和56・10・14。

証する必要が生じる）ことが必要となり、それが成功しないと文書の所持が認定できる場合が多いであろう。

5　本件事例における検討

　本件事例の場合、労働者側が文書提出命令を求めている文書のうち、「学歴」と「職能資格の推移」を除く部分は、労働基準法上、使用者に調製、保存義務、労働基準監督署への提出義務を課されている。労働基準法は、「労働者名簿」および「賃金台帳」を調製すること（同法107条、108条）と、3年間の保存義務を課しており（同法109条）、これらの義務に違反した使用者は処罰される（同法120条1号）。また、労働基準監督署への提出義務を履行しない者も罰則の対象となる（同条4号）旨が規定されている。もっとも、これらの文書について、提出を受ける労働基準監督官には、守秘義務が課されており（同法105条）、必ずしも労働者が自由に閲覧することができない文書なのであるが、これらの文書は、労務管理という使用者の便宜のためにのみ用意された文書であるとは考えられず、国の監督機関が各事業所の労働者の労働条件を随時に、かつ容易に把握するための資料として、労働者の権利を擁護するために、使用者に上記の調製・保存義務と提出義務が法定されており、記載内容についても、具体的かつ正確な内容が把握できるようにしていると考えるべきである。

　したがって、本件事例に関しては、少なくとも、労働者側が求めている情報の中で、「学歴」と「職能資格の推移」を除く部分については、賃金台帳等の文書提出命令を申し立てれば、企業側が文書の不存在を主張しても、文

10　労働基準法施行規則53条1項は、「労働者名簿」に、労働者の氏名、生年月日、履歴、性別、住所、従事する業務の種類、雇入れの年月日、退職の年月日およびその事由（退職の事由が解雇である場合にあってはその理由を含む）、死亡の年月日およびその原因を記載することを規定している。そして、労働基準法施行規則54条1項は、「賃金台帳」に、労働者の氏名、性別、賃金計算期間、労働日数、労働時間数、法定外の時間外労働、休日労働に関する延長時間数、休日労働時間数、深夜労働時間数、基本給・手当てその他賃金の種類ごとの額、労働基準法24条1項に基づく賃金控除額を記載することを規定している。

書の調整・保存義務をあえて遵守していないことに関連する具体的事情を説明する等して反証に成功しない限り、文書の存在ないし所持の事実を認定されることになる。

　上記の調製・保存義務の対象となる文書の対象外の情報である「学歴」、「職能資格の推移」が記載されている文書の存在は、原則どおり労働者側が主張・立証する必要がある。

　もっとも、企業側が、そのような情報に関する文書が存在しないと主張する場合、当該情報の有無、管理の態様を具体的に明らかにするべきである。採用の際に「学歴」が考慮されていたり、この企業内の就業規則等で、職能資格制度が運用され、各従業員が、いずれかの職能資格に位置づけられているのであるとすれば、従業員ごとの「職能資格の推移」が何らかの形で企業内に管理されていると考えるのが通常である。したがって、それに関する情報をどのように管理しているかについて、企業側は説得的な説明を行う必要があり、その説明が十分でない場合には、これらの情報が記載された文書が存在することが認められることになる。保存の態様について、現在の一定規模以上の企業体にあっては、電磁的記録として人事に関する情報が一括して管理されている場合が多いのであり、労働基準法上の調製・保存義務が課された「労働者名簿」や「賃金台帳」の管理の態様によっては、「学歴」や「資格の推移」に関する情報が保管されていることに、ある程度の蓋然性が認められる。必要に応じて、これらの情報がどのような情報とともに管理されているかの説明が必要な場合があると考えられる。

III　証拠調べの必要性

1　「証拠調べの必要性」の要件

　次に、労働者側の申立てに係る文書について、証拠調べの必要性（法181条1項）の検討が必要になる。この証拠調べの必要性という要件を根拠づけ

III 証拠調べの必要性

る事情については、申立人が主張・立証責任を負うことになる。

そして、証拠調べの必要性の判断については、原則としては、次のような判断の枠組みが必要となる。[11]

① その立証命題そのものが当該事件の解決にとって関連性がないから、そのような立証そのものが不要と判断される場合
② 立証命題には問題がないが、それに対して、当該文書の関連性がないために、当該文書の取調べが不要であると判断される場合
③ その立証命題は、すでに他の証拠により証明十分であるから、もはや当該文書の取調べは不要である場合

①については、特別な審理を必要とするというものではなく、通常の訴訟の進行によって、弁論準備手続等の手続において必要な主要事実、間接事実レベルの争点整理を行うことによって、証拠調べの必要性が判断できることになる。

②については、申立人は、その必要性に関して、当該立証命題との関連性があることを根拠づける事実の主張・立証をする必要がある。この議論は、過剰な立証は制約してベスト・エビデンスを取り調べるべきであるという考え方が背景にあるのであるが、一方で、当該文書に何が書いてあるかは、実際に参照してみなければわからないということも考慮する必要がある。その意味では、実務的には、文書提出命令の申立てに対する判断をしばらく留保して、他の立証方法による立証を重ねる中で、最終的な判断をする事例も存する。

③についても、基本的には、事例に応じた判断が必要になる。過剰な立証を制約するという実務上の要請を考慮しても、基本的に何が書いてあるかは、参照してみなければわからないのであるから、文書の表示および趣旨から、明らかに関連性がないとされない限り、この点の関連性がないことを理由にして早期の段階で却下することは、少なくとも合理的な判断とはいえな

---

11 門口正人ほか編『民事証拠法体系(4)各論II』171頁〔金子修〕。

いように思われる。

　もっとも、実際に文書提出命令を発する際には、前述したとおり、文書の表示および趣旨を特定したり、当該文書を所持しているか否かの判断をしたり、立証命題と当該文書の関連性について、所持人である相手方に明らかにすることを求める手続の過程で得られる情報から、証拠調べの必要性を判断することができる事例がほとんどである。

　また、所持人が訴訟当事者である事例では、多くの事例で、当該文書の表示および趣旨が明らかになり、当該文書が上記の①、②の意味で必要があることを明らかにすれば、実務的には、対立当事者である文書の所持人が、任意に（または裁判所による勧告を受けて）可能な範囲で、当該文書を書証として提出し、文書提出命令の申立ては取り下げられることになる。もっとも、文書の所持者が、プライバシー保護等の要請から一部にマスキングをした写しを提出したり、所持者が別途、申立人の文書提出命令の立証命題に即して必要な情報を転記する等した文書を、任意の書証の提出として提出する場合もみられる。このような場合に、当該文書（写し）作成の過程に疑義があるか否か、その文書（写し）の内容に照らして、文書提出命令に係る当該文書の証拠調べの必要性が後発的に失われたか否かを検討することになる。

2　本件事例における証拠調べの必要性

　本件事例においては、労働者側の請求の根拠が、企業側は、従業員の昇格を男女別に管理しており、一定の学歴の男性従業員の職能資格を年功的に上昇させているのに、同一の学歴の女性の昇格を抑制し、男性よりも昇格面で不利益に取り扱っているというものである。前述のとおり、このような事例で、違法な男女差別を行っていることの立証責任は、労働者側にあり、少なくとも、同期入社・同学歴・同職種のグループ内における男女の従業員を比較して、女性は男性に比して全体的に低位にあることを証明する必要がある（上述の大量観察方式の考え方を応用しても、労働者側は、少なくともこの点についての証明を尽くす必要がある）。そして、前述のとおり、この点に関する情

報量は、労働者側と企業側とでは重大な隔差があり、企業側に、その実態を解明するのに有用な情報が多くあるという特質を考えれば、本件事例においては、労働者側が申し立てている情報が記載されている書証については、証拠調べの必要性を肯定することができるものと考える。

3 即時抗告の可否

　労働事件の文書提出命令の事件において、最も多く争われるのは、証拠調べの必要性であり、その申立て却下決定の多くは、この点を理由とするものである。現行法上、文書提出義務がないことを理由とする文書提出命令申立てに対する却下決定に対しては、即時抗告をすることができると規定されている（法223条4項）。しかし、証拠調べの必要性について、その必要性がないことを理由として却下するのは、法181条1項によるもので、文書提出命令に限らず、すべての証拠調べの手続に普遍的なものであり、同項についての判断に対して不服申立てをする根拠は存在しない。したがって、証拠調べの必要性がないことを理由とする文書提出命令の申立てを却下した決定に対しては、同法の証拠採否の決定についての原則どおり、不服申立てをすることができないとするのが旧法時の下級裁判所の裁判例であった。[12] 現行法下で、判例は、[13]「証拠調べの必要性を欠くことを理由として文書提出命令の申立てを却下する決定に対しては、右必要性があることを理由として独立に不服の申立てをすることはできないと解するのが相当である」と明確に判断している。このように現行法下では、この論点についての最終的決着がついたのであって、違法な即時抗告は許されない。

　なお、受訴裁判所が、証拠調べの必要性があるとして文書提出命令を発したときは、一般に訴訟における証拠の採否の決定は、受訴裁判所の専権に属することから、証拠調べの必要性がないことを理由とする不服申立ては許さ

12　たとえば、東京高決昭和57・4・28判時1045号91頁。
13　最決平成12・3・10民集54巻3号1073頁 [30]。

れないものと考えるべきである。[14]

Ⅳ　文書提出義務の有無

　文書提出義務について規定する法220条は、1号～3号の提出義務については、申立てに係る文書が各号所定の文書に該当することが要件となり、4号については、文書提出義務が一般義務化されており、当該文書が4号のイ～ホ所定の要件に該当しないことによって文書提出義務が肯定されることになる。以下、本件事例に沿って、上記の要件該当性の検討をする。

1　「法律関係文書」（法220条3号後段）への該当性

　旧法時には、本件事例のような事案では、文書提出義務に関して、法律関係文書への該当性という形で議論されてきた。

　労働者側が、自らの本件事例における情報（①生まれた年月、②入社年月日、③学歴、④性別、⑤職能資格の推移、⑥本給額の推移）を明らかにするための賃金台帳等は、法律関係文書に該当するというのが、一般的な解釈であるといって差し支えない。前述のとおり、労働基準法上、賃金台帳に使用者の調製・保存義務があるのは、使用者の便宜のために認められたものではなく、国の監督機関を通してではあるが、労働者の権利を保護するという観点から義務づけられているものであり、ひいては、労使間の賃金に関する法的紛争を防止したり、解決したりすることを期しているものであると考えられるからである。したがって、労働者側本人の上記情報が記載されている文書については、法220条3号後段の「挙証者と所持者との間の法律関係について作成された文書」と解し得るのである。旧法下でも、現行法下でも、同趣旨の判例がある。[15]

　それでは、本件事例のように、労働者側が、年齢や勤務年数がほぼ同一の

---

[14]　東京高決平成17・12・28労判915号107頁［77］。

他の労働者に関する上記の情報が記載されている賃金台帳等の文書提出命令を申し立てた場合は、どうなるか。旧法下では、これを法律関係文書として文書提出義務を認めるか否かについて、肯否両方の判例が存在した。[16]旧法は、文書提出義務の範囲を限定的に規定していたことから、下級審の裁判例は、必要に応じて、法律関係文書の概念を拡張して解釈していた傾向にあったと指摘されている。[17]しかし、現行法では、法220条4号で、文書提出義務が一般義務化されているのであり、申立人（原告）ら以外の従業員の情報の部分については、挙証者と所持者との間の共通に利用するという目的のために作成され、挙証者にも支配権を認めてしかるべき「法律関係文書」に該当するというのは、無理のある解釈であろう。[18]現在では、労働者側も、法220条3号後段ではなく、同条4号による文書提出義務を主張する事例がほとんどである。後述のとおり、同条4号によれば、プライバシー保護等との関係で、細かな配慮を行うことができることからしても、より適切な解釈が可能になると思われる。

2 法220条4号の文書提出義務の一般義務化

企業側が法220条4号の除外事由該当性を主張する場合の理由づけとして、2つの側面を主張することが多い。第1は、上記の情報の基となる文書には、労働者側の従業員以外の従業員のプライバシーに係る情報が多数記載されており、プライバシー保護の観点から、一般義務性を排除すべきであると

---

15 その趣旨の判例としては、旧法下のものは、たとえば、福岡高決昭和48・2・1労民24巻1＝2号26頁、名古屋高決昭和51・1・16労経速919号3頁。現行法下のものは、さいたま地決平成17・10・21判時915号114頁［75］。
16 組合員と非組合員との賃金差別を主張した損害賠償請求訴訟について、大阪高決昭和53・3・15労判295号46頁は、法律関係文書とすることを肯定した。一方、大阪高決昭和54・9・5労民30巻5号908頁は、法律関係文書性を肯定した原決定を法律関係文書性を否定して、これを取り消している。
17 たとえば、高橋宏志『重点講義民事訴訟法(下)〔補訂版〕』141頁。
18 現行法下の前掲（注15）さいたま地決平成17・10・21、その抗告審である東京高決平成17・12・28労判915号107頁［77］は、同旨の判示をしている。

いう点、第2は、上記情報の開示により、使用者のその後の人事政策における人事の処遇政策が、多大の影響を受け得るという点である。以下、これらの観点を考慮しながら検討することが必要になる。

3 法220条4号ハ（職務上知り得た事実で黙秘の義務が免除されていないものが記載されている文書）への該当性

法220条4号ハ（職務上知り得た事実で黙秘の義務が免除されていないものが記載されている文書）は、法197条1項2号または3号所定の証人の黙秘義務が免除されていない場合に証言拒否権が認められているのと同じ趣旨から、文書提出義務を免除する規定であると解されている。本件事例に即していえば、適用の可能性があるのは、同項3号の「技術又は職業の秘密に関する事項」になる。判例[19]は、「技術又は職業の秘密に関する事項」とは、その事項が公開されると、当該技術を有する社会的価値が下落し、これによる活動が困難になるものまたは当該職業に深刻な影響を与え、以後その遂行に困難をもたらすものであるとしている。本件事例に即していえば、賃金台帳等は技術に関する事項ではないし、この情報の開示により企業側の職業に深刻な影響を与えるとも、以後、その遂行に困難をもたらすとも認めることも困難であろう。したがって、企業側が、法220条4号ハに該当するという主張をしても、採用されないことになる。[20]

4 法220条4号ニ（専ら文書の所持者の利用に供するための文書）への該当性

(1) 「専ら文書の所持者の利用に供するための文書」とは

法220条4号ニの「専ら文書の所持者の利用に供するための文書」（自己利用文書）の該当性について、平成11年最高裁判例は、[21]①もっぱら内部の者の

---

19 前掲（注13）最決平成12・3・10。
20 大阪高決平成17・4・12労判894号14頁［68］は、このように判断して、法220条4号ハに該当するという使用者側の主張を排斥している。

利用に供する目的で作成され、外部の者に開示することが予定されていない文書であること、②開示されると個人のプライバシーが侵害されたり、個人ないしは団体の自由な意思形成が阻害されたりするなど、開示によって所持者側に看過しがたい不利益が生ずるおそれがあることという要件が満たされた場合には、③特段の事情がない限り、自己利用文書に該当するという構造をとっており、①、②の要件は、文書の作成目的、記載内容、これを現在の所持者が所持するに至るまでの経緯、その他の事情から判断するとしている。この判例後の最高裁判例は、いずれもこの「特段の事情」に該当するかという議論をしているのであり、この平成11年最高裁判例が、その後の判例理論の判断の枠組みを形成しているといって差し支えない。

　その後の２つの最高裁判例は、いずれも信用金庫の貸出稟議書について、信用金庫の会員代表訴訟の事例[22]、または破綻した信用金庫の事業譲渡を受けた整理回収機構が文書の所持者である事例[23]について、前者は、自己利用文書該当性を肯定し、後者は、自己利用文書該当性を否定した。これらの判例から、特段の事情についての一般論を引き出すことは困難であるが、少なくともこの特段の事情に関する判断が、文書の客観的性質と所持者側の類型的不利益に着目しているのであり、個々的な比較衡量によっているものとは考えがたいこと[24]、基本的に、この「特段の事情」とは、上記①、②の要件を打ち消すような事情を中核とするものと考えるべきであることは指摘できるものである[25]。

　本件事例に即して考察する際には、文書の客観的性質と所持者側の類型的不利益に照らして、上記の①、②の要件に関する事情を検討することになる。

21　最決平成11・11・12民集53巻8号1787頁［25］。
22　最決平成12・12・14民集54巻9号2709頁［32］。
23　最決平成13・12・7民集55巻7号1411頁［40］。
24　福井章代「判解」最判解民〔平成12年〕929頁。
25　杉原則彦「判解」最判解民〔平成13年〕801頁。

(2) 本件事例における「専ら文書の所持者の利用に供するための文書」該当性

(ア) 労働者側以外の労働者の調整・保存義務が課されている情報

まず、従業員名簿や賃金台帳等に記載されている、労働者側以外の労働者に関する労働基準法上調整・保存義務が課されている情報に関していえば、前述のとおり、当該情報が記載された賃金台帳等は、使用者による労務管理の資料というだけでなく、監督行政庁を通じてではあるが、労働者の権利を保護するという観点から義務づけられ、ひいては、労使間の賃金に関する法的紛争の防止、解決に資するものとして期待されていると考えられる。したがって、これらに記載されている情報は、文書の客観的性質から、もっぱら内部の者の利用に供する目的で作成され、外部の者に開示することが予定されていない文書とは認めがたく、上記(1)①の要件を満たしていると解することは困難であるから、結論として法220条4号ニ（専ら文書の所持者の利用に供するための文書）に該当するとは考えがたい。

(イ) 労働者側以外の労働者の「学歴」、「職能資格の推移」に関する情報

次に、労働者側の労働者以外の従業員の「学歴」、「職能資格の推移」に関する情報に関していえば、労働基準法上の調製・保管・提出義務の対象ではなく、これが外部の者に開示されることが予定されているとは認めがたいのであるから、少なくとも上記(1)の①の要件を満たしていると評価することができる。

そして、労働者側以外の従業員の「学歴」、「職能資格の推移」の情報が、上記(1)②の要件である「開示されると、（個人ないしは）団体の自由な意思形成が阻害されたりする」かという観点から考慮することになる。上述のとおり、企業側からは、これらの情報が開示されることにより、使用者のその後の人事政策における処遇政策が多大の影響を受け得ると主張される。しかし、「学歴」、「職能資格の推移」という情報は、すでに過去の事実として客観的に確定している情報であり、企業が個々の従業員の賃金額や昇格決定の際に準拠するような情報であるとはいいがたいと考えられる。もっとも、

「学歴」、「職能資格の推移」の情報をすべて総合的に参照すれば、場合によっては、企業側が各従業員について、それぞれの時点で個々の従業員の職務遂行能力に対する評価内容を推察することはできることから、企業が昇格等の意思決定に対する影響が全くないとまではいえないかもしれない。しかし、企業は、個々の従業員をそれぞれの評価時点での適正な人事評価に基づいて昇格等を決定しているというのであれば、過去の各時点での企業側の評価が現れることが、少なくとも「開示によって所持者側に看過し難い不利益が生ずるおそれ」に該当するとまで認めることは困難であろう。

(ウ) 文書の開示による個人のプライバシー侵害の可否

次に、開示によって、個人のプライバシーが侵害されるといい得るかについて考察する。確かに、文書提出義務が肯定されることにより、各従業員の名前が特定されることになれば、個人のプライバシーが侵害され、その情報を管理する企業に「開示によって所持者側に看過し難い不利益が生ずるおそれ」が認められるという評価が可能になると考えられる。もっとも、その点は、文書提出命令の具体的な態様によって回避できる問題である。本件事例で、労働者側が、生年月日のうち、生まれた日を除いた情報の文書提出命令を申し立てているのは、その情報がどの従業員のものであるかを特定する態様の文書提出命令を求めていないことを表している。また、出身大学、高校名を除外する文書提出命令を申し立てたのは、本件訴訟における労働者側の主張内容に照らして、各従業員の学歴別による職能資格の推移は重要な情報であるが、その具体的な出身大学、高校名は、必要性が乏しく、他の情報と総合して個々の従業員のプライバシーに属する情報であることを考慮した結果であると考えられる。少なくとも、本件事例において、申立人らが求めた上記の情報（個々の従業員のプライバシーに配慮した情報）は、本件の訴訟事件における労働者側の立証として、非常に重要な情報であることを考えれば、プライバシー保護との均衡を考慮しても、文書に係る情報を開示すべき

---

26 前掲（注20）大阪高決平成17・4・12は、このように論じている。

特別の事情があるという評価が可能である。[29]

　なお、本件事例における労働者側は、上記のような証拠調べの必要性が乏しく、かつそれらの情報によれば、プライバシー侵害の危険性が非常に高くなり得る情報を除外した文書提出命令の申立てを行うという合理的な行動をとっているが、仮にこのような情報を含む文書提出命令の申立てであれば、それらの情報の証拠調べの必要性は認めがたく、それらの部分の情報については、文書提出義務は肯定しがたいという結論になるものと考えられる。

　人事考課にあたっての能力評価に関するマニュアルについて文書提出義務が認められるかが争点となった裁判例がある。[30] この事件では、当該文書は法220条3号の利益文書にも法律関係文書にも該当せず、その配布対象者からみてもあるいはその内容からも人事考課の運用のために作成された文書であり、公開、公表が予定されていないし、人事考課は、使用者の裁量に即しており、その運用の水準まで公開を要求できる根拠はないとして、被考課者に対して疑念を生じさせたり、誤った期待や不安を与える余地があり、公開を意識して人事考課に関する文書の作成、保管を抑制し、円滑な人事考課を妨げることになるなど適正な組織の運営を妨げるおそれもあるとし、単に証拠価値が高いというだけでは文書提出義務は肯定できないとして、自己利用文

27　もっとも、生年月日の日や出身高校、大学名を除外しても、会社の規模にもよるが、膨大な時間をかけて他の資料と突き合わせれば、個々の情報がどの従業員のものであるかを特定することは可能であり、個人のプライバシーの侵害の可能性を完全には否定できない。しかし、開示された情報の目的を超えて、上記のような他人のプライバシーを侵害する手間をかけた何らかの行動をとれば、それ自体が直ちに不法行為を構成することになることからすれば、上記の可能性から、直ちに「開示によって所持者側に看過し難い不利益が生ずるおそれ」を認めることは困難であろう。

28　前掲（注18）東京高決平成17・12・28は、賃金台帳が、労働基準法上、調製、保管、提出が使用者に義務づけられている文書であることから、労働者のプライバシー保護は一定の範囲で制約を受けることがあることを前提として作成された文書であるとして、男女賃金差別訴訟における立証にとっての賃金台帳の不可欠性、挙証者以外の賃金台帳が法220条4号所定の法定除外事由に該当しないことから、挙証者以外の賃金台帳は文書提出命令の対象となり、その限度でプライバシー保護も制約を受けると判示している。

29　前掲（注20）大阪高決平成17・4・12は、このように論じている。
30　大阪地決平成11・9・6労判776号36頁［24］。

書性を肯定した。この裁判例については、証拠価値の高さから文書提出義務を認める余地があるとの指摘[31]や、上記の平成11年最高裁判例が出た今日では、文書提出義務を肯定する余地もあるとの指摘[32]がある。この種の人事考課マニュアルがどのようなものであるかは、文字どおりケース・バイ・ケースであるというほかない。この裁判例の趣旨を平成11年最高裁判例に即して考えると、この裁判例における文書は、自己利用文書性を考慮するうえでの、上記(1)の①、②の要件を満たしているという判断がなされているように思われる。そして、上記(1)の③の要件に関していえば、具体的な事実の評価にかかわる証拠であり、それ自体の証拠価値が認められるというだけで、文書提出義務を肯定するだけの事情があるとの判断は困難であると思われる。

V 文書の一部の文書提出命令と発令後の事務処理

本件事例においては、申立て段階で、各従業員の生年月日のうちの日の情報、出身大学、高校名の情報を除外して申し立てられているが、一般に、文書提出命令の申立ての趣旨の中の文書または文書中の一部の情報が、証拠調べの必要性を欠いていたり、文書提出義務の対象にない場合に、文書の一部に関する文書提出命令が発令されることができるかについては、旧法下において、判例上も学説上も争いがあった。現行法223条1項後段は、文書の取調べの必要性がない場合または文書提出義務を肯定できない場合には、その部分を除いた文書提出命令を発することができると規定して立法的に解決した[33]。上述のように、法220条4号に該当する文書のうち、プライバシー保護の要請や文書の所持者の自由な意思形成の要請から、その一部について、同

---

31 香川孝三「判批(大阪地決平成11・9・6)」ジュリ1187号113頁。
32 名古道功「労働事件と文書提出命令〜二つの判例を中心として〜」金沢法学49巻2号1頁以下。
33 どの範囲まで一部の文書提出命令を発することができるかという点については、議論の余地がある。この点について、最決平成13・2・22判時1742号89頁[36]参照。

号イ〜ニの除外文書に当たるとされる場合が考えられるのであり、合理的な解決が可能になった。そして、文書の一部の文書提出命令をするかの検討にあたっては、いわゆるイン・カメラ手続（法223条6項）を活用することにより、上記の除外文書の要件具備の有無、一部の箇所の特定を行うことになる。

　本件事例のように、文書の一部が除外される申立てが認められた場合や、申立てに係る文書の一部の文書提出命令が発せられた場合、具体的にどのような態様で文書の取調べをするべきかが、問題として残る。特に、労働事件においては往々にしてみられること（本件事例のような場合も同様である）であるが、文書提出命令の対象となる情報が、膨大なデータを含んでいる場合が多い。また、本件事例もそうであるが、企業側の情報が、電磁的記録として保管されており、その情報をどのようにプリントアウトするかが問題ともなり得る。その意味では、文書提出命令の発布後に、その提出方法について、裁判所と企業側との間で、そして必要に応じて労働者側の意見も聴取しながら、文書提出命令で命じられた情報を、どのような形で提出するかについて、協議しながら、文書の提出を求めるという取扱いがなされる場合が多い。[34]

　なお、上述のとおり、現在は、労働者に係る賃金情報等の管理は、電子データによる場合がほとんどであるが、もとより、この情報は、法231条の準文書に該当することになる。[35]

34　進行協議手続（民訴規則95条）を利用することが考えられる。
35　前掲（注20）大阪高決平成17・4・12。

VI 労働災害事件における文書提出義務

1 災害調査復命書の文書提出義務性

　労働災害にあった労働者が使用者を相手にして起こす労働災害民事訴訟（使用者の安全配慮義務違反等に基づく損害賠償請求事件）において、労働基準監督官が労働安全衛生法に基づいて事業所への立入り、関係者への質問、帳簿等の検査等の手段により、労働災害の発生原因を究明し、再発防止に係る措置等の判断に供するために、労働基準監督署に対して提出された災害調査復命書の文書提出義務の有無が、法220条4号ロが規定する「公務秘密文書」の解釈との関係で問題となり、最高裁判例となった。[36]

　この平成17年最高裁判例は、第1に、法220条4号ロの「公務員の職務上の秘密に関する文書」の意義について、いわゆる実質秘とし、その判断要素として、公務員が職務上知り得た私人の秘密であって、公務の公正かつ円滑な運営に支障を来すこととなるものも含まれるとし、第2に、「公務の遂行に著しい支障を生じるおそれ」の意義について、単に文書の性格から判断するのではなく、文書の記載内容からみてそのおそれの存在することを具体的に認められることが必要であると判断し、第3に、災害調査復命書については、①調査担当者が職務上知ることができた事業場の安全管理体制、労災事故の発生状況、発生原因等の被告会社にとっての私的な情報、②再発防止策、行政上の措置についての調査担当者の意見等の行政内部の意思形成過程に関する秘密が記載されていると認められるとし、①、②の情報とも、法220条4号ロの「公務員の職務上の秘密に関する文書」に該当するものの、「公務の遂行に著しい支障を生じるおそれ」に関して、①の文書については、聴取内容がそのまま記載されたり、引用されたりしているわけではないこ

---

[36] 最決平成17・10・14民集59巻8号2265頁［74］。

と、調査担当者には、事業場への立入り、質問、検査の法律上の権限があること等から、その提出によって公務の遂行に著しい支障が生じるおそれが具体的に存在するということはできないと判断した。

この判断は、法220条4号ロの「公務の遂行に著しい支障を生じるおそれ」について、文書の性質によるのではなく、文書の記載内容から判断することを明示している。[37] そして、その判断について、上記の第3の具体的な考慮要素を2点明示しているものであるが、そのいずれかが欠ければ直ちに公務の遂行に著しい支障が生じるおそれが存在すると判断すべきであるとはいえないものと考えられる。[38]

2 石綿関連疾患に関する労災民事訴訟における関係文書

石綿関連疾患に関する労災民事訴訟において、使用者が所持するじん肺管理区分の決定を受けた者に関するじん肺管理区分決定通知書、労災認定を受けた者に関する労災補償保険請求書の写し等、石綿健康管理手帳の交付を受けた者に関する石綿健康管理手帳交付申請書の写し等について、これらの文書がいずれも法令に基づいて作成された文書であること、現在、石綿製品の製造が禁止されていることを考慮して、これらの文書が提出されることにより、（元）従業員が健康診断の受診や情報提供を拒否したり、被告会社において労働安全衛生等の人事労務管理が著しく困難になるということはできないとして、法220条4号ハ、197条1項3号の「職業の秘密」が記載された文書であるとは認められないと判断した裁判例がある。[39]

（渡辺　弘）

37　山本和彦「判批（最決平成17・10・14）」民商134巻3号469頁。
38　松並重雄「判解（最決平成17・10・14）」最判解民〔平成17年度〕718頁。
39　大阪高決平成25・6・19労判1077号5頁［142］。

第4章 交通事故訴訟

I はじめに

　本章においては、交通事故訴訟における文書提出命令制度の利用について扱う。

　民事訴訟としての交通事故訴訟には、交通事故の被害者が加害者等に対して提起する損害賠償請求訴訟のほか、賠償義務者とされる者が被害者に対して提起する債務不存在確認請求訴訟、保険契約上の各種の条項に基づき被害者等が保険会社に対して提起する保険金請求訴訟、被害者に対していわゆる任意保険金を支払った保険会社が保険代位（保険法25条、旧商法662条）により取得した被害者の加害者等に対する損害賠償請求権に基づきこれらの者に対して提起するいわゆる求償金請求訴訟等の類型があるが、ここでは、被害者が加害者等に対して提起する損害賠償請求訴訟を取り上げることとする。

　本章においては、まず、IIにおいて、筆者の所属した東京地裁民事第27部（いわゆる交通部）を中心に交通事故訴訟の動向および最近の主な論点を概観したうえで、III以下において、審理における主要な事項ごとに、文書提出命令制度の利用について論ずることとする。なお、本稿中、意見にわたる部分

1　なお、交通事故の被害者が自動車損害賠償保障法16条の規定に基づき自動車損害賠償責任保険契約の保険者である保険会社に対して保険金額の限度での損害賠償額の支払いを求めて提起する訴訟については、加害者に対する損害賠償請求権とは別の損害賠償請求権に基づくものであり（最判昭和39・5・12民集18巻4号583頁ほか）、理論上は保険契約の条項を根拠とする保険金請求訴訟とは性格を異にするものである。

435

は、筆者の個人的なものである。

II 交通事故訴訟の動向および最近の主な論点

1 交通事故訴訟の動向

(1) 新受件数の変遷

　東京地裁民事第27部（以下、「当部」という）は、昭和37年1月1日に発足し、民事交通訴訟事件（ただし、船舶または航空機の事故によるものを除く）を担当している。

　当初は、昭和30年に制定された自動車損害賠償保障法を含め、交通事故損害賠償実務に関する法令の解釈適用についての基礎的な考え方の整理が主な課題とされていた。当部における交通事故訴訟の新受件数は、発足当時の昭和37年には428件（部内統計による。以下同じ）であったが、その後、増加の一途をたどり、昭和45年には2184件に達した。もっとも、昭和50年には、836件となり、その後は暫時1000件を下回る状態に落ち着いた。その背景としては、交通事故の発生件数自体が昭和44、45年をピークに減少に転じたことや、東京三弁護士会交通事故処理委員会や財団法人日弁連交通事故相談センター等による損害賠償額算定基準（いわゆる赤い本、青本）が公表され、交通事故損害賠償実務に関する指針が形成されてきたことのほか、いわゆる示談代行制度の付された任意保険が普及して、訴訟外で上記の指針を踏まえて交通事故当事者間に示談が成立することが多くなったこと、公益財団法人日弁連交通事故相談センターや公益財団法人交通事故紛争処理センターなどのいわゆるADR機関が創設されて紛争解決にあたることとなったこと等があげられよう。

　このような新受件数のピーク時を経て、昭和54年4月からは、東京地裁に提起される労災事故に基づく損害賠償請求事件も当部において集中して扱うこととされた。

交通事故訴訟の新受件数は、その後長らく落ち着いた状態が続いてきたが、平成10年を境に急激に増加した。新受件数は、平成10年には896件であったが、その後大幅に増加し、平成17年には1382件となり、平成22年頃までは年間1400件前後の状態が継続した。

このような事態を受けて、東京地裁内部での検討の結果、平成16年10月以後は、上記の労災事故関係事件はいわゆる通常部に配てんするものとされ、当部は新受事件としては交通事故訴訟のみを担当することとなったが、新受件数は、平成22年以後も増加を続け、平成24年には1778件、平成25年には1842件、平成26年には1882件となった。

このような事件増の状況については、全般的な経済情勢が楽観を許さない状況にある中で賠償義務者側の損害保険会社の保険金支払いの査定が厳しくなったこと、一方で、被害者側が、インターネットを利用するなどして損害賠償の水準等につき容易に多くの情報を得ることができるようになり、権利を強く主張するようになったことや、自動車保険において弁護士費用補償特約（いわゆる弁特）が一般化し、訴訟の提起が容易になったことの影響が考えられるが、次に述べるように、内容が複雑で、容易に解決することができない事案が増加してきたことも、重要な要因であると考えられる。

(2) 訴訟内容の複雑化

先に述べたように、最近の交通事故訴訟については、その内容の複雑化が顕著である。

ここで複雑であるとする内容には、各種のものがみられる。まず、最近の医学的な知見の進展を受けたものをあげることができ、これは、さらに2つの性格のものに分類することができるように思われる。

その1つは、傷害または後遺障害の内容や程度等について、一応の基準が新たに整備されたものの、個別具体の事実関係の下における認定・評価等が容易ではない事案であって、高次脳機能障害に関するものをその代表的な例としてあげることができるものと考える。周知のとおり、高次脳機能障害については、自動車損害賠償責任保険制度の運用において、平成15年に対応が

開始された労災制度に先駆けて、平成13年に取組みが開始され、今日までに、その認定・評価のあり方等について、議論はかなり進んでいるが、年少の被害者がこの障害を負った場合の考え方等をはじめ、基本的な事柄に関して議論はいまだ残っている。この種の事件においては、介護費用をはじめとして、請求は概して高額となり、その主張の当否を判断するにあたっては、医学的な事項のほか、被害者の日常生活の細かな事情等に至るまで、多くの事実を把握することが必要である。被害者が高次脳機能障害を負っているらしいとの判断に至った後にも、症状の具体的な内容等に応じて、今後どのような介護が必要とされるのかといった点を、きめ細かく吟味することが必要とされる。その際には、わが国における介護制度の運用の全体的な動向等も踏まえたうえで、たとえばその被害者が施設での介護を受けること、または受け続けることができるのかも考慮する必要がある。その結果、場合によっては職業介護者が付き添うこととして、費用としてはより高い自宅介護を選択すべきとの結論に至ることも、珍しいことではない。症状が重篤な被害者については、その余命をどのように認定判断するのかといった問題が争点として提起されることもあり、進んで、賠償義務者側からいわゆる定期金による賠償を求める主張が提出されることもある。このほかにも、高次脳機能障害という疾病についての考え方が固まる前に発生した事故に関し、消滅時効の適用の有無が問題となったり、すでにされた示談の有効性が深刻な争いとなったりするケースもみられる。

　もう1つは、傷害または後遺障害の内容や程度等の認定・評価の基準がいまだ整備されるには至っていない事案であり、近時話題とされることが多い低髄液圧症候群あるいは脳脊髄液減少症とよばれる疾病に関するものも、その例としてあげられよう。この種の事案においては、医学上の知見の最新の動向が、訴訟における議論の対象とされ、慎重な審理判断が必要とされるところである。

　実務上他にみられる複雑な類型の事件として、共同不法行為（民法719条）に関するものがある。これには、複数の交通事故が関係しているもの、交通

事故により被害者が受けた傷害に対する治療に際し医療機関の過誤が疑われるもの、飲酒運転による事故につき運転者に酒類を提供するなどした者の責任が問われるもの等のいくつかの類型があるが、最高裁判決（最判平成13・3・13民集55巻2号328頁、最判平成15・7・11民集57巻7号815頁）を踏まえての学説上の活発な議論や、飲酒運転事故に関する社会的な批判の強まり等の事情を受けて、関係する事実の認定判断が容易ではないことも含め、やはり慎重な審理判断が必要とされるところである。

(3) 東京地裁民事第27部の構成と法・経済環境の変化

平成27年4月現在において、当部では、臨時のものを除き、合議体を4、単独裁判官による係を10設けており、裁判官10名、書記官15名（主任書記官3名）、速記官3名、事務官3名の総勢31名の態勢で事件処理にあたっている。

当部においては、平成27年3月31日までは、単独裁判官による係を9、合議体を6設けていたが、先に述べた事件数の増加、事件の内容の複雑化等の事情を受けて、上記のとおり態勢を強化したものである。

ところで、交通事故、特にいわゆる人身事故においては、被害者は基本的にいわゆる犯罪被害者の立場にあるところ、このような立場に係る各種の事情に関する最近の刑事法制の整備の動きは、周知のように大きなものであり、民事訴訟手続の運用においても、このような社会的な動向は念頭においておく必要があるものと考えられる。

また、平成20年秋以来の経済環境の急激かつ深刻な変化は、民事紛争全体に影響を及ぼすことが必至であると考えられ、交通事故損害賠償実務についても、今後の推移を十分に注意して見守る必要があるものと考えられる。

2 交通事故訴訟における主な争点

最近の交通事故訴訟において多く争われるのは、①事故当事者の過失の有無およびその割合を中心とする事故態様、②損害論のうち、被害者が受けた傷害または後遺障害の内容や程度等の認定・評価、③同じく損害論のうち、

被害者の休業損害や後遺障害による逸失利益を算定するうえでの基礎となる収入の認定・評価である。ここでは、状況の概観にとどめ、後に若干の補足をすることとする。

①の過失割合の考え方に関しては、東京地裁民事交通訴訟研究会『民事交通訴訟における過失相殺率の認定基準〔全訂5版〕』別冊判例タイムズ38号に示されている過失相殺率の認定基準を前提に当事者の主張が交わされることが多い。これによって、基本割合についての考え方が整理され、これを修正する要素の存否等が争点として絞り込まれてきて、審理を効率的に進めることが可能になっている。

②の傷害または後遺障害の内容や程度等の認定・評価の点は、多くの事件において最も重要な争点となっているものであり、医療機関の診療録等に基づいて医学的知見に関する議論が重ねられることが通常のこととなっている。

③のいわゆる基礎収入の認定・評価の点は、いわば古典的な論点ではあるが、被害者に事故後も減収が発生しなかった場合の考え方(最判昭和56・12・22民集35巻9号1350頁ほか)や、個人事業者、会社役員等についての考え方など、実務上は悩みが多いところである。

最近の交通事故訴訟においては、文書送付の嘱託(法226条)等によって、刑事事件(少年保護事件を含む。以下、特に断らない限り同じ)の記録や医療機関の診療録等の証拠を時宜に応じて収集し、それぞれの争点の解明に必要な主要な証拠の提出を適切に受けたうえで、審理を行うことが必要となっており、その概要については、先に述べた東京地裁民事交通訴訟研究会・前掲1頁以下、佐久間邦夫=八木一洋編『交通損害関係訴訟(リーガル・プログレッシブシリーズ5)〔補訂版〕』11頁以下に紹介されているところである。

以上を前提に、Ⅲ以下において、審理における主要な事項ごとに、文書提出命令制度の利用について論ずる。

III　事故態様の審理

1　事故態様の把握の必要性

　交通事故訴訟の最も基本的な態様は、交通事故の被害者が、直接の加害者である運転者に対し、不法行為の基本の定めである民法709条の規定に基づき、損害賠償の請求をするというものである。この場合の請求を理由づける事実としては、交通事故が発生したこと、それが加害者の故意または過失によること、被害者の生命、身体または財産権が侵害され、これによって損害が発生したこと（交通事故と損害との間の相当因果関係の存在も含む）があげられる。

　ところで、実務上主に議論となる加害者の過失については、今日では、一般に、他人の権利または法益の侵害による損害の発生を予見し得たのであるから、それを回避するための適切な行動をとるべきであったにもかかわらず、それを怠ったこと（客観的過失）をいい、その有無の判断にあたっては、当該行為者本人の能力を基準（具体的過失）とするのではなく、当該行為者が社会生活において属するグループの平均人を基準（抽象的過失）とすべきものと解されており、審理における主張・立証責任の分配については、いわゆる「規範的要件」の一種として、過失を基礎づける具体的事実（評価根拠事実）の主張・立証責任は、過失の存在を主張する被害者である原告が負い、過失の成立を妨げる具体的事実（評価障害事実）について、抗弁として、過失の存在を否定する加害者とされる被告が主張・立証責任を負うと解されている。

　このような考え方を踏まえ、被害者が加害者に対して民法709条の規定に基づき損害の賠償を請求する訴訟における加害者の過失について述べると、一般に、当該事案の事実関係に照らし、加害者が一定の注意義務を尽くしていれば、事故の発生を予見し、これを回避することが可能であったのに、注

意義務を尽くすことを怠ったため、事故が発生したということが主張・立証されるべきものと考えられる。

もっとも、被害者に加害者の主観的事情につき主張・立証を求めるとすると、ときに被害者に過大な負担を負わせることとなるが[2]、今日では、交通事故の場合には、自動車の運転行為それ自体が損害発生の蓋然性を有する行為であり、かつ、道路交通法その他の道路交通法規は、日常生活の中で一般に生じ得る典型的事故事例を想定し、そこからの交通関与者の保護を目的とした規範としての性格を有していて、上記のような道路交通法規の定めに従うことが自動車の運転者等の基本的な前提とされていることを踏まえ、実際の審理においては、原告は、外部に現れた行為態様から評価される道路交通法規における定型的注意義務とその違反行為の存在（速度超過、前方不注視、一時停止ないし徐行義務違反、車間距離不保持等）を主張・立証すれば足りるとの考え方（過失の客観化）が定着しており、同様の事情は、過失相殺（民法722条2項）の適用においてもみられるところである。

以上のように、交通事故訴訟においては、客観的な事故態様の把握が、被害者が最終的に救済を受け得る限度を決する場合を含め、重要な意味を有している。

2　刑事事件の記録の審理における活用の状況

客観的な事故態様の立証に関しては、事故現場の地図、双方の車両の位置

---

[2] 周知のように、昭和30年に制定された自動車損害賠償保障法は、本文記載のような問題に対処し、交通事故による被害者の保護を図るために（1条参照）、自動車の保有者その他の「自己のために自動車を運行の用に供する者」（運行供用者）について、その者の側において、自己および運転者が自動車の運行に関し注意を怠らなかったこと等の事実を主張・立証しない限り、交通事故の被害者がその生命または身体を害されたことにより受けた損害を賠償しなければならないとの新たな類型の責任（自動車損害賠償責任。同法3条）を設け、民法上の不法行為責任と比較して、立証責任の転換を図り、無過失責任に近い「中間責任」を新設したが、運転者が運行供用者に該当しない場合（たとえば、他人に使用されている運転者が使用者の所有する自動車を用いてその事業の執行中に交通事故を生じさせた場合）や、被害者の受けた損害がいわゆる物損の場合には、運転者につき上記の責任は成立しないので、被害者は、民法709条の規定に基づき責任を追及するほかはない。

や距離等を記載した図面、事故現場や事故車両を撮影した写真等が用いられるが、その際、刑事事件の記録を適切に活用することが必要とされる。

　交通事故が発生した場合には、運転者等は、直ちに自動車等の運転を停止して、負傷者の救護等をするとともに、直ちに警察官に事故の概要を報告しなければならない（道路交通法72条、117条、119条等）。そして、交通事故が発生した場合には、一般に、速やかに警察官が現場に臨んで事情の確認にあたり、被害者が死亡しまたは傷害を受けた事案（自動車の運転により人を死傷させる行為等の処罰に関する法律5条等）では、詳細な実況見分が実施され、事故当事者のほか目撃者がいる場合にはそれらの者に状況を確認するなどすることにより、証拠が保全される。いわゆる物損事故では、詳細な実況見分調書が作成されることは少なく、物件事故報告書等に簡略な図が記載されるのみであることも多いが、それらに事故直後に当事者がどのような説明をしていたのかが記録されていることもある。

　ところで、近時の運用においては、被害者がこのような刑事事件の記録に接することは、比較的広く認められている。刑事被疑事件が不起訴処分で終了した場合であっても、記録の存する検察庁に対して弁護士法23条の2の規定に基づく照会があれば、実況見分調書が開示される。いわゆる物損事故についても、同様に、記録の存する警察署に対して同規定に基づく照会があれば、物件事故報告書や事故処理報告書等が開示される。公訴提起がされ判決が確定する前の刑事被告事件の訴訟記録については、被害者またはその委託を受けた弁護士は、いわゆる犯罪被害者保護法（犯罪被害者等の権利利益の保護を図るための刑事手続に付随する措置に関する法律）3条の規定に基づき、事件の係属する裁判所に対して閲覧または謄写の申出をすることができる。判決が確定した後は、刑事訴訟法53条の規定に基づき、記録の存する検察庁に対して少なくとも閲覧を求めることができる（謄写まで許されるか否かについては、運用上の問題が残る）。審判開始の決定がされた少年保護事件の記録のうち非行事実に係る部分については、被害者またはその委託を受けた弁護士は、少年法5条の2の規定に基づき、事件の係属する家庭裁判所に対して

閲覧または謄写の申出をすることができる。

交通事故訴訟の審理においては、刑事事件の記録の入手にあたっては、文書送付の嘱託（法226条）が活用される[3]。この申立ては、第1回口頭弁論期日前から可能であり、争点となる見込みが生じた段階で、できる限り早期にこれを行うことが望まれる。

不起訴事件の記録中の供述調書については、原則として開示されないが（刑事訴訟法47条）、それが訴訟の結論を直接左右する重要な争点に関するものであって、かつ、その争点に関するほぼ唯一の証拠であるなど、その証明に欠くことができない場合であること、供述者の死亡等の事情により訴訟にその供述を顕出することができない場合であること等の要件を満たすときには、例外的に嘱託に応ずるものとされている[4]。

3　刑事事件の記録と文書提出命令

上記のとおり、今日の交通事故訴訟の審理においては、刑事事件の記録を比較的広く利用できるようになっており、なおあえて文書提出命令をもってその提出を求めることが必要とされる場合は限られるものと考えられる。

このような場合についての理論上の問題の詳細は、本書の別項（第2編第3章Ⅻ）を参照されるようお願いし、ここでは要点のみを紹介する。

法220条4号ホは、「刑事事件に係る訴訟に関する書類若しくは少年の保護事件の記録又はこれらの事件において押収されている文書」を同号に定める

---

[3] 文書送付の嘱託の活用一般については、須藤典明ほか「文書送付嘱託関係のモデル書式について」判タ1267号11頁以下ほか参照。

[4] 平成16・5・31刑総627号法務省刑事局長通知「民事裁判所からの不起訴事件記録の文書送付嘱託等について」。なお、同通知においては、事故状況につき目撃者があることがうかがわれるが、裁判所および当事者にその特定のための情報が知られていないという場合に関して、目撃者の証言が、訴訟の結論を直接左右する重要な争点に関するものであって、かつ、その争点に関するほぼ唯一の証拠であるなど、その証明に欠くことができないこと等の要件を満たすときには、例外的に調査の嘱託（法186条）に応ずるものとされている。同通知の関係部分については、東京地裁民事交通訴訟研究会・本文前掲書（交通損害関係訴訟）6頁参照。

文書提出の一般的な義務を負うとされる文書から除外する旨を規定しているが、判例上、刑事訴訟法47条により原則として公にしないものとされている「訴訟に関する書類」に当たる文書であって公判に提出されなかったもの（不起訴処分がされた事件の記録に属する文書や、公訴が提起された事件に関する文書で公判に提出されなかったものも、これに含まれる）であっても、法220条3号に定めるいわゆる法律関係文書（「挙証者と文書の所持者との間の法律関係について作成された」文書）に当たるとして文書提出命令が発せられることがあるとされている（最決平成16・5・25民集58巻5号1135頁 [59]、最決平成17・7・22民集59巻6号1837頁 [70]、最決平成19・12・12民集61巻9号3400頁 [94]）。

もっとも、これらの判例においては、文書提出命令の申立てをした主体と文書の所持者との間の法律関係のいかん、各文書の作成の根拠や提供等の事情のいかん等によって、それが法律関係文書に当たるか否かが判断されるものとされており、これが肯定された場合にも、刑事訴訟法47条の規定により当該文書を公にするか否かについてその合理的な裁量に委ねるとされる当該文書を保管する者の判断が尊重されるべきものであって、「その保管者が提出を拒否したことが、民事訴訟における当該文書を取り調べる必要性の有無、程度、当該文書が開示されることによる上記（筆者注：被告人、被疑者および関係者の名誉、プライバシーの侵害等）の弊害発生のおそれの有無等の諸般の事情に照らし、その裁量権の範囲を逸脱し、又は濫用するものであると認められるときは、裁判所は、当該文書の提出を命ずることができる」とされている（前掲最決平成16・5・25）。このように、供述調書等について文書提出命令が発せられる場合は、無限定に認められているわけではないことに注意を要する（なお、否定例として、最決平成12・12・21訟月47巻12号3627頁 [34] 参照）。

なお、交通事故は、基本的にはその発生前の比較的短時間における関係者の動静が問題とされる性格のものであるが、たとえば、過労による居眠りが交通事故の原因であったと主張されることもあり、このような事案において

は、運転者の勤務状況等に関する証拠の収集が課題となる。もっとも、このような事案においても、多くの場合に運転者の勤務先等に対する文書送付の嘱託（法226条）や調査の嘱託（法186条）によって対応し得るものと考えられ、あえて文書提出命令の申立てまでをする必要性が生ずることは少ないものとみられる（仮に申立てがされたときには、使用者責任の成否に関しⅣ1(2)に述べるのと同様の点が問題となるものと考えられる）。

Ⅳ　被告の帰責原因の審理

1　民法715条の「使用者」

(1)　「ある事業のために他人を使用する」の意義

民法715条1項本文は、「ある事業のために他人を使用する者は、被用者がその事業の執行について第三者に加えた損害を賠償する責任を負う」と定めている。上記のいわゆる使用者責任は、被用者の不法行為責任についての代位責任であると解されており、その根拠については、報償責任（利益の存す

5　なお、文書提出命令に関する一般論として、1通の文書の記載中に提出の義務があると認めることができない部分があるときは、特段の事情のない限り、当該部分を除いて提出を命ずることができると解するのが相当であるとされる（法223条1項後段。最決平成13・2・22判時1742号89頁［36］）。

　また、ある文書が文書提出の一般的義務の対象から除外される法220条4号ニ所定の「専ら文書の所持者の利用に供するための文書」（その意義については、本文Ⅳ1(1)参照）に当たると解される以上は同条3号に定める法律関係文書に該当しないとされ（最決平成11・11・12民集53巻8号1787頁［25］）。なお、最決平成12・3・10判時1711号55頁［29］は、「民訴法220条3号後段の文書には、文書の所持者が専ら自己使用のために作成した内部文書は含まれないと解するのが相当である」と述べている）、当該文書が文書提出の一般的義務の対象から除外される同条4号ロに定める「公務員の職務上の秘密に関する文書でその提出により公務の遂行に著しい支障を生ずるおそれがあるもの」に当たる場合には、法191条、197条1項1号の各規定の趣旨に照らし、その所持者は当該文書の提出を拒むことができるものというべきであるから、法220条3号に定める法律関係文書に該当することを理由とする申立ては理由がないとされる（最決平成16・2・20判時1862号154頁［55］）。なお、ここにいう「公務員の職務上の秘密」と私人の秘密との関係等については、本文Ⅴ2参照）。

るところ損失も帰する）および危険責任（危険を支配する者が責任も負う）の考え方に求められている。

　交通事故の加害者である運転者に損害賠償責任が認められる場合であっても、その者の資力が十分でないことも多く、被害者がより資力のあるその者の使用者に対して上記の規定に基づき損害賠償を求める訴訟を提起することは、多くみられるところである。

　ところで、上記の規定にいう「ある事業のために他人を使用する」の意義については、事実上の指揮監督の下に他人を仕事に従事させることであって、期間の長短、報酬の有無、選任の有無、契約の種類または有効無効を問わないと解されており（最判昭和56・11・27民集35巻8号1271頁ほか）、指揮監督関係は、現実に指揮監督が行われていたことを要するものではなく、客観的にみて指揮監督をすべき地位にあったことをもって足りると解されている（最判昭和41・6・10民集20巻5号1029頁ほか）。

　なお、判例上、「事業の執行について」の判断基準については、取引的不法行為において、「被用者の職務執行行為そのものには属しないが、その行為の外形から観察して、あたかも被用者の職務の範囲内の行為に属するものとみられる場合をも包含する」として外形標準説が採用されており（最判昭和40・11・30民集19巻8号2049頁）、事実的不法行為においても、「必ずしも被用者がその担当する業務を適正に執行する場合だけを指すのでなく、広く被用者の行為の外形をとらえて客観的に観察したとき、使用者の事業の態様、規模等からしてそれが被用者の職務行為の範囲内に属するものと認められる場合で足りるものと解すべきである」として、会社の従業員が私用に用いることを禁じられている会社の自動車を勝手に持ち出して運転中に起こした交通事故において、外形標準説を適用して使用者責任が認められている（最判昭和39・2・4民集18巻2号252頁）。しかし、これは、加害者とその使用者とされる者との間に上記のような「ある事業のために他人を使用する」との関係が存在することを前提にしたうえでの議論であって、両者は次元を異にするものであることに注意を要する。

(2) 文書提出命令との関係

　交通事故の加害者である運転者とその使用者とされる者との間に上記のような「ある事業のために他人を使用する」関係があることについては、被害者において立証責任を負うが、被害者にとっては相手方の内部事情であることから、最終的には、使用者とされる者が所持する事業遂行関係の文書等について、文書提出命令の申立てをしてその立証を図ることもあり得る。

　基本的に契約関係にない者が加害者と被害者になるとの交通事故の特質に照らすと、このような申立ては、多くの場合に、法220条4号の文書提出の一般的義務に関する規定を根拠としてされるものと考えられ、その際、当該文書が同義務の対象から除外される同号ニに定める「専ら文書の所持者の利用に供するための文書」に当たるか否かが問題となることが多いと考えられる（本書第1編第1章および第3章参照）。

　この点に関しては、判例上、「ある文書が、その作成目的、記載内容、これを現在の所持者が所持するに至るまでの経緯、その他の事情から判断して、専ら内部の者の利用に供する目的で作成され、外部の者に開示することが予定されていない文書であって、開示されると個人のプライバシーが侵害されたり個人ないし団体の自由な意思形成が阻害されたりするなど、開示によって所持者の側に看過し難い不利益が生ずるおそれがあると認められる場合には、特段の事情がない限り、当該文書は民訴法220条4号ハ（筆者注：現行法ニ）所定の『専ら文書の所持者の利用に供するための文書』に当たると解するのが相当である」とされている（最決平成11・11・12民集53巻8号1787頁［25］。なお、前掲注5参照）。このような判断基準に照らすと、提出を求められた文書が「専ら文書の所持者の利用に供するための文書」に当たるとされることは、必ずしも多くないであろうと考えられる。

　以上に述べたところは、たとえば、いわゆるマイカー通勤中に発生した交通事故につきそれが使用者の「事業の執行について」生じたものに当たるか否かが問題とされた事案において、これに当たると主張する被害者が使用者の所持する関係文書の提出を求める場合等についても、同様であると考えら

れる。

2　自動車損害賠償保障法3条本文のいわゆる運行供用者

(1)　運行供用者とは

　前記1に述べたように、民法715条の規定については、判例上相当に緩やかに解釈適用がされているものの、被害者にとってなお立証上の負担があることは否定しがたいところである。

　このような事情を踏まえ、自動車損害賠償保障法は、交通事故による被害者の保護を図るために（1条参照）、3条本文において、「自己のために自動車を運行の用に供する者は、その運行によって他人の生命又は身体を害したときは、これによって生じた損害を賠償する責に任ずる」と規定し、無過失責任に近い「中間責任」である自動車損害賠償責任（運行供用者責任）を設けた（前掲注2参照）。

　ここにいう「自己のために自動車を運行の用に供する者」については、実務上、一般に、運行供用者とよばれている。その意義については、「自動車の使用について支配権を有し、かつ、その使用により享受する利益が自己に帰属する者を意味する」（最判昭和43・9・24裁判集民92号369頁）とされている（二元説とよばれる）。そして、「自動車損害賠償保障法の立法趣旨及び民法715条に関する判例法の推移を併せ考えるならば、たとえ事故を生じた当該運行行為が具体的には第三者の無断運転による場合であっても、自動車の所有者と第三者との間に雇用関係等密接な関係が存し、かつ、日常の自動車の運転及び管理状況等からして客観的外形的には、自動車の所有者等のためにする運行と認められるときは、右自動車の所有者は……自動車損害賠償保障法3条による損害賠償責任を免れない」（最判昭和39・2・11民集18巻2号315頁）とされ、運行供用者責任が民法715条の規定する使用者責任と連続性を有すること、使用者責任に関して判例上形成されてきたいわゆる外形標準説の考え方が運行供用者責任の成否の判断にあたっても適用されることが明らかにされている。

(2) 運行供用者の主張・立証責任の所在と文書提出命令との関係

　もっとも、上記の判例の事案の具体的事情に関する説示に関しては、上記の規定にいう「自己のために自動車を運行の用に供する者」について、事故の原因となった運行につき存在した各種の事実に基づいてこれに当たるか否かが判断されるものとの考え方（事実説とよばれる）に立ったうえで、同規定にいう「その運行」について、これを「自己のための運行」と解して、当該事故の原因となった具体的運行につき支配および利益の帰属する主体がその事故の責任を負うべきものとする考え方（具体説とよばれる）を採用し、被害者である原告はこれらの事実を主張・立証する必要がある（請求原因説とよばれる）とする理解があった。このような理解については、被告側の内部事情に通じない原告側にこのような事実の主張・立証を求めるものとすると、被害者の迅速適正な救済を目的とした自動車損害賠償保障法の規定の趣旨を損なうことになるのではないかとの批判がみられたところである。

　このような批判に応える形で、昭和40年代に入り、裁判実務（東京地判昭和40・12・12判タ185号168頁ほか）において、被害者である原告は、請求原因として、被告について事故を生じさせた自動車に関する所有権、賃借権、使用借権等の一般に運行支配・運行利益の帰属を内包する法的地位の取得原因を主張・立証すれば足り、被告において、抗弁として、事故の原因となった運行の時点で譲渡や盗難等により自動車についての運行支配および運行利益を失っていたことを主張・立証することができなければ、被告は運行供用者責任を免れないとする考え方が形成された。このような考え方は、上記の規定にいう「自己のために自動車を運行の用に供する者」について、一種の法的地位であって、その取得・喪失に係る事情によりこれに当たるか否かが判断されるものとの考え方（法的地位説とよばれる）に立ったうえで、同規定にいう「その運行」について、これを「その自動車の運行」と解して、責任行為の要件としての「運行」と責任主体の要件としての「運行」とを切り離して考え、事故の原因となった具体的運行が開始される前の段階で当該自動車の運行の支配および利益が帰属する主体がその事故の責任を負うべきもの

とする考え方（抽象説とよばれる）を採用したうえで、立証責任を上記のように分配して（抗弁説とよばれる）、双方の利害の適切な調整を図るものである。

その後、上記の考え方の目指したところを基本に、立証責任の分配に関する民事訴訟学説の進展も踏まえて、たとえば、被害者である原告が、被告において自動車につき所有権等の利用権を有することを主張・立証すれば、被告につき事故時における運行支配・運行利益の帰属が事実上推定され、これに伴って、被告においては、事故時に運行支配・運行利益を有しなかったとの特段の事情を主張・立証しない限り、運行供用者責任を免れないとする考え方（間接反証説とよばれる。最判昭和44・9・12民集23巻9号1654頁は、この考え方に立つものと理解されることがある）や、「自己のために自動車を運行の用に供する者」について、これを事故を抑止すべき立場に係る規範的要件の一種と解したうえで、被害者である原告が、請求原因に当たる評価根拠事実として、被告において自動車につき所有権等の利用権を有することを主張・立証し、被告が、抗弁に当たる評価障害事実として、事故時に運行支配・運行利益を有しなかったとの事情を主張・立証しない限り、運行供用者責任を免れないとする考え方（規範的要件説とよばれる）等も提唱されている。

最高裁の判例上も、たとえば、自動車の所有者と雇用またはこれに準ずる関係にある者が自動車を運転した場合における当該所有者については、一般に、これらの運転者は所有者の権限に基づきその支配内において運転するものであり（運行支配の存在）、また、客観的外形的には、その運行は所有者のためにされている（運行利益の存在）と考えられ、これとは異なって評価することが可能な特別の事情の存在が認められない限り、所有者は運行供用者責任を免れないとされる傾向にある（最判昭和40・9・7裁判集民80号141頁、最判昭和41・4・15裁判集民83号201頁、最判昭和42・11・30民集21巻9号2512頁ほか）。

このような動きの結果、被害者としては、運転者と自動車の所有者等との内部事情についての立証の負担が緩和され、民法715条の規定に基づいて請

求する場合に比べ、あえて文書提出命令の申立てまでをする必要性は、相当に小さくなっているものと考えられる。

V 損害に関する審理

1 傷害または後遺障害の内容や程度等の認定・評価

これらの点は、最近の交通事故訴訟の複雑化の傾向（Ⅱ1(2)参照）において、中心的な重要性を有しているが、本稿の主題である文書提出命令制度との関係でいうと、近時の運用においては医療機関が訴訟外における被害者からの診療録等の開示の求めや文書送付の嘱託（法226条）に基本的に応じていること等から、その利用が問題とされる場面は特にはみあたらない状況にある。

2 逸失利益等の算定の基礎となる収入の認定・評価

被害者の休業損害や後遺障害による逸失利益を算定するうえでの基礎となる収入の金額等のいかんについては、これに関する立証責任を負う被害者が自らの生活圏の範囲内の事項として管理している事柄であり、証拠に多少の不足がある場合であってもいわゆる賃金センサスを用いるなどして蓋然性の高いところにつき認定・評価がされることから[6]、一般的には文書提出命令制度の利用が問題とされることは少ない。

実務上は、被害者である原告が提出した証拠の信用性を争う被告側において、原告に対して関係文書等につき釈明を求めたり、その勤務先等に対する文書送付の嘱託（法226条）または調査の嘱託（法186条）の申立てをしたりすることもみられるものの、被告にとっては基本的に反証に当たる事項であ

---

[6] 井上繁規＝中路義彦＝北澤章功「交通事故による逸失利益の算定方式についての共同提言」判タ1014号62頁、齊藤顕「逸失利益の算定における賃金センサス」（財団法人日弁連交通事故相談センター東京支部編・民事交通事故訴訟損害賠償額算定基準(上)〔2007年版〕）97頁ほか。

ることもあり、さらに進んで文書提出命令の申立てまでがされることは稀であり、仮にこれがされたとしても、関係者の証人尋問や原告本人尋問をもって対応することが通常は可能で、証拠調べとしての必要性が認められることは限られるものと考えられる。

　もっとも、たとえば、交通事故により被害者が死亡した事案で当該被害者に対して生前にされていた公的給付につき逸失利益として損害に当たる旨の主張がされた場合において、当該公的給付に係る文書に関し、これを所持する行政機関等が、当該被害者と訴訟の当事者およびその他の者との関係等に照らし、文書送付の嘱託には応じがたいが文書の提出が命ぜられればこれに従うとする対応をとることがある。このようなときに、他の方法によって当該公的給付の内容を把握することができないのであれば、文書提出命令の申立てを採用することが考慮されることもあり得よう。

　例外的に文書提出命令制度の利用が問題とされる場合において、当該文書が公文書であるときに、それが文書提出の一般的義務の対象から除外される法220条4号ロに定める「公務員の職務上の秘密に関する文書でその提出により公務の遂行に著しい支障を生ずるおそれがあるもの」に当たるか否かについては、最決平成17・10・14民集59巻8号2265頁［74］が、「『公務員の職務上の秘密』とは、公務員が職務上知り得た非公知の事項であって、実質的にもそれを秘密として保護するに値すると認められるものをいうと解すべきである（最高裁昭和48年（あ）第2716号同52年12月19日第二小法廷決定・刑集31巻7号1053頁、最高裁昭和51年（あ）第1581号同53年5月31日第一小法廷決定・刑集32巻3号457頁参照）。そして、上記『公務員の職務上の秘密』には、公務員の所掌事務に属する秘密だけでなく、公務員が職務を遂行する上で知ることができた私人の秘密であって、それが本案事件において公にされることにより、私人との信頼関係が損なわれ、公務の公正かつ円滑な運営に支障を来すこととなるものも含まれる」等と判示したところを踏まえて判断されることになろう。

3 慰謝料の増額事由としての交渉経過等の把握

今日の交通事故損害賠償実務においては、慰謝料の金額の認定判断については定額化の傾向が進んでおり、当部においては基本的にいわゆる「赤い本」(公益財団法人日弁連交通事故相談センター東京支部編・民事交通事故訴訟損害賠償額算定基準)に基準として掲載されているところに準拠する運用が定着している。

もっとも、加害者側の事故後の態度が著しく不誠実であるなどの事情があるときには、慰謝料の金額が基準とされるところを上回って認められることがあり[7]、このような事情が存在することを立証するために、立証責任を負う原告において、加害者または同人に代わって示談交渉等にあたったいわゆる任意保険会社の所持する文書について、文書提出命令の申立てをする例もみられる。

このような申立ては、多くの場合に、法220条4号の文書提出の一般的義務に関する規定を根拠としてされるものと考えられ(本書第1編第1章および第3章参照)、その際、当該文書が同義務の対象から除外される同号ニに定める「専ら文書の所持者の利用に供するための文書」に当たるか否かが問題となることが多いと考えられる。上記の文書の意義についての一般論は、Ⅳ1(2)で紹介したところであり、任意保険会社の保険金支払いに関する稟議書については、銀行における貸出稟議書に関する判例の動向(最決平成11・11・12民集53巻8号1787頁[25]ほか)に照らすと、これに当たるとされる可能性が高いであろうが、任意保険会社内部の運用上の通達等については、銀行における同種の文書に関する判例の動向(最決平成18・2・17民集60巻2号496頁[79]ほか)に照らすと、否定される可能性が高いのではないかと考えられる。

また、任意保険会社の所持する文書については、当該文書に記載されてい

---

7 髙取真理子「慰謝料増額事由」(財団法人日弁連交通事故相談センター東京支部編・民事交通事故訴訟損害賠償額算定基準(下)〔2005年版〕)37頁ほか。

るところが文書提出の一般的義務の対象から除外される同号ハに定める「技術又は職業の秘密に関する事項」（法197条1項3号）であって「黙秘の義務を免除されていないもの」に当たるか否かが問題とされることもあると考えられる。ここにいう「技術又は職業の秘密」については、「その事項が公開されると、当該技術の有する社会的価値が下落しこれによる活動が困難になるもの又は当該職業に深刻な影響を与え以後その遂行が困難になるものをいう」とされているところ（最決平成12・3・10民集54巻3号1073頁［30］ほか）、当該任意保険会社の顧客に当たる者に関する情報が記載された文書であっても、銀行における同種の文書に関する判例の動向（最決平成19・12・11民集61巻9号3364頁［93］、最決平成20・11・25民集62巻10号2507頁［96］）に照らすと、必ずしも直ちにこれに当たるとされるわけではないと考えられる。

　さらに、同種の論点に関しては、交渉に関与した弁護士の所持する文書についても、その提出が論じられることがあり、これについては、当該文書に記載されているところが文書提出の一般的義務の対象から除外される法220条4号ハに定める「弁護士……が職務上知り得た事実で黙秘すべきもの」（法197条1項2号）であって「黙秘の義務を免除されていないもの」に当たるか否かが問題となるところ、ここにいう「黙秘すべきもの」の意義については、「一般に知られていない事実のうち、弁護士等に事務を行うこと等を依頼した本人が、これを秘匿することについて、単に主観的利益だけではなく、客観的にみて保護に値するような利益を有するものをいう」と解されており（最決平成16・11・26民集58巻8号2393頁［64］）、やはり必ずしも直ちにこれに当たるとされるわけではないと考えられる。

4　損益相殺的調整の処理

　賠償義務者の負う債務の内容を確定するにあたっては、加害者等がした債務の一部の弁済についての処理のほか、公的給付等についての損益相殺的調整の処理を行う必要がある。これらに関する文書は、近時の運用において

は、基本的に文書送付の嘱託（法226条）により取り寄せることができるが、先にも述べたように（上記2参照）、文書を所持する行政機関等において、文書送付の嘱託には応じがたいが文書の提出が命ぜられればこれに従うとする対応をとることがあり、そのような場合には、文書提出命令の申立てを採用することも考慮されることがあり得よう。

VI　最後に

　以上に概観したように、交通事故訴訟においては、被害者の保護を図るために立証責任の分配につき解釈上も立法上も各種の配慮がされてきたこと等を受けて、必要な立証につき任意の協力を得ることが基本的に困難な主体に対する方途である文書提出命令制度の利用が必要とされる場面は、限られている状況にある。

　もっとも、交通事故訴訟については、その内容の複雑化の傾向が顕著であり、これに伴って立証を要する事項も多様化する方向にあることから、近い将来に同制度の利用があらためて論じられる事項が生ずる可能性も考えられ、同制度に関する今後の判例法理の蓄積には、十分な注意を払う必要があるものと考える。

（八木一洋／神谷善英）

第5章 租税訴訟

I はじめに

　租税訴訟においても、文書提出命令の問題は、たとえば、推計課税において同業者率等を算定するために課税庁が収集・使用した資料の提出義務の有無等をめぐって問題とされてきており、裁判例も少なからず現れている。もっとも、この問題に関しては、行政文書について一般的な提出義務の定めをおいた平成13年の法改正（平成13年法律第96号。以下、この改正を「民訴法改正」という）、および平成16年の行政事件訴訟法の改正（平成16年法律第84号。以下、この改正を「行訴法改正」という）によって、状況がかなり変わってきているので、この点についての留意が必要である。

　以下においては、これらの改正によって、文書の所持者に関する考え方に変化が生じたのかどうかをまず検討し（II）、次いで、対象文書の特定について簡単にふれた後（III）、問題となるいくつかの具体的事例について、上記の各法改正をも考慮に入れたうえで、文書提出命令の可否に関する裁判例を紹介し（IV）、最後に、文書提出命令そのものではないが、類似の制度である釈明処分の特例（行政事件訴訟法23条の2）についてふれる（V）こととしたい。

II 文書の所持者

　租税訴訟を含む行政訴訟（特に、いわゆる抗告訴訟）において、文書提出命令の相手方となる「文書の所持者」は、国や地方公共団体などの行政主体であるのか、税務署長等の行政庁であるのかという問題があるが、この点に関しては、行訴法改正以前は、行政庁であると解するのが一般的であったと思われる。その理由としては、①抗告訴訟において被告となるのは行政庁であること（この結果、被告行政庁以外の行政庁は、むしろ第三者とみるのが素直であるとされる）、②文書の所持者を単に行政主体と記載した場合には、文書の存否の判断、送達先等に苦慮する場合があり得ること、③文書提出に応じるかどうかの判断は、実際にその文書を管理している行政庁に行わせるのがふさわしいことなどがあげられていた。

　しかし、行訴法改正後においては、「文書の所持者」は行政主体であると解すべきことになったものと思われる。すなわち、行訴法改正により、抗告訴訟においても被告が行政主体とされた結果、上記の理由のうち、①の点は、「文書の所持者」を行政庁とする根拠になり得ず、むしろ、行政主体とする根拠に変化したものということができる。また、②、③の点も、裁判所としては、とりあえず訴訟当事者である行政主体を相手にして手続を進めておけば、後は、訴訟当事者である行政主体の側が、内部的に、実際に文書を管理している行政庁等に対して調査依頼をし、あるいは意見を求めるなどの対応をすることによって、十分に対処が可能であると考えられる（民事訴訟

1　司法研修所編『改訂行政事件訴訟の一般的問題に関する実務的研究』218頁。

2　秋山壽延「行政訴訟における文書提出命令」（鈴木忠一＝三ケ月章監修・新・実務民事訴訟講座9）304～305頁等。なお、司法研修所・前掲書（注1）は、①に関連して、文書提出命令に違反した場合の制裁（真実擬制）を有効に働かせるためにも、文書提出命令の相手方は、訴訟当事者と一致されるべきであるという指摘をしている。

3　同じ見解に立つものとして、橋本博之『解説改正行政事件訴訟法』111頁、南博方＝高橋滋編『条解行政事件訴訟法〔第4版〕』495頁〔藤山雅行〕、西川知一郎編『行政関係訴訟（リーガルプログレッシブシリーズ6）』153頁等。

法においても、223条3項の監督官庁に対する求意見手続を定めるなど配慮がされており、その意味でも、あえて文書の所持者を行政庁と解しなければならない事情があるとは思われない)。このように、行訴法改正によって、「文書の所持者」を一般の民事訴訟の場合と異なって行政庁であると解すべき理由はなくなった以上、本筋に戻って行政主体を「文書の所持者」と解すべきものであるし、このように解することによって、本来権利義務の主体ではない行政庁に文書提出義務を負わせるという不自然な状態も解消されることになると考えられるのである。

　もっとも、改正行政事件訴訟法の下においても、①行政庁が被告になる場合が依然として残っていること（同法11条2項）、②訴状に行政庁を記載することが求められていること（同条4項）、③行政庁は、裁判上の一切の行為をする権限を有するものとされていること（同条6項）、④釈明処分の特例においては、行政庁に対して資料の提出を求め、あるいは資料の送付を嘱託することとされていること（同法23条の2）などから、従前どおり、文書の所持者は行政庁であると解する余地があるとする見解もある[4]。しかし、①は、あくまでも例外的な場合の定めにとどまるし、②、③も、行政主体の訴訟当事者性を否定するものではなく、これを補完する定めをおいているのにすぎないと考えられる。そして、④の点も、釈明処分の特例の場合に限った例外的な取扱いを定めたものにすぎない（例外的な取扱いであるからこそ、行政庁を相手に手続を進めるべきことを明示している）と解することが可能であろう。したがって、上記の見解を考慮に入れたとしても、文書の所持者は行政主体であるという前記の結論を変更する必要はないものと考えられる。

---

[4]　都築政則「租税をめぐる文書提出命令」（小川英明ほか編・新・裁判実務大系(18)租税訴訟〔改訂版〕）232〜233頁。もっとも、同書も、行政庁を文書の所持者と解する余地もあると指摘するのにとどまり、行政主体を文書の所持者と解する見解に、積極的に反対しようとしているわけではないようである。

III　対象文書の特定

　文書提出命令を申し立てるためには、対象文書を特定することを要する（法221条参照）。したがって、「更正処分に関して収集された一切の資料」などといった抽象的な記載では、文書が特定されたとはいえないであろう（名古屋地決昭和45・11・2訟月17巻1号127頁）。
　もっとも、申立人の側が、対象となる文書を厳密に特定することは極めて困難である場合が少なくない。そこで、申立人において、文書の所持者がその申立てに係る文書を識別することができる事項を明らかにしたうえ、裁判所に対し、文書の所持者に当該文書の表示および趣旨を明らかにすることを申し出た場合には、裁判所は、文書の所持者に対し、これらの事項を明らかにすることを求めることができるという制度が設けられている（法222条1項・2項）。しかし、この制度によるとしても、文書の特定があまりに広汎、あるいは抽象的である場合には、文書の所持者から申立てに係る文書の識別が不可能であるとの反論を受ける場合があろうし、法222条1項の申立ての名を借りた証拠の探索であるという批判を受ける場合もあり得よう。その意味で、申立人としては、何を文書提出命令の対象にしようとしているのかが識別可能なように、文書の特定についてできるだけの努力をする必要があると思われる。

IV　具体的な事例の検討

　以下、これまで裁判例において問題になっていた事例を、法改正も念頭におきつつ紹介する。

1 推計課税において同業者率等を算出するために用いられた調査結果等に関する証拠

いわゆる推計課税をめぐる訴訟においては、被告である課税庁側が、反面調査等に基づいて把握した売上金額や仕入金額等に、同業者における経費率、収益率等を乗じて収入金額を推計するなどといった手法を採用することが少なくない。この場合、同業者における経費率、収益率等は、同業者から提出された青色決算申告書等を原資料として算出することになるが、課税庁としては、同業者率の立証のために青色申告決算書等そのものを証拠として提出することを避けるため、国税局長から管内の各税務署長に宛て、一定の要件を掲げ、これに合致する類似同業者の経費率、収益率等を照会して報告を求め、各税務署長において、同業者の氏名を伏せ、A・B・C等と表示して上記照会に係る事項を公文書で報告し、これらの照会書・回答書を書証として提出する方法（通達・回答方式）がとられることが多いといわれている。[5]この場合、原告である納税者側が、同業者の経費率、収益率等の正確性を検証するために必要であるとして、青色申告決算書等そのものの文書提出を求め、これを被告である課税庁が争うという事例が少なくなかった。

そして、民訴法改正以前においては、上記の青色申告決算書等が「引用文書」に当たるとして、文書提出命令が求められる例が多かったようであるが、民訴法改正後は、法220条4号所定の文書に該当するとして、文書提出命令が求められる場合が多くなるのではないかと思われる。

(1) 引用文書該当性

まず、引用文書該当性について考えてみると、「当事者が訴訟において引用した文書」（引用文書）について文書提出命令が認められている趣旨は、当事者の一方が自己の主張を基礎づけるために積極的に文書の存在または内容を引用した以上、その相手方にも当該文書を利用させ、その批判にさらす

---

5 司法研修所編『租税訴訟の審理について〔改訂新版〕』211頁。

ことが公平に適うという点にあるものと解されている。この趣旨からすると、訴訟において引用したといえるためには、自己の主張の裏付けとして当該文書の存在または内容について積極的に言及したことが必要であるということになろう。[6]

そうすると、「引用文書」に当たるかどうかは、被告（課税庁側）がどのような主張をしたのかによることになるが、同業者率算定の根拠として言及されているのはあくまでも照会書・回答書にとどまり、同業者の青色申告決算書等についてはふれられていないというのであれば、引用文書該当性を肯定することは困難であろうと思われる。これまで現れている裁判例の多くも、同様の理由から引用文書該当性を否定している（最近の裁判例として、大阪地決平成19・9・21判タ1268号183頁［90］参照。それ以前のものとしては、大阪地決平成10・8・17税資237号1038頁［12］、前掲（注6）大阪地決平成6・6・6等がある）。[7]

(2) 4号と職務上の秘密該当性

民訴法改正により、行政文書についても法220条4号所定の一般提出義務が適用されるようになったため、同改正後は、上記の青色申告決算書等が、

6 　北澤晶＝村田一広「文書提出命令」（藤山雅行編・新・裁判実務大系㉕〔行政争訟〕）325〜326頁、裁判例として、たとえば、大阪地決平成6・6・6判タ879号266頁等。

7 　もっとも、被告・課税庁が、主張において直接言及しているのは照会書・回答書のみであるとしても、それらの記載内容に信用性が認められるのは、それが同業者の提出した青色申告決算書等に基づく調査の結果作成されたものだからであり、その意味で、照会書・回答書に言及するということは、その基礎となっている青色申告決算書等に言及することにほかならないという考え方もあり得よう。そして、本文記載のような考え方に立つと、原告である納税者側は、照会書・回答書の正確性（基礎となった青色申告決算書等に基づき、正しい計算をしているかなどといった意味での正確性）や、その基礎となった青色申告決算書等そのものの正確性を検証し、批判する機会が奪われることからすると、上記のような考え方も理解できないわけではない。しかし、このような考え方に対しては、照会書・回答書による立証という立証方法は、上記のような検証、批判をすることができず、したがって、その分信用性が低くみられる可能性があり得ることも甘受したうえでの立証方法なのであるから、上記のような批判は当たらないとする反論もある（都築・前掲論文（注4）235頁）。そして、照会書・回答書方式が、第三者の秘密保護という観点も考慮したうえでつくり上げられてきた立証方式であることを考えると、上記の反論にも一理あることは認めざるを得ないものと思われる。

IV 具体的な事例の検討

同号により文書提出命令の対象にならないかどうかが、より重要な問題になってくるように思われる。この関係では、具体的には、同号ロの「公務員の職務上の秘密に関する文書でその提出により公共の利益を害し、又は公務の遂行に著しい支障を生ずるおそれがあるもの」に当たらないかどうかが、一番の論点になってくることとなろう。

まず、同号ロの要件の意味についてみると、「公務員の職務上の秘密」とは、公務員の所掌事務に属する秘密だけでなく、公務員が職務を遂行するうえで知ることができた私人の秘密であって、それが本案事件において公にされることにより、私人との信頼関係が損なわれ、公務の公正かつ円滑な運営に支障を来すことになるものも含まれるとされ、また、「その提出により公共の利益を害し、又は公務の遂行に著しい支障を生ずるおそれがある」とは、単に文書の性格から公共の利益を害し、または公務の遂行に著しい支障を生ずる抽象的なおそれがあることが認められるだけでは足りず、その文書の記載内容からみてそのおそれの存在することが具体的に認められることが必要であると解されている（最決平成17・10・14民集59巻8号2265頁［74］）。

これを前提にして考えてみると、青色申告決算書等は、それを提出した個人または法人の資産内容や取引先その他営業に関する情報を多量に含んでおり、その中には、プライバシーや営業上の秘密、あるいは、それに関連する、他人に知られることを望まないであろう事柄が少なからず存在する可能性があろう。したがって、そのような情報を含んだ文書を開示してしまうことは、青色申告者である個人や法人のプライバシーや営業上の利益等を侵害するおそれがあるし、また、青色申告決算書の内容が、他人に開示されることはないという申告者の信頼を損ない、その結果、税務行政の円滑な遂行にも支障を生じるおそれがあろう。その意味で、最後は事案次第ではあるが、青色申告決算書等が、4号ロ所定の文書に当たるとされる場合も少なくないものと思われる[8]

---

[8] 都築・前掲論文（注4）236～237頁参照。同旨の裁判例として、仙台高決平成17・4・12税資255号108頁。

それでは、青色申告決算書等全部ではなく、たとえば、氏名（名称）、住所等、個人または法人を特定するための情報を削除した、その余の部分の文書提出命令が求められた場合はどうであろうか。この点に関しては、かつては、当事者の特定につながる情報を秘匿した文書を作成し、それを提出するよう求めることは、相手方に新たな文書の作成を求めるものであって、既存の文書の提出を求める文書提出命令の趣旨、目的を逸脱し、許されないとする考え方もあった（京都地決平成8・10・18税資221号138頁等）が、現在では、提出の義務があると認めることができない部分を除いた文書提出を命じることも認められているのであるから（法223条1項）、上記のような議論はもはや成り立たないであろう。また、青色申告決算書の提出者は、特定情報を削除するという形であれ、提出した書類が第三者に開示されることは予想していないであろうから、そのような形での文書提出命令を認めることも、申告者と課税庁との信頼関係を破壊し、税務行政の円滑な遂行を妨げるなどといった議論をするのにもいささか疑問があるものといわざるを得ない。そのような議論は、具体性を欠いた、抽象的なおそれのレベルで公務遂行に著しい支障が生じるおそれを肯定してしまうことになりかねず、前掲最決平成17・10・14の趣旨にもそぐわないと考えられるからである。

　そのように考えていくと、特定情報を削除したうえで文書提出を命じることは、理論的にはあり得る方策といえるのではないかと思われる。しかし、特定情報というものは、名称や住所に限られるわけではなく、たとえば、資産の内容や取引先の記載等から申告者の特定が可能になる場合もあり得るも

9　国税局職員が作成した滞納処分票に関するものであるが、法223条6項に基づき、当該文書の提示を求めたうえ（いわゆるイン・カメラ手続）、秘密性が認められる部分を除外して、文書の提出を命じた裁判例として、東京高決平成22・9・6租税関係行政・民事事件判決集（徴収関係判決）平成22年1月〜平成22年12月順号22-47［106］がある。

10　もっとも、鳥取地決平成23・1・7訟月58巻7号2810頁［109］およびその抗告審広島高松江支決平成23・2・21訟月58巻7号2804頁［112］は、氏名、住所等申告者を直接特定する事項を削除することによっては、一般の税務事務における秘密保護に対する信頼の喪失を防ぐことはできないとしている。

のと考えられる。その意味で、特定情報の内容については慎重に検討する必要があるであろうし、特定情報を削除していった結果、文書の内容の理解が困難になるなどといった場合も考えられないではないので、こういった点も考慮したうえで、文書提出命令の許否を検討することになると思われる。

2 税務調査の現場におけるやりとりをまとめた「調査経過書」

上記1では、第三者が提出した青色申告決算書等をめぐる問題点を紹介したが、文書提出命令の対象となる文書としては、そのほか、税務職員が、自らさまざまな資料を調査し、作成した資料等もあり得る。

そのような文書について、文書提出命令の可否に関する判断が示された事例としては、税務署員が、原告である納税者に対する税務調査を行って帰署した後、調査の経過・内容を記録するとともに、それを上司に報告する目的で作成した「調査経過書」について、法220条4号に基づき、文書提出命令が求められたものがある。

この事例について、広島地決平成14・10・25税資252号順号9220（控訴審である広島高決平成15・4・14税資253号順号9320もほぼ同旨）は、税務職員に対して重い守秘義務が課されている（たとえば、所得税法243条、消費税法69条）趣旨は、①税務職員が税務調査等の税務事務に関して知り得た納税者自身や取引先等の第三者の秘密を保護するということにとどまらず、そうした秘密を保護することにより、納税者が税務当局に対して事業内容や収支の状況を自主的に開示・申告しても、また、税務調査等に納税者や取引先等の第三者が協力しても、税務職員によってこれが公開されないことを保障して、税務調査等の税務事務への信頼や協力を確保し、納税者や第三者の真実の開示を担保することと、②国税部内の業務上の諸手続・調査方法等を非公開とすることにより、適正な税務調査を免れるための資料を納税者一般に与えないこととし、さらに調査等に関する税務職員の意見・判断に対する外部からの干渉・圧力を排除して国税部内の率直な意見交換を確保することによっ

て、申告納税制度の下での税務行政の適正な執行を確保することにあるとしたうえ、問題の調査経過書には、調査における納税者本人やその家族等関係者からの聴取事項および納税者に関する調査事績のほか、取引先等第三者の調査事績、調査の過程における調査担当者の調査結果や調査方針に関する判断事項、今後の調査の対象および方法に関する上司の指示等の事項が混然一体となって記載されているものと認められ、そこには、納税者本人やその家族等関係者に関する財産上の秘密その他プライバシーにわたる事項、納税者と取引関係のある第三者の財産上の秘密および国税部内の課税事務上の秘密がいずれも記載されている可能性があるものといえるから、当該文書は職務上の秘密に関する文書に当たるとの判断を示した（ほぼ同趣旨の裁判例として、名古屋地決平成19・3・30裁判所ウェブサイト（平成18年（行ク）第22号）[87]もある）。

　この判決で問題になった調査経過書に限らず、税務調査等の過程で作成された各種報告書等についても同じような点が問題になるところであり、職務上の秘密に当たる事項が記載されている可能性や、それが開示された場合の弊害等を具体的に検討していくことになろう。その判断の枠組みは、基本的には、前記1(2)の場合と同じようなものになると思われる。

　なお、東京高決平成19・3・30訟月54巻5号1143号は、①滞納処分における滞納者本人やその家族等関係者からの聴取事項、②滞納者に関する滞納処分事績、③取引先等第三者に対する調査事績、④滞納処分における財産調査結果、⑤滞納処分方針に関する判断事項、⑥上司の指示等の事項が混然一体となって記載された「滞納処分票」について、職務上の秘密に関する文書に当たるとの判断を示している。滞納処分手続において作成された文書に関する判断例であるが、この裁判例も、これまで紹介した裁判例と同様の考え方を示したものと理解することができるであろう。

3　上級庁から下級庁宛てに発出された通達・内規

　課税庁等においても、一般の行政庁の場合と同様、通達や内規によって、

担当者が従うべき準則が定められている場合が少なくない。このような通達や内規について、文書提出命令は認められるであろうか。

　この点に関しては、関税定率法（昭和55年法律第7号による改正前）21条1項3号にいう「風俗を害すべき物品」に該当するか否かについて具体的に例示した通達、内規および税関庁、税関職員等が「風俗を害すべき物品」を発見した場合の事務処理手続、関税定率法21条4項による異議の申立てがあった場合の審査要領等を定めた通達、内規について、法312条3号後段（民訴改正前。改正後の220条3号後段）文書として文書提出命令が申し立てられた事案において、上記の各通達、内規は、行政庁が定めている通達、内規等の一般的性質から考えて、税関庁、税関職員等の関係行政機関、職員の判断、取扱いの統一を図る等の目的で、その準則を定めたものと考えられ、申立人と相手方の間の頭書事件において、申立人が請求している各通知処分（関税定率法21条3項の通知処分）によって生じた申立人と相手方との間の個別、具体的法律関係について策定したものではなく、また、上記の個別、具体的法律関係が形成される過程において定められたものでもないから、3号後段文書（法律関係文書）には当たらないとした裁判例がある（札幌高決昭和57・1・29訟月28巻3号622頁）。

　この事案は、民訴改正前のものであったため、3号後段文書該当性が問題になったわけであるが、現在であれば4号文書該当性が問題になることとなり、文書提出命令申立てが認められるかどうかは、主として、同号ロの職務上の秘密に関する文書に当たるかどうかにかかってくることになるものと思われる。そして、情報公開制度が確立し、また、審査基準、処分基準の公開が求められている（行政手続法5条3項、12条1項）現在においては、たとえば、行政庁内部での取扱いが明らかになると、それを悪用されるおそれがある（調査の手順や方法が具体的に記載されているため、それが明らかになると、証拠の隠匿等、調査の潜脱が容易にできてしまうなど）といった、公務遂行に対する支障のおそれが具体的に認められない限り、文書提出命令は認められる方向に傾く可能性があるように思われる。[11]

4 国税不服審判所に対する参考人の答申を記述した文書

　原処分の過程で作成された文書ではなく、審査請求手続で作成された文書に関しては、国税不服審判所での法人税更正処分に対する審査手続において、参考人がした答述（土地売買取引の経緯、関与者相互の関係、報酬額等に関する供述等がされているようである）を記載した書面について、4号文書として文書提出命令が申し立てられた事案に関する裁判例がある。この問題について、東京高決平成16・5・6判時1891号56頁［58］）は、①抗告人（文書提出命令の相手方）は、当該書面にはプライバシーおよび企業秘密にかかわる情報が記載されていると主張しているが、当該参考人自身が、すでに本案訴訟において証人として証言をしており、その証言以外に、いかなる事項が実質秘として存在するのかについては、具体的な内容が明らかにされていないから、当該書面に職務上の秘密が記載されているとはいえず、また、②抗告人は、国税不服審判所の職権調査、審理が非公開で参考人等の任意の協力により行われるものであることから、その内容が公表されると今後の同種事件の調査、審理に著しい支障が生じるおそれがあるというが、いずれも本件文書の性格を理由とする一般的、抽象的な支障の可能性を述べるのにとどまり、公務遂行に著しい支障を生ずるおそれがあることが、個別具体的な事案に即して説明されてもいないとして、文書提出命令を認めている。

　この裁判例は、税務調査手続と、審査請求に対する審査手続の違い（国税不服審判所の質問検査等は、課税処分にあたって行われる原処分庁の質問検査等とはその性質が基本的に異なり、第三者的な不服審査機関として、審査請求人の権利救済を図るために行使されるものと解されること、担当審判官の参考人等に対する質問、国税審判官等の参考人等に対する質問または参考人等の帳簿書類その他の物件の検査に対して、答弁せず、あるいは検査を拒む等の行為をした者は

11　公務員が組織的に用いる文書は、自己使用文書から除外されているため（法220条4号ニ・カッコ書）、内部文書であるから文書提出命令の対象にならないなどといった議論をする余地はない。

罰金に処するものとされており、質問、検査が有効適切に実施されるための法的措置も講じられていることなどが指摘されている）を踏まえた判断をしている。したがって、この裁判例が、前記2で紹介したような税務調査の過程で作成された書面にも直ちに適用可能な判断をしたものとはいえないであろうし、また、秘密に当たるとされた事項について、参考人本人が訴訟で証言をしていたという点においても特殊性があるので、その射程距離については慎重な検討が必要であろうが、職務上の秘密に当たるかどうか、また、公務の遂行に著しい支障をもたらすおそれがあるかどうかについて、比較的厳格な判断を示したものといえるように思われる。

5 国税犯則手続において収集・作成された文書

　国税犯則手続において収集・作成された文書に関しては、これが法220条4号ホの「刑事事件の訴訟に関する書類」に当たるかどうかという点が問題となり得る。

　この点に関しては、国税犯則事件の調査に関して作成された文書について文書提出命令が申し立てられた事案につき、法220条4号ホの「刑事事件の訴訟に関する書類」とは、刑事訴訟法47条の「訴訟に関する書類」と同義であって、被疑事件・被告事件に関して作成されたすべての書類を指すものであるとしたうえ、これらの書類が文書提出命令の対象から除外された趣旨は、刑事事件においては、実体的真実解明という公益追及のため、関係者の名誉・プライバシーについてまで深く立ち入った文書を作成することも予定されているところ、これら刑事事件に関する文書がむやみに開示された場合には、当該事件に関して、捜査や公判に不当な影響が生じたり、関係人に名誉・プライバシー等に対して重大な侵害が及ぶことはもちろん、犯罪手口・捜査手法が開示されることにより、模倣犯の出現・犯罪手口の巧妙化等をもたらしたり、現在および将来におけるさまざまな弊害が生ずるおそれがあることを考慮した結果であると指摘し、以上の点を踏まえ、当該国税犯則事件が、告発によって被疑事件に移行し、法人税法違反で起訴されている以上、

当該文書が告発以前の段階で作成されたものであったとしても、4号ホの「刑事事件の訴訟に関する書類」に当たるとした裁判例（松山地決平成14・11・20訟月50巻1号216頁）がある。

　この判決は、問題になった文書が、国税犯則取締手続という、当初から告発によって刑事事件に移行する可能性をもった手続の中で作成された文書であることを踏まえ、このような手続において作成された文書である以上、たとえ、それが告発によって刑事手続に移行する前に作成されたものであったとしても、刑事事件の訴訟に関する書類に当たるとの判断を示したものであるといえよう。したがって、一般の税務調査において作成された文書は、たとえ、その後それが捜査機関に提供されるなどしたとしても、「刑事事件の訴訟に関する書類」とはいえないであろう。[12]

V　釈明処分の特例

　行政事件訴訟法23条の2第1項は、裁判所は、訴訟関係を明瞭にするため、必要があると認めるときは、被告である国もしくは公共団体に所属する行政庁または被告である行政庁に対し、処分または裁決の内容、根拠となる法令の条項、原因となる事実その他処分または裁決の理由を明らかにする資料であって当該行政庁が保有するものの全部または一部の提出を求め（1号）、あるいは、上記の以外の行政庁に対し、上記と同様の資料であって当該行政庁が保有するものの全部または一部の送付を嘱託する（2号）ことができる旨を定めている。また、同条2項は、裁判所は、処分について審査請求に対する裁決を経た後に取消訴訟の提起があったときは、被告である国もしくは公共団体に所属する行政庁または被告である行政庁に対し、当該審査請求に係る事件の記録であって当該行政庁が保有するものの全部の提出を求め（1号）、あるいは、上記以外の行政庁に対し、同号に規定する事件の記

12　都築・前掲論文（注4）242頁。

録であって当該行政庁が保有するものの全部または一部の送付を嘱託する（2号）ことができる旨を定めている。

　これらは、行訴法改正によって新たに導入された制度で、行政事件訴訟法23条の2第1項は、処分をした行政庁や関係行政庁に対して、処分等の理由を明らかにする資料の提出を求めることを認めたものであり、同条2項は、処分について審査請求が行われている場合、当該審査庁等に対して、審査請求に係る事件記録等の提出を求めることを認めたものである。租税訴訟の関係で、これをさらに具体化すれば、1項は、課税処分等の原処分に関する資料提出に関する制度で、2項は、国税不服審判所がもっている審査請求関係資料の提出等に関する制度ということができよう。

　そして、これらの制度の意義や運用の関係では、次のような点を指摘することができるのではないかと思われる。

　第1に、処分の理由を明らかにする資料の提出要求（行政事件訴訟法23条の2第1項）については、「必要と認めるときは」という要件が付されているのに対して、審査請求関係記録の提出要求（同条2項）については、そのような要件の定めはない。つまり、審査請求関係記録の提出要求制度のほうが、広く利用されることが予定されているわけであるが、これは、たとえば、原処分である課税処分が国税不服審判所において一部修正されているが、その理由や根拠については原処分庁である課税庁も、十分に把握していないため、修正後の課税処分の理由や根拠を解明するためには、早い段階で、国税不服審判所が保有している資料を把握しておく必要がある場合があり得ることなどを考慮したものということができる。[13]

　第2に、この制度は、あくまでも釈明処分の特例であって、主張整理のた

13　もっとも、国税不服審判所が保有する資料を提出させる必要があるかどうかは、個々の事例次第であり、必要がないのに資料の提出を求め、あるいはその嘱託をするのはかえって訴訟を混乱させる可能性もあろう。その意味で、行政事件訴訟法23条の2第2項に該当する場合であるからといって、機械的に資料の提出要求や送付嘱託をするのは相当ではなく、1項の場合ほどではないとしても、必要性についての吟味は必要になってくるものと思われる。

めの制度である。したがって、資料提出要求等をするにあたっては、主張整理のために必要があるかどうかを判断するのであって、立証の必要があるかどうかを判断するわけではないし、これに応じて資料が提出されたとしても、それが当然に書証になるわけではない。提出された資料を閲覧謄写したうえで書証として提出するということは当然にあり得ようが、目的はあくまでも主張整理にあるのであるから、証拠収集目的で、この制度を利用するというのは、制度の本来の目的を逸脱するものといえよう。

　第3に、この規定に基づく資料の提出要求に違反があったとしても特別な制裁は定められておらず、それが弁論の全趣旨として、不利益に考慮されるにとどまる。そして、行政庁や審査庁としては、資料提出要求等を受けたとしても、公務上の秘密に関する文書等は出せないという対応をしてくることは十分に考えられるわけであるから、この制度にも限界があるといわざるを得ない。

　このように、この制度は、主張整理の前提としての資料収集のため、新たな手段を新設したものであって、その積極的な活用が期待されるところである。もっとも、これが、主張整理のための手続であって、しかも、訴訟の比較的早期の段階で用いられることが想定されていることを考慮すると、この制度の適用の是非をめぐって裁判所と当事者、あるいは当事者同士が対立するなどといった事態が生ずると、早期に事実関係を把握し、争点を確定するという制度目的にかえって反するような結果が生じることにもなりかねないところがあることにも留意すべきであろう。その意味で、この制度と文書提出命令等をいかに使い分けるかという点も、今後の検討課題になっていくものと思われる。

（鶴岡稔彦）

---

[14] この制度は、法151条所定の釈明処分の特例を定めたものである。したがって、同条の裁判と同様、訴訟指揮権の行使として行われるものであるから、当事者には申立権はないし、この裁判に対して独立して不服申立てをすることはできないこととなろう。

資料編

関連判例一覧

［資料］ 文書提出命令関連判例一覧

番号	裁判所	裁判日付	掲載誌	表題	肯否	適用条文
1	高松高裁	S50.7.17	行裁集26巻7＝8号893頁、訟月21巻9号1927頁、判時786号3頁、判タ325号160頁、裁判所ウェブサイト	伊方発電所原子炉設置許可手続およびその設置変更許可手続の過程において作成された、右許可申請者提出の調査資料等、原子力委員会等の議事録および科学技術庁原子力局が原子力委員会等に提出した報告資料等	一部肯定、一部否定	法191条、220条、221条、原子力委員会及び原子力安全委員会設置法2条、3条、14条の2、核原料物質、核燃料物質及び原子炉の規制に関する法律26条、33条、核原料物質、核燃料物質及び原子炉の規制に関する法律施行令6条、8条
2	大阪高裁	S53.3.6	高民集31巻1号38頁、下民集32巻9～12号1228頁、判時883号9頁、判タ359号194頁、金法855号28頁、金商547号33頁、裁判所ウェブサイト	被告が昭和45年から昭和47年までの間に五地区で測定した二酸化硫黄の測定記録等を記録した磁気テープ	肯定	法219条、220条、226条

474

[資料] 文書提出命令関連判例一覧

(年月日順)

事例・論点	要　旨
基本事件において、原子炉設置許可処分の取消しを求める抗告訴訟を提起した原告らが、許可手続およびその設置変更許可手続の過程において作成された、許可申請者提出の調査資料等(本件文書)の提出を求めた結果、原審において本件文書の一部の提出が命じられたため、相手方から即時抗告がなされたところ、本件文書は法律関係文書に当たるとされた事例	①本件文書のうち、「部会報告書の付属資料一切」なる文書については、それを抗告人が所持していることを認め得る証拠がないから、この提出を求める申立て部分は却下すべきである。 ②法律関係文書とは、挙証者と文書の所持者との間の法律関係それ自体を記載した文書だけでなく、その法律関係に関係のある事項を記載した文書、ないしは、その法律関係の形成過程において作成された文書をも包含すると解すべきところ、これを行政庁のなした行政処分の違法を主張してその取消しを求める抗告訴訟に即してみれば、当該行政処分がなされるまでの所定の手続の過程において作成された文書であって、当該行政処分をするための前提資料となった文書をも包含するものと解するのが相当であるから、本件文書は法律関係文書に当たる。 ③文書提出命令の申立てをする場合に明らかにすることが要求されている「文書の表示」は、文書の提出を命ぜられた所持者において、その提出を命ぜられた文書を、他の文書と区別して明確に認識し得る程度に特定して記載すれば足りる。
基本事件において、火力発電所の操業差止めを請求している原告らが、被告が昭和45年から昭和47年までの間に五地区で測定した二酸化硫黄の測定記録等を記録した磁気テープ(本件テープ)の提出を求めた結果、原審において本件テープの提出が命じられたため、即時抗告がなされたところ、本件テープは準文書に当たるとされた事例	①一般的にみて磁気テープ(電磁的記録)自体は通常の文字による文書とはいえないが、磁気テープの内容は、それがプリントアウトされれば紙面の上に可視的状態に移し替えられるのであるから、磁気テープは文書に準ずるものと解され、本件テープも準文書に当たるというべきである。そして、情報ないし記録を磁気テープにインプットした者は、将来訴訟上相手方との間において、その者の要求により磁気テープにインプットされている情報・記録を相手方に示す必要が生じ、裁判所からその提出を命じられた場合には、単に磁気テープを提出するだけでは足りず、少なくともその内容を紙面等にアウトプットするに必要なプログラムを作成し、これをあわせて提出すべき義務を負っているものというべき

475

[資料] 文書提出命令関連判例一覧

3	大阪高裁	S53.5.17	高民集31巻2号187頁、下民集32巻9〜12号1275頁、判時904号72頁、判タ364号173頁、裁判所ウェブサイト	各病院が所持する、抗告人（患者）の診療録	否定	法220条、223条
4	大阪高決	S56.10.14	判時1046号53頁	診療録	取消し（差戻	旧法343条、312条（現

	である。 ②法律関係文書とは、挙証者と所持者との間に成立する法律関係それ自体を記載した文書だけでなく、その法律関係の形成過程において作成された文書やその法律関係に関連のある事項を記載した文書も含むと解すべきところ、本件テープの内容はいずれも公害による不法行為という法律関係と関連を有するものと解せられるから、本件テープは法律関係文書に準ずるものとして、文書提出命令の対象になるものということができる。
いわゆるスモン薬害訴訟において、製薬会社（被告）が、第三者である各病院等に対し、その所持する患者（原告）らの診療録（本件文書）の提出を求めた結果、原審において本件文書の提出が命じられたため、患者らが即時抗告をしたところ、本件文書は利益文書および法律関係文書に当たらないとされた事例	①利益文書とは、挙証者の法的地位や権限を直接証明し、またはこれを基礎づける目的で作成された文書をいい、これは必ずしも挙証者の利益だけのために作成されたものである必要はなく、同時に他人の利益のために作成されたものであっても差し支えない。診療録は、医師がもっぱら自己の利益のためその思考活動を軽減補助し、適正な診療を図る目的で作成したものであり、患者自身に対する関係においてさえ、その法的地位や権限を直接証明し、これを基礎づける目的で作成されたものと断定するには若干の疑問が残り、また、それを措くとしても、本件では、診療録所持者である医師ないし病院と、診療録中に記載されているとみられる医薬品を製造した製薬会社との関係において、診療録が製薬会社の法的地位ないし権限を直接証明し、これを基礎づける目的で作成されたものといえないことは明らかであるから、本件文書は利益文書に当たらない。 ②法律関係文書とは、挙証者と文書所持者との間に成立する法律関係自体、およびその法律関係の構成要件事実の全部または一部が記載された文書をいうところ、本件文書は、挙証者たる製薬会社と所持者たる医師ないし病院との間の法律関係ないしその構成要件事実を記載した文書であるということはできないから、法律関係文書に当たらない。 ③なお、第三者に対し文書の提出を命ずる決定に対しても、本件抗告人らはこれについて利害関係を有しており、民事訴訟法は即時抗告権者につき何らの限定を付していないから、抗告人らは即時抗告をなし得る。
医師法の定める保存期間内の診療録については、当然それが作成さ	文書提出の申立てにあたっては、当該文書の存することは申立人において立証すべき事項であるか

[資料] 文書提出命令関連判例一覧

						し)	234条、220条)
5	大阪高決	H4.6.11	判タ807号250頁	診療録、疫学調査記録		否定	旧法312条3号前段（現220条3号前段）
6	東京高裁	H8.3.26	判時1566号37頁、判評455号41頁	診療録		取消し（差戻し）	法220条3号後段

478

れ、かつ、保存されているものとみなし、特にこれが滅失したと認められない限り、文書提出命令を発するべきであるとした事例	ら、それが作成されかつ現に相手方によって所持されている事実が立証できないときは、その文書提出の申立ては却下を免れないものである。しかし、医師法は、医師に対し診療に関する事項を遅滞なく診療録に記載すべき旨および診療をした医師の勤務する病院の管理者に対し診療録を5年間保存すべき旨義務づけており、上記義務に違反した者に対しては罰金を科する旨定めているから、診療にあたった医師は診療後遅滞なく診療に関する事項を診療録に記載し、その診療録は少なくとも5年間は保存されているはずである。したがって、医師法の定める保存期間内の診療録については、当然それが作成されかつ保存されているものとみなし、特にこれが滅失したと認められない限り、文書提出命令を発するのが相当とした。
水俣病損害賠償請求訴訟において、認定審査手続の過程で作成された抗告人らの申請書に関する検診録、疫学調査記録が、旧法312条3号前段（現220条3号前段）の「利益文書」に該当するとしつつ、過去に水俣病の集中検診をめぐって患者団体との間で混乱を生じた経緯があり、上記文書の公表により再度の混乱の発生が懸念される事情がある場合に、当該認定に関する行政処分の前にこれを許容するときは、検診等担当者に対して心理的影響を及ぼすことは避けがたく、ひいては行政庁の判断に影響を及ぼす事態も懸念されることから、認定制度の公正を確保する必要があるとして、水俣病の認定審査についていまだ行政処分を受けていない抗告人らの文書提出命令申立てについて、上記文書の提出を拒絶する正当事由があるとされた事例	従前の水俣病認定申請に対する審査に際して、水俣病認定申請患者協議会が集中検診がずさんであると抗議して紛争となり、これが原因で検診医の大量辞退などの混乱を生じ、その後も審査に関連して種々の紛争を繰り返してきたことが認められる。このような経緯に照らして考えると、本件文書の対象者である抗告人らに対する行政処分がなされていない現段階で、検診録等認定手続の過程で作成される資料の提出を命じることは、検診等担当者に対して心理的影響を及ぼすことは避けがたく、ひいては行政庁の判断へ影響を及ぼすおそれもあり、また、そのため、公害健康被害の補償等に関する法律に基づく水俣病認定申請に対する迅速かつ公正な処分の実現という公共の利益が阻害される結果を生じるおそれも否定できないとして、文書提出を拒絶すべき正当事由があるとした。
抗告人が東京拘置所に在監中に、刑務官に暴行を受け、不潔な独居房や保護房に収容され、いわれな	診療録およびこれに伴う看護記録は人の身体に対する侵襲を伴う医療およびこれに密接に関連する事項の記録であり、これに医師や看護人からみた心身の

[資料] 文書提出命令関連判例一覧

7	福岡高裁	H8.8.15	判タ929号259頁	心電図検査結果	否定	旧法313条3号（現221条1項3号）
8	東京高裁	H9.5.20	判時1601号143頁	決算報告書、総勘定元帳等、申立人の特許権を侵害する製品の製造により相手方が受けた利益を算定するのに必要な書類	一部肯定	旧特許法（平成11年法律第160号による改正前のもの）105条
9	東京高裁	H10.7.7	高民集51巻2号25頁、判タ1016号245頁	市議会の設置した特別委員会の会議要録	一部肯定	法220条3号後段

[資料] 文書提出命令関連判例一覧

き懲罰を受けるなどして損害を受けたとして、国家賠償法に基づいて損害賠償を求めている事案を基本事件とし、抗告人が拘置所の所持する拘禁者の診療録につき文書提出命令を申し立てた事例	状況等が付加され、舎房名が記載されるからといって、内部文書であることを基礎づけることにはならないし、申立人がすでに出所していることに照らすと、これらの文書が訴訟を通じて公にされるからといって、警備上、保安上の支障があるとも考えられないため、内部文書に当たらず、法220条 3 号後段の法律関係文書に当たるとして、文書提出命令を認めた。
文書提出命令の対象となった文書を相手方が紛失した可能性が否定できず、現在相手方が当該文書を所持していることの証明を欠くとして、文書提出命令の申立てを却下した事例	文書提出命令は提出義務を負担する文書の所持者に対してその提出を命ずべきものとされていること、文書提出命令の申立てにあたって文書の所持者を明らかにすることを要するとされていること等に照らすと、相手方が当該文書の所持を争う場合においては、申立人においてこれを立証すべきであるとしたうえで、文書提出命令の申立人としては、文書が現在相手方の所持にあることを直接立証することは困難であるから、申立てにあたっては、相手方が文書を所持するに至った事情を立証すれば足り、そして、現在の所持を争う相手方は、その後における紛失について反証をあげなければならないとした。そのうえで、本件においては、相手方の当該文書が紛失し、現在これを所持していない旨の反証も否定することができないとして、文書提出命令を認めなかった。
旧特許法102条 1 項の規定により、抗告人に対し、抗告人が特許権侵害行為により受けた利益の額をもって相手方の損害額として、その賠償を請求する特許権侵害訴訟を基本事件として、相手方が同法105条に基づき文書提出命令を申し立てたのに対し、営業秘密に属することが当該文書の提出を拒む正当な事由に当たらないとされた事例	本件各文書に特許権侵害を構成しない製品についての同業他社の得意先、売上げ、経費率、利益率が記載されているからといって、そのことから本件各文書が当然に「秘密として管理されている事業活動に有用な技術上又は営業上の情報」とはいえないのみならず、仮にそのような情報を含んでいたとしても、それが特許権侵害により相手方が得た利益を計算するために必要な事項を記載した文書と一体をなしている以上、文書提出命令を拒む正当な理由とはなり得ないとした。
市議会が設置した「教育行政事務の調査に関する特別委員会」の会議要録について、当該市が文書の所持者であるとして、文書提出命令の申立てが認められた事例	市議会が設置した特別委員会の会議要録は、相手方（市議会議員）が抗告人（市）に対して国家賠償請求権を取得したことを主張しているという点で両者の間の法律関係について作成された文書であり、内部文書または自己使用文書に当たらないとした。そ

481

[資料]　文書提出命令関連判例一覧

10	東京高裁	H10.7.16	金商1055号39頁	医薬品製造承認申請書が添付された厚生大臣の医薬品製造承認書等	否定	法220条4号ロ（現ハ）
11	東京地裁	H10.7.31	判タ992号274頁、判時1658号178頁	決算報告書、総勘定元帳等、申立人の特許権を侵害する製品の製造により相手方が受けた利益を算定するのに必要な書類	一部肯定（閲覧方法の制限）	旧特許法（平成11年法律第160号による改正前のもの）105条
12	大阪地裁	H10.8.17	税資237号1038頁	青色申告決算書等	否定	法220条1号
13	東京高裁	H10.10.5	金法1530号39頁、判タ988号288頁	銀行の貸出稟議書	肯定	法220条3号後段

482

[資料] 文書提出命令関連判例一覧

	のうえで「文書の所持者」とは、原則として権利義務の主体たる人または法人を指すと解して、法220条3号後段により市に対して前記会議要録の一部の提出が命じられた。
特許権侵害の差止めを求める訴訟で、イン・カメラ手続による審理の結果、文書記載内容は職業の秘密に該当するとして文書提出命令を却下した際、文書記載の相手方の方法は特許権者の特許の方法とは異なると本案に関する判断までしてしまった事例	イン・カメラ手続により審理をした結果、文書記載の相手方の方法は特許権者の特許の方法とは異なるとしたうえで、さらに申立てに係る文書には医薬品を製造、販売するうえで不可欠の重要な技術的事項が記載されているため、本件各文書は技術または職業の秘密を記載した文書に該当するとして文書提出命令を認めなかった。
営業秘密が含まれる可能性がある本件各文書についての文書提出命令に際して、訴訟指揮に基づく決定として、閲覧謄写できる者の範囲や閲覧方法についての制限措置を定めた事例	本件文書が提出された場合に営業秘密が不必要に開示されないように、訴訟指揮により、原則として申立人代理人および補佐人に限り文書の閲覧謄写を認めたが、申立人の従業員も、申立人代表者等に対し文書の内容を伝達しない旨の誓約書を裁判所に提出することを条件として、申立人の技術担当者および経理担当者各5名の限度で文書の閲覧謄写を認めた。
推計課税をめぐる訴訟において、被告である課税庁が原告と類似同業者の経費率、収益率等を報告した書面を提出したのに対し、原告である納税者が、同業者の経費率、利益率等の正確性を検証するために必要であるとして、青色申告決算書等そのものの提出を求めた事案において、当該青色申告決算書等は法220条1号所定の引用文書に該当しないとされた事例	法220条1号所定の当事者が訴訟において引用した文書とは、当事者が口頭弁論や弁論準備手続、準備書面、書証の中において、立証または主張の助け、裏付けもしくは明確化のために、その存在および内容について積極的に言及した文書をいうところ、被告が本件訴訟において立証や主張の明確化のために引用しているのは、本件文書である青色申告決算書自体ではなく同社の業者調査票であり、本件文書を引用したことにならないというべきであるから、本件文書は法220条1号に定める引用文書に該当しない。
相手方銀行が抗告人に対して変額保険料の原資を貸し付ける際に、変額保険のリスクの説明を怠った等として、抗告人が相手方に対して説明義務違反に基づく損害賠償を求めた事件を基本事件とする文書提出命令の申立てにつき、上記貸付けに係る銀行の貸出稟議書は法220条3号後段の法律関係文書	貸出稟議書は、抗告人の借入申込みを受けて、銀行である相手方が貸付けに先立って貸出の意思を確定する過程で作成される文書で、その意思の決定の合理性を担保するために各担当者が決裁印を押してその責任の所在を明らかにするものであって、法220条3号後段所定の法律関係文書に該当することは明らかであるとした。

483

14	東京高裁	H10.11.24	金商1058号3頁、金法1538号72頁	銀行の貸出稟議書および本部認可書	肯定	法220条4号ハ（現ニ）
15	大阪高裁	H11.2.26	金商1065号3頁、金法1546号117頁	銀行の貸出稟議書	肯定	法220条3号後段・4号ハ（現ニ）
16	京都地裁	H11.3.1	労判760号30頁	賃金台帳	肯定	法220条ロ（現ハ）、197条1項3号、220条4号ハ（現ニ）

[資料] 文書提出命令関連判例一覧

に該当するとした事例	
相手方銀行が抗告人に対し有価証券投資を資金使途とする事業資金を貸し付けた際に、顧客である抗告人の資金運用計画に対する安全配慮義務に違反したとして、抗告人が相手方に対して損害賠償を求めた事件を基本事件とする文書提出命令の申立てにつき、上記貸付けに係る銀行の貸出稟議書および本部認可書は法220条4号ハ（現ニ）所定の内部文書には該当しないとした事例	銀行が融資に関して作成した貸出稟議書および本部認可書は、銀行内部の意思決定の過程において、その合理性を担保するために作成されるもので、その意思決定に関する基本的かつ最重要の公式文書というべきものであり、さまざまな局面で、銀行自身が貸出の合理性、正当性を外部に対し主張する場合、あるいは外部の者がこれらを確認する場合に、そのための基本的かつ最重要の資料であるといえるため、法220条4号ハ（現ニ）の「専ら文書の所持者の利用に供するための文書」に該当しないから、相手方銀行は上記各文書の提出を拒むことはできないとした。
相手方銀行が抗告人に対して変額保険料の原資を貸し付ける際に、変額保険のリスクの説明を怠った等として、抗告人が相手方に対して説明義務違反に基づく損害賠償を求めた事件を基本事件とする文書提出命令の申立てにつき、上記貸付けに係る銀行の貸出稟議書は、法220条4号ハ（現ニ）所定の内部文書には該当しないとした事例	相手方銀行が融資を実行するにあたって作成した貸出稟議書は、銀行組織内の意思決定のための事務手続およびそれに基づく判断の適正を担保する目的で、各段階での担当者がそれぞれの責任の所在を明らかにするため決裁印を押していくものであり、その稟議が終わった段階においては、当該貸出稟議書は、金銭貸付けという法律関係の形成についての最終的な意思決定に直結する文書となるものであるから、法律関係文書に該当する。また、法律関係の相手方から上記意思決定が適正な手続を経て妥当に行われたことを説明するよう求められればこれを提示すべきであるので、法220条4号ハ（現ニ）の「専ら文書の所持者の利用に供するための文書」に該当しないとした。
賃金差別を立証するために賃金台帳の提出を求めた事案において、賃金台帳が、①法220条ロ（現ハ）、197条1項3号所定の職業秘密文書に該当せず、②法220条4号ハ（現ニ）所定の自己利用文書にも該当しないとされた事例	①法197条1項3号にいう「職業の秘密」とは、その秘密が公表されると、その職業に経済上重大な打撃を与え、社会的に正当な職業の維持遂行が不可能または著しく困難になるようなものをいうと解すべきところ、従業員の賃金や労働時間の状況等が公開されたとしても、相手方の業務遂行が不可能または著しく困難になるような事情を認めることはできないから、賃金台帳が法220条ロ（現ハ）、197条1項3号所定の職業秘密文書であるということはできない。 ②賃金台帳は、労働基準法によって作成を義務づけられているのであって、必要な場合には監督官庁等に提出させることを目的としているものであり、こ

[資料]　文書提出命令関連判例一覧

17	東京高裁	H11.6.9	判タ1016号236頁	教科書検定審議会の審議結果を記載した書面および文部大臣に提出した検定意見についての答申書	肯定	法220条3号後段・4号ハ（現ニ）
18	札幌地裁	H11.6.10	金商1071号7頁	金融機関が作成した稟議書	肯定	法220条4号ハ（現ニ）
19	東京地裁	H11.6.10	金商1069号3頁、金法1550号36頁	金融機関が作成した稟議書	否定	法220条3号後段・4号ハ（現ニ）

[資料] 文書提出命令関連判例一覧

	のような文言は民事訴訟において提出されることも予定していると解するのが相当であるから、自己使用文書には該当しないものというべきである。
違憲違法な教科書検定制度に基づく違憲違法な検定処分によって執筆完成を断念させられたことを理由とする国家賠償請求事件を基本事件とする文書提出命令の申立てにつき、検定審議会の審議結果を記載した文書等の法律関係文書（法220条3号後段）該当性を認め、法220条4号ハ（現ニ）所定の内部文書性を否定した事例	本件文書は、表現などの自由に対する制限という広い意味での法律関係文書（法220条3号後段）であるとしたうえで、検定審議会は、専門知識を有する者を含む中立で公正な学識経験者によって構成される文部大臣の諮問機関であって、教科用図書の検定の適正を期するための公的な機関であり、文部大臣が教科用図書の検定の結論を出すに先立って、あらかじめ審議した結果を記載し、その審議結果を文部大臣に答申（報告）した内容を記載した文書は、特に秘密にしなければならないものではないし、公開することによって何らかの不都合が生ずるとも考えられず、その審議内容を検証するために必要があるときは、一般に公開すべきものであるし、本件検定意見を作成する過程において、文部大臣の諮問機関である検定審議会によって職務上作成された公文書であり、後日、検定意見の内容を検証することなどのために参照されてしかるべきものであるから、法220条4号ハ（現ニ）の「専ら文書の所持者の利用に供するための文書」に該当しないとした。
基本事件において、被告から融資を受けた原告が、当該融資がいわゆる迂回融資であるとして融資契約の不存在および通謀虚偽表示による無効であることを理由に貸金債務の不存在確認を求めた事案において、融資を受けた経緯等を立証するために金融機関が作成した稟議書の提出を求めたところ、当該稟議書が法220条4号ハ（現ニ）所定の自己利用文書に該当しないとされた事例	貸出稟議書は、相手方の意思決定の過程において、その合理性等を担保するために作成される重要な基礎資料であり、組織内における公式文書であること、さまざまな局面で信用金庫自身が貸出の合理性、正当性を外部に対して主張する場合、あるいは外部の者がこれらを確認する場合に、これに基づいて検討がされることから、もっぱら内部の者の利用に供する目的で作成され、およそ外部の者に開示することを予定していない文書であるということはできないと解せられるから、自己利用文書に該当しない。
消費貸借契約に係る融資を実行した事実を立証するために金融機関が作成した稟議書の提出を求めた事案において、当該稟議書が①法220条3号後段所定の法律関係文書には該当せず、②法220条4号	①法220条3号後段所定の法律関係文書とは、挙証者と所持者との間の法律関係自体を記載した文書のほか、当該法律関係の構成要素の一部を記載した文書をいうと解され、文書の作成者がもっぱら所持者の利用に供する目的をもって作成した文書は、右に当たらず、法律関係文書に含まれないものと解すべ

487

[資料] 文書提出命令関連判例一覧

| 20 | 福岡高裁 | H11.6.23 | 金法1557号75頁 | 銀行の貸出稟議書 | 否定 | 法220条3号後段・4号ハ（現ニ） |
| 21 | 東京高裁 | H11.7.14 | 金法1554号80頁、金商1072号3頁 | 銀行の貸出稟議書 | 否定 | 法220条3号後段・4号ハ（現ニ） |

[資料] 文書提出命令関連判例一覧

ハ（現ニ）所定の自己利用文書に該当するとされた事例	きである。しかるところ、銀行が融資の審査等を行うにあたり作成する稟議書は、一私企業にすぎない当該銀行の内部で、その意思形成過程において作成される文書であるうえに、法令上その作成が義務づけられているわけではなく、その作成、開示、処分等の処置は、あげて当該銀行の意思に委ねられているものであり、このような稟議書の性質を考えると、稟議書は、特別の事情のない限り、当該銀行がもっぱら自らの利用に供する目的をもって、これを外部に開示することは想定しないで作成した文書というべきであり、法律関係文書には該当しない。 ②①記載の稟議書の性質からすれば、稟議書は、特別の事情のない限り、当該銀行がもっぱら自らの利用に供する目的をもってこれを外部に開示することは想定しないで作成した文書として自己利用文書に該当する。
ユーロ円固定金利貸付けと通貨スワップを組み合わせた貸付商品に係る契約につき、上記契約を締結した相手方銀行と抗告人との間で、上記契約が錯誤無効であるか否かが争われている事件を基本事件とする文書提出命令申立てにつき、銀行が作成した貸出稟議書が法律関係文書（法220条3号後段）に該当せず、また法220条4号ハ（現ニ）所定の内部文書に該当するとした事例	貸出稟議書は、銀行である相手方が融資を行う際の意思形成過程における文書で私企業内部の文書であり、法令によって作成が義務づけられているものではなく、これを作成するか否か、外部に開示するか否かを含め、作成後の処分も当該銀行の自由意思に委ねられている文書であり、文書の作成者または所持者がもっぱら自己使用の目的で作成した文書であると考えられるから、法220条3号後段の法律関係文書に該当せず（同条4号ハ（現ニ）の「専ら文書の所持者の利用に供するための文書」にも該当する）、本件文書提出命令の申立ては理由がないとした。
相手方銀行が抗告人に対して変額保険料の原資を貸し付けたが、抗告人が上記貸付けに係る金銭消費貸借契約が要素の錯誤または公序良俗違反により無効であるなどとして、債務不存在の確認等を求めている事件を基本事件とする文書提出命令申立てにつき、上記貸付けに係る銀行の貸出稟議書は、法律関係文書（法220条3号後段）に該当せず、また法220条4号ハ（現ニ）所定の内部文書に該当するとした事例	貸出稟議書は、一私企業にすぎない銀行の内部で、その意思形成過程において作成される文書であるうえに、法令上その作成が義務づけられているわけではなく、その作成、開示、処分等の処置は銀行の意思に委ねられているのであるから、特別の事情のない限り、銀行がもっぱら自らの利用に供する目的をもって、これを外部に開示することは想定しないで、作成した文書というべきであり、法律関係文書（法220条3号後段）には当たらず、また同条4号ハ（現ニ）所定の「専ら文書の所持者の利用に供するための文書」に該当するとした。

[資料] 文書提出命令関連判例一覧

22	大阪地裁	H11.7.23	金商1117号 18頁	監査法人が、日本住宅金融株式会社（日住金）に対する会計監査および中間監査に際して作成して所持する監査調書	肯定	法221条 1 項、220条 4 号ロ（現 ハ）、197条 1 項 2 号・ 3 号
23	高松高裁	H11.8.18	判時1706号 54頁	司法警察員が作成した捜査書類	否定	法220条
24	大阪地裁	H11.9.6	労判776号 36頁、ジュ	人事考課についての能力評価に	否定	法220条 3 号・4号ハ

[資料] 文書提出命令関連判例一覧

①申立人が、相手方らが作成した日住金に対する監査調書等の提出を求めたのに対し、対象文書の特定があると認め、②本件監査調書は、特定の債務者についての記載について氏名、会社名、住所等を開示しない態様で開示する限り職業秘密文書に該当しないとされた事例	①文書の特定性が要求される趣旨は、所持者において提出の対象となる文書を他の文書から区別させることにあるところ、本件監査調書は、記録または資料が膨大ではあっても、相手方らにおいて他の文書から区別し得るものと考えられ、現に、相手方らは、イン・カメラ手続において、右監査調書を構成する文書類を当裁判所に提出しており、したがって、他の文書から特定し得る程度に特定しているといえるから、特定性の要件を満たしている。 ②本件債務文書は、監査法人である相手方らの職業上の秘密に関する事項が記載された文書といえるが、日住金の地位を承継して本件債務文書の提出に同意している住宅金融債権管理機構との関係、大蔵省によって日住金への立入調査がされ調査内容が明らかになっている債務者の一部との関係では、職業上の秘密としても保護する必要性がないか、あったとしても極めて弱い。また、上記債務者以外の債務者との関係では、債務者の氏名、会社名、住所、職業、電話番号およびファックス番号を開示しない態様で開示する限り、職業上の秘密の保護の観点からも開示が妥当と考えられる。したがって、本件監査調書は、前記した限りで、法220条4号ロ（現ハ）、197条1項2号・3号所定の職業秘密文書には当たらないというべきである。
刑事訴訟法47条所定の「訴訟に関する書類」について、文書の所持者を検察官であるとした事例	法220条所定の文書提出義務を負う「文書の所持者」とは、当該文書の提出が守秘義務に違反するか否か、または法令により許容されるものか否かを判断し、その提出の可否を決定する権限と責務を有する者、換言すれば、当該文書について処分権を有し、その閲覧に応ずべきか否かについての決定権限をもつ者と解すべきであるところ、刑事訴訟法47条所定の「訴訟に関する書類」については、これを所持・保管する者は検察官であり、同条の法意に照らすと、公判開廷前において「訴訟に関する書類」を公にするか否かを決定する権限を有しているのは検察官であるから、「訴訟に関する書類」について法220条所定の文書提出義務を負う「文書の所持者」とは検察官にほかならない。
女性であることを理由に賃金差別を受けていることを立証するため	①本件各文書は、いずれも、相手方における人事考課について、これを担当する個々の評定者の利用に

491

[資料] 文書提出命令関連判例一覧

				リ 1187 号 113頁	関するマニュアル		(現ニ)
25	最高裁二小	H11.11.12	民集53巻8号1787頁、裁時1255号318頁、判タ 1017 号 102頁、金商1079号8頁、金商1081 号 41頁、判時1695号 49頁、金法	貸出稟議書および本部許可書	否定	法220条4号ハ（現ニ）・3号後段

492

[資料] 文書提出命令関連判例一覧

に人事考課についての能力評価に関するマニュアルを定めた本件各文書の提出を求めた事案において、本件各文書が、①法220条3号前段所定の利益文書に該当せず、②法220条3号後段所定の法律関係文書にも該当せず、③法220条4号ニ所定の自己利用文書に該当するとした事例	供することを目的として作成された文書であり、その内容も実質的に処理要領というものであって、ただ、運用の基準や指針を含む部分があるもののこれをもって申立人らの法的地位や権利もしくは権限を証明したり、基礎づける目的で作成された文書ということはできないから、本件各文書は法220条3号前段所定の利益文書に該当しない。 ②本件各文書は、いまだ運用のための文書にとどまるというべきであり、運用における基準や指針あるいは手続が労働契約の内容となっているとまではいえないし、これが申立人らに対する査定の結果に影響を及ぼすといっても、考課そのものには使用者の裁量に属する部分も大きく、相手方との関係において、申立人らがこれを運用の水準まで明らかにすることを要求する根拠はなく、本件各文書は、法律関係を記載した文書ないしこれと密接に関連する事項を記載した文書であるとは認められず、法律関係文書ということはできない。 ③本件各文書は、いずれも、法令、就業規則、労働協約に直接の根拠規定をもつものではなく、もっぱら相手方の人事考課の運用のために作成された文書であり、これを公開または公表することは予定されていないところ、本件各文書を公開することは、被考課者について疑念を生じさせたり誤った期待や不安を与える余地は大きく、また、公開を意識して人事考課に関する文書の作成や保管を抑制することとなり、円滑な人事考課を妨げることになるなど適正な組織の運営を妨げるおそれもあるから、本件各文書は自己利用文書に該当する。
基本事件において、被告（銀行）から融資を受けて証券取引を行い、多額の損害を被ったとして損害賠償を請求している原告が、貸出稟議書およびこれと一体をなす本部許可書（本件文書）の提出を求めた結果、原審が本件文書の提出を命じたため、許可抗告がなされたところ、法220条4号ハ（現ニ）所定の自己利用文書の該当性について一般的な判断枠組みを示したうえ、本件文書は同条項所定	①ある文書が、その作成目的、記載内容、これを現在の所持者が所持するに至るまでの経緯、その他の事情から判断して、もっぱら内部の者の利用に供する目的で作成され、外部の者に開示することが予定されていない文書であって、開示されると個人のプライバシーが侵害されたり個人ないし団体の自由な意思形成が阻害されたりするなど、開示によって所持者の側に看過しがたい不利益が生ずるおそれがあると認められる場合には、特段の事情がない限り、当該文書は法220条4号ハ（現ニ）所定の「専ら文書の所持者の利用に供するための文書」に当たる。 ②銀行の貸出稟議書は、支店長等の決裁限度を超え

493

[資料] 文書提出命令関連判例一覧

			1567号23頁、資料版商事189号257頁				
26	最高裁二小	H11.11.26	金商1081号54頁	融資稟議書、稟議書付箋、審査記録表	否定	法220条4号ハ（現ニ）・3号後段	

[資料] 文書提出命令関連判例一覧

の自己利用文書に当たるとした事例	る規模・内容の融資案件について、本部の決裁を求めるために作成されるものであって、通常は、融資の相手方、融資金額、資金使途、担保・保証、返済方法といった融資の内容に加え、銀行にとっての収益の見込み、融資の相手方の信用状況、融資の相手方に対する評価、融資についての担当者の意見などが記載され、それを受けて審査を行った本部の担当者、次長、部長など所定の決裁権者が当該貸出しを認めるか否かについて表明した意見が記載される文書であり、このような文書の作成目的や記載内容等からすると、貸出稟議書は、銀行内部において融資案件についての意思形成を円滑、適切に行うために作成される文書であって、法令によってその作成が義務づけられたものでもなく、融資の是非の審査にあたって作成されるという文書の性質上、忌たんのない評価や意見も記載されることが予定されているものであり、したがって、もっぱら銀行内部の利用に供する目的で作成され、外部に開示することが予定されていない文書であって、開示されると銀行内部における自由な意見の表明に支障を来し銀行の自由な意思形成が阻害されるおそれがあるものといえるところ、本件において特段の事情の存在はうかがわれないから、本件文書は法220条4号ハ（現ニ）所定の「専ら文書の所持者の利用に供するための文書」に当たる。 ③本件文書が、「専ら文書の所持者の利用に供するための文書」に当たると解される以上、法220条3号後段の文書に該当しないことはいうまでもない。
基本事件において、被告から融資を受けて変額保険契約を締結し、多額の損害を被ったとして損害賠償を請求している原告が、融資稟議書等の提出を求めた結果、原審が融資稟議書とこれと一体をなす稟議書付箋（本件文書）の提出を命じたため、許可抗告がなされたところ、本件文書は法220条4号ハ（現ニ）所定の自己利用文書に当たるとされた事例	①本件融資稟議書は、抗告人が相手方に対する融資を決定する過程で作成した貸出稟議書であることが認められるところ、銀行の貸出稟議書は、特段の事情がない限り、法220条4号ハ（現ニ）所定の「専ら文書の所持者の利用に供するための文書」に当たると解すべきであり、本件において特段の事情の存在はうかがわれないから、本件文書は、法220条4号ハ（現ニ）所定の「専ら文書の所持者の利用に供するための文書」に当たる。 ②本件文書が、「専ら文書の所持者の利用に供するための文書」に当たると解される以上、法220条3号後段の文書に該当しないことはいうまでもない。

495

[資料] 文書提出命令関連判例一覧

27	最高裁二小	H11.12.17	金商1083号9頁	貸出稟議書	否定	法220条3号後段・4号ハ（現ニ）
28	大阪高裁	H12.1.17	金商1117号16頁、判時1715号39頁	監査法人が、日本住宅金融株式会社（日住金）に対する会計監査および中間監査に際して作成して所持する監査調書	肯定	法221条1項、220条4号ロ（現ハ）、197条1項3号

[資料] 文書提出命令関連判例一覧

基本事件において、貸付商品についての契約の錯誤無効を主張している原告が、貸出稟議書の提出を求めた結果、原々審および原審が同申立てを却下したため、許可抗告がなされたところ、原審の認定判断は是認することができるとされた事例	貸出稟議書が法220条3号後段の法律関係文書に該当せず、また、同条4号ハ（現ニ）の「専ら文書の所持者の利用に供するための文書」にも該当するとした原審の認定判断は、正当として是認することができる。
有価証券報告書に虚偽の記載があったことを立証するために相手方らが作成した日住金に対する監査調書等の提出を求めた事案において、①対象文書の特定があると認め、かつ、申立人が文書特定のための手続（法222条1項）を求めていたにもかかわらずその手続を実施しなかった原審の判断に違法はないと判断し、②原審がイン・カメラ手続（法223条6項）を利用して証拠としての必要性の判断等を行ったことに違法はないと判断し、③原審が提出を命じた監査調書は、特定の債務者に関する記載については氏名、会社名、住所等を開示しない態様で開示する限り職業秘密文書に該当しないと判断し、④文書の提出を命ずる原決定主文が特定性に欠けているとは認められないと判断した事例	①本件監査調書は種々の書証を含む膨大な記録であるから、法222条が予定する文書特定の手続によることは迂遠で、当事者に過大な負担を強いることになりかねないから、文書特定のための手続（法222条1項）を求めていたにもかかわらずその手続を実施しなかったことに違法はない。また、そもそも文書提出命令の申立てに際して文書の特定が要求されるゆえんは、文書の特定がなされなければ、裁判所において、当該文書の提出の必要性と提出義務の有無を判断できない点にあり、裁判所がこれらの判断を行いうる場合には、証拠の不特定という形式的な理由だけから証拠申請を却下することは許されないものというべきであり、対象文書の特定があると認めた原審の判断に違法はない。 ②原審裁判所がした本件監査調書一式の提示命令は、訴訟の円滑な運営という観点から訴訟指揮の一環として行われたものと認められ、抗告人両名も異議なくこれに従っているから、仮に法223条3項が予定するところを超える点があっても、直ちに違法ということはできない。 ③原審裁判所は、監査報告の内容が虚偽か否かを解明するため必要であると判断して本件文書提出命令を発しているのであり、このような事件の性格に照らすと、本件文書提出命令を認めることによって、監査人の行う監査業務一般に支障が生じるとは考えがたく、むしろ、抗告人らは自己が行った監査業務の内容に疑義が出されている以上、その内容について積極的に説明すべきであるから、関係者に対するプライバシー侵害の程度も大きいとはいえない以上、本件監査調書は職業秘密文書には該当しない。 ④原決定は、要するに、抗告人両名が所定期間内に行った日住金に対する会計監査および中間監査に際して作成した財務諸表の監査証明に関する省令6条

[資料] 文書提出命令関連判例一覧

29	最高裁一小	H12.3.10	訟月47巻4号897頁、裁判集民197号341頁、裁時1263号164頁、判タ1031号165頁、金商1098号12頁、判時1711号55頁	文部大臣の諮問機関である教科用図書検定調査審議会が作成した、教科用図書についての判定内容を記載した書面およびその内容を記載した文部大臣に対する報告書	否定	法220条3号後段、学校教育法21条1項、51条
30	最高裁一小	H12.3.10	民集54巻3号1073頁、裁時1263号163頁、判タ1027号103頁、金商1098号7頁、判時1708号115頁、金法1589号47頁	取次店契約書および電話機器類の回路図・信号流れ図	（原決定の一部の破棄差戻し、その余の抗告却下）	法220条4号ロ（現ハ）・ハ（現ニ）、197条1項3号

498

[資料] 文書提出命令関連判例一覧

	に基づく監査調書一式に含まれる文書のすべての提出を命じることとし、そのうち原決定別紙文書目録記載の文書については、原決定債務者目録記載の者に関する部分はそのままの形で、その余の者に関する部分は個人の特定ができない形で提出するよう命じているものと認められ、かかる原決定主文が特定性に欠けているとは認められない。
基本事件において、教科用図書検定制度の違憲性や自己に対する検定意見通知の違法性などを主張して慰謝料を請求している原告が、教科用図書検定調査審議会の作成した文書の提出を求めた結果、原審が同文書の一部（本件文書）の提出を命じたため、被告により許可抗告がなされたところ、本件文書は法220条3号後段の文書に当たらないとされた事例	①法220条3号後段の文書には、文書の所持者がもっぱら自己使用のために作成した内部文書は含まれない。 ②本件文書は、検定審議会の判定内容を記載した書面および検定審議会がその旨を記載して文部大臣に提出した報告書を指すところ、これらはいずれも、文部省内部において使用されるために作成された文書であることが明らかであり、その作成について法令上何ら定めるところはなく、また、申請者等の外部の者に交付するなど記載内容を公表することを予定しているとみるべき特段の根拠も存しないことからすれば、本件文書は、文部大臣が行う検定申請の合否判定の意思を形成する過程において、諮問機関である検定審議会が、所掌事務の一環として、もっぱら文部省内部において使用されることを目的として作成した内部文書というべきであり、したがって、法220条3号後段の文書には当たらない。
基本事件において、電話機器類に瑕疵があるなどと主張して損害賠償を請求している原告（控訴人）が、取次店契約書および同電話機器類の回路図・信号流れ図の提出を求めた結果、原審で同申立てが却下されたため、許可抗告がなされたところ、取次店契約書については抗告が却下され、同電話機器類の回路図・信号流れ図（本件文書）に係る部分については原審に差し戻された事例	①証拠調べの必要性を欠くことを理由として文書提出命令の申立てを却下する決定に対しては、その必要性があることを理由として独立に不服の申立てをすることはできない。 ②法197条1項3号所定の「技術又は職業の秘密」とは、その事項が公開されると、当該技術の有する社会的価値が下落しこれによる活動が困難になるものまたは当該職業に深刻な影響を与え以後その遂行が困難になるものをいう。 ③相手方は、情報の種類、性質および開示することによる不利益の具体的内容を主張しておらず、原決定も、これらを具体的に認定していないから、本件文書に右技術上の情報が記載されていることをもって直ちにこれが「技術又は職業の秘密」を記載した文書に当たり、法220条4号ロ（現ハ）所定の文書に当たるということはできない。 ④原決定は、本件文書が外部の者に見せることを全

[資料] 文書提出命令関連判例一覧

31	大阪高決	H12.9.20	金商1311号86頁、判タ1096号176頁、判時1734号27頁	診療録		取消し（差戻し）	非訟事件手続法10条、旧法312条（現220条）
32	最高裁一小	H12.12.14	民集54巻9号2709頁、裁判集民200号169頁、裁時1282号7頁、判タ1053号95頁、金商1109号6頁、金商1107号3頁、判時1737号28頁、金法1605号32頁	信用金庫の所持する、本件融資に際して作成された稟議書およびこれらに添付された意見書		否定	法220条4号ハ（現ニ）・3号後段、信用金庫法36条4項、37条9項、39条、商法267条

[資料] 文書提出命令関連判例一覧

	く予定せずに作成されたものであることから直ちにこれが法220条4号ハ（現ニ）所定の文書に当たると判断しており、その具体的内容に照らし、開示によって所持者の側に看過しがたい不利益が生じるおそれがあるかどうかについて具体的に判断していないから、その判断には違法がある。
被相続人の公正証書遺言に、法定相続人である相手方が被相続人に対し暴行し傷害を負わせた旨の記載があり、相手方が当該事実を争っている家事審判事件において、民事訴訟法に定める文書提出命令の規定の準用を肯定した事例	家事審判法7条が準用する非訟事件手続法第1編の規定中、民事訴訟法の準用を定める非訟事件手続法10条は「民事訴訟に関する法令の規定中、期日、期間、疎明の方法、人証及び鑑定に関する規定は、非訟事件に準用す」と規定しており、民事訴訟法上の証拠方法である証人、当事者本人、鑑定、書証、検証物の5種のうち、特に「人証及び鑑定」に関する民事訴訟法の規定についてのみ準用を明定しているけれども、家事審判法7条自体にも「特別の定がある場合を除いて」との除外文言が存在するほか、家事審判規則7条1項には「家庭裁判所は、職権で、事実の調査及び必要があると認める証拠調をしなければならない」、同3項には「証拠調については、民事訴訟の例による」と規定しているのであるから、民事訴訟法中、書証に関する規定である法220条以下（ただし、職権調査主義の質に反する224条を除く）の文書提出命令に関する規定も家事審判手続に準用されるとした。
基本事件において、信用金庫の理事らに対し、善管注意義務等に違反して十分な担保を徴せず本件融資を行ったとして損害賠償を請求している原告（同信用金庫の会員）が、同信用金庫の所持する、本件融資に際して作成された稟議書およびこれらに添付された意見書（本件文書）の提出を求めた結果、原々審が同申立てを却下し、原審が原々決定を取り消して差し戻したため、同信用金庫が許可抗告をしたところ、本件文書は法220条4号ハ（現ニ）所定の文書に当たるとされた事例	①信用金庫の貸出稟議書は、特段の事情がない限り、法220条4号ハ（現ニ）所定の「専ら文書の所持者の利用に供するための文書」に当たると解すべきところ、ここでいう特段の事情とは、文書提出命令の申立人がその対象である貸出稟議書の利用関係において所持者である信用金庫と同一視することができる立場に立つ場合をいう。 ②信用金庫の会員は、理事に対し、定款、会員名簿、総会議事録、理事会議事録、業務報告書、貸借対照表、損益計算書、剰余金処分案、損失処理案、附属明細書および監査報告書の閲覧または謄写を求めることができるが（信用金庫法36条4項、37条9項）、会計の帳簿・書類の閲覧または謄写を求めることはできないのであって、会員に対する信用金庫の書類の開示範囲は限定されているところ、会員代表訴訟は、会員が会員としての地位に基づいて理事の信用金庫に対する責任を追及することを許容する

501

[資料] 文書提出命令関連判例一覧

33	最高裁一小	H12.12.14	民集54巻9号2743頁、裁判集民200号189頁、裁時1282号8頁、判タ1053号100頁、金商1109号13頁、金商1107号6頁、判時1737号34頁、金法1605号36頁	信用金庫の所持する、本件融資に際して作成された稟議書およびこれらに添付された意見書	（抗告却下）	法223条4項（現7項）
34	最高裁一小	H12.12.21	訟月47巻12号3627頁	不起訴記録中の参考人や被疑者の供述調書等	否定	法220条3号後段、刑事訴訟法47条

502

	ものにすぎず、会員として閲覧、謄写することができない書類を信用金庫と同一の立場で利用する地位を付与するものではないから、会員代表訴訟を提起した会員は、信用金庫が所持する文書の利用関係において信用金庫と同一視することができる立場に立つものではなく、したがって、会員代表訴訟において会員から信用金庫の所持する貸出稟議書につき文書提出命令の申立てがされたからといって、特段の事情があるということはできないため、本件文書は、法220条4号ハ（現ニ）所定の「専ら文書の所持者の利用に供するための文書」に当たる。 ③本件各文書が、「専ら文書の所持者の利用に供するための文書」に当たると解される以上、法220条3号後段の文書に該当しないことはいうまでもない。
基本事件において、信用金庫の理事らに対し、善管注意義務等に違反して十分な担保を徴せず本件融資を行ったとして損害賠償を請求している原告（同信用金庫の会員）が、同信用金庫の所持する、本件融資に際して作成された稟議書およびこれらに添付された意見書の提出を求めた結果、原々審が同申立てを却下し、原審が原々決定を取り消して差し戻したため、基本事件における被告が許可抗告をしたところ、抗告人は同文書の所持者ではないとして、抗告が却下された事例	文書提出命令は、ある事実を立証しようとする当事者が裁判所の命令により文書の所持者にその提出を求めるものであり、文書提出命令が発せられた場合には、これに従わない所持者は、文書の記載に関する相手方の主張を真実と認められるなどの不利益を受け、あるいは過料の制裁を受けることがあるため、法223条4項（現7項）は、申立人とその名宛人である所持者との間で文書提出義務の存否について争う機会を付与したものと解されること、また、文書提出命令に対し証拠調べの必要性がないことを理由として即時抗告をすることは許されないことからすれば、文書提出命令の申立てについての決定に対しては、文書の提出を命じられた所持者および申立てを却下された申立人以外の者は、抗告の利益を有せず、本案事件の当事者であっても、即時抗告をすることができない。
不起訴記録中の参考人や被疑者の供述調書等について、原々審はその一部の提出を命じたが、原審は、同文書は法220条3号後段所定の法律関係文書に該当するものの、刑事訴訟法47条に該当するとして開示を拒否したことに裁量権の逸脱は認められないから、同文書の提出を命じることはできないとしたため、許可抗告がなされた	本件文書提出命令の申立てを却下した原審の判断は、是認することができる。

[資料] 文書提出命令関連判例一覧

35	神戸地裁	H13.1.10	判タ1087号262頁、主判解〔平成14年〕（判タ1125号）184頁	遺族補償年金等支給決定に関する労働基準監督署所属公務員が作成した関係者からの聴取書および相手方が労働基準局地方労災医員から徴した同人作成の意見書	肯定	法220条3号前段
36	最高裁一小	H13.2.22	裁判集民201号135頁、裁時1286号68頁、判タ1057号144頁、金商1117号3頁、判時1742号89頁、金法1610号89頁	監査法人が、A社に対する会計監査および中間監査に際して作成して所持する監査調書	肯定	財務諸表等の監査証明に関する省令（平成12年総理府令第65号改正前）6条、法223条1項
37	最高裁一小	H13.4.26	裁判集民	病気欠勤の場合	（抗告	法283条

504

[資料] 文書提出命令関連判例一覧

ところ、原審の判断は是認することができるとされた事例	
心筋梗塞により死亡した労働者の遺族が、被告会社に対して雇用契約上の安全配慮義務の不履行に基づく損害賠償を請求した事件において、被告会社における業務実態および同人の死亡原因の業務起因性を立証するため遺族補償年金等支給決定に関する労働基準監督署所属公務員が作成した関係者からの聴取書および相手方が労働基準局地方労災医員から徴した同人作成の意見書の提出を求めたところ、当該文書が法220条3号前段所定の利益文書に該当するとされた事例	法220条3号前段所定の利益文書とは、直接または間接に挙証者の法的地位や権利関係を明確にするために作成された文書と解すべきであり、このうち、当該文書の所持者または挙証者以外の第三者がもっぱら自己の利益のために作成した内部文書は除外されるが、それ以外であれば、挙証者の利益のみに資する文書のみならず、挙証者と文書所持者等との間の共通の利益に関する文書をも包含すると解するのが相当であるところ、本件文書は労働災害補償保険法上作成が予定された文書であり、不支給処分取消しを求める行政訴訟が提起された場合には証拠資料として使用することをも予定された文書であるといえるから、本件文書は相手方の単なる内部文書にとどまらないことが明らかであって、相手方のみならず挙証者たる申立人らの利益のためにも作成された文書として法220条3号前段所定の利益文書に該当する。
基本事件において、A社の有価証券報告書に虚偽の記載があったため、本来よりAの株式を高い価格で購入することになったとして損害賠償を請求している原告が、A社に対する会計監査および中間監査に際して作成された約4年半分の監査調書の提出を求めた結果、原々審および原審が同文書の一部の提出を命じたため、許可抗告がなされたところ、文書提出命令の申立ての対象文書は特定されており、また、文書の一部の提出を命ずることもできるとして、原審の判断を是認した事例	①財務諸表等の監査証明に関する省令（平成12年総理府令第65号による改正前のもの）6条によれば、監査証明を行った公認会計士または監査法人は、当該監査等に係る記録または資料を当該監査等に係る監査調書として整理し、備え置くべきものとされているのであるから、特定の会計監査に関する監査調書との記載をもって提出を求める文書の表示および趣旨の記載に欠けるところはなく、個々の文書の表示および趣旨が明示されていないとしても、文書提出命令の申立ての対象文書の特定として不足するところはない。②1通の文書の記載中に提出の義務があると認めることができない部分があるときは、特段の事情のない限り、当該部分を除いて提出を命ずることができると解するのが相当であり、したがって、原審が、本件監査調書として整理された記録または資料のうち、A社の貸付先の一部の氏名、会社名、住所、職業、電話番号およびファックス番号部分を除いて提出を命じたことは正当として是認することができる。
基本事件において、解雇無効を主	受訴裁判所が、文書提出命令の申立てを却下する決

505

[資料] 文書提出命令関連判例一覧

			202号229頁、裁時1290号270頁、判タ1061号70頁、金商1123号3頁、判時1750号101頁、金法1621号31頁	の給与支払額・期間などについて定めている内規	棄却)	
38	大阪地裁	H13.5.2	判タ1095号272頁、判時1771号100頁、主判解〔平成14年〕（判タ1125号）182頁	MMRワクチン製造承認決定にかかわる中央薬事審議会の議事録一切、それに先立ちMMRワクチン承認申請の可否を審議した同生物学的製剤調査会に提出された資料および同調査会の議事録一切	否定	法220条3号後段・2号、行政機関の保有する情報の公開に関する法律
39	最高裁二小	H13.7.13	金商1311号106頁	司法警察員作成の送致書、書類目録および関係	否定	法220条3号前段・後段

[資料] 文書提出命令関連判例一覧

張している原告が、被告の内規の提出を求めた結果、原々審が同申立を却下して口頭弁論を終結したうえ、却下決定に対する即時抗告も却下したため、同決定に対して抗告がなされたが、原審が抗告を棄却したため、許可抗告の申立てがなされたところ、即時抗告は不適法として原審の判断を是認した事例	定をしたうえで、即時抗告前に口頭弁論を終結した場合には、もはや申立てに係る文書につき当該審級において証拠調べをする余地がないから、上記却下決定に対し口頭弁論終結後にされた即時抗告は不適法であると解するのが相当であり、この場合、文書提出命令申立て却下決定は終局判決前の裁判として控訴裁判所の判断を受けるから（法283条本文）、当事者は控訴審においてその当否を争うことができる。
MMRワクチンの副作用の被害を受けた者らが、不法行為および国家賠償法等に基づき損害賠償を求めている事件において、当該ワクチンの副作用の把握状況等の立証のため、中央薬事審議会の議事録一切および生物学的製剤調査会に提出された資料および同調査会の議事録一切の提出を求めたところ、①当該文書が法220条3号後段所定の法律関係文書に該当せず、②情報公開法を根拠に法律関係文書の範囲を拡大して解釈することはできず、③情報公開法に基づく行政文書であることを理由に法220条2号所定の文書に該当するとすることはできないとされた事例	①申立てに係る議事録等の文書は、非公開である同審議会および調査会が内部において便宜的に使用するために作成された文書と認められ、その作成について何ら法令上の定めはなく、これらを作成するか否か、何をどの程度記載するかは同審議会および調査会に一任されており、また、申請者等の外部の者に交付するなど記載内容を公表することを予定しているとみるべき特段の根拠も存しないから、もっぱら同審議会および調査会内部において使用されることを目的として作成した文書というべきであり、当該文書は法220条3号後段所定の法律関係文書に該当しない。 ②法220条2号は、大正15年改正前の旧旧民訴法を受け継ぐ規定であり、その請求権とは民法等の実体法に基づく請求権が予定されているものと認められること、情報公開法は開示決定等に対する不服申立てについては行政不服審査法による不服申立ておよび行政訴訟を予定しており、このような手続とは別に民事訴訟の付随手続である文書提出命令申立手続において、情報公開法に基づく閲覧請求権の有無を判断することは相当ではないと考えられることから、情報公開法を根拠に法律関係文書の範囲を拡大して解釈することはできない。 ③②で述べた文書提出命令と情報公開法との関係からすれば、情報公開法に基づく行政文書であることを理由に法220条2号所定の文書に該当するとすることはできない。
ひき逃げ事故を発生させたとして業務上過失致死の被疑事実で起訴され、その後、無罪判決が言い渡	仮に、警察官が作成した捜査関係書類が、原則として、被疑者と国との間の公訴提起をするに足りる容疑があるかどうかという法律関係について作成され

[資料]　文書提出命令関連判例一覧

書類追送書							
40	最高裁二小	H13.12.7	民集55巻7号1411頁、裁時1305号2頁、判時1771号86頁、判タ1080号91頁、金法1636号51頁、金商1141号26頁、裁判集民204号1頁	貸出稟議書	肯定	法220条4号ハ（現ニ）
41	広島地裁	H13.12.11	金法1638号43頁	信販会社の所持する加盟店審査マニュアル、加盟店取引申請書等、興信所が販売店の調査を行った結果が記載された文書	否定	197条1項3号、220条4号ニ・ハ

508

[資料] 文書提出命令関連判例一覧

されて確定した申立人が、国家賠償を請求している基本事件において、法220条3号前段および後段に基づき、捜査報告書等の文書提出命令を申し立てた事例	た文書に当たるとする見解によっても、本件各文書は、いずれも容疑の有無、程度を示すものであるとはいえないから、法220条3号前段および後段の文書に当たらないとした。
信用組合の貸出稟議書が法220条4号ハ（現ニ）所定の「専ら文書の所持者の利用に供するための文書」に当たるとはいえない特段の事情があるとされた事例	信用組合の作成した貸出稟議書の所持者は、預金保険機構から委託を受け、同機構に代わって、破たんした金融機関等からその資産を買い取り、その管理および処分を行うことを主な業務とする株式会社であり、経営が破たんした信用組合からその営業の全部を譲り受けたことに伴い、貸出稟議書を所持するに至ったものであること、その信用組合は、清算中であって、将来においても、貸付業務等を自ら行うことはないこと、所持者は法律の規定に基づいてその信用組合の貸し付けた債権等の回収にあたっているものであって、当該貸出稟議書の提出を命じられることにより、所持者において自由な意見の表明に支障を来しその自由な意思形成が阻害されるおそれがあるものとは考えられないことという事実関係等の下では、当該貸出稟議書につき、法220条4号ハ（現ニ）所定の「専ら文書の所持者の利用に供するための文書」に当たるとはいえない特段の事情がある。
信販会社である被告の加盟店である販売店からいわゆるモニター商法により物品を購入して被害を被った消費者である原告が、被告らには加盟店を調査管理して原告らを保護すべき義務があるのにこれを怠ったと主張して債務不存在確認等を求めた事案において、①加盟店審査マニュアルおよび、②加盟店取引申請書等が法220条4号ニ所定の自己利用文書に該当するとされ、③興信所が販売店の調査を行った結果が記載された文書が同号ハ、197条1項3号所定の職業秘密文書に該当するとされた事例	①加盟店審査マニュアルは、加盟店契約の締結および加盟店管理にあたって調査すべき事項調査の方法、加盟店契約締結の審査やその管理において注意すべき事項その基準およびそれらの手順等が詳細かつ具体的に記載されたものであるところ、当該文書に記載された事項はそれ自体一種の営業上のノウハウとして財産的価値を有するものと認められ、もっぱら相手方ら信販会社内部の利用に供する目的で作成され外部に開示することが予定されていない文書であって、開示されると相手方らにおいて看過しがたい不利益を生ずるおそれがあるものであり、特段の事情が認められない本件においては、加盟店審査マニュアルは自己利用文書に該当する。 ②加盟店取引申請書等は、信販会社が販売店との加盟店契約の締結およびその継続の決定をなすにあたりその意思を形成する過程で上記事項を確認、検討、審査するために作成されるものであることは明らかであり、法令等によってその作成が義務づけら

509

[資料] 文書提出命令関連判例一覧

42	神戸地裁	H14.6.6	労判832号24頁	労災認定に係る労働基準監督署長所有の同僚よりの聴取書、各復命書、地方労災医員作成の意見書、気象観測照会結果、救急活動状況照会結果、診療給付歴照会結果	肯定	法220条4号ロ	
43	広島高決	H15.4.16	判例集未登載	信販会社の加盟店審査マニュアル、加盟店に関する調査報告書	否定	法197条1項3号、220条4号ハ・ニ	

[資料] 文書提出命令関連判例一覧

	れたものでもなく、文書の性質上忌たんのない評価や意見が記載されることが予定されているものであるから、上記文書はもっぱら信販会社内部の利用に供する目的で作成され外部に公開されることが予定されていない文書であって、開示されると信販会社内部における自由な意見の表明に支障を来し信販会社の自由な意思形成が阻害されるおそれがあるものであり、特段の事情がない本件では、自己利用文書に該当する。 ③興信所が販売店の調査を行った結果が記載された文書については、興信所との契約で調査内容について秘密を守らなければならない立場にあることが認められ、また興信所という職業の性質からすれば取材源いかんにかかわらずその調査内容が一般に公開されること自体がその営業上の信用を大きく失墜させることは明らかであり、爾後の職業の維持遂行が不可能あるいは困難になるものといえるから、当該文書は上記「職業の秘密」が記載された文書として職業秘密文書に該当する。
労災認定に係る労働基準監督署長所有の同僚よりの聴取書、各復命書、地方労災医員作成の意見書、気象観測照会結果、救急活動状況照会結果、診療給付歴照会結果が法220条4号所定の除外文書には該当しないとされた事例	同僚よりの聴取書、各復命書、地方労災医員作成の意見書について、申立ての相手方は、これを提出すると当該文書作成者が証人尋問のため出廷するという負担を負い、また当該文書作成者の業務に支障を来す等の理由から公務秘密文書に当たる旨主張するが、これらの主張は抽象的な可能性にとどまることから、上記各文書は、公務秘密文書には該当しない。また、気象観測照会結果、救急活動状況照会結果、診療給付歴照会結果については、相手方は証拠調べの必要がないと主張するのみであり、一件記録によっても、公務秘密文書に該当することをうかがわせる事情はない。
信販会社が作成し、所持している加盟店に関する情報を調査した結果を記載した書面は、法220条4号ニ所定の自己使用文書に該当し、信販会社が所持しているその依頼先興信所の作成した加盟店に関する調査報告書は、法220条4号ハ、197条1項3号所定の「職業の秘密」が記載された文書で、かつ、220条4号ハ所定の秘密文	①加盟店に関する情報を調査した結果を記載した書面は、加盟店契約の締結および加盟店管理にあたって、調査すべき事項、調査の方法、加盟店契約締結の審査やその管理において注意すべき事項、その基準およびそれらの手順等が詳細かつ具体的に記載されたものであり、独自の創意工夫を凝らして作成されたことがうかがわれ、信販会社において加盟店の審査と管理が極めて重要な意義を有していることに鑑みれば、信販会社の加盟店審査マニュアルに記載された事項は、それ自体、一種の営業上のノウハウ

[資料]　文書提出命令関連判例一覧

44	福岡高裁	H15.4.25	判時1855号114頁	廃棄物の焼却溶融処理施設における稼働状況を示すデータ	肯定	法220条4号ハ・ニ、221条2項

書に該当するとした事例	として財産的価値を有するものと認められることから、上記文書に記載されている営業上のノウハウは、一般的な公開から保護されるという利益を当然有するというべきであるし、当該文書も、また、一般的な公開を予定して作成されたものでないことは明らかであるとして、法220条4号ニ所定の自己利用文書に該当するとした。 ②法220条4号ハに規定する同法197条1項3号の「職業の秘密」とは、その秘密が公開されてしまうと当該職業に深刻な影響を与え、以後の当該職業の維持遂行が不可能あるいは困難になるものをいい、その秘密主体は、文書の所持者が原則ではあるものの、第三者の秘密でも、当該第三者との間で、明示、黙示の契約で守秘義務を負う者や、当該第三者の被雇用者、補助者など、当該秘密につき重要な利害関係を有し、これを守らなければならない立場にある者の秘密も含まれると解するのが相当であるところ、本件で相手方は興信所との契約上、無断で秘密を流用した場合には損害賠償の責めを負う場合があることが規定されており、秘密を守らなければならない立場にあることは明らかであること、興信所という職業の性質からすれば、取材源いかんにかかわらず、その調査内容が一般に公開されること自体が、その営業上の信用を大きく失墜させることは明らかであり、その後の職業の維持遂行が不可能あるいは困難になるものといえることから、興信所作成に係る加盟店に関する調査報告書は、上記「職業の秘密」が記載された文書に該当し、法220条4号ハ所定の秘密文書に該当するとした。
①産廃処理施設が作成・所持する同施設の稼働状況を示すデータを記録した文書につき、助燃バーナーの取付位置図を除き、法220条4号ハの職業秘密文書にも、同条4号ニの自己利用文書にも当たらないとされた事例、②行政に対する文書送付嘱託によって同一文書の入手を図れたとしても、法221条2項の必要性はあるとされた事例	①本件文書の提出により、本件施設の各種データが公開された場合に、補助参加人(産廃処理施設メーカー)の有する技術の社会的価値が下落する等につき、具体的な主張・立証がないから、職業秘密文書に当たらない。本件文書は行政機関に対する開示が予定されているのであるから、不特定の相手に対する開示の予定がないという理由のみで、自己利用文書に当たると解することはできない。②本件文書部分は、抗告人の作成にかかり、第1次的に抗告人が所持、保管しているから、抗告人に文書提出を求めても、何ら公平を欠くものではなく、行政機関が必ず文書送付嘱託に応じるとは限らないから、相手方

[資料] 文書提出命令関連判例一覧

45	名古屋高裁	H15．5．23	金商1188号56頁	貸金業者の商業帳簿	肯定	法220条3号後段
46	大阪高裁	H15．5．27	金商1204号50頁	特定債務等の調整の促進のための特定調停に関する法律上の文書提出命令	否定	特調12条
47	名古屋高裁	H15．6．6	金商1188号52頁	貸金業者の商業帳簿	肯定	法220条3号後段
48	大阪高裁	H15．6．26	労判861号49頁	一部を黒塗りにした売上振替集計表	肯定	法220条1号
49	東京高裁	H15．7．15	判時1842号57頁、判タ1145号298	医療事故経過報告書	一部肯定	法220条4号ニ

514

[資料] 文書提出命令関連判例一覧

	らは文書提出命令の申立てによって文書を入手する必要性があるというべきである。
貸金業者の作成した業務帳簿は、法220条3号後段の法律関係文書であるとされた事例	貸金業者の作成する業務帳簿は、貸金業者が、債務者ごとに貸付契約について契約年月日、貸付金、受領額等を記載したものであって、貸金業者と債務者との法律関係に基づいて作成されるものであるから、法律関係文書に該当することは明らかであるというべきである。
債権者が債務の不存在を自認している場合には、特定調停法12条において、文書提出命令の要件とされる「特定調停のために特に必要があると認めるとき」に当たらないとされた事例	債権者とされた再抗告人自身が、本件上申書において、債務者である申立人が再抗告人に一切の金銭債務を負担していないことを明らかにしている以上、存在しない金銭債務を取り上げてその利害関係の調整を行う余地はない。したがって、本件上申書が提出された後は、「特定調停のために特に必要がある」との特定調停法12条所定の要件を欠く状態となるから、調停委員会が文書提出命令を発することもできなくなる。
貸金業者の作成した業務帳簿は、法220条3号後段の法律関係文書であるとされた事例	貸金業者は、その業務に関する帳簿を備え、債務者ごとに貸付けの契約について契約年月日、貸付けの金額、受領金額等を記載しなければならないとされており（貸金業法19条）、この帳簿の記載内容によれば、業務帳簿またはこれに代わる書面（電磁的記録も含む）は貸金業者と債務者の間の金銭消費貸借契約という法律関係について作成された文書に該当すると認められる。
一部を黒塗りにして証拠として提出した売上振替集計表について、黒塗り部分についても法220条1号の引用文書に当たるとされた事例	抗告人は、本件抜粋部分を裁判所に提示した以上、本件集計表の信頼性が相手方および裁判所によって吟味されることを拒否することは許されないのであり、本件集計表を開示する義務を負う。仮に、本件除外部分（黒塗り部分）の開示が義務づけられないとすれば、当事者は、1個の文書のうち自己の都合のよい部分を先行的に開示し、それ以外の部分を引用文書でないと言い張ることが許されることになり、法220条1号の規定の目的を形骸化させることができることになり、相当ではない。よって、本件集計表のうち、本件除外部分だけが引用文書に該当しないということはあり得ない。
病院作成に係る医療事故経過報告書のうち、関係者の事情聴取部分は法220条4号ニの自己利用文書	本件事情聴取部分は、被聴取者は、自己が刑事訴追を受けるおそれがある事項の質問に際しても、黙秘権その他の防御権を告知されることなく事情聴取さ

515

[資料]　文書提出命令関連判例一覧

			頁			
50	東京高裁	H15．8．15	民集58巻5号1173頁、判時1843号74頁	刑事事件において作成された共犯者の供述調書	肯定	法220条3号後段、刑訴47条

[資料] 文書提出命令関連判例一覧

に当たるが、調査の結果報告部分である報告提言部分は自己利用文書に当たらないとされた事例	れ、その結果がおおむね逐一記載されており、また忌たんのない意見や批判もみられるから、これを開示することにより、団体等の自由な意思形成が阻害されるなど、開示によって所持者の側に看過しがたい不利益が生ずるおそれがあると認められ、法220条4号ニの除外文書に当たるものと判断される。本件報告提言部分は、本件医療事故の原因の究明、今後の防止対策に大いに資するものといえる一方、それが被抗告人以外に開示されたとしても、今後の安全管理にあたっての情報収集に重大な影響を与えたり、その衝にあたる者の自由な意思の表明を阻害したりすることまでは考えられず、開示によって所持者の側に看過しがたい不利益が生ずるおそれがあるものとまでは認めがたく、法220条4号ニの除外文書に該当するということはできない。
①刑事事件の捜査過程で作成された供述調書が法220条3号後段の法律関係文書に当たるとされた事例、②刑事事件の未提出記録である上記供述調書について、刑事訴訟法47条（訴訟書類の非公開）の制約を受けるとしつつも、「公益上の必要がある場合」に当たるとして文書提出命令を認めた事例	①司法警察員等と被疑者となった抗告人との間には本件被疑事件に関する法律関係が形成され、詐欺の成否をめぐる法律関係が存在し、相手方は、その法律関係を引き継いだものと認められる。そして、本件各文書は、各供述者の身上・経歴等を当該文書の趣旨とするものを除き、上記の法律関係に関連のある事実が記載されているものと認められるし、その法律関係を明らかにする目的で作成されたものであるから、いずれも法律関係文書に当たるというべきである。 ②本件各文書は、本件刑事事件の公判には提出されなかったものであり、法律関係文書に該当するとしてその提出を求めるにあたっても、刑事訴訟法47条による制約を受ける。ところで、同条本文は捜査の密行性の保持、刑事裁判への不当な圧力の防止、訴訟関係人の名誉・プライバシー等の保護等を根拠に原則非公開とするが、同条但書は、これらの法益を上回る公益上の必要等があり、公開することが相当と認める場合に、例外としてこれを公開することとしている。同条の立法趣旨に照らすと、「訴訟に関する書類」を公開するかどうかの判断は、当該書類の保管者の合理的裁量に委ねられているというべきであり、ただ、保管者による当該文書の提出の拒否がその裁量権の範囲を逸脱し、またはこれを濫用していると認められる場合には、裁判所はその提出を命ずることができるものと解される。

[資料]　文書提出命令関連判例一覧

51	東京地裁	H15.9.12	判時1845号101頁	一般廃棄物焼却施設設置届出書の添付書類	肯定	法220条3号後段、197条1項3号
52	東京高決	H15.12.4	労判866号92頁	賃金台帳、労働者名簿、社員履歴台帳	否定	法220条4号

[資料] 文書提出命令関連判例一覧

①一般廃棄物焼却施設設置届出書の添付書類および図面の写しは、法220条3号後段の法律関係文書に当たるとされた事例、②上記各文書につき、法197条1項3号の類推適用を理由に、提出を拒絶することはできないとされた事例	①本件各文書は、本件清掃工場の構造や維持管理体制が、周辺住民等の生命、身体に対し重大な危害を及ぼすおそれのあるものでないことを明らかにすることを、その目的の1つとして作成されたものと認められ、本件各文書は、原告らと被告との法律関係の構成要件事実の一部を記載した文書に当たるということができる。 ②法220条3号後段所定の文書に技術または職業の秘密に関する事項が記載されている場合、当該文書の所持者は、法197条1項3号の類推適用により、当該文書の提出を拒絶する権利を有するものと解される。もっとも、同条項に基づく拒絶権は、訴訟における真実発見の要請や裁判の公正を犠牲にするものであり、いわば例外的に認められるべきものであるから、保護に価する技術または職業の秘密のみが、拒絶の対象になるというべきである。法律関係文書に当たるにもかかわらず文書提出義務を免れるというためには、それが競業者に知られることにより事業運営上の地位が損なわれることが具体的に主張・立証されることを要すべきところ、本件において被告は具体的な主張・立証をしなかったのであるから、法197条1項3号の類推適用を理由に、提出を拒絶することはできない。
①証拠調べの必要性がないことを理由とする文書提出命令の申立てを棄却する決定に対しては、その必要性があることを理由として独立に不服申立てをすることは許されないとした事例 ②組合員昇格差別をめぐる救済命令取消訴訟を基本事件とする組合側から会社側への賃金台帳等の文書提出命令申立てにつき、申立理由の主張からは組合員昇格差別の有無を判断するために比較対象者らの履歴が必要であるとはいえず、その比較対象者らの賃金台帳等について証拠調べの必要性があるとはいえないとした事例	①法223条7項は、文書提出義務がないことを理由とする文書提出命令申立ての棄却決定に対して即時抗告をすることができることを規定するが、証拠調べの必要性がないことを理由とする棄却決定に対する不服申立てを認める規定は存在しないこと、一般に証拠の採否は受訴裁判所の専権に属するものであることからすれば、法223条7項は、文書提出命令が文書の所持者に特別の義務を課すことから、文書提出義務の有無に限り特に即時抗告を認めたものと解すべきであるので、証拠調べの必要性がないことを理由とする文書提出命令の申立てを棄却する決定に対しては、その必要性があることを理由として独立に不服申立てをすることは許されないとした。 ②本件申立ては、対応する救済対象者らごとに異なる類型の者と比較すべきであるとしているが、比較すべき者を入社時期や学歴を問わず同一職場の者としたり、学歴や職場を問わず同時期に同職種として

[資料] 文書提出命令関連判例一覧

53	岡山地裁	H15.12.26	判時1874号71頁、判タ1199号289頁	医療事故状況等についての報告文書	否定	法220条3号後段・4号ロ
54	神戸地裁	H16.1.14	労判868号5頁	法人税確定申告書添付の明細書、内訳書	肯定	法220条4号ニ
55	最高裁二小	H16.2.20	判時1862号154頁、判タ1156号122頁、裁時1358号92頁	漁業補償交渉についての補償額算定調書	否定	法220条3号・4号ロ

520

[資料] 文書提出命令関連判例一覧

	入社した者としたりしており、救済対象者らごとに異なる類型の者と比較すべき理由について何ら疎明していないなどとして、証拠調べの必要性があるとはいえないとした。
①国立大学が作成した医療事故状況等についての報告文書が、法220条3号後段の法律関係文書に当たらないとされた事例、②同文書が法220条4号ロの公務秘密文書に当たるとされた事例	①本件各文書は、将来の医療紛争が予想される相手方との交渉ないし訴訟追行に向けてのA大学医学部附属病院および文部科学省においてその対応等を検討するにあたって、もっぱら文書の所持者であるA大学医学部附属病院および文部科学省の内部において使用されることを目的として作成された内部文書であることが明らかであり、法220条3号後段の文書に当たらない。 ②法220条4号ロに該当するか否かを判断するにあたっては、文書提出命令における除外文書の範囲と情報公開法に基づく行政情報公開制度における不開示情報の範囲との間で整合性のとれた解釈をする必要がある。本件各文書は、開示されることによって情報公開法5条6号にいう「当該事務又は事業の適正な遂行に支障を及ぼすおそれ」が高い文書といえ、ひいては法220条4号ロにいう「公務の遂行に著しい支障を生ずるおそれ」が高い文書といえる。
税務申告のために行政機関に提出された文書が法220条4号ニの自己利用文書に当たらないとされた事例	本件各文書は、法令によって作成が義務づけられ、法人税確定申告に添付すべき文書であり、その作成目的に照らし、外部の者への開示を予定した文書であることを否定することはできず、相手方が本件訴訟において赤字経営であることを自ら積極的に主張し立証を試みていること等に鑑みると、開示によって所持者に看過しがたい不利益が生ずるとは認められず、したがって、本件各文書はいずれも法220条4号ニの「専ら文書の所持者の利用に供するための文書」に当たらない。
①県が漁業協同組合との間で漁業補償交渉をする際の手持ち資料として作成した補償額算定調書中の文書提出命令申立人に係る補償見積額が記載された部分が法220条4号ロ公務秘密の文書に該当するとされた事例 ②法220条4号ロに該当する文書の同条3号に基づく提出義務の肯	①本件文書は、抗告人が、A漁協との漁業補償交渉に臨む際の手持ち資料として作成した前記補償額算定調書の一部であり、交渉の対象となる上記の総額を積算する過程における種々のデータを基に算出された本件許可漁業に係る数値(補償見積額)が記載されたものであり、法220条4号ロ所定の「公務員の職務上の秘密に関する文書」に当たるものというべきである。②また、本件文書が提出され、その内容が明らかになった場合には、抗告人が、各組合員

[資料] 文書提出命令関連判例一覧

56	広島高裁岡山支部	H16.4.6	判時1874号69頁、判タ1199号287頁	医療事故についての①病院の文部省に対する報告文書、②病院内での病院長に対する報告等文書	否定	法220条4号ロ
57	大阪高裁	H16.4.9	判例集未登載	法人税確定申告書添付の明細書、内訳書	肯定	法220条4号ハ・ニ

[資料] 文書提出命令関連判例一覧

否（否定）	に対する補償額の決定、配分についてはA漁協の自主的な判断に委ねることを前提とし、そのために、上記の交渉の際にも明らかにされなかった上記の総額を算出する過程の数値（個別の補償見積額）の一部が開示されることにより、本件漁業補償協定に係る上記の前提が崩れ、A漁協による各組合員に対する補償額の決定、配分に著しい支障を生ずるおそれがあり、A漁協との間の信頼関係が失われることとなり、今後、抗告人が他の漁業協同組合との間で、本件と同様の漁業補償交渉を円滑に進める際の著しい支障ともなり得ることが明らかである。そうすると、本件文書は、法220条4号ロ所定の、その提出により「公務の遂行に著しい支障を生ずるおそれがあるもの」にも当たるものというべきである。③したがって、本件文書は220条4号ロの公務秘密文書に該当する。
国立大学医学部附属病院が同病院内で発生した医療事故の状況等に関し、文部省（当時）に報告するために作成した文書および同病院内で病院長等に報告等するために作成した文書がいずれも法220条4号ロの公務秘密文書に該当するとされた事例	国立大学医学部附属病院が、①当時の文部省大学局医学教育課長に報告するために作成した文書であって、医療事故の概要、現在の状況、医療事故に対する大学の見解および対応検討、今後の見通し等を記載内容とするもの並びに②同病院長へ報告するためおよび同病院内に設置されている医事紛争対策委員会が招集された場合の審議資料とする等のために作成した文書であって、医療事故の状況を内容とするものは、性質上非公知の事実に関するもので、その記載内容を外部へ公表することは予定されておらず、実質的にも秘密として保護するに値する事実に関するものであること、これらを開示することにより相手方との円滑な交渉ないし訴訟追行の適正を妨げるおそれがあること等判示の事情の下においては、その医療行為が国家賠償法1条にいう「公権力の行使」には当たらず、これらの文書が非権力作用に関する職務上の事項に関して作成されたものであっても、いずれも法220条4号ロ所定の文書に該当する。
従業員の賃金の減額に合理性がないことを立証するために本訴原告らが提出を求めた法人税確定申告書添付の明細書および内訳書が法220条4号ニの自己利用文書に該当せず、かつ同号ハの職業秘密文	法人税確定申告書添付の明細書および内訳書が法220条4号ニの自己利用文書に該当せず、かつ同号ハの職業秘密文書にも該当しないとした原決定（神戸地決平成16・1・14）を維持し、その理由も原決定の理由と同様であるとした。

[資料] 文書提出命令関連判例一覧

58	東京高裁	H16.5.6	判時1891号56頁	国税不服審判所に対する参考人の答述を記載した書面	肯定	法220条4号ロ
59	最高裁三小	H16.5.25	民集58巻5号1135頁、判時1868号56頁、判タ1159号143頁、裁時1364号261頁	司法警察員および検察官に対する供述調書	否定	法220条3号

[資料] 文書提出命令関連判例一覧

書にも該当しないとした原決定（神戸地決平成16・1・14労判868号5頁[54]）を維持した事例	
国税不服審判所に対する参考人の答述を記載した書面が法220条4号ロの公務秘密文書に該当しないとされた事例	「公務の遂行に著しい支障が生ずるおそれがあるもの」というためには、当該文書の記載内容に照らして具体的に著しい支障が生じる可能性が認められることが必要であるというべきところ、抗告人が主張する事由は、国税不服審判所の職権調査、審理が非公開で参考人等の任意の協力により行われるものであることから、その内容が公表されると今後の同種事件の調査、審理に著しい支障が生じるおそれがあるというものであって、これは結局のところ今後の同種事件への事実上の影響が懸念されるというものにすぎず、本件文書の性格を理由とする一般的、抽象的な支障の可能性を述べるにとどまるものであり、本件文書が提出されることによって、直ちに同種事件について著しい支障が生じるとはいえない。
①共犯者らの供述調書につき法220条3号の法律関係文書に該当するとして提出を命ずることの可否（肯定） ②同文書につき法220条3号の法律関係文書に該当することを理由としてされた文書提出命令の申立てが理由がないとされた事例	①刑事訴訟法47条所定の「訴訟に関する書類」に該当する文書について文書提出命令の申立てがされた場合であっても、当該文書が法220条3号所定のいわゆる法律関係文書に該当し、かつ、当該文書の保管者によるその提出の拒否が、民事訴訟における当該文書を取り調べる必要性の有無、程度、当該文書が開示されることによる被告人、被疑者等の名誉、プライバシーの侵害等の弊害発生のおそれの有無等の諸般の事情に照らし、当該保管者の有する裁量権の範囲を逸脱し、または濫用するものであるときは、裁判所は、その提出を命ずることができる。 ②すでに自己の有罪判決が確定した刑事事件の公判に提出されなかった共犯者の捜査段階における供述調書につき、法220条3号所定のいわゆる法律関係文書に該当することを理由としてされた文書提出命令の申立ては、刑事訴訟法47条所定の「訴訟に関する書類」である当該供述調書を、本案訴訟において証拠として取り調べることが、申立人の主張事実の立証に必要不可欠なものとはいえないこと、当該供述調書が開示されることによって当該共犯者や第三者の名誉、プライバシーが侵害されるおそれがないとはいえないこと等判示の事情の下では、保管者である検察官の提出拒否の判断が、その裁量権の範囲を逸脱し、またはこれを濫用したものとはいえず、

525

[資料] 文書提出命令関連判例一覧

60	東京高裁	H16.8.16	判時1881号25頁	犯行の再現実施状況報告書	肯定	法220条3号後段
61	東京地裁	H16.9.16	判時1876号65頁	救急活動記録票	肯定	法220条4号ロ・ハ
62	大阪地裁	H16.10.13	判時1896号127頁	日本銀行の所見通知	肯定	法220条4号ハ

[資料] 文書提出命令関連判例一覧

	理由がない。
①申立人を被疑者とする刑事事件について捜査機関の作成した「犯行の再現実施状況報告書」が法220条3号後段の法律関係文書に当たるとされた事例 ②同文書について、相手方（国）が刑事訴訟法47条を根拠として、その提出を拒絶したことが違法とされた事例	①申立人を被疑者とする刑事事件について捜査機関の作成した「犯行の再現実施状況報告書」は、申立人の逮捕、勾留の適法性を明らかにするために作成されたものであり、それによって捜査機関との間に生じた法律関係に関連して作成された文書として、法220条3号後段所定の法律関係文書に該当する。 ②同報告書の提出を求められた相手方（国）が、刑事訴訟法47条を根拠として、その提出を拒絶したのは、裁量権の範囲を逸脱し、またはこれを濫用した違法がある。
医療訴訟において、死亡した患者が救急車で搬送された際に救急救命士が作成した救急活動記録票が、法220条4号ロの公務秘密文書および同号ハの職務秘密文書のいずれにも該当せず、文書提出命令の申立てが認められた事例	死亡した患者が救急車で搬送された際の救急救命士が作成をした救急活動記録票について、本票の開示により的確かつ円滑な救急救命活動が実施できなくなるという事態は容易には想定しがたく、公共の利益を害しまたは公務の遂行に著しい支障を生ずるおそれがあるとは認められないから、本票は法220条4号ロの定める除外事由には該当しない。死亡した患者の損害賠償請求権を、相続人が相続して訴えを提起するような場合、死亡した患者の意思という観点からも遺族固有の利益という観点からも、救急救命処置に関する情報を開示することには正当な理由があると認められるから、本票は法220条4号ハの除外事由にも該当しない。
破綻した信用金庫に対する日本銀行の所見通知（日本銀行が当該信用金庫の破綻前に財務内容等に関する考査を行いその結果を国に通知したもの）の写しの一部につき、同信用金庫に対する文書提出命令が認められた事例	「職業の秘密」（法220条4号ハ、197条1項3号）とは、その事項が公開されると、当該職業に深刻な影響を与え以後その遂行が困難になるものをいうと解される。この点、①日銀考査の遂行が困難になるかについてみると、すでに経営破綻した金融機関に関する考査結果が公表されても、日銀考査の遂行が困難になることはない、②融資先企業の業務の遂行が困難になるかについてみると、対象箇所の全部が公表されてしまうと、融資先企業の資金調達に支障を来す等、融資先企業の業務の遂行が困難になるが、融資先企業の業種を除いて文書提出命令を発すれば、上記の支障が生じる可能性はない、③相手方（信用金庫）の業務の遂行が困難になるかについてみると、相手方はすでに経営破綻しているのであるから、本件対象箇所を相手方の職業の秘密として保護すべき必要性はない。したがって、融資先企業の

[資料] 文書提出命令関連判例一覧

63	大阪地裁	H16.11.12	労判887号70頁	賃金台帳、労働者名簿および資格歴等	肯定	法220条4号ハ・ニ
64	最高裁二小	H16.11.26	民集58巻8号2393頁、判時1880号	保険管理人によって設置された弁護士および	肯定	法220条4号ニ・ハ

528

		業種の記載部分は、職業秘密文書に該当するが、それを除く部分は職業秘密文書に該当しない。
	性別による賃金差別を立証するために本訴原告が賃金台帳、労働者名簿および資格歴等の提出を求めた事案において、①賃金台帳、労働者名簿および資格歴等が法220条4号ニの自己利用文書に該当せず、②同号ハの職業秘密文書にも該当しないとされた事例	①賃金台帳および労働者名簿は、労働基準法により罰則をもって作成、保存が義務づけられ、労働基準監督官から求められたときは罰則をもって提出を義務づけられており、その記載内容も法令により詳細に規定されているものであるから、本件賃金台帳および本件労働者名簿が、もっぱら内部の者の利用に供する目的で作成され、外部の者に開示することが予定されていない文書であるとはいえ、賃金台帳および労働者名簿は自己利用文書に該当しない。また、資格歴等はもっぱら相手方内部の者の利用に供する目的で作成され、外部の者に開示することが予定されていない情報であるということができるが、本件資格歴等における情報が開示されることによって、所持者である相手方の側に、人事管理の運営に大きな支障を来すなど看過しがたい不利益が生じるおそれがあるとまでは認めるに足りないため、本件資格歴等は自己利用文書に該当しない。 ②本件賃金台帳の記載事項は各労働者のプライバシーに係る情報に該当し、各労働者の意思に基づかずにみだりに他の労働者等に開示することは許されない性質のものであり、それらが開示されると当該労働者のプライバシーが侵害されるとともに、相手方との信頼関係が失われ、相手方の今後の人事労務管理上看過しがたい不利益が生ずるおそれがあることは否定できないが、賃金台帳は外部の者に開示が予定されていない文書とはいえないのであるし、相手方に本件賃金台帳の提出を命じることが直ちに多くの従業員に賃金台帳の内容が周知されることにつながるとまではいえないことを考慮すると、本件賃金台帳を開示することによって、相手方の事業活動に深刻な影響を与え以後その遂行が困難になるとまではいえない。また、本件資格歴等についても、これを開示することによって相手方の事業活動に深刻な影響を与え以後その遂行が困難になるとまでは認められない。したがって、本件賃金台帳および本件資格歴等は職業秘密文書には該当しない。
	①保険管理人によって設置された弁護士および公認会計士を委員とする調査委員会が作成した調査報	①保険管理人は、保険業法に基づき、金融監督庁長官から、保険会社の破綻につき旧役員等の経営責任を明らかにするために調査委員会を設置して調査を

[資料]　文書提出命令関連判例一覧

			50頁、判タ1169号138頁	公認会計士を委員とする調査委員会が作成した調査報告書			
65	大阪高裁	H16.12.27	判時1921号68頁	日本銀行の所見通知	肯定	法220条4号ハ	
66	大阪高裁	H17.1.18	判時1921号71頁	財務局の検査に関する示達書	取消し（差戻し）	法220条4号ロ	
67	東京地裁	H17.4.8	判タ1180号	①リース営業管	肯定	法220条4	

[資料] 文書提出命令関連判例一覧

告書が自己利用文書に該当しないとした事例、②法197条1項2号所定の「黙秘すべきもの」の意義、③同調査報告書に記載されている事実は「黙秘すべきもの」には当たらず、同調査報告書は法220条4号ハの文書に該当しないとした事例	することを命じられたため、その命令の実行として調査委員会を設置し、同委員会から本件調査報告書の提出を受けたものであるから、本件調査報告書は自己利用文書とはいえない。②法197条1項2号所定の「黙秘すべきもの」とは、一般に知られていない事実のうち、弁護士等に事務を行うこと等を依頼した本人が、これを秘匿することについて、単に主観的利益だけでなく、客観的にみて保護に値するような利益を有するものをいう。③調査委員会に加わった弁護士および公認会計士は、その委員として公益のための調査に加わったにすぎないこと等に鑑みると、本件調査報告書に記載されている事実は客観的にみてこれを秘匿することについて保護に値するような利益を有するとはいえず、「黙秘すべきもの」には当たらないから、本件調査報告書は法220条4号ハの文書に該当しない。
破綻した信用金庫に対する日本銀行の所見通知(日本銀行が当該信用金庫の破綻前に財務内容等に関する考査を行いその結果を国に通知したもの)の写しの一部につき、日本銀行に対する文書提出命令の申立てが認められた事例	日銀考査は、当初から契約当事者以外への提出があり得ることを前提になされている考査である以上、これが裁判所の文書提出命令に応じて提出されることがあっても、金融機関が資料の提出等に消極的な姿勢になるものとはとうてい認めがたい。また、民事訴訟法上の文書提出義務は、独立行政法人等情報公開法上の情報開示義務と情報開示の目的、請求権者等を異にするから、独立行政法人等情報公開法上において国民一般に情報開示を拒否できる場合に民事訴訟法上文書提出命令を負うことになったとしても何ら不都合はない。
文書提出命令において提出を命ずる文書の範囲につき、特定を欠くとして原決定を取り消し、事件を原審に差し戻した事例	原決定は、国に対して、破綻した信用金庫に対する財務局の検査に関する示達書(当該信用金庫のリスク管理状況、債務者区分の情報等が記載されているもの)の文書提出命令を認めたが、その主文において、提出を命ずる本件文書の範囲から「貸金以外の資産に関する記載」を除外していた。しかし、右「貸金」の文言は、元本だけを意味するのか、その利息や遅延損害金を含むのか、金銭の消費貸借関係だけを含むのか、それに準じるような有価証券等の消費貸借関係を含むのか等について明らかではない。したがって、本決定は、提出を命ずる文書の範囲の特定に欠ける。
①リース会社が社外秘文書として	イン・カメラ手続による審理の結果を踏まえると、

[資料] 文書提出命令関連判例一覧

				331頁	理規定、②信用調査会社作成の調査報告書		号ニ
68	大阪高裁	H17.4.12		労判894号14頁	賃金台帳、労働者名簿、資格歴	肯定	法220条4号ハ・ニ、231条

[資料] 文書提出命令関連判例一覧

作成したリース営業管理規定は自己利用文書に当たらないとされた事例、②リース会社が所持する信用調査会社作成の調査報告書が、自己利用文書とはいえない特段の事情があるとされた事例	①リース営業管理規定は、社外秘とされた内部文書であるものの、記載内容は一般的、概括的なものにとどまり、開示されてもサプライヤーに悪用されてサプライヤーの管理に支障を来す等の看過しがたい不利益が生じるおそれがあるとは認められないので、自己利用文書に当たらない。②信用調査会社作成のA社およびB社に関する調査報告書は、特段の事情のない限り自己利用文書に当たるが、A社およびB社がいずれも破産手続にあり、今後両社と取引関係を有することはない等の本件の状況下においては、当該文書が開示されたとしても、リース会社内部における自由な意見の表明に支障を来し、もしくはその自由な意思形成が阻害される等の看過しがたい不利益が生ずるおそれがあるとは認められない。したがって、自己利用文書に当たるとはいえない特段の事情がある。
①労働者の資格歴・研修歴についての電子データが法231条にいう準文書に該当するとした事例、②賃金台帳、労働者名簿、資格歴等は、自己利用文書に当たらないとした事例、③賃金台帳、労働者名簿、資格歴等は職業秘密文書に当たらないとした事例	①電子データであっても、一定のコンピュータソフトを利用することによってディスプレイの画面上で文字として閲覧できるから、書面以外の媒体上に存在する文字情報としての文書性を有することは否定できず、しかも同画面上の文字を画像としてコピーしその内容を書面に印刷することができることからすると、本件資格歴等の電子データは法231条の準文書に該当する。②一般に、労働者名簿や賃金台帳は、法220条4号ニ所定の文書には該当しないものというべきところ、本件労働者名簿や本件賃金台帳について、これと異なる作成目的、記載内容、所持の経緯、開示による看過しがたい不利益の生ずるおそれがあると認めるべき事情は存しないから、本件労働者名簿や本件賃金台帳も法220条4号ニ所定の文書には当たらない。本件資格歴等は、もっぱら内部の者の利用に供する目的で作成された文書には当たらない。本件資格歴等は、決定後の職種（職位）や研修歴を記載したものにすぎないから、それの開示が、将来にわたる抗告人の人事管理上の意思形成を妨げ、看過しがたい不利益が生ずるおそれがあるとまでは認めることができない。本件賃金台帳、本件労働者名簿および本件資格歴等は、開示すべき特別の事情がある。③本件賃金台帳、本件労働者名簿、本件資格歴は、技術に関する事項でないうえ、その開示によって、抗告人の職業に深刻な影響を与

[資料] 文書提出命令関連判例一覧

69	最高裁三小	H17.7.19	民集59巻6号1783頁、判時1906号3頁、判タ1188号213頁、金商1221号2頁、金商1227号32頁、金法1753号41頁	貸金業者の取引履歴の開示義務	肯定	民法1条2項、貸金業の規制に関する法律19条
70	最高裁二小	H17.7.22	民集59巻6号1837頁、判時1908号131頁、判タ1191号230頁	捜索差押許可状、捜索差押令状請求書	捜索差押許可状につき肯定、捜索差押令状請求書につき否定	法220条3号、刑訴47条

[資料] 文書提出命令関連判例一覧

	え、以後その遂行に困難をもたらすものとは認めがたいから、法220条4号ハ所定の文書には該当しない。
貸金業者が債務者から取引履歴の開示を求められた事例	貸金業法の趣旨に加えて、一般に、債務者は、債務内容を正確に把握できない場合には、弁済計画を立てることが困難となったり、過払金があるのにその返還を請求できないばかりか、さらに弁済を求められてこれに応ずることを余儀なくされる等、大きな不利益を被る可能性があるのに対して、貸金業者が保存している業務帳簿に基づいて債務内容を開示することは容易であり、貸金業者に特段の負担は生じないことに鑑みると、貸金業者は、債務者から取引履歴の開示を求められた場合には、その開示要求が濫用にわたると認められる等特段の事情のない限り、貸金業法の適用を受ける金銭消費貸借契約の付随義務として、信義則上、保存している業務帳簿（保存期間を経過して保存しているものを含む）に基づいて取引履歴を開示すべき義務を負うものと解すべきである。
①捜索差押許可状および捜索差押令状請求書は、法律関係文書に当たるとした事例、②捜索差押許可状の文書提出命令の申立てに対して、刑事訴訟法47条に基づきその提出を拒否した警視庁の判断が、裁量権の範囲を逸脱し、または、これを濫用したものであるとした事例、③捜索差押令状請求書の文書提出命令の申立てに対して、刑事訴訟法47条に基づきその提出を拒否した警視庁の判断が、裁量権の範囲を逸脱し、または、これを濫用したものであるとはいえないとした事例	①捜索差押許可状はこれによって相手方が有する権利を制約して、抗告人（警視庁）所属の警察官に相手方らの住居等を捜索し、その所有物を差し押さえる権限を付与し、相手方らにこれを受忍させるという抗告人と相手方らとの間の法律関係を生じさせる文書であり、捜索差押令状請求書は、捜索差押許可状の発布を求めるために法律上作成を要することとされている文書であるから、いずれも法律関係文書に該当する、②捜索差押許可状および捜索差押令状請求書は、捜索差押えが刑事訴訟法および刑事訴訟規則の規定に従って執行されたことを明らかにする客観的な証拠であり、捜索差押えの執行に手続違背があったか否かを判断するためにその取調べの必要性が認められるところ、捜索差押許可状は、相手方ら以外の者の名誉、プライバシーを侵害する記載があることがうかがわれないし、開示されても今後の捜査、公判に悪影響が生ずるとは考えがたいから、抗告人の判断は、裁量権の範囲を逸脱し、またはこれを濫用したものというべきである。③本件捜索差押令状請求書は、捜査の秘密にかかわる事項や被疑者、被害者等のプライバシーに関する事項が含まれている蓋然性が高いと認められ、これを開示するこ

535

[資料] 文書提出命令関連判例一覧

71	最高裁二小	H17.7.22	民集59巻6号1888頁、判時1907号33頁、判タ1188号229頁	法務省が外務省を通じて外国公機関に行った照会に関し、①法務省が外務省に対し交付した「依頼文書」、②外務省が作成し外国公機関に対し交付した「照会文書」の控え、③外務省が外国公機関から交付を受けた「回答文書」	提出を認めた原審決定を破棄差し戻し	法220条4号ロ、223条4項1号
72	広島地裁	H17.7.25	労判901号14頁	労働基準監督署において作成された労災事故に関する災害調査復命書	肯定	法220条4号ロ
73	東京高裁	H17.10.7	判例集未登載	ディーラー情報照会と題する書面および信用調査会社作成の調	否定	法220条4号ニ

[資料] 文書提出命令関連判例一覧

	とによって、今後の捜査・公判に悪影響が生じる等の具体的なおそれが存するから、本件請求書の提出を拒否した抗告人の判断が、その裁量権の範囲を逸脱し、またはこれを濫用したものということはできない。
法務省が外務省を通じて外国公機関に行った照会に関し、①法務省が外務省に対し交付した「依頼文書」、②外務省が作成し外国公機関に対し交付した「照会文書」の控え、③外務省が外国公機関から交付を受けた「回答文書」について、文書提出を認めた原審の判断に違法があるとされた事例	抗告人の主張によれば、依頼文書には、逮捕状等の写しの真偽の照会を依頼する旨の記載のほか、外国公機関に知らせていない事項も含まれており、照会文書および回答文書は、外交実務上「口上書」と称される外交文書の形式によるものであるところ、口上書は、外交上公開しないことが慣例とされているというのであるから、依頼文書、照会文書および外交文書は、その提出により、他国との信頼関係が損なわれ、わが国の調査活動、情報収集活動等の遂行に著しい支障を生ずるおそれがあるものと認める余地がある。したがって、依頼文書については、抗告人らの主張する記載の存否および内容、照会文書および回答文書については、加えてこれらが口上書の形式によるものであるとすれば抗告人らの主張する慣例の有無等について審理したうえで、これらが提出された場合にわが国と他国との信頼関係に与える影響等について検討しなければ、法223条4項1号に掲げるおそれがあることを理由として、法220条4号ロ所定の文書に該当する旨の当該監督官庁の意見に相当の理由があると認めるに足りない場合に当たるか否かについて、判断することはできない。
労働基準監督署長に対し、災害調査復命書につき、申立人および被告ら以外の個人名・法人名を除き、提出が命じられた事例	「公共の利益を害し、または公務の遂行に著しい支障を生ずるおそれがある」といえるためには、公共の利益を害し、または公務の遂行に著しい支障を生ずる可能性が具体的に存しなければならないと解すべきであるところ、労働基準監督署において作成された労災事故に関する災害調査復命書については、申立人および被告ら以外の個人氏名および法人名を提出対象から除き裁判所に提出することについて、公共の利益を害し、または公務の遂行に著しい支障を生ずる具体的な可能性があるとはいえない。
破綻したサブライヤーとの取引開始に際してリース会社が所持している当該サブライヤーに係るディーラー情報照会と題する書面	サブライヤーが破綻しておりリース会社が当該サブライヤーとの間で新たな取引をすることがないとしても、リース会社が本件文書に記載されたと同様の情報を入手するうえで支障を生じるおそれがあるこ

537

[資料] 文書提出命令関連判例一覧

				査報告書等		
74	最高裁三小	H17.10.14	民集59巻8号2265頁、判時1914号84頁、判タ1195号111頁	労働基準監督署において作成された労災事故に関する災害調査復命書	提出を認めなかった原審を破棄差戻し	法220条4号ロ
75	さいたま地裁	H17.10.21	労判915号114頁	賃金台帳	肯定	法220条3号

538

[資料] 文書提出命令関連判例一覧

および信用調査会社作成の調査報告書等の提出義務の存否が争われた事案において、1審が当該文書について自己利用文書に該当しない特段の事情を認めて文書提出義務を肯定したのに対し、本件において特段の事情は存在しないとして法220条4号ニの自己利用文書に該当するとした事例	とは容易に推認することができ、看過しがたい不利益を生じないということはできないから、サプライヤーの破綻は本件文書を開示させるのを相当とする特段の事情となるものではない。また、民事訴訟において信用調査会社の報告書が証拠として提出され、または当該サプライヤーに係る本件と同種の訴訟において本件文書と同旨の文書が証拠として提出されている事実は、自己利用文書の文書提出義務を認めるべき特段の事情には当たらない。
①法220条4号ロにいう「公務員の職務上の秘密」の意義、②法220条4号ロにいう「その提出により公共の利益を害し、又は公務の遂行に著しい支障を生じるおそれがある」の意義、③労働基準監督署において作成された労災事故に関する災害調査復命書は、ⓐ本件調査担当が職務上知ることができた本件事業上の安全管理体制、本件労災事故の発生状況等被告会社にとっての私的な情報と、ⓑ再発防止策、本件調査担当者の意見等の行政内部の意思形成過程に関する情報が記載されているところ、ⓐⓑの情報に係る部分は、いずれも「公務員の職務上の秘密」に該当するとしたうえで、ⓑの情報に係る部分は「その提出により……公務の遂行に著しい支障を生ずるおそれがあるもの」に該当するが、ⓐの情報に係る部分についてはこれに該当しないとした事例	①「公務員の職務上の秘密」とは、公務員が職務上知り得た非公知の事項であって、実質的にもそれを秘密として保護するに値すると認められるものをいう。「公務員の職務上の秘密」には、公務員の所掌事務に属する秘密だけでなく、公務員が職務を遂行するうえで知ることができた私人の秘密であって、それが本案事件において公にされることにより、私人との信頼関係が損なわれ、公務の公正かつ円滑な運営に支障を来すこととなるものも含まれる。②法220条4号ロにいう「その提出により公共の利益を害し、又は公務の遂行に著しい支障を生ずるおそれがある」とは、単に文書の性格から公共の利益を害し、又は公務の遂行に著しい支障を生ずる抽象的なおそれがあることが認められるだけでは足りず、その文書の記載内容からみてそのおそれの存在することが具体的に認められることが必要である。③労働基準監督署において作成された労災事故に関する本件災害調査復命書には、ⓐ本件調査担当が職務上知ることができた本件事業上の安全管理体制、本件労災事故の発生状況等被告会社にとっての私的な情報と、ⓑ再発防止策、本件調査担当者の意見等の行政内部の意思形成過程に関する情報が記載されている。ⓐⓑの情報に係る部分は、いずれも「公務員の職務上の秘密に関する文書」に当たるものと認められる。ⓑの情報に係る部分は法220条4号ロ所定の「その提出により（中略）公務の遂行に著しい支障を生ずるおそれがあるもの」に該当しないとはいえないが、ⓐの情報に係る部分はこれに該当しない。
性別による賃金差別等を立証するために本訴原告が賃金台帳の提出を求めた事案において、賃金台帳が法220条3号所定の法律関係文	賃金台帳は、労働基準法108条、109条によって作成・保存を義務づけられている文書であって、同文書が使用者が労働の実績と支払賃金との関係を明確に記録するための資料であるだけでなく、労働者の

539

[資料] 文書提出命令関連判例一覧

76	最高裁一小	H17.11.10	民集59巻9号2503頁、判時1931号22頁、判タ1210号72頁	市議会議員が政務調査費を支弁して作成された調査研究報告書	否定	法220条4号ニ
77	東京高裁	H17.12.28	労判915号107頁	賃金台帳	肯定	法220条3号後段・4号ハ前段

540

書に該当するとした事例	権利関係に関する証拠を保全し、労使紛争を予防するためのものでもあることに鑑みると、同文書は、法220条3号所定の法律関係文書に該当するものと解される。
市議会議員が市から所属会派に交付された政務調査費によって費用を支弁して行った調査研究の内容および経費の内訳を記載して当該会派に提出した調査研究報告書およびその添付書類は法220条4号ニ所定の「専ら文書の所持者の利用に供するための文書」に当たるとした事例	仙台市議会の会派に対する政務調査費の交付を定める仙台市政務調査費の交付に関する条例（平成13年仙台市条例第33号）の委任に基づいて議長が定めた要綱によれば調査研究報告書をもって調査研究を行った議員から所属会派の代表者に提出すべきものとするにとどめ、これを議長に提出させたり、市長に送付することは予定しておらず、その趣旨は各会派の自立を促すとともに、議員の調査研究に対する執行機関等からの干渉を防止することにあり、同報告書はもっぱら会派の内部にとどめて利用すべき文書とされていること、これが開示されると会派およびその所属議員の調査研究が執行機関、他の会派等の干渉によって阻害されるおそれがあり、また、調査研究に協力する等した第三者の氏名、意見等が同報告書に記載されている場合にはその後の調査研究への協力が得られにくくなって以後の調査研究に支障が生ずるばかりか、その第三者のプライバシー侵害のおそれもあること等からすると、同報告書およびその添付書類は、法220条4号ニ所定の「専ら文書の所持者の利用に供するための文書」に当たる。
①挙証者である当該労働者の賃金台帳は、法220条3号後段に定める「挙証者と文書の所持者との間の法律関係について作成された」文書（法律関係文書）に該当するとした事例 ②挙証者以外の労働者の賃金台帳は、法220条4号所定のその他の除外事由にも該当しないと認められるから、同条4号により文書提出命令の対象となるとした事例	①労働基準法108条、109条により使用者に賃金台帳の調製および保存義務が、同法101条1項により労働基準監督官から求められたときの提出義務があるところ、これらの趣旨は賃金台帳が賃金を支払う義務を負う使用者にとって必要であるというだけでなく、賃金を請求する権利を有する当該労働者にとってもその権利保護のために有用であるからであり、挙証者である当該労働者の賃金台帳は当該労働者と使用者との間の賃金に関する権利関係に関連のある事項を記載するための文書として法220条2号後段に定める「挙証者と文書の所持者との間の法律関係について作成された」文書（法律関係文書）に当たるが、当該労働者以外の労働者の賃金台帳については当たらない。 ②挙証者以外の労働者の賃金台帳について、法220条4号ハ前段の趣旨は一般的に文書中の他人のプライバシーを保護する趣旨の規定ではないから、挙証

[資料] 文書提出命令関連判例一覧

78	宇都宮地裁	H18.1.31	金商1241号11頁	法人税申告書、勘定科目内訳書、貸出稟議書、貸倒引当金繰入額一覧表、自己査定ワークシート、無税化計画等	一部肯定	法220条4号ハ前段・ニ
79	最高裁二小	H18.2.17	民集60巻2号496頁、判時1930号96頁、判タ1208号95頁	金融機関の社内通達文書	肯定	法220条4号ニ

[資料] 文書提出命令関連判例一覧

	者以外の労働者のプライバシー保護の観点から同条項の類推適用はできず、その他の除外事由にも該当しないから、法220条4号により文書提出命令の対象となる。
①法人税申告書および勘定科目内訳書は法220条4号ハ前段・同197条1項3号に規定する「職業の秘密」に該当せず、同220条4号ニ所定の「専ら文書の所持者の利用に供するための文書」にも当たらないので、文書提出義務があるとした事例 ②貸倒引当金繰入額一覧表、自己査定ワークシート、無税化計画の文書のうち、法的整理手続等が開始され実質的に破綻している取引先債務者に関するものは法220条4号ハ前段・同197条1項3号に規定する「職業の秘密」に該当せず、同220条4号ニ所定の「専ら文書の所持者の利用に供するための文書」にも当たらないので、文書提出義務があるとした事例 ③貸出稟議書は法220条4号ニ所定の「専ら文書の所持者の利用に供するための文書」に当たるとした事例	①法人税申告書（勘定科目内訳書を含む）は基本的に相手方自身の法人税額およびその算出根拠を内容とするものであり、その情報は表層的なものにとどまるから、これが公開されたとしても、相手方において その営業の維持・遂行が困難になるとはいえず、法220条4号ハ前段・同197条1項3号に規定する「職業の秘密」に該当せず、また、法人税申告書および勘定科目内訳書は税務署等外部への提出が考えられるものであるから同220条4号ニ所定の「専ら文書の所持者の利用に供するための文書」にも当たらない。 ②貸倒引当金繰入額一覧表、自己査定ワークシート、無税化計画の文書のうち、法的整理手続等が開始され実質的に破綻している取引先債務者に関するものについては、過去の財務状況が開示されてもこれによって被る不利益はさほど大きいものではなく法220条4号ハ前段・同197条1項3号に規定する「職業の秘密」に該当せず、また、上記文書は通達等によって作成が要求されたり、あるいは会計準則に従って作成される文書であり、会計帳簿に準じる書面であるから、同220条4号ニ所定の「専ら文書の所持者の利用に供するための文書」にも当たらない。 ③貸出稟議書については、相手方が預金保険法による特別危機管理銀行だとしても、将来的に営業そのものを継続することが前提としていること等からすると、特段の事情は是認できず、法220条4号ニ所定の「専ら文書の所持者の利用に供するための文書」に当たる。
銀行の本部の担当部署から各営業店長等に宛てて発出された社内通達文書は法220条4号ニ所定の「専ら文書の所持者の利用に供するための文書」に当たらないとされた事例	社内通達文書の内容は変額一時払終身保険に対する融資案件を推進するとの一般的な業務遂行上の指針を示し、あるいは、客観的な業務結果報告を記載したものであり、取引先の顧客の信用情報や銀行の高度なノウハウに関する記載は含まれておらず、その作成目的も業務の執行に関する意思決定の内容等をその各営業店長に周知伝達するために作成されたものであるから、その開示により、個人のプライバ

[資料] 文書提出命令関連判例一覧

80	東京高裁	H18.3.29	金商1241号2頁、金法1788号39頁	法人税申告書および勘定科目内訳書の控え、貸出稟議書、貸倒引当金繰入額一覧表、自己査定ワークシート、無税化計画が定められていた覚書等	肯定	法220条4号ハ前段・ニ
81	東京高裁	H18.3.30	判タ1254号312頁	法務省が外務省を通じて外国公機関に照会を行った際に同省に交付した依頼文書の控え、外務省が外国公機関に交付した照会文書の控えおよび同機関が同		法220条4号ロ、223条4項1号

544

		シーが侵害されたり銀行の自由な意思形成が阻害されたりするなど、開示によって銀行に看過しがたい不利益が生ずるおそれはなく、当該文書は法220条4号ニ所定の「専ら文書の所持者の利用に供するための文書」に当たらない。
	①法人税申告書および勘定科目内訳書の控えは法220条4号ニ所定の「専ら文書の所持者の利用に供するための文書」にも当たらず、同220条4号ハ前段・同197条1項3号に規定する「職業の秘密」に該当しないとした事例 ②貸倒引当金繰入額一覧表、自己査定ワークシート、無税化計画の文書のうち、法的手続が進められている者、産業再生機構による支援決定がなされている者、別件訴訟ですでに財務内容が開示した者のいずれかに該当する債務者に関するものについては、法220条4号ハ前段・同197条1項3号に規定する「職業の秘密」に該当せず、同220条4号ニ所定の「専ら文書の所持者の利用に供するための文書」にも当たらないとした事例	①法人税申告書（控え）は法人税法74条により作成が義務づけられ、税務署への申告に伴う提出が予定されていること、勘定科目内訳書（控え）は商法32条所定の会計帳簿に含まれることから、それぞれ法220条4号ニ所定の「専ら文書の所持者の利用に供するための文書」に該当せず、また、一部に第三者に対する債権額や債務額等の情報が含まれるとしても、それは表層的な内容にとどまり、顧客等の現在の取引関係に及ぼす影響が甚大であるとは考えられないから、同220条4号ハ、同197条1項3号所定の「職業の秘密」を記載した文書にも該当しない。 ②貸倒引当金繰入額一覧表や自己査定ワークシートは金融機関が自己査定にあたってこれらの資料を作成することが実務上義務づけられていること、企業会計の基準によれば無税化計画についても財務諸表を作成するにあたって必要的に作成すべき文書であるから、いずれも法220条4号ニ所定の「専ら文書の所持者の利用に供するための文書」に該当せず、また、債務者のうち法的手続が進められている者、産業再生機構による支援決定がなされている者、別件訴訟ですでに財務内容を開示した者については秘密性の強い財務情報のうち根幹的な部分はすでに明らかにされているとみられるのであって、各債務者の個別事情を考慮すると、同220条4号ハ、同197条1項3号所定の「職業の秘密」を記載した文書にも該当しない。
	①法務省が外務省を通じて外国公機関に照会を行った際に同省に交付した依頼文書の控えにつき、法223条4項1号の「他国との信頼関係が損なわれるおそれ」があり、同220条4号ロ所定の文書に該当する旨の監督官庁の意見に相当の理由があると認めるに足りないとされた事例 ②外務省が外国公機関に交付した	①本件依頼文書はすでに実質秘として保護しなければならないような記載を含むものではなく、その提出により他国との信頼関係が損なわれ、今後の公務の遂行や外交上著しい支障が生ずるものと認めることができず、本件依頼文書が公務員の職務上の秘密に関する文書である等の法務大臣の意見には相当の理由があると認めるに足りない。 ②本件照会・回答書はいずれも公開しないことを前提に他国に宛てて作成された文書であるから、他方当事者の外国政府の了解を得ることなく提出して公

[資料]　文書提出命令関連判例一覧

				省に交付した回答文書	一部肯定	
82	福岡地裁	H18．6．30	判時1960号102頁	保険会社が外部の調査会社に依頼して作成された事故調査報告書	一部肯定	法220条4号ニ
83	宇都宮地裁	H18．7．4	金法1784号41頁	一時差異等解消計画を作成して繰延税金資産を計上するための基礎となる資料であって、課税所得の見込みの基礎となる将来の業績予測とその基礎となる過去の業績に関する文書（「本件(1)文書」）、および一時差異等解消計画を作成するための基礎資料であって将来減算一時差異が解消される時点を予測する目的で作成された文書（「本件(2)文書」）	肯定	法220条4号ハ・ニ

[資料] 文書提出命令関連判例一覧

照会文書の控えおよび同機関が同省に交付した回答文書につき法223条4項1号の「他国との信頼関係が損なわれるおそれ」があり同220条4号ロ所定の文書に該当する旨の監督官庁の意見に相当の理由があると認められた事例	開すると、他国との信頼関係が損なわれ、今後の公務の遂行や外交上著しい支障が生ずるおそれがあり、本件照会・回答書が公務員の職務上の秘密に関する文書である等の法務大臣の意見には相当の理由があると認められる。
保険会社が外部の調査会社に依頼して作成された事故調査報告書のうち、過失割合の参考所見と題する書面および個人情報の記載部分については法220条4号ニの「専ら文書の所持者の利用に供するための文書」に該当するが、客観的な写真や事故当事者の言い分に基づいた図面等は該当しないとされた事例	過失割合の参考所見は、開示されると調査会社自らあるいはこれを依頼した保険会社の自由な意思形成が阻害されるおそれがあり、個人情報の記載部分についても個人のプライバシーが侵害されるので、法220条4号ニの「専ら文書の所持者の利用に供するための文書」に該当するが、客観的な写真や事故当事者の言い分に基づいた図面等は開示によって看過しがたい不利益が生じるおそれがあるということまではできず、「専ら文書の所持者の利用に供するための文書」には該当しない。
銀行が作成した一時差異等解消計画には何らの合理的根拠がなく、ひいては決算において繰延べ税金資産の計上が許されないものであったとの事実や、貸倒引当金の過少計上の内容の詳細等を立証趣旨として、本訴原告が文書の提出を求めたところ、①本件(1)文書は法220条4号ニの自己利用文書に該当せず、②同号ハの職業秘密文書にも該当しないとされ、また、③本件(2)文書は自己利用文書に該当せず、④職業秘密文書にも該当しないとされた事例	①本件(1)文書は、事業計画や経営計画その他名称のいかんを問わずほとんどの株式会社で作成されて株主に対する説明等にも利用されることや、財務諸表を作成するにあたって必要的に作成すべき文書であること等に鑑みると、本件(1)文書は相手方が必然的に作成すべき文書であるといえ、かかる作成目的からすれば本件(1)文書は自己利用文書に該当しない。②本件(1)文書は将来の業績見込み等についてシミュレーションを行って算出した数値データが中心となっていることが認められるところ、これらの文書の作成された時期の相手方の過去の業績の詳細やそれに基づく将来予測等が、当該時期から5年以上を経過し、相手方も預金保険法上の特別危機管理銀行となって実質国有化された現時点において訴訟上明らかになったとしても、相手方の今後の営業が著しく困難になるとはとうていいいがたく、これらの情報が現在も保持すべき戦略的機密事項であるとは考えられないこと等に鑑みると、客観的にみてこれらの情報は秘匿しないと相手方の職業の維持・遂行が不可能あるいは困難になるようなものとはいえず、法220条4号ハ所定の「職業の秘密」に当たらないと解すべきである。 ③一般に公正妥当と認められる企業会計の基準によれば、相手方が財務諸表を作成するにあたって必要

[資料]　文書提出命令関連判例一覧

84	最高裁三小	H18.10.3	民集60巻8号2647頁、裁判集民221号219頁、裁時1421号13頁、判時1954号34頁、判タ1228号114頁、裁判所ウェブサイト	（取材源に係る事項についての証言）	（否定）	法197条1項3号

548

	的に作成すべき文書であるといえるところ、このような本件(2)文書の作成目的等からすれば、本件(2)文書は自己利用文書に該当しない。 ④本件(2)文書のうち、相手方作成の無税化計画等に関する資料は、相手方の将来の営業にかかわりの薄い過去の財務状態についての秘密保持の利益をことさら酌むべき必要がないことはもちろん、本件においては相手方の将来の営業譲渡先の利益が害される具体的なおそれもないというべきである。また、本件(2)文書のうち相手方が保有している有価証券の償却や無税化に関する文書も、相手方が当時どのような銘柄の株式を保有していたか、また、どの時点で処分等を行う予定であったかが破綻後の現在の相手方にとっての戦略的機密事項とはいえず、保有されていた側の企業の利益も特に考慮する必要がないから、当該文書の情報を公開することで相手方の営業に深刻な影響を与えるとは認められない。以上からすれば、本件(2)文書については、すべて職業秘密文書に該当しない。
NHK記者である証人が、報道の取材源の特定に関する質問事項に対し、職業の秘密に当たることを理由に証言を拒絶したことについて、原々審および原審が正当な理由があると認めたため、許可抗告がなされたところ、法197条1項3号によって証言を拒絶できる場合について一般的な判断枠組みを示したうえ、本件証言拒絶には正当な理由があるとした事例	①ある秘密が法197条1項3号にいう「職業の秘密」に当たる場合であっても、そのことから直ちに証言拒絶が認められるものではなく、そのうち保護に値する秘密についてのみ証言拒絶が認められると解すべきである。そして、保護に値する秘密であるかどうかは、秘密の公表によって生ずる不利益と証言の拒絶によって犠牲になる真実発見および裁判の公正との比較衡量により決せられるというべきである。 ②報道関係者の取材源の秘密は職業の秘密に当たるというべきである。そして、当該取材源の秘密が保護に値する秘密であるかどうかは、当該報道の内容、性質、それがもつ社会的な意義・価値、当該取材の態様、将来における同種の取材活動が妨げられることによって生ずる不利益の内容、程度等と、当該民事事件の内容、性質、それがもつ社会的な意義・価値、当該民事事件において当該証言を必要とする程度、代替証拠の有無等の諸事情を比較衡量して決すべきことになる。そして、取材源の秘密は、取材の自由を確保するために必要なものとして、重要な社会的価値を有するというべきであることから、当該報道が公共の利益に関するものであって、その取材の手段、方法が一般の刑罰法令に触れると

[資料]　文書提出命令関連判例一覧

85	福岡高裁	H18.12.28	判タ1247号337頁	意見書	否定	法221条2項
86	東京高裁	H19.2.16	金商1303号58頁	独占禁止法違反事件の調査過程で得られた供述人の供述調書	肯定	法220条4号ロ
87	名古屋地裁	H19.3.30	裁判所ウェブサイト	法人県民税の分納等に関する稟議書、徴収金整理事務の実施状況や申立人その他の関係人との交渉経過を記載した滞納総括票等	否定	法220条4号ロ

[資料] 文書提出命令関連判例一覧

	か、取材源となった者が取材源の秘密の開示を承諾しているなどの事情がなく、しかも、当該民事事件が社会的意義や影響のある重大な民事事件であるため、当該取材源の秘密の社会的価値を考慮してもなお公正な裁判を実現すべき必要性が高く、そのために当該証言を得ることが必要不可欠であるといった事情が認められない場合には、当該取材源の秘密は保護に値すると解すべきであり、証人は、原則として、当該取材源に係る証言を拒絶することができると解するのが相当である。本件証言拒絶にも正当な理由が認められる。	
本件意見書に対する文書提出命令の必要性について判断した原決定に対して、本件意見書を証拠として取り調べる必要があるかどうかの判断（法181条1項）をすべきであったと判示した事例	原決定は本件意見書に対する文書提出命令の必要性について法221条2項を類推して提出義務を負わないとしたが、端的に本件意見書を証拠として取り調べる必要があるかどうかの判断（法181条1項）をすべきであり、原決定は実質的には法181条1項の必要性なしと判断したものと理解できる。	
独占禁止法違反事件の調査過程で得られた供述人の供述調書について、法220条4号ロの「公務員の職務上の秘密に関する文書」に該当するが、公務の遂行にあたり著しい支障を生ずるおそれはなく、文書提出義務があるとされた事例	①本件各文書は法220条4号ロの「公務員の職務上の秘密に関する文書」に該当するが、本件各文書の内容や、審査対象事件につき公正取引委員会による行政手続はすべて終了していること等の状況に照らすと、本件各文書の提出により公正取引委員会の審査業務に著しい支障を生ずるようなおそれがあるとは認められない。 ②抗告人（国）が主張する将来における公正取引委員会の審査業務に対する著しい支障も抽象的なおそれにすぎない。	
滞納処分（電話加入権等の差押え）の取消訴訟において、徴収金整理事務の実施状況や申立人その他の関係人との交渉経過を記載した滞納総括票等についてされた文書提出命令の申立てをイン・カメラ手続を経たうえで却下した事例	処分行政庁が本件処分を行うについて行った申立人の資産調査の状況に関する記載、および処分行政庁の担当者が他の道府県の地方税事務担当者から聴取した申立人の滞納金等の取扱状況等に関する情報や担当者の氏名等の記載は、これが開示されると、申立人に対する今後の滞納処分の円滑な執行について障害が生じるなど、公務の遂行に著しい支障を生ずるおそれがあるというべきであり、また、他の道府県の地方税事務担当者との間で行った申立人の滞納金等の取扱状況に関する情報や意見の交換状況が開示されると、相互の信頼関係が損なわれ、今後の円滑な情報交換や情報収集に障害となることが予想されるため、処分行政庁の徴税事務の遂行に著しい支	

551

[資料] 文書提出命令関連判例一覧

88	本庄簡裁	H19.6.14	判タ1254号199頁	貸金業者の取引履歴の非開示に対する法224条3項の適用	肯定	法224条3項
89	最高裁二小	H19.8.23	判時1985号63頁、判タ1252号163頁、裁時1442号319頁	介護サービス事業者が作成した審査支払機関に対する介護サービス利用者の情報	肯定	法220条4号ニ
90	大阪地裁	H19.9.21	判タ1268号183頁	推計課税における第三者である同業者の青色申告決算書	否定	法220条1号

[資料] 文書提出命令関連判例一覧

	障を生ずるおそれがあると認められる。
貸金業者が取引履歴を開示しなかったことについて法224条3項を適用して過払金の返還請求を認めた事例	取引履歴の削除、廃棄の処分は、顧客から過払金算出の資料として開示が求められることもあることを知りながら、保存期間内にある取引履歴をあえて削除、廃棄して反訴原告が証拠として使用できないようにしたものと認められ、借入れの事実に関して具体的な主張をすることおよび同事実を他の証拠により証明することが著しく困難であると認められるから、法224条3項を適用して、取引履歴によって立証しようとする事実、すなわち、借入れの事実および取引を通算して計算した結果別紙計算書のとおり過払金が生じているとの主張を事実と認める。
介護サービス事業者が介護給付費等の請求のために審査支払機関に伝送する情報を利用者の個人情報を除いて一覧表にまとめた文書が、法220条4号ニ所定の「専ら文書の所持者の利用に供するための文書」に当たらないとされた事例	介護サービス事業者が特定の1ヵ月間に提供した介護サービスについて、利用者名、要介護状態区分または要支援状態区分、サービス内容およびその回数、各利用者ごとの当該月分の介護保険請求額、利用者請求額等を一覧表の形式にまとめて記載した文書は、上記事業者が指定居宅サービス事業者として介護給付費等を審査支払機関に請求するために必要な情報をコンピュータに入力することに伴って、自動的に作成されるものであり、その内容も、介護給付費等の請求のために審査支払機関に伝送される情報から利用者の生年月日、性別等の個人情報を除いたものにすぎず、審査支払機関に伝送された情報とは別の新たな情報が付加されているものではなく、介護給付費等の請求のために審査支払機関に伝送した情報の請求者側の控えというべき性質のものにかならないことからすれば、本件リストに記載された内容は第三者への開示が予定されていたものということができ、本件リストは、法220条4号ニ所定の「専ら文書の所持者の利用に供するための文書」に当たらない。
推計課税の事案において、同業者の青色申告決算書について、引用文書には当たらないとして、文書提出命令の申立てが却下された事例	第三者の青色申告決算書を書証として提出すれば守秘義務に違反すると考え、推計課税の合理性の主張の中で本件報告書を引用し、その立証として同報告書を提出していること、同報告書には本件文書のうち、①売上金額、②売上原価の額、③経費の額および④特前所得金額のみが記載されていることが認められ、これらによれば、同報告書は、上記のとおり、本件文書のうちごく一部の数値を転記すること

553

[資料] 文書提出命令関連判例一覧

91	横浜地裁	H19.9.21	判タ1278号306頁	自衛隊が内部調査のために作成した文書	一部肯定	法220条4号ロ
92	最高裁二小	H19.11.30	民集61巻8号3186頁、判時1991号72頁、判タ1258号111頁、金商1284号39頁、1282号57頁、金法1826号46頁、裁時1449号2頁	金融機関の自己査定資料	肯定	法220条4号ニ
93	最高裁三小	H19.12.11	民集61巻9号3364頁、判時1993号9頁、判タ1260号126頁、金商	金融機関と顧客との取引履歴明細表	肯定	法220条4号ハ

	により作成されたもので、本件文書に比してその証明し得る事項は少なく、証明力も劣ると考えられるものであるが、相手方は、上記守秘義務の観点から、あえて本件文書ではなく同報告書により推計課税の合理性の立証を試みているものであることからすれば、同報告書の作成方法を説明するために本件文書について言及している部分があっても、本件文書は訴訟において引用した文書に該当しない。
元海上自衛隊員の自殺事件の原因究明・再発防止を目的として作成された文書、人事管理や訓育のために作成された文書等、海上自衛隊内で作成された文書について、申立て文書のうち隊員の氏名の署名、名下の押印、これが推測されうる所属、役職、階級および経歴に関する記載部分を除外した部分について、法220条4号ロの要件に該当しないとして文書提出命令が認められた事例	隊員の氏名の署名、名下の押印、これが推測される所属、役職、階級および経歴に関する記載部分を除外した部分は、客観的事実の見聞きを内容とするものであり、これが本案事件において提出されることによって公務の遂行に著しい支障が生ずるおそれが具体的に存在するということができず、法220条4号ロ所定の「公務の遂行に著しい支障を生ずるおそれがあるもの」に該当するとはいえない。
銀行が法令により義務づけられた資産査定の前提として債務者区分を行うために作成・保存している文書は、法220条4号ニ所定の自己利用文書に当たるか	相手方（金融機関）は、法令により資産査定が義務づけられているところ、本件文書は、相手方が、金融検査マニュアルに沿って、債務者に対して有する債権の資産査定を行う前提となる債務者区分を行うために作成し、事後的検証に備える目的もあって保存した資料であり、このことからすると、本件文書は、前記資産査定のために必要な資料であり、監督官庁による資産査定に関する前記検査において、資産査定の正確性を裏付ける資料として必要とされているものであるから、相手方（金融機関）自身による利用にとどまらず、相手方以外の者による利用が予定されているものということができ、本件文書は、法220条4号ニ所定の自己利用文書に当たらないというべきである。
①金融機関が民事訴訟において訴訟外の第三者として開示を求められた顧客情報について、当該顧客自身が当該民事訴訟の当事者として開示義務を負う場合に、同情報は、法197条1項3号にいう職業	①金融機関が有する守秘義務は、個々の顧客との関係において認められるにすぎないものであるから、金融機関が民事訴訟において訴訟外の第三者として開示を求められた顧客情報について、当該顧客自身が当該民事訴訟の当事者として開示義務を負う場合には、当該顧客は上記顧客情報につき金融機関の守

[資料]　文書提出命令関連判例一覧

				1288号62頁、1289号57頁、金法1828号46頁、裁時1450号15頁			
94	最高裁二小	H19.12.12	民集61巻9号3400頁、判時1995号82頁、判タ1261号155頁		告訴状、被害者の供述調書	肯定	法220条3号
95	名古屋地裁	H20.11.17	判時2054号108頁		死体検案書、供述録取書、写真撮影報告書	肯定	法220条4号ホ・ロ

[資料] 文書提出命令関連判例一覧

の秘密として保護されないとした事例 ②金融機関と顧客との取引履歴が記載された明細表が、法197条1項3号にいう職業の秘密として保護されるべき情報が記載された文書とはいえないとして、同220条4号ハの職業秘密文書に該当しないとされた事例	秘義務により保護されるべき正当な利益を有さず、金融機関は、訴訟手続において上記顧客情報を開示しても守秘義務には違反しない。そうすると金融機関は、訴訟手続上、顧客に対し守秘義務を負うことを理由として上記顧客情報の開示を拒否することはできず、同情報は、金融機関がこれにつき職業の秘密として保護に値する独自の利益を有する場合は別として、法197条1項3号にいう職業の秘密として保護されない。 ②本件明細表は、本案の訴訟当事者であるAがこれを所持しているとすれば、法220条4号所定の事由のいずれにも該当せず、提出義務の認められる文書であるから、Aは本件明細表に記載された取引履歴について相手方（金融機関）の守秘義務によって保護されるべき正当な利益を有さず、相手方（金融機関）が本案訴訟において本件明細表を提出しても、守秘義務に違反するものではない。そうすると、本件明細表は、職業の秘密として保護されるべき情報が記載された文書とはいえない。
①被疑者の勾留請求の資料とされた告訴状および被害者の供述調書が法220条3項の法律関係文書に該当するとされた事例、②同告訴状および同供述調書につきなされた文書提出命令の申立てにつき、刑事訴訟法47条に基づきその提出を拒否した文書の所持者である国の判断が、裁量権の範囲を逸脱またはこれを濫用したものとされた事例	①本件各文書は、本件勾留請求にあたって、刑事訴訟規則148条1項3号所定の資料として、検察官が裁判官に提供したものであるから、本件各文書は本件各文書を所持する国と勾留された者との間の法律関係文書に該当する。 ②本件の具体的な事実関係の下では、刑事訴訟法47条に基づき本件各文書の提出を拒否した国の判断は、裁量権の範囲を逸脱し、またはこれを濫用したものというべきである。
約19年前に実施された一酸化炭素中毒死事故に係る代行検視に関して作成された死体検案書の写し、供述録取書および写真撮影報告書が、法220条4号ホの刑事訴訟記録等文書および同号ロの公務秘密文書に当たらないとした事例	本件では代行検視の後に捜査手続が開始されておらず、本件文書は何らかの被疑事実の捜査に関して作成された書類ではないから、「刑事事件に係る訴訟に関する書類」に当たらず、法220条4号ホの文書に該当しない。また①本件文書はその提出により国の安全が脅かされる、あるいは犯罪の予防、鎮圧または捜査等の公共の安全と秩序の維持に重大な支障を及ぼすおそれが具体的に存在するとの監督官庁の意見に相当な理由があると認めるに足りない、②本件文書の記載内容からみて、その提出により犯罪を誘発し、犯罪を企図する者によって犯罪の実行を容

[資料] 文書提出命令関連判例一覧

96	最高裁三小	H20.11.25	民集62巻10号2507頁、判時2027号14頁、判タ1285号74頁、金商1306号28頁、金法1857号44頁、裁時1472号396頁	金融機関の自己査定資料	肯定	法220条4号ハ
97	最高裁一小	H21.1.22	民集63巻1号228頁、判時2034号29頁、判タ1290号132頁、金商1309号62頁、金商1314号32頁、金法1864号27頁	金融機関の預金口座の取引履歴	肯定	民法264条、252条ただし書
98	最高裁三小	H21.1.27	民集63巻1号271頁、裁判集民230号103頁、裁時1476号2頁、判時2035号127	―	―	民事保全法23条2項、特許法105条の4第1項

558

[資料] 文書提出命令関連判例一覧

	易にするという具体的な支障が生ずるおそれがあるとは認められない。以上によれば本件文書は同220条4号ロの文書に該当しない。
①金融機関が作成するいわゆる自己査定資料が法220条4号ハの職業秘密文書に当たらないとした事例 ②法律審である許可抗告審においてイン・カメラ手続に基づいてされた文書の記載内容の認定を争うことの許否（否定）	①本件の自己査定資料のうち、金融機関が顧客から守秘義務を負うことを前提に提供された非公開の当該顧客の財務情報が記載された文書は、本件では当該顧客が民事再生手続開始決定を受けていること、当該財務情報は同決定以前の財務情報である点などに鑑みると、職業秘密文書に当たらない。また、本件の自己査定資料のうち、金融機関が行った顧客の財務情報等についての分析、評価等に関する情報は、当該顧客の民事再生手続開始前の財務情報に関するものであること、本案訴訟における証拠価値が高いことに鑑みると、保護に価する秘密には当たらない。 ②イン・カメラ手続は、事実認定のための審理の一環として行われるもので、法律審で行うべきものではないから、原審の認定が一件記録に照らして明らかに不合理であるといえるような特段の事情がない限り、原審の認定を法律審である許可抗告審において争うことはできない。
①金融機関の預金者に対する預金口座の取引経過開示義務の有無 ②共同相続人の1人が被相続人名義の預金口座の取引経過開示請求権を単独で行使することの可否	①金融機関は、預金契約に基づき、預金者の求めに応じて預金口座の取引経過を開示すべき義務を負うと解するのが相当である。 ②預金者が死亡した場合、その共同相続人の1人は、預金債権の一部を相続により取得するにとどまるが、これとは別に、共同相続人全員に帰属する預金契約上の地位に基づき、被相続人名義の預金口座についてその取引経過の開示を求める権利を単独で行使することができるというべきであり、他の共同相続人全員の同意がないことは上記権利行使を妨げる理由となるものではない。
特許権の侵害差止め等を求める特許権仮処分命令申立事件において、秘密保持命令の申立てがなされたところ、原々審は同申立てを却下し、原審もその決定を維持したことから、許可抗告の申立てがなされたところ、同申立てをすることが許されるとされた事例	特許権または専用実施権の侵害差止めを求める仮処分事件は、特許法105条の4第1項柱書本文に規定する「特許権又は専用実施権の侵害に係る訴訟」に該当し、上記仮処分事件においても、秘密保持命令の申立てをすることが許されると解するのが相当である。

559

[資料] 文書提出命令関連判例一覧

			頁、判タ1292号154頁、金商1315号54頁、裁判所ウェブサイト				
99	名古屋地裁	H21.9.8	裁判所ウェブサイト	勾留請求書において「被疑事実の要旨」として引用されている「司法警察員送致書記載の犯罪事実」が明らかになる司法警察員送致書の当該記載部分	肯定	法220条3号後段
100	最高裁二小	H22.4.22	判例集未登載	市議会の会派が市から交付された政務調査費を所属議員に支出する際に各議員から提出を受けた使途基準適合性の判断のための報告書およびこれに添付された領収書	否定	法220条4号ニ

①勾留請求書において「被疑事実の要旨」として引用されている「司法警察員送致書記載の犯罪事実」が明らかになる司法警察員送致書の当該記載部分（青少年の氏名等個人を特定できる記載を除く）が法220条3号所定のいわゆる法律関係文書に該当するか。 ②法220条3号所定のいわゆる法律関係文書に該当することを理由としてされた上記司法警察員送致書の記載部分の文書提出命令の申立てに対して、刑事訴訟法47条に基づきその提出を拒否した本件文書の所持者である国の判断が、裁量権の範囲を逸脱しかつ濫用に当たるか。	①勾留請求書の必要的記載事項を満たすためには、本件送致書の「犯罪事実」の記載部分が裁判官に提供されることが不可欠であり、その提供がなければ適法な勾留請求の要件を満たさないことから、本件送致書の「犯罪事実」の記載部分は、本件勾留請求書と一体となって、申立人の身体の自由を制約して、申立人にこれを受忍させるという法律関係を生じさせる文書に該当することは極めて明白である。 ②基本事件の審理の前提となる事実を確定させるために必要な基本的書証に該当する本件文書について、前述のように内部文書であるなどと全く理由のない主張をしてまで頑なに提出を拒否する相手方の判断は、裁量権の範囲を逸脱し、かつこれを濫用するものであることは明らかである。
名古屋市議会の会派が市から交付された政務調査費を所属議員に支出する際に各議員から提出を受けた使途基準適合性の判断のための報告書およびこれに添付された領収書が法220条4号ニ所定の「専ら文書の所持者の利用に供するための文書」に当たるとされた事例	政務調査費は議会による市の執行機関に対する監視等の機能を果たすための調査研究活動に充てられることも多いことから、政務調査費の収支に関する議長への報告の内容等を上記の程度にとどめることにより、会派および議員の調査研究活動に対する執行機関や他の会派等からの干渉を防止しようとするところにあるという本件条例および本件規則の規定並びにそれらの趣旨に照らすと、本件規則が会派の経理責任者に会計帳簿の調製、領収書等の証拠書類の整理およびこれらの書類の保管を義務づけているのは、政務調査費の適正な使用についての各会派の自律を促すとともに、各会派の代表者らが議長等による事情聴取に対し確実な証拠に基づいてその説明責任を果たすことができるようにその基礎資料を調えておくことを求めたものでありもっぱら各会派の内部にとどめて利用すべき文書であることが予定されているものというべきである。

[資料]　文書提出命令関連判例一覧

101	東京地裁	H22.5.6	金商1344号30頁、証券取引被害判例セレクト38巻303頁	証券取引等監視委員会が課徴金調査の結果をまとめた検査報告書	一部肯定、一部否定	法220条4号ロ
102	東京地裁	H22.5.11	判時2080号44頁	不動産鑑定評価書添付資料に記載の各賃貸事例の対象物件を特定するための文書	一部否定、一部肯定	法220条4号ハ、223条6項

562

[資料] 文書提出命令関連判例一覧

基本事件において、被告会社が提出した有価証券報告書等の中に虚偽記載があったことを主張している原告が、証券取引等監視委員会が課徴金調査の結果をまとめた検査報告書（本件文書）の提出を求めたところ、イン・カメラ手続を経たうえ、本件文書は「公務員の職務上の秘密に関する文書」に当たるが、その一部を除いて、その提出によって「公務の遂行に著しい支障を生ずるおそれがある」とは認められないとされた事例	①本件文書には、ⓐ同委員会が調査対象者等から聴取した内容等およびⓑ同委員会の検査の端緒、検査経過、検討過程に関する情報が記載されているところ、ⓐの情報は、公務員が職務を遂行するうえで知ることができた私人の秘密に係る情報であり、その提出により調査に協力した関係者との信頼関係が損なわれて、公務の公正かつ円滑な運営に支障を来すことになるといえ、また、ⓑの情報は、行政内部の意思形成過程に関する情報であり、公表を予定していないものであるから、公務員の所掌事務に属する秘密が記載されたものといえ、したがって、本件文書は、「公務員の職務上の秘密に関する文書」（法220条4号ロ）に当たる。 ②ⓐの情報は、後記部分を除いて調査担当者の分析評価と一体化した記載になっていて、検査の忌避等に対する罰則の定めもあるのであり、また、ⓑの情報は、同委員会が公表した資料からすでに明らかになっている部分があるから、本件文書の全体について、その提出によって「公務の遂行に著しい支障を生ずるおそれ」（法220条4号ロ）が具体的に存在するとはいえないが、ⓐの情報のうち、調査対象者等から聴取した内容を引用している部分、および、ⓑの情報のうち、検査の端緒および調査の経過を記載した部分については、その開示によって公務の執行に著しい支障が生じることになるといえるから、文書提出命令の対象とならない。
賃料確認請求がなされている基本事件において、被告が書証として提出した不動産鑑定評価書の添付資料に記載の各賃貸事例の信用性を弾劾するため、原告が当該各事例の対象物件を特定する文書（本件文書）の提出を求めたところ、イン・カメラ手続を経たうえ、本件文書は、その一部を除いて法220条4号ハに該当するとされた事例	各賃貸事例における新規賃料および継続賃料の情報は、不動産鑑定士が、関係者から、第三者に開示しないことを前提に取得したものであり、また、これを開示すると守秘義務を守らない不動産鑑定士として、今後、賃貸事例の情報を提供してもらえなくなるおそれがあるといえるから、その公開が職務に与える影響は甚大であり、他方、資料等によってすでに各賃貸事例の具体的な情報は開示されており、また、申立人自身が賃貸事例を収集することで書証の信用性の弾劾を行うことも可能であることからすれば、各賃貸事例の物件の特定のために職業の秘密を開示させることは相当でなく、したがって、すでにホームページで公開されている内容が記載された文書を除き、本件文書の提出義務は認められない。

563

[資料] 文書提出命令関連判例一覧

103	東京地裁	H22.5.13	判タ1358号241頁	鑑定受託者が作成し所持している、司法解剖の鑑定書の控えおよび同解剖に関して作成された書面ないし図面の控え	肯定	法220条4号ホ
104	東京高裁	H22.7.20	判タ1341号245頁、判時2106号37頁、金法1924号107頁	不動産鑑定評価書添付資料に記載の各賃貸事例の対象物件を特定するための文書	一部否定、一部肯定	法220条4号ハ
105	さいたま地裁	H22.8.10	民集65巻3号1300頁	タイムカード	肯定	法220条3号

564

[資料] 文書提出命令関連判例一覧

基本事件において患者の死因等が争われており、原告が捜査機関の嘱託を受けて医師である鑑定受託者が作成し所持している司法解剖の鑑定書の控え等（本件文書）の提出を求めたところ、本件文書は、法220条4号ホが定める刑事事件関係書類等に該当しないとされた事例	本件文書は捜査機関に提出すべき鑑定書そのものではないこと、本件文書の対象者（患者）の共同相続人は申立人らのみであって、本件文書の提出により関係者の名誉およびプライバシーが侵害されることはほとんどないと考えられること、本件文書は患者の死亡当時の客観的状況を記載したものと推認されるところ、基本事件では診療経過が明らかになっており、刑事事件で被疑者と想定される者も明らかであって、捜査・公判手続は患者の死亡当時の客観的状況を前提に被疑者の過失の有無や過失と結果との因果関係の有無を究明することになるから、本件文書の提出により捜査・刑事裁判が不当な影響を受けるおそれはないと考えられること、さらに、基本事件における本件文書の重要性、相手方と基本事件の被告が本件申立てに対し意見はない旨述べ、相手方は提出に応じる意思がある旨述べていることからすれば、法220条4号ホの趣旨から、本件文書は刑事事件関係書類等に該当しないというべきである。
賃料確認請求がなされている基本事件において、被告が書証として提出した不動産鑑定評価書の添付資料に記載の各賃貸事例の信用性を弾劾するため、原告が当該各事例の対象物件を特定する文書の提出を求めた結果、原審で同申立てが却下されたため、抗告がなされたところ、不動産鑑定士が第三者から収集した不動産賃貸事例における新規賃料および継続賃料に関する情報は保護に値する職業上の秘密に当たり、同文書は、その一部を除いて法220条4号ハに該当するとされた事例	文書の所持者が法220条4号ハ、197条1項3号に基づき提出を拒絶することができるのは、対象文書に保護に値する職業上の秘密が記載されている場合に限られ、当該職業上の秘密が保護に値する情報であるかは比較衡量によって決すべきものであるところ、相手方がホームページ上からダウンロードしたものはそもそも職業の秘密に該当しないが、賃貸人などの第三者から収集した不動産賃貸事例における新規賃料および継続賃料等に関する情報は、一般的には当該契約当事者において第三者に知られることを望まない事柄であり、相手方は守秘義務を負う不動産鑑定士として、賃貸人等との信頼関係に基づき、みだりに外部に公表されることはないとの前提で提供を受けたものであるから、それが開示されると相手方の業務に深刻な影響が生じる可能性があるのに対し、抗告人は、すでに開示されている情報から本件鑑定評価書に反論を加えることは十分に可能であることからすれば、各賃貸事例の対象物件を特定するための文書は、その一部を除き、保護に値する職業上の秘密に当たるから、その提出を命ずることはできない。
基本事件において在職中の時間外手当ての支払いを請求している反	①相手方は、申立人が事務局長で勤務時間が決まっていなかったためタイムカードをつけていなかった

[資料] 文書提出命令関連判例一覧

106	東京高裁	H22.9.6	租税関係行政・民事件判決集（徴収関係判決）平成22年1月～平成22年12月順号22-47	滞納処分票	一部肯定、一部否定	法220条3号後段・4号ロ、223条6項
107	東京高裁	H22.9.22	民集65巻3号1307頁	タイムカード	否定	法220条3号
108	東京高裁	H22.12.15	消費者法	貸金業者の取引	（肯定）	法224条2

[資料] 文書提出命令関連判例一覧

訴原告が、請求額を確定するため、反訴被告に対し、自身のタイムカード（本件文書）の提出を求めたところ、相手方が同文書を所持していると認めたうえ、同文書が法220条3号に当たるとした事例	旨主張するが、相手方の経営者が従業員の遅刻をなくすためにタイムレコーダーを導入したという事情や基本事件における相手方の主張内容からすれば、相手方は本件文書を所持していると認めるのが相当である。 ②本件文書は法220条3号の利益文書に当たるというべきところ、申立人は相手方に請求する時間外手当ての額を確定するために申立てをしたものであるから、基本事件においてこれを証拠として取り調べる必要があると認められる。
基本事件において、滞納者Aの納税債務を担保するための控訴人X_1ら作成名義の担保提供書等が、X_1の意思に基づいて作成されたかが争点となっており、X_1らが、Aに関する滞納処分票のうち、同提供書等に先立って自らが署名押印した納税誓約書の作成場所・作成経緯に係る部分（本件文書）の提出を求めたところ、本件文書の証拠調べの必要性を認めたうえ、本件文書は、法220条3号後段の法律関係文書には該当しないが、イン・カメラ手続の結果、一部を除いて法220条4号ロの文書に当たるとは認められないとした事例	①基本事件において、納税誓約書の作成場所・作成経緯について争いがあり、国税局職員が滞納処分票に基づき供述をした旨述べていることからすれば、本件文書の証拠調べの必要性が認められる。 ②本件文書には、関係者からの聴取事項、第三者に対する調査の事績、滞納処分の方式に関する判断事項等が調査日時ごとに混然一体となって記載されており、その作成について法令上の定めはなく、もっぱら組織内部においてのみ使用することを前提として作成されているといえるから、その内容の一部に被調査者と国税局との間の法律関係に関する事項が含まれているとしても、本件文書が法220条3号後段の法律関係文書に該当するとはいえない。 ③本件文書には公務員の職務上の秘密に関する部分等があるが、当該部分を除外しても文書の意味が変わったり意味をなさなくなるとは認められないから、除外部分を除いた本件文書は、法220条4号ロの文書に該当するとは認められない。
基本事件において在職中の時間外手当ての支払いを請求している反訴原告が、請求額を確定するため、反訴被告に対し、自身のタイムカードの提出を求めた結果、原審において同文書の提出が命じられたため、反訴被告が抗告したところ、同文書の存在が証明されていないとして、原決定を取り消し、文書提出命令の申立てを却下した事例	自身のタイムカードの提出を求める者（相手方）は、他の従業員と異なる扱いがされており、社内において管理者的地位にあったものと推認することができるから、相手方のみがタイムカードを使用しなかったとしても特段不自然とはいえず、また、基本事件における抗告人の主張内容からタイムカードの存在を推認することもできないことからすれば、相手方が提出した疎明資料はタイムカードの存在を認めるに足りず、したがって、文書提出命令の申立てには理由がない。
控訴人が貸金業者である被控訴人	本件取引履歴は、控訴人と被控訴人との間の継続的

[資料]　文書提出命令関連判例一覧

			ニュース87号60頁	履歴			項、220条3号後段
109	鳥取地裁	H23.1.7	訟月58巻7号2810頁	所得税の更正処分等の各処分に先立ち調査抽出した複数事業者（同業者）の青色申告決算書のうち、住所、氏名等個人を特定できる部分を除いたもの	否定		法220条1号・4号ロ
110	大阪高裁	H23.1.20	判時2113号107頁	抗告人が外務省幹部に対して行った取材を録音したテープ	否定		法220条1号・3号・4号ハ

[資料] 文書提出命令関連判例一覧

に対して過払金の支払いを請求している事案において、法224条2項による真実擬制を認めた事例	金銭消費貸借契約に基づく借入および返済を記録した文書であって法220条3号後段所定の法律関係文書に当たり、貸金業法19条、同法施行規則17条の保存義務および信義則上の保存義務が認められるから、法224条2項の対象となる文書といえ、さらに、被控訴人が平成15年当時、多数の過払金返還訴訟を提訴されて応訴し、その中で文書提出命令により取引履歴の開示を命じられていたことなどからすれば、被控訴人は、保存義務のある本件取引履歴を「相手方の使用を妨げる目的」をもって破棄したものと認められるところ、取引履歴が存在しない以上、借主である控訴人が当該文書の記載に関して具体的な主張をすることは著しく困難であり、また、控訴人の主張には相応の合理性が認められるから、法224条2項により、取引の存在について真実擬制を認めることができる。
所得税の更正処分等の各処分に先立ち調査抽出した複数事業者（同業者）の青色申告決算書のうち、住所、氏名等個人を特定できる部分を除いたもの（本件文書）の提出を求めたところ、本件文書は法220条4号ロに該当するとされた事例	文書のうち、住所、氏名等の申告者を直接特定する事項を削除することによっては、同業者や納税者一般の税務事務における秘密保護に対する信頼の喪失を防ぐことはできないから、本件文書は、法220条4号ロに該当する。
基本事件において、被告が、拉致被害者として認定された原告の娘が死亡しているのを外務省は知っているとの虚偽をテレビ番組で述べたとして、慰謝料を請求している原告が、外務省幹部に対する取材の録音テープ（本件テープ）と全部の反訳書面の提出を求めた結果、原審が本件テープの提出を命じたため、即時抗告がなされたところ、本件テープは法220条1号・3号に該当せず、同条4号ハの除外事由が認められるとされた事例	①抗告人が、本件テープの一部の反訳（本件反訳書面）を「訴訟において引用した」こと、それにより本件テープの存在およびその内容に言及したことは認められるが、本件テープが備忘のため録音されたものであること、抗告人が取材源となった者の特定を避けるために本件テープの一部を抜粋して本件反訳書面を提出したこと、本件反訳書面記載部分以外の本件テープの内容に関する主張はなされていないこと、そして報道機関の報道に関する取材源の秘匿の重要性等の事情に鑑みれば、控訴人が本件テープの提出を拒むことが直ちに訴訟手続において信義則に反し公平性を害するとまでいうことはできないから、本件テープについては、いまだ法220条1号の引用文書には当たらないと解する。 ②本件テープは、法220条3号所定の利益文書およ

569

[資料]　文書提出命令関連判例一覧

111	松山地裁	H23.1.21	消費者法ニュース87号84頁	貸金業者の借入申込書兼口座管理登録票および交渉記録に当たる文書	肯定	法220条4号ハ
112	広島高裁松江支部	H23.2.21	訟月58巻7号2804頁	所得税の更正処分等の各処分に先立ち調査抽出した複数事業者（同業者）の青色申告決算書のうち、住所、氏名等個人を特定できる部分を除いたもの	否定	法92条、220条
113	横浜地裁	H23.2.24	税資261号順号11625	国税不服審判手続における申立	否定	法220条1号・4号ロ

[資料] 文書提出命令関連判例一覧

	び法律関係文書には該当しない。 ③本件テープは、報道の内容が公共の利害に関するもので、その取材の手段・方法が一般の刑罰法規に触れるとか、取材源となった者が取材源の秘密の開示を承諾しているなどの事情はうかがわれず、他方、基本事件は私人間の民事訴訟であり、本件反訳書面の正確性等を確認する代替的方法が考えられないではないなどの事情からすれば、当該取材源の秘密の社会的価値を考慮しても公正な裁判を実現すべき必要性が高く、本件テープを提出させることが必要不可欠であるといった事情は認められず、当該取材源の秘密は保護に値すると解されるから、法220条4号ハの除外事由が認められる。
過払金返還請求訴訟における原告が、貸金業者である被告に対し、借入申込書兼口座管理登録票および交渉記録に当たる文書(本件文書)の提出を求めた結果、原審が本件文書の提出を命じたため、即時抗告がなされたところ、抗告人が本件文書を所持していると認めたうえ、本件文書は法220条4号ハ所定の自己使用文書には当たらないとして、原決定の結論を維持した事例	①相手方(原審申立人)により、本件文書がAにおいて作成されたこと、Aから抗告人(原審相手方)に書類が引き継がれたことの立証がなされており、また、抗告人の立証からは、この引継ぎの時点までにAが本件文書を破棄していたことを認めることはできないから、抗告人が本件文書を所持しているものと認められる。 ②借入申込書兼口座管理登録票は、それに記載される顧客の信用調査の記録の大半が、客観的な事実関係に関する記述であると推認するのが相当であることなどからすれば、法220条4号ハ所定の自己使用文書に当たらず、また、交渉記録に当たる文書も、もっぱら抗告人内部の利用に供する目的で作成されたものとはいえないから、同条項所定の自己使用文書に当たらない。
所得税の更正処分等の各処分に先立ち調査抽出した複数事業者(同業者)の青色申告決算書のうち、住所、氏名等個人を特定できる部分を除いたもの(本件文書)の提出を求めた結果、同申立てが却下されたため、抗告がなされたところ、本件文書は法220条4号ロに該当するとされた事例	本件文書が公にされれば、申告者の信頼に反し、ひいては一般納税者の信頼を失う具体的な危険があることから、本件文書は、法220条4号ロ所定の公務秘密文書に当たる。
基本事件において、土地・中古建築物等を取得した後になされた、	①抗告訴訟において国または公共団体の行政機関が保有する文書に対する文書提出命令の申立てがなさ

[資料] 文書提出命令関連判例一覧

				人代表者の供述調書、税務調査における申立人代表者の供述調書および売却人が法人税の確定申告書を提出した際の添付資料である減価償却資産の台帳部分			
114	福岡高裁	H23.3.28	判タ1373号239頁	債権譲渡契約書（債権譲渡の対価の記載があるもの）	否定	法220条3号前段・4号ニ	
115	東京高裁	H23.3.31	判タ1375号231頁	送還・護送事故に関する報告書等	（肯定）	法220条3号後段、刑事訴訟法47条	

[資料] 文書提出命令関連判例一覧

法人税および消費税等の更正処分等の取消しを求めている原告が、被告である国に対し、本件各文書の提出を求めたところ、本件各文書の所持者を明確にしたうえ、国税不服審判手続における申立人代表者の供述調書（本件文書1）、税務調査における申立人代表者の供述調書（本件文書2）については証拠調べの必要性を否定し、売却人が法人税の確定申告書を提出した際の添付資料である減価償却資産の台帳部分（本件文書3）については法220条1号に該当せず、同条4号ロに該当するとした事例	れた場合には、当該文書を保有・処分する権限を有する行政庁が当該文書の所持者となると解される。②本件文書1については、申立人がその代表者の陳述書等を作成して提出すれば足りると考えられるから、証拠調べの必要性が認められない。③本件文書2については、その存在自体が認めがたく、それを措いても、本件文書1と同様、証拠調べの必要性が認められない。④本件文書3については、相手方が基本事件において、それを立証それ自体のために引用し、または、それが存在することに具体的・自発的に言及し、かつ、その存在・内容を積極的に引用した事実は認められないから、法220条1号の引用文書に該当しない。⑤本件文書3には、税務署職員が職務上知り得た、売却人の資産状況や経営上の判断にかかわる重要な営業秘密に係る情報が記載されており、それが公開されれば、納税者が真実に基づかない申告を行うなどの事態が生じることが容易に想定されるから、同文書は法220条4号ロに該当する。
基本事件において、貸金債権を譲り受けたとして、貸金債権の元金等を請求されている被告（譲渡債権の債務者が会社分割されて設立された会社）が、その請求を一部認容した第1審判決に対して控訴するとともに、債権譲渡の対価の記載がある債権譲渡契約書（本件文書）の提出を求めたところ、本件文書の提出義務を認めたうえ、本件文書を取り調べる必要性がないとした事例	①本件文書は、申立人の権利や法的地位を基礎づけるために作成された文書ではないから、法220条3号前段の利益文書に該当するとは直ちにいいがたいものの、相手方と譲渡人の間で作成された契約書であるから、もっぱら内部者の利用に供する目的で作成され、外部に開示することが予定されていない文書ということはできず、同条4号ニに該当しない。②申立人は、相手方が債権譲渡にあたって譲渡人に支払った対価が4億円以下であり、将来回収することが確実とされる金額の合計額がこれを上回るから、相手方は害されていないなどと主張して、本件文書の提出を求めるものであるが、相手方は、取得する際に支払った実際の対価いかんにかかわらず額面額の債権を取得するのであるから、その取得の対価が低いからといって相手方が害されないとはいいがたく、したがって、本件文書を書証として取り調べる必要性は乏しい。
退去強制令書に基づく送還の実施中に死亡した外国籍男性Aの日本人妻が、入国管理局入国警備官らの違法な有形力の行使によりAが	①検証の目的物を所持する者は、一般的には目的物を裁判所に提示する義務を負うが、正当な理由があるときはその義務を免れることができ、本件検証物がいずれも文書であることからすると、相手方が本

573

[資料] 文書提出命令関連判例一覧

116	最高裁二小	H23.4.13	裁時1530号1頁、判時2119号32頁、判タ1352号155頁、民集65巻3号1290頁、金法1945号107頁、裁判所ウェブサイト	タイムカード	（破棄、差戻し）	法2条、221条1項、223条1項・7項、286条1項、289条1項、331条本文、民訴規則47条1項

死亡したことを証明すべき事実として、送還・護送事故に関する報告書等の検証の申出をした結果、原審は、検証の申出は採用したものの、本件検証物の提示命令申立ては却下したため、即時抗告がなされたところ、本件検証物は法220条3号後段所定の法律関係文書に該当し、本件検証物の提示の拒否は裁量権の逸脱・濫用に当たるとして、検証物の提示義務を認めた事例	件検証物について法220条が定める文書提出義務を負わないような場合には正当な理由があると解するのが相当である。 ②本件検証物は、Aが死亡した直後に、Aの送還の実施に従事した入国警備官等が作成したものであり、Aを護送する際に使用した戒具の種類・使用方法やAが死亡するに至った経緯が記載されているものと推認され、また、抗告人は、Aが入国警察官らの違法な有形力の行使により死亡したのであれば、相手方に対し国家賠償請求権を有する者であるから、本件検証物は法220条3号後段所定の法律関係文書に該当する。 ③本件検証物は刑事訴訟法47条本文の「訴訟に関する書類」に当たり、同条但書によってそれを公とすることを相当と認めることができるかの判断は、その保管者の合理的な裁量に委ねられているところ、このことは民事訴訟の当事者が法220条3号後段に基づき「訴訟に関する書類」の提出を求める場合においても同様であるが、本件の事実関係の下では、本件検証物の提示を拒否した相手方の判断は、裁量権の範囲を逸脱しまたはこれを濫用するものというべきである。
基本事件において在職中の時間外手当の支払いを請求している反訴原告が、自身のタイムカード（本件文書）の提出を求めた結果、原々審において同申立てが認容されたため、反訴被告が抗告し、原審において原々決定が取り消され同申立てが却下されたため、特別抗告がなされたところ、原審の審理手続に違法があるとして、職権により破棄された事例	時間外勤務手当ての支払いを求める基本事件において、本件文書は抗告人の労働時間等を証明するうえで極めて重要な書証であること、また、相手方が本件文書を所持しているとの事実の存否は、文書提出命令の申立てに対する裁判所の判断を決定づけるほどの重要性を有するものであるとともに、上記事実の存否の判断は当事者の主張・立証に依存するところが大きいことからすれば、上記事実の存否に関して当事者に攻撃防御の機会を与える必要性は極めて高いにもかかわらず、原審は、相手方の原々決定に対する反論が具体的な理由を示して記載され、かつ、原々決定後にその写しが提出された書証が引用されている即時抗告申立書の写しを、抗告人に送付するなどして、当事者に攻撃防御の機会を与えることのないまま、抗告人に不利な判断をしたのであり、これは明らかに民事訴訟における手続的正義の要求に反し、裁量の範囲を逸脱した違法がある。 （なお、高裁に対する許可抗告の申立ては、不許可とされた（東京高決平成22・10・19））

[資料] 文書提出命令関連判例一覧

117	東京高裁	H23.5.17	判時2141号36頁、判タ1370号239頁	病院内で発生した医療事故に関し、全国国立病院院長協議会におかれた医療事故評価委員会から付託を受けた評価専門医が作成した医療事故報告書	否定	法220条1号・4号ロ・ニ
118	札幌高裁	H23.7.26	消費者法ニュース93号105頁	貸金業者の取引履歴	肯定	法220条3号後段・4号

[資料] 文書提出命令関連判例一覧

基本事件において、病院に救急搬送され入院した者が同病院の医師や看護師による注意義務違反により死亡したとして損害賠償を請求している原告が、医療事故報告書（本件文書）の提出を求めた結果、原審が本件文書の提出を命じたため、抗告がなされたところ、イン・カメラ手続を経て、本件文書の作成目的・作成経緯・内容等を詳細に認定したうえ、本件文書は法220条4号ロ所定の文書に該当するとされた事例	①基本事件において抗告人が積極的に本件文書の存在に言及した事実は認められないから、本件文書は法220条1号に該当しない。 ②抗告人（特定独立行政法人）の職員は、法220条4号ロの「公務員」に含まれ、本件文書の作成経緯や内容等からすれば、本件文書は、抗告人の内部において、将来の医療紛争が予想される相手方への対応の方針を決定するための基礎資料として使用することを主たる目的とし、あわせて今後の医療事故防止対策に資することも目的として作成されたものと推認でき、かかる目的からすれば、本件報告書は、抗告人内部において組織的に利用される内部文書であって、公表を予定していないものと認められるから、公務員の所掌事務に属する秘密が記載されたものであることは明らかであり、また、本件文書が提出されれば、評価専門医の自由かつ率直な意見の表明に支障を来すこととなるおそれが十分に考えられ、このような結果となっては、医療事故発生の早期段階で、抗告人内部において、厳正で公正な客観的資料に基づく専門的意見を交換し、抗告人なりの医療事故の責任についての見解を形成して、患者やその家族との対応、紛議の解決にあたろうとするシステムが十分に機能しなくなることは明らかであるから、公務の遂行に著しい支障を生ずるおそれが具体的に存在するといえ、したがって、本件文書は法220条4号ロに該当する。 ③本件文書は、本件医療事故について抗告人の内部で組織的に検討する目的に供されるものであり、法220条4号ニ・カッコ書所定の「国又は地方公共団体が所持する文書であって、公務員が組織的に用いるもの」に準ずるものと解されるから、同号ニには該当しない。
基本事件において過払金元利金支払い等を請求している原告が、取引履歴（本件文書）の提出を求め、さらに原審の判断に対して抗告をしたところ、被抗告人が本件文書を所持していることを認めたうえ、本件文書の提出義務を認めた事例	①一般に、文書提出命令における対象文書の存在については、申立人の側に立証責任があるが、対象文書がかつて存在したことが認められ、または存在していたことが事実上推定される場合には、所持者の側で現在対象文書が存在しない理由を立証しなければならないところ、本件では、抗告人と被抗告人との間で継続的に取引が行われており、かつ被抗告人が取引のデータを保管していたものと認められ、被抗告人から実際に取引履歴の廃棄記録等の提出も

577

[資料] 文書提出命令関連判例一覧

119	東京地裁	H23.9.5	証券取引被害判例セレクト43巻257頁	金融商品販売ルール（顧客に金融商品を販売するうえで行うべき手続を定めたもの）を記載した文書	肯定	法220条4号ニ
120	最高裁三小	H23.10.11	裁時1541号2頁、判タ1362号68頁、判時2136号9頁、裁判集民238号35頁、裁判所ウェブサイト	弁護士会の綱紀委員会の議事録	否定	法220条3号・4号ニ

	なされていないこと、被抗告人の主張によれば継続中の取引のデータも廃棄されてしまうおそれがあることなどからすれば、被抗告人は、現在本件文書を所持していると認められる。 ②本件文書は法220条3号後段所定の法律関係文書に当たり、かつ、同条4号イないしホのいずれにも該当しない文書である。
基本事件において、違法な勧誘により投資信託を購入し損害を被ったとして、損害賠償を請求している原告が、金融商品販売ルールを記載した文書（本件文書）の提出を求めたところ、提出すべき文書は特定されているとしたうえ、本件文書は法220条4号ニに該当せず、取り調べる必要もあるとした事例	①相手方は、平成20年3月26日より前は、個々の金融商品ごとに販売ルールを定めており、本件申立てにおいては、取引の時期と金融商品が特定されていることから、本件文書の特定に欠けるところはない。 ②本件文書は、証券会社である相手方が投資家保護の観点から法令等を補完する目的で作成したものであり、基本的には外部の者に開示することが予定されていないものといえるものの、相手方顧客や従業員のプライバシーに関する情報や相手方の意思形成にかかわる事項が記載されているものではないと考えられるから、本件文書が開示されたとしても、個人のプライバシーを侵害したり、相手方における内部の意思形成が阻害されるなど、所持者の側に看過しがたい不利益が生ずるおそれがあるとは認められず、したがって、法220条4号ニ所定の文書には該当しない。 ③本件文書は相手方の従業員の勧誘行為を規律する指針を示すものであるから、基本事件における申立人の主張からすれば、それを証拠として取り調べる必要があるものと考えられる。
弁護士会の綱紀委員会の議事録のうち「重要な発言の要旨」に当たる部分が法220条4号ニ所定の「専ら文書の所持者の利用に供するための文書」に該当するとされた事例	①弁護士法の委任を受けて定められた弁護士会の内部規則の規定によれば、綱紀委員会の議事および議事録は非公開とされており、綱紀委員会の議決に基づき懲戒委員会に対し事例の審査を求めるにあたって提出すべき綱紀委員会の調査記録等にも、その議事録は含まれていないこと等からすれば、弁護士会の綱紀委員会の議事録はもっぱら内部の利用に供する目的で作成され、外部に開示することが予定されていない文書であり、審議の内容である「重要な発言の要旨」も綱紀委員会内部における意思形成過程に関する情報が記載されているものであるから、これが開示されると綱紀委員会における自由な意見の表明に支障を来しその自由な意思形成が阻害される

[資料] 文書提出命令関連判例一覧

121	名古屋地裁	H23.10.12	先物取引裁判例集67号1頁	監督官庁から会社になされた、業務改善命令等に係る各処分通知書および附属書類	肯定	法220条4号ニ
122	東京地裁	H23.10.17	判タ1366号243頁	司法解剖の鑑定書の控えおよび同解剖に関して作成された書面ないし図面の控え	肯定	法220条4号ホ

	おそれがあるので、特段の事情の存在がうかがわれない以上法220条4号ニの「専ら文書の所持者の利用に供するための文書」に当たる。 ②文書提出命令申立ての対象となっている文書が、「専ら文書の所持者の利用に供するための文書」に当たると解される以上、法220条3号所定の法律関係文書に該当しない。
相手方の子会社との先物取引により損害を被ったとして、相手方の子会社らに対し損害賠償を求めている申立人が、親会社である相手方が所持する各文書について、文書提出命令を申し立てた事例	①本件各文書はいずれも、監督官庁から相手方に対して交付されるか、相手方から監督官庁に提出されることを目的とした文書であるから、法220条4号ニの「専ら文書の所持者の利用に供するための文書」には該当しない。 ②また、本案において、相手方の子会社に対する相手方の影響の程度や内容が争点となっていることから、直接の取引相手ではない相手方に係る本件各文書についても、取調べの必要性がないとはいえないとして、申立てが認められた。
捜査機関の嘱託を受けて鑑定を行った医師が作成し、所有している司法解剖の鑑定書の控えおよび同解剖に関して作成された書面ないし図面の控えが法220条4号ホに該当しないとされた事例	①法220条4号ホが刑事事件関係書類等を文書提出義務の除外文書とする趣旨からすると、民事訴訟において当該書類を取り調べる必要性が認められる場合において、これが提出されたとしても、およそ関係者の名誉およびプライバシーが侵害されず、また、捜査および刑事裁判が不当な影響を受けるおそれがないことが明らかである文書については、その公開・非公開の判断に、もはや裁量の余地はないというべきであるから、同条にいう刑事事件関係書類等には該当しないか、該当するとしても、上記のような文書について刑事事件関係書類等に該当することを理由に、その提出を拒否することは、保管者の裁量権の範囲を逸脱・濫用することになる。 ②捜査機関の嘱託を受けて鑑定（司法解剖）を行った医師である相手方が作成し、所有している司法解剖の鑑定書の控えおよび同解剖に関して作成された書面ないし図面の控えである本件文書は、民事訴訟において提出されたとしても、関係者の名誉およびプライバシーが侵害されることが想定されず、具体的な罪証隠滅のおそれが生じるとは考えがたく、捜査および刑事裁判が不当な影響を受けるおそれはないうえ、基本事件の当事者が証拠として提出する道を阻むのであれば、民事の医療訴訟における実体的真実発見の要請に十分に応えることができないか

[資料] 文書提出命令関連判例一覧

123	名古屋地裁	H23.10.24	証券取引被害判例セレクト43巻262頁	顧客に対する金融商品の勧誘または販売に関して定めていた社内規則、営業日誌その他の折衝履歴を記載した文書	肯定	法220条4号ニ
124	郡山簡裁	H23.12.21	消費者法ニュース91号79頁	金融機関の取引履歴等	肯定	法220条3号後段

[資料] 文書提出命令関連判例一覧

	ら、本件文書は、刑事事件関係書類等に該当しないか、該当するとしても、相手方がそのことを理由に本件文書の提出を拒否することは、同文書の保管者として有する裁量権の範囲の逸脱・濫用に当たる。
申立人兼基本事件原告が、相手方兼基本事件被告の従業員の勧誘により相手方から金融商品を購入したことについて、相手方に適合性原則違反や説明義務違反等の違法行為があったため、申立人において損害を被ったと主張して、相手方に対し、損害賠償を求めた事件を基本事件として、申立人が、相手方に対し、本件各文書の文書提出命令の申立てをした事例	申立て文書のうち「相手方が顧客に対する金融商品の勧誘又は販売に関して定めていた社内規則」については、制定目的が顧客との取引の適正化にある以上その内容は同業者間でおおむね同じようなものにならざるを得ず、そこに企業独自のノウハウ等が入り込む余地は乏しく、実際に相手方の主張・立証からうかがい知ることのできる社内規則の一部をみても一般的に想定される範囲を超えて独自のノウハウが活用されているようには見受けられないため、開示した結果、同業者がこれを模倣して相手方に営業上の具体的な不利益が生じることは想定しがたいとし、また、「申立人に対する電話若しくは訪問による連絡、商品の勧誘の有無及びその具体的内容を記した相手方従業員作成に係る営業日誌その他の折衝履歴を記載した文書」については、これが開示されると相手方の従業員が折衝履歴において忌たんのない意見を表明することが阻害され、看過しがたい不利益が生じるおそれがあるとする相手方の主張に対し、記載事項は相手方従業員が申立人を訪問した日時や販売額等の基本的情報にすぎず、忌たんのない意見等が含まれているとは認められないとし、いずれも、これを開示しても相手方に看過しがたい不利益を生じるおそれがあるとはいえないから「専ら文書の所持者の利用に供するための文書」（法220条4号ニ所定）には該当しないとして文書提出義務を認めた。
相手方から継続的に借入れを行い、利息制限法所定の制限利率を超える利息を支払ったとして、不当利得返還請求権等に基づき、過払金等の支払いを求めた申立人による文書提出命令申立事件において、過去10年以前の取引履歴についてもそれを消去等した合理的理由やその時期について具体的にどのような方法で消去等されたのかを明確にしない限り、当該文書は	相手方の社内において、文書等の廃棄に関する規程が存在することは認められるが、過払金返還請求訴訟において、いわゆる貸金業法上のみなし弁済の成否や消滅時効の成否が争われる場合において、過去10年分以上の取引が問題となることも十分予想されるところ、取引が継続している顧客につき、10年を経過した取引履歴をコンピュータ記録しておくことが管理等の面で多くの費用を要するわけでもなく、管理上も電算化した情報の一部を消去する必要性に乏しいこと、文書の保管について法的義務が課されており、通常それを廃棄処分等するとは考えられな

583

[資料] 文書提出命令関連判例一覧

125	名古屋地裁	H23.12.27	裁判所ウェブサイト	身体検査令状についての令状請求簿	肯定	法220条 3号後段
126	仙台地裁	H24.2.3	裁判所ウェブサイト	強姦未遂被疑事件に係る被害届、告訴状、供述調書等の刑事事件記録（不起訴記録）	一部肯定	法220条 3号後段

584

[資料] 文書提出命令関連判例一覧

存在すると推認された事例	いことから、特段の事情がない限り、貸金業者である相手方は取引履歴等を所持しているものと推認される。これに対して相手方は、過去10年以前の取引履歴を消去等した合理的理由やその時期について具体的にどのような方法で消去等されたのかを明確にしない限り、当該文書は存在するものと推認される。本件相手方は、上記規程の定めのとおりに文書等を確実に廃棄していることに関する具体的な証拠を提出していないことから、相手方が、申立人との過去10年以前の取引履歴に係る情報を消去等し、これを所持していないとは認めがたく、また申立人の本件取引の過去10年以前の取引履歴に係る文書についても、これを所持しているものと認めることができるとして、申立てを認容した。
児童買春、児童ポルノに係る行為等の処罰および児童の保護等に関する法律違反で逮捕、勾留、起訴され、その後、無罪判決が言い渡されて確定した申立人が、国家賠償を請求している基本事件において、法220条3号後段に基づき、検査すべき身体を「申立人の陰茎」とする身体検査令状についての令状請求簿の文書提出命令を申し立てた事例	令状請求簿は、外部に公表することが予定されずもっぱら警察署内部でのみ使用することを目的として作成されているものでないことは明らかであるとして、申立てを認容した。
強姦未遂被疑事件の被疑者として逮捕、勾留等の強制処分を受けたうえ、懲戒免職処分を受けた申立人が、被害者に対し虚偽の告訴を理由に不法行為に基づく損害賠償を、相手方に対し事実に反する本件被疑事件を理由に適正手続に反して本件懲戒処分を行ったなどとして損害賠償を求めた事件を基本事件とする文書提出命令の申立てにつき、被害者の供述調書並びに申立人の弁解録取書および供述調書につき法220条3号後段所定の法律関係文書に該当するとして申立てを認容した事例	「法律関係」（法220条3号後段）とは、訴訟物たる権利を直接基礎づける関係にある場合に限られるものではなく、これを間接的に基礎づける関係にある場合を含むものとしたうえで、被害者の供述調書並びに申立人の弁解録取書および供述調書に加えて告訴状および逮捕状等も同220条3号後段所定の法律関係文書であると判断した。そのうえで、刑事訴訟法47条との関係から、告訴状および逮捕状等の捜査手続に関する書類は、捜査の違法性が争点となっていない本件では取調べが必要不可欠とまではいえないとしたが、被害者の供述調書並びに申立人の弁解録取書および供述調書については、申立人が被疑事実を一貫して否認していること、懲戒処分が重大な処分であることからすると、本件当時の被害者とされる者の認識を示す被害者の供述調書は、本件の争点に係る事実の存在を直接立証するものとして、そ

[資料] 文書提出命令関連判例一覧

127	名古屋高裁	H24.2.13	先物取引裁判例集67号18頁	従業員作成に係る営業日誌その他の折衝履歴を記載した文書等	一部肯定	法220条4号ハ
128	東京地裁	H24.2.27	資料版商事339号194頁	取締役会議事録	否定	法220条4号
129	名古屋地裁	H24.2.27	裁判所ウェブサイト	捜査報告書	肯定	法220条3号後段
130	東京高裁	H24.3.22	消費者法ニュース92号157頁	金銭消費貸借契約の際に取り交わされた関係文書や取引履歴	一部肯定	法220条3号後段

[資料] 文書提出命令関連判例一覧

	の取調べが必要不可欠であるとして、申立てを一部認容した。
相手方兼基本事件原告が、抗告人兼基本事件被告の従業員の勧誘により抗告人から金融商品を購入したことについて、抗告人に適合性原則違反や説明義務違反等の違法行為があったため、相手方において損害を被ったと主張して、抗告人に対し、損害賠償を求めた事件を基本事件として、相手方の、抗告人に対する、本件各文書の文書提出命令を全部認容した原決定を一部変更し、一部の文書につき法220条4号ハ該当性を認めた事例	本件各文書のうち、「個別事例の顧客の氏名・職業・家族状況・資産内容・取引内容」など、抗告人の顧客の個人情報が記載されている部分等は、法220条4号ハの文書に該当すると認められる可能性が高いことからイン・カメラ手続を実施した結果、本件各文書の一部については、これが開示されることにより、抗告人は、抗告人の顧客並びに抗告人が依頼した弁護士等との信頼関係を喪失し、今後、営業活動に困難を極め、あるいは、弁護士等を依頼することが容易でなくなるなど、著しい不利益を受けることが予想され、これらは、法220条4号ハに該当するとし、当該記載部分につき文書提出命令を認めなかった。
相手方が、相手方の取締役であった申立人に対し、取締役としての任務懈怠があったなどと主張して損害賠償の支払いを求めた事案を基本事件として、申立人が、相手方の本件取締役会において申立人の主張する事業計画が審議され承認された事実を立証するため、相手方が所持する本件取締役会に係る取締役会議事録の提出命令を申し立てた事例	本件議事録については、これを現在相手方が所持していないことの疎明があったと認めつつ、平成20年4月頃までに作成された本件議事録およびその電子データが、その後、相手方によって意図的に隠匿ないし廃棄、削除された可能性を完全に否定することはできないが、そのような場合には、相手方が、本件議事録を意図的に隠匿しながらこれを廃棄せずにいまだ所持しているとは考えにくいから、この可能性は、現在相手方が本件議事録を所持していないとの認定を左右するものではないとして、申立てを却下した。
児童買春、児童ポルノに係る行為等の処罰および児童の保護等に関する法律違反で逮捕、勾留、起訴され、その後、無罪判決が言い渡されて確定した申立人が、国家賠償を請求している基本事件において、法220条3号後段に基づき、捜査報告書等の文書提出命令を申し立てた事例	捜査報告書等の本件各文書は、いずれも法律関係文書に該当するとしたうえで、刑事訴訟法47条との関係においても、申立人に対する捜査および公判手続が無罪判決の確定によって終了している本件においては、今後の捜査や公判への悪影響を考慮する必要もないことなどから、本件各文書の提出を拒否する相手方の判断は、いずれも裁量権の範囲を逸脱し、かつこれを濫用したものというべきであり、相手方は、本件各文書の提出義務があるとして、本件各文書の提出を命じた。
貸金業者である相手方との間で基本契約を締結し、それに基づいて借入れと弁済を繰り返してきた抗告人が、基本事件の訴訟追行のた	抗告人の申立てのうち、すでに相手方から抗告人に対して取引履歴が開示され、証拠として提出されている期間に係る文書の提出を求める部分については却下した。一方、抗告人が主張する金銭消費貸借取

587

[資料] 文書提出命令関連判例一覧

131	東京高裁	H24.4.17	資料版商事339号192頁	取締役会議事録	取消し（差戻し）	法220条4号イ～ホ	
132	神戸地裁	H24.5.8	金商1395号40頁	会社の「内部文書」	一部肯定	法220条4号ニ	

[資料] 文書提出命令関連判例一覧

めに、相手方に対して、本件金銭消費貸借取引に関して、抗告人または相手方によって作成され、相手方において現在保管されている各文書の提出を求めた事例	引が不存在であるとして相手方が争っている金銭消費貸借取引に関する文書については、文書提出命令の申立てにおける文書の存否についての立証責任について、本件のような貸金業者と顧客との間の金銭消費貸借取引の際に取り交わされた関係文書や取引履歴等については、貸金業法や監督行政庁による行政指導等により、文書の作成およびその保管が義務づけられているから、その提出を求める申立人（抗告人）は、貸金業者との間で金銭消費貸借取引がなされたとの事実さえ主張・立証すれば足り、その所持者（相手方）において、その後の廃棄、滅失につき、主張・立証をするべきであるとしたうえで、本件においては相手方において上記文書の廃棄、滅失の経緯について合理的な説明を尽くしたとはいえないことから現在も相手方によって上記文書が保管されているものと推認されるなどとして、相手方に各文書の提出を命じた。
相手方が、相手方の取締役であった抗告人に対し、取締役としての任務懈怠があったなどと主張して損害賠償の支払いを求めた事案を基本事件として、抗告人が、相手方の本件取締役会において抗告人の主張する事業計画が審議され承認された事実を立証するため、相手方が所持する同日開催の本件取締役会に係る取締役会議事録の提出命令を申し立てた事件の即時抗告審	相手方が本件議事録を所持していないこと、すなわち、本件議事録が作成されなかったかまたはいったん作成されたが廃棄等されたことについての疎明があったということはできないから、相手方が本件議事録を所持していることが一応推定されるというべきであるとして、相手方が本件議事録を所持しているとは認められないと判断して抗告人の本件文書提出命令申立てを却下した原決定を取り消し、本件を地方裁判所に差し戻した。
後に頓挫したMBOの実施に際して取締役が買付価格の算定に介入する等の利益相反行為を行ったこと等を理由に、株主が当時の役員らの善管注意義務・忠実義務違反の責任を追及した株主代表訴訟を基本事件として、申立人である株主が相手方である会社に対し、MBOに関する役員ミーティングで行われた説明の内容を記載した文書等の会社の内部文書について文書提出命令を申し立てた事例	MBOに関する役員ミーティングで行われた説明の内容を記載した文書等については、いずれも相手方の内部におけるミーティングにおいて議論するための資料であったり、その会議の結果であったり、役員間の情報交換や意見交換を示す文書であり、いずれも相手方が法令上の保存義務を負っている文書ではないため、内部文書であると認められる。そしてこれらの文書が開示されると、一般的には、相手方におけるMBOの遂行が阻害されるおそれがあり、また、相手方内部における自由な意見表明に支障を来し、相手方の自由な意思形成が阻害されるおそれがあるため、類型的にはその開示により所持者であ

589

[資料]　文書提出命令関連判例一覧

133	東京地裁	H24.5.16	判例集未登載	行政文書	一部肯定	行政機関の保有する情報の公開に関する法律
134	大阪地裁	H24.5.27	証券取引被害判例セレクト43巻295頁	クーポンスワップ契約およびフラット予約取引契約締結に関して申立人・相手方間でされたやりとりの主体、日時、場所、内容等が記載された文書	一部肯定	法220条3号後段・4号ニ
135	東京高裁	H24.6.4	金商1401号14頁、判時2162号54頁、判タ	社債に係る社債原簿その他の文書	変更	法224条

[資料] 文書提出命令関連判例一覧

で、開示されても所持者である会社に看過しがたい不利益が生ずるおそれがないとする特段の事情があるとして文書提出命令が認められた事例	る相手方に看過しがたい不利益が生ずるおそれがある文書であるといい得るものである。しかし、現時点では、今後、相手方において、本件MBOと同様のMBOが再度実施される可能性があるとは考えがたく、本件MBOに関与した相手方の元役員らの本件MBOに関する当時の意見等が開示されたとしても、今後相手方における会議の円滑な運営が妨げられる等、自由な協議や意見表明が妨げられる雰囲気や傾向が醸成されるとは考えがたいなどとして、本件内部文書が開示されても、所持者である相手方に看過しがたい不利益が生ずるおそれがないとする特段の理由があるなどとして、申立てを一部認容した。
原告が、行政機関の保有する情報の公開に関する法律に基づき、金融庁長官に対し、行政文書の開示請求をしたところ、一部開示決定を受けたことから、その取消しを求めた事例	本件各対象文書の不開示部分を開示することにつき公益上特に必要があると認めることはできないとする金融庁長官の判断が、その裁量権の範囲を逸脱し、またはそれを濫用したものと認めることはできず、裁量的開示をすることなくされた上記決定が違法であるということはできないとして、原告の請求を棄却した。
相手方銀行（本案被告）との間で締結したクーポンスワップ契約およびフラット予約取引契約はいずれも公序良俗や適合性の原則等に反するとして、債務不存在確認および不法行為に基づく損害賠償を求める本案訴訟を提起した申立人（本案原告）が、「各契約に関して申立人・相手方間でされたやりとりの主体、日時、場所、内容等が記載された文書」の文書提出命令（法220条3号後段・4号）を申し立てた事例	当該文書は、営業活動内容や交渉経過を記録するために担当者が担当者名、日時、場所、内容を記載して作成される文書であり、法令によってその作成、保存が義務づけられているものではないため、その作成目的や記載内容からすると、相手方銀行内部の者の利用に供する目的で作成され、外部の者に開示することが予定されていない文書ではあるものの、本件文書のうち、やりとりの主体、日時、場所、内容が記載されている客観的な交渉経過に関する部分は、相手方担当者と申立人の交渉内容が要約のうえ記載されているにすぎず、開示されると相手方に看過しがたい不利益が生ずるおそれがあるとは認めがたいとして、申立て文書のうち、やりとりの主体、日時、場所、内容を記載した部分について法220条4号ニの内部文書に該当しないとして、当該部分の限度で文書提出命令の申立てを認めた。
貸主が複数の会社の法人格を巧みに利用して金銭貸付けを行い、実質的に利息制限法違反の利息・遅延損害金を取得しようとした事例	各社の社債に係る社債原簿その他の文書提出命令に従わなかった場合に、法224条により、当該会社の各社債引受人に関する相手方の主張が真実と認められ、当該会社間で資金が循環しているものと認めら

591

[資料]　文書提出命令関連判例一覧

			1386号212頁				
136	東京地裁	H24.6.15	資料版商事339号210頁	取締役会議事録	肯定	法220条4号	
137	大阪地裁	H24.6.15	判時2173号58頁、判タ1389号352頁	公正取引委員会の調査資料	一部肯定	法220条4号ロ、223条1項	

[資料] 文書提出命令関連判例一覧

	れた。
相手方が、相手方の取締役であった申立人に対し、取締役としての任務懈怠があったなどと主張して損害賠償の支払いを求めた事例を基本事件として、申立人が、相手方の取締役会において申立人の主張する事業計画が審議され承認された事実を立証するため、相手方が所持する取締役会議事録の提出命令を申し立てた事例	取締役会議事録は、取締役会設置会社である相手方が会社法369条3項および371条1項の規定によってその作成および備置きを義務づけられているものであり、一定の要件の下で株主等がその閲覧または当社の請求をすることが認められていることなどから、相手方は、法220条4号の規定に基づき、本件議事録の提出義務を負うべきであるとして、申立てを認容した。
カルテルに関与したとして排除措置命令および課徴金納付命令を受けたA社の株主が、当時の取締役に対し、善管注意義務違反を理由としてA社に対する損害賠償を求めた株主代表訴訟を基本事件として、公正取引委員会が調査の過程で収集した資料について文書提出命令を申し立てた事件において、A社の従業員が公正取引委員会の職員に対して供述した内容を録取した供述調書およびA社が内部におけるカルテル関係者の位置づけや内部統制システムについて公正取引委員会に説明した文書についての提出命令が認められたが、カルテルに関与した同業者が作成した課徴金減免制度に関する書類についての提出命令は認められなかった事例	①法220条4号ロにいう「その提出により公共の利益を害し、又は公務の遂行に著しい支障を生ずるおそれがある」とは、単に文書の性格から公共の利益を害し、または公務の遂行に著しい支障を生ずる抽象的なおそれがあることが認められるだけでは足りず、その文書の記載内容からみてそのおそれの存在することが具体的に認められることが必要であると解される。 ②独占禁止法上、審判が開始された場合、原則として公開され（同法61条1項）、その事件記録は利害関係人において閲覧または謄写を求めることができることが制度上予定されており（同法70条の15）、本件のような供述調書も、作成当時、審判に提出される可能性があったというべきものであって、任意に自己の知り得た事実等を供述する者は、その供述内容が将来にわたっても決して公開されないと期待して供述しているとは解されないうえ、本件各文書のうち、一部を除けば、そこに公正取引委員会の審査の手法や着眼点自体が記載されているわけではなく、これらの点について推察することが可能であるとしても抽象的な危険性にとどまるので、公正取引委員会の調査および審査業務における関係者の協力の重要性や密行性などを考慮しても、本件各文書の開示により公正取引委員会の審査業務に著しい支障が生ずる具体的なおそれがあるとはいえず、法220条4号ロに規定する「その提出により公務の遂行に著しい支障を生ずるおそれがあるもの」に該当しない。 ③カルテルに関与した同業者が作成した課徴金減免

593

[資料] 文書提出命令関連判例一覧

138	福井地裁	H24.9.4	金法1992号97頁	預金通帳その他預金取引の内容を記載した文書等	一部肯定	法220条4号
139	奈良地裁	H25.1.31	判時2191号123頁、労判1077号14頁	じん肺管理区分決定通知書、労災保険請求書写し、石綿健康権利手帳交付申請書の写し、職歴証明書、作業内容資料等	一部肯定	法220条4号
140	最高裁三小	H25.4.19	裁時1578号	全国消費実態調	否定	法220条、

594

[資料] 文書提出命令関連判例一覧

	制度に関する書類の記載内容は、基本事件の争点とは関連性がなく、証拠調べの必要性がない。
申立人が相手方Y_2に不当利得返還請求権を有し、相手方Y_2が相手方Y_1銀行に預金債権を有すると主張して、申立人が、債権者代位権を行使して、相手方Y_1銀行に対し、相手方Y_2が相手方Y_1銀行に有する預金債権に基づき、上記不当利得返還請求権相当額の金銭等の支払いを求める事例を基本事件として、申立人が、相手方Y_2名義の相手方Y_1銀行に対する預金に係る預金通帳その他預金取引の内容を記載した文書等の提出命令を申し立てた事例	①申立人は、基本事件において相手方Y_2の相手方Y_1銀行に対する預金債権を代位行使しているため「挙証者と文書の所持者との間の法律関係について作成された文書」（法220条3号）に該当すると主張したが、Y_2名義の預金通帳その他預金取引の明細が記載された文書は、相手方Y_2と相手方Y_1銀行との間の預金取引の明細が記載されたものであって、申立人と相手方Y_1銀行との間の法律関係について作成されたものではないため、法220条3号には該当しない。 ②相手方Y_1銀行に対しては、相手方Y_2名義の口座として存在することが認められる特定口座の預金取引明細表、相手方Y_2に対しては右特定口座の預金通帳その他預金取引の内容を記載した文書の提出を求める限度で理由がある。 ③申立人による、相手方Y_1銀行の相手方Y_2名義の上記特定口座以外の預金口座の有無に関する求釈明に対して、相手方らが有無を明らかにすることを拒否する旨の回答をしており、他に相手方Y_2が相手方Y_1銀行に上記特定口座以外の預金口座を有することを認める証拠がない以上、相手方らは上記特定口座に係る文書についてのみ「文書の所持者」（法220条柱書）に該当する。
原告である申立人らが、被告である相手方の本件工場において十分な安全対策の施されないまま職務に従事した際、石綿粉じんの曝露を受け、石綿関連疾患に罹患したとして、相手方に対し、安全配慮義務違反または不法行為に基づく損害賠償を求めた事件を基本事件として、申立人らが、本件工場においてどの作業場所でどの時期に粉じんが飛散していたかを明らかにするために法220条4号に基づき石綿曝露関連文書の提出を求めた等の事例	本件における主要な争点の1つは、申立人らが製造に従事していた製品等が石綿を含むものであったか否かという点にとどまらず、申立人らが本件工場における勤務の過程で石綿に曝露した事実があるか否かであるかというべきであるなどとして、本件工場に就労していた従業員の健康診断記録等の提出を命じた。
生活保護法に基づく生活扶助の支	本件準文書の内容の真実性および正確性を担保する

595

[資料] 文書提出命令関連判例一覧

			13頁、判時2194号13頁、判タ1392号64頁、裁判集民243号385頁、裁判所ウェブサイト	査の調査票情報を記録した準文書		231条
141	名古屋高裁	H25.5.27	裁判所ウェブサイト	PTSD治療に関する診療録等	一部肯定	法220条4号ハ、197条1項2号
142	大阪高裁	H25.6.19	労判1077号5頁	①じん肺管理区分決定通知書等、労働者災害補償保険請求書の写し等、石綿健康管理手帳交付申請書の写し等 ②本案事件被告が特定の期間に特定の工場において製造し、ま	一部肯定	法220条4号ハ、197条1項3号、222条1項

[資料] 文書提出命令関連判例一覧

給額を減額する旨の保護変更決定の取消しを求める行政訴訟において、申立人が全国消費実態調査の調査票情報を記録した準文書の提出を求めたところ、当該準文書が法220条4号ロの公務秘密文書に該当するとされた事例	ためには調査票情報の十全な保護を図ることによって被調査者の当該統計制度に係る情報保護に対する信頼を確保することが強く要請されること、および本件準文書の内容は被調査者としては通常他人に知られたくないと考えることが想定される類型の情報であるといえる。仮にこれらの情報の記録された本件準文書が訴訟において提出されると、第三者において被調査者を特定してこれらの情報全体の委細を知るに至る可能性があることを否定できないことからすると、本件準文書は、その提出により全国消費実態調査に係る統計業務の遂行に著しい支障をもたらす具体的なおそれがあるものといえる。したがって、本件準文書は「その提出により……公務の遂行に著しい支障を生ずるおそれがあるもの」として公務秘密文書に該当する。
PTSD治療に関する診療録について、患者である被告が本案訴訟において傷病名および症状とその経過という一般的には知られていない事実を自ら開示している場合には、その限度で医師の黙秘義務は免除されたものというべきであるとして、診療録の一部について職業秘密文書に該当しないとした事例	診療録の記載事項（特に病名および主要症状、治療方法）は、診療を受けた者の疾病等の内容やその治療経過に関するものとして、診療を受けた者のプライバシーに関する事項に該当するものというべきであり、診療を受けた者には、その秘匿について主観的利益があるのみならず、客観的にみて保護に値するような利益があるものということができ、医師はかかる事項につき個別の免除がない限り黙秘の義務を負うが、本案訴訟において診療を受けた者である被告が傷病名および症状等を詳細に記載した陳述書を証拠として提出していること等が認められる本件においては、陳述書に記載された限度では黙秘の義務が免除されたといえ、その部分については職業秘密文書に該当しない。
本案事件被告の工場において十分な安全対策の施されないまま職務に従事したため石綿粉じんの曝露を受け石綿関連疾患に罹患したと主張する本案事件原告が、安全配慮義務違反の債務不履行または不法行為に基づく損害賠償を求めた事件において、①じん肺管理区分決定通知書等、労働者災害補償保険請求書の写し等、石綿健康管理手帳交付申請書の写し等が法220条4号ハ、197条1項3号の職業	①じん肺管理区分決定通知書等、労働者災害補償保険請求書の写し等、石綿健康管理手帳交付申請書の写し等の文書は、本件工場における石綿の飛散状況や石綿を含む製品等の製造工程の管理状況等を基礎づける事実関係を認定する証拠資料となり得、本案事件の証拠として取り調べる必要性のある客観性の高い証拠といえる一方で、上記文書はいずれも法令に基づいて作成された文書であることおよび現在石綿製品の製造は禁止されていることからすると、これらが本件訴訟において提出されることにより、元従業員および現従業員が健康診断の受診や情報の提供を拒否し、今後労働安全衛生等の人事労務管理が

597

[資料] 文書提出命令関連判例一覧

				たは製造した可能性のある製品についての情報に関する文書		
143	大阪高裁	H25.7.18	判時2224号52頁	同僚労働者のタイムカード	肯定	法232条1項、220条4号イ
144	大阪高裁	H25.10.4	判時2215号97頁	自殺者の遺族が労働基準監督署長に提出した陳述書等	一部肯定	法220条4号ロ
145	最高裁一小	H25.12.19	裁時1595号1頁、民集67巻9号1938頁、労	国立大学法人において設置されたハラスメントの防止、対策ま	一部肯定	法220条4号ロ・ニ

598

[資料] 文書提出命令関連判例一覧

秘密文書に該当しないとされ、②本案事件被告が特定の期間に特定の工場において製造し、または製造した可能性のある製品についての情報に関する文書についてなされた法222条1項に基づく文書の特定のための手続の申出が不適法であるとされた事例	著しく困難となるおそれがあるということはできないことからすると、上記文書は職業秘密文書に該当しない。 ②法222条1項が明らかにすることを求める「文書を識別することができる事項」とは、文書の所持者において、その事項が明らかにされていれば、不相当な時間や労力を要しないで当該申立てに係る文書あるいはそれを含む文書グループを他の文書グループから区別することができるような事項をいうものと解されるところ、本件ではかかる事項が明らかにされているとはいえないから、本件における文書の特定のための手続の申出は不適法である。
過重労働を理由とする安全配慮義務違反による労災損害賠償請求事件において、過重労働の事実等を立証するため同僚労働者のタイムカードについて検証物提示命令の申立てがなされた事案において、かかるタイムカードが法220条4号イ、196条に規定する「刑事訴追を受け、又は有罪判決を受ける恐れがある事項に関する」ものであるとはいえず、検証協力義務を免れる正当な理由はないとされた事例	タイムカードは賃金台帳と同様に、労働者の基本的人権を保護することを主な目的として、法令により使用者に対して罰則の制裁の下に調製、保存および行政機関への提出を義務づけていると解されるところであって、労働者の権利保護のためには欠くことのできない重要な書類であり、しかも書類の記載内容は単なる客観的な出退勤時刻を記載してあるにすぎないものであるから、過重労働を理由とする安全配慮義務違反による労災損害賠償請求事件において、検証物提示命令が発令された場合には、法220条4号イの事由は、この提示命令を阻止しうる正当な理由には当たらない。
自殺者の遺族が作成し労働基準監督署長に提出した陳述書等の一部について公務秘密文書に該当しないとした事例	自殺者の遺族が労働基準監督署長に提出した陳述書等の記載事項は、公務員が職務上知り得た非公知の事項に当たり、これらのうち基本事件と直接関連しない自殺者および1審原告である自殺者の妻以外の第三者のプライバシーに関する記載部分は、これが公にされると公務の遂行に著しい支障を生ずるおそれがあると認められるので公務秘密文書に該当するが、その余の部分は、その記載内容からみて、これが公にされることにより公共の利益を害し、または公務の遂行に著しい支障を生ずるおそれがあるとは認められないから公務秘密文書には該当しない。
①国立大学法人が所持し、その役員または職員が組織的に用いる文書についての文書提出命令の申立てには、法220条4号ニ・カッコ書	①国立大学法人は、法220条4号ニの「国又は地方公共団体」に準ずるものと解されるから、国立大学法人が所持し、その役員または職員が組織的に用いる文書についての文書提出命令の申立てには、法

599

[資料] 文書提出命令関連判例一覧

			判1102号5頁、裁判所ウェブサイト	たは調査に係る委員会作成の報告書、議事録およびこれらに添付されたヒアリング資料		
146	福井地裁	H26.3.3	証券取引被害判例セレクト47巻299頁	金融機関が行ったカバー取引に係る契約書	肯定	法220条3号後段・4号ハ
147	大阪高裁	H26.3.13	証券取引被害判例セレクト50巻104頁	原告が被告から購入した仕組債（本件仕組債）の中途売却価格の算定根拠が記載された文書（本件文書）	肯定	法220条4号ニ・ハ

600

部分が類推適用されるとした事例 ②法220条4号ロにいう「公務員」には国立大学法人の役員および職員も含まれるとした事例	220条4号ニ・カッコ書部分が類推適用されると解するのが相当である。 ②国立大学法人の役員及び職員の地位等に関する国立大学法人法の規定に照らすと、法220条4号ロにいう「公務員」には上記役員および職員も含まれると解するのが相当である。
相手方が申立人との間でオプション取引を行うにあたり、相手方がオプションの価値について虚偽説明を行っていたこと等を立証するために金融機関が行ったカバー取引に係る契約書を求めたところ、かかる契約書が、①法220条3号後段所定の法律関係文書に該当しないが、②法220条4号ハ所定の職業秘密文書にも該当しないとされた事例	①本件文書は相手方と他の金融機関との間で行われたカバー取引に係る契約書であるから、申立人と相手方との間の法律関係について作成された文書に該当するとはいえず、法律関係文書に該当するとは認められない。 ②相手方は、上記主張の根拠として、カバー取引のオプション料を開示した事実がカバー取引の当事者に伝わる可能性が否定できず、これが伝わった場合、相手方がインターバンク市場の参加者から信用を失うことは想像に難くなく、信用が失墜した場合にはインターバンク市場でカバー取引を行うことができなくなる可能性も否定できないなどと主張するが、相手方の主張するこれらの経緯が発生するとうかがわせる事情があるとは認められないから、本件文書は職業秘密文書には該当しない。
被告から仕組債を購入した原告が適合性原則違反、説明義務違反等を理由に損害賠償等を求めた基本事件において、原告が、適合性原則違反や説明義務違反の有無等について立証するため、原告の仕組債購入時における取引開始基準や中途売却価格に関する各文書の提出を求めた結果、原審が本件文書について原告の申立てを認容したため、被告が即時抗告したところ、本件文書は存在し、法220条4号ニの文書にも、同号ハ（法197条1項3号）の文書にも該当しないとして、原決定の結論を維持した事例	①本件仕組債の中途売却価格は暗算により算出できるようなものではなく、同価格の算出には評価的要素も含まれているから、同価格の算出根拠を記載した文書が作成されていたことが強く推認されること、抗告人（被告）が原決定がされるまで本件文書が作成されなかったと主張したことはなかったことからすれば、抗告人は、本件仕組債の中途売却価格を算定した当時、同価格の算定根拠を記載した文書を作成したと認めるのが相当である。 ②本件文書の記載内容が、相手方（原告）において中途売却に応じるか否かを検討するうえで必要な情報というべきものであること、抗告人が相手方の求めに応じ、相手方が決定した債券の売却価格の算定根拠について口頭で説明していたことに照らせば、本件文書は、法220条4号ニの文書（自己利用文書）にも、法220条4号ハ（法197条1項3号）の文書（職業・技術秘密文書）にも該当しないというべきであり、抗告人は本件文書の提出義務を負う。

[資料] 文書提出命令関連判例一覧

148	東京地裁	H26.4.16	裁判所ウェブサイト	沖縄県尖閣諸島沖で海上保安庁巡視船が撮影した中国漁船に関するビデオ映像で、①海上保安庁の共用サーバーにアップされ、庁内において閲覧可能であったもの、および、②国会に提出されたもの（本件文書）	否定	刑事訴訟法53条の2第1項
149	広島高裁岡山支部	H26.5.29	判例地方自治392号49頁	抗告人らの所持する平成22年度分の政務調査費の支出に係る会計帳簿と1万円以下の支出に係る領収書その他の証拠書類（本件文書）	否定	法220条4号ニ

[資料] 文書提出命令関連判例一覧

原告が、海上保安庁長官に対して、行政機関の保有する情報の公開に関する法律に基づき、本件文書の開示を請求したのに対し、海上保安庁長官から本件文書の開示をしない旨の決定を受けたことから、同決定の取消し等を求めたところ、本件文書は刑事訴訟法53条の2第1項の「訴訟に関する書類」に当たるとされた事例	刑事訴訟法53条の2第1項にいう「訴訟に関する書類」とは、被疑事件または刑事被告事件に関して作成または取得がされた文書一般をいうものと解するのが相当であり、また、ある文書がひとたび「訴訟に関する書類」に該当することとなった以上は、当該文書はその後も引き続き「訴訟に関する書類」の閲覧等に関する刑事訴訟手続に関する法令の規律に服するものと解される。また、「訴訟に関する書類」の謄写が許容されている一方で、それにより作成された写しも上記法令の規定の規律に服すると解されることに照らせば、当該文書の全部または一部について複製または編集がされて他の文書が作成されたとしても、当該文書と当該他の文書にそれぞれ記録された情報の内容の同一性を考慮すると、特段の事情がない限りは、当該他の文書もやはり「訴訟に関する書類」に該当すると解するのが相当であり、それについて行政機関の保有する情報の公開に関する法律の規定の適用はないものと解される。海上保安庁の職員が事件の状況を撮影した映像は刑事訴訟法53条の2第1項の「訴訟に関する書類」に該当するところ、同映像を複製または編集して作成された本件文書は、「訴訟に関する書類」に該当する。
基本事件において、岡山県議会の議員である抗告人らが平成22年度に受領した政務調査費のうち使途基準に違反して支出した金額に相当する額について、岡山県知事に対し、抗告人らに不当利得の返還請求をするよう求めている原告が、本件文書の提出を求めた結果、原審が同申立てを認容したため、即時抗告がなされたところ、本件文書は法220条4号ニの文書に該当するとして、同申立てが却下された事例	地方自治法100条14項・15項による政務調査費の制度は、議会における会派または議員に対する調査研究の費用等の助成を制度化し、あわせて政務調査費の使途の透明性を確保しようとしたものであるが、これらの規定は政務調査費に係る収入および支出の報告書を議長に提出することのみを定めており、その具体的な報告の程度、内容等については、各地方公共団体が制定する条例の定めに委ねられている。岡山県議会の政務調査費の交付に関する条例によれば、政務調査費の交付を受けた議員は、収支報告書に政務調査費の支出（1件当たりの金額が1万円を超えるものに限る）に係る領収書等の写しを添付して議長に提出しなければならず、当該領収書等の写しは、収支報告書とともに5年間保存されて何人もその閲覧を請求することができるとされているが、その収支報告書には個々の支出の金額や支出先、調査活動の目的や内容等を具体的に記載すべきものとはされていない。また、議長は、収支報告書および

603

［資料］　文書提出命令関連判例一覧

領収書等の写しが提出されたときは、必要に応じ調査を行うとされているが、その具体的にとることのできる調査の方法は、上記条例等において定められていない。これらの趣旨は、議員による個々の政務調査費の支出のすべてについて、その具体的な金額、支出先等を逐一公にしなければならないとなると、当該支出に係る調査研究活動の目的、内容等を推知され、その議員またはその所属会派の活動に対する執行機関や他の会派等からの干渉を受けるおそれを生ずるなど、調査研究活動の自由が妨げられ、議員の調査研究活動の基盤の充実という制度の趣旨、目的を損なうことにもなりかねないことから、収支報告書への記載を概括的なもので足りるとしつつ、他方で、政務調査費の使途の透明性を確保し、その適正な運用を図ることも強く要請されることから、比較的金額の大きい支出、すなわち１件当たりの支出金額が１万円を超えるものについては、領収書等の写しを添付すべきこととして、議長による調査が具体的かつ容易に行われるようにし、さらには、これを広く一般の閲覧にも供することとして、その限度で、議員およびその所属会派の調査研究活動の自由をある程度犠牲にしても政務調査費の使途の透明性の確保を優先させることとしたものと解される。以上に照らすと、議員に調製または整理保管が義務づけられている会計帳簿および領収書その他の証拠書類等のうち、１件当たりの支出額が１万円を超える支出に係る領収書等については、上記条例により、その写しを収支報告書に添付して議長に提出しなければならないとされているものの、これを除く領収書その他の証拠書類等（すなわち１件当たりの支出額が１万円以下のもの）や会計帳簿については、議長等による事情聴取に対し確実な証拠に基づいてその説明責任を果たすことができるようにその基礎資料を整えておくことを求めたものと解することができ、議長等の第三者による調査等の際にこれらを提出させることまで予定したものではないと解するのが相当である。

本件文書は、抗告人らが調製または整理保管するよう義務づけられている会計帳簿および証拠書類等（ただし、１万円以下の支出に係るもの）であり、上記の条例等の趣旨に照らすと、これらはいずれ

[資料] 文書提出命令関連判例一覧

150	横浜地裁	H26.5.30	判時2252号48頁	業務改善命令に対する改善報告書を作成する前提となった対象会社従業員作成の調査票等	肯定	法220条4号ニ

	も、もっぱら所持者の利用に供する目的で作成され、外部の者に開示することが予定されていない文書であると認められる。また、本件文書は、議員が行った政務調査費の支出のうち、収支報告書にその領収書等の写しの添付が要求されない1万円以下の支出に係るものについて、その支出金額や使途（支払先）、内容等が具体的に記載されており、これらが開示された場合には、所持者である抗告人ら議員およびその所属会派の調査研究活動の目的、内容等を推知され、その研究活動が執行機関や他の会派等からの干渉によって阻害されるおそれがあるものというべきである。加えて、本件文書には、調査研究活動に協力するなどした第三者の氏名等が記載されている蓋然性が高く、これが開示されると、以後の調査研究活動への協力が得られにくくなって支障が生ずるばかりか、その第三者のプライバシーが侵害されるなどのおそれもあるものというべきである。そうすると、本件文書の開示によって所持者の側に看過しがたい不利益が生ずるおそれがあると認められる。以上によれば、本件文書は、法220条4号ニ所定の「専ら文書の所持者の利用に供するための文書」に当たるというべきである。
基本事件において、証券会社である相手方の勧誘を受けて匿名組合型不動産投資ファンドに出資して損害を被ったことにつき、適合性原則違反等を理由とする損害賠償請求を求めている申立人が、相手方従業員作成の調査票等（本件文書）の提出を求めたところ、法220条4号ニ所定の自己利用文書の該当性について一般的な判断枠組みを示したうえ、本件文書は同条4号ニ所定の自己利用文書に当たらないとした事例	①文書は、その作成目的、記載内容、これを現在の所持者が所持するに至るまでの経緯、その他の事情から判断して、もっぱら内部の者の利用に供する目的で作成され、外部の者に開示することが予定されていない文書であって、開示されると個人のプライバシーが侵害されたり個人ないし団体の自由な意思形成が阻害されたりするなど、開示によって所持者側に看過しがたい不利益が生ずるおそれがあると認められる場合には、特段の事情がない限り、当該文書は法220条4号ニ所定の自己利用文書に当たると解するのが相当である。 ②これを本件についてみると、相手方は、金融商品取引法51条に基づく業務改善命令等を受け、これに係る責任の所在の明確化を図ること、業務改善命令等に対する対応・実施状況等を財務局に対して書面により報告することを義務づけられたため、相手方従業員らに本件文書を含む調査票を提出させ、これらを基に財務局に対する報告文書を作成したのであるから、本件文書は、かかる報告書の作成やその事

[資料] 文書提出命令関連判例一覧

151	名古屋高裁	H26.6.6	判時2233号116頁	オプション取引のカバー取引に係る契約書	一部肯定	法220条4号ハ後段	
152	最高裁二小	H26.7.14	裁判集民247号63頁、裁時1607号	沖縄返還交渉における密約に関する行政文書	否定	行政機関の保有する情報の公開に	

	後的検証のために作成・保存された資料であるということができる。また、報告書には、財務局に改善策の実施状況を定期的に報告する旨の記載があるうえ、金融商品取引法56条の2第1項は、内閣総理大臣が、公益または投資者保護のため必要かつ適当であると認めるときは、金融商品取引業者等に対し、業務に関し参考となるべき報告もしくは資料の提出を命ずることもできることを定めている。以上のような本件文書の作成目的、記載内容および金融商品取引法の規定等からすると、本件文書は、相手方自身による利用にとどまらず、監督官庁等、相手方以外の者による利用が予定されているものと認めることができ、本件各文書は、もっぱら内部の者の利用に供する目的で作成され、外部の者に開示することが予定されていない文書であるということはできない。
基本事件において、銀行である抗告人（原審相手方）の勧誘を受けてオプション取引を行って損害を被ったことにつき、説明義務違反等を理由とする損害賠償請求を求めている相手方（原審申立人）が、オプション取引におけるカバー取引に係る契約書（本件文書）の提出を求めたところ、法220条4号ハ後段所定の文書には該当しないと判断した事例	①本件文書は、抗告人が他の金融機関との間で行ったカバー取引に係る契約書であり、同取引が、本件オプション取引と行使期日・行使価格などの条件を同一にすること等に照らせば、本件文書のカバー取引のオプション料に関する記載のある部分を取り調べる必要がある。 ②抗告人は、本件文書がカバー取引のオプション料を開示した事実がカバー取引の当事者に伝わる可能性が否定できず、これが伝わった場合、抗告人がインターバンク市場の参加者から信用を失うことは想像に難くなく、信用が失墜した場合にはインターバンク市場でカバー取引を行うことができなくなる可能性も否定できないなどと主張して法220条4号ハ後段所定の文書に該当すると主張する。 　しかし、本件文書はかなり古いカバー取引に係る文書であって、抗告人の主張する経緯が発生するとうかがわせる事情があるとは認められず、また、抗告人の主張は、商人が仕入値を明らかにすることを拒絶することをすべての場合に認めることにつながりかねない。 ③よって、本件文書は法220条4号ハ後段所定の文書に該当しない。
沖縄返還交渉における密約に関する行政文書（本件文書）について、行政機関の保有する情報の公	①開示請求の対象とされた行政文書を行政機関が保有していないことを理由とする不開示決定の取消訴訟においては、その取消しを求める者が、当該不開

[資料] 文書提出命令関連判例一覧

			159頁、判タ1407号52頁、判時2242号51頁、訟月61巻5号1037頁、裁判所ウェブサイト				関する法律3条
153	東京高裁	H26.8.8	判時2252号46頁	相手方が運営する匿名組合型不動産投資ファンドに対する出資の勧誘について、相手方において相手方の従業員に対して行った当該勧誘についてのヒアリング内容が記載された調査票等（本件各文書）	肯定	法220条4号ニ

[資料] 文書提出命令関連判例一覧

開に関する法律に基づき外務大臣および財務大臣に対し開示を請求したが、本件文書を保有していないことを理由として不開示決定（本件決定）がされたため、上告人が国を相手に、本件決定の取消し、開示決定の義務づけを求めたところ、行政文書を行政機関が保有していないことを理由とする不開示決定の取消訴訟における当該文書の保有の立証責任について判示したうえで、本件文書が各省において保有されていたことを推認するには足りないとして、情報公開請求が認められなかった事例	示決定時に当該行政機関が当該行政文書を保有していたことについて主張・立証責任を負うものと解するのが相当である。 ②そして、ある時点において当該行政機関の職員が当該行政文書を作成し、または取得したことが立証された場合において、不開示決定時においても当該行政機関が当該行政文書を保有していたことを直接立証することができないときに、これを推認することができるか否かについては、当該行政文書の内容や性質、その作成または取得の経緯や上記決定時までの期間、その保管の体制や状況等に応じて、その可否を個別具体的に検討すべきものである。 ③本件では、本件各文書に関しては、その開示請求の内容からうかがわれる本件各文書の内容や性質およびその作成の経緯や本件各決定時までに経過した年数に加え、外務省および財務省（中央省庁等改革前の大蔵省を含む）におけるその保管の体制や状況等に関する調査の結果などに照らせば、上記各省の職員によって本件各文書が作成されたとしても、なお本件各決定時においても上記各省によって本件各文書が保有されていたことを推認するには足りないものといわざるを得ないため、本件各文書の開示決定をすべき旨を命ずることを求める請求に係る訴えを却下し、本件各決定の取消しを求める請求を含むその余の請求を棄却すべきものとした原審の判断は、是認することができる。
被告から勧誘を受け、匿名組合型不動産投資ファンドに出資して損害を被ったと主張する原告が、被告従業員の勧誘の適合性原則違反、説明義務違反等を理由に損害賠償等を求めた基本事件において、原告が、適合性原則違反や説明義務違反の有無等について立証するため、本件各文書の提出を求めた結果、原審が本件各文書について原告の申立てを認容したため、被告が即時抗告したところ、本件各文書は法220条4号ニに該当しないとして、原決定の結論を維持した事例	自己利用文書が文書提出義務の除外事由とされているのは、当該文書の性質上およそ外部に公開されることが予定されていないものについてまで提出義務を負うことになると、そもそも当該文書を作成する時点において将来訴訟に提出されてその内容が公開されることもあり得ることに配慮しなければならず、社会生活上重要な機能を営む文書の作成に支障を来すおそれがあるからである。そうすると、当該文書の作成・保存や提出が法的に義務づけられているかという点は、外部に公開されることが予定されているか否かを判断する一資料となるにとどまり、それが不可欠の要件というわけではない。しかるところ、本件各文書については、原決定が説示するとおり、本件業務改善命令を受けた抗告人において、本件報告書の作成・提出および事後的検証のために

611

[資料] 文書提出命令関連判例一覧

154	最高裁二小	H26.10.29	裁時1615号1頁、判時2247号3頁、判タ1409号104頁、判例地方自治392号40頁、裁判所ウェブサイト	相手方らの所持する平成22年度分の政務調査費の支出に係る会計帳簿と1万円以下の支出に係る領収書その他の証拠書類（本件文書）	肯定	法220条4号ニ

	作成したという経緯があり、その後も定期的に報告することが予定され、また、監督官庁から報告または資料の提出を命じられることもあり得るという状況が存在するのであって、抗告人が自ら利用するにとどまり、監督官庁等の外部に公開されることが予定されていないとはいえないので、本件各文書が法220条4号ニに該当するとの抗告人の主張を採用することはできない。
基本事件において、岡山県議会の議員である抗告人らが平成22年度に受領した政務調査費のうち使途基準に違反して支出した金額に相当する額について、岡山県知事に対し、抗告人らに不当利得の返還請求をするよう求めている原告が、本件文書の提出を求めた結果、原々審は同申立てを認容したが、原審は同申立てを却下したため、抗告がなされたところ、本件文書は法220条4号ニの文書に該当しないとされた事例	地方自治法100条14項・15項による政務調査費の制度は、議会における会派または議員に対する調査研究の費用等の助成を制度化し、あわせて政務調査費の使途の透明性を確保しようとしたものであるが、これらの規定は政務調査費に係る収入および支出の報告書を議長に提出することのみを定めており、その具体的な報告の程度、内容等については、各地方公共団体が制定する条例の定めに委ねられている。岡山県議会の政務調査費の交付に関する条例においては、平成21年条例改正により、政務調査費の交付を受けた議員は収支報告書に1万円を超える支出に係る領収書の写し等を添付して議長に提出しなければならず、何人も議長に対して当該領収書の写し等の閲覧を請求することができることとされた。議員による個々の政務調査費の支出について、その具体的な金額や支出先等を逐一公にしなければならないとなると、調査研究活動の自由が妨げられ、議員の調査研究活動の基盤の充実という制度の趣旨、目的を損なうことにもなりかねず、そのような観点から収支報告書の様式も概括的な記載が予定されているものと解されるが、上記のような改正後の条例の定めに鑑みると、平成21年条例改正は、従前の取扱いを改め、政務調査費によって費用を支弁して行う調査研究活動の自由をある程度犠牲にしても、政務調査費の使途の透明性の確保を優先させるという政策判断がされた結果とみるべきものである。そして、平成21年条例改正後の上記条例の定めは、1万円を超える支出に係る領収書の写し等につき議長への提出を義務づけており、1万円以下の支出に係る領収書の写し等についてまでこれを義務づけてはいないが、議員が行う調査研究活動にとっては、一般に、1万円以下の比較的少額の支出に係る物品や役務等のほうが1万円を超えるより高額の支出に係る物品

[資料] 文書提出命令関連判例一覧

155	東京地裁	H27.7.27	判タ1419号367頁、判	申立人が開発した良好な磁気特		肯定	不正競争防止法7条1

	や役務等よりもその重要性は低いといえるから、前者の支出に係る金額や支出先等を公にされるほうが、後者の支出に係る金額や支出先等を公にされるよりも上記の調査研究活動の自由を妨げるおそれは小さいものといえる。そうすると、平成21年条例改正後の上記条例における領収書の写し等の提出に係る上記の定めは、1万円以下の支出に係る領収書その他の証拠書類等につきおよそ公にすることを要しないものとして調査研究活動の自由の保護を優先させたものではなく、これらの書類に限って議長等が直接確認することを排除する趣旨に出たものでもないと解されるのであって、領収書の写し等の作成や管理等に係る議員や議長等の事務の負担に配慮する趣旨に出たものと解するのが相当である。また、上記条例の委任を受けた岡山県議会の政務調査費の交付に関する規程においては、政務調査費の支出につき、その金額の多寡にかかわらず、議員に対して領収書その他の証拠書類等の整理保管および保存が義務づけられているところ、以上のような平成21年条例改正の趣旨に鑑みると、同改正後の上記条例の下では、上記領収書その他の証拠書類等は、議長において上記条例に基づく調査を行う際に必要に応じて支出の金額の多寡にかかわらず直接確認することが予定されているものと解すべきである。そして、上記規程においては、議員に対して会計帳簿の調製および保存も義務づけられているところ、会計帳簿は、領収書その他の証拠書類等を原始的な資料とし、これらの資料から明らかとなる情報が一覧し得る状態で整理されたものであるといえるから、上記領収書その他の証拠書類等と同様に、平成21年条例改正後の上記条例の下では、議長において上記条例に基づく調査を行う際に必要に応じて直接確認することが予定されているものと解すべきである。そうすると、上記の領収書その他の証拠書類等および会計帳簿である本件文書は、外部の者に開示することが予定されていない文書であるとは認められないというべきである。以上によれば、本件文書は、法220条4号ニ所定の「専ら文書の所持者の利用に供するための文書」に当たらないというべきである。
原告が、被告の営業秘密の不正取得・使用を理由に被告に対して損	①不正競争防止法7条1項は、不正競争による営業上の利益の侵害に係る訴訟において、裁判所が、当

[資料] 文書提出命令関連判例一覧

			時2280号 120頁	性を有する方向性電磁鋼板（HGO）の製造プロセス等に関する情報について、相手方従業員に対して述べられた内容等が記載された文書等（本件文書）		項

害賠償等を請求した基本事件において、不正競争防止法7条1項本文に基づき、被告による営業上の利益の侵害行為等を立証するため本件文書の提出を求めたところ、本件文書に証拠調べの必要性が認められ、かつ相手方において本件文書の提出を拒むことについて「正当な理由」（不正競争防止法7条1項ただし書）は認められないとして、申立人の請求が認められた事例	事者の申立てにより、当事者に対し、侵害行為について立証するため必要な書類の提出を命ずることができる旨規定するところ、当事者間の衡平の観点から模索的な文書提出命令の申立ては許されるべきではないことや、当事者が文書提出命令に従わない場合の制裁の存在（法224条）等を考慮すると、そこにおける証拠調べの必要性があるというためには、その前提として、侵害行為があったことについての合理的疑いが一応認められることが必要であると解すべきである。 ②そして、本件では、現段階においては、本件技術情報の不正取得および不正使用があったことの合理的疑いが一応認められるというべきであるから、基本事件の争点との関連性が認められる本件文書については、証拠調べの必要性が認められる。 ③相手方は、本件文書には相手方の営業秘密を含むものがあり、提出を拒むことについて正当な理由があると主張するが、それ以上に本件文書の開示によりいかなる不利益が生じるのか具体的に明らかにしないところ、営業秘密の保護に関しては、民事訴訟法および不正競争防止法上の手当がされていること、および申立人と相手方との間には秘密保持契約が締結されていることなどからすれば、本件文書に相手方の営業秘密を含むものがあってもそれだけでは原則として上記正当な理由には当たらないと解すべきであり、証拠調べの必要性に照らして、単に本件文書が相手方の営業秘密を含むと抽象的に主張するのみでは、相手方においてその提出を拒むことについて正当な理由があるとはとうてい認められない。

●事項索引●

【英数字】

1号の提出義務　231
2号の提出義務　233
2号文書　233
3号文書　234
4号の一般提出義務　232,233
4号の定める除外事由　299
4号の提出義務　232,233
4号文書　235
adversary system　56,61
CT画像　107,376
ESI　56
ESI提出義務　57
eディスカヴァリ　56
litigation hold　57
M&Aの契約書案　189
MRI画像　107,376
subject matter　59
work product　56

【あ行】

青色申告決算書　104,461
アドヴァサリ・システム　56,61
医学的知見　375
イ号製品　350
イ号方法　350
意思形成の自由　399
医師作成の未提出の意見書　109
医師の守秘義務　377
石綿健康管理手帳交付申請書　239,434
遺族補償・葬祭調査復命書　320
一応の立証　416
一時差異等解消計画　221
　――を作成して、繰延税金資産を計上するための基礎となる資料であって、課税所得の見込みの基礎となる将来の業績予測とその基礎となる過去の業績に関する文書　221
　――を作成するための基礎資料であって将来減算一時差異が解消される時点を予測する目的で作成された文書　222
著しい特定困難　73
一部提出命令　45,144,173,432
一般提出義務　3,229,235
一般的文書提出義務　379,385
一般廃棄物焼却施設設置届出書　108
イニシアル・ディスクロージャー　57
遺留分減殺請求事件　114
医療事故経過報告書　106,146
医療事故状況報告書　106
医療事故調査制度　402
医療事故調査報告書　106,269,376,390
医療事故にかかわるてん末報告書　271
医療事故評価委員会　391
医療事故評価専門医　391
医療事故報告書　106,269
医療訴訟　106
イン・カメラ　139,365
イン・カメラ審理　44,305
イン・カメラ手続　71,78,139,173,245,355,365,432
　――における秘密保持命令　366
　――による心証形成の危険　78
　――の期日運用　82
　――の実施要件　141
引用文書　6,50,230,378,461
引用文書該当性　461
ヴォーン・インデックス　45,83
請負訴訟　96
売上振替集計表　102,146
運行供用者　442,449
運行供用者責任　449
運行支配の存在　451
運行利益の存在　451
（タクシー運転手の）運転日報　101,289
営業日誌　101,248
　金融商品の販売にあたった従業員の――　100,248
　銀行の従業員が顧客との連絡経緯などを記した――　223

営業秘密　212,363,370
　——の3要件　240
　——の使用または開示を制限する必要性　370
営業秘密文書　352
映像　145
疫学調査記録　384
エクイティ　54
エコー画像　107
閲覧請求権のある文書　380
閲覧制限　240,245
押収品目録交付書　339
親名義の預貯金通帳　114

【か行】

概括的特定　123
会議での確認文書　98
概況とりまとめ資料　194,201
（地方自治体の議会における）会議要録　127
会計帳簿　233
　——における取引先の名称　45
解雇、不当労働行為関係訴訟　102
外交関係文書　328
介護給付等の請求控え　249
外国公機関の外務省への回答文書　43,105
外国語で書かれた文書　149
介護サービス文書　17,26,75,76,100,143,183,249,409
会社関係訴訟　99
改善措置実施状況報告書　282
改善措置に関する報告事項を記載した書面　282
改善報告書　321
回答書　461,462
外務省が外国政府に対してした照会・回答依頼書等　105,143
外務省の外国公機関への照会文書　43,105,143
解明度　67
（電話装置の機器の）回路図・信号流れ図　16,29,168,180,182,204,262
各種データを記録した文書　260

各種マニュアル　253
確定申告書　277
　——に添付された明細書　276
学歴　419,428
過去の業績に関する文書　222
貸金返還請求訴訟　93
貸し渋り等の抗弁　94
家事審判手続　117
貸出金評価資料　194,201
貸出先債務者ごとの貸倒引当金繰入額を記入した一覧表　216
貸出先債務者との契約書　219
貸出稟議書　34,160,200,242,250,454
　——の自己利用文書該当性　162,165
　銀行の——　22,23,29,76,454
　信用金庫の所持する——　33,99,427
（サラ金業者が所持する）貸付審査票　94
貸付取引の明細　188
過失の客観化　442
（漁協に対する）価値減少補償額計算表　316
学校事故　111
カテゴリー識別　122
カバー取引の契約書　100,225
過払金の推算方法　156
過払金返還請求訴訟　95,131,154
株主代表訴訟　33
（サラ金業者が所持する）借入申込書　94
仮処分の申立て　362
カルテ　106,107,108,373、376
看護記録　376
監査概要書　122
監査調書　42,122,142,263
監査法人の職業の秘密　265
（銀行の）勘定科目内訳書　99,213
監督官庁の意見聴取　71,302
記憶による復元データ　155
危険物の検査関係書類　110
記者の取材メモ　116
技術・職業上の秘密に関する事項が記載された文書　236,426
技術・職業の秘密性　17
技術又は職業の秘密　455

事項索引

気象観測照会結果　320
議事録　266
　　原子力安全専門審査会の――　294
　　中央薬事審議会の――　107
　　弁護士会の綱紀委員会の――　26,29,
　　105,274
基本書証　377
基本的書証　375
（サラ金業者が所持する）基本取引契約書
　　94
義務的ディスクロージャー　62
客観的証明責任　66
救急活動記録票　376,388
　　消防署の――　106,376,388
救急活動状況照会結果　103,320
救急救命士の証言拒絶権　390
救急救命処置録　376
教科書用図書検定調査審議会の作成文書
　　（答申文書）　4,111,298
供述調書　335
　　共犯者の――　36,38,112,335,405
　　独占禁止法違反調査のための――　100
　　被害者の――　39,344,406
　　不起訴事件の記録中の――　112,444
　　供述録取書　404
行政機関から交付を受けた文書　281
行政機関の長　307
行政機関への提出文書　278
強制執行の可否　153
行政情報公開制度　7
行政訴訟　104,128,458
（銀行の）業績見込　99,143
共通文書　50
共犯者の供述調書　36,38,112,335,
　　405
業務改善報告書作成のための調査結果をま
　　とめた文書　276
（先物取引業者に対して監督庁からなされ
　　た）業務改善命令の通知書及び付属書類
　　100,238,281
業務起因性　103
（残業に関する）業務指示書　101
（同業者の）業務帳簿　104
（商品取引会社の外務員の作成する）業務
　　日誌　247
（出張に関する）業務命令簿　101,113
（漁協に対する）漁労制限補償額計算表
　　316
漁業補償交渉のための県作成の補償額算定
　　調書　5,7,108,316
銀行が債務者区分を行うための資料　27
銀行が作成した一時差異等解消計画　220
銀行が作成する自己査定文書　75
均衡性原則　59
銀行と顧客との取引に際して行われたやり
　　とりの文書　224
銀行取引約定書　188
銀行取引履歴　114
銀行の貸出稟議書　22,23,29,76,454
銀行の取引先に対する分析評価情報　204
銀行秘密　188
（サラ金業者が所持する）金銭受領証　94
金銭消費貸借契約書　94,188
勤務評定書　102
金融機関の勘定科目内訳書　213
金融機関の義務　189
金融機関の守秘義務　182,186,207
金融機関の所持する取引履歴　184
金融機関の責任　189
金融機関の取引明細書　19
金融機関の取引明細表　185
金融機関の法人税申告書　213
金融検査マニュアル　192,198
金融商品販売ルールに関する文書　252
具体的態様の明示義務　366
国が訴訟の当事者でない場合の文書の所持
　　者　311
国が被告となる訴訟の文書の所持者　308
クレーム発生報告書　100,259
警察官が自ら作成した捜査関係書類の写し
　　128
（過払金返還請求訴訟の）計算書　95
刑事関係文書　36
刑事事件関係書類　77,334
刑事事件関連訴訟　112
刑事事件の記録　443
刑事事件の訴訟に関する書類　469
刑事訴訟関係文書　128,140

620

事項索引

刑事被告事件の訴訟記録　443
（過払金返還請求訴訟の）契約更新時の前契約書　95
契約書　220
決算書　188
決算評価資料　194,201
（元従業員らの）健康診断記録　108
健康診断結果　107
健康調査票　107
検査記録　376
（財務局の）検査示達書　99
（証券取引等監視委員会が作成した）検査報告書　100,130
検証物提示命令　106,288
原子力安全専門審査会に提出された部会報告書　294
原子力委員会議事録　104,294
原子炉設置許可申請書　278
建築確認関係文書　96
限定解釈説（自己利用文書）　393
限定提出義務　3
検討会の資料　106
原本との同一性　147
検診録　107
権利文書　380
公害健康被害補償法に基づく支給額一覧表　108
公害訴訟　107
航海日誌　110
公共利益侵害・公務遂行阻害性要件　7,11
航空自衛隊の事故調査報告書　109
航空事故訴訟　109
航空事故調査報告書　292
抗告訴訟　458
　　——における文書の所持者　309
　　——の訴訟物　310
（電力会社の）工事計画認可申請書　279,294
交渉関係文書　97
口上書　330,331
興信所の調査報告書　257
更新履歴　387
公正取引委員会が調査の過程で収集した資料　143
厚生労働技官作成の指導票　321
（類似商品の）構造図　115
交通事故訴訟　108
交通事故調査報告書　268
公的機関の文書における文書の所持者　306
公的機関への提出文書　276
口頭弁論終結後の即時抗告　46
高度秘密に関する文書提出命令の審理　44
公法上の一般義務　378
公務員が組織的に用いる文書　102
公務員の職務上の秘密　302,394,396,446,453,463
　　——に関する文書　302,433
公務員の職務上の秘密該当性の判断権者　303
公務遂行支障性　389
公務遂行阻害性要件　8
公務遂行等の利益　12
公務の遂行に著しい支障を生じるおそれ　433
公務秘密　11
公務秘密性要件　7,8,10,389
公務秘密文書　5,6,77,396,
公務文書　300
　　——に関する監督官庁の意見　42,71
勾留請求書　344
顧客情報　188
顧客に対する金融機関内での信用状況解析資料　188
顧客の個人情報　238
顧客の信用情報　188
顧客の取引先の信用情報　188
国税犯則事件の調査に関して作成された文書　469
国税不服審判所に対する参考人の答申を記述した文書　104,468
告訴状　39,344,406
個人識別情報　302
個人情報　374
　　顧客の——　238
　　第三者の——　145

621

取引先役員の―― 188
個人のプライバシー 30,301,429
国家賠償訴訟 111,127
コピーの作成費用 147
個別提出義務 229
コモンロー 53
コンピュータ・ソフトの制作請負 97
コンプライアンスリスク 228

【さ行】

（介護）サービス種類別利用チェックリスト 17,26,75,76,100,183,249,409
災害調査復命書 8,103,129,303,320,321,322,433
債権区分 193
債権譲渡契約書 267
債務者区分 192
作成、保存が義務づけられている文書 418
サマリー・ジャッジメント 55
産業廃棄物処理施設における燃焼に関するデータを記録した文書 260
市医師会会長が県医師会に提出した副申書 271
自衛隊事故 111
市会議員の研究報告書 105
資格歴 283
資格歴票 102
市議会議員が会派に提出した調査研究報告書 242
識別可能性 123
識別情報 123
事業計画書 188
事業遂行関係の文書 448
事業損失（影響補償）額計算表 316
事業に関する文書 246
自己査定 192
自己査定資料 76,88,191
　――の自己利用文書該当性 195
自己査定文書 75
（銀行の）自己査定ワークシート 99,216
自己使用文書（自己利用文書） 4,21,22,161,165,241,245,385,391,393,427
事故処理報告書 108,443
自己専用文書 162
自己専利用文書 162
事故調査報告書 109,146
事後的な特定 122
自己利用文書（自己使用文書） 4,21,22,161,165,241,245,385,391,393,427
　――の解釈基準 165
　――の審理 76
　――の判断基準 164,196
　――の不利益性に関する要件 262
自己利用文書該当性 214,216,221,223,225,243
　――の要件 22,167,197
（海上自衛艦内での）自殺に関する調査資料 112,143
（セクハラ事件での関係者への）事情聴取書 102
（医療事故における関係者からの）事情聴取部分 106,392
事前の特定 122
死体検案書 113,376
　――の写し 130,404
実況見分調書 108,443
実質秘 8,10,302,389,433,468
実地調査復命書 320
質問書による情報開示 68
指定疾病の認定等に関して作成された文書 385
自動車損害賠償責任 442,449
自動車の設計図 116
司法解剖結果報告書 407
司法解剖の鑑定書の控え文書 107,376,407
司法警察員作成の送致書 112
借用証 93
写真撮影報告書 113,404
（信託銀行が定める）社内規則 181,254
社内通達文書 31,175,242,252
　銀行の―― 25,95,99
従業員のプライバシー 425,429

事項索引

従業員名簿　428
重大公益性　397
自由な意思形成　392
住民訴訟　105
主観的証明責任　66
取材源の秘匿　116,238
取材テープ　116,237
出張報告書　101
出張命令簿　113
守秘義務　19,28,182,390
　医師の――　377
　金融機関の――　182,186,207
（外国政府への）照会回答の依頼文書
　43,113,143
紹介書　376
照会書　461,462
（同業者からの）焼却溶融処理施設の稼働
　状況データ　108
証券会社の注文伝票　246
証券会社の取引日記帳　246
証言拒絶権　426
　救急救命士の――　390
証拠開示機能　374
証拠価値等の比較衡量　17
証拠調べの関連性　85
証拠調べの必要性　47,72,84,195,420
　――の主張・立証責任　72
　――の審理　84
証拠提出責任　66
証拠の採否の決定　423
証拠保全手続　106,373
使用した材料の仕入先との取引関係文書
　97
使用者責任　446
仕様書　96
証すべき事実　361
少年保護事件の記録　443
情報開示義務　57
使用妨害目的での廃棄　139
情報格差　373
情報公開制度　137
情報公開訴訟　105,141
情報公開法　105
情報公開法5条1号の不開示事由　301

証明すべき事実　131,132
証明妨害　155
（漁協に対する）消滅補償額計算表　316
将来の業績予測　222
除外事由の主張・立証責任　70
除外文書　392
職業・技術秘密文書　16
職業の秘密　19,182,201,204,206,
　215,218,221,222,225,236,241
　監査法人の――　265
職業秘密文書　236,243
　――の審理　75
　――の要件　262
職能資格の推移　419,428
職務上知り得た事実で黙秘の義務が免除さ
　れていないものが記載されている文書
　426
職務上知ることのできた秘密　303
職務上の秘密　303
　公務員の――　302,394,396,446,
　453,463
職歴証明書　239
職歴票　239
（破綻した相互信用金庫に対する日本銀行
　による調査の）所見通知　99
処分の理由を明らかにする資料の提出要求
　471
処方箋　376,381
書類提出命令　367
侵害行為立証のための文書提出命令　357
侵害立証　353
（教科書検定審議会の）審議結果を記載し
　た文書　111,298
（土地区画整理委員会の）審議録　105
審査請求関係記録の提出要求　471
審査請求関係資料　471
（過払金返還請求訴訟の）審査票　95
人事記録　102
人事考課についての能力評価に関するマ
　ニュアル　286,430
人事考課の基準　288
真実擬制　131,153
　――の可否　153
　――の限界　154

623

――の制裁 96,139
――の内容 153
真実発見 67
人事の処遇政策 426
診断書 376
　保険会社が所持している―― 109
心電図検査結果 135
じん肺管理区分決定通知書 239,434
じん肺健康診断に関する記録 239
信販会社の加盟店審査マニュアル 99,254
信用格付検討資料 194,201
信用毀損 116
信用金庫の所持する貸出稟議書 33,99,427
信用調査報告書 142,273
　取引先の―― 256
　リース会社に関する―― 99
診療給付歴照会結果 320
診療記録 106,373
診療経過 373
　――に関する説明義務 373
　――に関するてん末報告義務 373
診療経過一覧表 375
診療契約上の義務 381
診療情報 372
診療レセプト 103
診療録 107,108,135,313,375,376
推計課税をめぐる訴訟 461
スポーティング・セオリー 54
図面 115
製造物責任 116
税務申告関係書類 276
税務調査の現場におけるやりとりをまとめた調査経過書 465
整理回収機構 34
積極否認の特則 354
設計図 96
　類似商品の―― 115
（金融商品の販売にあたった従業員の）折衝履歴 100,248
説明義務 372
説明責任 392
説明同意書 376

全国消費実態調査の調査票情報を記録した準文書 9,104
専自己利用文書 162
船舶事故訴訟 110
船舶事故調査報告書 110
総会議事録 234
捜査関係書類の写し 128
捜索差押許可状 38,112,339,341,406
捜索差押許可状請求のための添付疎明資料 339
捜索差押令状請求書 38,112,339,342,406
捜査法律関係 343
相続関係訴訟 114
相対性テスト 122
相対的証明度 66
訴外第三者を文書提出命令の相手方とする場合 90
即時抗告 45,149,158,423
　――の理由 46
即時抗告権者 45
訴訟対象 59
訴訟提起前の診療記録の入手方法 373
訴訟で引用した文書 378
訴訟等準備文書 30
訴訟に関する書類 335,336,343,445,469
訴訟保持 57
租税関係訴訟 104
租税訴訟（行政訴訟）の文書の所持者 458
租税訴訟の文書の特定 460
その提出により公共の利益を害し、又は公務の遂行に著しい支障を生ずるおそれがある 463
損害計算のための文書提出命令 357

【た行】

第三者に対する過料 157
第三者の個人情報 145
第三者の秘密 19
（法人税確定申告書に添付すべき）退職給与引当金の明細書 101
滞納処分票 466

タイムカード　*101,288*
タイムレコーダー　*113*
大量観察方式　*102,415*
タクシー運転日報　*101,289*
探索的な申立て　*359*
男女差別訴訟　*411*
担保権設定状況一覧表　*188*
担保明細資料　*194,201*
知的財産権訴訟　*115,142*
地方議会議員が政務調査費によって行った調査研究に係る報告書　*24*
地方労災医員作成の意見書　*103,320*
中央薬事審議会の議事録　*107*
中央薬事審議会への提出資料　*108*
（自殺した海上自衛隊員に関する）調査資料　*112,143*
調査報告書　*267*
　　——の事情聴取部分　*270,392*
　　——の報告提言部分　*270,392*
　　興信所の——　*257*
　　信用調査会社の——　*142,273*
　　取引先の信用等の——　*256*
　　破綻した生命保険会社の——　*99*
　　弁護士・公認会計士等が作成した——　*13,23,273*
賃金関係訴訟　*101*
賃金全額支払の原則　*414*
賃金台帳　*102,243,282,418,419,424,428*
　　——における個人名等　*45*
（労働基準監督署長に対する）陳述書　*103*
陳述要領記載文書　*367*
賃料増減額請求訴訟　*237*
追加工事見積書　*96*
通達　*467*
ディーラー情報照会　*256*
ディスカヴァリ　*53,58*
　　——の関連性の要件　*58*
　　——の制限　*58*
　　——の対象　*58*
　　——の量　*58*
ディスクロージャー義務　*57*
データを記録した文書　*260*

手紙　*98*
デポジション　*68*
電子カルテ　*107,386*
電磁的データ　*148*
電子メール　*98,232*
てん末報告義務　*271,373*
（原子力発電所に関する）電力会社の資料　*104,294*
電話装置の機器の回路図・信号流れ図　*16,29,168,180,182,204,262*
（サラ金業者が所持する）同意書　*94*
当事者性　*125*
当事者対抗主義　*56*
当事者の手続保障　*80*
当事者平等原則　*64*
投薬指示書　*376*
投薬証明書　*107*
当用日記　*231*
道路脇の排気ガス測定結果　*107*
特段の事情　*33,169,427*
特定調停手続　*117*
特定の債務者に対する債権についての自己査定ワークシート　*216*
土地区画整理事業実施計画書　*106*
特許法の文書提出命令　*359*
　　——の訴訟追行上の必要性　*359*
　　——の名宛人　*359*
取締役会議事録　*234,265*
（金融機関の）取引先査定資料　*99*
取引先の信用等の調査報告書　*256*
取引先役員の個人情報　*188*
取引明細表　*90,181*
　　金融機関の——　*185*
取引履歴　*95,131*
　　——を記載した書面　*95*
　　金融機関の——　*184*

【な行】

内規　*152,467*
内部調査資料　*110*
内部文書　*4,385*
内部文書性　*4,242*
　　——の判例準則　*27*
　　——の要件　*23*

事項索引

――を判断する基準　26
夏山登山実施計画書　111
日記　165, 231
任意開示制度　373
任意保険会社が所持している関係資料　109, 454
任意保険会社の保険金支払いに関する稟議書　454

【は行】

敗訴リスク　228
配付資料　266
発電所の排気ガス測定結果　107
犯罪事実の要旨　341
(税務署員による申告者の取引先に対する) 反面調査の資料　104
非開示許容の要件　182
被害者の供述調書　39, 344, 406
比較衡量説（自己利用文書）　393
被疑者の勾留請求関係資料　112
引渡し・閲覧請求権文書　6
引渡し・閲覧文書　233
引渡請求権のある文書　380
非公開の財務情報　143, 204
非公知性　240
被告の供述録取書　404
非訟事件手続における証拠調べ　118
被相続人の確定申告書　114
備忘録　165
秘密管理性　240
秘密文書　13
秘密保持契約　240, 258
秘密保持命令　142, 213, 355
　――の刑事罰　371
　――の効果　371
　――の対象となるべき営業秘密を特定するに足りる事実　369
　――の取消し　371
　――の名宛人　368
　――の申立て　362
　――を受けるべき者　369
秘密保持命令違反　371
プールの設計図　111
不起訴事件の記録中の供述調書　112, 444
不起訴処分がされた事件の記録に属する文書　445
武器平等の理念　64
附属明細書　188
物件事故報告書　443
不動産鑑定書　116
不動産鑑定評価書に引用された文書　237
不当利得返還請求訴訟　95
フライトデータ・レコーダーの解析結果　109
プライバシー保護　286
ブリーディングの規律　53
不利益性　4, 28
　――の内容　30
　――の判断方法　32
　――の要件　4, 28
プリトライアル期日　55
プロフェッション文書　13
文書管理　240
文書作成目的の公益性　28
文書送付嘱託　119, 378
文書提出義務　376
　――の有無　424
　――の原因　362
　――の審査　70
　――の審理　70, 74
　――の範囲　48
文書提出の一般義務　383
文書提出の具体的方法　147
文書提出命令に対する不服申立て　149
　――の時期　152
文書提出命令の相手方　124
文書提出命令の審理　70, 74
文書提出命令の発令要件　70
文書提出命令の申立て　118
文書提出命令の理論的根拠　49
文書提出を拒む正当な理由　363
文書特定手続　73, 121
文書に対する処分権　308
文書の一部の文書提出命令　45, 144, 173, 432
文書の作成保存義務　418
文書の趣旨　120, 121, 361

文書の所持　416
　　──の立証　312
文書の所持者　124,125,127,306,361,458
　　──の裁量権の逸脱　37,41,339
　　──の裁量権の濫用　37,41,339
　　国が訴訟の当事者でない場合の──　310
　　国が被告となる訴訟の──　308
　　抗告訴訟における──　309
　　公的機関の文書における──　306
　　租税訴訟（行政訴訟）の──　458
文書の存在　133,312,416
　　──の立証　312
文書の存否　133
　　──に関する立証責任　133
文書の提出方法　147
文書の提出猶予期限　146
文書の特定　42,120,460
　　租税訴訟の──　460
文書の秘密性　5
文書の表示　120,121,361
文書の不提出　152,365
文書の滅失　417
変更図面　97
弁護士会の綱紀委員会の議事録　26,29,105,274
弁護士関係文書　56
弁護士法23条の2の規定に基づく照会　443
弁論士らの調査報告書　273
弁論権　65
弁論主義　65
（電力会社の）保安規定　279,294
ボイスレコーダーの解析結果　109
（医療事故における関係者からの）報告提言部分　392
（貸金業法の）法17条書面　95
（貸金業法の）法18条書面　95
（銀行の）法人税申告書　94,99
（金融機関の）法人税申告書　213
法人内部の文書　30
法人の営業上の利益　301
報道関係者の取材源に関する証言拒絶　205
法務省の外務省への依頼文書　43
法務大臣の指揮権　309
法律関係　342,385
法律関係文書　4,5,234,291,379,385
法律関係文書該当性　3,168,294
法律関係文書性　40
法律文書　50
法令上の根拠を有する命令に基づく調査の結果を記載した文書　242
法令等に作成根拠をもたない文書　244
法令に義務づけられた資産査定のために必要な文書　242
保険会社が所持している事故調査報告書　109
保険会社が所持している診断書　109
保護に値する秘密　17,237
保存期間経過後の文書　418

【ま行】

麻雀荘の売上伝票　289
マイクロフィルム　148
見積書　96
密約文書　313
（サラ金業者が所持する本人の）身分証明書　94
民間の調査会社が作成した事故調査報告書　109
（破綻懸念先または実質破綻先債務者についての）無税化計画　216
名誉毀損　116
メモ　248
（過払金返還請求訴訟の）申込書　95
申立ての相手方　305
申立ての一般的要件　118
黙秘義務の免除　16,426
黙秘すべきもの　455
模索的な申立て　359
専ら文書の所持者の利用に供するための文書　426
問診票　376

【や行】

（MBOに関与した）役員らの意見書

事項索引

　　100, 238, 266
薬害訴訟　107, 384
訳文の提出　148
遺言状　292
遊具の設置計画書　111
有用性　240
預金取引　188
預金の取引内容を記載または記録した文書　188
預貯金口座の取引状況　114

【ら行】

リーガル・リアリスト　54
リース会社のリース営業管理規定　253
利益関係文書　6
利益文書　50, 234, 291, 379, 382
　――の拡張的傾向　293
離婚訴訟　113
（介護サービス事業の）利用者情報一覧表　17, 26, 75, 76, 100, 143, 183, 249, 409
（県議会議員の政務調査費のうち1万円以下の支出に係る）領収書の写し　25, 105
稟議書　95, 251
　――の自己利用文書該当性　162
　任意保険会社の保険金支払いに関する――　454
　法人県民税分納に関する――　106
（野球部の）練習計画書　111
レントゲンフィルム　107, 375, 376
労災認定に係る同僚からの聴取書　320
労働安全衛生法　433
労働関係訴訟　101
労働関係文書　282
労働基準監督官作成の是正勧告　321
労働基準監督署　411, 433
　――への届出書類　103
労働災害　411
労働災害関係訴訟　103
労働災害民事訴訟　433
労働事件の客観的立証責任　414
労働者災害補償保険請求書　239, 434
労働者名簿　282, 419

【わ行】

ワークプロダクト　30, 56
　――の法理　59

●判例索引●

（判決言渡日順）

【最高裁判所】

最判昭和31・9・28裁判集民23号281頁	*154*
最判昭和39・2・4民集18巻2号252頁	*447*
最判昭和39・2・11民集18巻2号315頁	*449*
最判昭和39・5・12民集18巻4号583頁	*435*
最判昭和40・9・7裁判集民80号141頁	*451*
最判昭和40・11・30民集19巻8号2049頁	*447*
最判昭和41・4・15裁判集民83号201頁	*451*
最判昭和41・6・10民集20巻5号1029頁	*447*
最判昭和42・11・30民集21巻9号2512頁	*451*
最判昭和43・9・24裁判集民92号369頁	*449*
最判昭和44・2・27判時547号92頁	*116*
最判昭和44・9・12民集23巻9号1654頁	*451*
最判昭和50・2・25民集29巻2号143頁	*111*
最決昭和52・12・19刑集31巻7号1053頁	*8,303,396*
最決昭和53・5・31刑集32巻3号457頁	*8,303,396*
最判昭和53・10・4民集32巻7号1223頁	*334*
最判昭和56・11・27民集35巻8号1271頁	*447*
最判昭和56・12・22民集35巻9号1350頁	*440*
最判昭和61・1・24判タ612号40頁〔賃金台帳、勤務評定書、人事記録〕	*102*
最判平成8・1・23判タ901号100頁	*103*
最判平成9・4・25訟月44巻9号1501頁	*103*
最決平成11・11・12民集53巻8号1787頁〔銀行の貸出稟議書〕[25]	
4,22,23,29,33,35,95,99,162,165,174,178,180,196,197,223,225,235,	
241,250,275,288,393,427,446,448,454,492	
最決平成11・11・26金商1081号54頁〔融資稟議書、稟議書付箋、審査記録表〕[26]	
	4,166,494
最決平成11・12・17金商1083号9頁〔銀行の貸出稟議書〕[27]	*164,496*
最決平成12・3・10判時1711号55頁〔教科書用図書検定調査審議会作成文書〕[29]	
	4,111,298,446,498
最決平成12・3・10民集54巻3号1073頁〔電話装置の機器の回路図・信号流れ図〕[30]	
16,18,29,46,84,150,168,180,182,204,206,236,262,423,426,455,498	
最判平成12・7・17判時1723号133頁	*103*
最決平成12・12・14民集54巻9号2709頁〔信用金庫の貸出稟議書〕[32]	
	4,33,95,99,167,169,427,500
最決平成12・12・14民集54巻9号2743頁〔信用金庫が所持する文書〕[33]	
	45,91,150,151,502
最決平成12・12・21訟月47巻12号3627頁〔不起訴記録中の供述調書〕[34]	*112,445,502*
最決平成13・2・22判時1742号89頁〔監査調書〕[36]	

629

判例索引

　　　　　　　　　　　　　　　　　　　42,45,122,145,231,265,378,431,446,504
最判平成13・3・13民集55巻2号328頁　　　　　　　　　　　　　　　　　　439
最決平成13・4・26判時1750号101頁〔37〕　　　　　　　　　　　47,152,504
最決平成13・7・13金商1311号106頁〔司法警察員作成の送致書〕〔39〕　112,506
最決平成13・12・7民集55巻7号1411頁〔営業を譲り受けた信用組合の貸出稟議書〕〔40〕
　　　　　　　　　　　　　　　　　　34,35,95,99,171,174,427,508
最判平成15・7・11民集57巻7号815頁　　　　　　　　　　　　　　　　　439
最決平成16・2・20判時1862号154頁〔漁業補償交渉のための県作成の補償額算定調書〕
　　〔55〕　　　　　　　　　　　　　5,7,108,235,298,316,323,446,520
最決平成16・5・25民集58巻5号1135頁〔共犯者の供述調書〕〔59〕
　　　　　　　　　　　　　　　　　　36,38,109,112,334,343,405,445,524
最決平成16・11・26民集58巻8号2393頁〔破綻した生命保険会社の調査報告書〕〔64〕
　　　　　　　　　　　　　　　　　　13,23,30,99,242,261,273,455,528
最判平成17・7・19民集59巻6号1783頁〔貸金業者の取引履歴の開示義務〕〔69〕96,534
最決平成17・7・22民集59巻6号1837頁〔捜索差押許可状・捜索差押令状請求書〕〔70〕
　　　　　　　　　　　　　　　　　38,109,112,337,339,347,406,445,534
最決平成17・7・22民集59巻6号1888頁〔法務省の外務省への依頼文書・外務省の外国公
　　機関への照会文書・外国公機関の外務省への回答文書〕〔71〕　43,105,113,328,536
最決平成17・10・14民集59巻8号2265頁〔災害調査復命書〕〔74〕
　　　　　　　　　　　　8,103,129,303,311,320,322,332,389,398,433,453,463,464,538
最決平成17・11・10民集59巻9号2503頁〔地方議会議員が政務調査費によって行った調査
　　研究に係る報告書〕〔76〕　　　　　　　　　　24,30,35,105,242,540
最決平成18・2・17民集60巻2号496頁〔銀行の社内通達文書〕〔79〕
　　　　　　　　　　　　　　　　　25,30,95,99,176,179,242,244,252,454,542
最決平成18・10・3民集60巻8号2647頁〔84〕　18,86,116,182,205,206,236,548
最決平成19・8・23判タ1252号163頁〔介護サービス文書〕〔89〕
　　　　　　　　　　　　　　　　　17,26,76,101,143,183,206,237,249,409,552
最決平成19・11・30民集61巻8号3186頁〔銀行の資産査定資料〕〔92〕
　　　　　　　　　　　　　　　　　　27,75,99,197,200,217,242,554
最決平成19・12・11民集61巻9号3364頁〔金融機関の取引明細書〕〔93〕
　　　　　　　　　　　　　　　　　19,90,114,184,204,207,212,241,247,259,455,554
最決平成19・12・12民集61巻9号3400頁〔告訴状・被害者の供述調書〕〔94〕
　　　　　　　　　　　　　　　　　　39,40,47,86,109,113,344,406,445,556
最決平成20・11・25民集62巻10号2507頁〔銀行の取引先に対する分析評価情報〕〔96〕
　　　　　　　　　　17,18,20,44,75,79,86,88,100,143,146,187,203,237,259,455,558
最判平成21・1・15民集63巻1号46頁　　　　　　　　　　　　　　　　　141
最判平成21・1・22民集63巻1号228頁〔信用金庫の取引履歴〕〔97〕　　114,558
最決平成21・1・27民集63巻1号271頁〔98〕　　　　　　　　362,369,558
最決平成22・4・12判時2078号3頁〔地方議会の議員が政務調査費によって行った調査研
　　究に係る報告書等〕　　　　　　　　　　　　　　　　　　　24,30,76
最決平成22・4・22判例集未登載〔政務調査費を市議会議員に支出するための報告書・領
　　収書〕〔100〕　　　　　　　　　　　　　　　　　　　　　　　　　　　560
最決平成23・4・13民集65巻3号1290頁〔タイムカード〕〔116〕　72,152,288,574
最決平成23・10・11判時2136号9頁〔弁護士会の綱紀委員会の議事録〕〔120〕

判例索引

4, 26, 29, 32, 42, 105, 274, 578
最決平成25・4・19判時2194号13頁〔全国消費実態調査の調査票情報を記録した準文書〕
　　［140］　　　　　　　　　　　　　　　　　　　　　　　9, 11, 12, 13, 104, 594
最決平成25・12・19民集67巻9号1938頁〔国立大学法人が所持しその役員または職員が組
　　織的に用いる文書〕［145］　　　　　　　　　　　　　　　　　21, 76, 103, 598
最判平成26・7・14判時2242号51頁〔外交交渉の過程で作成された行政文書（メモ）〕
　　［152］　　　　　　　　　　　　　　　　　　　　　　　105, 138, 313, 315, 608
最決平成26・10・29判時2247号3頁〔政務調査費の支出に係る会計帳簿、領収書の写し〕
　　［154］　　　　　　　　　　　　　　　　　　　　　　　　　　　25, 105, 612

【高等裁判所】

東京高決昭和40・5・20判タ178号147頁　　　　　　　　　　　　　　　　　　　*379*
福岡高決昭和48・2・1労民24巻1＝2号26頁〔賃金台帳〕　　　　　　　　　　　*425*
福岡高決昭和48・12・4判時739号82頁〔タクシー運転手の運転日報〕　　　*101, 289*
高松高決昭和50・7・17行裁集26巻7＝8号893頁〔原子力発電所設立関係書類〕［1］
　　　　　　　　　　　　　　　　　　　　　　　　　105, 123, 278, 280, 294, 474
名古屋高決昭和51・1・16労経速919号3頁　　　　　　　　　　　　　　　　　 *425*
名古屋高決昭和52・2・3高民集30巻1号1頁　　　　　　　　　　　　　　　　 *380*
福岡高決昭和52・7・12下民集28巻5～8号796頁〔投薬証明書〕　　　　　　　　 *107*
福岡高決昭和52・7・12下民集32巻9～12号1167頁　　　　　　　　　　　 *127, 361*
福岡高決昭和52・7・13高民集30巻3号175頁〔カルテ〕　　　　　　　　　 *107, 384*
福岡高決昭和52・9・17下民集28巻9～12号969頁〔診療記録〕　　　　　　　　 *384*
広島高決昭和52・12・19判時894号77頁　　　　　　　　　　　　　　　　　　　*151*
大阪高決昭和53・3・6高民集31巻1号38頁［2］　　　　　　　 *148, 385, 387, 474*
大阪高決昭和53・3・15労判295号46頁〔賃金台帳〕　　　　　　　　　　　　　 *425*
大阪高決昭和53・5・17判時904号72頁〔診療録〕［3］　　　　　 *151, 384, 386, 476*
東京高決昭和53・5・26下民集32巻9～12号1284頁〔土地区画整理委員会の審議録〕*106*
大阪高決昭和53・6・20高民集31巻2号199頁〔診療録〕　　　　　　　　　 *293, 384*
東京高決昭和53・7・20訟月24巻10号2079頁　　　　　　　　　　　　　　　　　*379*
大阪高決昭和53・9・22下民集32巻9～12号1323頁　　　　　　　　　　　　　　*382*
名古屋高金沢支決昭和54・2・15判タ384号127頁〔診療録〕　　　　　　　　　 *384*
大阪高決昭和54・2・26高民集32巻1号24頁　　　　　　　　　　　　　　　　 *387*
大阪高決昭和54・3・15下民集21巻9～12号1387頁　　　　　　　　　　　 *382, 383*
東京高決昭和54・4・5判タ392号84頁〔航空事故調査報告書〕　　　　　　　　 *293*
東京高決昭和54・8・3判時942号52頁　　　　　　　　　　　　　　　　　　　*134*
大阪高決昭和54・9・5労民30巻5号908頁〔賃金台帳〕　　　　　　　　　　　 *425*
東京高決昭和54・9・19判時947号47頁〔麻雀荘の売上伝票〕　　　　　　　　　*289*
東京高決昭和54・10・18判時942号1頁　　　　　　　　　　　　　　　　　　　*154*
大阪高決昭和54・12・7ジュリ716号7頁　　　　　　　　　　　　　　　　　　*151*
大阪高決昭和56・4・6判時1015号42頁〔診療録〕　　　　　　　　　　　　　 *386*
大阪高決昭和56・10・14判時1046号53頁〔診療録〕［4］　　　　*134, 135, 418, 476*
東京高決昭和56・12・24判時1034号95頁〔診療記録〕　　　　　　　　　　　　*384*
札幌高決昭和57・1・29訟月28巻3号622頁〔通達・内規〕　　　　　　　　　　*467*
東京高決昭和57・4・28判時1045号91頁　　　　　　　　　　　　　　　　　　*423*

判例索引

高松高決昭和57・5・13訟月28巻12号2331頁　　　　　　　　　　　379
大阪高決昭和57・8・19判タ480号112頁〔医療事故に関するてん末報告書・副申書〕
　　　　　　　　　　　　　　　　　　　　　　　　　　　　271,272
大阪高決昭和58・4・8判タ500号167頁　　　　　　　　　　　　231
東京高決昭和58・6・25判時1082号60頁〔航空自衛隊の事故調査報告書〕　109,385
東京高決昭和59・9・17高民集37巻3号164頁〔カルテ〕　　　107,151,384
福岡高判昭和61・5・15判時1191号28頁　　　　　　　　　　　　116
大阪高決昭和62・3・18判時1246号92頁　　　　　　　　　　　　380
東京高判平成元・5・9判時1308号28頁〔ボイスレコーダー・フライトデータ・レコーダ
　の解析結果〕　　　　　　　　　　　　　　　　　　　　　　　109
東京高決平成元・6・28判時1323号64頁〔指定疾病の認定等に関して作成された文書〕
　　　　　　　　　　　　　　　　　　　　　　　　　　　　　　385
大阪高決平成4・6・11判タ807号250頁〔診療録・疫学調査記録〕[5]
　　　　　　　　　　　　　　　　　　　　　　　　　　6,107,384,478
広島高決平成5・3・17判タ838号253頁〔土地区画整理事業実施計画書〕　106
仙台高決平成5・5・12判タ819号90頁〔原子力発電所設立認可関係書類〕105,279,280
東京高決平成5・5・21金商934号23頁〔原子力発電所設立認可関係書類〕105,279,281
大阪高決平成7・2・21金商990号22頁〔証券会社の注文伝票・取引日記帳〕　246
大阪高決平成7・2・21判時1543号132頁〔商品取引会社の外務員の作成する業務日誌〕
　　　　　　　　　　　　　　　　　　　　　　　　　　　　　　247
福岡高決平成7・3・9判タ883号269頁〔証券会社の注文伝票〕　　　　246
仙台高決平成7・6・30判タ891号256頁〔証券会社の注文伝票〕　　　　246
大阪高決平成7・12・19判時1573号33頁〔証券会社の注文伝票・取引日記帳〕246
東京高決平成8・3・26判時1566号37頁〔診療録〕[6]　　　　　　386,478
福岡高決平成8・8・15判タ929号259頁〔心電図検査結果〕[7]　　135,313,480
東京高決平成9・5・20判時1601号143頁[8]　　　　　　　353,363,480
東京高決平成10・7・7高民集51巻2号25頁[9]　　　　　　124,127,480
東京高決平成10・7・16金商1055号39頁[10]　　　　　　　　　78,482
東京高決平成10・10・5金法1530号39頁〔銀行の貸出稟議書〕[13]　163,482
東京高決平成10・11・24金法1538号72頁〔銀行の貸出稟議書〕[14]　162,484
大阪高決平成11・2・26金商1065号3頁〔銀行の貸出稟議書〕[15]　163,484
東京高決平成11・6・9判タ1016号236頁〔教科書検定審議会の審議結果〕[17]111,486
福岡高決平成11・6・23金法1557号75頁〔銀行の貸出稟議書〕[20]　164,488
東京高決平成11・7・14金法1554号80頁〔銀行の貸出稟議書〕[21]　164,488
高松高決平成11・8・18判時1706号54頁〔警察官が自ら作成した捜査関係書類の写し〕
　[23]　　　　　　　　　　　　　　　　　　　　　　　　128,490
大阪高決平成12・1・17判時1715号39頁〔監査調書〕[28]　　　　264,496
大阪高決平成12・9・20判時1734号27頁[31]　　　　　　115,117,500
大阪高決平成14・12・18判例集未登載〔遺族補償・葬祭調査復命書〕　　320
広島高決平成15・4・14税資253号順号9320〔税務署係官作成の調査経過書〕465
広島高決平成15・4・16判例集未登載〔信販会社の加盟店審査マニュアル〕[43]
　　　　　　　　　　　　　　　　　　　　　　　　　　99,255,510
福岡高決平成15・4・25判時1855号114頁〔廃棄物の焼却溶融処理施設の稼働状況データ〕
　[44]　　　　　　　　　　　　　　　　　　　　108,230,260,512

名古屋高決平成15・5・23金商1188号56頁〔貸金業者の商業帳簿〕[45]   95,514
大阪高決平成15・5・27金商1204号50頁[46]   117,514
名古屋高決平成15・6・6金商1188号52頁〔貸金業者の商業帳簿〕[47]   95,514
大阪高決平成15・6・26労判861号49頁〔売上振替集計表〕[48]   102,146,230,514
東京高決平成15・7・15判タ1145号298頁〔医療事故調査報告書〕[49]
      106,146,269,271,272,391,392,514
東京高決平成15・8・15民集58巻5号1173頁〔共犯者の供述調書〕[50]   112,335,516
東京高決平成15・12・4労判866号92頁〔賃金台帳〕[52]   102,150,518
広島高岡山支決平成16・4・6判タ1199号287頁〔医療事故に関する報告文書〕[56]
      106,273,391,394,522
大阪高決平成16・4・9判例集未登載〔法人税確定申告書添付書面〕[57]   102,277,522
東京高決平成16・5・6判時1891号56頁〔国税不服審判所に提出された答弁書〕[58]
      104,468,524
東京高決平成16・8・16判時1881号25頁〔犯行の再現実施報告書〕[60]   526
仙台高決平成16・11・24民集59巻9号2551頁〔地方議会議員が政務調査費によって行った
調査研究に係る報告書〕   105
東京高決平成16・12・22民集59巻6号1878頁〔捜索差押許可状・捜索差押令状請求書〕
      341
大阪高決平成16・12・27判時1921号68頁〔破綻した相互信用金庫に対する日本銀行による
調査の所見通知〕[65]   99,530
大阪高決平成17・1・18判時1921号71頁〔財務局の検査示達書〕[66]   99,530
東京高決平成17・3・16民集59巻6号1912頁〔法務省の外務省への依頼文書・外務省の外
国公機関への照会文書・外国公機関の外務省への回答文書〕   329
名古屋高金沢支決平成17・3・24民集59巻8号2289頁〔災害調査復命書〕   323
大阪高決平成17・4・12労判894号14頁〔賃金台帳・労働者名簿・資格歴票〕[68]
      102,148,283,284,426,429,430,432,532
仙台高決平成17・4・12税資255号108頁〔所得税申告書・収支内訳書〕   463
東京高決平成17・10・7判例集未登載〔リース会社に関する信用調査報告書〕[73]
      99,143,257,258,536
東京高決平成17・12・28労判915号107頁〔賃金台帳〕[77]
      102,150,243,284,285,424,425,430,540
東京高決平成18・3・29金商1241号2頁〔法人税申告書等〕[80]
      95,99,213,214,216,218,220,544
東京高決平成18・3・30判タ1254号312頁〔法務省の外務省への依頼文書・外務省の外国
公機関への照会文書・外国公機関の外務省への回答文書〕[81]   43,113,143,331,544
福岡高決平成18・12・28判タ1247号337頁〔医師作成の未提出の意見書〕[85]   109,550
東京高決平成19・1・10金法1826号49頁〔銀行の資産査定資料〕   196
東京高決平成19・2・16金商1303号58頁〔独占禁止法違反調査の際に作成された供述調
書〕[86]   100,550
福岡高決平成19・2・21金商1311号82頁〔介護サービス文書〕   143
名古屋高決平成19・3・14金法1828号51頁〔金融機関の取引明細書〕   184
東京高決平成19・3・30民集61巻9号3454頁〔告訴状・被害者の供述調書〕   345
東京高決平成19・3・30訟月54巻5号1143頁〔滞納処分票〕   466
東京高決平成20・4・2民集62巻10号2537頁〔銀行の資産査定資料〕

判例索引

　　　　　　　　　　　　　　　　　　　　　　　　　　　75, 143, 194, 201, 243, 256, 258
東京高決平成22・7・20判タ1341号245頁〔私的な不動産鑑定書で引用された文書〕［104］
　　　　　　　　　　　　　　　　　　　　　　　　　　　　　　　　116, 237, 564
東京高決平成22・9・6租税関係行政・民事事件判決集（徴収関係判決）平成22年1月
　～平成22年12月順号22-47〔滞納処分票〕［106］　　　　　　　　　　　464, 566
東京高決平成22・9・22民集65巻3号1307頁〔タイムカード〕［107］　　　　　566
東京高判平成22・12・15消費者法ニュース87号60頁〔貸金業者の取引履歴〕［108］　566
大阪高決平成23・1・20判タ2113号107頁〔取材テープ〕［110］　　　116, 237, 568
広島高松江支決平成23・2・21訟月58巻7号2804頁〔青色申告決算書〕［112］
　　　　　　　　　　　　　　　　　　　　　　　　　　　　　　　　104, 464, 570
福岡高決平成23・3・28判タ1373号239頁〔債権譲渡契約書〕［114］　　　　267, 572
東京高決平成23・3・31判タ1375号231頁〔送還・護送事故に関する報告書等〕［115］
　　　　　　　　　　　　　　　　　　　　　　　　　　　　　　　　　　　　572
東京高決平成23・5・17判タ1370号239頁〔医療事故報告書〕［117］
　　　　　　　　　　　　　　　　　　　　　　　　　　107, 273, 391, 395, 576
札幌高決平成23・7・26消費者法ニュース93号105頁〔貸金業者の取引履歴〕［118］　576
東京高判平成23・9・29判時2142号3頁〔外交交渉の過程で作成された行政文書（メモ）〕
　　　　　　　　　　　　　　　　　　　　　　　　　　　　　　　　　138, 314
名古屋高決平成24・2・13先物取引裁判例集67号18頁〔業務改善命令の通知書および付属
　書類〕［127］　　　　　　　　　　　　　　　　　　　　　100, 238, 243, 282, 586
東京高決平成24・3・22消費者法ニュース92号157頁〔金銭消費貸借契約にあたって交わ
　された関係文書、取引履歴〕［130］　　　　　　　　　　　　　　　　　　　　586
東京高決平成24・4・17資料版商事339号192頁〔取締役会議事録〕［131］　　72, 588
東京高決平成24・6・4金商1401号14頁〔社債原簿等〕［135］　　　　　　　　590
東京高決平成24・11・16民集67巻9号1954頁〔国立大学法人に設置されたハラスメント調
　査委員会及びハラスメント防止委員会が開いた会議の議事録等〕　　　　　　　　76
大阪高決平成24・12・7判例集未登載〔MBOに関与した役員らの意見書〕　　　　266
名古屋高決平成25・5・27裁判所ウェブサイト〔PTSD治療に関する診療録〕［141］　596
大阪高決平成25・6・19労判1077号5頁〔じん肺管理区分決定通知書、労災保険請求書の
　写し、石綿健康権利手帳交付申請書の写し、職歴証明書等〕［142］
　　　　　　　　　　　　　　　　　　　　　　　　　74, 108, 148, 239, 434, 596
大阪高決平成25・7・18判時2224号52頁〔タイムカード〕［143］　　　　　288, 598
大阪高決平成25・10・4判時2215号97頁〔自殺者の遺族が作成し労働基準監督署長に提出
　した陳述書〕［144］　　　　　　　　　　　　　　　　　　　　　　76, 103, 598
大阪高決平成26・3・13証券取引被害判例セレクト50巻104頁〔仕組債の中途売却価格の
　算定根拠が記載された文書〕［147］　　　　　　　　　　　　　　　　　　　　600
広島高岡山支決平成26・5・29判例地方自治392号49頁〔政務調査費の支出に係る会計帳
　簿、領収書〕［149］　　　　　　　　　　　　　　　　　　　　　　　　　　602
名古屋高決平成26・6・6判時2233号116頁〔オプション取引のカバー取引に係る契約書〕
　［151］　　　　　　　　　　　　　　　　　　　　　　　　　　　　　　　　608
東京高決平成26・8・8判時2252号46頁〔監督官庁に提出する業務改善報告書作成のため
　の調査結果をまとめた文書〕［153］　　　　　　　　　　　　　　　　　276, 610

【地方裁判所】

東京地判昭和40・12・12判タ185号168頁	*450*
広島地決昭和43・4・6訟月14巻6号620頁	*383*
東京地判昭和43・10・15訟月14巻10号1185頁	*379*
名古屋地決昭和45・11・2訟月17巻1号127頁	*460*
大阪地判昭和45・11・6訟月17巻1号131頁	*380*
東京地決昭和47・3・18下民集23巻1〜4号130頁	*386*
名古屋地決昭和51・1・30判時822号44頁	*380*
福岡地久留米支決昭和51・7・13判時845号101頁〔クレーム発生報告書〕	*100,259*
東京地決昭和53・4・28下民集29巻1〜4号289頁〔航空事故調査報告書〕	*292,293*
大阪地判昭和59・4・26判タ536号341頁	*360*
東京地決昭和59・6・30判タ346号271頁	*313,315*
大阪地昭和61・5・28判時1209号16頁	*131*
大阪地昭和61・5・28判時1209号22頁	*379*
高松地決昭和61・9・17判時1214号123頁〔保険会社が所持する交通事故被害者の診断書、診療報酬明細書〕	*109*
東京地決平成元・6・2判タ709号262頁	*148*
名古屋地決平成2・10・16判時1378号61頁	*380*
大阪地決平成6・6・6判タ879号266頁〔同業者の青色申告決算書〕	*462*
大津地彦根支決平成6・9・8判タ870号271頁〔学長選考委員会の会議議事録〕	*148*
京都地決平成8・10・18税資221号138頁〔青色申告決算書の一部〕	*464*
東京地決平成10・7・31判時1658号178頁〔11〕	*148,213,482*
大阪地決平成10・8・17税資237号1038頁〔青色申告決算書〕〔12〕	*462,482*
京都地決平成11・3・1労判760号30頁〔賃金台帳〕〔16〕	*282,484*
札幌地決平成11・6・10金商1071号7頁〔信用金庫の貸出稟議書〕〔18〕	*163,486*
東京地決平成11・6・10金法1550号36頁〔銀行の貸出稟議書〕〔19〕	*163,174,486*
大阪地決平成11・7・23金商1117号18頁〔監査調書〕〔22〕	*142,263,490*
大阪地決平成11・9・6労判776号36頁〔人事考課についての能力評価に関するマニュアル〕〔24〕	*286,430,490*
神戸地決平成13・1・10判タ1087号262頁〔労働基準監督署長が所持する遺族補償年金等請求事件記録〕〔35〕	*103,504*
大阪地決平成13・5・2判時1771号100頁〔中央薬事審議会の議事録、その提出資料〕〔38〕	*108,409,506*
広島地決平成13・12・11金法1638号43頁〔信販会社の加盟店審査マニュアル・興信所の調査結果等〕〔41〕	*99,116,254,257,258,508*
神戸地決平成14・6・6労判832号24頁〔地方労災医員作成の意見書等〕〔42〕	*103,320,510*
広島地決平成14・10・25税資252号順号9220〔税務署係官作成の調査経過書〕	*465*
松山地決平成14・11・20訟月50巻1号216頁〔国税局査察部の銀行調査を承認する調査証・内てい立件決議書・臨検・捜索・差押許可状申請の際に添付された疎明資料〕	*470*
静岡地決平成15・6・3民集58巻5号1167頁〔共犯者の供述調書〕	*335*
東京地判平成15・8・29判時1843号85頁〔被相続人の確定申告書〕	*114*
東京地決平成15・9・12判時1845号101頁〔一般廃棄焼却施設設置届出書〕〔51〕	

判例索引

岡山地決平成15・12・26判タ1199号289頁〔医療事故状況報告書〕［53］ 108,518
　　　　　　　　　　　　　　　　　　　　　　　　　　　　　106,273,520
東京地決平成15・12・28労判910号36頁〔営業日誌〕 101
神戸地決平成16・1・14労判868号5頁〔法人税確定申告書添付書面〕［54］
　　　　　　　　　　　　　　　　　　　　　　　　　　　　　101,276,520
金沢地決平成16・3・10民集59巻8号2281頁〔災害調査復命書〕 322
東京地決平成16・4・27民集59巻6号1871頁〔捜索差押許可状・捜索差押令状請求書〕
　　　　　　　　　　　　　　　　　　　　　　　　　　　　　340
東京地決平成16・9・16判時1876号65頁〔救急活動記録票〕［61］ 106,388,526
仙台地決平成16・9・17民集59巻9号2519頁〔地方議会議員が政務調査費によって行った調査研究に係る報告書〕 105
大阪地決平成16・10・13判時1896号127頁〔破綻した相互信用金庫に対する日本銀行による調査の所見通知〕［62］ 99,526
大阪地決平成16・11・12労判887号70頁〔賃金台帳・労働者名簿等〕［63］ 102,282,528
神戸地尼崎支決平成17・1・5労判902号167頁〔セクハラについての会社による関係者への事情聴取書等〕 102
東京地決平成17・4・8判タ1180号331頁〔リース会社に関する信用調査報告書〕［67］
　　　　　　　　　　　　　　　　99,143,253,255,256,258,277,278,530
東京地決平成17・6・14判時1904号119頁〔司法解剖の鑑定書の控え文書〕 407
広島地決平成17・7・25労判901号14頁〔労働基準監督署作成の労災事故に関する災害調査復命書〕［72］ 103,321,536
さいたま地決平成17・10・21労判915号114頁〔賃金台帳〕［75］ 102,284,285,425,538
宇都宮地決平成18・1・31金商1241号11頁〔法人税申告書等〕［78］ 94,99,173,542
東京地決平成18・3・24民集61巻9号3444頁〔告訴状・被害者の供述調書〕 344
福岡地決平成18・6・30判時1960号102頁〔保険会社が調査会社に作成させた事故調査報告書〕［82］ 109,143,146,268,546
宇都宮地決平成18・7・4金法1784号41頁〔銀行の財務諸表作成の基礎資料とするために作成された業績見込〕［83］ 99,143,220,546
東京地決平成18・8・18金法1826号51頁〔銀行の資産査定資料〕 195
佐賀地唐津支決平成18・12・26金商1311号82頁〔介護サービス文書〕 143
名古屋地決平成19・3・30裁判所ウェブサイト〔法人県民税分納に関する稟議書〕［87］
　　　　　　　　　　　　　　　　　　　　　　　　　　　　　106,466,550
東京地判平成19・6・27判時1978号27頁〔診療録〕 381
大阪地決平成19・9・21判タ1268号183頁〔同業者の青色申告決算書〕［90］
　　　　　　　　　　　　　　　　　　　　　　　　　　　　　104,462,552
横浜地決平成19・9・21判タ1278号306頁〔自殺した海上自衛隊員に関する調査資料〕［91］ 11,112,143,554
名古屋地決平成20・11・17判時2054号108頁〔死体検案書・供述録取書・写真撮影報告書〕［95］ 113,130,404,406,556
名古屋地決平成21・9・8裁判所ウェブサイト〔勾留請求書の一部〕［99］ 560
東京地判平成22・4・9判時2076号19頁〔外交交渉の過程で作成された行政文書（メモ）〕 135,313
東京地決平成22・5・6金商1344号30頁〔証券取引等監視委員会が作成した検査報告書〕［101］ 100,130,562

東京地決平成22・5・11判時2080号44頁〔不動産鑑定評価書添付の文書〕[102] 562
東京地決平成22・5・13判タ1358号241頁〔司法解剖の鑑定書の控え〕[103] 408, 564
さいたま地決平成22・8・10民集65巻3号1300頁〔タイムカード〕[105] 288, 564
鳥取地決平成23・1・7訟月58巻7号2810頁〔青色申告決算書〕[109] 104, 464, 568
松山地決平成23・1・21消費者法ニュース87号84頁〔貸金業者の借入申込書兼口座管理登録票、交渉記録文書〕[111] 570
東京地立川支決平成23・2・9判例集未登載 395
横浜地決平成23・2・24税資261号順号11625〔供述調書、法人税確定申告書添付文書〕[113] 570
東京地決平成23・9・5証券取引被害判例セレクト43巻257頁〔金融商品販売ルールに関する文書〕[119] 252, 578
名古屋地決平成23・10・12先物取引裁判例集67号1頁〔業務改善命令の通知書および付属書類〕[121] 100, 281, 580
東京地決平成23・10・17判タ1366号243頁〔司法解剖鑑定書の控え〕[122] 107, 113, 408, 580
名古屋地決平成23・10・24証券取引被害判例セレクト43巻262頁〔金融商品の販売にあたった従業員の営業日誌、折衝履歴〕[123] 100, 181, 223, 248, 254, 255, 582
名古屋地決平成23・12・27裁判所ウェブサイト〔身体検査令状についての令状請求簿〕[125] 584
仙台地決平成24・2・3裁判所ウェブサイト〔強姦未遂被疑事件に係る被害届、告訴状、供述調書等〕[126] 584
東京地決平成24・2・27資料版商事339号194頁〔取締役会議事録〕[128] 586
名古屋地決平成24・2・27裁判所ウェブサイト〔捜査報告書〕[129] 586
神戸地決平成24・5・8金商1395号40頁〔MBOに関与した役員らの意見書〕[132] 100, 238, 266, 588
東京地判平成24・5・16判例集未登載〔行政文書〕[133] 590
大阪地決平成24・5・27証券取引被害判例セレクト43巻295頁〔クーポンスワップ契約、フラット予約取引契約に関して相手方が作成したやりとりの主体、日時、場所、内容等が記載された文書〕[134] 224, 248, 590
東京地決平成24・6・15資料版商事339号210頁〔取締役会議事録〕[136] 266, 592
大阪地決平成24・6・15判時2173号58頁〔公正取引委員会が調査の過程で収集した資料〕[137] 76, 100, 143, 592
福井地決平成24・9・4金法1992号97頁〔預金通帳その他預金取引の内容を記載した文書等〕[138] 188, 594
奈良地決平成25・1・31判時2191号123頁〔じん肺管理区分決定通知書、労災保険請求書の写し、石綿健康権利手帳交付申請書の写し、職歴証明書等〕[139] 108, 148, 594
大阪地決平成25・7・18判時2224号52頁〔タイムカード〕[143] 106
福井地決平成26・3・3証券取引被害判例セレクト47巻299頁〔カバー取引の契約書〕[146] 100, 225, 600
東京地判平成26・4・16裁判所ウェブサイト〔海上保安庁が撮影したビデオ映像〕[148] 602
横浜地決平成26・5・30判時2252号48頁〔業務改善命令に対する改善報告書を作成する前提となった調査票〕[150] 606
東京地決平成27・7・27判タ1419号367頁〔営業秘密情報が述べられた内容が記載された

637

判例索引

　　文書〕〔155〕 615

【簡易裁判所】
本庄簡判平成19・6・14判タ1254号199頁〔88〕 552
郡山簡決平成23・12・21消費者法ニュース91号79頁〔金融機関の取引履歴等〕〔124〕 582

〈編者略歴〉

山本和彦（やまもと　かずひこ）

一橋大学大学院法学研究科教授

（略　歴）

昭和59年3月　　東京大学法学部卒業

昭和59年4月　　東京大学法学部助手

東北大学法学部助教授、一橋大学法学部助教授、同大学大学院国際企業戦略研究科教授を経て

平成14年4月　　一橋大学大学院法学研究科教授（現在に至る）

リヨン第3大学法学部客員研究員（平成3年から平成5年）

（主な著書）

『民事訴訟法の現代的課題』（有斐閣・2016）、『倒産法概説〔第3版〕』（共著、弘文堂・2016）、『解説消費者裁判手続特例法』（弘文堂・2015）、『ADR仲裁法〔第2版〕』（共著、日本評論社・2015）、『倒産法制の現代的課題』（有斐閣・2014）、『ロースクール民事訴訟法〔第4版〕』（共編著、有斐閣・2014）、『ロースクール倒産法〔第3版〕』（共編著、有斐閣・2014）、『ケースブック民事訴訟法〔第4版〕』（共編著、弘文堂・2013）、『倒産処理法入門〔第4版〕』（有斐閣・2012）、『民事訴訟法の論争』（共著、有斐閣・2007）、『利用者からみた民事訴訟』（日本評論社・2006）、『よくわかる民事裁判〔第2版〕』（有斐閣・2005年）、『国際倒産法制』（商事法務・2002）

その他著書多数。

本書第1編第1章執筆

編者略歴

須藤 典明（すどう のりあき）

日本大学大学院法務研究科教授・弁護士

（略　歴）

昭和53年4月	司法修習生（第32期）
昭和55年4月	東京地方裁判所判事補任官
	その後、東京法務局訟務部付、法務省訟務局付、人事院事務官、東京地方裁判所判事、司法研修所教官、東京地方裁判所部総括判事等を経て
平成21年7月	法務省大臣官房訟務総括審議官
平成23年8月	東京高等裁判所判事
平成24年3月	甲府地方・家庭裁判所長
平成25年5月	東京高等裁判所部総括判事
平成27年6月	定年退官
平成27年9月	日本大学大学院法務研究科教授、弁護士登録（第二東京弁護士会）
平成28年1月	原子力損害賠償紛争解決センター総括委員長（現在に至る）

（主な著書）

『民事保全（最新裁判実務大系(3)）』（共編著、青林書院・2016）

『民事保全〔第三版〕（リーガル・プログレッシブ・シリーズ1）』（共著、青林書院・2013）

『民事法Ⅰ～Ⅲ〔第2版〕』（共編著、日本評論社・2010）

『民事事実認定と立証活動Ⅰ・Ⅱ』（共著、判例タイムズ社・2009）

『民事保全法（新・裁判実務大系(13)）』（共編著、青林書院・2002）ほか

本書第1編第4章執筆

片山英二（かたやま　えいじ）

弁護士（阿部・井窪・片山法律事務所）、米国ニューヨーク州弁護士、AIPPI・JAPAN会長、日弁連知的財産センター委員長、生化学工業㈱社外取締役、三菱UFJ信託銀行㈱社外監査役、日本航空㈱社外監査役等を歴任

（略　歴）

昭和48年3月	京都大学工学部卒業
昭和48年4月	藤沢薬品工業株式会社勤務
昭和57年3月	神戸大学法学部卒業
昭和57年4月	司法修習生（第36期）
昭和59年4月	弁護士登録（第一東京弁護士会）、銀座法律事務所（現・阿部・井窪・片山法律事務所）入所（現在に至る）

欧米留学・研修（ニューヨーク大学ロースクール、ウィンスロップ・スティムソン・パットナム＆ロバーツ法律事務所（ニューヨーク）、マックス・プランク研究所（ミュンヘン）等）（昭和63年～平成2年）

（主な著書・論文）

「知的財産訴訟の争点」（伊藤眞＝山本和彦編・民事訴訟法の争点）（有斐閣・2009）

「否認権行使」（門口正人ほか編・会社更生法・民事再生法（新・裁判実務大系㉑））（青林書院・2004）

「後発医薬品と試験・研究　膵臓疾患治療剤事件」（中山信弘ほか編・特許判例百選〔第3版〕）（有斐閣・2004）

「更生手続開始とライセンス契約」（山本和彦ほか編・新会社更生法の理論と実務）（判例タイムズ社・2003）

「バイオ特許訴訟の最近の動向」知財管理52巻1号75頁（日本知的財産協会・2002）

「並行輸入」（牧野利秋＝飯村敏明編・知的財産関係訴訟法（新・裁判実務体系(4)））（青林書院・2001）ほか

編者略歴

伊藤　尚（いとう　ひさし）

弁護士（阿部・井窪・片山法律事務所）、全国倒産処理弁護士ネットワーク常務理事、中央大学法学部客員教授

（略　歴）

昭和58年3月	司法修習生（第37期）
昭和60年4月	弁護士登録（第一東京弁護士会）、銀座法律事務所（現・阿部・井窪・片山法律事務所）入所
平成15年4月	最高裁判所司法研修所教官（民事弁護）
平成21年4月	第一東京弁護士会総合法律研究所倒産法部会長

（主な著書・論文）

『注釈破産法』（共編著、金融財政事情研究会・2015）、『倒産処理と弁護士倫理』（共編著、金融財政事情研究会・2013）、『新注釈民事再生法〔第2版〕』（共編著、金融財政事情研究会・2010）、『民事再生手続と監督委員』（共編著、商事法務研究会・2008）

「租税債権」（竹下守夫＝藤田耕三編集代表・破産法大系(2)破産実体法）（青林書院・2015）、「民事再生申立ての濫用（否認権の行使のみを目的とした申立て）」金法1969号6頁（2013）、「破産後に販売会社に入金になった投資信託解約金と販売会社の有する債権との相殺の可否－大阪高判平22.4.9を契機に」金法1936号52頁（2011）、「立替払いに基づく求償権による相殺の可否（請負契約の事例）」（中島弘雅ほか編・民事再生法判例の分析と展開）金商1361号86頁（2011）、「下請事業者再生申立後の元請事業者による孫請代金の立替払いと、その求償権に基づく相殺について」（事業再生研究機構編・民事再生の実務と理論）（商事法務・2010）

ほか

本書第2編第1章執筆

●執筆者一覧●

(執筆順)

〈第1編〉

山本　和彦（一橋大学大学院法学研究科教授）第1章

山田　文（京都大学大学院法学研究科教授）第2章

安西　明子（上智大学法学部教授）第3章

須藤　典明（日本大学大学院法務研究科教授、弁護士）第4章

〈第2編〉

伊藤　尚（弁護士・阿部・井窪・片山法律事務所）第1章

中井　康之（弁護士・堂島法律事務所）第2章

姥迫　浩司（鳥取地方・家庭裁判所判事）第2章

大須賀　滋（岐阜地方・家庭裁判所長）第3章

〈第3編〉

佐長（さいき）　功（弁護士・阿部・井窪・片山法律事務所）第1章

村田　渉（仙台地方裁判所長）第2章

渡辺　弘（東京地方裁判所立川支部判事）第3章

八木　一洋（東京地方裁判所民事部所長代行）第4章

神谷　善英（津地方・家庭裁判所熊野支部判事補）第4章

鶴岡　稔彦（知的財産高等裁判所判事）第5章

〈資料編〉

飯田　岳、網野精一、牧恵美子、三澤　智、松本卓也、小林幹幸、黒田　薫、柴山吉報、佐志原将吾、大西ひとみ（以上、弁護士・阿部・井窪・片山法律事務所）、小川智也（弁護士・株式会社アカツキ取締役）

(所属は、平成28年4月現在)

文書提出命令の理論と実務〔第 2 版〕

平成28年 7 月 9 日　第 1 刷発行
令和元年 7 月26日　第 2 刷発行

　　　　　　　　　　　　　　定価　本体5,600円＋税

編　者　山本和彦・須藤典明・片山英二・伊藤　尚
発　行　株式会社　民事法研究会
印　刷　文唱堂印刷株式会社

　　　発行所　株式会社　民事法研究会
〒150-0013　東京都渋谷区恵比寿3-7-16
　　〔営業〕TEL 03(5798)7257　FAX 03(5798)7258
　　〔編集〕TEL 03(5798)7277　FAX 03(5798)7278
　　　　http://www.minjiho.com/　　info@minjiho.com

落丁・乱丁本はお取り換えします。
　　　　　ISBN 978-4-86556-098-5 C3032 ¥5600E